中國國家圖書館編

國家圖書館藏敦煌遺書

第五十三冊　北敦〇三八〇一號——北敦〇三九一四號

北京圖書館出版社

圖書在版編目(CIP)數據

國家圖書館藏敦煌遺書·第五十三册/中國國家圖書館編;任繼愈主編.—北京:北京圖書館出版社,2007.4

ISBN 978-7-5013-3205-2

Ⅰ.國… Ⅱ.①中…②任… Ⅲ.敦煌學-文獻 Ⅳ.K870.6

中國版本圖書館 CIP 數據核字(2007)第 035887 號

書　　名　國家圖書館藏敦煌遺書·第五十三册
著　　者　中國國家圖書館編　任繼愈主編
責任編輯　徐　蜀　孫　彦
封面設計　李　璀

出　　版　北京圖書館出版社　(100034　北京西城區文津街 7 號)
發　　行　010-66139745　66151313　66175620　66126153
66174391(傳真)　66126156(門市部)
E-mail　cbs@nlc.gov.cn(投稿)　btsfxb@nlc.gov.cn(郵購)
Website　www.nlcpress.com
經　　銷　新華書店
印　　刷　北京文津閣印務有限責任公司

開　　本　八開
印　　張　57.5
版　　次　2007 年 5 月第 1 版第 1 次印刷
印　　數　1-250 册(套)

書　　號　ISBN 978-7-5013-3205-2/K·1432
定　　價　990.00 圓

目錄

多羅三藐三菩提心不應住[illegible]
聲香味觸法生心應生无所住心若心有住
則為非住是故佛說菩薩心不住色布施須
菩提菩薩為利益一切衆生應如是布施如
来說一切諸相即是非相又說一切衆生則
非衆生須菩提如来是真語者實語者如語
者不誑語者不異語者須菩提如来所得法
此法无實无虛須菩提若菩薩心住於法而
行布施如人入闇則无所見若菩薩心不住法
而行布施如人有目日光明照見種種色
須菩提當来之世若有善男子善女人能於
此經受持讀誦則為如来以佛智慧悉知是
人悉見是人皆得成就无量无邊功德
須菩提若有善男子善女人初日分以恒河
沙等身布施中日分復以恒河沙等身布施
後日分亦以恒河沙等身布施如来无量百
千万億劫以身布施若復有人聞此經典信
心不逆其福勝彼何況書寫受持讀誦為人
解說須菩提以要言之是經有不可思議不
可稱量无邊功德如来為發大乘者說為發
[illegible]

千万億劫以身布施若復有人聞此經典信
心不逆其福勝彼何況書寫受持讀誦為人
解說須菩提以要言之是經有不可思議不
可稱量无邊功德如来為發大乘者說為發
最上乘者說若有人能受持讀誦廣為人說
如来悉知是人悉見是人皆得成就不可量不
可稱无有邊不可思議功德如是人等則為
荷擔如来阿耨多羅三藐三菩提何以故須
菩提若樂小法者著我見人見衆生見壽者
見則於此經不能聽受讀誦為人解說須菩
提在在處處若有此經一切世間天人阿脩
羅所應供養當知此處則為是塔皆應供敬
作礼圍繞以諸華香而散其處
復次須菩提善男子善女人受持讀誦此經
若為人輕賤是人先世罪業應墮惡道以今
世人輕賤故先世罪業則為消滅當得阿耨
多羅三藐三菩提須菩提我念過去无量阿
僧祇劫於燃燈佛前得值八百四千万億那
由他諸佛悉皆供養承事无空過者若復有
人於後末世能受持讀誦此經所得功德於
我所供養諸佛功德百分不及一千万億分
乃至筭數譬喻所不能及須菩提若善男子
善女人於後末世有受持讀誦此經所得功德
我若具說者或有人聞心則狂亂狐疑不信
須菩提當知是經義不可思議果報亦不可

乃至筭數譬喻所不能及須菩提若善男子
善女人於後末世有受持讀誦此經所得功德
我若具說者或有人聞心則狂亂狐疑不信
須菩提當知是經義不可思議果報亦不可
思議
尒時須菩提白佛言世尊善男子善女人發
阿耨多羅三藐三菩提心云何應住云何降
伏其心佛告須菩提善男子善女人發阿耨
多羅三藐三菩提者當生如是心我應滅度
一切衆生滅度一切衆生已而无有一切衆生
實滅度者何以故若菩薩有我相人相衆生
相壽者相則非菩薩所以者何須菩提實无
有法發阿耨多羅三藐三菩提者須菩提於
意云何如来於燃燈佛所有法得阿耨多羅
三藐三菩提不世尊如我解佛所說義佛
於燃燈佛所无有法得阿耨多羅三藐三菩
提佛言如是如是須菩提實无有法如来得
阿耨多羅三藐三菩提須菩提若有法如来
得阿耨多羅三藐三菩提者燃燈佛則不與
我授記汝於来世當得作佛号釋迦牟尼以
實无有法得阿耨多羅三藐三菩提是故燃
燈佛與我受記作是言汝於来世當得作佛
号釋迦牟尼何以故如来者即諸法如義若
有人言如来得阿耨多羅三藐三菩提須菩提

BD03801 號　金剛般若波羅蜜經　（4–3）

燈佛與我受記作是言汝於来世當得作佛
号釋迦牟尼何以故如来者即諸法如義若
有人言如来得阿耨多羅三藐三菩提須菩提
實无有法佛得阿耨多羅三藐三菩提須菩
提如来所得阿耨多羅三藐三菩提於是中
无實无虛是故如来說一切法皆是佛法須
菩提所言一切法者即非一切法是名一切
法須菩提譬如人身長大須菩提言世尊
如来說人身長大則為非大身是名大身
須菩提菩薩亦如是若作是言我當滅度无
量衆生則不名菩薩何以故須菩提无有法
名為菩薩是故佛說一切法无我无人无衆
生无壽者須菩提若菩薩作是言我當莊嚴
佛土是不名菩薩何以故如来說莊嚴佛土
者即非莊嚴是名莊嚴須菩提若菩薩通達
无我法者如来說名真是菩薩
須菩提於意云何如来有肉眼不如是世尊
如来有肉眼須菩提於意云何如来有天眼
不如是世尊如来有天眼須菩提於意云何
如来有慧眼不如是世尊如来有慧眼須菩
提於意云何如来有法眼不如是世尊如来有
法眼須菩提於意云何如来有佛眼不如是
世尊如来有佛眼須菩提於意云何恒河中

BD03801 號　金剛般若波羅蜜經　（4–4）

……為无所得耶如是如是
須菩提我於阿耨多羅三藐三菩提乃至无
有少法可得是名阿耨多羅三藐三菩提復
次須菩提是法平等无有高下是名阿耨多
羅三藐三菩提以无我无人无衆生无壽者
脩一切善法則得阿耨多羅三藐三菩提須
菩提所言善法者如來說非善法是名善法
須菩提若三千大千世界中所有諸須弥山王
如是等七寶聚有人持用布施若人以此般
若波羅蜜經乃至四句偈等受持讀誦為他人
說於前福德百分不及一百千万億分乃至
筭數譬喻所不能及
須菩提於意云何汝等勿謂如來作是念我
當度衆生須菩提莫作是念何以故實无有
衆生如來度者若有衆生如來度者如來則
有我人衆生壽者須菩提如來說有我者則
非有我而凡夫之人以為有我須菩提凡夫者
如來說則非凡夫須菩提於意云何可以三
十二相觀如來不須菩提言如是如是以三十
二相觀如來佛言須菩提若以三十二相觀
如來者轉輪聖王則是如來須菩提白佛言
世尊如我解佛所說義不應以三十二相觀

BD03802 號 1　金剛般若波羅蜜經　（3–1）

非有我而凡夫之人以為有我須菩提凡夫者
如來說則非凡夫須菩提於意云何可以三
十二相觀如來不須菩提言如是如是以三十
二相觀如來佛言須菩提若以三十二相觀
如來者轉輪聖王則是如來須菩提白佛言
世尊如我解佛所說義不應以三十二相觀
如來尒時世尊而說偈言
若以色見我　以音聲求我　是人行邪道　不能見如來
須菩提汝若作是念如來不以具足相故得阿
耨多羅三藐三菩提須菩提莫作是念如
來不以具足相故得阿耨多羅三藐三菩提
須菩提汝若作是念發阿耨多羅三藐三菩
提者說諸法斷滅相莫作是念何以故發阿
耨多羅三藐三菩提者於法不說斷滅相須菩
提若菩薩以滿恒河沙等世界七寶布施
若復有人知一切法无我得成於忍此菩薩勝
前菩薩所得功德須菩提以諸菩薩不受福
德故須菩提白佛言世尊云何菩薩不受福德
須菩提菩薩所作福德不應貪著是故
說不受福德須菩提若有人言如來若來若
去若坐若卧是人不解我所說義何以故如
來者无所從來亦无所去故名如來
須菩提若善男子善女人以三千大千世界
碎為微塵於意云何是微塵衆寧為多不甚
多世尊何以故若是微塵衆實有者佛則不
說是微塵衆所以者何佛說微塵衆則非微
塵衆是名微塵衆世尊如來所說三千大千

BD03802 號 1　金剛般若波羅蜜經　（3–2）

須菩提若善男子善女人以三千大千世界
碎為微塵於意云何是微塵衆寧為多不甚
多世尊何以故若是微塵衆實有者佛則不
說是微塵衆所以者何佛說微塵衆則非微
塵衆是名微塵衆世尊如來所說三千大千
世界則非世界是名世界何以故若世界實
有者則是一合相如來說一合相則非一合相
是名一合相須菩提一合相者則是不可說
但凡夫之人貪著其事須菩提若人言佛說
我見人見衆生見壽者見須菩提於意云何
是人解我所說義不世尊是人不解如來所
說義何以故世尊說我見人見衆生見壽者
見即非我見人見衆生見壽者見是名我見
人見衆生見壽者見須菩提發阿耨多羅三
藐三菩提心者於一切法應如是知如是見如
是信解不生法相須菩提所言法相者如來
說即非法相是名法相須菩提若有人以滿
无量阿僧祇世界七寶持用布施若有善男
子善女人發菩薩心者持於此經乃至四句
偈等受持讀誦為人演說其福勝彼云何
為人演說不取於相如如不動何以故
一切有為法　如夢幻泡影　如露亦如電　應作如是觀
佛說是經已長老須菩提及諸比丘比丘尼
優婆塞優婆夷一切世間天人阿脩羅聞佛
所說皆大歡喜信受奉行
金剛般若波羅蜜經

BD03802 號 1　金剛般若波羅蜜經　（3–3）

一切有為法　如夢幻泡影　如露亦如電　應作如是觀
佛說是經已長老須菩提及諸比丘比丘尼
優婆塞優婆夷一切世間天人阿脩羅聞佛
所說皆大歡喜信受奉行
金剛般若波羅蜜經
金剛経陁羅尼神呪
南謨薄伽罰帝　鉢　囉　讓
鉢　囉　底　伊　利　底
伊　利　底　伊　室　利
伊　室　利　輸　魯　馱
輸　魯　馱　毗　逝　洩
毗　逝　洩　娑婆訶
若有人誦此呪一遍勝誦金剛經一万九千
遍

BD03802 號 2　金剛經陀羅尼神咒　（1–1）

給孤獨園
…丘衆千二百五十人俱尒時世尊食
時著衣持鉢入舍衛大城乞食於其城中次
苐乞已還至本處飯食訖收衣鉢洗足已敷
座而坐時長老須菩提在大衆中即從座起
偏袒右肩右膝著地合掌恭敬而白佛言希
有世尊如來善護念諸菩薩善付囑諸菩薩
世尊善男子善女人發阿耨多羅三藐三菩
提心應云何住云何降伏其心佛言善哉善
哉須菩提如汝所說如來善護念諸菩薩善
付囑諸菩薩汝今諦聽當為汝說善男子善
女人發阿耨多羅三藐三菩提心應如是住如
是降伏其心唯然世尊願樂欲聞
佛告須菩提諸菩薩摩訶薩應如是降伏其
心所有一切衆生之類若卵生若胎生若濕生
若化生若有色若无色若有想若无想若
非有想若非无想我皆令入无餘涅槃而滅
度之如是滅度无量无數无邊衆生實无衆

BD03803號　金剛般若波羅蜜經　（4–1）

佛告須菩提諸菩薩摩訶薩應如是降伏其
心所有一切衆生之類若卵生若胎生若濕生
若化生若有色若无色若有想若无想若
非有想若非无想我皆令入无餘涅槃而滅
度之如是滅度无量无數无邊衆生實无衆
生得滅度者何以故須菩提若菩薩有我相
人相衆生相壽者相即非菩薩
復次須菩提菩薩於法應无所住行於布施
所謂不住色布施不住聲香味觸法布施須
菩提菩薩應如是布施不住於相何以故若
菩薩不住相布施其福德不可思量須菩提
於意云何東方虛空可思量不不也世尊須
菩提南西北方四維上下虛空可思量不不
也世尊須菩提菩薩无住相布施福德亦復
如是不可思量須菩提菩薩但應如所教住
須菩提於意云何可以身相見如來不不也
世尊不可以身相得見如來何以故如來所
說身相即非身相佛告須菩提凡所有相皆
是虛妄若見諸相非相則見如來
須菩提白佛言世尊頗有衆生得聞如是言說
章句生實信不佛告須菩提莫作是說如來
滅後後五百歲有持戒脩福者於此章句能
生信心以此為實當知是人不於一佛二佛三
四五佛而種善根已於无量千万佛所種諸
善根聞是章句乃至一念生淨信者須菩
提如來悉知悉見是諸衆生得如是无量福
德[illegible]

BD03803號　金剛般若波羅蜜經　（4–2）

四五佛而種善根已於无量千万佛所種諸
善根聞是章句乃至一念生浄信者須菩
提如來悉知悉見是諸衆生得如是无量福
德何以故是諸衆生无復我相人相衆生相
壽者相无法相亦无非法相何以故是諸衆生
若心取相則爲著我人衆生壽者若取法
相即著我人衆生壽者何以故若取非法相
即著我人衆生壽者是故不應取法不應
取非法以是義故如來常說汝等比丘知我
說法如筏喻者法尚應捨何況非法
須菩提於意云何如來得阿耨多羅三藐三
菩提耶如來有所說法耶須菩提言如我解
佛所說義无有定法名阿耨多羅三藐三菩
提亦无有定法如來可說何以故如來所說
法皆不可取不可說非法非非法所以者何
一切賢聖皆以无爲法而有差别
須菩提於意云何若人滿三千大千世界七
寶以用布施是人所得福德寧爲多不須菩
提言甚多世尊何以故是福德即非福德性
是故如來說福德多若復有人於此經中受
持乃至四句偈等爲他人說其福勝彼何以故
須菩提一切諸佛及諸佛阿耨多羅三藐三
菩提法皆從此經出須菩提所謂佛法者即
非佛法須菩提於意云何須陁洹能作是念
我得須陁洹果不須菩提言不也世尊何以
故須陁洹名爲入流而无所入不入色聲香

提言甚多世尊何以故是福德即非福德性
是故如來說福德多若復有人於此經中受
持乃至四句偈等爲他人說其福勝彼何以故
須菩提一切諸佛及諸佛阿耨多羅三藐三
菩提法皆從此經出須菩提所謂佛法者即
非佛法須菩提於意云何須陁洹能作是念
我得須陁洹果不須菩提言不也世尊何以
故須陁洹名爲入流而无所入不入色聲香
味觸法是名須陁洹須菩提於意云何斯陁
含能作是念我得斯陁含果不須菩提言不
也世尊何以故斯陁含名一往來而實无往
來是名斯陁含須菩提於意云何阿那含能
作是念我得阿那含果不須菩提言不也世
尊何以故阿那含名爲不來而實无來是故
名阿那含須菩提於意云何阿羅漢能作是
念我得阿羅漢道不須菩提言不也世尊何
以故實无有法名阿羅漢世尊若阿羅漢作
是念我得阿羅漢道即爲著我人衆生壽
者世尊佛說我得无諍三昧人中最爲第一
是第一離欲阿羅漢我不作是念我是離
欲阿羅漢世尊我若作是念我得阿羅漢道世
尊則不說須菩提是樂阿蘭那行者以須菩
提實无所行而名須菩提是樂阿蘭那行

須菩提於意云何佛可以具足色身見不不
也世尊如来不應以色身見何以故如来說具
足色身即非具足色身是名具足色身須菩
提於意云何如来可以具足諸相見不不也
世尊如来不應以具足諸相見何以故如来
說諸相具足即非具足是名諸相具足
須菩提汝勿謂如来作是念我當有所說法莫
作是念何以故若人言如来有所說法即為
謗佛不能解我所說故須菩提說法者无法
可說是名說法
須菩提白佛言世尊佛得阿耨多羅三藐三
菩提為无所得耶如是如是須菩提我於阿耨
多羅三藐三菩提乃至无有少法可得是名阿
耨多羅三藐三菩提復次須菩提是法平等
无有高下是名阿耨多羅三藐三菩提以无
我无人无衆生无壽者脩一切善法則得阿
耨多羅三藐三菩提須菩提所言善法者如
来說即非善法是名善法須菩提若三千大
千世界中所有諸須弥山王如是等七寶聚
有人持用布施若人以此般若波羅蜜經乃
至四句偈等受持為他人說於前福德百分不

无有高下是名阿耨多羅三藐三菩提以无
我无人无衆生无壽者脩一切善法則得阿
耨多羅三藐三菩提須菩提所言善法者如
来說即非善法是名善法須菩提若三千大
千世界中所有諸須弥山王如是等七寶聚
有人持用布施若人以此般若波羅蜜經乃
至四句偈等受持為他人說於前福德百分不
及一百千万億分乃至筭數譬喻所不能及
須菩提於意云何汝等勿謂如来作是念我
當度衆生須菩提莫作是念何以故實无有
衆生如来度者若有衆生如来度者如来則
有我人衆生壽者須菩提如来說有我者則
非有我而凡夫之人以為有我須菩提凡夫
者如来說則非凡夫須菩提於意云何可以
卅二相觀如来不須菩提言如是如是以卅二
相觀如来佛言須菩提若以卅二相觀如来
者轉輪聖王則是如来須菩提白佛言世尊
如我解佛所說義不應以卅二相觀如来尒
時世尊而說偈言
若以色見我　以音聲求我　是人行邪道　不能見如来
須菩提汝若作是念如来不以具足相故得
阿耨多羅三藐三菩提須菩提汝莫作是念
如来不以具足相故得阿耨多羅三藐三菩提
須菩提汝若作是念發阿耨多羅三藐三菩
提者說諸法斷滅莫作是念何以故發阿耨
多羅三藐三菩提者於法不說斷滅故須菩

阿耨多羅三藐三菩提須菩提汝莫作是念
如来不以具足相故得阿耨多羅三藐三菩提
須菩提汝若作是念發阿耨多羅三藐三菩
提者說諸法斷滅莫作是念何以故發阿耨
多羅三藐三菩提者於法不說斷滅故須菩
提若菩薩以滿恒河沙等世界七寶布施若
復有人知一切法无我得成於忍此菩薩勝
前菩薩所得功德須菩提以諸菩薩不受福
德故須菩提白佛言世尊云何菩薩不受福
德須菩提菩薩所作福德不應貪著是故
說不受福德須菩提若有人言如来若来若
去若坐若卧是人不解我所說義何以故如
来者无所從来亦无所去故名如来
須菩提若善男子善女人以三千大千世界
碎為微塵於意云何是微塵衆寧為多不甚
多世尊何以故若是微塵衆實有者佛則不
說是微塵衆所以者何佛說微塵衆則非微
塵衆是名微塵衆世尊如来所說三千大千
世界則非世界是名世界何以故若世界實
有者則是一合相如来說一合相則非一合相是
名一合相須菩提一合相者則是不可說但
凡夫之人貪著其事須菩提若人言佛說我
見人見衆生見壽者見須菩提於意云何
是人解我所說義不世尊是人不解如来所說義
何以故世尊說我見人見衆生見壽者見即

BD03804 號　金剛般若波羅蜜經　（5-3）

世界則非世界是名世界何以故若世界實
有者則是一合相如来說一合相則非一合相是
名一合相須菩提一合相者則是不可說但
凡夫之人貪著其事須菩提若人言佛說我
見人見衆生見壽者見須菩提於意云何
是人解我所說義不世尊是人不解如来所說義
何以故世尊說我見人見衆生見壽者見即
非我見人見衆生見壽者見是名我見人
見衆生見壽者見須菩提發阿耨多羅三
藐三菩提心者於一切法應如是知如是見
如是信解不生法相須菩提所言法相者如来
說即非法相是名法相須菩提若有人以滿
无量阿僧祇世界七寶持用布施若有善男
子善女人發菩薩心者持於此經乃至四句
偈等受持讀誦為人演說其福勝彼云何為
人演說不取於相如如不動何以故
一切有為法　如夢幻泡影　如露亦如電　應作如是觀
佛說是經已長老須菩提及諸比丘比丘尼
優婆塞優婆夷一切世間天人阿脩羅聞佛
所說皆大歡喜信受奉行

金剛波若經一卷

BD03804 號　金剛般若波羅蜜經　（5-4）

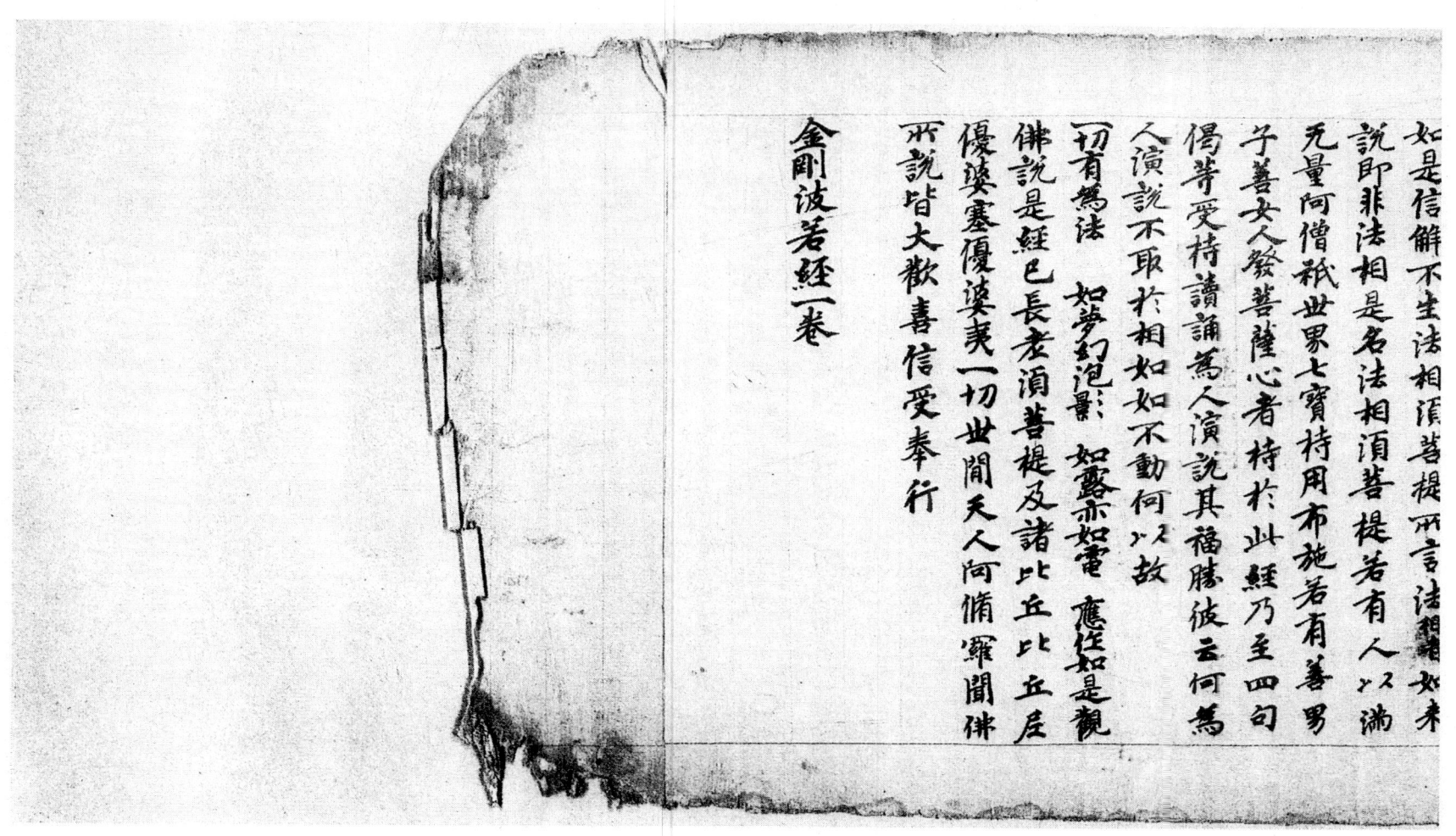

如是信解不生法相須菩提所言法相者如來
說即非法相是名法相須菩提若有人以滿
无量阿僧祇世界七寶持用布施若有善男
子善女人發菩薩心者持於此經乃至四句
偈等受持讀誦為人演說其福勝彼云何為
人演說不取於相如如不動何以故
一切有為法　如夢幻泡影　如露亦如電　應作如是觀
佛說是經已長老須菩提及諸比丘比丘尼
優婆塞優婆夷一切世間天人阿脩羅聞佛
所說皆大歡喜信受奉行

金剛波若經一卷

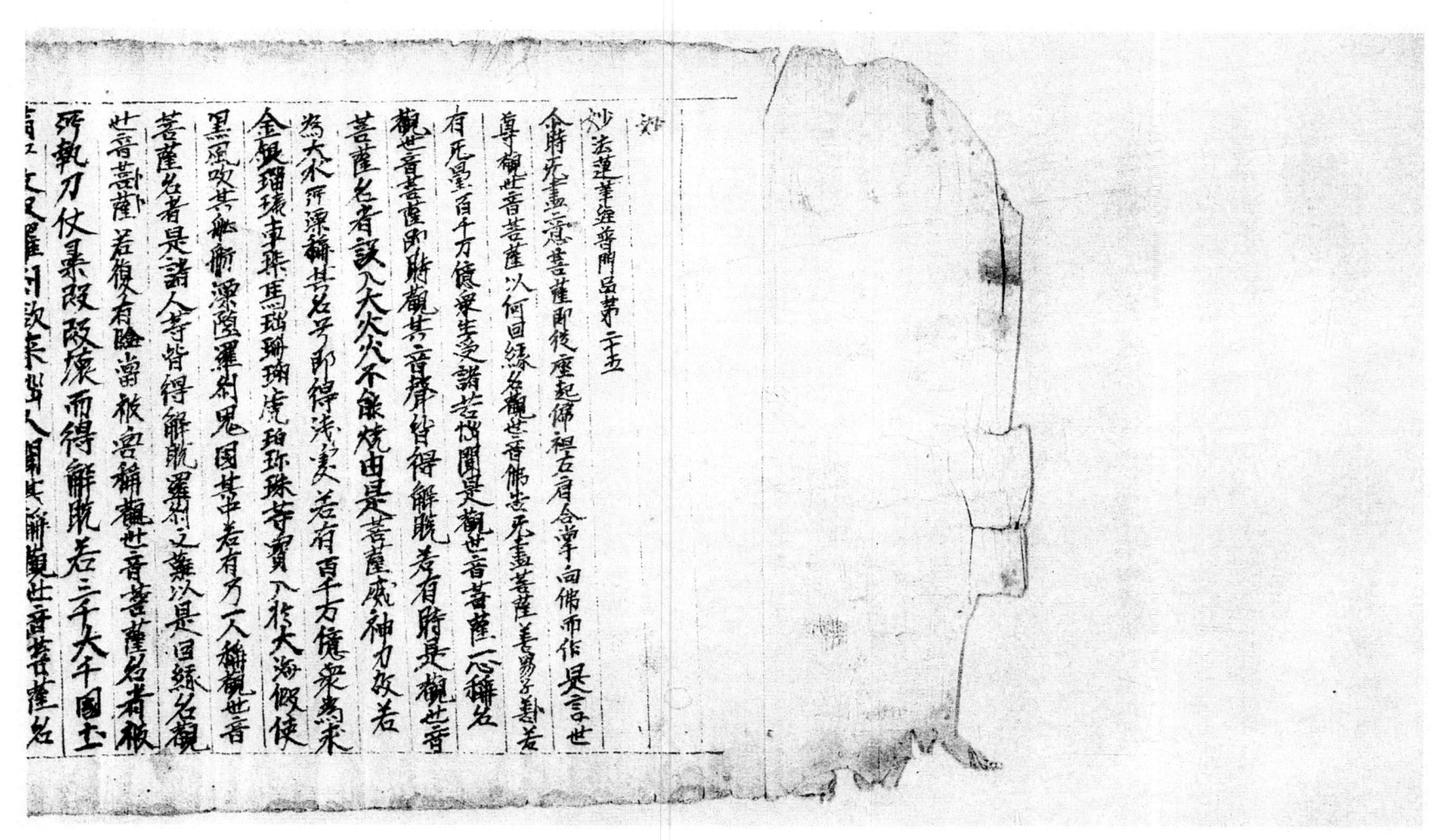

BD03804 號　金剛般若波羅蜜經　　(5–5)

妙

妙法蓮華經普門品第二十五
爾時无盡意菩薩即從座起偏袒右肩合掌向佛而作是言世
尊觀世音菩薩以何因緣名觀世音佛告无盡意菩薩善男子若
有无量百千万億衆生受諸苦惱聞是觀世音菩薩一心稱名
觀世音菩薩即時觀其音聲皆得解脫若有持是觀世音
菩薩名者設入大火火不能燒由是菩薩威神力故若
為大水所漂稱其名号即得淺處若有百千万億衆生為求
金銀瑠璃車𤦲馬瑙珊瑚虎珀珎珠等寶入於大海假使
黑風吹其船舫漂墮羅刹鬼國其中若有乃至一人稱觀世音
菩薩名者是諸人等皆得解脫羅刹之難以是因緣名觀
世音菩薩若復有人臨當被害稱觀世音菩薩名者彼
所執刀杖尋段段壞而得解脫若三千大千國土
…夜叉羅刹欲來惱人聞其稱觀世音菩薩名

BD03804 號背　觀世音經　　(2–1)

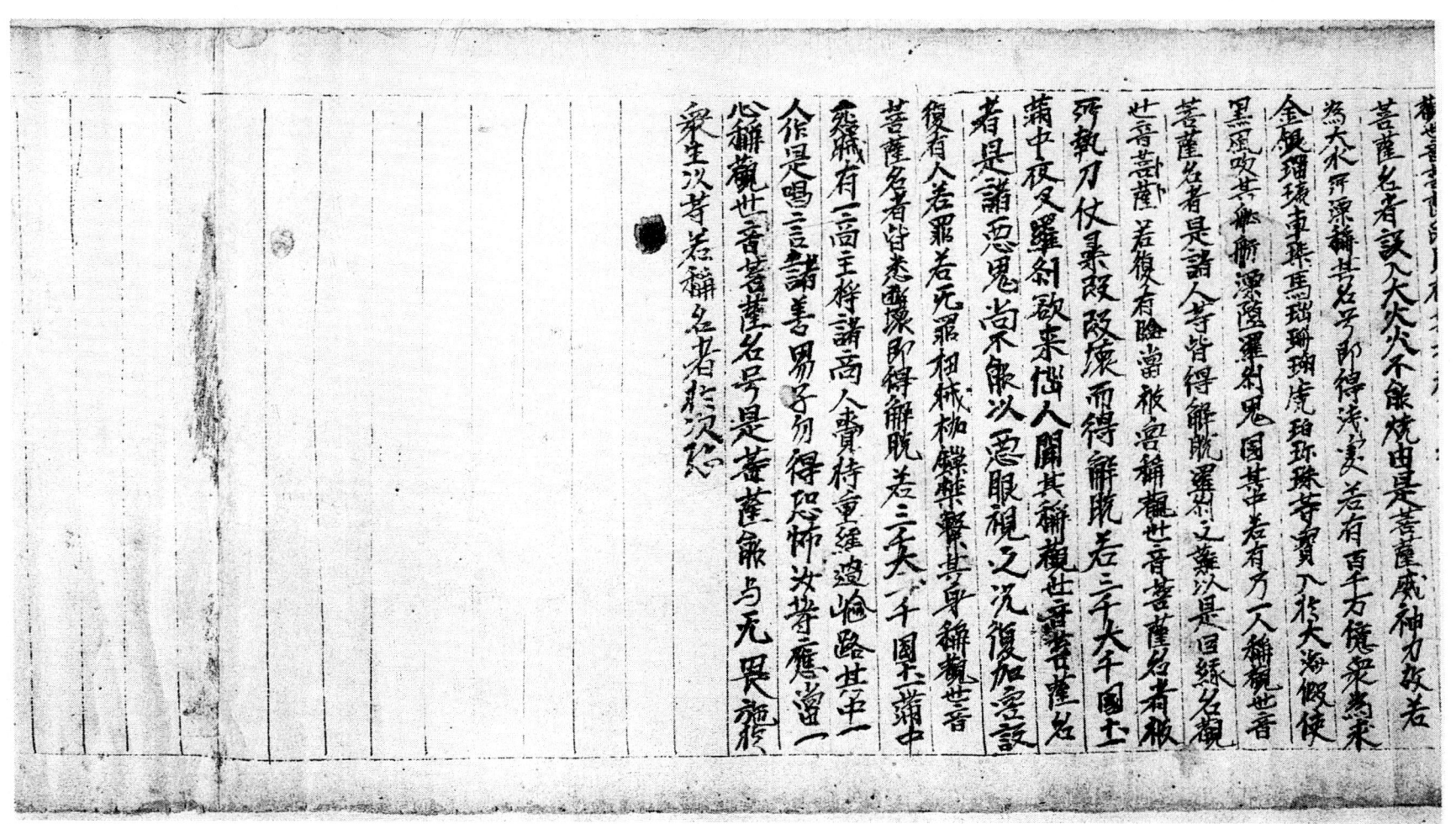

觀世音菩薩[illegible]
菩薩名者設入大火火不能燒由是菩薩威神力故若
為大水所漂稱其名号即得淺處若有百千万億衆生為求
金銀琉璃車𤥭馬瑙珊瑚虎珀真珠等寶入於大海假使
黑風吹其船舫漂墮羅剎鬼国其中若有乃至一人稱觀世音
菩薩名者是諸人等皆得解脫羅剎之難以是因緣名觀
世音菩薩若復有人臨當被害稱觀世音菩薩名者彼
所執刀杖尋段段壞而得解脫若三千大千國土
滿中夜叉羅剎欲來惱人聞其稱觀世音菩薩名
者是諸惡鬼尚不能以惡眼視之況復加害設
復有人若有罪若无罪杻械枷鎖檢繫其身稱觀世音
菩薩名者皆悉斷壞即得解脫若三千大千國土滿中
怨賊有一商主將諸商人齎持重寶經過嶮路其中一
人作是唱言諸善男子勿得恐怖汝等應當一
心稱觀世音菩薩名号是菩薩能以无畏施於
衆生汝等若稱名者於此怨

BD03804 號背　觀世音經　　（2–2）

界
不然何以故[illegible]
凡一无二善男子若言一二是凡夫相是名
名為十住菩薩非凡夫也何以故一者名常
涅槃二者名為生死何故一者名為涅槃以
其常故何故二者名為生死愛无明故常涅
槃者非凡夫相生死二者亦非凡夫相以是
義故具二[illegible]者能問能答善男子汝問云何
為佛性者諦聽諦聽吾當為汝分別解說
善男子佛性者名第一義空第一義空名為
智慧所言空者不見空與不空智者見空及
與不空常與无常苦之與樂我與无我空者
一切生死不空者謂大涅槃乃至无我者即
是生死我者謂大涅槃見一切空不見不空
不名中道乃至見一切无我不見我者不名
中道中道者名為佛性以是義故佛性常恒
无有變易无明覆故令諸衆生不能得見聲
聞緣覺見一切空不見不空乃至見一切无
我不見於我以是義故不得第一義空不得
第一義空故不行中道无中道故不見佛性
善男子不見中道者凡有三種一定樂行二
定苦行三苦樂行定樂行者所謂菩薩摩訶

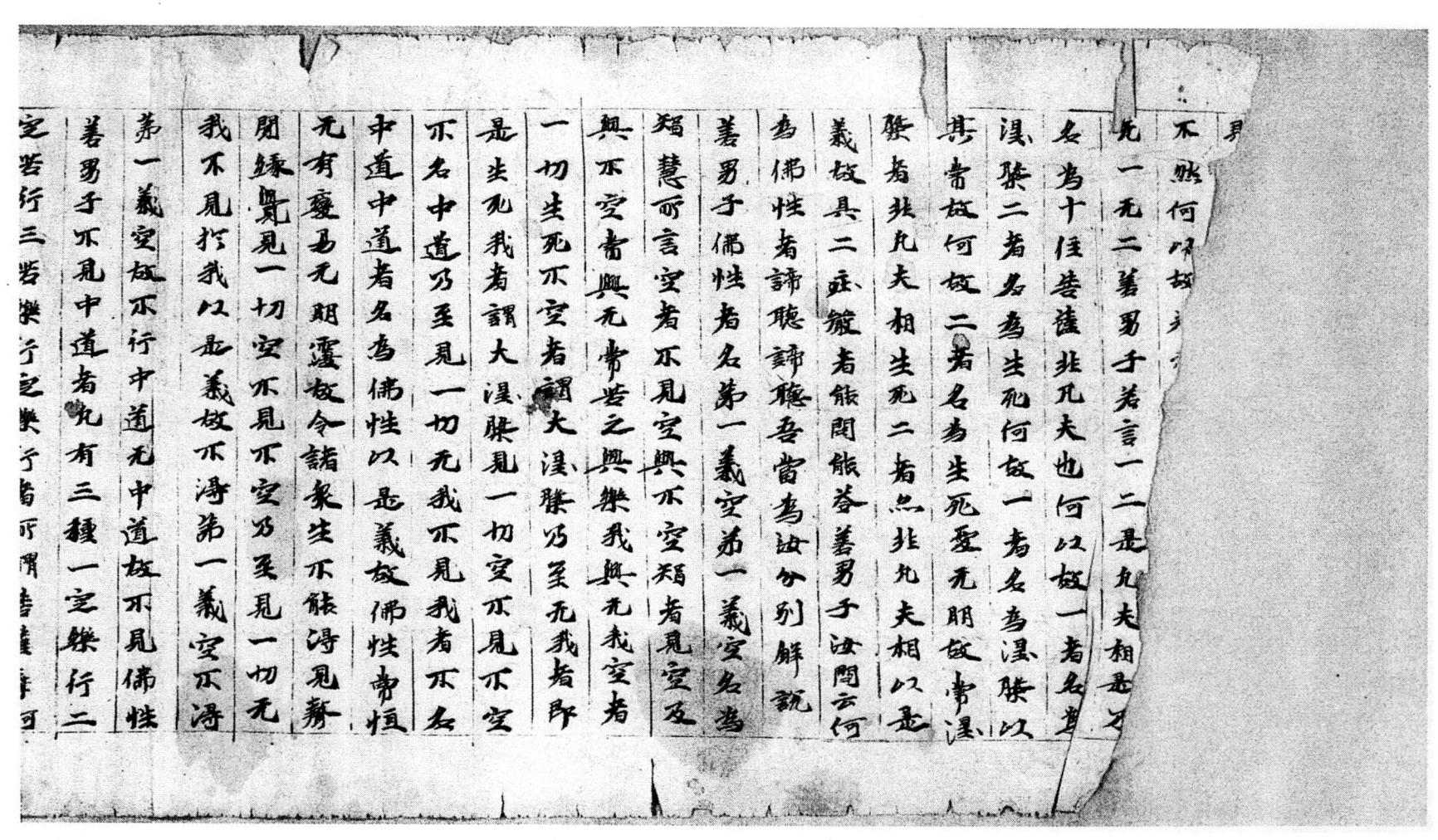

BD03805 號　大般涅槃經（北本）卷二七　　（4–1）

聞緣覺見一切空不見不空乃至見一切无
我不見於我以是義故不得第一義空不得
第一義空故不行中道无中道故不見佛性
善男子不見中道者凡有三種一定樂行二
定苦行三苦樂行定樂行者所謂菩薩摩訶
薩憐愍一切諸衆生故雖復處在阿鼻地獄
如三禪樂定苦行者謂諸凡夫苦樂行者謂
聲聞緣覺聲聞緣覺行於苦樂作中道想以
是義故雖有佛性而不能見如汝所言以何
義故名佛性者善男子佛性者即是一切諸
佛阿耨多羅三藐三菩提中道種子復次善
男子道有三種謂下中上下者梵天无常謬
見是常上者生死无常謬見是常三寶是常
横計无常何故名上能得最上阿耨多羅三
藐三菩提故中者名第一義空无常見无常
常見於常第一義空不名為下何以故一切
凡夫所不得故不名為上何以故即是上故
諸佛菩薩所脩之道不上不下以是義故名
為中道復次善男子生死本際凡有二種一
者无明二者有愛是二中間則有生老病死
之苦是名中道如是中道能破生死故名為
中以是義故中道之法名為佛性是故佛性
常樂我淨以諸衆生不能見故无常无樂无
我无淨佛性實非无常无樂无我无淨善男

中以是義故中道之法名為佛性是故佛性
常樂我淨以諸衆生不能見故无常无樂无
我无淨佛性實非无常无樂无我无淨善男
子譬如貧人家有寶藏是人不見以不見故
无常无樂无我无淨有善知識而語之言汝
舍宅中有金寶藏何故如是貧窮困苦无常
无樂无我无淨即以方便令彼得見以得見
故是人即得常樂我淨佛性亦尒衆生不見
以不見故无常无樂无我无淨有善知識諸
佛菩薩以諸方便種種教告令彼得見以得
見故衆生即得常樂我淨復次善男子衆生
起見凡有二種一者常見二者斷見如是二
見不名中道无常无斷乃名中道无常无斷
即是觀照十二緣智如是觀智是名佛性二
乘之人雖觀因緣猶亦不得名為佛性佛性
雖常以諸衆生无明覆故不能得見又未能
渡十二緣河猶如兔馬何以故不見佛性故
善男子是觀十二因緣智慧即是阿耨多羅
三藐三菩提種子以是義故十二因緣名為
佛性善男子譬如胡瓜名為熱病何以故能
為熱病作因緣故十二因緣亦復如是善男
子佛性者有因有因因有果有果果有因者
即是十二因緣因因者即是智慧有果者即
是阿耨多羅三藐三菩提果果者即是无上

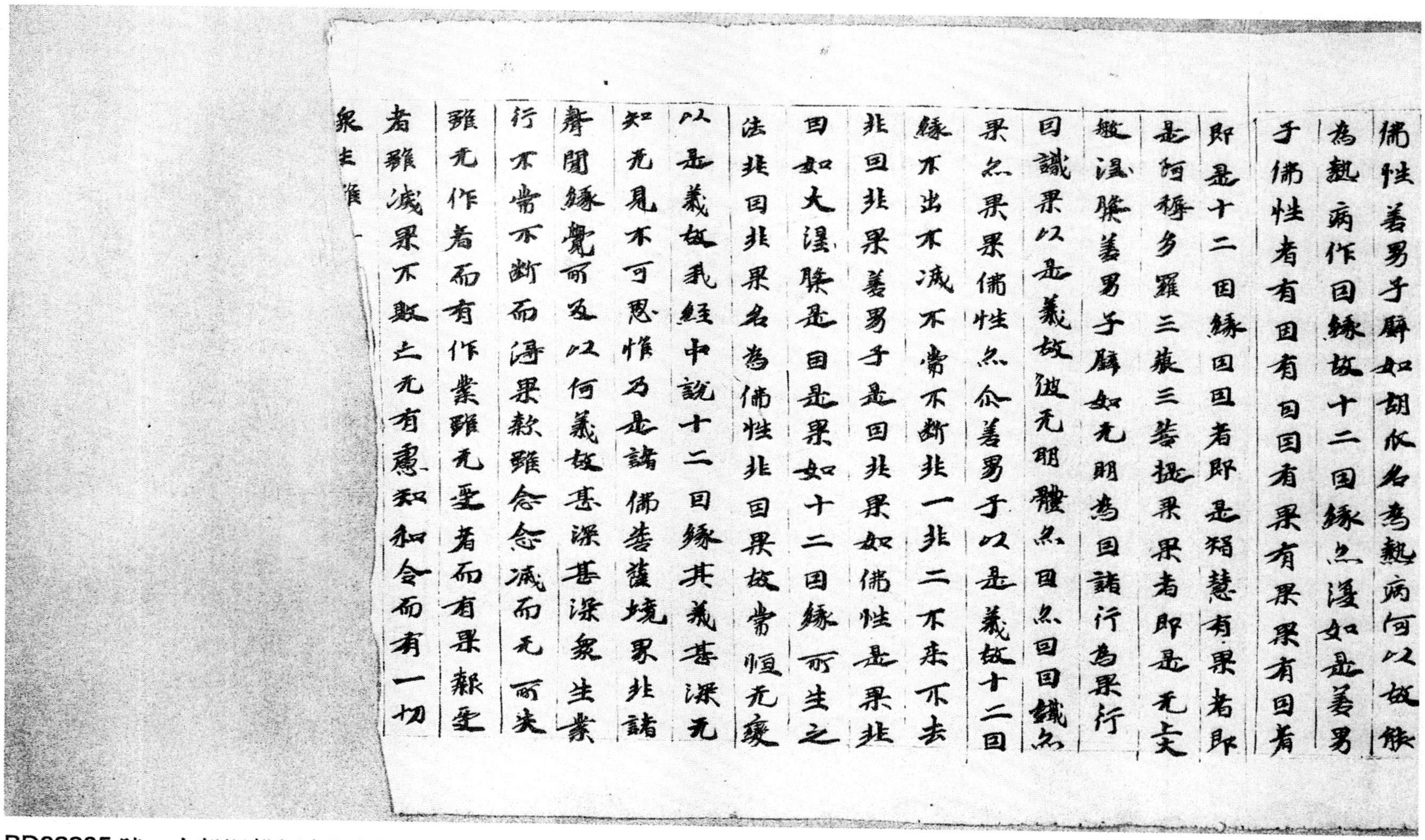
佛性善男子譬如胡瓜名為熱病何以故能
為熱病作因緣故十二因緣亦復如是善男
子佛性者有因有因因有果有果果有因者
即是十二因緣因因者即是智慧有果者即
是阿耨多羅三藐三菩提果果者即是无上
大般涅槃善男子譬如无明為因諸行為果行
因識果以是義故彼无明體亦因亦因因識亦
果亦果果佛性亦尒善男子以是義故十二因
緣不出不滅不常不斷非一非二不來不去
非因非果善男子是因非果如佛性是果非
因如大涅槃是因是果如十二因緣所生之
法非因非果名為佛性非因果故常恒无變
以是義故我經中說十二因緣其義甚深无
知无見不可思惟乃是諸佛菩薩境界非諸
聲聞緣覺所及以何義故甚深甚深眾生業
行不常不斷而得果報雖念念滅而无所失
雖无作者而有作業雖无受者而有果報受
者雖滅果不敗亡无有慮知和合而有一切
衆生雖……

BD03805 號　大般涅槃經（北本）卷二七

（4–4）

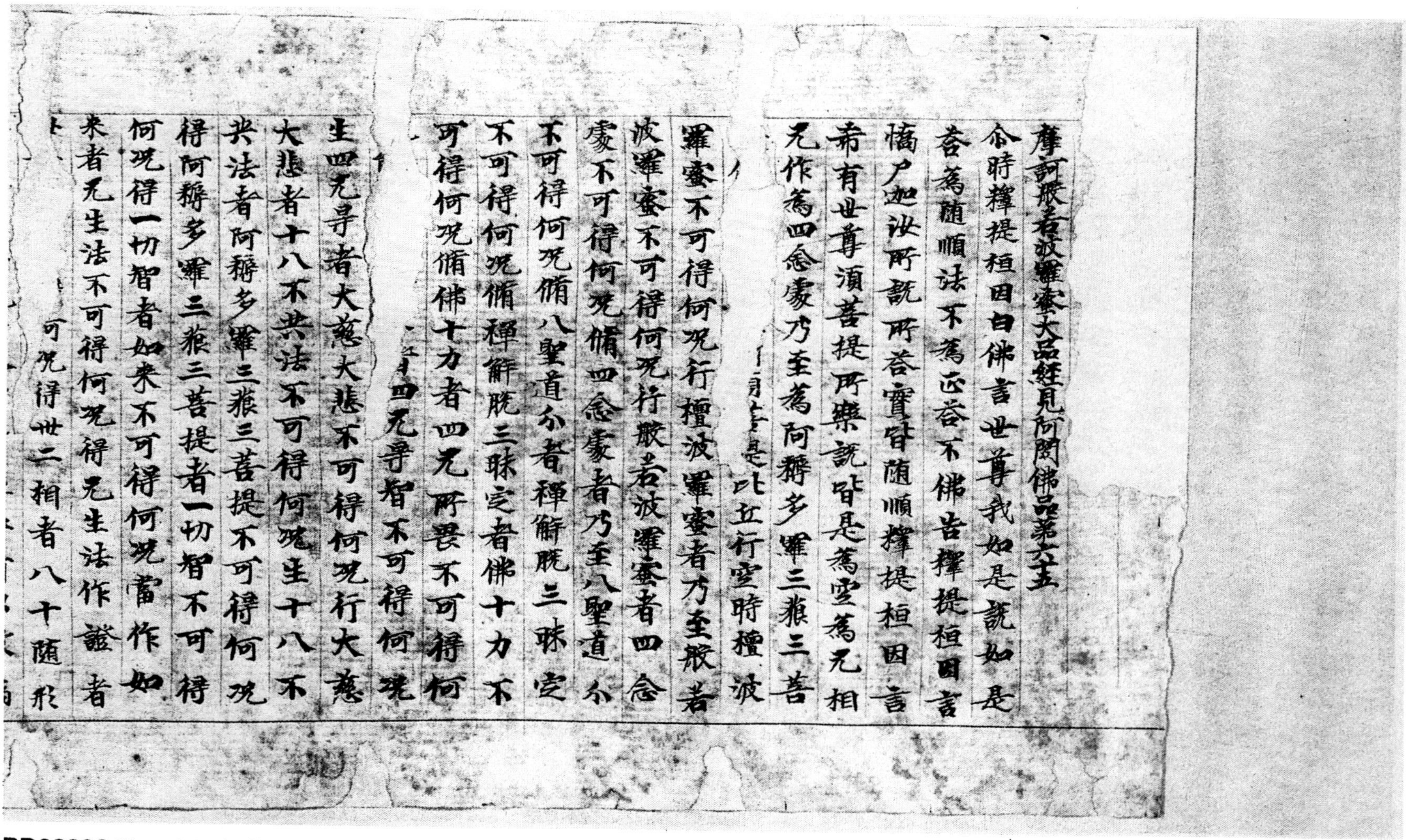
摩訶般若波羅蜜大品經見阿閦佛品第六十五
尒時釋提桓因白佛言世尊我如是說如是
荅為隨順法不為逆荅不佛告釋提桓因言
憍尸迦汝所說所荅實皆隨順釋提桓因言
希有世尊須菩提所樂說皆是為空為无相
无作為四念處乃至為阿耨多羅三藐三菩
……比丘行空時攝波
羅蜜不可得何况行攝波羅蜜者乃至般若
波羅蜜不可得何况行般若波羅蜜者四念
處不可得何况脩四念處者乃至八聖道分
不可得何况脩八聖道分者禪解脫三昧定
不可得何况脩禪解脫三昧定者佛十力不
可得何况脩佛十力者四无所畏不可得何
……四无导智不可得何况
生四无导者大慈大悲不可得何况行大慈
大悲者十八不共法不可得何况生十八不
共法者阿耨多羅三藐三菩提不可得何况
得阿耨多羅三藐三菩提者一切智不可得
何况得一切智者如來不可得何况當作如
來者无生法不可得何况得无生法作證者
……何况得卅二相者八十隨形

BD03806 號　摩訶般若波羅蜜經（四十卷本）卷二九

（21–1）

大悲者十八不共法不可得何况生十八不
共法者阿耨多羅三藐三菩提不可得何况
得阿耨多羅三藐三菩提者一切智不可得
何况得一切智者如來不可得何况當作如
來者无生法不可得何况得无生法作證者
可况得卅二相者八十随形
好不可得何况得八十随形好者何以故憍
尸迦須菩提比丘一切法離行一切法无所
得行一切法空行一切法无相行一切法无
作行憍尸迦是爲須菩提比丘所行欲比菩
薩摩訶薩般若波羅蜜行百分不及一千分
千万億分乃至筭數譬喻所不能及何以故
除佛……須菩提行般若波羅蜜於聲
聞辟支佛諸行中最尊最妙最上以是故菩
薩摩訶薩欲得於一切衆生中最上當行般
若波羅蜜何以故憍尸迦諸菩薩摩訶薩行
般若波羅蜜時過聲聞辟支佛地入菩薩位
能具足佛法得一切種智斷一切煩惱習作
佛是會中諸卅三天以天文陁羅華散佛及
僧是時六百比丘從坐起以華散佛偏袒右
肩合掌右膝著地白佛言世尊我等當行是
无上行聲聞辟支佛所不能行尒時佛知諸比
丘心行便微笑如諸佛法種種色光青黄赤
白紅縹從口中出遍照三千大千國土還佛
三匝還從頂入尒時阿難偏袒右肩右膝著
地白佛言世尊何因緣微笑諸佛不以无因
緣而笑佛告阿難是六百比丘於如宿劫中
當得阿耨多羅三藐三菩提佛名散華皆

BD03806 號　摩訶般若波羅蜜經（四十卷本）卷二九　（21–2）

三匝還從頂入尒時阿難偏袒右肩右膝著
地白佛言世尊何因緣微笑諸佛不以无因
緣而笑佛告阿難是六百比丘於如宿劫中
當得阿耨多羅三藐三菩提佛名散華皆
同一字比丘僧國土壽命皆等各各過十万
歲出家作佛是時諸國常雨五色天華以是
故阿難菩薩摩訶薩欲行最上行應當行般
若波羅蜜佛告阿難若有善男子善女人能
行是般若波羅蜜當知是菩薩人中死此
間生若兜率天上死來生此間若人中若兜
率天上廣聞是深般若波羅蜜阿難我見是
諸菩薩摩訶薩能行是深般若波羅蜜阿難
若有善男子善女人聞是深般若波羅蜜受
持讀誦親近正憶念轉復以般若波羅蜜教
行菩薩道者當知是菩薩面
從佛聞般若波羅蜜乃至親近亦從諸佛
種善根善男子善女人當作是念我等非聲
聞所種善根亦不從聲聞所聞是深般若波
羅蜜阿難若有善男子善女人受持是深般
若波羅蜜讀誦親近隨義隨法行當知是善
男子善女人則爲面見佛阿難若有善男子
善女人聞是深般若波羅蜜信心清淨不可
沮壞當知是善男子善女人曾供養佛種善
根與善知識相得阿難於諸佛福田種善根
雖不虛誑要得聲聞辟支佛而得解脫應
當深了了行六波羅蜜乃至一切種智阿難
若菩薩深了了行六波羅蜜乃至一切種智

BD03806 號　摩訶般若波羅蜜經（四十卷本）卷二九　（21–3）

根與善知識相得阿難於諸佛福田種善根
雖不虛誑要得聲聞辟支佛佛而得解脫應
當深了了行六波羅蜜乃至一切種智阿難
若菩薩深了了行六波羅蜜乃至一切種智
是人若至聲聞辟支佛道不得阿耨多羅三
藐三菩提无有是處是故阿難我以般若波
羅蜜囑累汝阿難汝若受持一切法除般若
波羅蜜若忘若失其過小小无有大罪阿難
汝受持深般若波羅蜜若失一句其過甚大
阿難汝若受持深般若波羅蜜遠忘失其罪
甚多以是故阿難囑累汝是深般若波羅蜜
汝當善好持讀誦令利阿難若有善男子善
女人受持般若波羅蜜則為受持過去未來
現在諸佛阿耨多羅三藐三菩提阿難若善
男子善女人現在供養我恭敬尊重讚歎華
香瓔珞搗香澤香衣被幡蓋應當受持般若
波羅蜜讀誦說親近供養恭敬尊重讚歎華
香乃至幢阿難供養般若波羅蜜則為供
養我亦供養過去未來現在佛已若有善男
子善女人聞說深般若波羅蜜信心清淨恭
敬愛樂則為信心清淨恭敬愛樂過去未來
現在諸佛已阿難汝愛樂佛不捨離當愛樂
般若波羅蜜莫捨離阿難深般若波羅蜜乃
至一句應令失阿難我說囑累因緣甚
多今但略說如我為世尊般若波羅蜜亦是
世尊以是故阿難種種因緣囑累汝般若波

BD03806號　摩訶般若波羅蜜經（四十卷本）卷二九　（21–4）

多今但略說如我為世尊般若波羅蜜亦是
世尊以是故阿難種種因緣囑累汝般若波
羅蜜阿難今我於一切世間天人脩羅中囑
累汝諸欲不捨佛不捨法不捨僧不捨過去
未來現在諸佛阿耨多羅三藐三菩提者慎
莫捨般若波羅蜜阿難是我所教化弟子法
阿難若善男子善女人受持深般若波羅蜜
讀誦說正憶念復為他人種種廣說其義開
示演暢分明令易解是善男子善女人疾得
阿耨多羅三藐三菩提疾近薩婆若何以故
般若波羅蜜中生諸佛阿耨多羅三藐三菩
提阿難過去未來諸佛阿耨多羅三藐三菩
提皆從般若波羅蜜中出生今現在東方南
方西方北方四維上下諸佛阿耨多羅三藐
三菩提亦從般若波羅蜜生以是故阿難諸
菩薩摩訶薩欲得阿耨多羅三藐三菩提應
當學六波羅蜜何以故阿難六波羅蜜是菩
薩摩訶薩母生諸菩薩故阿難若有菩薩摩
訶薩學是六波羅蜜皆當得阿耨多羅三藐
三菩提以是故我以六波羅蜜倍復囑累汝
阿難是六波羅蜜是諸佛无盡法藏阿難是
十方諸佛現在說法皆從六波羅蜜法藏中
出過去諸佛亦從六波羅蜜中學得阿耨多
羅三藐三菩提未來諸佛亦從六波羅蜜中
學得阿耨多羅三藐三菩提過去未來現在
諸佛弟子皆從六波羅蜜中學得滅度已得

BD03806號　摩訶般若波羅蜜經（四十卷本）卷二九　（21–5）

此過去諸佛亦從六波羅蜜中學得阿耨多
羅三藐三菩提未來諸佛亦從六波羅蜜中
學得阿耨多羅三藐三菩提過去未來現在
諸佛弟子皆從六波羅蜜中學得滅度已得
當得今得滅度阿難汝為聲聞人說法令三
千大千世界中衆生皆得阿羅漢果證猶未
為我弟子事汝若以般若波羅蜜相應一句
教菩薩摩訶薩則為我弟子事我亦歡喜勝
教三千大千世界中衆生令得阿羅漢果復
次阿難是三千大千世界中衆生不前不後
一時皆得阿羅漢果證是諸阿羅漢行布施
功德持戒禪定功德是功德多不阿難言甚
多世尊佛言不如弟子以般若波羅蜜相應
法為菩薩摩訶薩說乃至一日其福甚多置
一日但半日置半日但一食頃置一食頃但
須臾間說其福多何以故菩薩摩訶薩善根
勝一切聲聞辟支佛故菩薩摩訶薩自欲得
阿耨多羅三藐三菩提亦示教利喜他人令
得阿耨多羅三藐三菩提阿難如是菩薩行
六波羅蜜行四念處乃至行一切種智增益
善根若不得阿耨多羅三藐三菩提无有是
處說是般若波羅蜜品時佛在四衆中天人
龍鬼神緊陁羅摩睺羅伽等於大衆前而現
神足變化一切大衆皆見阿閦佛比丘僧圍
繞說法大衆譬如大海水皆是阿羅漢漏盡
无煩惱皆得自在得好解脫慧解脫其心調
柔譬如大象所作已辦逮得已利盡諸有結
正智得解脫一切心心數法中得自在及諸

BD03806 號　摩訶般若波羅蜜經（四十卷本）卷二九　（21–6）

神足變化一切大衆皆見阿閦佛比丘僧圍
繞說法大衆譬如大海水皆是阿羅漢漏盡
无煩惱皆得自在得好解脫慧解脫其心調
柔譬如大象所作已辦逮得已利盡諸有結
正智得解脫一切心心數法中得自在及諸
菩薩摩訶薩无量功德成就尒時佛攝神足
一切大衆不復見阿閦佛聲聞人菩薩摩訶
薩及其世界不與眼作對何以故佛攝神足
故尒時佛告阿難如是阿難一切法不與眼
作對法法不相見法法不相知如是阿難如
阿閦佛弟子菩薩世界不與眼作對如是阿
難一切法不與眼作對法法不相知法法不
相見何以故一切法无知无見无作无動不
可捉不可思議如幻人无受无覺无真實菩
薩摩訶薩如是行為行般若波羅蜜亦不著
諸法阿難菩薩摩訶薩如是學名為學般若
波羅蜜欲得諸波羅蜜當學般若波羅蜜何
以故如是學名為第一學最上學微妙學如
是學安樂利益一切世間无護者為作護是
諸佛許學諸佛住是學中能以右手舉三千
大千世界還著本處是中衆生无覺知者何
以故阿難諸佛學是般若波羅蜜過去未來
現在法中无礙智見阿難般若波羅蜜於諸
學中最尊第一微妙无上阿難有人欲得般
若波羅蜜邊際為欲得虛空邊際何以故阿
難般若波羅蜜无有量我初不說般若波羅
蜜量名衆句衆字衆是有量般若波羅蜜无

BD03806 號　摩訶般若波羅蜜經（四十卷本）卷二九　（21–7）

若波羅蜜邊際為欲得虛空邊際何以故阿
難般若波羅蜜无有量我初不說般若波羅
蜜量名衆句衆字衆是有量般若波羅蜜无
有量阿難白佛言世尊般若波羅蜜何以故
无有量佛告阿難般若波羅蜜无盡故无有
量般若波羅蜜離故无有量阿難過去諸佛
皆學般若波羅蜜得度般若波羅蜜故不盡
未來世諸佛亦學是般若波羅蜜得度是般
若波羅蜜故不盡現在十方諸佛皆學般若
波羅蜜得度般若波羅蜜故不盡已不盡今
不盡當不盡阿難欲盡般若波羅蜜為欲盡
虛空般若波羅蜜不可盡已不盡今不盡當
不盡禪波羅蜜乃至檀波羅蜜不可盡已不
盡今不盡當不盡乃至一切種智亦如是何
以故是一切法皆无生若法无生云何有盡
尒時佛出覆面舌相告阿難從今日於四衆
中廣演開示分別般若波羅蜜當令分明易
解何以故是深般若波羅蜜中廣說諸法相
是中求聲聞辟支佛求佛者皆當於中學學
已各得成就阿難是深般若波羅蜜則是一
切字門行是深般若波羅蜜能入陁隣尼門
學是陁隣尼諸菩薩得一切樂說辯才阿難
般若波羅蜜是三世諸佛妙法以是故阿難
我為汝了了說若有人受持深般若波羅蜜
讀誦親近是人則能持三世諸佛阿耨多羅
三藐三菩提阿難我說般若波羅蜜是行者
之汝持是般若波羅蜜陁隣尼故則能持一

BD03806號　摩訶般若波羅蜜經（四十卷本）卷二九　（21–8）

般若波羅蜜是三世諸佛妙法以是故阿難
我為汝了了說若有人受持深般若波羅蜜
讀誦親近是人則能持三世諸佛阿耨多羅
三藐三菩提阿難我說般若波羅蜜是行者
之汝持是般若波羅蜜陁隣尼故則能持一
切法

摩訶般若波羅蜜經不可盡品苐六十六

尒時須菩提作是念是諸佛阿耨多羅三藐
三菩提甚深我當問佛作是念已白佛言世
尊是般若波羅蜜不可盡佛言虛空不可盡
故般若波羅蜜不可盡世尊云何應生般若
波羅蜜佛言色不可盡故般若波羅蜜應生
受想行識不可盡故般若波羅蜜應生檀波
羅蜜不可盡故般若波羅蜜應生尸波羅蜜
羼提波羅蜜毗梨耶波羅蜜禪波羅蜜般若
波羅蜜不可盡故般若波羅蜜應生乃至一
切種智不可盡故般若波羅蜜應生復次須
菩提癡空不可盡故菩薩摩訶薩般若波羅
蜜應生行空不可盡故菩薩般若波羅蜜應
生識空不可盡故菩薩般若波羅蜜應生名
色空不可盡故菩薩般若波羅蜜應生六處
空不可盡故菩薩般若波羅蜜應生六觸空
不可盡故菩薩般若波羅蜜應生受空不可
盡故菩薩般若波羅蜜應生愛空不可盡故
菩薩般若波羅蜜應生取空不可盡故菩薩
般若波羅蜜應生有空不可盡故菩薩般若
波羅蜜應生生空不可盡故菩薩般若波羅

BD03806號　摩訶般若波羅蜜經（四十卷本）卷二九　（21–9）

不可盡故菩薩般若波羅蜜應生受空不可
盡故菩薩般若波羅蜜應生愛空不可盡故
菩薩般若波羅蜜應生取空不可盡故菩薩
般若波羅蜜應生有空不可盡故菩薩般若
波羅蜜應生生空不可盡故菩薩般若波羅
蜜應生老死憂悲苦惱空不可盡故菩薩般
若波羅蜜應生如是須菩提菩薩摩訶薩般
若波羅蜜應生須菩提觀是十二因緣是獨
菩薩法能除諸邊顛倒坐道場時應如是觀
當得一切種智須菩提若有菩薩摩訶薩以
虗空不可盡法行般若波羅蜜觀十二因不
墮聲聞辟支佛地住阿鞞多羅三藐三菩提
須菩提若求菩薩道而轉還者離般若波羅
蜜念故是人不知云何行般若波羅蜜以虗
空不可盡法觀十二因緣須菩提若求菩薩
道而轉還者皆不得是方便力故於阿鞞多
羅三藐三菩提而轉還須菩提若菩薩摩訶
薩於阿鞞多羅三藐三菩提不轉還者皆得
是方便力故須菩提菩薩摩訶薩應以虗空
不可盡法觀般若波羅蜜應以虗空不可盡
法生般若波羅蜜如是須菩提菩薩摩訶薩
觀十二因緣時不見法无因緣生不見法常
不滅不見法有我人壽者命者衆生知者見
者不見法无常不見法苦不見法无我不見
法寂滅非寂滅如是須菩提菩薩摩訶薩行
般若波羅蜜應如是觀十二因緣須菩提若
菩薩摩訶薩能如是行般若波羅蜜是時不

BD03806號　摩訶般若波羅蜜經（四十卷本）卷二九　（21–10）

者不見法无常不見法苦不見法无我不見
法寂滅非寂滅如是須菩提菩薩摩訶薩行
般若波羅蜜應如是觀十二因緣須菩提若
菩薩摩訶薩能如是行般若波羅蜜是時不
見色若常若无常若苦若樂若我若无我若
寂滅若非寂滅受想行識亦如是須菩提菩
薩摩訶薩是時亦不見般若波羅蜜亦不見
以是法見般若波羅蜜禪波羅蜜乃至阿鞞
多羅三藐三菩提亦不見阿鞞多羅三藐三
菩提亦不見以是法見阿鞞多羅三藐三菩
提如是須菩提一切法不可得故是為應般
若波羅蜜行若菩薩行无所得般若波羅蜜
時愁魔愁毒如箭入心譬如人新喪父母如
是須菩提愁魔見菩薩行无所得般若波羅
蜜時便大愁毒如箭入心須菩提白佛言世
尊但一魔愁毒三千大千世界中魔亦復愁
毒佛告須菩提三千大千世界中諸愁魔皆
愁毒如箭入心各於其坐不能自安須菩提
菩薩摩訶薩能如是行般若波羅蜜是時一
切世間天及人阿脩羅不能得其便令其憂
惱須菩提以是故菩薩摩訶薩欲得阿鞞多
羅三藐三菩提當行是般若波羅蜜菩薩摩
訶薩行般若波羅蜜時具足檀波羅蜜尸
波羅蜜羼提波羅蜜毗梨耶波羅蜜禪波羅
蜜般若波羅蜜須菩提菩薩摩訶薩行般若
波羅蜜時具足諸波羅蜜須菩提白佛言世
尊菩薩摩訶薩行般若波羅蜜時云何具足

BD03806號　摩訶般若波羅蜜經（四十卷本）卷二九　（21–11）

波羅蜜羼提波羅蜜毗梨耶波羅蜜禪波羅
蜜般若波羅蜜須菩提菩薩摩訶薩行般若
波羅蜜時具足諸波羅蜜須菩提白佛言世
尊菩薩摩訶薩行般若波羅蜜時云何具足
檀波羅蜜尸波羅蜜羼提波羅蜜毗梨耶波
羅蜜禪波羅蜜般若波羅蜜佛告須菩提菩
薩摩訶薩所有布施皆迴向薩婆若如是須
菩提菩薩摩訶薩行般若波羅蜜時具足檀
波羅蜜須菩提菩薩摩訶薩所有持戒皆迴
向薩婆若是為具足尸波羅蜜菩薩摩訶薩
所有忍辱皆迴向薩婆若是為具足羼提波
羅蜜菩薩摩訶薩所有精進皆迴向薩婆若
是為具足毗梨耶波羅蜜菩薩摩訶薩所有
禪定皆迴向薩婆若是為具足禪波羅蜜菩
薩摩訶薩所有智慧皆迴向薩婆若是為具
足般若波羅蜜如是須菩提菩薩摩訶薩行
般若波羅蜜具足六波羅蜜

摩訶般若波羅蜜經六度攝相品第六十七

須菩提白佛言世尊云何菩薩摩訶薩住檀
波羅蜜取尸波羅蜜佛告須菩提菩薩摩訶
薩布施時持是布施迴向薩婆若於衆生中
住慈身口意業是為菩薩住檀波羅蜜取尸
波羅蜜世尊云何菩薩住檀波羅蜜取羼提
波羅蜜佛告須菩提菩薩布施時受者瞋恚
罵辱惡言迦之是時菩薩忍辱不生瞋心是
為菩薩住檀波羅蜜取羼提波羅蜜世尊云何

BD03806號　摩訶般若波羅蜜經（四十卷本）卷二九　（21–12）

住慈身口意業是為菩薩住檀波羅蜜取尸
波羅蜜世尊云何菩薩住檀波羅蜜取羼提
波羅蜜佛告須菩提菩薩布施時受者瞋恚
罵辱惡言迦之是時菩薩忍辱不生瞋心是
為菩薩住檀波羅蜜取羼提波羅蜜世尊云何
菩薩住檀波羅蜜取毗梨耶波羅蜜佛言菩
薩布施時受者瞋恚罵辱惡言加之菩薩增
益布施心作是念我應當施不應有所惜即
時生身精進心精進是為菩薩住檀波羅蜜
取毗梨耶波羅蜜世尊云何菩薩摩訶薩住
檀波羅蜜取禪波羅蜜佛言菩薩布施時迴
向薩婆若不趣聲聞辟支佛地但一心念薩
婆若是為菩薩住檀波羅蜜取禪波羅蜜
世尊云何菩薩摩訶薩住檀波羅蜜取般若
波羅蜜佛言菩薩布施時知布施空如幻不
見為衆生布施有益无益是為菩薩住檀波
羅蜜取般若波羅蜜須菩提白佛言世尊云
何菩薩摩訶薩住尸波羅蜜取檀波羅蜜羼
提波羅蜜毗梨耶波羅蜜禪波羅蜜般若波
羅蜜佛告須菩提菩薩摩訶薩住尸波羅蜜
中身口意生布施福德助阿耨多羅三藐三
菩提持是功德不趣聲聞辟支佛地住尸波
羅蜜中不奪他命不劫奪他物不行耶婬不
妄語不兩舌不惡口不綺語不貪婬不瞋恚
不耶見所有布施飢者與食渴者與飲須乘
與乘須衣與衣須香與香須瓔珞與瓔珞塗
香臥具房舍燈燭資生所須盡給與之持是

BD03806號　摩訶般若波羅蜜經（四十卷本）卷二九　（21–13）

妄語不兩舌不惡口不綺語不貪淫不瞋恚
不耶見所有布施飢者與食渴者與飲須乘
與乘須衣與衣須香與香須瓔珞與瓔珞塗
香卧具房舍燈燭資生所須盡給與之持是
布施與衆生共之迴向阿耨多羅三藐三菩
提如是迴向不墮聲聞辟支佛地須菩提是
為菩薩摩訶薩住尸波羅蜜取檀波羅蜜世
尊云何菩薩摩訶薩住尸波羅蜜取羼提波
羅蜜佛言菩薩摩訶薩住尸波羅蜜中若有
衆生来節節支解菩薩於是中不生瞋恚心
乃至一念作是言我得大利衆生来取我支
節用我无一念瞋恚是為菩薩住尸波羅蜜
中取羼提波羅蜜世尊云何菩薩摩訶薩住
尸波羅蜜取毗梨耶波羅蜜佛言若菩薩摩
訶薩身精進心精進常不捨作是念一切衆
生在生死中我當拔著甘露地是為菩薩住
尸波羅蜜中取毗梨耶波羅蜜世尊云何菩
薩摩訶薩住尸波羅蜜取禪波羅蜜佛言菩
薩入初禪第二第三第四禪不貪聲聞辟支
佛地作是念我當住禪波羅蜜中度一切衆
生生死是為菩薩住尸波羅蜜取禪波羅蜜
世尊云何菩薩摩訶薩住尸波羅蜜取般若
波羅蜜佛言菩薩住尸波羅蜜中无有法可
見若作法若有為若數法若相法若有若无
但見諸法不過如相以般若波羅蜜漚和拘
舍羅力故不墮聲聞辟支佛地是為菩薩住
尸波羅蜜取般若波羅蜜須菩提白佛言世

BD03806號　摩訶般若波羅蜜經（四十卷本）卷二九　（21–14）

見若作法若有為若數法若相法若有若无
但見諸法不過如相以般若波羅蜜漚和拘
舍羅力故不墮聲聞辟支佛地是為菩薩住
尸波羅蜜取般若波羅蜜須菩提白佛言世
尊云何菩薩摩訶薩住羼提波羅蜜取檀波
羅蜜佛言菩薩從初發意乃至道場於其中
間若一切衆生来瞋恚罵詈節節支解菩薩
住於忍辱作是念我應布施一切衆生不應
不與是衆生須食與食須飲與飲乃至資生
所須盡皆與之持是功德與一切衆生共之
迴向阿耨多羅三藐三菩提是菩薩迴向
時不生二心誰迴向者迴向何處是為菩薩
住羼提波羅蜜取檀波羅蜜世尊云何菩薩
摩訶薩住羼提波羅蜜取尸羅波羅蜜佛言
菩薩從初發心乃至道場於其中間終不奪
他命不與不取乃至不耶見亦不貪聲聞辟
支佛地持是功德與一切衆生共之迴向阿
耨多羅三藐三菩提是菩薩迴向時三種心
不生誰迴向阿耨多羅三藐三菩提用何法
迴向迴向何處是為菩薩住羼提波羅蜜取
尸波羅蜜世尊云何菩薩摩訶薩住羼提波
羅蜜取毗梨耶波羅蜜佛言菩薩住羼提波
羅蜜生精進作是念我當住一由旬若十由
旬百千万億由旬過一世界乃至過百千万
億世界乃至教一人令持五戒何況令得須
陁洹果乃至阿羅漢果辟支佛道阿耨多羅
三藐三菩提持是功德與一切衆生共之迴

BD03806號　摩訶般若波羅蜜經（四十卷本）卷二九　（21–15）

羅蜜生精進作是念我當住一由旬若十由
旬百千万億由旬過一世界乃至過百千万
億世界乃至教一人令持五戒何況令得須
陁洹果乃至阿羅漢果辟支佛道阿耨多羅
三藐三菩提持是功德與一切衆生共之迴
向阿耨多羅三藐三菩提是為菩薩住羼提
波羅蜜取毗梨耶波羅蜜世尊云何菩薩摩
訶薩住羼提波羅蜜取禪波羅蜜佛言菩薩
住羼提波羅蜜離欲離惡不善法有覺有覺
離生喜樂入初禪乃至入第四禪是諸禪中
淨心心數法皆迴向薩婆若迴向是諸菩薩
諸禪及禪枝皆不可得是為菩薩住羼提波
羅蜜取禪波羅蜜世尊云何菩薩摩訶薩
住羼提波羅蜜取般若波羅蜜佛言菩薩住
羼提波羅蜜觀諸法若離相若寂滅相若无
盡相不以滅相作證乃至坐道場得一切種
智從道場起便轉法輪是為菩薩住羼提波
羅蜜取般若波羅蜜不取不捨故須菩提白
佛言世尊云何菩薩摩訶薩住毗梨耶波羅
蜜取檀波羅蜜佛告須菩提菩薩住毗梨耶
波羅蜜身心精進不懈不息作是念我必應
當得阿耨多羅三藐三菩提不應不得是菩
薩為利益衆生故住一由旬若百千万億由
旬若過一世界若過百千万億國土住毗梨
耶波羅蜜中若不得一人教令入佛道中若
聲聞道中若辟支佛道中或得一人教令行
十善道精進不懈法施及以財施令具足持

BD03806號　摩訶般若波羅蜜經（四十卷本）卷二九　（21–16）

旬若過一世界若過百千万億國土住毗梨
耶波羅蜜中若不得一人教令入佛道中若
聲聞道中若辟支佛道中或得一人教令行
十善道精進不懈法施及以財施令具足持
是功德與衆生共之迴向阿耨多羅三藐三
菩提不迴向聲聞辟支佛地是為菩薩住毗
梨耶波羅蜜取檀波羅蜜世尊云何菩薩摩
訶薩住毗梨耶波羅蜜取尸波羅蜜佛言菩
薩住毗梨耶波羅蜜從初發意乃至坐道場
自不煞生不教他煞讃歎不煞生法歡喜讃
歎不煞生者乃至自遠離耶見教他遠離耶
見讃不耶見法歡喜讃歎不耶見者是菩薩
行尸波羅蜜因緣不求欲界色界无色界福
不求聲聞辟支佛地持是功德與衆生共之
迴向阿耨多羅三藐三菩提不生三種心不
見迴向者不見迴向法不見迴向處是為菩
薩住毗梨耶波羅蜜取尸波羅蜜世尊云何
菩薩摩訶薩住毗梨耶波羅蜜取羼提波羅
蜜佛言菩薩住毗梨耶波羅蜜從初發意乃
至坐道場於其中間若人若非人來鄣鄣支
解菩薩作是念割我者誰截我者誰奪我者
誰復作是念我大得善利我為衆生故受身
衆生還自來取是時菩薩正憶念諸法實相
持是功德與一切衆生共之迴向阿耨多羅三
藐三菩提不向聲聞辟支佛地是為菩薩住
毗梨耶波羅蜜取羼提波羅蜜世尊云何菩
薩摩訶薩住毗梨耶波羅蜜取禪波羅蜜佛
言菩薩住毗梨耶波羅蜜離欲離惡不善法

BD03806號　摩訶般若波羅蜜經（四十卷本）卷二九　（21–17）

藐三菩提不向聲聞辟支佛地是爲菩薩住毗梨耶波羅蜜取羼提波羅蜜世尊云何菩薩摩訶薩住毗梨耶波羅蜜取禪波羅蜜佛言菩薩住毗梨耶波羅蜜離欲離惡不善法有覺有觀離生喜樂入初禪第二第三第四禪入慈悲喜捨乃至入非有想非无想處持是禪无量无色定不受果報生於利益衆生之處以六波羅蜜成就衆生所謂檀波羅蜜乃至般若波羅蜜從一佛國至一佛國親近供養諸佛種善根是爲菩薩住毗梨耶波羅蜜取禪波羅蜜世尊云何菩薩摩訶薩住毗梨耶波羅蜜取般若波羅蜜佛言菩薩住毗梨耶波羅蜜不見檀波羅蜜法不見檀波羅蜜相乃至不見禪波羅蜜法不見禪波羅蜜相四念處乃至一切種智亦不可見法亦不見一切法非法非非法於法中无所著是菩薩所作如所言是爲菩薩住毗梨耶波羅蜜取般若波羅蜜須菩提白佛言世尊云何菩薩摩訶薩住禪波羅蜜取檀波羅蜜佛言菩薩住禪波羅蜜離諸欲離惡不善法有覺有觀離生喜樂入初禪第二第三第四禪入慈悲喜捨乃至非有想非无想處住禪波羅蜜中心不亂行二施以施衆生法施財施自行二施教他行二施讚歎二施法歡喜讚歎行二施者持是功德與衆生共之迴向阿耨多羅三藐三菩提不向聲聞辟支佛地是爲菩薩

BD03806號　摩訶般若波羅蜜經（四十卷本）卷二九　（21-18）

心不亂行二施以施衆生法施財施自行二施教他行二施讚歎二施法歡喜讚歎行二施者持是功德與衆生共之迴向阿耨多羅三藐三菩提不向聲聞辟支佛地是爲菩薩住禪波羅蜜取檀波羅蜜世尊云何菩薩摩訶薩住禪波羅蜜取尸波羅蜜佛言菩薩住禪波羅蜜不生婬欲瞋恚愚癡心不生惱他心但脩行一切智相應心持是功德與衆生共之迴向阿耨多羅三藐三菩提不迴向聲聞辟支佛地是爲菩薩住禪波羅蜜取尸波羅蜜世尊云何菩薩摩訶薩住禪波羅蜜取羼提波羅蜜

佛言菩薩住禪波羅蜜觀色如聚沫觀受如泡觀想如野馬觀行如芭樹觀識如幻作是觀時見五陰无堅固空相作是念割我者誰截我者誰誰受誰想誰行誰識誰罵者誰受罵者誰生瞋恚是爲菩薩住禪波羅蜜取羼提波羅蜜世尊云何菩薩摩訶薩住禪波羅蜜取毗梨耶波羅蜜佛言菩薩住禪波羅蜜離欲離惡不善法有覺有觀離生喜樂入初禪第二第三第四禪是諸禪及支取相生種種神通履水如地入地如水如先說天耳聞二種聲若天若人知他心若攝心若亂心乃至有上心无上心憶種種宿命如先說以天眼淨過人眼見衆生乃至如業受報如先說菩薩住是五神通從一佛國至一佛國親近供養諸佛種善根成就衆生淨佛國土持

BD03806號　摩訶般若波羅蜜經（四十卷本）卷二九　（21-19）

聞二種聲若天若人知他心若攝心若亂心
乃至有上心无上心憶種種宿命如先說以
天眼淨過人眼見衆生乃至如業受報如先
說菩薩住是五神通從一佛國至一佛國親
近供養諸佛種善根成就衆生淨佛國土持
是功德與衆生共之迴向阿耨多羅三藐三
菩提是爲菩薩住禪波羅蜜取毗梨耶波羅
蜜世尊云何菩薩摩訶薩住禪波羅蜜取般
若波羅蜜佛言菩薩摩訶薩住禪波羅蜜不
得色不得受想行識不得檀波羅蜜尸波羅
蜜羼提波羅蜜毗梨耶波羅蜜不得般若波
羅蜜不得四念處乃至不得一切種智不
得有爲性不得无爲性不得故不作不作故
不生不生故不滅何以故有佛无佛是如法
相法性常住不生不滅常一心應薩婆若行
是爲菩薩住禪波羅蜜取般若波羅蜜

摩訶般若波羅蜜經卷苐廿九

BD03806號　摩訶般若波羅蜜經（四十卷本）卷二九　（21-20）

羅蜜不得四念處乃至不得一切種智不
得有爲性不得无爲性不得故不作不作故
不生不生故不滅何以故有佛无佛是如法
相法性常住不生不滅常一心應薩婆若行
是爲菩薩住禪波羅蜜取般若波羅蜜

摩訶般若波羅蜜經卷苐廿九

BD03806號　摩訶般若波羅蜜經（四十卷本）卷二九　（21-21）

BD03806 號背　摩訶般若波羅蜜光讚經卷九護首　　（1–1）

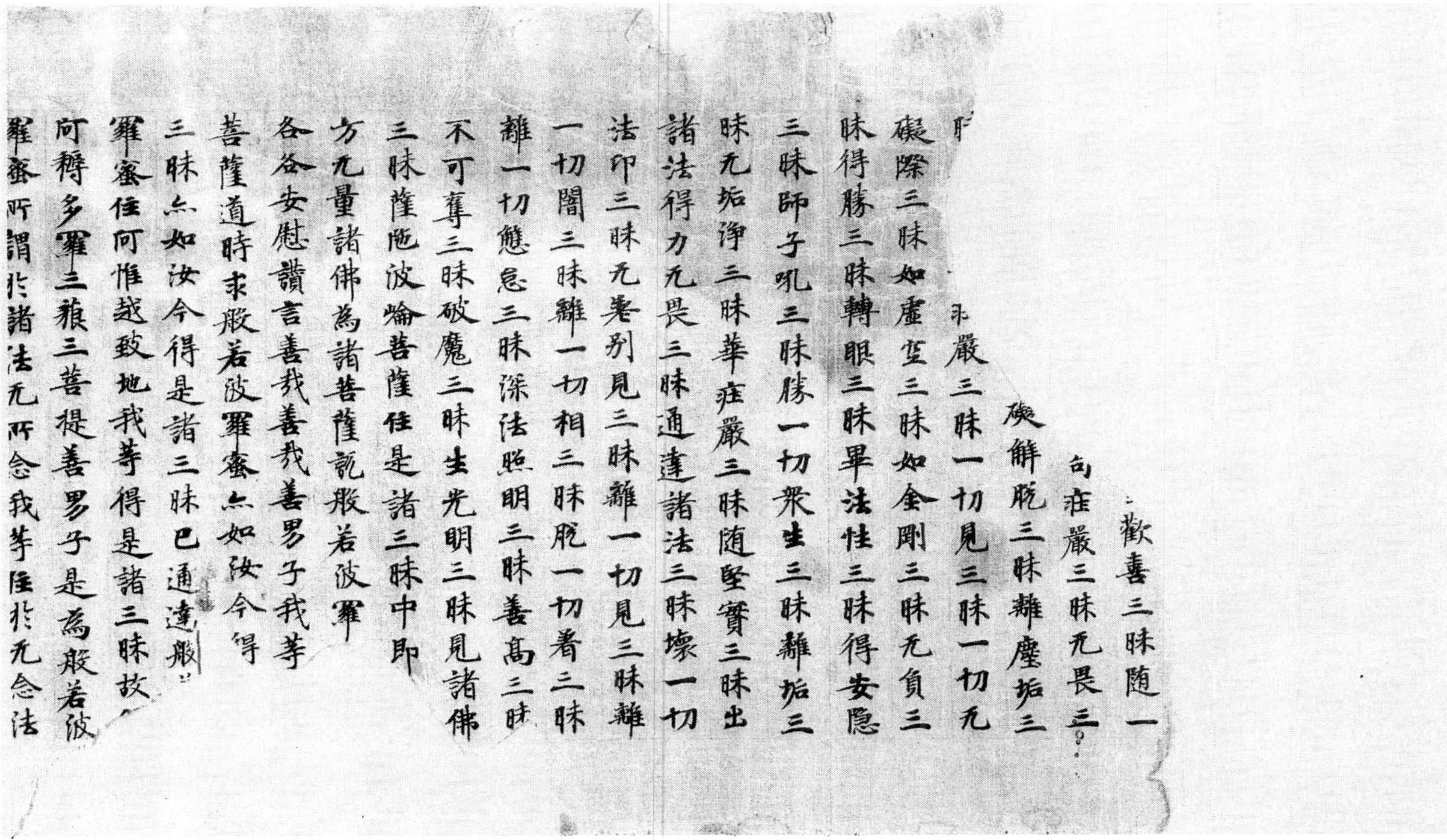

歡喜三昧隨一
句莊嚴三昧无畏三
解脫三昧離塵垢三
嚴三昧一切見三昧一切无
礙際三昧如虛空三昧如金剛三昧无負三
昧得勝三昧轉眼三昧畢法性三昧得安隱
三昧師子吼三昧勝一切衆生三昧離垢三
昧无垢淨三昧華莊嚴三昧隨堅實三昧出
諸法得力无畏三昧通達諸法三昧壞一切
法印三昧无差別見三昧離一切見三昧離
一切闇三昧離一切相三昧脫一切著三昧
離一切懈怠三昧深法照明三昧善高三昧
不可奪三昧破魔三昧生光明三昧見諸佛
三昧薩陁波崘菩薩住是諸三昧中即
方无量諸佛為諸菩薩說般若波羅
各各安慰讚言善哉善哉善男子我等
菩薩道時求般若波羅蜜亦如汝今得
三昧亦如汝今得是諸三昧已通達般
羅蜜住阿惟越致地我等得是諸三昧故
阿耨多羅三藐三菩提善男子是為般若波
羅蜜所謂於諸法无所念我等住於无念法

BD03807 號　小品般若波羅蜜經卷一〇　　（3–1）

三昧亦如汝今得是諸三昧已通達般
羅蜜住阿惟越致地我等得是諸三昧故
阿耨多羅三藐三菩提善男子是為般若波
羅蜜所謂於諸法无所念我等住於无念法
中得如是金色身三十二相大光明不可思
議智慧諸佛无上三昧无上智慧盡諸功德
邊是諸功德諸佛說之猶不能盡何況聲聞
辟支佛是故善男子汝於是法倍應恭敬愛
重生清淨心得阿耨多羅三藐三菩提不足
為難汝於善知識應深恭敬愛重信樂善男
子若菩薩為善知識所護者疾得阿耨多羅
三藐三菩提是時薩陀波崙菩薩白諸佛言
何等是我善知識諸佛荅言善男子曇无竭
菩薩世世教化成就汝於阿耨多羅三藐三
菩提令汝得學般若波羅蜜方便之力曇无
竭菩薩是汝善知識汝應報恩善男子汝若
一劫若二劫三劫乃至百劫若過百劫頂戴
恭敬以一切樂具而供養之若以三千大千
世界妙好色聲香味觸盡以供養亦未能報
須臾之恩所以者何以曇无竭菩薩因緣力
故令汝得如是等諸深三昧乃聞般若波羅
蜜方便諸佛如是教授安慰薩陀波崙菩薩
已忽然不現是時薩陀波崙菩薩從三昧出
不見諸佛作是念是諸佛向從何來今至何
所不見佛故即大憂愁作是念曇无竭菩薩
已得陀羅尼五神通已曾供養過去諸佛世

BD03807 號　小品般若波羅蜜經卷一〇

（3–2）

為難汝於善知識應深恭敬愛重信樂善男
子若菩薩為善知識所護者疾得阿耨多羅
三藐三菩提是時薩陀波崙菩薩白諸佛言
何等是我善知識諸佛荅言善男子曇无竭
菩薩世世教化成就汝於阿耨多羅三藐三
菩提令汝得學般若波羅蜜方便之力曇无
竭菩薩是汝善知識汝應報恩善男子汝若
一劫若二劫三劫乃至百劫若過百劫頂戴
恭敬以一切樂具而供養之若以三千大千
世界妙好色聲香味觸盡以供養亦未能報
須臾之恩所以者何以曇无竭菩薩因緣力
故令汝得如是等諸深三昧乃聞般若波羅
蜜方便諸佛如是教授安慰薩陀波崙菩薩
已忽然不現是時薩陀波崙菩薩從三昧出
不見諸佛作是念是諸佛向從何來今至何
所不見佛故即大憂愁作是念曇无竭菩薩
已得陀羅尼五神通已曾供養過去諸佛世
世為我善知識常利益我我至曇无竭菩薩
所當問諸佛從何所來去至何所尒時薩陀
[illegible]於曇无竭菩薩益加愛重恭敬信樂作
務无有[illegible]

BD03807 號　小品般若波羅蜜經卷一〇

（3–3）

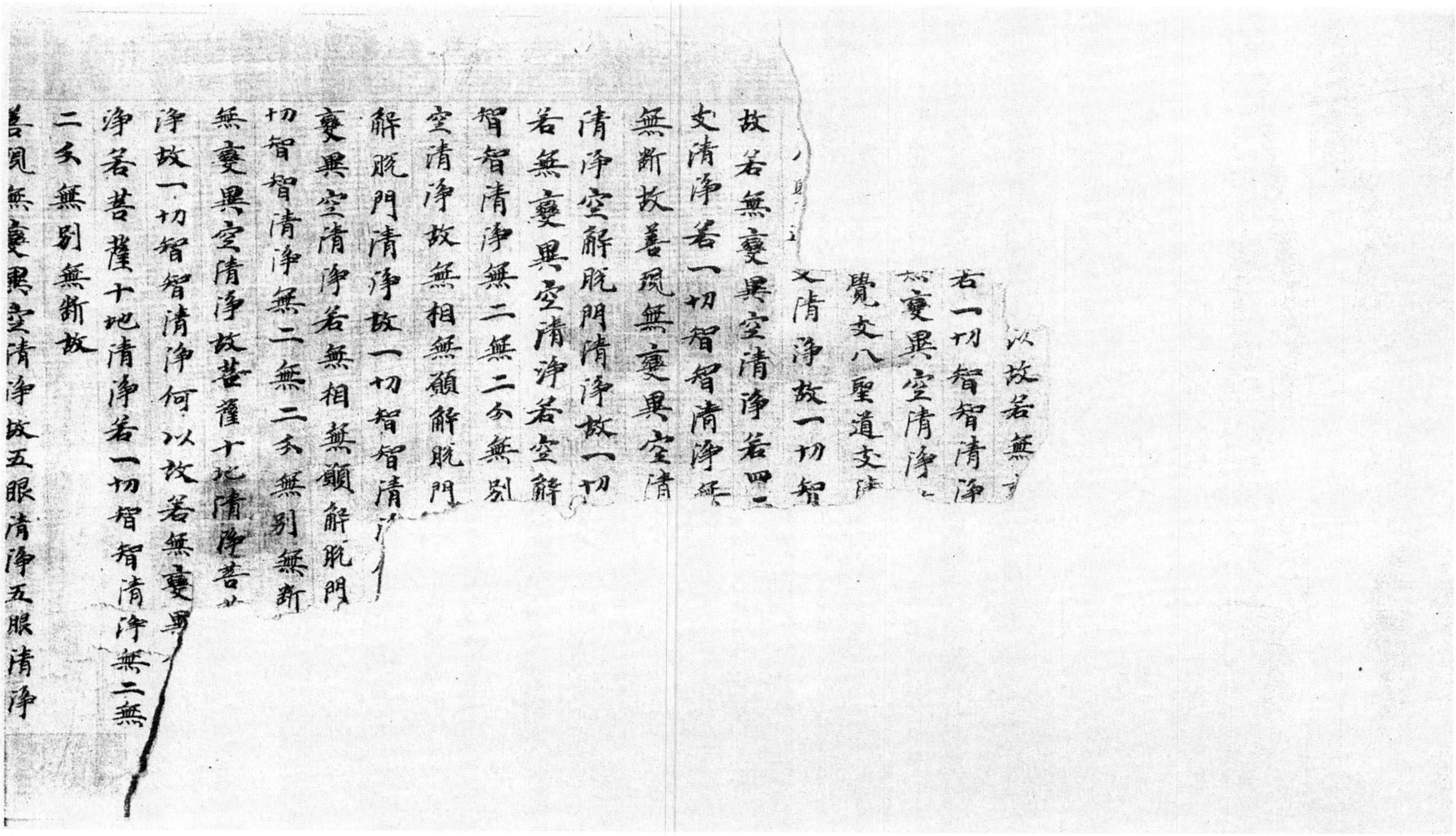
以故若無
若一切智智清淨
無變異空清淨
覺支八聖道支清
支清淨故一切智
故若無變異空清淨若四
支清淨若一切智智清淨無
無斷故善現無變異空清
清淨空解脫門清淨故一切
若無變異空清淨若空解
智智清淨無二無二分無別
空清淨故無相無願解脫門
解脫門清淨故一切智智清
變異空清淨若無相無願解脫門
切智智清淨無二無二分無別無斷
無變異空清淨故菩薩十地清淨菩
淨故一切智智清淨何以故若無變異
淨若菩薩十地清淨若一切智智清淨無二無
二分無別無斷故
善現無變異空清淨故五眼清淨五眼清淨

BD03808 號　大般若波羅蜜多經卷二一三　（3–1）

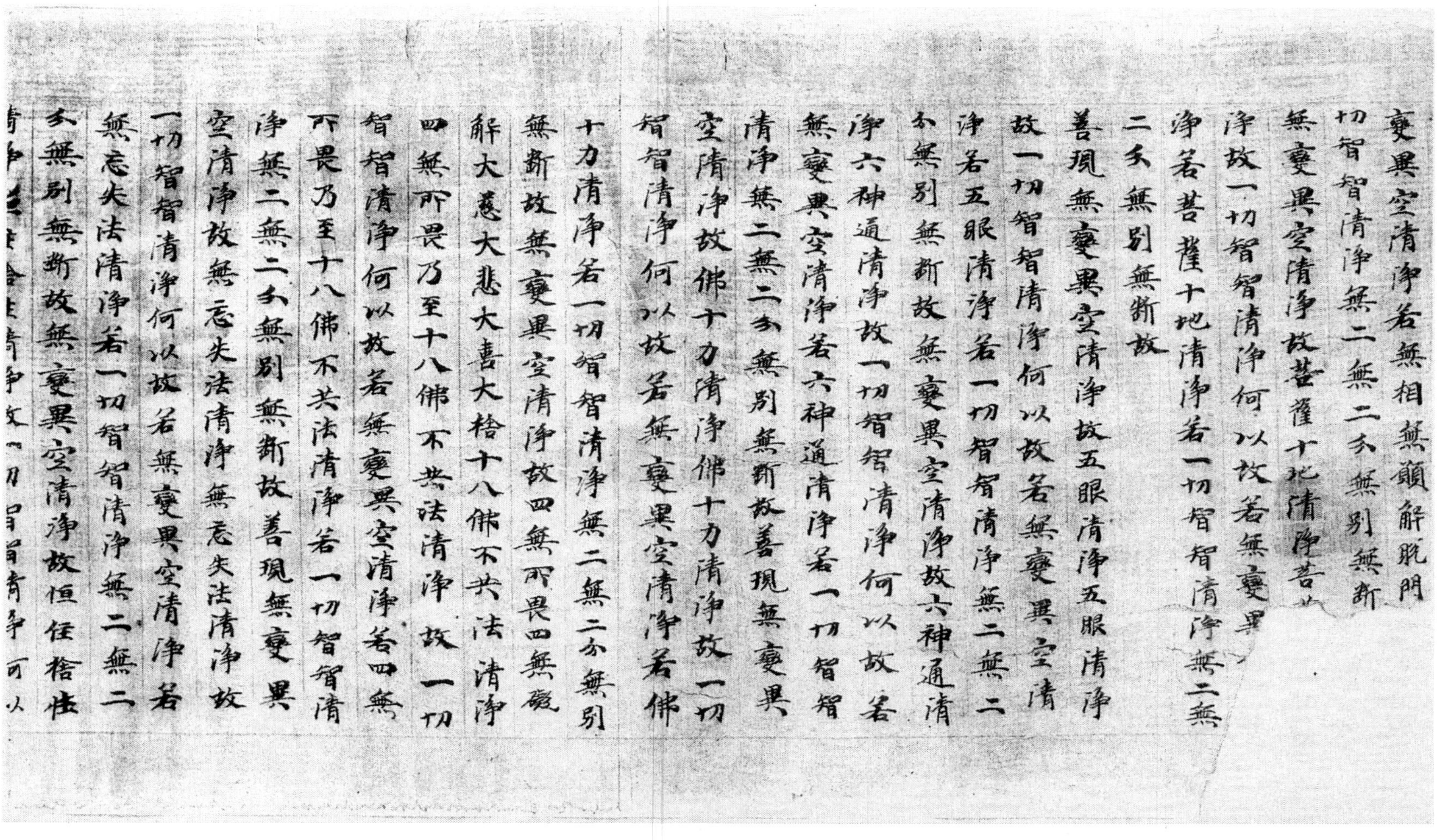
變異空清淨若無相無願解脫門
切智智清淨無二無二分無別無斷
無變異空清淨故菩薩十地清淨菩
淨故一切智智清淨何以故若無變異
淨若菩薩十地清淨若一切智智清淨無二無
二分無別無斷故
善現無變異空清淨故五眼清淨五眼清淨
故一切智智清淨何以故若無變異空清
淨若五眼清淨若一切智智清淨無二無二
分無別無斷故無變異空清淨故六神通清
淨六神通清淨故一切智智清淨何以故若
無變異空清淨若六神通清淨若一切智智
清淨無二無二分無別無斷故善現無變異
空清淨故佛十力清淨佛十力清淨故一切
智智清淨何以故若無變異空清淨若佛
十力清淨若一切智智清淨無二無二分無別
無斷故無變異空清淨故四無所畏四無礙
解大慈大悲大喜大捨十八佛不共法清淨
四無所畏乃至十八佛不共法清淨故一切
智智清淨何以故若無變異空清淨若四無
所畏乃至十八佛不共法清淨若一切智智清
淨無二無二分無別無斷故善現無變異
空清淨故無忘失法清淨無忘失法清淨故
一切智智清淨何以故若無變異空清淨若
無忘失法清淨若一切智智清淨無二無二
分無別無斷故無變異空清淨故恒住捨性
清淨恒住捨性清淨故一切智智清淨何以

BD03808 號　大般若波羅蜜多經卷二一三　（3–2）

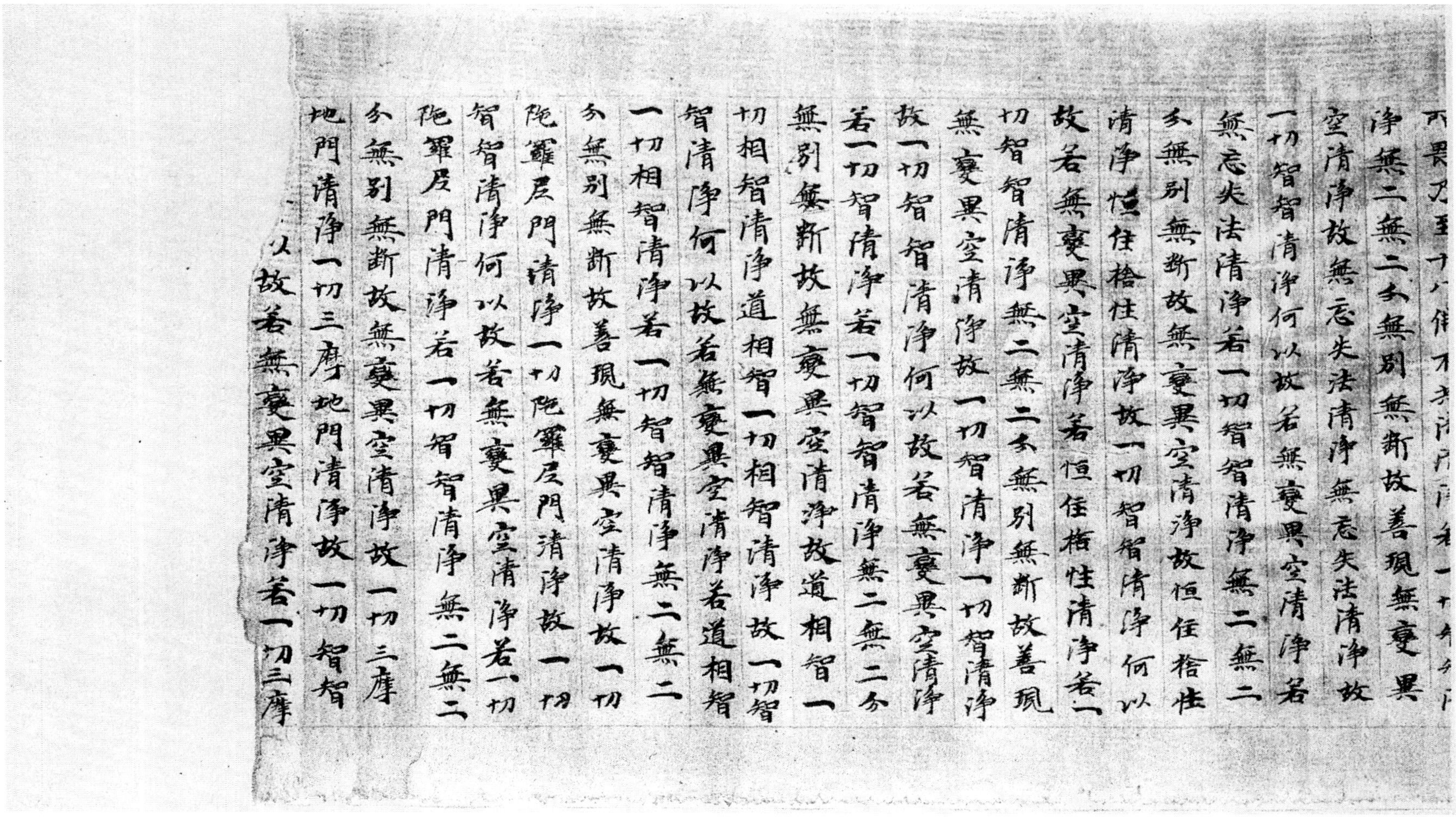

畏乃至十八佛不共法清□若一切□□
淨無二無二分無別無斷故善現無變異
空清淨故無忘失法清淨無忘失法清淨故
一切智智清淨何以故若無變異空清淨若
無忘失法清淨若一切智智清淨無二無二
分無別無斷故無變異空清淨故恒住捨性
清淨恒住捨性清淨故一切智智清淨何以
故若無變異空清淨若恒住捨性清淨若一
切智智清淨無二無二分無別無斷故善現
無變異空清淨故一切智清淨一切智清淨
故一切智智清淨何以故若無變異空清淨
若一切智清淨若一切智智清淨無二無二分
無別無斷故無變異空清淨故道相智一
切相智清淨道相智一切相智清淨故一切智
智清淨何以故若無變異空清淨若道相智
一切相智清淨若一切智智清淨無二無二
分無別無斷故善現無變異空清淨故一切
陁羅尼門清淨一切陁羅尼門清淨故一切
智智清淨何以故若無變異空清淨若一切
陁羅尼門清淨若一切智智清淨無二無二
分無別無斷故無變異空清淨故一切三摩
地門清淨一切三摩地門清淨故一切智智
以故若無變異空清淨若一切三摩

BD03808 號　大般若波羅蜜多經卷二一三　　（3–3）

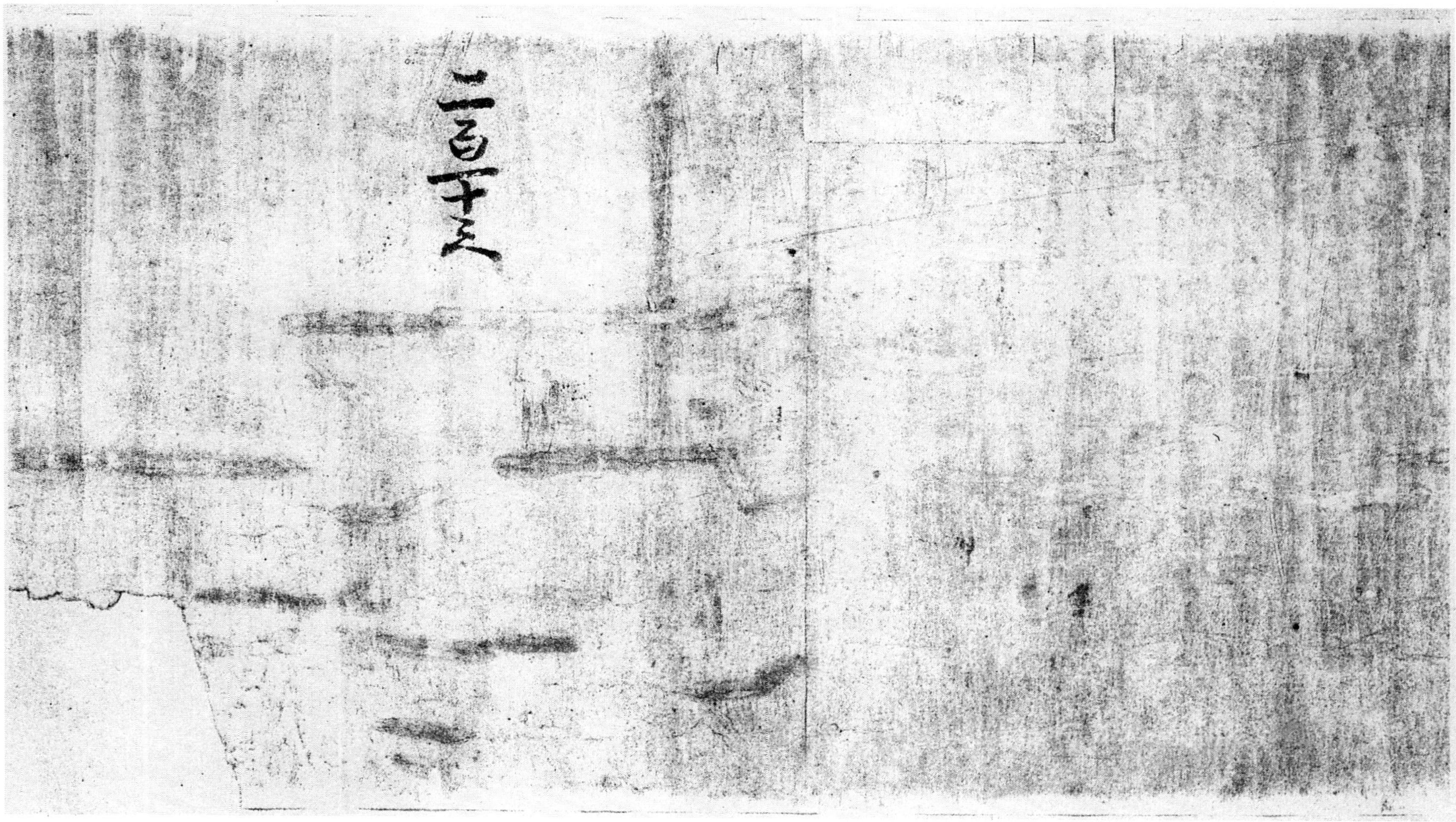

二百十三

BD03808 號背　勘記　　（1–1）

若比丘[illegible]
言大姊我犯可呵法所不應為我今向大姊懺悔是法名悔過法
若比丘尼不應乞乳食者犯應懺悔可呵法應向餘比丘尼說言
大姊我犯可呵法所不應為我今向大姊懺悔是法名悔過法
若比丘尼不病乞酪食者犯應懺悔可呵法應向餘比丘尼說言大
姊我犯可呵法所不應為我今向大姊懺悔是法名悔過法
若比丘尼不病乞魚食者犯應懺悔可呵法應向餘比丘尼說言大
姊我犯可呵法所不應為我今向大姊懺悔是法名悔過法
若比丘尼不應乞肉食者犯應懺悔可呵法應向餘比丘尼說言大
姊我犯可呵法所不應為我今向大姊懺悔是法名悔過法
諸大姊我已說八波羅提提舍尼法今問諸大姊是中清淨不 三說
諸大姊是中清淨默然故是事如是持
諸大姊是衆學戒法半月半月說戒經中來
當齊整著涅槃僧應當學　當齊整著三衣應當學
不得反抄衣入白衣舍應當學　不得反抄衣入白衣舍坐應當學
不得衣纏頸入白衣舍應當學　不得衣纏頸入白衣舍坐應當學
不得覆頭入白衣舍應當學　不得覆頭入白衣舍坐應當學
不得跳行入白衣舍應當學　不得跳行入白衣舍坐應當學
不得白衣舍內蹲坐應當學　不得叉腰行入白衣舍應當學
不得叉腰入白衣舍坐應當學　不得搖身行入白衣舍應當學
不得搖身行入白衣舍坐應當學　不得掉臂入白衣舍應當學
不得掉臂行入白衣舍坐應當學　不覆身入白衣舍應當學
好覆身入白衣舍坐應當學　不得左右顧視行入白衣舍應當學

BD03809 號　四分比丘尼戒本　（5–1）

不得跳行入白衣舍應當學　不得跳行入白衣舍坐應當學
不得白衣舍內蹲坐應當學　不得叉腰行入白衣舍應當學
不得叉腰入白衣舍坐應當學　不得搖身行入白衣舍應當學
不得搖身行入白衣舍坐應當學　不得掉臂入白衣舍應當學
不得掉臂行入白衣舍坐應當學　不覆身入白衣舍應當學
好覆身入白衣舍坐應當學　不得右左顧視行入白衣舍應當學
不得左右顧視行入白衣舍坐應當學　靜默入白衣舍坐應當學
靜默入白衣舍坐應當學　不得戲笑行入白衣舍應當學
不得戲笑行入白衣舍坐應當學　用意受食應當學
平鉢受食應當學　平鉢受羹應當學
羹飯等食應當學　以次食應當學
不得挑鉢中而食應當學　若比丘尼不病不得自為己索羹飯應當學
不得以飯覆羹更望得應當學　不得視比坐鉢中應當學
當繫鉢想應當學　不得大摶飯食應當學
不得大張口待飯食應當學　不得含飯語應當學
不得摶飯遥擲口中應當學　不得遺落食應當學
不得頰食食應當學　不得嚼飯作聲食應當學
不得大噏飯食應當學　不得舌舐食應當學
不得振手食應當學　不得手把散飯食應當學
不得汙手捉飲器應當學　不得洗鉢水棄白衣舍內應當學
不得生草菜上大小便涕唾除病應當學
不得淨水中大小便涕唾除病應當學
不得立大小便除病應當學
不得與反抄衣不恭敬人說法除病應當學
不得為衣纏頸者說法除病應當學
不得為覆頭者說法除病應當學
不得為裹頭者說法除病應當學
不得為叉腰者說法除病應當學
不得為著革屣者說法除病應當學
不得為著木屐者說法除病應當學

BD03809 號　四分比丘尼戒本　（5–2）

不得為衣纏頸者說法除病應當學
不得為覆頭者說法除病應當學
不得為裹頭者說法除病應當學
不得為叉腰者說法除病應當學
不得為著革屣者說法除病應當學
不得為著木屐者說法除病應當學
不得為騎乘者說法除病應當學
不得在佛塔中止宿除為守護故應當學
不得藏財物置佛塔中除為堅牢應當學
不得著革屣入佛塔中應當學　不得手捉革屣入佛塔中應當學
不得著革屣遶佛塔應當學　不得著富羅入佛塔中應當學
不得手捉富羅入佛塔中應當學　不得塔下坐食留草及食汙地應當學
不得擔死屍從塔下過應當學　不得在塔下埋死屍應當學
不得在塔下燒死屍應當學　不得向佛塔燒死屍應當學
不得在佛塔四邊燒死屍使臭氣來入應當學
不得持死人及牀從塔下過除浣染香熏應當學
不得佛塔下大小便應當學　不得向佛塔大小便應當學
不得遶佛塔四邊大小便使臭氣來入應當學
不得持佛像至大小便處應當學　不得在佛塔下嚼楊枝應當學
不得向佛塔嚼楊枝應當學　不得向佛塔四邊嚼楊枝應當學
不得在佛塔下涕唾應當學　不得向佛塔涕唾應當學
不得塔四邊涕唾應當學　不得向佛塔舒脚坐應當學
不得安佛塔下房已在上房住應當學
不坐已立不得為說法除病應當學
人臥已坐不得為說法除病應當學
人在座已在非坐不得為說法除病應當學
人在高坐已在下坐不得為說法除病應當學
人在前行已在後行不得為說法除病應當學
人在高經行處已在下經行處不應為說法除病應當學
人在道已在非道不應為說法除病應當學

BD03809號　四分比丘尼戒本　（5-3）

人在座已在非坐不得為說法除病應當學
人在高坐已在下坐不得為說法除病應當學
人在前行已在後行不得為說法除病應當學
人在高經行處已在下經行處不應為說法除病應當學
人在道已在非道不應為說法除病應當學
不得携手在道行應當學　不得上樹過人除時因緣應當學
不得絡囊盛鉢貫杖頭著肩上而行應當學
人持杖不恭敬不應為說法除病應當學
人持劍不應為說法除病應當學
人持鉾不應為說法除病應當學
人持刀不應為說法除病應當學
人持蓋不應為說法除病應當學
諸大姊我已說衆學戒法今問諸大姊是中清淨不 三說
諸大姊是中清淨默然故是事如是持　諸大姊是七滅諍法
半月半月說戒經中來　若比丘尼有諍事起即應除滅
應与現前毗尼　當与現前毗尼　應与憶念毗尼　當与憶念毗尼
應与不癡毗尼　當與不癡毗尼　應與自言治　當與自言治
應与多人覓罪　當与多人覓罪　應與如草覆地　當與如草覆地
諸大姊我已說七滅諍法今問諸大姊是中清淨不 三說
諸大姊是中清淨默然故是事如是持　諸大姊我已說戒經
序已說八波羅夷法已說十七僧伽婆尸沙已說三十尼薩耆波逸
提法已說一百七十八波逸提法已說八波羅提提舍尼法已說衆學
戒法已說七滅諍法此是佛所說半月半月說戒經中來若更有餘
佛法是中皆共和合應當學
忍辱第一道　佛說无為最　出家惱他人　不名為沙門　此是毗婆尸如
來無所著等正覺說是戒經
譬如明眼人　能避嶮惡道　世有聰明人　能遠離諸惡　此是尸棄如
來無所著等正覺說是戒經
不謗亦不嫉　當奉行於戒　飲食知止足　常樂在空閑　心定樂精進
是名諸佛教　此是毗葉羅如來無所著等正覺說是戒經

BD03809號　四分比丘尼戒本　（5-4）

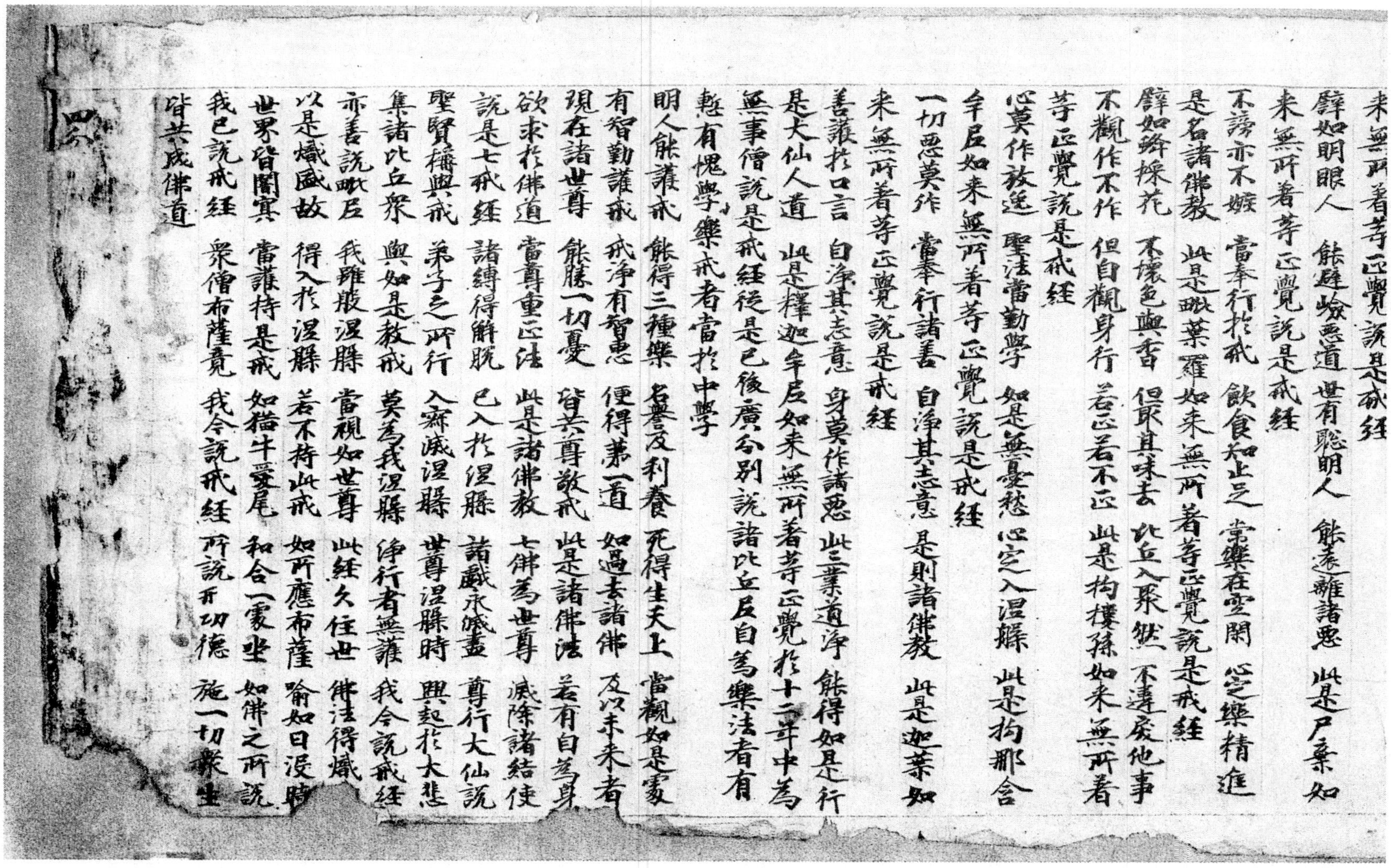
来無所着等正覺說是戒經
譬如明眼人　能避嶮惡道　世有聰明人　能遠離諸惡　此是尸棄如
来無所着等正覺說是戒經
不謗亦不嫉　當奉行於戒　飲食知止足　常樂在空閑　心定樂精進
是名諸佛教　此是毗葉羅如来無所着等正覺說是戒經
譬如蜂採花　不壞色與香　但取其味去　比丘入聚然　不違戾他事
不觀作不作　但自觀身行　若正若不正　此是拘樓孫如来無所着
等正覺說是戒經
心莫作放逸　聖法當勤學　如是無憂愁　心定入涅槃　此是拘那含
牟尼如来無所着等正覺說是戒經
一切惡莫作　當奉行諸善　自淨其志意　是則諸佛教　此是迦葉如
来無所着等正覺說是戒經
善護於口言　自淨其志意　身莫作諸惡　此三業道淨　能得如是行
是大仙人道　此是釋迦牟尼如来無所着等正覺於十二年中為
無事僧說是戒經從是已後廣分別說諸比丘尼自為樂法者有
慙有愧學樂戒者當於中學
明人能護戒　能得三種樂　名譽及利養　死得生天上　當觀如是處
有智勤護戒　戒淨有智慧　便得第一道　如過去諸佛　及以未来者
現在諸世尊　能勝一切憂　皆共尊敬戒　此是諸佛法　若有自為身
欲求於佛道　當尊重正法　此是諸佛教　七佛為世尊　滅除諸結使
說是七戒經　諸縛得解脫　已入於涅槃　諸戲永滅盡　尊行大仙說
聖賢稱與戒　弟子之所行　入寂滅涅槃　世尊涅槃時　興起於大悲
集諸比丘衆　與如是教戒　莫為我涅槃　淨行者無護　我今說戒經
亦善說毗尼　我雖般涅槃　當視如世尊　此經久住世　佛法得熾
以是熾盛故　得入於涅槃　若不持此戒　如所應布薩　喻如日沒時
世界皆闇冥　當護持是戒　如犛牛愛尾　和合一處坐　如佛之所說
我已說戒經　衆僧布薩竟　我今說戒經　所說諸功德　施一切衆生
皆共成佛道

BD03809 號　四分比丘尼戒本　（5–5）

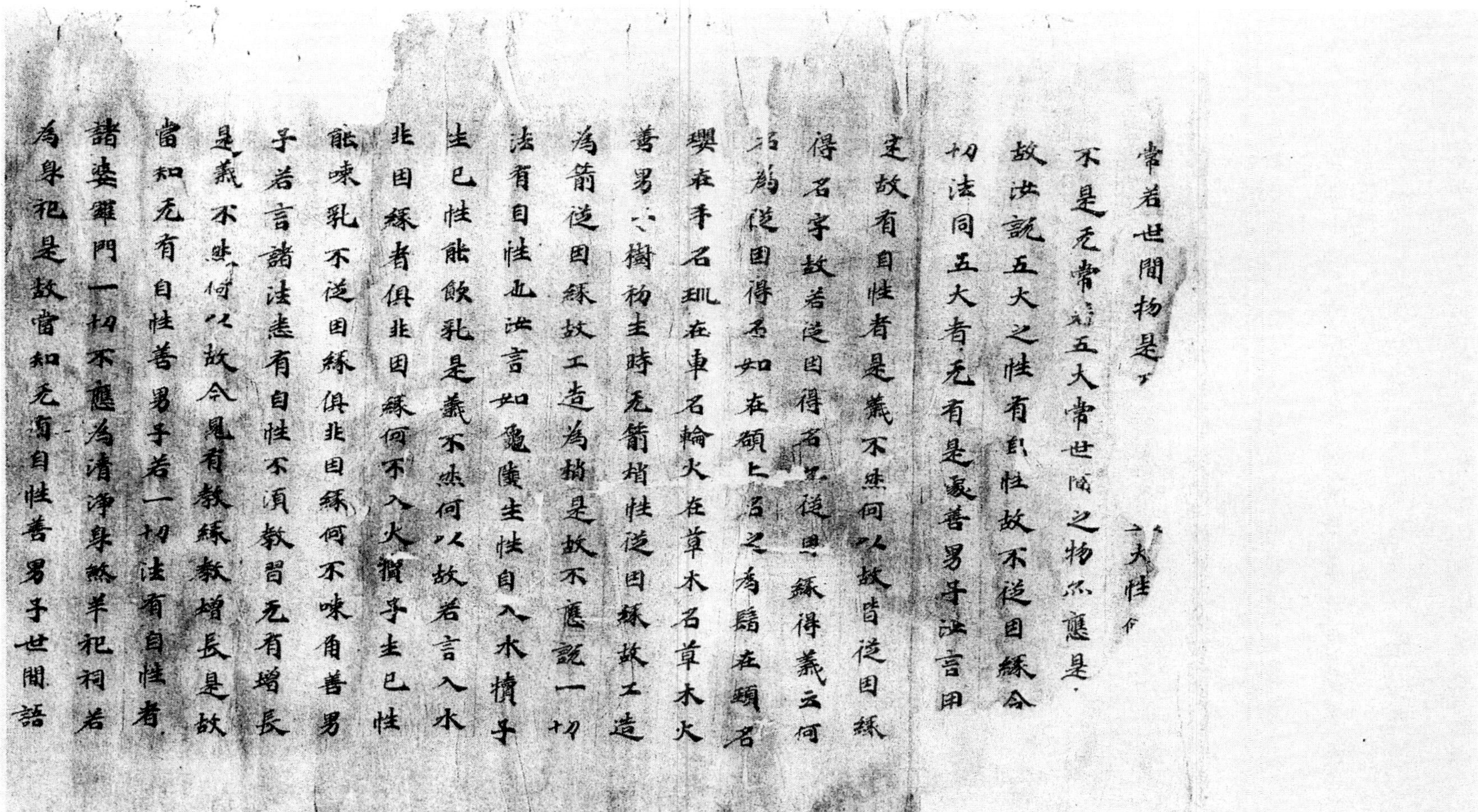
常若世間物是　……大性合
不是无常若五大常世間之物亦應是
故汝說五大之性有自性故不從因緣合
一切法同五大者无有是處善男子汝言因
定故有自性者是義不然何以故皆從因緣
得名字故若從因得名字從因緣得義云何
若為從因得名如在額上名之為髻在頭名
瓔在手名釧在車名輪火在草木名草木火
善男子樹初生時无箭楷性從因緣故工造
為箭從因緣故工造為楷是故不應說一切
法有自性如汝言如龜陸生性自入水犢子
生已性能飲乳是義不然何以故若言入水
非因緣者俱非因緣何不入火犢子生已性
能唼乳不從因緣俱非因緣何不唼角善男
子若言諸法悉有自性不須教習无有增長
是義不然何以故今見有教緣教增長是故
當知无有自性善男子若一切法有自性者
諸婆羅門一切不應為清淨身殺羊祀祠若
為身祀是故當知无有自性善男子世間語

BD03810 號　大般涅槃經（北本）卷四〇　（22–1）

子若言諸法悉有自性不須教習无有增長
是義不然何以故今見有教緣教增長是故
當知无有自性善男子若一切法有自性者
諸婆羅門一切不應為清淨身殺羊祀祠若
為身祀是故當知无有自性善男子世間語
法凡有三種一者欲作二者作時三者作已
若一切法有自性者何故世中有是三語有
三語故故知一切无有自性善男子若言者
諸法有自性者當知諸法各有定性若有定
性甘蔗一物何緣作漿作蜜石蜜酒苦酒等
若有一性何緣乃出如是等物若一物中出如
是等當知諸法不得一定各有一性善男子
若一切法有定性者聖人何故飲甘蔗漿石
蜜黑蜜酒時不飲後為苦酒復還得飲是故
當知无有定性若无定性云何不因因緣而
有善男子汝說一切法有自性者云何說喻
若有喻者當知諸法无有自性若有自性當
知无喻世間智者皆說譬喻當知諸法无有
自性无有一性善男子汝言身為在先煩惱先
者是義不然何以故若我當說身在先者汝
可難言汝亦同我身不在先何因緣故而作
是難善男子一切眾生身及煩惱俱无先後
一時而有雖一時有要因煩惱而得有身終
不因身有煩惱也汝意若謂如人二眼一時

BD03810號　大般涅槃經（北本）卷四〇　（22–2）

者是義不然何以故若我當說身在先者汝
可難言汝亦同我身不在先何因緣故而作
是難善男子一切眾生身及煩惱俱无先後
一時而有雖一時有要因煩惱而得有身終
不因身有煩惱也汝意若謂如人二眼一時
而得不相因待左不因右右不因左煩惱及
身亦如是者是義不然何以故善男子世間
眼見炷之與明雖復一時明要因炷終不因
明而有炷也善男子汝意若謂身不在先故
知无因是義不然何以故若以身先无因緣
故名為无者汝不應說一切諸法而有因緣
若言不見故不說者今見瓶等從因緣出何
故不說如瓶身先因緣亦復如是善男子若
見不見一切諸法皆從因緣无有自性善男
子若言一切法悉有自性无因緣者汝何因
緣說於五大是五大性即是因緣善男子五
大因緣雖復如是亦不應說諸法皆同五大
因緣如世人說一切出家精懃持戒旃陀羅
等亦應如是精懃持戒善男子汝言五大有
定堅性我觀是性轉故不定善男子蘇臈胡
膠於汝法中名之為地是地不定或同於水
或同於地故不得說自性故堅善男子白臈
鈆錫銅鐵金銀於汝法中名之為火是火四
性流時水性動時風性熱是火性堅時地性
云何說言定名火性善男子水性名流若水

BD03810號　大般涅槃經（北本）卷四〇　（22–3）

定堅性我觀是性轉故不定善男子穢賸胡
膠於汝法中名之為地是地不定或同於水
或同於地故不得說自性故堅善男子白鑞
鉛錫銅鐵金銀於汝法中名之為火是火四
性流時水性動時風性熱是火性堅時地性
云何說言定名火性善男子水性名流若氷
涷時不名為地故名水者何因緣故波動之
時不名為風若動不名風涷時亦應不名為
水若是二義從因緣者何故說言一切諸法
不從因緣善男子若言五根性能見聞覺
知觸皆是自性不從因緣是義不然何以故
善男子自性之性性不可轉若言眼性見者
常應能見不應有見有不見時是故當知從
因緣見非无因緣汝言非因五塵生貪解脫
是義不然何以故善男子生貪解脫雖復不
因五塵因緣惡覺觀故則生貪欲善覺觀故
則得解脫善男子內因緣故生貪解脫外因
緣故則能增長是故我言一切諸法各有自
性不因五塵生貪解脫无有是處善男子汝
言具足諸根足於財物不得自在諸根殘缺
多饒財寶得大自在因此以明有自性故不
從因緣者是義不然何以故善男子眾生從
業而有果報如是果報則有三種一者現報
二者生報三者後報貧窮巨富根具不具是

BD03810號　大般涅槃經（北本）卷四〇　（22-4）

言具足諸根足於財物不得自在諸根殘缺
多饒財寶得大自在因此以明有自性故不
從因緣者是義不然何以故善男子眾生從
業而有果報如是果報則有三種一者現報
二者生報三者後報貧窮巨富根具不具是
業各異若有自性具諸根者應饒財寶饒財
寶者應具諸根今則不尒是故定知无有自
性皆從因緣汝法所言世間小兒未能分別
五塵因緣然啼然咲是故一切有自性者是
義不然何以故若自性者咲應常咲啼應常
啼不應一咲一啼若一咲一啼當知一切悉
從因緣是故不應說一切法有自性故不從
因緣梵志言世尊若一切法從因緣有如是
身者從何因緣佛言善男子是身因緣煩惱
與業梵志言世尊如其是身從煩惱業是煩
惱業可斷不耶佛言如是如是梵志復言世
尊唯願為我分別解說令我聞已不移是處
悉得斷之佛言善男子若知二邊中間无导
是人則能斷煩惱業世尊我已知解得正法
眼佛言汝云何知世尊二邊即色及色解脫
中間即是八正道也受想行識亦復如是佛
言善哉善哉善男子善知二邊斷煩惱業世
尊唯願聽我出家受戒佛言善來比丘即時
斷除三界煩惱得阿羅漢果尒時復有一婆

BD03810號　大般涅槃經（北本）卷四〇　（22-5）

中間即是八正道也受想行識亦復如是佛
言善哉善哉善男子善知二邊斷煩惱業世
尊唯願聽我出家受戒佛言善來比丘即時
斷除三界煩惱得阿羅漢果尒時復有一婆
羅門名曰知廣須作是言瞿曇知我今所念
不佛言善男子涅槃是常有為无常曲即耶
見直即聖道婆羅門言瞿曇何因緣故作如
是說善男子汝意每謂乞食是常別請无常
曲是戶鑰直是帝幢是故我說涅槃是常有
為无常曲謂耶見直謂八正非如汝先所思
惟也婆羅門言瞿曇實知我心是八正道悉
令衆生得盡滅不尒時世尊嘿然不荅婆羅
門言瞿曇已知我心我今所問何故嘿然而
不見荅時憍陳如即作是言大婆羅門若有
問世有邊无邊如來常尒嘿然不荅八聖是
直涅槃是常若脩八聖即得滅盡若不脩集
則不能得不大婆羅門辟如大城其城四辟
都无孔竅唯有一門其守門者聡明有智能
善分別可放則放可遮則遮雖不能知出入
多少定知一切有出入者皆由此門善男子
如來亦尒城喻涅槃門喻八正守門之人喻
於如來善男子如來今者雖不荅汝盡与不
盡其有盡者要當脩集是八正道婆羅門言
善哉善哉大德憍陳如如來善能說微妙法

如來亦尒城喻涅槃門喻八正守門之人喻
於如來善男子如來今者雖不荅汝盡与不
盡其有盡者要當脩集是八正道婆羅門言
善哉善哉大德憍陳如如來善能說微妙法
我今實欲知城知道自作守門憍陳如言善
哉善哉汝婆羅門能發无上廣大之心佛言止
止憍陳如是婆羅門非適今日發是心也憍
如乃往過去過无量佛有佛世尊名普光明
如來應正遍知明行足善逝世間解无上調
无上士調御丈夫天人師佛世尊是人先以
於彼佛所發阿耨多羅三藐三菩提心此賢
劫中當得作佛久已通達了知法相為衆生
故現處外道示无所知以是因緣汝憍陳如
不應讚言善哉善哉汝今能發如是大心尒
時世尊知已即告憍陳如言阿難比丘今為所
在憍如言世尊阿難比丘在娑羅林外去此
大會十二由旬而為六万四千億魔之所嬈
乱是諸魔衆悉自變身為如來像或有宣說
一切諸法從因緣生或有說言一切諸法不
從因緣生或有說言一切因緣皆是常法從
緣生者悉是无常或有說言五陰是實或說
虛假入界亦尒或有說言十二因緣或有說
言正有四緣或說諸法如幻如化如熱時炎
或有說言因聞得法或有說[illegible]

緣生者悉是无常或有說言五陰是實或說
虛假入聚亦尒或有說言十二因緣或有說
言正有四緣或說諸法如幻如化如熱時炎
或有說言因聞得法或有說言因思得法或
有說言因脩得法或復有說不淨觀法或復
有說出息入息或復有說四念處觀或復有
說三種觀義七種方便或復有說煖法頂法
忍法世間第一法學无學地菩薩初住乃至
十住或有說空无相无作或復有說脩多羅
祇夜毗伽羅那伽陁憂陁那尼陁那阿波陁
那伊帝目多伽闍陁伽毗佛略阿浮陁達摩
憂波提舍或說四念處四正懃四如意足五
根五力七覺八聖道或說內空外空內外空
有為空无為空无始空性空遠離空散空自
相空无相空陰空入空界空善空不善空无記
空菩提空道空涅槃空行空得空第一義空
空空大空或有示現神通變化身出水火或
身上出水身下出火身下出水身上出火左
脅在下右脅出水右脅在下左脅出火一脅
震雷一脅降雨或有有示現諸佛世界或復
示現菩薩初生行至七步處在深宮受五欲
時初始出家脩苦行時往菩提樹坐三昧壞
魔軍衆轉法輪時示大神通入涅槃時世尊

BD03810號　大般涅槃經（北本）卷四〇　（22–8）

示現菩薩初生行至七步處在深宮受五欲
時初始出家脩苦行時往菩提樹坐三昧壞
魔軍衆轉法輪時示大神通入涅槃時世尊
阿難比丘見是事已作是念言如是神變昔
來未見誰之所作將非世尊釋迦作耶欲起
欲語都不從意阿難比丘入魔羂故復作是
念諸佛所說各各不同我於今者當受誰語
世尊阿難今者極受大苦雖念如來无能救
者以是因緣不來至此大衆之中尒時文殊
師利菩薩摩訶薩白佛言世尊此大衆中有
大菩薩已於一生發阿耨多羅三藐三菩提
心至无量生發菩提心已能供養无量諸佛
其心堅固具足脩行檀波羅蜜乃至般若波
羅蜜成就功德久已親近无量諸佛淨脩梵
行得不退轉菩提之心得不退忍不退轉持
得如法忍首楞嚴等无量三昧如是等輩
聞大乘經終不生疑善能分別宣說三寶同
一性相常住不變聞不思議不生驚怖聞種
種空心不怖懅了了通達一切法性能持一
切十二部經廣解其義亦能受持无量諸佛
十二部經何憂不能受持如是大涅槃典何
因緣故問憍陳如阿難所在尒時世尊告
文殊師利諦諦聽善男子我成佛已過

BD03810號　大般涅槃經（北本）卷四〇　（22–9）

十二部經何憂不能受持如是大涅槃典何
因緣故問憍陳如阿難所在尒時世尊告
文殊師利諦〻聽〻善男子我成佛已過
卅年住王舍城尒時我告諸比丘
今此衆中誰能為我受持如来十二部經供
給左右所須之事亦使不失自身善利時憍
陳如在彼衆中来白我言我能受持十二部
經供給左右不失所作自利益事我言憍陳
如汝已朽邁當須使人云何放欲為我給使
時舍利弗復作是言我能受持佛一切語供
給所須不失所作自利益事我言舍利弗汝
已朽邁當須使人云何方欲為我給使乃至
五百諸阿羅漢皆亦如是佛悉不受尒時目
連在大衆中作是思惟如来今者不受五百
比丘給使佛意為欲令誰作耶思惟是已即
便入定見如来心在阿難許如日初出光照
西壁見是事已即從定起語憍陳如大德我
觀如来欲令阿難給事左右尒時憍陳如与
五百阿羅漢往阿難所作如是言阿難汝今
當為如来給使請受是事阿難言諸大德我
實不堪給事如来何以故如来尊重如師子
王如龍如火我今穢弱云何能辦諸比丘言
阿難汝受我語給事如来得大利益第二第
三亦復如是阿難言諸大德我亦不求大利

BD03810號　大般涅槃經（北本）卷四〇　（22–10）

實不堪給事如来何以故如来尊重如師子
王如龍如火我今穢弱云何能辦諸比丘言
阿難汝受我語給事如来得大利益第二第
三亦復如是阿難言諸大德我亦不求大利
益事實不堪任奉給左右時目揵連復作是
言阿難汝亦未知阿難言大德唯願說之目
揵連言如来先日僧中求使五百阿羅漢皆
求為之如来不聽我即入定見如来意欲令
汝為汝今云何反更不受阿難聞已合掌長
跪作如是言諸大德若有是事如来世尊與
我三願當慎僧命給事左右目揵連言何等
三願阿難言一者如来設以故衣賜我聽我
不受二者如来設受檀越別請聽我不往三
者聽我出入无有時節如是三事佛若聽者
當慎僧命奉給時憍陳如五百比丘還来我
所作如是言我等已勸阿難比丘唯求三願
若佛聽者當慎僧命文殊師利我於尒時讚
阿難言善〻哉〻阿難比丘具足智慧豫見
譏嫌何以故當有人言汝為衣食奉給如来
是故先求不受故衣不隨別請憍陳如阿難
比丘具足智慧入出有時則不能得廣作利
益四部之衆是故求欲出入无時憍陳如我
為阿難開是三事隨其意願時目揵連還向
難所語阿難言吾以為汝啟請三事如来大

BD03810號　大般涅槃經（北本）卷四〇　（22–11）

比丘具足智慧入出有時則不能得廣作利
益四部之衆是故求欲出入无時憍陳如我
為向難開是三事隨其意願時目揵連還向
難所語阿難言吾以為汝啟請三事如来大
慈皆已聽許阿難言大德若佛聽者請往給
侍文殊師利阿難事我廿餘年具足八種不
可思議何等為八一者事我已来廿餘年初
不隨我受别請食二者事已来初不受我陳
故衣服三者自事我来至我所時終不非時
四者自事我来具足煩惱隨我入出諸王刹
利豪貴大姓見諸女人及天龍女不生欲心
五者自事我来持我所說十二部經一逕於
耳曽不再問如寫瓶水置之一瓶唯除一問
善男子流離太子煞諸釋氏壞迦毗羅城阿
難介時心懷愁惱發聲大哭来至我所作如
是言我与如来俱生此城同一釋種云何如
来光顔如常我則憔悴我時荅言阿難我脩
空定故不同汝過三年已還来問我世尊我
往於彼毗羅城曽聞如来脩空三昧是事虚
實我言阿難如是如是如汝所說六者自事
我来雖未獲得知他心智常知如来所入諸
定七者自事我来未得願智而能了知如是
衆生到如来所現在能得四沙門果有後得

實我言阿難如是如是如汝所說六者自事
我来雖未獲得知他心智常知如来所入諸
定七者自事我来未得願智而能了知如是
衆生到如来所現在能得四沙門果有後得
者有得人身有得天身八者自事我来如来
所有秘密之言悉能了知善男子阿難比丘
具足如是八不思議是故我稱阿難比丘為
多聞藏善男子阿難比丘具足八法能具足
持十二部經何等為八一者信根堅固二者
其心質直三者身无病苦四者常懃精進五
者具足念心六者心无憍慢七者成就定慧
八者具足從聞生智文殊師利毗婆尸佛侍
者弟子名阿叔迦亦復具足如是八法尸棄
如来侍者弟子名差摩羅毗舍浮佛侍者弟
子名憂波扇陁迦羅鳩村大佛侍者弟子名
日抜提迦那牟尼佛侍者弟子名曰蘇坻迦
葉佛侍者弟子名葉婆蜜多皆亦具足如是
八法我今阿難亦復如是具足八法是故我
稱阿難比丘為多聞藏善男子如汝所說此
大衆中雖有无量无邊菩薩是諸菩薩皆有
重任所謂大慈大悲如是慈悲之因緣故各
〻懃務調伏眷屬莊嚴自身以是因緣我涅
槃後不能宣通十二部經若有菩薩或時能
說人不信受文殊師利阿難比丘是吾之弟

重任所謂大慈大悲如是慈悲之因緣故各
々慈務調伏眷屬莊嚴自身以是因緣我涅
槃後不能宣通十二部經若有菩薩或時能
說人不信受文殊師利阿難比丘是吾之弟
給事我來廿餘年所可聞法具足受持喻如
寫水置之一器是故我今顧問阿難為何所
在欲令受持是涅槃經善男子我涅槃後阿
難比丘所未聞者弘廣菩薩當能流布阿難
所聞自能宣通文殊師利阿難比丘今在他
處去此會外十二由延而為六万四千億魔
之所惱亂汝可往彼發大聲言一切諸魔諦
々聽々如來今說大陀羅尼一切天龍乾闥
婆阿脩羅迦樓羅緊那羅摩睺羅伽人与非
人山神樹神河神海神舍宅等神聞是持名
无不恭敬受持之者是陀羅尼十恒河沙諸
佛世尊所共宣說能轉女身自識宿命若受
五事一者梵行二者斷肉三者斷酒四者辛
五者樂在寂靜受五事已至心信受讀誦書
寫是陀羅尼當知是人則得超越七十七億
弊惡之身尒時世尊即便說之
阿摩㝹 吡摩㝹 湿摩㝹 瞢伽㝹 醯羅若竭禪
三曼那䟦提 婆婆陀婆檀尼 波羅磨他婆檀尼
摩那斯 阿拙啼 比羅祇 菴羅頼墙 婆嵐弥 婆嵐
摩 涉㝹 富尼 富那摩奴頼綈

BD03810號　大般涅槃經（北本）卷四〇　（22–14）

寫是陀羅尼當知是人則得超越七十七億
弊惡之身尒時世尊即便說之
阿摩㝹 吡摩㝹 湿摩㝹 瞢伽㝹 醯羅若竭禪
三曼那䟦提 婆婆陀婆檀尼 波羅磨他婆檀尼
摩那斯 阿拙啼 比羅祇 菴羅頼墙 婆嵐弥 婆嵐
摩 涉㝹 富尼 富那摩奴頼綈
尒時文殊師利從佛受是陀羅尼已至阿難
所在魔眾中作如是言諸魔眷屬諦聽我說
所從佛受陀羅尼呪魔王聞是陀羅尼已悉
發阿耨多羅三藐三菩提心捨於魔業即放
阿難文殊師利与阿難俱来至佛所阿難見
佛至心礼敬却住一面佛告阿難是娑羅林
外有一梵志名須䟦陀其年極老已百廿雖
得五通未捨憍慢獲得非想非々想定生一
切智起涅槃想汝可往彼語須䟦陀言如来
出世如優曇華於今中夜當般涅槃若有所
作可及時作莫於後日而生悔心阿難汝之
所說彼定信受何以故汝曾往昔五百世中
作須䟦陀子其人愛心習猶未盡以是因緣
信受汝語尒時阿難受佛勅已往須䟦陀所
作如是言仁者當知如来出世如優曇華於
今中夜當般涅槃欲有所作可及時作莫於
後日生悔心也須䟦陀言善哉阿難我今當
往至如来所尒時阿難与須䟦陀還至佛所
時須䟦陀到已問訊作如是言瞿曇我今欲

BD03810號　大般涅槃經（北本）卷四〇　（22–15）

作如是言仁者當知如來出世如優曇華於
今中夜當般涅槃欲有所作可及時作莫於
後日生悔心也須跋陀言善哉阿難我今當
往至如來所尒時阿難與須跋陀還至佛所
時須跋陀到已問訊作如是言瞿曇我今欲
問隨我意荅佛言須跋陀今正是時隨汝所
問我當方便隨汝意荅瞿曇有諸沙門婆羅
門等作如是言一切衆生受苦樂報皆隨往
日本業因緣是故若有持戒精進受身心苦
能壞本業本業既盡衆苦盡滅衆苦盡滅即
得涅槃是義云何佛言善男子若有沙門
婆羅門等作是說者我為憐愍常往來如
是人所既至彼已我當問之仁者實作如是
說不彼若見荅我如是說何以故瞿曇我見
衆生習行諸惡多饒財寶身得自在又見脩
善貧窮多乏不得自在又見有人多役力用
求則不得又見不求自然得之又見有人慈
心不煞反更中夭又見憙煞終保年壽又見
有人淨脩梵行精懃持戒有得解脫有不得
者是故我說一切衆生受苦樂報皆由往日
本業因緣須跋我復當問仁者實見過去業
不若有是業為多少耶現在苦行能破多少
耶能知是業已盡不盡耶是業既盡一切盡
耶彼若見荅我實不知我便當為彼人引喻
譬如有人身被毒箭其家眷屬為請醫師令

不若有是業為多少耶現在苦行能破多少
耶能知是業已盡不盡耶是業既盡一切盡
耶彼若見荅我實不知我便當為彼人引喻
譬如有人身被毒箭其家眷屬為請醫師令
拔是箭即拔箭已身得安隱其後十年是人
猶憶了了分別明是醫為我拔出毒箭以藥
塗拊令我得差安隱受樂仁既不知過去本
業云何能知現在苦行定能破壞過去業耶
彼若復言瞿曇汝今亦有過去本業何故獨
責我過去業瞿曇經中亦作是說若見有人
豪貴自在當知是人先世好施如是不名過
去業耶我復荅言仁者如是知者名為比智
不名真知我佛法中或有因知果或有從
果知因我佛法中有過去業有現在業汝則
不尒唯有過業无現在業汝法不從方便斷
業我法不尒從方便斷汝業盡已則得苦盡
我則不尒煩惱盡已業苦則盡是故我今責
汝過業彼人若言瞿曇我實不知從師受之
師作是說我實无咎我言仁者汝師是誰彼
若見荅是富蘭那我復言曰汝昔何不一一
諮啟大師實知過去業不汝師若言我不知
者汝復云何受是師語若言我知復應問言
下苦因緣受中上苦不中苦因緣受下上苦
不上苦因緣受

若見答是富蘭那我復言曰汝昔何不一一
諮啟大師實知過去業不汝師若言我不知
者汝復云何受是師語若言我知復應問言
下苦因緣受中上苦不中苦因緣受下上苦
不上苦因緣受中下苦不若言不者復應問
言師云何說苦樂之報唯過去業非現在也
復應問言是現在苦過去有不若過去有過
去之業悉已都盡若都盡者云何復受今日
之身若過去无此現在有云何復言眾生苦
樂皆過去業仁者若知現在苦行能壞過去
業現在苦行復以何破如其不破苦即是常
苦若是常云何說言得苦解脫若更有行壞
苦行者過去已盡云何有苦仁者如是苦行能
令樂業受苦果不復令苦業受樂果不能令
无苦无樂業作不受果不能令現報作生報
不能令生報作現報不令是二業作无報不
能令定報作无報不能令无報作定報不彼
若復言瞿曇不能我復當言仁者如其不能
何因緣故受是苦行仁者當知定有過業現
在因緣是故我言因煩惱生業因業受報仁
者當知一切眾生有過去業有現在因眾生
雖有過去壽業要賴現在飲食因緣仁者若
說眾生受苦受樂定由過去本業因緣是事
不然何以故仁者譬如有人為王除怨以是

者當知一切眾生有過去業有現在因眾生
雖有過去壽業要賴現在飲食因緣仁者若
說眾生受苦受樂定由過去本業因緣是事
不然何以故仁者譬如有人為王除怨以是
因緣多得財寶因是財寶受現在樂如是之
人現在樂因現受樂報譬如有人煞王愛子
以是因緣喪失身命如是之人現作苦因現
受苦報仁者一切眾生現在因於四大時節
土地人民受苦受樂是故我說一切眾生不
必盡因過去本業受苦樂也仁者若以斷業
因緣力故得解脫者一切聖人不得解脫何
以故一切眾生過去本業无始終故是故我
說脩聖道時是道能遮无始終業仁者若受
苦行便得道者一切畜生悉應得道是故先
當調伏其心不調伏身以是因緣我經中說
斫伐此林莫斫伐樹何以故從林生怖不從
樹生欲調伏身先當調心心喻於林身喻於
樹須扶陁言世尊我已先調伏心佛言善男
子汝今云何能先調心須扶陁言世尊我先
思惟欲是无常无樂无淨觀色即是常樂清
淨作是觀已欲界結斷獲得色處是故名為
先調伏心次復觀色色是无常如癰如創如
毒如箭見无色常清淨寂靜如是觀已色
界法盡得无色處是故為先調伏心次復觀

思惟欲是无常无樂无淨觀色即是常樂清
淨作是觀已欲界結斷獲得色處是故名為
先調伏心次復觀色〻是无常如癰如創如
毒如箭見无色常清淨寂靜如是觀已色
界法盡得无色處是故為先調伏心次復觀
想即是无常癰創毒箭如是觀已復得非
想非〻想處是非〻想即一切智寂靜清淨
无有墮墜常恒不變是故我能調伏其心佛
言善男子汝云何能伏心耶汝今所得非非
想定猶名為想涅槃无想汝云何言獲得涅
槃善男子汝已若能呵責麁想今者云何愛
著細想不知呵責如是非想非〻想處故名
為想如癰如創如毒如箭善男子汝師欝頭
藍弗利根聡明尚不能斷如是非想非〻想
處受於惡身況其餘者世尊云何能斷一切
諸有佛言善男子若觀實想是人能斷一切
諸有須抜陁言世尊云何名為實想善男子
无想之想名為實想世尊云何名為无想之
想善男子一切法无有自相他相及自他相
无〻因相无作想无受想无作者相无受者
相无法非法相无男女相无士夫相无微塵
相无時節相无為他相无為自他相无有相
无〻相无生相无生者相无因相无因〻相
无果相无果〻相无晝夜相无明闇相无見

BD03810號　大般涅槃經（北本）卷四〇　（22–20）

无〻因相无作想无受想无作者相无受者
相无法非法相无男女相无士夫相无微塵
相无時節相无為他相无為自他相无有相
无〻相无生相无生者相无因相无因〻相
无果相无果〻相无晝夜相无明闇相无見
相无見者相无聞相无聞者相无覺知相无
覺知者相无菩提相无得菩提者相无業相
无業主相无煩惱相无煩惱主相善男子如
是等相隨所滅處名真實想善男子一切諸
法皆是虛假隨其滅處是名為實是名實想
是名法界名畢竟智名第一義諦第一義空
善男子是想法界畢竟智第一義諦第一義
空下智觀故得聲聞菩提中智觀故得緣覺
菩提上智觀故得无上菩提說是法時十千
菩薩得一生實想万五千菩薩得二生法界
三万五千菩薩得畢竟智三万五千菩薩悟
第一義諦是第一義諦亦名第一義空亦名
首楞嚴三昧四万五千菩薩得虛空三昧是
虛空三昧亦名廣大三昧亦名智印三昧五
万五千菩薩得不退忍是不退忍亦名如法
忍亦名如法界六万五千菩薩得陁羅尼是
陁羅尼亦名大念心亦名无导智七万五千
菩薩得師子吼三昧是師子吼三昧亦名金

BD03810號　大般涅槃經（北本）卷四〇　（22–21）

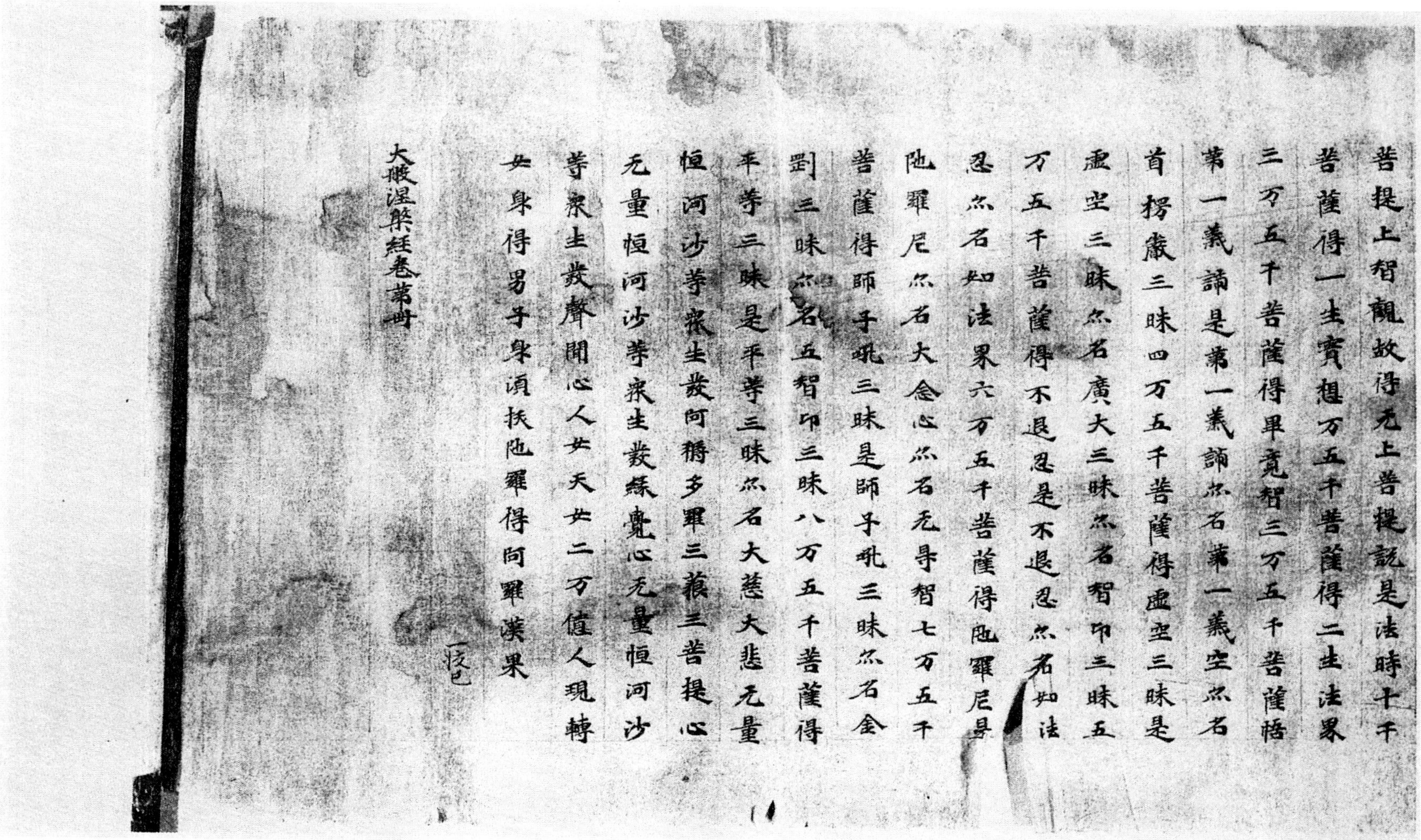

菩提上智觀故得无上菩提說是法時十千
菩薩得一生實相万五千菩薩得二生法界
二万五千菩薩得畢竟智三万五千菩薩悟
第一義諦是第一義諦亦名第一義空亦名
首楞嚴三昧四万五千菩薩得虛空三昧是
虛空三昧亦名廣大三昧亦名智印三昧五
万五千菩薩得不退忍是不退忍亦名如法
忍亦名如法界六万五千菩薩得陁羅尼是
陁羅尼亦名大念心亦名无导智七万五千
菩薩得師子吼三昧是師子吼三昧亦名金
剛三昧亦名五智印三昧八万五千菩薩得
平等三昧是平等三昧亦名大慈大悲无量
恒河沙等衆生發阿耨多羅三藐三菩提心
无量恒河沙等衆生發緣覺心无量恒河沙
等衆生發聲聞心人女天女二万億人現轉
女身得男子身須拔陁羅得阿羅漢果

大般涅槃經卷第卌

一校已

BD03810號　大般涅槃經（北本）卷四〇　（22–22）

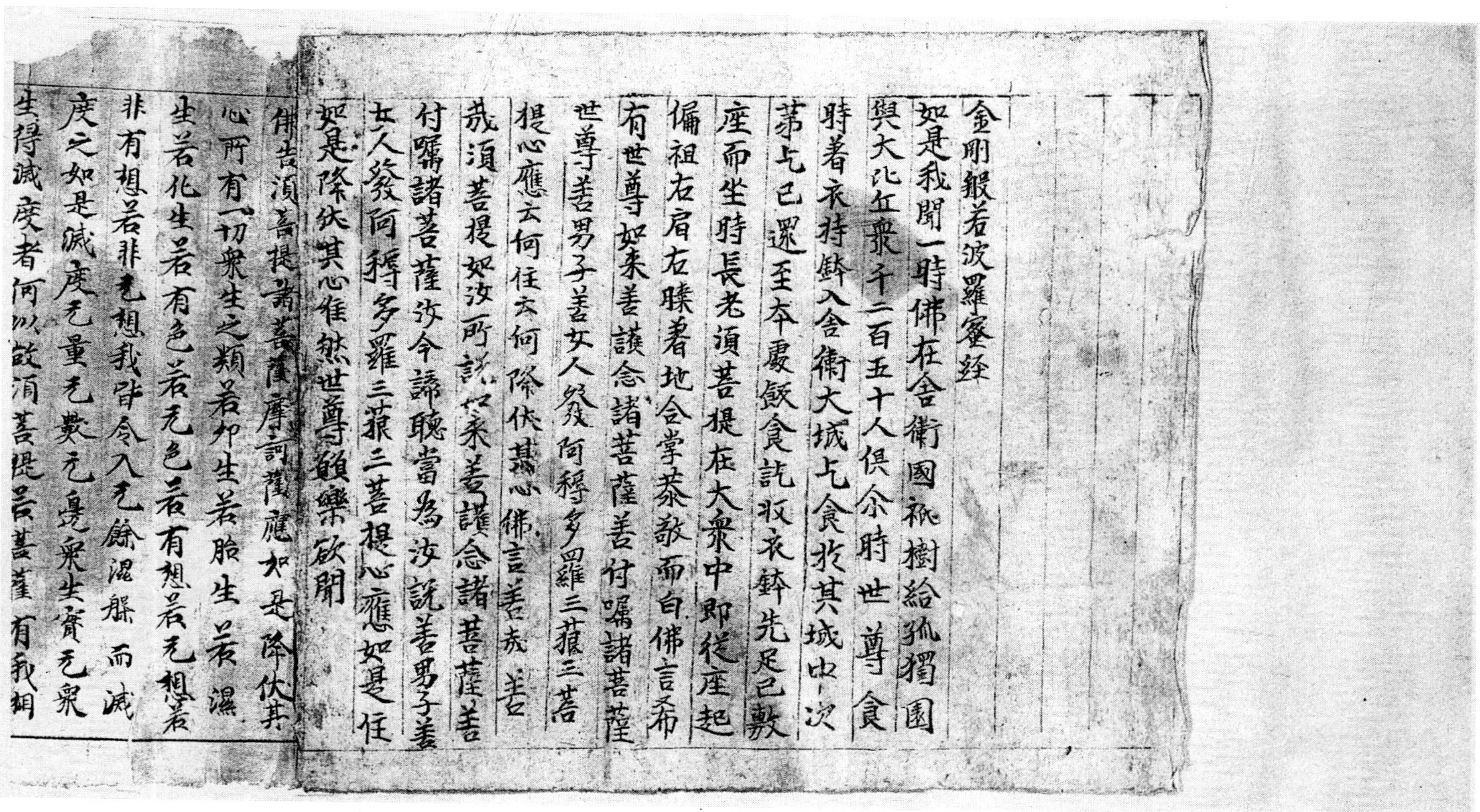

金剛般若波羅蜜經

如是我聞一時佛在舍衛國祇樹給孤獨園
與大比丘衆千二百五十人俱尒時世尊食
時著衣持鉢入舍衛大城乞食於其城中次
第乞已還至本處飯食訖收衣鉢洗足已敷
座而坐時長老須菩提在大衆中即從座起
偏袒右肩右膝著地合掌恭敬而白佛言希
有世尊如來善護念諸菩薩善付囑諸菩薩
世尊善男子善女人發阿耨多羅三藐三菩
提心應云何住云何降伏其心佛言善哉善
哉須菩提如汝所說如來善護念諸菩薩善
付囑諸菩薩汝今諦聽當為汝說善男子善
女人發阿耨多羅三藐三菩提心應如是住
如是降伏其心唯然世尊願樂欲聞
佛告須菩提諸菩薩摩訶薩應如是降伏其
心所有一切衆生之類若卵生若胎生若濕
生若化生若有色若无色若有想若无想若
非有想若非无想我皆令入无餘涅槃而滅
度之如是滅度无量无數无邊衆生實无衆
生得滅度者何以故須菩提若菩薩有我相

BD03811號　金剛般若波羅蜜經　（3–1）

如是降伏其心唯然世尊願樂欲聞
佛告須菩提諸菩薩摩訶薩應如是降伏其
心所有一切衆生之類若卵生若胎生若濕
生若化生若有色若无色若有想若无想若
非有想若非无想我皆令入无餘涅槃而滅
度之如是滅度无量无數无邊衆生實无衆
生得滅度者何以故須菩提若菩薩有我相
人相衆生相壽者相即非菩薩
復次須菩提菩薩於法應无所住行於布施
所謂不住色布施不住聲香味觸法布施須
菩提菩薩應是布施不住於相何以故若
菩薩不住相布施其福德不可思量須菩提
於意云何東方虚空可思量不不也世尊須
菩提南西北方四維上下虚空可思量不不
也世尊須菩提菩薩无住相布施福德亦復
如是不可思量須菩提菩薩但應如所教住
須菩提於意云何可以身相見如來不不也
世尊不可以身相得見如來何以故如來所
說身相即非身相佛告須菩提凡所有相皆
是虚妄若見諸相非相則見如來
須菩提白佛言世尊頗有衆生得聞如是言
說章句生實信不佛告須菩提莫作是說如
來滅後後五百歲有持戒修福者於此章句
能生信心以此爲實當知是人不於一佛二
佛三四五佛而種善根已於无量千万佛所
種諸善根聞是章句乃至一念生淨信者須
菩提如來悉知悉見是諸衆生得如是无量
福德何以故是諸衆生无復我相人相衆生

BD03811 號　金剛般若波羅蜜經　（3–2）

說身相即非身相佛告須菩提凡所有相皆
是虚妄若見諸相非相則見如來
須菩提白佛言世尊頗有衆生得聞如是言
說章句生實信不佛告須菩提莫作是說如
來滅後後五百歲有持戒修福者於此章句
能生信心以此爲實當知是人不於一佛二
佛三四五佛而種善根已於无量千万佛所
種諸善根聞是章句乃至一念生淨信者須
菩提如來悉知悉見是諸衆生得如是无量
福德何以故是諸衆生无復我相人相衆生
相壽者相无法相亦无非法相何以故是諸
衆生若心取相則爲著我人衆生壽者若取
法相即著我人衆生壽者何以故若取非法
相即著我人衆生壽者是故不應取法不應
取非法以是義故如來常說汝等比丘知我
說法如筏喻者法尚應捨何況非法
須菩提於意云何如來得阿耨多羅三藐三
菩提耶如來有所說法耶須菩提言如我解
佛所說義无有定法名阿耨多羅三藐三菩
提亦无有定法如來可說何以故如來所說

BD03811 號　金剛般若波羅蜜經　（3–3）

紺馬寶從旦至夕周遍八方盡大海際還住
本處尒時頂生心大歡喜踊躍无量復作是
念我今定是轉輪聖王其後不久復有女寶
形容端正微妙第一不長不短不白不黑身
諸毛孔出栴檀香口氣香潔如青蓮華其目
遠視見一由旬耳聞鼻嗅亦復如是其舌廣
大出能覆面形色細薄如赤銅葉心聰叡哲
有大智慧於諸衆生常有軟語是女以手觸
王衣時即知王身安樂病患亦知王心所緣之
處尒時頂生復作是念若有女人能知王心
即是女寶其後不久於王宮內自然而有寶
摩尼珠純青瑠璃大如人髀能於闇中照一
由旬若天降雨渧如車軸是珠力能作蓋遍
覆是一由旬遮此大雨不令下過尒時頂生
復作是念若轉輪王得是寶珠必是聖王其
後不久有主藏臣自然而出多饒財寶臣冨
无量庫藏盈溢无所乏少報得眼根力能徹
見一切地中所有伏藏隨王所念皆能辨之
尒時頂生復欲試之即共乘船入於大海告
藏臣言我今欲得珎異之寶藏臣聞已即以

BD03812號　大般涅槃經（北本　思溪藏）卷一二

（6–1）

後不久有主藏臣自然而出多饒財寶臣冨
无量庫藏盈溢无所乏少報得眼根力能徹
見一切地中所有伏藏隨王所念皆能辨之
尒時頂生復欲試之即共乘船入於大海告
藏臣言我今欲得珎異之寶藏臣聞已即以
兩手挃大海水時十指頭出十寶藏以奉聖
王而白王言大王所須隨意用之其餘在者
當投大海尒時頂生心大歡喜踊躍无量復
作念言我今定是轉輪聖王其後不久有主
兵臣自然而出勇健猛略策謀第一善知四
兵若任鬪者則現聖王若不任者退不令現
未摧伏者能令摧伏已摧伏者力能守護尒
時頂生復作是念若轉輪王得是兵寶當知
定是轉輪聖王尒時頂生轉輪聖帝告諸大
臣汝等當知此閻浮提安隱豐樂然我今已
七寶成就千子具足更何所為諸臣荅言唯
然大王東弗婆提猶未歸德王應往討尒時
聖王与其七寶一切營從飛空而往東弗婆
提彼土人民歡喜歸德復告大臣我閻浮提
及弗婆提安隱豐樂人民熾盛悉來歸化七
寶成就千子具足復何所為諸臣荅言唯然
大王西瞿耶尼猶未歸德尒時聖王復與七
寶一切營從飛空而往西瞿耶尼王既至彼
彼土人民亦復歸伏復告大臣我閻浮提及
弗婆提此瞿耶尼安隱豐樂人民熾盛咸已
歸化七寶成就千子具足復何所為諸臣荅

BD03812號　大般涅槃經（北本　思溪藏）卷一二

（6–2）

寶一切營從飛空而往西瞿耶尼王既至彼
彼土人民亦復歸伏復告大臣我閻浮提及
弗婆提與瞿耶尼安隱豐樂人民熾盛已
歸化七寶成就千子具足復何所為諸臣答
言唯然大王北鬱單越猶未歸化尒時聖王
復与七寶一切營從飛空而往北鬱單越王
既至彼彼土人民歡喜歸德復告大臣我四
天下安隱豐樂人民熾盛咸已歸德七寶成
就千子具足更何所為諸臣答言唯然聖王
三十三天壽命極長安隱快樂彼天身形端
嚴无比所居宮殿牀榻卧具悉是七寶自恃
天福未來歸化今可往討令其摧伏尒時聖
王復與七寶一切營從飛騰虛空上忉利天
見有一樹其色青緑聖王見已即問大臣此
是何色大臣答言此是波利質多羅樹忉利
諸天夏三月日常於其下娛樂受樂復見白
色猶如白雲復問大臣彼是何色大臣答言
是善法堂忉利諸天常集其中論人天事於
是天主釋提桓因知頂生王已來在外即出
迎逆見已執手昇善法堂分坐而坐彼時二
王形容相貌等无差別唯有視眴為別異耳
是時聖王即生念言我今寧可退彼天主即
住其中為天王不善男子尒時帝釋受持讀
誦大乘經典開示分別為他演說唯於深義
未盡通達以是讀誦受持分別為他演說因
緣力故有大威德善男子而是頂生於此帝

住其中為天王不善男子尒時帝釋受持讀
誦大乘經典開示分別為他演說唯於深義
未盡通達以是讀誦受持分別為他演說因
緣力故有大威德善男子而是頂生於此帝
釋生惡心已即便墮落還閻浮提與所愛念
人天離別生大苦惱復遇惡病即便命終尒
時帝釋迦葉佛是轉輪聖王則我身是善男
子當知如是愛別離者極為大苦善男子菩
薩摩訶薩尚憶過去如是等輩愛別離苦何
況菩薩住於大乘大涅槃經而當不觀現在
之世愛別離苦善男子云何菩薩摩訶薩脩
行大乘大涅槃經觀怨憎會苦善男子是菩
薩摩訶薩觀於地獄畜生餓鬼人中天上皆
有如是怨憎會苦譬如人觀牢獄繫閉枷鎖
杻械以為大苦菩薩摩訶薩亦復如是觀於
五道一切受生悉是怨憎合會大苦復次善
男子譬如有人常畏怨家枷鎖杻械捨離父
母妻子眷屬珎寶生業而遠逃避善男子菩
薩摩訶薩亦復如是怖畏生死具足脩行六
波羅蜜入於涅槃迦葉是名菩薩摩訶薩脩
行大乘大般涅槃觀怨憎會苦善男子云何
菩薩脩行大乘大般涅槃觀求不得苦求者
一切盡求盡求者有二種一求善法二求不
善善法又得苦惡未離苦是則略說五盛陰苦
迦葉是名苦諦尒時迦葉菩薩摩訶薩白佛
言世尊如佛所說五盛陰苦是義不然何以

薩摩訶薩亦復如是怖畏生死具足脩行六
波羅蜜入於涅槃迦葉是名菩薩摩訶薩脩
行大乘大般涅槃觀怨憎會苦善男子云何
菩薩脩行大乘大般涅槃觀求不得苦求者
一切盡求盡求者有二種一求善法二求不
善善法又得苦惡未離苦是則略說五盛陰苦
迦葉是名苦諦尒時迦葉菩薩摩訶薩白佛
言世尊如佛所說五盛陰苦是義不然何以
故如佛往昔告釋摩男若色苦者一切衆生
不應求色若有求者則不名苦如佛告諸比
丘有三種受苦受樂受不苦不樂受如佛先
爲諸比丘說若有人能脩行善法則得受樂
亦如佛說於善道中六觸受樂眼見好色是
則爲樂耳鼻舌身意思好法亦復如是如佛
說偈

持戒則爲樂　身不受衆苦　睡眠得安隱　悟則心歡喜
若受衣食時　誦習而經行　獨處於山林　如是最爲樂
若能於衆生　晝夜常脩慈　因是得常樂　以不惱他故
少欲知足樂　多聞分別樂　无著阿羅漢　亦名爲受樂
菩薩摩訶薩　畢竟到彼岸　所作衆事辦　是名爲最樂

世尊如諸經中所說樂相其義如是如佛今
說云何當與此義相應

大般涅槃經卷第十二

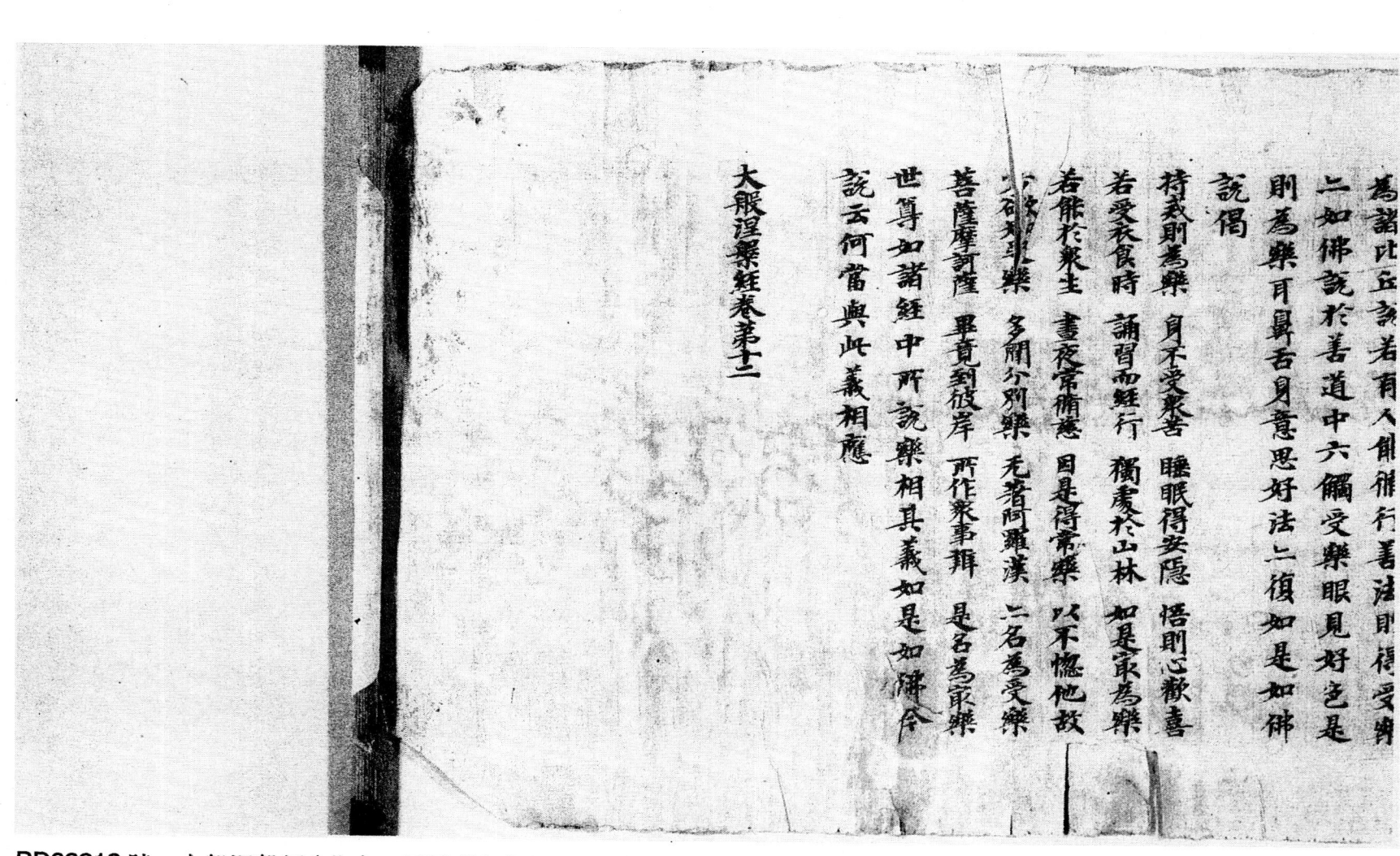

BD03812號　大般涅槃經（北本　思溪藏）卷一二　（6–5）

爲諸比丘說若有人能脩行善法則得受樂
亦如佛說於善道中六觸受樂眼見好色是
則爲樂耳鼻舌身意思好法亦復如是如佛
說偈

持戒則爲樂　身不受衆苦　睡眠得安隱　悟則心歡喜
若受衣食時　誦習而經行　獨處於山林　如是最爲樂
若能於衆生　晝夜常脩慈　因是得常樂　以不惱他故
少欲知足樂　多聞分別樂　无著阿羅漢　亦名爲受樂
菩薩摩訶薩　畢竟到彼岸　所作衆事辦　是名爲最樂

世尊如諸經中所說樂相其義如是如佛今
說云何當與此義相應

大般涅槃經卷第十二

BD03812號　大般涅槃經（北本　思溪藏）卷一二　（6–6）

佛說大乘稻
如是我聞一[illegible]住王舍城耆闍崛山與
[illegible]千[illegible]百五十人及諸菩薩摩訶
[illegible]具壽舍利子往弥勒菩薩摩
[illegible]處到已共相慰問俱坐盤陁
石上
是時具壽舍利子向弥勒菩薩摩訶薩作
如是言弥勒今日世尊觀見稻芉告諸比丘
作如是說諸比丘若見因緣彼即見法若見
於法即能[illegible]作如是語已默然無言弥勒
善逝何故作如是說其事云何何者因緣何
者是法何者是佛云何見因緣即能見法
[illegible]何見法即能見佛作是語已弥勒菩薩
[illegible]薩荅具壽舍利子言今佛法王正
[illegible]諸比丘若見因緣即能見法若見於
法即能見佛者此中何者是因緣言因緣者
此有故彼有此生故彼生所謂无明緣行行
緣識識緣名色名色緣六入六入緣觸觸緣受

BD03813號　大乘稻芉經　（3–1）

[illegible]何見法即能見佛作是語已弥勒菩[illegible]
[illegible]薩荅具壽舍利子言今佛法王正
[illegible]諸比丘若見因緣即能見法若見於
法即能見佛者此中何者是因緣言因緣者
此有故彼有此生故彼生所謂无明緣行行
緣識識緣名色名色緣六入六入緣觸觸緣受
受緣愛愛緣取取有緣有緣生生緣老死愁歎
苦憂惱而得生起如是唯生純極大苦之聚
此中无明滅故行滅行滅故識滅識滅故名色
滅名色滅故六入滅六入滅故觸滅觸滅故受滅受
滅故愛滅愛滅故取滅取滅故有滅有滅故生
滅生滅故老死愁歎苦憂惱得滅如是唯滅
純極大苦之聚此是世尊所說因緣之法
何者是法所謂八聖道支正見正思惟正語正業
正命正精進正念正定此是八聖道果及涅槃世
尊所說名之為法
何者是佛所謂知一切法者名之為佛以彼慧
眼及法身能見作菩提學无學法故
云何見因緣如佛所說若能見因緣之法常
无壽離壽如實性无錯謬性无生无起无作无
為无障礙无境界寂靜无畏无侵奪不寂靜
相者是
若能如是於法亦見常无壽離壽如實性无錯謬性无
生无起无作无為无障礙无境界寂靜无畏
无侵奪不寂靜相者得正智故能悟勝法以无
上法身而見於佛
問曰何故名因緣荅曰有因有緣名為因緣非
无因无緣故是故名為因緣之法世尊略說因
緣之相彼緣生果如來出現若不出現法性

BD03813號　大乘稻芉經　（3–2）

无假寂不寂静相者得正智故能悟勝法究
上法身而見於佛
問曰何故名因緣答曰有因有緣名為因緣非
无因无緣故是故名為因緣之法世尊略說因
緣之相彼緣生果如來出現若不出現法性
常住乃至法性法住性法定性與因緣相應性
真如性无錯謬性无變異性真實性實際
性不虛妄性不顛倒性等作如是說
此因緣法以其二種而得生起云何為二所謂
因相應緣相應彼復有二謂內及外此中何者
是外因緣法因相應所謂從種生芽從芽生
葉從葉生莖從莖生節從節生穗從穗生花從
花生實若无有種芽即不生乃至若无有
花實亦不生有種芽生如是有花實亦得
生彼種亦不作是念我能生芽芽亦不作是
念我從種生乃至花亦不作是念我能生實
實亦不作是念我從花生雖然有種故而芽
得生如是有花故實即而能成就應如是
觀外因緣法因相應義
云何觀外因緣法緣相應義謂六界和合
故以何六界和合所謂地水火風空時界等
和合外因緣法而得生起應如是觀外因緣法
緣相應義
地界者能持於種水界者潤漬於種火界者
能暖於種風界者動搖於種空界者不障
於種時則能變種子若无此眾緣種則不
[illegible]外地界[illegible]

BD03813 號　大乘稻芊經

（3–3）

[illegible]大善業滿集一
切諸善業者是名精進是勤進者繫念六處
所謂佛法僧戒施天是名正念具正念者所
得三昧是名正定具正定者觀見諸法猶如
虛空是名正慧具正慧者遠離一切煩惱諸
結是名解脫得解脫者為諸眾生稱美解脫
言是解脫常恒不變是名讚嘆解脫即是无
上大般涅槃涅槃者即是煩惱諸結火滅又
涅槃者名為屋宅何以故能遮煩惱惡風而
故又涅槃者名為歸依何以故能過一切諸
怖畏故又涅槃者名為洲渚何以故四大暴河
不能漂故何等為四一者欲暴二者有暴三
者見暴四者无明暴是故涅槃名為洲渚又
涅槃者名畢竟歸何以故能得一切畢竟樂
故若有菩薩摩訶薩成就具足如是十法雖
見佛性而不明了
復次善男子出家之人有四種病是故不得
四沙門果何等四病謂四惡欲一為衣欲二

BD03814 號　大般涅槃經（北本）卷二七

（5–1）

者見暴四者无明暴是故涅槃名為洲渚又
涅槃者名畢竟歸何以故能得一切畢竟樂
故若有菩薩摩訶薩成就具足如是十法雖
見佛性而不明了
復次善男子出家之人有四種病是故不得
四沙門果何等四病謂四惡欲一為衣欲二
為食欲三為卧具欲四為有欲是名四惡欲
是出家病有四良藥能療是病謂糞掃衣能
治比丘為衣惡欲乞食能破為食惡欲樹下
能破卧具惡欲身心寂靜能破比丘為有惡
欲以是四藥除是四病是名聖行如是聖行
則得名為少欲知足寂靜者有四種樂何等
為四一者出家樂二者寂靜樂三永滅樂四
畢竟樂得是四樂名為寂靜具四精進故名
精進具四念處故名正念具四禪故故名正
定見四聖實故名正慧永斷一切煩惱結
故故名解脫呵說一切煩惱過故是名讚嘆
解脫善男子菩薩摩訶薩安住具足如是十法
雖見佛性而不明了復次善男子菩薩摩訶
薩聞是經已親近脩集遠離一切世間之事
是名少欲既出家已不生悔心是名知足既
知足已近空閑處遠離憒丙是名寂靜不知
足者不樂空閑夫知足者常樂空寂於空寂
處常脩是念一切世間悉謂我得沙門道果
然我今者實不能得我今云何誑惑於人作

BD03814號　大般涅槃經（北本）卷二七　（5-2）

知足已近空閑處遠離憒丙是名寂靜不知
足者不樂空閑夫知足者常樂空寂於空寂
處常脩是念一切世間悉謂我得沙門道果
然我今者實不能得我今云何誑惑於人作
是念已精懃脩集沙門道果是名精進親近
脩集大涅槃者是名正念隨順天行是名正
定安住是定正見正知是名正慧正見知者
能得遠離煩惱結縛是名解脫十住菩薩為
衆生故稱義涅槃是則名為讚嘆解脫善男
子菩薩摩訶薩安住具足如是十法雖見佛
性而不明了復次善男子夫少欲者若有比
丘住空寂處端坐不卧或住樹下或在塚間
或在露處隨有草地而坐其上乞食而食隨
得為足或一坐食不過一食唯畜三衣糞衣
毳衣是名少欲既行是事心不生悔是名
知足脩空三昧是名寂靜得四果已於阿耨
多羅三藐三菩提心不休息是名精進繫心
思惟如來常恒无有變易是名正念脩八解
脫是名正定得四无㝵是名正慧遠離七漏
是名解脫稱義涅槃无有十相名讚解脫十
相者謂生老病死色聲香味觸无常遠離十
相是名大涅槃善男子是菩薩摩訶薩安住
具足如是十法雖見佛性而不明了復次善
男子為多欲故親近國王大臣長者刹利婆
羅門毗舍首陁自稱我得須陁洹

BD03814號　大般涅槃經（北本）卷二七　（5-3）

相者名大涅槃善男子是菩薩摩訶薩安住
具足如是十法雖見佛性而不明了復次善
男子為多欲故親近國王大臣長者剎利婆
羅門毗舍首陁自稱我得須陁洹果至阿羅
漢果為利養故行住坐卧乃至大小便利若
見檀越猶行恭敬接引語言破惡欲者名為
少欲雖未能壞諸結煩惱而能同於如來行
處是名知足善男子如是二法乃是念定近
因緣也常為師宗同學所讚我亦常於處處
經中稱美讚嘆如是二法若能具足是二法
者則得近於大涅槃門及五種樂是名寂靜
堅持戒者名為精進有慚愧者名為正念不
見心相者名為正定不求諸法性相因緣是
名正慧无有相故煩惱則斷是名解脫稱美
如是大涅槃經名讚解脫善男子是名菩薩
摩訶薩安住十法雖見佛性而不明了善男
子如汝所問十住菩薩以何眼故雖見佛性
而不明了諸佛世尊以何眼故見於佛性而
得明了善男子慧眼見故不得明了佛眼見
故故得明了為菩提行故則不了了若无行
故則得了了住十住故雖見不了不住不去
故則得了了菩薩摩訶薩智慧因故見不了
了諸佛世尊斷因果故見則了了一切覺者
名為佛性十住菩薩不得名為一切覺故是

BD03814號　大般涅槃經（北本）卷二七　（5–4）

得明了善男子慧眼見故不得明了佛眼見
故故得明了為菩提行故則不了了若无行
故則得了了住十住故雖見不了不住不去
故則得了了菩薩摩訶薩智慧因故見不了
了諸佛世尊斷因果故見則了了一切覺者
名為佛性十住菩薩不得名為一切覺故是
故雖見而不明了善男子見有二種一者眼
見二者聞見諸佛世尊眼見佛性如於掌中
觀阿摩勒菓十住菩薩聞見佛性故不了了
十住菩薩雖能自知定得阿耨多羅三藐三
菩提而不能知一切衆生悉有佛性

BD03814號　大般涅槃經（北本）卷二七　（5–5）

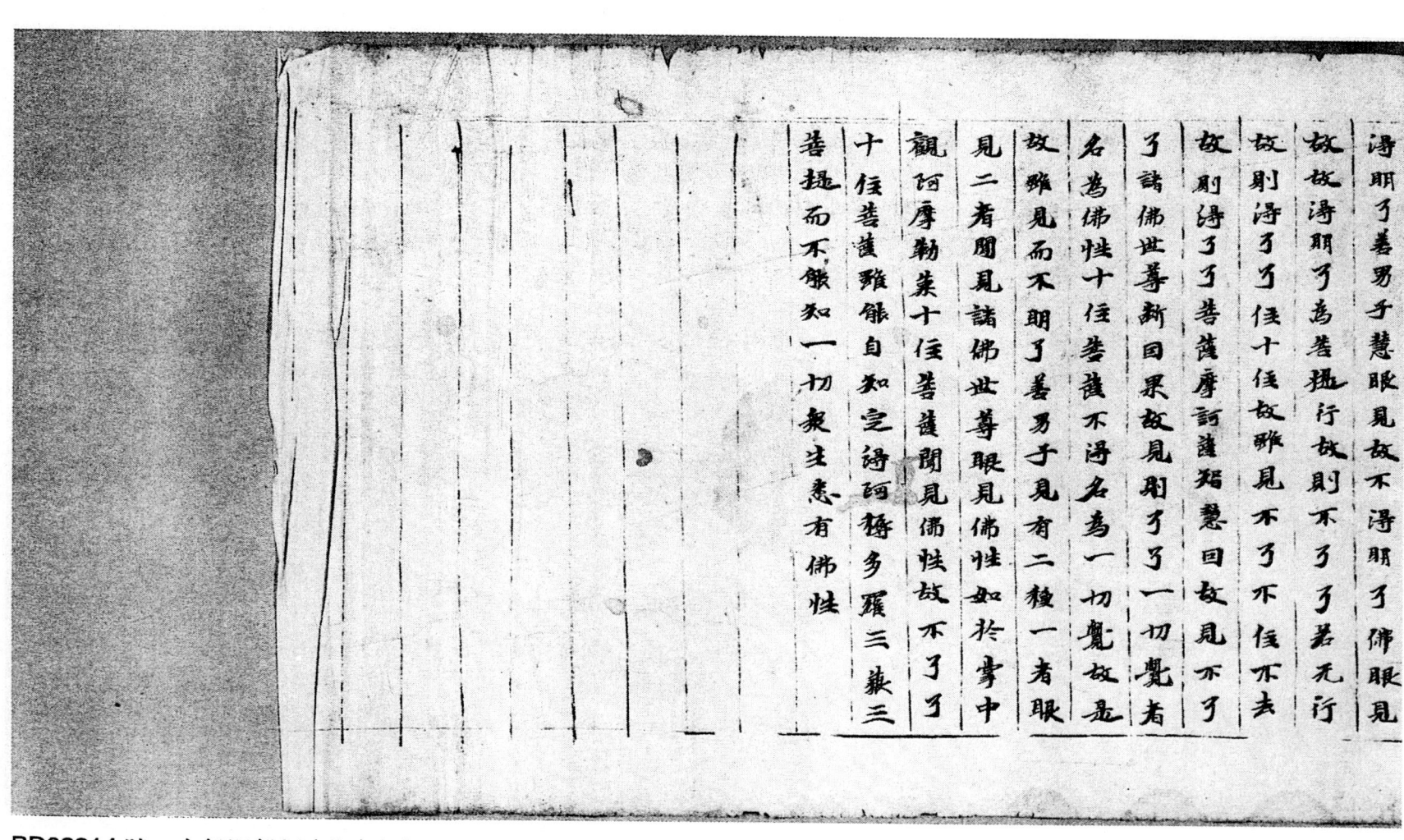

若比丘尼不滿一歲授人具足戒者波逸提
若比丘尼與人授具足戒已經宿方往比丘僧中與受具足
戒者波逸提　一百四十
若比丘尼不病不往受教授者波逸提
若比丘尼半月應往比丘僧中求教授若不求者波逸提
若比丘尼僧夏安居竟應往大比丘僧中說三事自恣見
聞疑若不者波逸提
若比丘尼在無比丘處夏安居者波逸提
若比丘尼知有比丘僧伽藍不白而入者波逸提
若比丘尼罵比丘者波逸提
若比丘尼喜鬪諍不善憶持諍事後瞋恚不喜罵比丘尼
衆者波逸提
若比丘尼身生癰及種種瘡不白衆及餘人輒使男子破
若裹者波逸提
若比丘尼先受請若足食已後食飯麨乾飯魚及肉者
波逸提
若比丘尼於食家生嫉妬心者波逸提　一百五十
若比丘尼以香塗摩身者波逸提
若比丘尼以胡麻滓塗摩身者波逸提
若比丘尼使比丘尼塗摩身者波逸提
若比丘尼使式叉摩那塗摩身者波逸提
若比丘尼使沙彌尼塗摩身者波逸提
若比丘尼使白衣婦女塗摩身者波逸提

BD03815號　四分比丘尼戒本　（6–1）

若比丘尼於食家生嫉妬心者波逸提
若比丘尼以香塗摩身者波逸提
若比丘尼以胡麻滓塗摩身者波逸提
若比丘尼使比丘尼塗摩身者波逸提
若比丘尼使式叉摩那塗摩身者波逸提
若比丘尼使沙彌尼塗摩身者波逸提
若比丘尼使白衣婦女塗摩身者波逸提
若比丘尼著貯䏶衣者波逸提
若比丘尼畜婦女莊嚴身具除時因緣波逸提
若比丘尼著革屣持蓋行除時因緣波逸提
若比丘尼無病乘乘行除時因緣波逸提　一百六十
若比丘尼不著僧祇支入村者波逸提
若比丘尼向暮至白衣家先不被喚波逸提
若比丘尼向暮開僧伽藍門不囑授餘比丘尼而出者波逸提
若比丘尼日沒開僧伽藍門不囑授而出者波逸提
若比丘尼不前安居不後安居者波逸提
若比丘尼知女人常漏大小便涕唾常出者授具足戒波逸提
若比丘尼知二形人與受具足者波逸提
若比丘尼知二道合者與受具足戒波逸提
若比丘尼知有負債難者病難者與受具足戒波逸提　一百七十
若比丘尼與學世俗伎術以自活命波逸提
若比丘尼以俗伎術教授白衣波逸提
若比丘尼被擯不去者波逸提
若比丘尼欲問比丘義先不求而問者波逸提
若比丘尼知先住後至後至先住欲惱彼故在前經行若
立若坐若卧波逸提
若比丘尼在有僧伽藍內起塔波逸提
若比丘尼見新受戒比丘應起迎送恭敬禮拜問訊請與坐
不者除因緣波逸提
若比丘尼為好故搖身趨波逸提
若比丘尼作婦女莊嚴香塗摩身波逸提

BD03815號　四分比丘尼戒本　（6–2）

立若坐若卧波逸提
若比丘尼在有僧伽藍內起塔波逸提
若比丘尼見新受戒比丘應起迎送恭敬礼拜問訊請與坐
不者除因緣波逸提
若比丘尼為好故搖身趍波逸提
若比丘尼作婦女莊嚴香塗摩身波逸提
諸大姊我已說一百七十八波逸提法今問諸大姊是中清
淨不　如是三說
諸大姊是中清淨默然故是事如是持
諸大姊是八波羅提提舍尼法半月半月說戒經中來
若比丘尼不病乞穌食者犯應懺悔可呵法應向餘比丘尼說
言大姊我犯可呵法所不應為我今向大姊懺悔是名悔過法
若比丘尼不病乞油食者犯應懺悔可呵法應向餘比丘尼說
言大姊我犯可呵法所不應為我今向大姊懺悔是名悔過法
若比丘尼不病乞蜜食者犯應懺悔可呵法應向餘比丘尼說言
大姊我犯可呵法所不應為我今向大姊懺悔是名悔過法
若比丘尼不病乞黑石蜜食犯應懺悔可呵法應向餘比丘尼說言
大姊我犯可呵法所不應為我今向大姊懺悔是名悔過法
若比丘尼不病乞乳食者犯應懺悔可呵法應向餘比丘尼說言大
姊我犯可呵法所不應為我今向大姊懺悔是名悔過法
若比丘尼不病乞酪食者犯應懺悔可呵法應向餘比丘尼說言
大姊我犯可呵法所不應為我今向大姊懺悔是名悔過法
若比丘尼不病乞魚食者犯應懺悔可呵法應向餘比丘尼說言大
姊我犯可呵法所不應為我今向大姊懺悔是名悔過法
若比丘尼不病乞肉食者犯應懺悔可呵法應向餘比丘尼說言大姊
我犯可呵法所不應為我今向大姊懺悔是名悔過法
諸大姊我已說八波羅提提舍尼法今問諸大姊是中清
淨不　如是三說
諸大姊是中清淨默然故是事如是持
諸大姊是衆學戒法半月半月說戒經中來
當齊整著涅槃僧應當學

BD03815號　四分比丘尼戒本

（6–3）

諸大姊我已說八波羅提提舍尼法今問諸大姊是中清
淨不　如是三說
諸大姊是中清淨默然故是事如是持
諸大姊是衆學戒法半月半月說戒經中來
當齊整著涅槃僧應當學
當齊整著三衣應當學
不得反抄衣入白衣舍應當學
不得反抄衣入白衣舍坐應當學
不得衣纏頸入白衣舍應當學
不得衣纏頸入白衣舍坐應當學
不得覆頭入白衣舍應當學
不得覆頭入白衣舍坐應當學
不得跳行入白衣舍應當學
不得跳行入白衣舍坐應當學　十
不得入白衣舍內蹲坐應當學
不得叉腰行入白衣舍應當學
不得叉腰行入白衣舍坐應當學
不得搖身行入白衣舍應當學
不得搖身行入白衣舍坐應當學
不得掉臂行入白衣舍應當學
不得掉臂行入白衣舍坐應當學
好覆身入白衣舍應當學
好覆身入白衣舍坐應當學
不得左右顧視行入白衣舍應當學
不得左右顧視行入白衣舍坐應當學　二十
靜默入白衣舍應當學
靜默入白衣舍坐應當學
不得戲笑行入白衣舍應當學
不得戲笑行入白衣舍坐應當學
用意受食應當學
平鉢受食應當學

BD03815號　四分比丘尼戒本

（6–4）

靜默入白衣舍坐應當學
不得戲笑行入白衣舍應當學
不得戲笑行入白衣舍坐應當學
用意受食應當學
平鉢受食應當學
平鉢受羹應當學
羹飯等食應當學
以次食應當學 卅
不得挑鉢中而食應當學
若比丘尼无病不得為己索羹飯應當學
不得以飯覆羹更望得應當學
不得視比坐鉢中食應當學
當繫想鉢食應當學
不得大摶飯食應當學
不得大張口待飯食應當學
不得含飯語應當學
不得摶飯擲口中應當學
不得遺落飯食應當學 卅
不得頰食食應當學
不得嚼飯作聲食應當學
不得大噏飯食應當學
不得舌舐食應當學
不得振手食應當學
不得手把散飯食應當學
不得污手捉飲器應當學
不得洗鉢水棄白衣舍內應當學
不得生草菜上大小便涕唾除病應當學
不得淨水中大小便涕唾除病應當學 五十
不得立大小便除病應當學
不得與反抄衣不恭敬人說法除病應當學
不得為衣纏頸者

BD03815號　四分比丘尼戒本　（6–5）

若比丘尼无病不得為己索羹飯應當學
不得以飯覆羹更望得應當學
不得視比坐鉢中食應當學
當繫想鉢食應當學
不得大摶飯食應當學
不得大張口待飯食應當學
不得含飯語應當學
不得摶飯擲口中應當學
不得遺落飯食應當學 卅
不得頰食食應當學
不得嚼飯作聲食應當學
不得大噏飯食應當學
不得舌舐食應當學
不得振手食應當學
不得手把散飯食應當學
不得污手捉飲器應當學
不得洗鉢水棄白衣舍內應當學
不得生草菜上大小便涕唾除病應當學
不得淨水中大小便涕唾除病應當學 五十
不得立大小便除病應當學
不得與反抄衣不恭敬人說法除病應當學
不得為衣纏頸者

BD03815號　四分比丘尼戒本　（6–6）

如是沙等恒河是諸恒河所有沙數佛世界
如是寧為多不甚多世尊佛告須菩提尒所
國土中所有衆生若干種心如来悉知何以
故如来說諸心皆為非心是名為心所以者
何須菩提過去心不可得現在心不可得未
来心不可得須菩提於意云何若有人滿三
千大千世界七寶以用布施是人以是因緣
得福多不如是世尊此人以是因緣得福甚
多須菩提若福德有實如来不說得福德多
以福德無故如来說得福德多
須菩提於意云何佛可以具足色身見不不
也世尊如来不應以色身見何以故如来說
具足色身即非具足色身是名具足色身須
菩提於意云何如来可以具足諸相見不不
也世尊如来不應以具足諸相見何以故如
来說諸相具足即非具足是名諸相具足須
菩提汝勿謂如来作是念我當有所說法莫
作是念何以故若人言如来有所說法即為
謗佛不能解我所說故須菩提說法者無法
可說是名說法須菩提白佛言世尊佛得阿
耨多羅三藐三菩提為無所得耶如是如是

BD03816 號　金剛般若波羅蜜經　　（5–1）

来說諸相具足即非具足是名諸相具足須
菩提汝勿謂如来作是念我當有所說法莫
作是念何以故若人言如来有所說法即為
謗佛不能解我所說故須菩提說法者無法
可說是名說法須菩提白佛言世尊佛得阿
耨多羅三藐三菩提為無所得耶如是如是
須菩提我於阿耨多羅三藐三菩提乃至無
有少法可得是名阿耨多羅三藐三菩提復
次須菩提是法平等無有高下是名阿耨多
羅三藐三菩提以無我無人無衆生無壽者
脩一切善法則得阿耨多羅三藐三菩提須
菩提所言善法者如来說非善法是名善法
須菩提若三千大千世界中所有諸須弥山
王如是等七寶聚有人持用布施若人以此
般若波羅蜜經乃至四句偈等受持為他人
說於前福德百分不及一百千万億分乃至
筭數譬喻所不能及
須菩提於意云何汝等勿謂如来作是念我
當度衆生須菩提莫作是念何以故實無有
衆生如来度者若有衆生如来度者如来則
有我人衆生壽者須菩提如来說有我者則
非有我而凡夫之人以為有我須菩提凡夫
者如来說則非凡夫須菩提於意云何可以
卅二相觀如来不須菩提言如是如是以卅
二相觀如来佛言須菩提若以卅二相觀如
来者轉輪聖王則是如来須菩提白佛言世
尊如我解佛所說義不應以卅二相觀如来

BD03816 號　金剛般若波羅蜜經　　（5–2）

卅二相觀如来不須菩提言如是如是以卅
二相觀如来佛言須菩提若以卅二相觀如
来者轉輪聖王則是如来須菩提白佛言世
尊如我解佛所說義不應以卅二相觀如来
尒時世尊而說偈言
若以色見我　以音聲求我　是人行耶道　不能見如来
須菩提汝若作是念如来不以具足相故得
阿耨多羅三藐三菩提須菩提莫作是念如
来不以具足相故得阿耨多羅三藐三菩提
須菩提汝若作是念發阿耨多羅三藐三菩
提者說諸法斷滅莫作是念何以故發阿耨
多羅三藐三菩提者於法不說斷滅相須菩
提若菩薩以滿恒河沙等世界七寶布施若
復有人知一切法無我得成於忍此菩薩勝
前菩薩所得功德須菩提以諸菩薩不受福
德故須菩提白佛言世尊云何菩薩不受福
德須菩提菩薩所作福德不應貪著是故說
不受福德須菩提若有人言如来若来若去
若坐若卧是人不解我所說義何以故如来者
無所從来亦無所去故名如来
須菩提若善男子善女人以三千大千世界
碎為微塵於意云何是微塵衆寧為多不甚
多世尊何以故若是微塵衆實有者佛則不
說是微塵衆所以者何佛說微塵衆則非微
塵衆是名微塵衆世尊如来所說三千大千
世界則非世界是名世界何以故若世界實
有則是一合相如来說一合相則非一合相

BD03816號　金剛般若波羅蜜經　（5–3）

多世尊何以故若是微塵衆實有者佛則不
說是微塵衆所以者何佛說微塵衆則非微
塵衆是名微塵衆世尊如来所說三千大千
世界則非世界是名世界何以故若世界實
有則是一合相如来說一合相則非一合相
是名一合相須菩提一合相者則是不可說
但凡夫之人貪著其事須菩提若人言佛說
我見人見衆生見壽者見須菩提於意云何
是人解我所說義不世尊是人不解如来所
說義何以故世尊說我見人見衆生見壽者
見即非我見人見衆生見壽者見是名我見
人見衆生見壽者見須菩提發阿耨多羅三
藐三菩提心者於一切法應如是知如是見如
是信解不生法相須菩提所言法相如来說
即非法相是名法相須菩提若有人以滿無
量阿僧祇世界七寶持用布施若有善男子
善女人發菩薩心者持於此經乃至四句偈
等受持讀誦為人演說其福勝彼云何為人
演說不取於相如如不動何以故
一切有為法　如夢幻泡影　如露亦如電　應作如是觀
佛說是經已長老須菩提及諸比丘比丘尼
優婆塞優婆夷一切世間天人阿脩羅聞佛
所說皆大歡喜信受奉行

BD03816號　金剛般若波羅蜜經　（5–4）

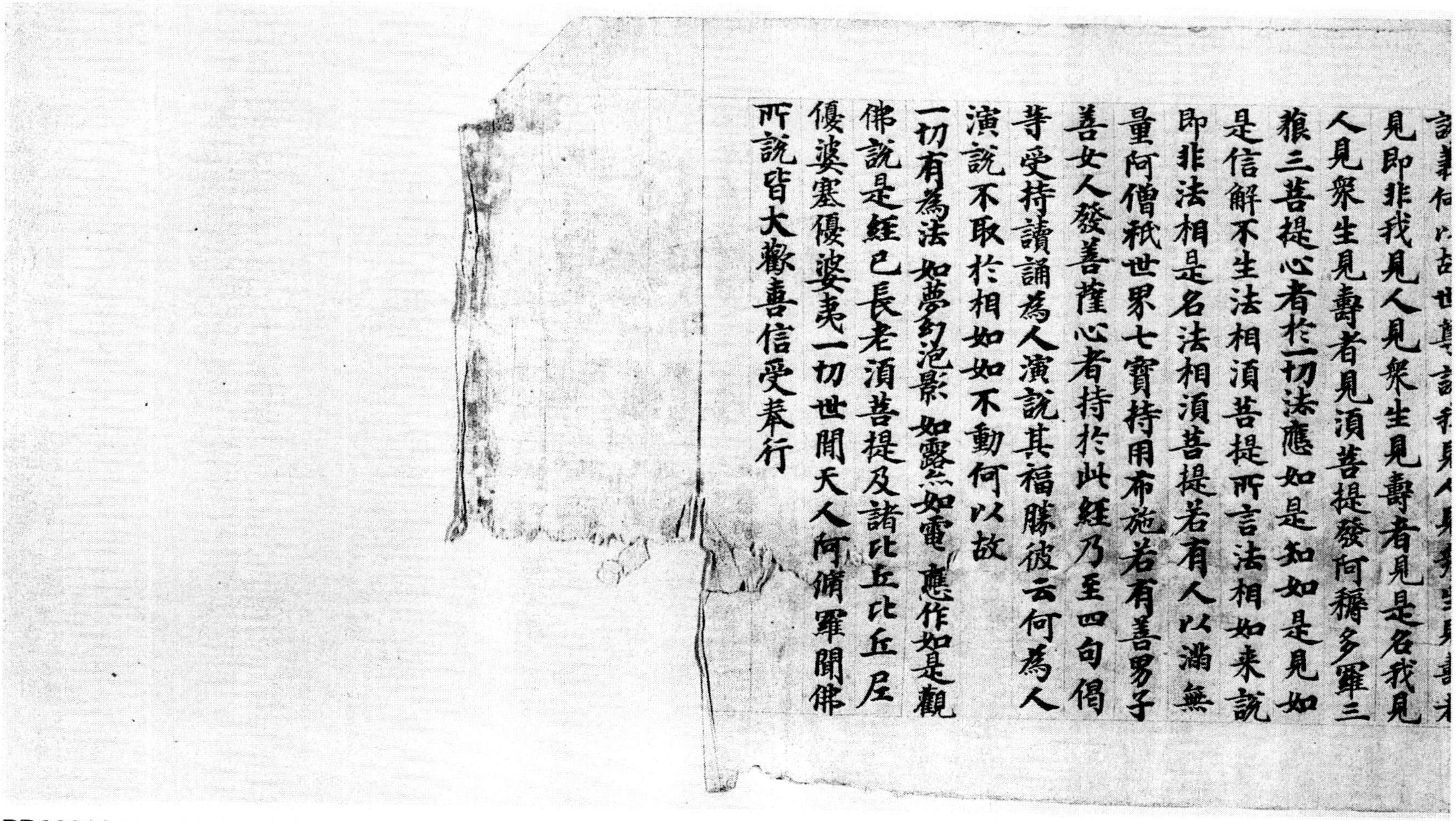

說義何以故世尊說我見人見衆生見壽者
見即非我見人見衆生見壽者見是名我見
人見衆生見壽者見須菩提發阿耨多羅三
藐三菩提心者於一切法應如是知如是見如
是信解不生法相須菩提所言法相如來說
即非法相是名法相須菩提若有人以滿無
量阿僧祇世界七寶持用布施若有善男子
善女人發菩薩心者持於此經乃至四句偈
等受持讀誦為人演說其福勝彼云何為人
演說不取於相如如不動何以故
一切有為法　如夢幻泡影　如露亦如電　應作如是觀
佛說是經已長老須菩提及諸比丘比丘尼
優婆塞優婆夷一切世間天人阿脩羅聞佛
所說皆大歡喜信受奉行

BD03816 號　金剛般若波羅蜜經

（5–5）

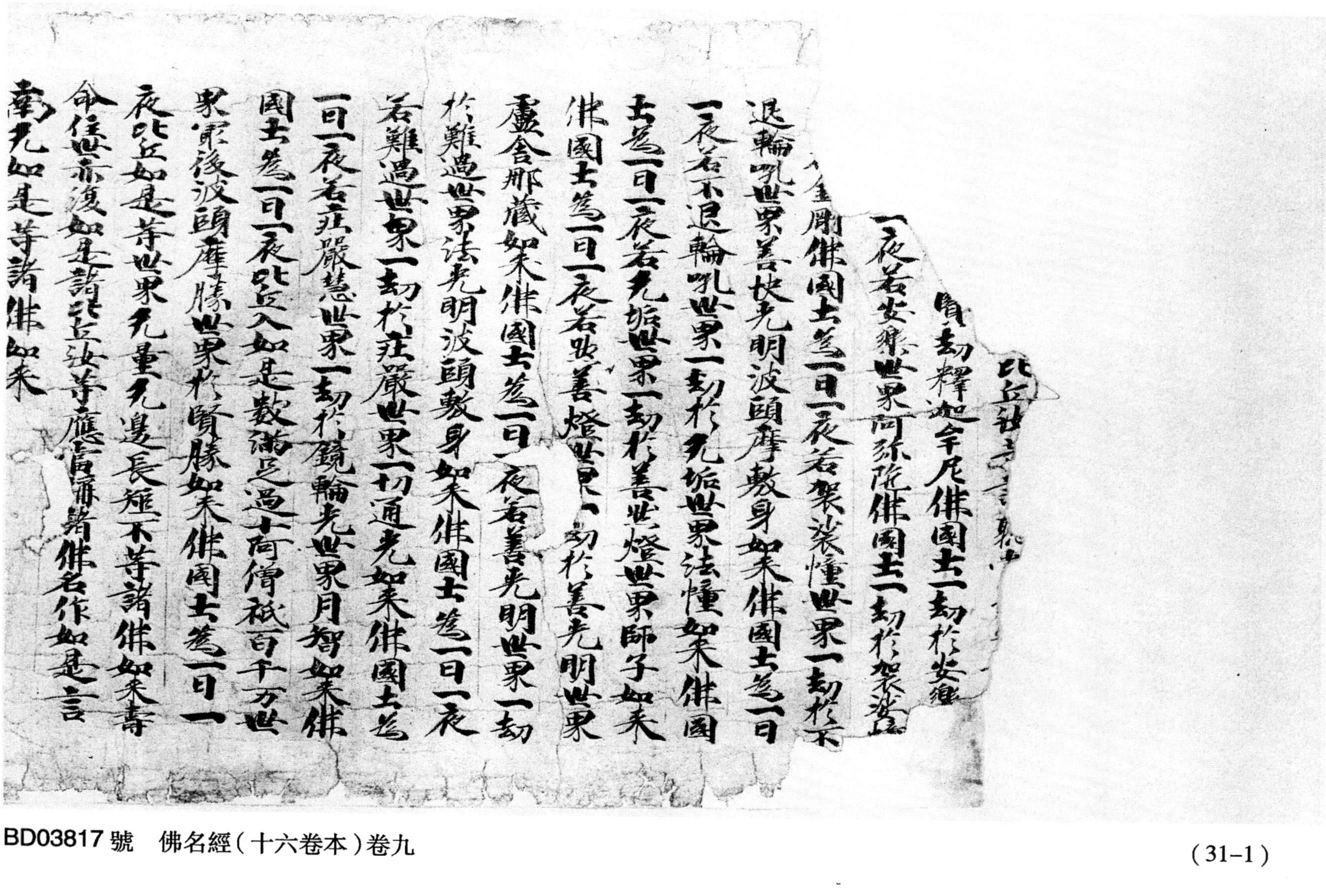

比丘
賢劫釋迦牟尼佛國土一劫於安樂
一夜若安樂世界阿彌陀佛國土一劫於袈裟幢
金剛佛國土為一日一夜若袈裟幢世界一劫於不
退輪吼世界善快光明波頭摩敷身如來佛國土為一日
一夜若不退輪吼世界一劫於无垢世界法幢如來佛國
土為一日一夜若无垢世界一劫於善世燈世界師子如來
佛國土為一日一夜若出善燈世界一劫於善光明世界
盧舍那藏如來佛國土為一日一夜若善光明世界一劫
於難過世界法光明波頭摩敷身如來佛國土為一日一夜
若難過世界一劫於莊嚴世界一切通光如來佛國土為
一日一夜若莊嚴慧世界一劫於鏡輪光世界月智如來佛
國土為一日一夜比丘入如是數諸過過十阿僧祇百千万世
界最後波頭摩勝世界於賢勝如來佛國土為一日一
夜比丘如是等世界无量无邊長短不等諸佛如來壽
命住世亦復如是諸比丘汝等應當禮諸佛名作如是言
南无如是等諸佛如來

BD03817 號　佛名經（十六卷本）卷九

（31–1）

界最後波頭摩勝世界於賢勝如來佛國土為一日一
夜比丘如是等世界无量无邊長短不等諸佛如來壽
命住世亦復如是諸比丘汝等應當禮諸佛名作如是言
南无如是等諸佛如來
南无不動智佛　南无阿尼羅智佛
南无阿私陁智佛　南无行智佛
南无陀樓那智佛　南无常智佛
南无妙智佛　南无樂自在天佛
南无梵天佛　南无勝智天佛
南无菴摩月佛　南无不退月佛
南无不動月佛　南无阿尼羅月佛
南无婆留那月佛　南无阿私月佛
南无勝月佛　南无阿樓那月佛
南无无垢月佛　南无勝智月佛
南无不退眼佛　南无第一眼佛
南无阿尼羅眼佛　南无不動眼佛
南无阿私陁眼佛　南无行眼佛
南无婆留那眼佛　南无勝眼佛
南无微妙清淨眼佛　南无不退幢佛
南无阿尼羅幢佛　南无阿私陁幢佛
南无行幢佛　南无阿樓那幢佛

BD03817號　佛名經（十六卷本）卷九　（31–2）

南无婆留那眼佛　南无勝眼佛
南无微妙清淨眼佛　南无不退幢佛
南无阿尼羅幢佛　南无阿私陁幢佛
南无行幢佛　南无阿樓那幢佛
南无常幢佛　南无妙幢佛
南无自在幢佛　南无梵幢佛
南无勝幢佛　南无弥留勝佛
從此以上七千二百佛十二部經一切賢聖
南无波頭摩勝藏佛　南无普眼佛
南无梵命佛　南无金剛齊佛
南无婆藪天佛　南无一切法決定王佛
南无弥留幢家眼勝佛　南无致沙佛
南无弗沙佛　南无波頭摩勝佛
南无火光明佛　南无法意佛
南无善法佛　南无稱勝佛
南无寶慧佛　南无微妙眼佛
南无燈佛　南无擇義佛
南无自在佛　南无婆藪天佛
南无不去佛　南无擇勝佛
南无妙行佛　南无无导月佛
南无无邊智上首佛　南无普眼佛

BD03817號　佛名經（十六卷本）卷九　（31–3）

南无不去佛　南无擇勝佛
南无妙行佛　南无无量月佛
南无无邊智上首佛　南无普眼佛
南无厚波婆羅佛　南无妙勝佛
南无日佛　南无无邊光佛
南无法幢佛　南无无邊智然燈佛
南无普功德觀然燈佛　南无功德佛
南无金剛幢佛　南无善智寶炎勝功德幢佛
南无因陁羅幢勝幢佛　南无普寶炎勝功德雞都佛
南无垢輪大悲雲幢佛　南无金剛那羅延幢佛
南无无量勝行佛　南无大炎佛
南无山勝莊嚴佛　南无一切法海上莊嚴速任佛
南无滌法海沙光佛　南无寶炎圍然燈佛
南无功德海光明輪勝佛　南无盧遮那勝藏佛
南无滿虛空法界尸法羅勝然燈佛
南无不退然燈佛　南无法界吼佛
南无妙法樹山王威德佛　南无一切法海吼王佛
南无寶光明然燈幢佛　南无須彌功德光威德佛
南无法雲吼王佛　南无智炬然燈王佛
南无法雷速幢勝佛　南无法然燈奮迅師子佛
南无智力威德山王佛　南无不退信法界吼佛

BD03817號　佛名經（十六卷本）卷九　（31–4）

南无法雲吼王佛　南无智炬然燈王佛
南无法雷速幢勝佛　南无法然燈奮迅師子佛
南无智力威德山王佛　南无不退信法界吼佛
南无電光明劫善照世界初放栴檀香光明照佛
南无善決定清淨劫无垢世界初盧舍那佛
南无甘露莊嚴劫善清淨世界初栴檀然燈王佛
南无善住劫妙音世界初須彌光明勝王佛
南无善見劫莊嚴世界初无邊功德種種寶莊嚴王佛
南无炎清淨劫清淨世界初金剛奮迅佛
南无不可嫌劫不可嫌世界初毗沙門佛
南无不可嫌劫不可嫌稱世界初寶月佛
南无不可訶劫稱財世界初不可思議光明佛
南无清淨莊嚴劫樂清淨世界初觀世王佛
南无真塵劫光明塵世界初大光明佛
南无梵讚嘆劫清淨世界初力莊嚴王佛
南无德光明莊嚴劫月幢世界初善眼佛
南无栴檀香行平等勝成就佛
南无法海吼光明王佛　南无无垢轉法輪佛
南无寂靜威德王佛　南无虛空劫然燈佛
南无天自在藏佛　南无日羅幢雞都王佛
南无信威德佛　南无寶華藏佛
[illegible]

BD03817號　佛名經（十六卷本）卷九　（31–5）

南无寂靜威德王佛　南无虛空劫然燈佛
南无天自在藏佛　南无日羅幢雞都王佛
南无信威德佛　南无寶華藏佛
南无妙日身佛　南无不濁身佛
南无一切身智光明月佛　南无閻浮檀威德王佛
南无相莊嚴身佛　南无種種光明火月佛
南无善觀智雞都佛　南无无垢智光明王佛
南无金剛那羅延精進佛　南无不可降伏智處佛
南无普无垢智通佛　南无无垢眼勝雲佛
南无師子智佛　南无金剛菩提光佛
南无燈火髻佛　南无智日雞都佛
南无寶波頭摩敷身佛
從此以上七千三百佛十二部經一切賢聖
南无礙功德佛　南无智光明雲吼佛
南无普明月佛　南无无障蓋吼佛
南无普光明奮迅師子佛　南无法界境界慧月佛
南无一切虛空樂說覺佛　南无初香善名佛
南无普聲寂靜吼佛　南无甘露山威德佛
南无海吼聲佛　南无善堅羅網堅佛
南无佛虛空鏡像頭髻佛
南无光明月微塵佛　南无善智滿月面佛

BD03817號　佛名經（十六卷本）卷九　（31–6）

南无普聲寂靜吼佛　南无甘露山威德佛
南无海吼聲佛　南无善堅羅網堅佛
南无佛虛空鏡像頭髻佛
南无光明月微塵佛　南无善智滿月面佛
南无清淨智華光明佛　南无寶炎山勝王佛
南无无垢功德火光明佛　南无寶月幢佛
南无三昧輪身佛　南无寶勝光明威德王佛
南无普智行佛　南无炎海然燈佛
南无法无垢吼王佛　南无不可比功德稱幢佛
南无長臂本願无垢月佛　南无相義然燈佛
南无法起寶齊聲佛　南无勝照藏王佛
南无乘幢佛　南无法海波頭摩信无畏天佛
南无法海吼光明佛　南无无垢法山佛
南无法輪光明髻佛　南无法日勝雲佛
南无法海說聲王佛　南无法日智輪然燈佛
南无法華雞都幢王佛　南无法炎山雞都王佛
南无法行深勝月佛　南无法智普鏡佛
南无藏普智作照佛　南无山王勝藏王佛
南无普門賢照佛　南无速一切法精進幢佛
南无法寶華勝雲佛　南无寂光明深髻佛
南无法光明慈樂說光明月佛

BD03817號　佛名經（十六卷本）卷九　（31–7）

南无普門賢照佛　南无蓮一切法精進幢佛
南无法寶華勝雲佛　南无寂光明深髻佛
南无法光明慈樂說光明月佛
南无炎海佛　南无智日普光明佛
南无普輪頂佛　南无智光明王佛
南无福德光華焰佛　南无智師子難都幢王佛
南无日光明王佛　南无寶相山佛
南无莊嚴山佛　南无日步普照佛
南无法羅網覺勝月佛　南无畏那羅延師子佛
南无普智不二勇猛佛　南无法波頭摩敷身佛
南无功德華勝海佛　南无菩提輪善覺勝月佛
南无照法炬勝月佛　南无普賢鏡像髻佛
南无法幢照燈佛　南无金剛幢王佛
南无稱山勝雲佛　南无旃檀勝月佛
南无普功德華威德光佛
南无照衆生王佛　南无勝波頭摩華藏佛
南无香炎光明勝佛　南无曰波頭摩佛
南无相山盧舍那佛　南无普聞名稱幢佛
南无普門光明須弥佛　南无法城光勝佛
南无普功德威德相佛　南无相勝法力勇猛幢佛
南无轉法輪光明吼佛　南无光明功德山波若照佛

南无相山盧舍那佛　南无普聞名稱幢佛
南无普門光明須弥佛　南无法城光勝佛
南无普功德威德相佛　南无相勝法力勇猛幢佛
南无轉法輪光明吼佛　南无光明功德山波若照佛
南无轉法輪月妙勝佛　南无法華盧舍那難都佛
南无寶波頭摩光明藏智佛　南无寶山雲燈佛
南无普覺華佛　南无種種光明勝弥留藏佛
南无光明輪峯王佛　南无福德雲蓋佛
南无法峯雲幢佛　南无功德山威德佛
南无法自雲燈王佛　南无香解幢智威德佛
南无法輪力王佛　南无法雲稱勝月佛
南无賢首弥留威德佛
從此以上七千四百佛十二部經一切賢聖
南无普慧雲吼佛　南无法力勝山佛
南无香炎勝王佛　南无伽耶迦摩尼山聲佛
南无頂藏一切法光明輪佛　南无法輪光明照佛
次礼十二部尊經大藏法輪
南无諸法本行經　南无大淨法門經
南无漏分布經　南无諸方佛經
南无十善十惡經　南无九横經
南无度集實經　南无十五德王經
南无轉法輪經　南无生死變化經

南无十善十惡經　南无九横經
南无度集災經　南无十五德王經
南无轉法輪經　南无生死變化經
南无十地經　南无明度藏經
南无生聞婆羅門經　南无十執勝妙經
南无玄起義經　南无自見自知爲能盡結經
南无十遍神七言禪利妙經　南无猛施經
南无金輪王輪經　南无有三方便經
南无持人菩薩經　南无金益長者子經
南无有賢者法經　南无波達王經
南无比丘所求色經　南无有陀竭署社葉波羅經
南无興調經　南无夏多羅母經
次礼十方諸大菩薩
南无大明菩薩　南无无盡意菩薩
南无意王菩薩　南无无邊意菩薩
南无日意菩薩　南无月音菩薩
南无美音菩薩　南无美音聲菩薩
南无大音聲菩薩　南无堅精進菩薩
南无常堅菩薩　南无堅發菩薩
南无堅莊菩薩　南无常悲菩薩
南无常輕菩薩　南无法上菩薩

BD03817號　佛名經（十六卷本）卷九　（31–10）

南无大音聲菩薩　南无堅精進菩薩
南无常堅菩薩　南无堅發菩薩
南无堅莊菩薩　南无常悲菩薩
南无常輕菩薩　南无法上菩薩
南无法意菩薩　南无法喜菩薩
南无法首菩薩　南无法積菩薩
南无發精進菩薩　南无智慧菩薩
南无淨威德菩薩　南无那羅延菩薩
南无善思惟菩薩　南无法思惟菩薩
南无跋陀婆羅菩薩　南无法益菩薩
南无高德菩薩　南无師子遊行菩薩
次礼聲聞緣覺一切賢聖
南无阿若憍陳如　南无摩訶迦葉
南无優樓頻螺迦葉　南无伽耶迦葉
南无那提迦葉　南无舍利弗
南无大目揵連　南无摩訶迦旃延
南无阿㝹樓䭾　南无劫賓那
南无憍梵波提　南无離波多
南无迦留陀夷
礼三寶已次復懺悔
弟子等略懺煩惱障竟今當次第懺悔業障夫業
[illegible]

BD03817號　佛名經（十六卷本）卷九　（31–11）

南无迦留陁夷

礼三寶已次復懺悔

弟子等略懺煩惱障竟今當次第懺悔業障夫業
能莊飾世趣在在處處是以思惟求離世解脫所以
六道果報種種不同形類各異當知皆是業力所作所
以佛十力中業力甚深凡夫之人多於此中好起疑惑何以
故尒現見世間行善之者觸向轗軻為惡之者是事
諧偶謂言天下善惡无分如此計者皆是不能深達
業理何以故尒經中說言有三種業何等為三一者現
報二者生報三者後報現報業者現在作善作惡現
身受報生報業者此生作善作惡來生受報後報業
者或是過去无量生中作善作惡或於此生中受或
在未來无量生中方受其報向者行惡之人現在見
好此是過去生報後報善業熟故所以現在有此樂
果豈關現在作諸惡業而得好報行善之人現在見
苦者是過去生中生報後報惡業熟故現在善根力
弱不能排遣是故得此苦報豈關現在作善而招惡
報何以故然現見世間為善之者為人所讚人所尊重
故知未來必招樂果過去既有如此惡業所以諸佛菩
薩教令親近善友共行懺悔善知識者於得道中
則為全利是故弟子等今日至誠歸依於佛

BD03817號　佛名經（十六卷本）卷九　（31–12）

故知未來必招樂果過去既有如此惡業所以諸佛菩
薩教令親近善友共行懺悔善知識者於得道中
則為全利是故弟子等今日至誠歸依於佛
南无東方无量離垢佛　南无南方樹根花王佛
南无西方蓮華自在佛　南无北方金剛能破佛
南无東南方憙幢義勝佛　南无西南方金海自在王佛
南无西北方无邊法自在王佛　南无東北方无量香像王佛
南无下方无量慧幢佛　南无上方甘露王蓮華佛
如是十方盡虛空界一切三寶
弟子等无始以來至於今日積惡如恒沙造罪滿天地
捨身與受身不覺亦不知或作五逆深厚濁纏无間罪
業或造一闡提斷善根業輕誣佛語謗方等業破滅三
寶毀正法業不信罪福起十惡業迷真返正癡惑之業
不孝二親反戾之業輕慢師長无禮敬業朋友无信不
義之業或作四重六重八重障聖道業毀犯五戒破八齋
業五篇七聚多缺犯業優婆塞戒輕重垢業或菩薩戒
不能清淨如說行業前後方便汙梵行業月无六齋懈
怠之業年三長齋不常脩業三千威儀不如法業八万
律儀微細罪業不脩身戒心慧之業春秋八王造衆罪
業行十六種惡律儀業於苦衆生无慈傷業不矜不念
无憐隱業不度不濟不救護業[illegible]

BD03817號　佛名經（十六卷本）卷九　（31–13）

急之業年三長齋不常脩業三千威儀不如法業八万
律儀微細罪業不脩身戒心慧之業春秋八王造衆罪
業行十六種惡律儀業於苦衆生无慈傷業不矜不念
无矜愍業不救不濟不救護業心懷嫉妬无慶彼業於
怨親境不平等業耽荒五欲不厭離業或因衣食園林池
沼生蕩逸業或以盛年放恣情欲造衆罪業或善有漏
迴向三有障出世業如是等業无量无邊今日發露向十
方佛尊法聖衆皆悉懺悔
願弟子等承是懺悔无間諸業所生福善願生生世世滅
五逆罪除闡提惑如是輕重諸罪從今以去乃至道場誓
不更犯恒習出世清淨善法精進律行守護威儀如度
海者愛惜浮囊衣度四等常爲前首戒定慧品轉得
增明速成如來卅二相八十種好十力无畏大悲三念常
樂妙智八自在我　作礼一拜
南无壯法輪威德佛　南无山峯勝威德佛
南无普精進炬光明靈佛　南无三昧智寶天冠光明佛
南无勝寶光明相佛　南无法炬寶帳聲佛
南无樂法光明師子佛　南无莊嚴相月幢佛
南无光明山雷電雲佛　南无无垢幢光明佛
南无无垢法虛空光明佛　南无仗智華敷身佛
南无世間妙光明聲佛　南无法三昧光明聲佛

BD03817號　佛名經（十六卷本）卷九　（31–14）

南无樂法光明師子佛　南无莊嚴相月幢佛
南无光明山雷電雲佛　南无无垢幢光明佛
南无无垢法虛空光明佛　南无仗智華敷身佛
南无世間妙光明聲佛　南无法三昧光明聲佛
從此以上七千五百佛十二部經一切賢聖
南无法聲多藏佛　南无法丈夫海聲佛
南无三世相鏡像威德佛　南无高法輪光明相佛
南无法界師子光佛　南无盧舍那勝須弥佛
南无一切三昧海師子佛　南无普光慧壯燈佛
南无法界城壯燈佛　南无普門吼光王佛
南无賢首佛　南无普光音佛
南无胎王佛　南无法界燈佛
南无虛空山壯佛　南无阿尼羅有眼佛
南无龍自在王佛　南无普壯勝須弥王佛
南无一切虛空智離都幢王佛　南无普智光明壯十方吼佛
南无雲王吼聲佛　南无不空見佛
南无普壯佛　南无寶聲佛
南无妙聲佛　南无金色妙作界妙山佛
南无金閻浮幢王遮那光明佛　南无千遮那光明佛
南无金色百光明佛　南无寶稱光佛
南无不空稱佛　南无日受相佛

BD03817號　佛名經（十六卷本）卷九　（31–15）

南无妙聲佛　南无金色妙作界妙山佛
南无金閻浮幢王遮那光明佛　南无千遮那光明佛
南无金色百光明佛　南无寶稱光佛
南无不空稱佛　南无日受相佛
南无成就智義佛　南无普賢佛
南无无垢光明難都王佛
南无寶夫佛　南无日月光佛
南无海勝佛　南无法幢明佛
南无无邊功德王佛　南无寶藏佛
南无无垢面相佛　南无无量壽華佛
南无寶聚佛　南无智起光明佛
南无普護佛　南无娑婆毗浮佛
尒時憂波摩那比丘從坐而起偏袒右肩右膝著地白
佛言世尊世尊幾佛過去佛告憂波摩那比丘比丘辟
如恒河沙世界下至水際上盡有頂滿中微塵比丘有人
於中取尒所微塵過恒河沙世界下一微塵如是過恒河
沙世界復下一微塵如是盡尒所微塵比丘於意云何若著
微塵若不著微塵數可知數不比丘言不也世尊佛告比
丘比丘彼微塵可知其數不彼過去同名釋迦牟尼佛
已入涅槃不可數知比丘我知彼過去諸佛如現在前
見彼諸佛母同名摩訶摩耶父同名輸頭檀王城同名
迦毗羅彼諸佛

BD03817號　佛名經（十六卷本）卷九

（31-16）

丘比丘彼微塵可知其數不彼過去同名釋迦牟尼佛
已入涅槃不可數知比丘我知彼過去諸佛如現在前
見彼諸佛母同名摩訶摩耶父同名輸頭檀王城同名
迦毗羅彼諸佛第一聲聞弟子同名舍利弗目揵連侍者
弟子同名阿難何況種種異名母異名父異名城異名弟
子異名侍者比丘彼若干世界彼人於何等世界著微塵何
等世界不著微塵彼諸世界若著微塵不著微塵下
至水際上至有頂比丘復有第二人取一微塵過彼若干微
塵數世界尒數佛國土阿僧祇億百千万那由他世界為一
步比丘彼人復過是若干微塵數世界為一步如是過百
千万億那由他阿僧祇劫行乃下一塵如是盡諸微塵比
丘如是若干世界滿中微塵復更著十方世界比丘復過是
世界著微塵彼諸世界下至水際上至有頂滿中微塵比
丘於意云何彼微塵可知數不比丘言不也世尊佛告比丘
彼諸比丘可知其數彼同名母父同名弟子同名侍者同
名釋迦牟尼佛不可知數如釋迦牟尼不勝憶佛亦如是
盧舍那佛亦如是无垢勝眼佛亦如是善无垢光明眼
佛亦如是光明清淨王佛亦如是善无垢清淨佛亦如
是成就无邊功德勝王佛如是寶光明佛亦如是寶脩
佛亦如是聲德佛亦如是波頭摩勝佛亦如是日月佛亦
如是普寶蓋佛亦如是比丘汝當歸命如是等阿僧祇同

BD03817號　佛名經（十六卷本）卷九

（31-17）

[illegible]
是成就无邊功德勝王佛如是寶光明佛亦如是寂脩
佛亦如是聲德佛亦如是波頭摩勝佛亦如是日月佛亦
如是普寶蓋佛亦如是比丘汝當歸命如是等向僧祇阿
名佛　南无普光明奮迅王佛
南无普照明佛　南无藥王智佛
南无弥留燈王佛　南无寶莊嚴王佛
南无智成就佛　南无寶蓋華相佛
南无放炎佛　南无物成就根相佛
南无寶稱王佛　南无三昧勝光明佛
南无寶觀相佛　南无寶雞都相佛
南无尸羅施佛　南无莎羅王智佛
南无寶意雞兜王佛　南无大嚴淨佛
南无山自在王佛　南无旃陁羅淨佛
南无見義佛　南无自在幢王佛
南无大弥留佛　南无无量光明佛
南无大莊嚴佛　南无大智幢光佛
南无日藏相佛　南无无畏上勝山王佛
南无梵自在佛　南无餘依凹點聲王佛
南无智雞兜佛　南无智炬住持佛
南无過一切世間佛　南无法照明藏佛
南无无垢光佛　南无普光月佛

BD03817號　佛名經（十六卷本）卷九　（31–18）

南无梵自在佛　南无餘依凹點聲王佛
南无智雞兜佛　南无智炬住持佛
南无過一切世間佛　南无法照明藏佛
南无无垢光佛　南无普光明相佛
南无一切勝王佛　南无寂靜妙聲佛
南无普明王佛　南无勝山擘奮迅境界聲佛
南无地住持智王佛　南无功德王光佛
南无住持智達燎佛　南无樂說勝王佛
南无金色波頭摩成王佛　南无雞勝成王佛
南无寶作相王佛　南无无量聲佛
南无親光明相佛　南无龍天王佛
南无天力大光佛　南无師子音聲佛
南无離諍光明佛　南无世自在天佛
南无勝積智相佛
從此以上七千六百佛十二部經一切賢聖
南无人王功德佛　南无華王智德光佛
南无華勝上王佛　南无發精進相王佛
南无日陁羅雞兜佛　南无清淨无垢光菩提
寶華不斷絶光明王佛
南无薝蔔上明佛　南无意福德日王佛
南无觀聲王德佛　南无无垢威德佛
[illegible]

BD03817號　佛名經（十六卷本）卷九　（31–19）

南无因陁羅難勝佛　南无清淨无垢光菩提
寶華不斷絶光明王佛
南无薝蔔上明佛　南无意福德日王佛
南无觀聲王德佛　南无无垢威德佛
南无功德寶集吼佛　南无成就意王佛
南无成就勝相王佛　南无斯何智相佛
南无威德上王佛　南无阿輸迦世界賢妙勝成就佛
若善男子善女人受持是佛名得不退菩提
南无難陁世界旃檀勝佛
若善男子善女人受持是佛名畢竟免清淨心
南无跋陁世界旃檀勝佛　南无寂滅上智佛
南无意智難勝佛　南无世界破魔力佛
南无滿月世界无憂佛　南无難勝意勝世界寶杖佛
南无語吼聲勝世界華勝佛　南无善摩世界三蚤遊功德佛
南无喬世界樹提勝華王佛
南无月勝世界金剛功德身佛
南无過去无量无邊海勝尊佛
若善男子善女人稱彼佛名得畢竟不退菩提心
南无弥留勝王清淨功德佛
彼佛初成佛第一會八十億百千万那由他聲聞衆第二
會七十億百千万那由他第三會六十億百千万那由他第

BD03817號　佛名經（十六卷本）卷九

（31–20）

若善男子善女人稱彼佛名得畢竟不退菩提心
南无弥留勝王清淨功德佛
彼佛初成佛第一會八十億百千万那由他聲聞衆第二
會七十億百千万那由他第三會六十億百千万那由他第
四會廿五億百千万那由他如是菩薩无量无邊百万億
那由他
南无師子妙聲王佛
彼如來初會有九十九億聲聞第二會九十億第三會
九十三億第四會九十九億如是菩薩摩訶薩衆无量无邊
南无華勝佛
彼佛初會八十億聲聞菩薩僧亦如是
南无妙行佛　南无无量大莊嚴佛
彼佛初會八十億聲聞菩薩僧亦如是第二會七十億
乃至第十會亦是菩薩僧亦如是无量无邊
南无放炎光佛
彼佛初會有九十億聲聞如是第二乃至第十亦如是菩
薩摩訶薩僧无量无邊
南无一切光明佛
彼佛初會有那由他億聲聞菩薩僧亦如是
南无无量光明佛
彼佛初會聲聞有九十六億第二會九十四億第三
會九十二億菩薩亦如是

BD03817號　佛名經（十六卷本）卷九

（31–21）

南无一十光明佛
彼佛初會有那由他億聲聞菩薩僧亦如是
南无无量光明佛
彼佛初會聲聞有九十六億第二會九十四億第三
會九十二億菩薩亦如是
南无聲德佛
彼佛初會聲聞有八十億第二會七十億第三會六十億菩
薩僧亦如是應當歸命如是等无量无邊諸佛菩薩
復次比丘應當敬礼南无清淨无垢世界菩薩佛謂文殊
師利現在普見如來佛國土中
復次比丘應當敬礼四大士菩薩佛
第一名光明幢現在東方光明如來佛國土中
第二名智勝現在南方智聚如來佛國土中
第三名寂根現在西方智山如來佛國土中
第四名願意成就現在北方那羅延如來佛國土中
復次摩訶男比丘重問如來世尊過去諸佛入涅槃佛告
摩訶男汝今諦聽當爲汝說比丘東方恒河沙世界南方
恒河沙世界西方恒河沙世界北方恒河沙世界上下四維恒
河沙世界彼一切世界下至水際上盡有頂滿中微塵比
丘於意云何彼如是微塵可知數不比丘言不也世尊佛
告比丘如是同名釋迦牟尼佛過去入涅槃者不可知數比
丘我知過去諸佛如現在前彼諸佛母同名摩訶摩耶

恒河沙世界西方恒河沙世界北方恒河沙世界上下四維恒
河沙世界彼一切世界下至水際上盡有頂滿中微塵比
丘於意云何彼如是微塵可知數不比丘言不也世尊佛
告比丘如是同名釋迦牟尼佛過去入涅槃者不可知數比
丘我知過去諸佛如現在前彼諸佛母同名摩訶摩耶
父名輸檀王城同名迦毗羅彼佛第一聲聞弟子同名舍
利弗目揵連侍者弟子同名阿難陀况種種異名母異名
父異名城異名弟子異名侍者異名比丘彼若干世界彼
人於何等世界著微塵何等世界不著微塵彼諸世界
若著微塵及不著者下至水際上至有頂比丘復有
第二人取彼微塵過彼若干微塵數世界尒所國土阿僧
祇億百千万那由他世界過尒所世界爲一步比丘彼人復
過若干微塵數世界爲一步彼人如是過百千万億那
由他阿僧祇劫行乃下一塵如是盡諸微塵比丘如是若
干世界若干微塵及不著者滿中微塵復更著十方
世界比丘復過是世界若著微塵及不著者彼諸世界下
至水際上至有頂滿中微塵比丘於意云何彼諸微塵
可知數不比丘言不也世尊佛告比丘彼諸微塵可知其
數彼同名釋迦牟尼佛母同名摩訶摩耶父同名輸頭
檀王城同名加毗羅第一弟子同名舍利弗目揵連侍者
弟子同名阿難陀不可知數復次比丘復有第三人取彼
尒世界微塵過彼尒所微塵數世界爲過若干

可知數不比丘言不也世尊佛告比丘汝謂彼塵可知其
數彼同名釋迦牟尼佛母同名摩訶摩耶父同名輸頭
檀王城同名迦毗羅第一弟子同名舍利弗目揵連侍者
弟子同名阿難陀不可知數復次比丘復有第三人取彼
尒世界微塵過彼尒所一微塵數世界為過若干百千
万億那由他阿僧祇劫行乃下一塵如是盡諸微塵
復有第四人彼若干微塵數世界若著不著下至水
際上至有頂滿中微塵比丘於意云何彼微塵可知
數不不也世尊佛告比丘彼若干數塵可知其數然彼同
名釋迦牟尼佛母同名父同名世界同名弟子同名侍
者同名佛不可知數比丘如是第五人第六人第七人第
八第九第十人復次比丘復有第十一人是彼若干微塵中
取一微塵破為若干世界微塵數分如一微塵破為若干
分如是餘微塵亦悉破為若干世界微塵數分比丘於意
云何彼微塵可知數不比丘言不也世尊佛告比丘復有人
彼若干微塵佛國土為過一步如是速疾神通行東方無
界無量無邊劫行行如是東方世界下一微塵東方盡
如是微塵若著微塵及不著者下至水際上至有頂滿
中微塵如是南方乃至十方下至水際上至有頂滿中微
塵比丘於意云何彼微塵可知數不比丘言不也世尊佛
告比丘若干微塵分可知其數然現尒在世同名釋迦牟
尼佛入涅槃不可數知母同名摩訶摩耶父同名輸頭檀

BD03817 號　佛名經（十六卷本）卷九

（31–24）

中微塵如是南方乃至十方下至水際上至有頂滿中微
塵比丘於意云何彼微塵可知數不比丘言不也世尊佛
告比丘若干微塵分可知其數然現尒在世同名釋迦牟
尼佛入涅槃不可數知母同名摩訶摩耶父同名輸頭檀
城同名迦毗羅弟子同名舍利弗目揵連侍者弟子同名
阿難陀何況種種名異比丘我若干微塵數劫住世說一同名
釋迦牟尼佛不可窮盡如是同名然燈佛同名提波延佛
同名燈光明佛同名一切勝佛同名波頭摩頭勝
佛同名毗婆尸佛同名尸棄佛同名毗舍浮佛同名拘留孫佛
同名拘那含佛同名迦葉佛如是等異名母乃至異名侍者入
涅槃我知彼佛如現在前應當敬礼如是等

次礼十二部尊經大藏法輪

南無有三力經　南無遣浴佛時經
南無夏多羅經　南無有五力經
南無河中大聚沫經　南無首達經
南無舍利弗誨疾經　南無四無畏經
南無車匿本末經　南無舍利弗經
南無四不可得經　南無百六十二品經
南無四飯經　南無賴吒和羅經
南無不退轉經　南無寶積經
南無杖鉢經　南無光[illegible]經

BD03817 號　佛名經（十六卷本）卷九

（31–25）

南无車匿本末經 南无舍利弗[illegible]經
南无四不可得經 南无百六十二品經
南无四飯經 南无頼吒和羅經
南无不退轉經 南无寶積經
南无杈鉢經 南无梵魔難經
南无梵皇經 南无寶結經
南无寶施女經 南无藍達王經
南无大上釋為菩薩在人中經 南无道德舍利日經
南无隨迦羅門菩薩經 南无中要語章經
次礼十方諸大菩薩摩訶薩
南无喜根菩薩 南无上寶月菩薩
南无不盡德菩薩 南无龍德菩薩
南无文殊師利菩薩 南无妙音菩薩
南无雲音菩薩 南无勝意菩薩
南无照明菩薩 南无勇衆菩薩
南无勝衆菩薩 南无威儀菩薩
南无師子菩薩 南无上意菩薩
南无益意菩薩 南无增意菩薩
南无寶明菩薩 南无慧頂菩薩
南无樂說頂菩薩 南无有德菩薩
南无觀世自在王菩薩 南无陁羅尼自在王菩薩
南无大自在王菩薩 南无[illegible]

BD03817號　佛名經（十六卷本）卷九　（31–26）

南无寶明菩薩 南无慧頂菩薩
南无樂說頂菩薩 南无有德菩薩
南无觀世自在王菩薩 南无陁羅尼自在王菩薩
南无大自在王菩薩 南无无憂德菩薩
南无不盡見菩薩 南无離惡道菩薩
南无一切勇健菩薩 南无破闇菩薩
南无功德寶菩薩 南无華威德菩薩
次礼聲聞緣覺一切賢聖
南无畢陵伽婆蹉 南无薄拘羅
南无摩訶拘絺羅 南无難陁
從此以上七千七百佛十二部經一切賢聖
南无孫陁羅難陁 南无富樓那
南无弥多羅尼子 南无須菩提
南无阿難 南无羅睺羅
礼三寶已次復懺悔
弟子今以惣相懺悔一切諸業今當次弟更復二别相懺
悔若惣若别若麁若細若輕若重若說不說品類相從
願皆消滅别相懺者先懺身三次懺口四其餘諸障次
弟稍顯身三業者第一殺害如經所明恕己可為喻勿
殺勿行杖雖復禽獸之殊保命畏死其事是一若尋此
衆生无始以來或是我父母兄弟六親眷屬以業因緣

BD03817號　佛名經（十六卷本）卷九　（31–27）

願皆消滅別相懺者先懺身三次懺口四其餘諸障次
第發願身三業者第一殺害如經所明恕己可爲喻勿
殺勿行杖雖復禽獸之殊保命畏死其事是一若尋此
衆生无始以來或是我父母兄弟六親眷屬以業因緣
輪迴六道出生入死改形易報不復相識而今殺害食噉
其肉傷慈之甚是故佛言設得餘食當如飢世食子肉
想何况食噉此魚肉耶又言爲利殺衆生以錢網衆生肉
二俱是惡業死墮叫喚地獄故知殺害及以食噉罪深
河海過重丘岳然弟子等无始以來不遇善友皆爲此業
是故經言殺害之罪能令衆生墮於地獄餓鬼受苦若在
畜生則受虎豹豺狼鷹鷂等身或受毒蛇蝮蠍等身
常懷惡心或受麞鹿熊羆等身常懷恐怖若生人之
中得二種果報一者多病二者短命殺害食噉既有如
是无量種種諸惡果報是故弟子至到稽顙歸依於佛
南无東方滅諸怖畏佛　南无南方日月燈明佛
南无西方覺華光佛　南无北方發功德佛
南无東南方除衆惑冥佛　南无西南方无生自在佛
南无西北方大神王佛　南无東北方空離垢心佛
南无下方同像空无佛　南无上方瑠璃藏勝佛
如是十方盡虛空界一切三寶
弟子等自從无始以來至於今日有此心識常懷慘毒

BD03817號　佛名經（十六卷本）卷九　（31–28）

南无東南方除衆惑冥佛　南无西南方无生自在佛
南无西北方大神王佛　南无東北方空離垢心佛
南无下方同像空无佛　南无上方瑠璃藏勝佛
如是十方盡虛空界一切三寶
弟子等自從无始以來至於今日有此心識常懷慘毒
无慈愍心或因貪起殺因瞋因癡及以慢殺或興惡方便
誓殺願殺及以呪殺或破决湖池焚燒山野田獵魚捕或
因風放火飛鷹放犬惱害一切如是等罪今悉懺悔或以
檻擬抗撥叉戟檢弦弓弩彈射飛鳥走獸之類或以
網罾鈎捕撩水性魚鼈黿鼉鰕蜆螺蜯濕居之屬使水
陸之與空行藏竄无地或畜養雞猪牛羊犬豕鵝鴨
之屬自供庖廚或賃他宰殺使其哀聲未盡毛羽脫落
鱗甲傷毀身首分離骨肉銷碎剝裂屠割炮燒煑炙
楚毒酸切橫加无辜但取一時之快口不知嬰苦之者痛得
味甚寡不過三寸舌根而已然其罪報殃累永劫如是等
罪今日至誠皆悉懺悔又復无始以來至于今日或復
興師相伐壃場交諍兩陣相向更相殺害或自殺教殺聞
殺歡喜或習屠膾傭賃爲殺身宰他命行於不忍或
恣忿怒揮戈舞刃或斬或刺或推著坑塹或以水沉溺
或塞穴壞巢土石磓磓或以車馬雷轢踐踏一切衆生如
是等罪无量无邊今日發露皆悉懺悔又復无始以來或
[illegible]

BD03817號　佛名經（十六卷本）卷九　（31–29）

恐怨怒揮戈舞刃或斬或剌或推著坑塹或以水沉溺
或塞穴壞㨿土石磓碑或以車馬雷轢踐蹋一切衆生如
是等罪无量无邊今日發露皆悉懺悔又復无始以來或
墮胎破卵毒藥蠱道傷煞衆生根土掘地種殖田園養
蠶煑繭傷煞滋甚或打撲蚊蚋啗嚙蚤虱或燒除糞掃
開決溝渠枉害一切或噉菓實或用穀米或水或菜橫
煞衆生或然推薪或露燈燭燒諸虫類或食醬酢不
看搖動或寫湯水澆煞虫蟻如是乃至行住坐卧四威儀
中恒常傷煞飛空著地細微衆生弟子以凡夫識闇不覺
不知今日發露皆悉懺悔　又復弟子无始以來至於今日
或以鞭杖枷鎖桁械壓拉考掠打擲手脚蹴蹋拘縛籠
繫斷絕水穀如是種種諸惡方便苦惱衆生今日至誠
向十方佛尊法聖衆皆悉懺悔
願弟子等承是懺悔煞害等罪所生功德生生世世得
金剛身壽命无窮永離怨憎无煞害想於諸衆生得
一子地若見危難急厄之者不惜身命方便救解令得解
脫然後為說微妙正法使諸衆生覩形見影皆蒙其樂聞
名聽聲恐怖悉除至心歸命常住三寶

佛說佛名經卷第九

BD03817號　佛名經（十六卷本）卷九　　（31-30）

或以鞭杖枷鎖桁械壓拉考掠打擲手脚蹴蹋拘縛籠
繫斷絕水穀如是種種諸惡方便苦惱衆生今日至誠
向十方佛尊法聖衆皆悉懺悔
願弟子等承是懺悔煞害等罪所生功德生生世世得
金剛身壽命无窮永離怨憎无煞害想於諸衆生得
一子地若見危難急厄之者不惜身命方便救解令得解
脫然後為說微妙正法使諸衆生覩形見影皆蒙其樂聞
名聽聲恐怖悉除至心歸命常住三寶

佛說佛名經卷第九

BD03817號　佛名經（十六卷本）卷九　　（31-31）

至心歸命金頹天尊　至心歸命宗匠天尊
至心歸命識宿命天尊　至心歸命入法門天尊
至心歸命散流德天尊　至心歸命生門天尊
至心歸命靜氣天尊　至心歸命九虛天尊
至心歸命妙炁天尊　至心歸命明徹天尊
至心歸命洞觀天尊　至心歸命含咲天尊
至心歸命梗經蘊天尊　至心歸命有道天尊
至心歸命十方常住三寶衆等又從无始已
來至于今日或於師閒有鄣殺害尊人破和
合衆不發无上正真之心有人斷滅法教使
聖道不行或羅脫人道輕考善士楚撻駈伇
皆言加謗或破或行虧於威儀或勸他人捨
棄正道受行耶法或假託形儀闚竊賊盜如
是等罪今皆懺悔
至心歸命十方常住三寶衆等從无始已來
或裸形單衣在經像前不淨脚履昇上壇靜
或著屧屐入於觀舍經室涕唾堂房汙三寶
地乘車策馬排突觀舍今如是等於三寶閒
所造罪業无量无邊今日至心於十方天尊聖

是等罪令皆消滅
至心歸命十方常住三寶衆等從无始已來
或裸形單衣在經像前不淨脚履昇上壇靜
或著屧屐入於觀舍經室溷廁堂房汙三寶
地乘車策馬排突觀舍令如是等於三寶間
所起罪業无量无邊今日至心於十方天尊聖
衆前皆悉懺悔
至心歸命惔直天尊　至心歸命駕龍天尊
至心歸命六洞天尊　至心歸命寶明天尊
至心歸命靈无天尊　至心歸命大千天尊
至心歸命長樂身天尊　至心歸命直原天尊
至心歸命太極玉名天尊　至心歸命衆妙之元天尊
至心歸命大信惠天尊　至心歸命出世天尊
至心歸命玄虛天尊　至心歸命得自在天尊
至心歸命日樂天尊　至心歸命善自天尊
至心歸命稱增益天尊　至心歸命端嚴天尊
至心歸命善香天尊　至心歸命眼勝天尊
至心歸命善觀天尊　至心歸命攝聚義天尊
至心歸命善意願天尊　至心歸命勝慧天尊
至心歸命金幢天尊　至心歸命天明天尊
至心歸命功德淨天尊　至心歸命寶光明天尊
至心歸命師子稱天尊　至心歸命善見天尊
至心歸命功德王天尊　至心歸命雨法華天尊
至心歸命造光明天尊　至心歸命增益山王天尊
至心歸命普明觀天尊　至心歸命愛淨天尊
至心歸命日月光天尊　至心歸命普光自在王天尊

至心歸命[illegible]天尊　至心歸命[illegible]天尊
至心歸命切德王天尊　至心歸命而法華天尊
至心歸命造光明天尊　至心歸命增益山王天尊
至心歸命普明觀天尊　至心歸命愛淨天尊
至心歸命日月光天尊　至心歸命普光自在王天尊
至心歸命純寶藏天尊　至心歸命稱揚德王天尊
至心歸命日月燈明天尊　至心歸命名聞光天尊
至心歸命虛空住天尊　至心歸命常寂滅天尊
至心歸命寶辯天尊　至心歸命破煩惱光明天尊
至心歸命无憂德天尊　至心歸命无憂天尊
至心歸命无退轉天尊　至心歸命无相嚴天尊
至心歸命大慈大悲救脫真人　至心歸命大慈大悲大慧真人
二真人各三稱　礼三寶已次復懺悔
夫論懺悔者本是改往脩來滅惡興善人生
居世誰能无過學人失念尚起煩惱仙人結
習動有口業豈況凡夫而當无過但智者先
學便能改悔者覆藏遂使滋湯所以積習長
夜晚悟无期若能慚愧發露懺悔者豈唯
正是滅罪而已亦復增長无量功德樹立天
尊勝上妙果若欲行此法者先當外宿肅形儀
瞻奉尊象內起敬意緣於相法憐切至到生
二種心何等為二一者自念我此形命難可
常保一朝散壞不知此身何時可復若不值過
天尊賢聖忽遭逢惡友造衆罪業復應墮
落三塗惡趣二者自念我此生中雖得值遇
天尊正法得解正法者紹繼聖種淨身口意
善法自居而今我等公自作惡而復覆藏言

BD03818號　太上洞玄靈寶天尊名　（6–3）

常保一朝散壊不知此身何時可復著不值遇
天尊賢聖忽遣逢惡友造衆罪業復應墮
落三塗惡趣二者自念我此生中雖得值遇
天尊正法得解正法者紹継聖種淨身口意
善法自居而今我等公自作惡而復覆藏言
他不知謂彼不見隱匿在心慠然无愧此實
天下過惑之甚即今現有十方天尊諸大真
人諸天神仙何曾不以清淨大眼觀於我等
所作諸罪惡業又復幽顯靈祇注記罪福纖
豪无差然作罪之人命終之後牛頭獄卒録
具精神在羅酆宮北帝之所辯覈是非考論
愆過當尒之時一切惡對皆來證據各云汝先
屠割我身炮煮蒸炙或言汝先剝奪於我
一切財寶離我眷屬我於今者始得汝便于
時現前證據何得敢諱唯應甘心分受宿殃
如經所明地獄之中不枉治人若在生平素所
作罪心自妄失者是
至心歸命不思議天尊　至心歸命妙樂天尊
至心歸命金欝儀天尊　至心歸命普通天尊
至心歸命乘璣天尊　至心歸命常淨天尊
至心歸命竒求天尊　至心歸命勇身天尊
至心歸命絶言地天尊　至心歸命湛常存天尊
至心歸命致福天尊　至心歸命道德天尊
至心歸命无郭号天尊　至心歸命等空天尊
至心歸命善事天尊　至心歸命化會天尊
至心歸命降魔天尊　至心歸命光真天尊

至心歸命窮求天尊　至心歸命勇身天尊
至心歸命絶言地天尊　至心歸命湛常存天尊
至心歸命致福天尊　至心歸命道德天尊
至心歸命无鄣㝵天尊　至心歸命等空天尊
至心歸命善事天尊　至心歸命化會天尊
至心歸命降魔天尊　至心歸命光真天尊
至心歸命智力天尊　至心歸命戒行相天尊
至心歸命耆精天尊　至心歸命不生死天尊
至心歸命玄應天尊　至心歸命功德本天尊
至心歸命正道天尊　至心歸命淨法天尊
至心歸命慈悲天尊　至心歸命松真天尊
至心歸命融觀天尊　至心歸命道斷天尊
至心歸命德重天尊　至心歸命長壽天尊
至心歸命大智量天尊　礼三寶已次復懺悔
至心歸命十方常住三寶已等又懺悔畜生
道中无所識知罪報懺悔畜生道中不得
自在為其生時造惡之處一切諸相皆現在
前各言汝昔在於我邊作如是罪今何得諱
是為作罪无藏隱處於是酆都北帝切齒呵
責將付地獄歷劫窮年求出莫由此事不遠
他人□是我身自作自受雖父子至親
无代受者衆等相與及其形休躰
疾苦各自努力與性命競怖復事至
時悔无所及是故清信男女至心稽首歸命十
方天尊今皆懺悔
天尊言曰出家道士及清信男女諸賢者等
□學大乘常說玄義心在有中不信果報我

至心歸命大智量天尊　礼三寶已次復懺悔
至心歸命十方常住三寶　臣等又懺悔畜生
道中无所識知罪報懺悔畜生道中不得
自在為其生時造惡之處一切諸相皆現在
前各言汝昔在於我邊作如是罪今何得諱
是為作罪无藏隱處於是酆都北帝切齒呵
責將付地獄歷劫窮年求出莫由此事不遠
他人正是我身自作自受雖父子至親
九代受者衆等相與及其形体軀
痛昔各自努力與性命競怖復事至
時悔无所及是故清信男女至心稽首歸命十
方天尊今皆懺悔
天尊言曰出家道士及清信男女諸賢者等
口學大乘常說玄義心在有中不信果報我
慢嗔高持威作儀勢自說已利動為非法不
依戒律以不淨手即捉經卷不置淨巾復不
□□置地上及諸卧處□□

剎中有漏无[illegible]
轉依成大圓鏡智心品不斷絕也前文中无漏不与有作等无間緣
此中无漏有漏容互相生十地位中利化衆生无漏生於有漏之中作
等无間緣第六識為潤生故无漏心与有漏作等无間緣
若五識中眼耳身欲色二界也鼻舌唯欲界色无香味无段食
故事智者成所作智妙觀察智是所能成智更不斷也
性境即眼等五識獨影境是第六識帶質境是第七識也
性境不隨心獨影唯從見帶質通情本種等性隨應
增上緣者謂若有法有體之法有勝勢用者能於生住成
得四事之中能成辦者是名有勝勢用於四事中成即順四事
中不令成就即是或違雖字抄中自有難除彼取餘者除所彼
三緣中不攝者取餘不攝皆總增上緣中攝也四即此緣增上更有
增上善然增上者說增勝而說廿二根何得是說此義竟故也是故八識
更互為緣者前文之中若變心不便為无用相分心不不能緣故也
此中更互許緣也八雖七有七中八无有力无力者眼是有力餘根覺无
力不障眼見也大地是有力虛空无力虛空不障大地生諸草木也
種子即是習氣異名如種因也　若法非有非常有无非常无
同時者遮不　剎那同受遮他身也二无記性故名所薰此中引諸文若善
流轉不成若恒不善即還擬世因果不成非善非惡名所薰也
第八是記性既是前七識薰且通三性　善所依本質是賴耶相分皆
是无記一切寶像盡是无記也　寶眼等淨色為性未勤物成之時
無色為世界細色明淨者為寶珠等次極淨者為人諸根也
意根用行識為性造作名行也　苦性樂性憂性喜性捨性也　信進念
定慧各自性

是无記一切種後盡…
爲色爲世界細色明淨者爲寶珠等次擬淨者五人…
意根用行識爲性造作名行也 善住樂住負愛住喜住捨住也 信進念
定惠名自性
上乘能薰是七識所薰唯第八得爲能薰所薰名具四義藉緣
齊不不不善重習不物總共所依者一切世出世法皆依七識而生七識
親依第八名總共也 不共者八箇識總得名不共 第八依第七
不共餘根 第七依第八不共餘根於五根有七八隨闕一種必不生故
除所緣境者 第八見分即是所放所緣即所依根者亦是境亦是根
但除境不除根也 說依彼轉依彼賴耶轉而緣彼故而緣彼賴耶
第七識三示人有伏藏義并有藏義二示人能伏出世道已下約
二示人說也 述喻遠愚喻前也
阿羅漢是能示人藏盡定之所悟之理出世道所證之行起八智八忍
證識盡定藏盡定之者藏却想受二識也 此中廣稱揚心所之能入
初總合集數者總合者第二心所法舉數者略有五十一種
四五惡見以惠爲體但說一何假四善 緣別別境者欲勝解念定惠
所緣不同也 和合一切解令心心所義也 既似順起已下解前受相思不
所依爲業也 既似順起心所功能故以受等所依爲業觸是所依
受想思是能依也 受謂領納義順是順情境違是違情境 俱非
中容境 下文合是順離是違二欲是中容境 於中同任者前心與
後心同 前心既有五種心一剎那後心皆有五種心是前心之等流也
多分不同者欲不至法依用各別也 次初者文言遍行是初以次即是
別境第二爲初也 勤者四正勤 善不善皆有四正勤 力也
勢力者種子被牽引不自由任運而生雖生且无其缺十個行一人不敢
且被勢力隨去此亦如是也 謂耶心不求不取稱數下有理下起行即須
不離於耶識中教理行果名如是也 定是所依念是能依 任由念故
體者色聲香不誅法體類者即是如前色之流類也

[illegible]
多者不同者欲不善法作用各别也次初者文言遍行是初次所是
别境第二为初也 勤者四正勤 善不善皆有四正勤力也
势力者种子被牵引不自由任运而生 虽生且无其缘十一同时一人不敢
且被势力随去此亦如是也 谓即亦不者求取轉教教下有理理下起行即须
有证於部 谓中教理行果名如是 定是所依念是能依 任由念故
体者色声香味触法体类者即是如前色之流类也
三摩地三昧有多名 平等者不住染不住净不住无记专主一境也
定之能发慧慧即是智故名智依为业也 断疑为业者如人手执
利刀无有前 不断者恵亦如是也 於实德能三法上生信也
事者五戒八戒二百五十戒一切諸法也 理者无為之理真如之理究竟
之理生信 德者万善功德三宝大生信也 能得得现在法能成成過去
不信彼心者彼不信心也 忍者胜解义因有忍生信也 曰此性但能淨
心何不说心所 答心胜故不信如师子乳信如师子絃 漸不雖善
不能净心也 訶厭者恐世间訶責他厭汙世恶人亲近善人為境上
俱遍善心者此义到善恶俱遍也 有有者三有之果是即苦谛
有具者生有之因即是集谛 從无始积集无明得此三有之果
约外即童僕車馬奴婢妻子男女等约内眼見耳聞等皆
名有具 後滅道 雖是无因果亦名有具 何以故有人(聞)說滅道
我等於中自乐不尽 何要滅道 為如是故名有具也
苦者三苦苦苦 生苦三缘此身是三苦 生苦缘与前一种外内
眼見聞声不是 皆於有等者貪嗔不要於觀也 无貪亦无嗔
有說无處到有自性是我宗善根摄故 如无貪嗔喻前也
満善者從一善不從一善不名满善 一切善一时俱從乃名满善也
精淳者由如春迷更无有粟名淳 无記有净无記有染无記染
无記更莫論淨无記上自行間却向取精淳也 殷重中說三田也
伏除者并能除 声闻名伏也 於中麁违细何以為種子麁重障
无始微细直理也 重遅轻 亦所知障重不得神通自在变
現名轻 說後非前者前是現行後是種子 但斷後種子前
現行自然不生也 唯在定地 此輕安在色界四禅非欲界有
云何得十一善中說二定位 輕安約上界體用說也 行捨通
一定一依用說也 不放逸行捨不害三法於无貪无嗔无癡
[illegible]

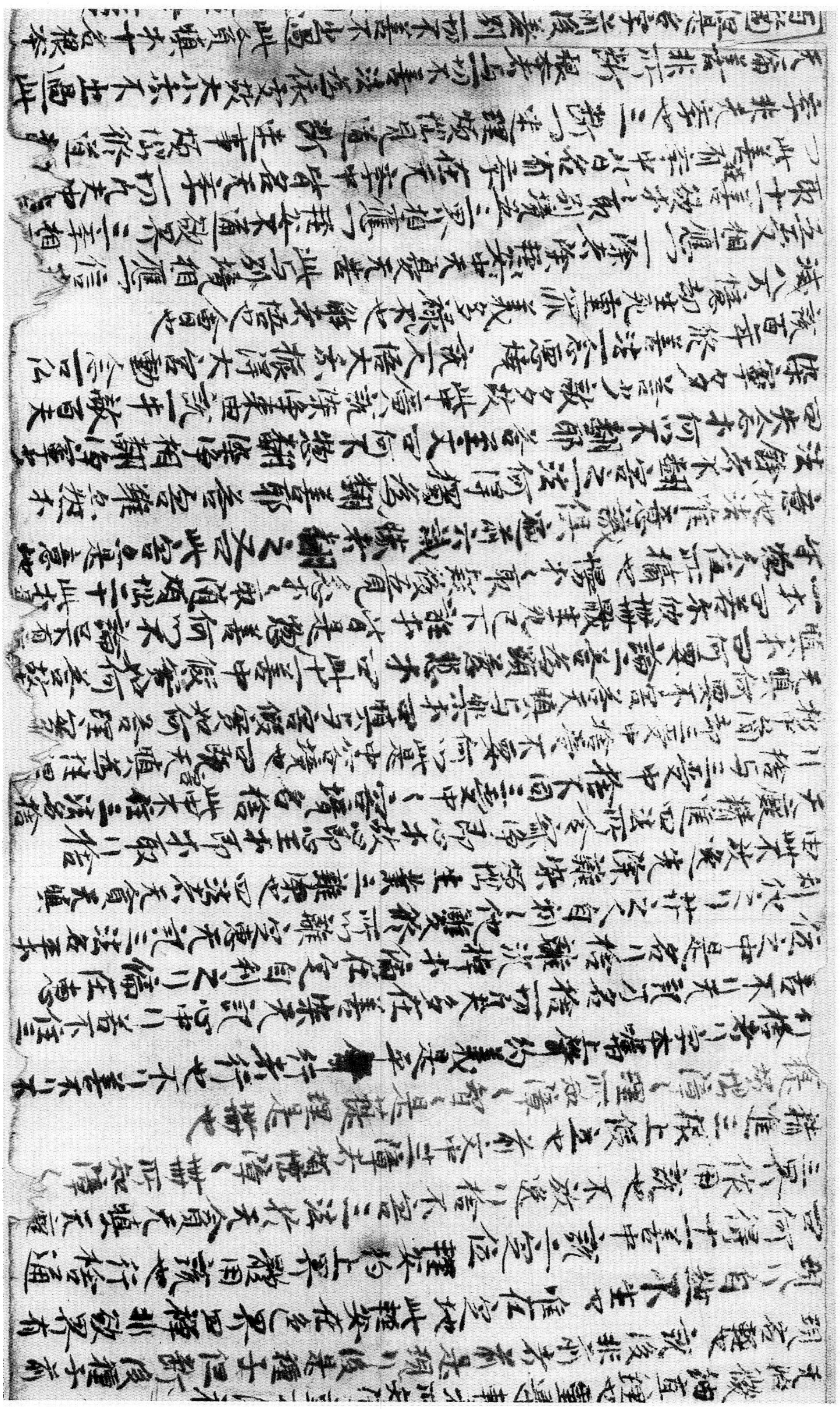

BD03818號背　大乘百法明門論開宗義記釋（擬）　（6–4）

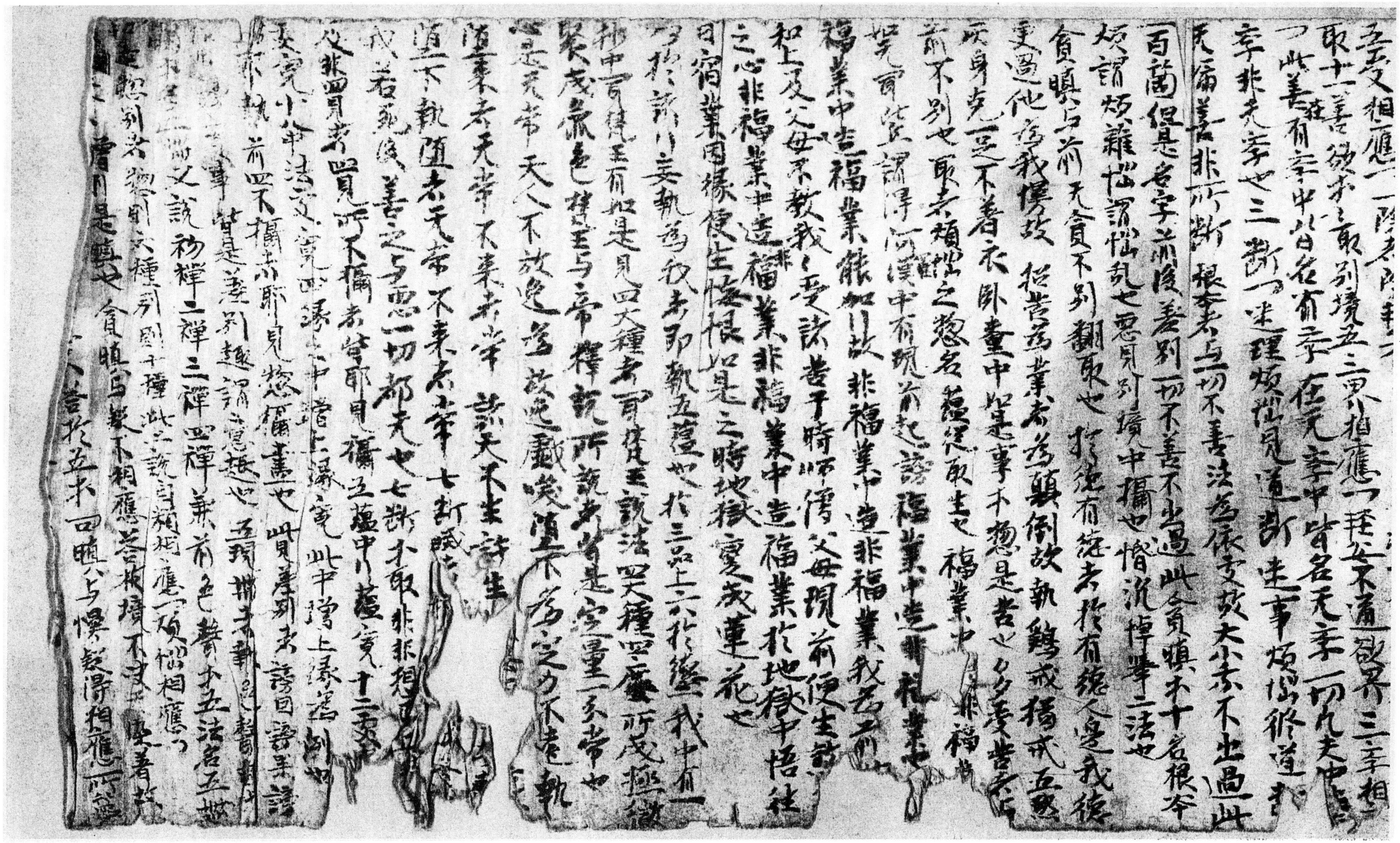

BD03818號背　大乘百法明門論開宗義記釋（擬）　（6–5）

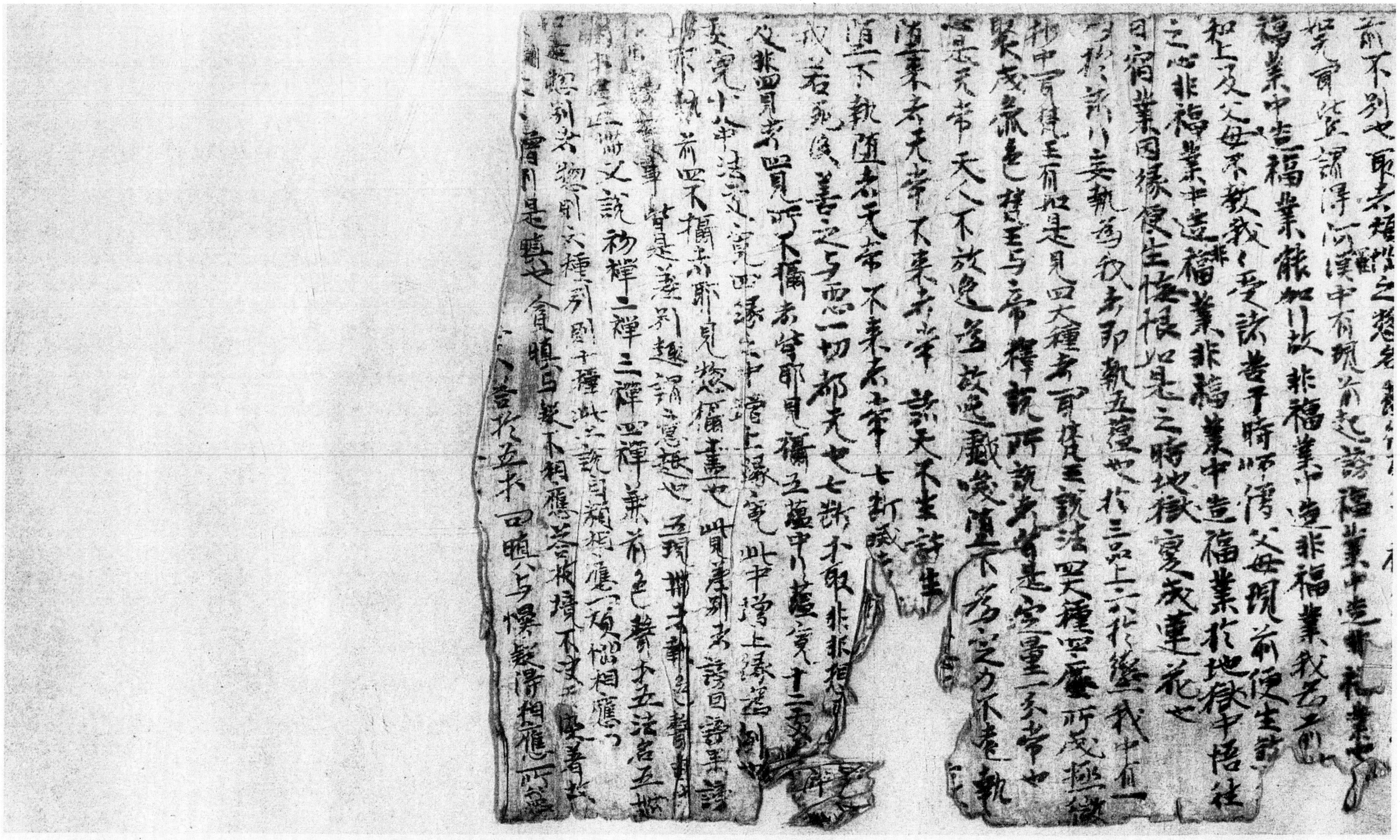

BD03818號背　大乘百法明門論開宗義記釋（擬）　　（6–6）

發最上乘者說若有人能受持讀誦廣為人
說如來悉知見人悉見是人皆得成就不可量
不可稱无有邊不可思議功德如是人等則
為荷擔如來阿耨多羅三藐三菩提何以故
須菩提若樂小法者著我見人見眾生見壽
者見則於此經不能聽受讀誦為人解說須
菩提在在處處若有此經一切世間天人阿
脩羅所應供養當知此處則為是塔皆應恭
敬作禮圍繞以諸華香而散其處
復次須菩提善男子善女人受持讀誦此經
若為人輕賤是人先世罪業應墮惡道以今
世人輕賤故先世罪業則為消滅當得阿耨
多羅三藐三菩提須菩提我念過去无量阿
僧祇劫於然燈佛前得值八百四千萬億那
由他諸佛悉皆供養承事无空過者若復
有人於後末世能受持讀誦此經所得功德
於我所供養諸佛功德百分不及一千萬億
分乃至筭數譬喻所不能及須菩提若善男
子善女人於後末世有受持讀誦此經所得
功德我若具說者或有人聞心則狂亂狐疑

BD03819 號　金剛般若波羅蜜經　（4–1）

有人於後末世能受持讀誦此經所得功德
於我所供養諸佛功德百分不及一千萬億
分乃至筭數譬喻所不能及須菩提若善男
子善女人於後末世有受持讀誦此經所得
功德我若具說者或有人聞心則狂亂狐疑
不信須菩提當知是經義不可思議果報亦
不可思議
尒時須菩提白佛言世尊善男子善女人發
阿耨多羅三藐三菩提心云何應住云何降
伏其心佛告須菩提善男子善女人發阿耨
多羅三藐三菩提者當生如是心我應滅度
一切眾生滅度一切眾生已而无有一眾生
實滅度者何以故若菩薩有我相人相眾生
相壽者相則非菩薩所以者何須菩提實无
有法發阿耨多羅三藐三菩提者須菩提於
意云何如來於然燈佛所有法得阿耨多
羅三藐三菩提不不也世尊如我解佛所說
義佛於然燈佛所无有法得阿耨多羅三
藐三菩提佛言如是如是須菩提實无有法
如來得阿耨多羅三藐三菩提須菩提若有
法如來得阿耨多羅三藐三菩提者然燈佛則
不與我受記汝於來世當得作佛號釋迦牟
尼以實无有法得阿耨多羅三藐三菩提是
故然燈佛與我受記作是言汝於來世當
得作佛號釋迦牟尼何以故如來者即諸法
如義若有人言如來得阿耨多羅三藐三菩

BD03819 號　金剛般若波羅蜜經　（4–2）

不與我受記汝於来世當得作佛号釋迦牟
尼以實无有法得阿耨多羅三藐三菩提是
故然燈佛與我受記作是言汝於来世當
得作佛号釋迦牟尼何以故如来者即諸法
如義若有人言如来得阿耨多羅三藐三菩
提須菩提實无有法佛得阿耨多羅三藐三
菩提須菩提如来所得阿耨多羅三藐三菩
提於是中无實无虛是故如来說一切法皆是
佛法須菩提所言一切法者即非一切法是故
名一切法須菩提譬如人身長大須菩提言
世尊如来說人身長大則為非大身是名大
身須菩提菩薩亦如是若作是言我當滅度
无量衆生則不名菩薩何以故須菩提實无
有法名為菩薩是故佛說一切法无我无人
无衆生无壽者須菩提若菩薩作是言我
當莊嚴佛土是不名菩薩何以故如来說莊
嚴佛土者即非莊嚴是名莊嚴須菩提若菩
薩通達无我法者如来說名真是菩薩
須菩提於意云何如来有肉眼不如是世尊
如来有肉眼須菩提於意云何如来有天眼
不如是世尊如来有天眼須菩提於意云何
如来有慧眼不如是世尊如来有慧眼須
菩提於意云何如来有法眼不如是世尊如
来有法眼須菩提於意云何如来有佛眼不
如是世尊如来有佛眼須菩提於意云何如恒
河中所有沙佛說是沙不如是世尊如来說是
沙須菩提於意云何如一恒河中所有沙有如

BD03819號　金剛般若波羅蜜經　（4–3）

須菩提於意云何如来有肉眼不如是世
如来有肉眼須菩提於意云何如来有天眼
不如是世尊如来有天眼須菩提於意云何
如来有慧眼不如是世尊如来有慧眼須
菩提於意云何如来有法眼不如是世尊如
来有法眼須菩提於意云何如来有佛眼不
如是世尊如来有佛眼須菩提於意云何如恒
河中所有沙佛說是沙不如是世尊如来說是
沙須菩提於意云何如一恒河中所有沙有如
是等恒河是諸恒河所有沙數佛世界如是
寧為多不甚多世尊佛告須菩提尒所國土
中所有衆生若干種心如来悉知何以故如
来說諸心皆為非心是名為心所以者何須
菩提過去心不可得現在心不可得未来心
不可得須菩提於意云何若有人滿三千大
千世界七寶以用布施是人以是因緣得福
多不如是世尊此人以是因緣得福甚多須
菩提若福德有實如来不說得福德多以
福德无故如来說得福德多
須菩提於意云何佛可以具足色身見不不
……見何以故如来說

BD03819號　金剛般若波羅蜜經　（4–4）

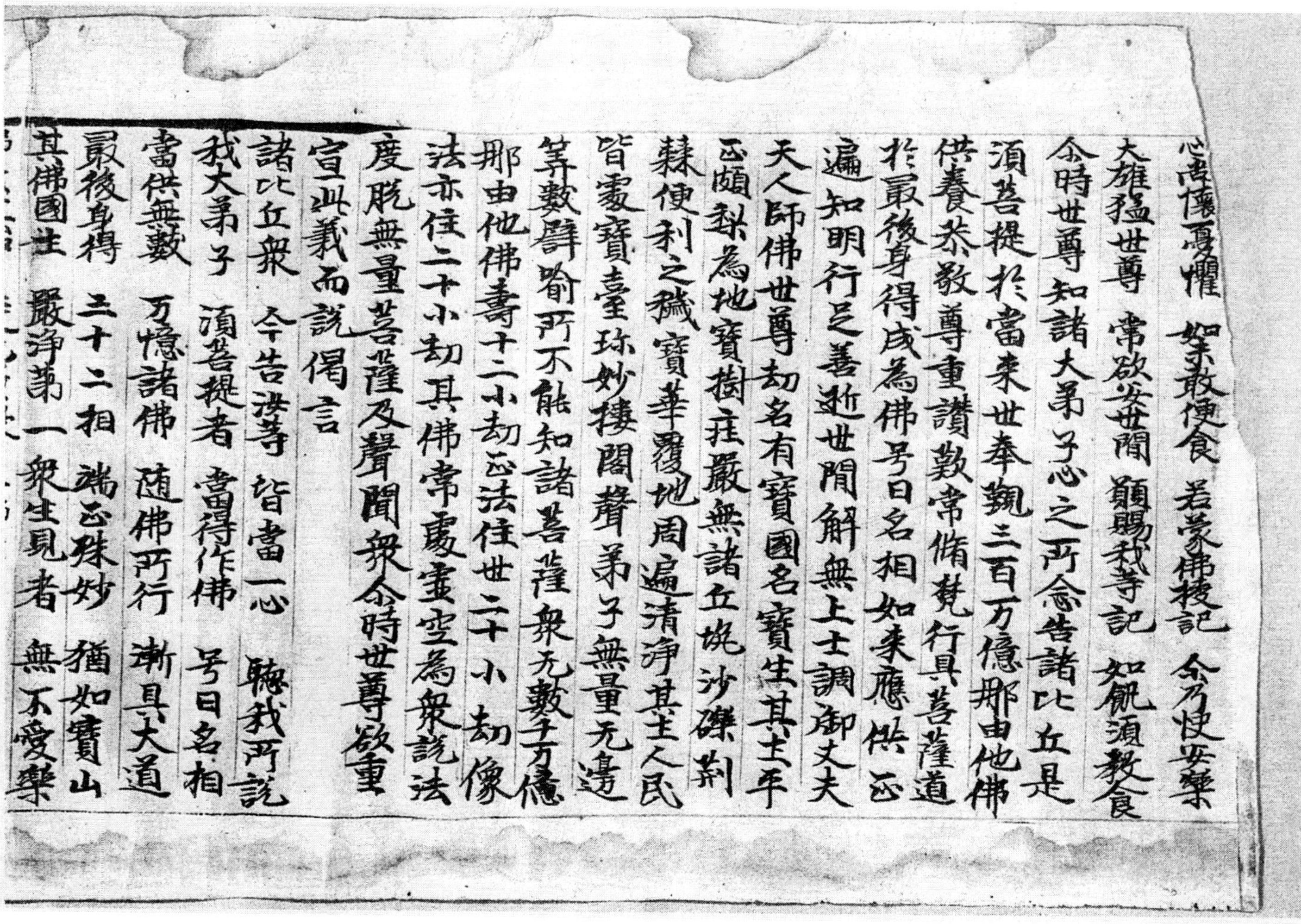

心尚懷憂懼　如未敢便食　若蒙佛授記　尒乃快安樂
大雄猛世尊　常欲安世間　願賜我等記　如飢須教食
尒時世尊知諸大弟子心之所念告諸比丘是
須菩提於當來世奉覲三百万億那由他佛
供養恭敬尊重讃歎常脩梵行具菩薩道
於最後身得成為佛号曰名相如來應供正
遍知明行足善逝世間解無上士調御丈夫
天人師佛世尊劫名有寶國名寶生其土平
正頗梨為地寶樹莊嚴無諸丘坑沙礫荊
棘便利之穢寶華覆地周遍清淨其土人民
皆處寶臺珎妙樓閣聲聞弟子無量无邊
筭數譬喻所不能知諸菩薩衆无數千万億
那由他佛壽十二小劫正法住世二十小劫像
法亦住二十小劫其佛常處虛空為衆說法
度脫無量菩薩及聲聞衆尒時世尊欲重
宣此義而說偈言
諸比丘衆　今告汝等　皆當一心　聽我所說
我大弟子　須菩提者　當得作佛　号曰名相
當供無數　万億諸佛　隨佛所行　漸具大道
最後身得　三十二相　端正殊妙　猶如寶山
其佛國土　嚴淨第一　衆生見者　無不愛樂

BD03820號　妙法蓮華經卷三

（4–1）

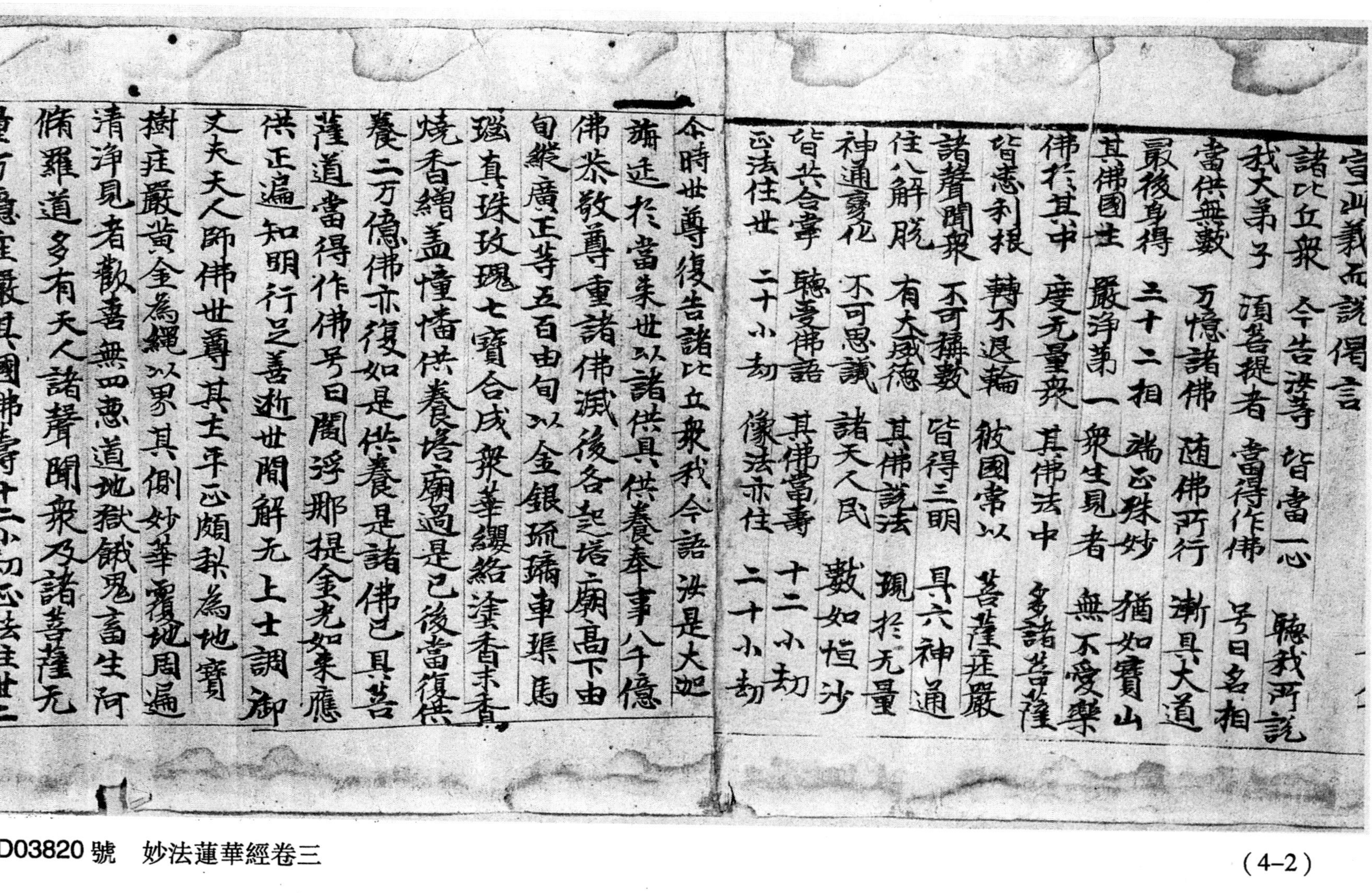

宣此義而說偈言
諸比丘衆　今告汝等　皆當一心　聽我所說
我大弟子　須菩提者　當得作佛　号曰名相
當供無數　万億諸佛　隨佛所行　漸具大道
最後身得　三十二相　端正殊妙　猶如寶山
其佛國土　嚴淨第一　衆生見者　無不愛樂
佛於其中　度无量衆　其佛法中　多諸菩薩
皆悉利根　轉不退輪　彼國常以　菩薩莊嚴
諸聲聞衆　不可稱數　皆得三明　具六神通
住八解脫　有大威德　其佛說法　現於无量
神通變化　不可思議　諸天人民　數如恒沙
皆共合掌　聽受佛語　其佛當壽　十二小劫
正法住世　二十小劫　像法亦住　二十小劫
尒時世尊復告諸比丘衆我今語汝是大迦
旃延於當來世以諸供具供養奉事八千億
佛恭敬尊重諸佛滅後各起塔廟高千由
旬縱廣正等五百由旬以金銀琉璃車𤦲馬
瑙真珠玫瑰七寶合成衆華瓔珞塗香末香
燒香繒蓋幢幡供養塔廟過是已後當復供
養二万億佛亦復如是供養是諸佛已具菩
薩道當得作佛号曰閻浮那提金光如來應
供正遍知明行足善逝世間解无上士調御
丈夫天人師佛世尊其土平正頗梨為地寶
樹莊嚴黃金為繩以界道側妙華覆地周遍
清淨見者歡喜無四惡道地獄餓鬼畜生阿
脩羅道多有天人諸聲聞衆及諸菩薩无
量万億莊嚴其國佛壽十二小劫正法住世二

BD03820號　妙法蓮華經卷三

（4–2）

丈夫天人師佛世尊 其土平正頗梨為地寶
樹莊嚴黄金為繩以界其側妙華覆地周遍
清淨見者歡喜無四惡道地獄餓鬼畜生阿
脩羅道多有天人諸聲聞衆及諸菩薩无
量万億莊嚴其國佛壽十二小劫正法住世二
十小劫像法亦住二十小劫尒時世尊欲重宣
此義而說偈言
諸比丘衆　皆一心聽　如我所說　真實无異
是迦旃延　當以種種　妙好供具　供養諸佛
諸佛滅後　起七寶塔　亦以華香　供養舍利
其冣後身　得佛智慧　成等正覺　國土清淨
度脫无量　万億衆生　皆為十方　之所供養
佛之光明　无能勝者　其佛號曰　閻浮金光
菩薩聲聞　斷一切有　无量无數　莊嚴其國
尒時世尊復告大衆我今語汝是大目揵連
當以種種供具供養八千諸佛恭敬尊重
諸佛滅後各起塔廟高千由旬縱廣正等五
百由旬以金銀瑠璃車𤦲馬瑙真珠玫瑰七
寶合成衆華瓔珞塗香末香燒香繒蓋幢
幡以用供養過是已後當復供養二百万億諸
佛亦復如是當得成佛号曰多摩羅跋旃檀
香如來應供正遍知明行足善逝世間解無
上士調御丈夫天人師佛世尊　劫名喜滿　國名
意樂其土平正頗梨為地寶樹莊嚴散真
珠華周遍清淨見者歡喜多諸天人菩薩
聲聞其數無量佛壽二十四小劫正法住世四十

BD03820 號　妙法蓮華經卷三　（4–3）

劫名喜滿　國名
意樂其土平正頗梨為地寶樹莊嚴散真
珠華周遍清淨見者歡喜多諸天人菩薩
聲聞其數無量佛壽二十四小劫正法住世四十
小劫像法亦住四十小劫尒時世尊欲重宣此
義而說偈言
我此弟子　大目揵連　捨是身已　得見八千
二百万億　諸佛世尊　為佛道故　供養恭敬
於諸佛所　常脩梵行　於无量劫　奉持佛法
諸佛滅後　起七寶塔　長表金剎　華香伎樂
而以供養　諸佛塔廟　漸漸具足　菩薩道已
於意樂國　而得作佛　号多摩羅　旃檀之香
其佛壽命　二十四劫　常為天人　演說佛道
聲聞无量　如恒河沙　三明六通　有大威德
菩薩无數　志固精進　於佛智慧　皆不退轉
佛滅度後　正法當住　四十小劫　像法亦尒
我諸弟子　威德具足　其數五百　皆當授記
於未來世　咸得成佛　我及汝等　宿世因緣
吾今當說　汝等善聽
妙法蓮華經化城喻品第七
佛告諸比丘乃往過去无量无邊不可思議
阿僧祇劫尒時有佛名大通智勝如來應供
正遍知明行足善逝世間解无上士調御丈
夫天人師佛世尊其國名好成劫名大相諸
比丘彼佛滅度已來甚大久遠譬如三千大
……過於

BD03820 號　妙法蓮華經卷三　（4–4）

千世界所有地種，假使有人磨以爲墨，過
東方大千國土乃下一點，大如微塵，又過千國土
復下一點，如是展轉盡地種墨。於汝等意云
何？是諸國土，若算師、若算師弟子，能得邊
際，知其數不？不也，世尊。諸比丘，是人所經國
土，若點不點，盡末爲塵，一塵一劫。彼佛滅
度已來，復過是數，无量無邊百千萬億阿
僧祇劫。我以如來知見力故，觀彼久遠，猶若
今日。尒時世尊欲重宣此義，而說偈言：

我念過去世　無量无邊劫　有佛兩足尊　名大通智勝
如人以力磨　三千大千土　盡此諸地種　皆悉以爲墨
過於千國土　乃下一塵點　如是展轉點　盡此諸塵墨
如是諸國土　點與不點等　復盡末爲塵　一塵爲一劫
此諸微塵數　其劫復過是　彼佛滅度來　如是无量劫
如來无㝵智　知彼佛滅度　及聲聞菩薩　如見今滅度
諸比丘當知　佛智淨微妙　無漏無所㝵　通達无量劫

佛告諸比丘：大通智勝佛壽五百四十萬億那
由他劫。其佛本坐道場，破魔軍已，垂得
阿耨多羅三藐三菩提，而諸佛法不現在前。如
是一小劫乃至十小劫，結加趺坐，身心不動，而
諸佛法猶不在前。尒時忉利諸天先爲彼

BD03821 號　妙法蓮華經卷三　（6–1）

如來无㝵智　知彼佛滅度　及聲聞菩薩　如見今滅度
諸比丘當知　佛智淨微妙　無漏無所㝵　通達无量劫

佛告諸比丘：大通智勝佛壽五百四十萬億那
由他劫。其佛本坐道場，破魔軍已，垂得
阿耨多羅三藐三菩提，而諸佛法不現在前。如
是一小劫乃至十小劫，結加趺坐，身心不動，而
諸佛法猶不在前。尒時忉利諸天先爲彼
佛於菩提樹下敷師子座，高一由旬，佛於此
座當得阿耨多羅三藐三菩提。適坐此座時，
諸梵天王雨衆天華，面百由旬，香風時來，吹
去萎華，更雨新者。如是不絕，滿十小劫，供養
於佛，乃至滅度，常雨此華。四王諸天爲供養
佛，常擊天鼓，其餘諸天作天伎樂，滿十小劫，
至于滅度亦復如是。諸比丘，大通智勝佛過
十小劫，諸佛之法乃現在前，成阿耨多羅三
藐三菩提。其佛未出家時，有十六子，其第一
者名曰智積。諸子各有種種珍異玩好之具，聞
父得成阿耨多羅三藐三菩提，皆捨所珍，往
詣佛所。諸母涕泣而隨送之。其祖轉輪聖王，
與一百大臣及餘百千萬億人民，皆共圍繞，
隨至道場，咸欲親近大通智勝如來，供養恭
敬，尊重讚歎。到已，頭面禮足，繞佛畢已，一
心合掌，瞻仰世尊，以偈頌曰：

大威德世尊　爲度衆生故　於无量億劫　尒乃得成佛
諸願已具足　善哉吉無上　世尊甚希有　一坐十小劫
身體及手足　靜然安不動　其心常憺怕　未曾有散亂
究竟永寂滅　安住無漏法　今者見世尊　安隱成佛道

BD03821 號　妙法蓮華經卷三　（6–2）

敬尊重讚歎到已頭面礼足繞佛畢已一
心合掌瞻仰世尊以偈頌曰
大威德世尊 為度衆生故 於无量億劫 尒乃得成佛
諸願已具足 善哉吉無上 世尊甚希有 一坐十小劫
身體及手足 靜然安不動 其心常惔怕 未曾有散乱
究竟永寂滅 安住無漏法 今者見世尊 安隱成佛道
我等得善利 稱慶大歡喜 衆生常苦惱 盲冥无導師
不識苦盡道 不知求解脫 長夜增惡趣 減損諸天衆
從冥入於冥 永不聞佛名 今佛得最上 安隱无漏道
我等及天人 為得最大利 是故咸稽首 歸命无上尊
尒時十六王子偈讚佛已勸請世尊轉於法輪
咸作是言世尊說法多所安隱憐愍饒益
諸天人民重說偈言
世雄無等倫 百福自莊嚴 得无上智惠 願為世間說
度脫於我等 及諸衆生類 為分別顯示 令得是智惠
若我等得佛 衆生亦復然 世尊知衆生 深心之所念
亦知所行道 又知智惠力 欲樂及修福 宿命所行業
世尊悉知已 當轉無上輪
佛告諸比丘大通智勝佛得阿耨多羅三藐三
菩提時十方各五百万億諸佛世界六種震
動其國中間幽冥之處日月威光所不能
照而皆大明其中衆生各得相見咸作是言
此中云何忽生衆生又其國界諸天宮殿乃至
梵宮六種震動大光普照遍滿世界勝諸
天光尒時東方五百万億諸國土中梵天宮
殿光明照曜倍於常明諸梵天王各作是念
今者宮殿光明昔所未有以何因緣而現此

BD03821號 妙法蓮華經卷三 （6–3）

照而皆大明其中衆生各得相見咸作是言
此中云何忽生衆生又其國界諸天宮殿乃至
梵宮六種震動大光普照遍滿世界勝諸
天光尒時東方五百万億諸國土中梵天宮
殿光明照曜倍於常明諸梵天王各作是念
今者宮殿光明昔所未有以何因緣而現此
相是時諸梵天王即各相詣共議此事時彼
衆中有一大梵天王名救一切為諸梵衆而
說偈言
我等諸宮殿 光明昔未有 此是何因緣 宜各共求之
為大德天生 為佛出世間 而此大光明 遍照於十方
尒時五百万億國土諸梵天王與宮殿俱各以
衣祴盛諸天華共詣西方推尋是相見大通
智勝如來處于道場菩提樹下坐師子座諸
天龍王乾闥婆緊那羅摩睺羅伽人非人等
恭敬圍繞及見十六王子請佛轉法輪即時諸
梵天王頭面礼佛繞百千帀即以天華而
散佛上其所散華如須弥山并以供養佛菩
提樹其菩提樹高十由旬華供養已各以宮
殿奉上彼佛而作是言唯見哀愍饒益我等
所獻宮殿願垂納受時諸梵天王即於佛
前一心同聲以偈頌曰
世尊甚希有 難可得值遇 具無量功德 能救護一切
天人之大師 哀愍於世間 十方諸衆生 普皆蒙饒益
我等所從來 五百万億國 捨深禪定樂 為供養佛故
我等先世福 宮殿甚嚴飾 今以奉世尊 唯願哀納受
尒時諸梵天王偈讚佛已各作是言唯願世

BD03821號 妙法蓮華經卷三 （6–4）

世尊甚希有　難可得值遇　具無量功德　能救護一切
天人之大師　哀愍於世間　十方諸衆生　普皆蒙饒益
我等所從來　五百万億國　捨深禪定樂　為供養佛故
我等先世福　宮殿甚嚴飾　今以奉世尊　唯願哀納受
尒時諸梵天王偈讚佛已各作是言唯願世
尊轉於法輪度脫衆生開涅槃道時諸梵
天王一心同聲而說偈言
世雄兩足尊　唯願演說法　以大慈悲力　度苦惱衆生
尒時大通智勝如來默然許之又諸比丘東南
方五百万億國土諸大梵王各自見宮殿光
明照曜昔所未有歡喜踊躍生希有心即
各相詣共議此事時彼衆中有一大梵天王名
曰大悲為諸梵衆而說偈言
是事何因緣　而現如此相　我等諸宮殿　光明昔未有
為大德天生　為佛出世間　未曾見此相　當共一心求
過千万億土　尋光共推之　多是佛出世　度脫苦衆生
尒時五百万億諸梵天王與宮殿俱各以衣裓
盛諸天華共詣西北方推尋是相見大通
智勝如來處于道場菩提樹下坐師子座諸
天龍王乾闥婆緊那羅摩睺羅伽人非人等
恭敬圍繞及見十六王子請佛轉法輪時諸梵
天王頭面礼佛繞百千帀即以天華而散佛
上所散之華如須弥山并以供養佛菩提樹
華供養已各以宮殿奉上彼佛而作是言唯
見哀愍饒益我等所獻宮殿願垂納受尒
時諸梵天王即於佛前一心同聲以偈頌曰
聖主天中王　迦陵頻伽聲　哀愍衆生者　我等今敬礼

BD03821號　妙法蓮華經卷三　（6–5）

為大德天生　為佛出世間　未曾見此相　當共一心求
過千万億土　尋光共推之　多是佛出世　度脫苦衆生
尒時五百万億諸梵天王與宮殿俱各以衣裓
盛諸天華共詣西北方推尋是相見大通
智勝如來處于道場菩提樹下坐師子座諸
天龍王乾闥婆緊那羅摩睺羅伽人非人等
恭敬圍繞及見十六王子請佛轉法輪時諸梵
天王頭面礼佛繞百千帀即以天華而散佛
上所散之華如須弥山并以供養佛菩提樹
華供養已各以宮殿奉上彼佛而作是言唯
見哀愍饒益我等所獻宮殿願垂納受尒
時諸梵天王即於佛前一心同聲以偈頌曰
聖主天中王　迦陵頻伽聲　哀愍衆生者　我等今敬礼
世尊甚希有　久遠乃一現　一百八十劫　空過无有佛
三惡道充滿　諸天衆減少　今佛出於世　為衆生作眼
世間所歸趣　救護於一切　為衆生之父　哀愍饒益者
我等宿福慶　今得值世尊
尒時諸梵天王偈讚佛已各作是言唯願世
尊哀愍一切轉於法輪度脫衆生時諸梵天
王一心同聲而說偈言

BD03821號　妙法蓮華經卷三　（6–6）

斯陁含名一往来而實无往来是名斯
陁含須菩提於意云何阿那含能作是念
我得阿那含果不須菩提言不也世尊何以
故阿那含名為不来而實无来是故名阿那
含須菩提於意云何阿羅漢能作是念我得
阿羅漢道不須菩提言不也世尊何以故實
无有法名阿羅漢世尊若阿羅漢作是念我
得阿羅漢道即為着我人衆生壽者世尊佛
說我得无諍三昧人中最為第一是第一離
欲阿羅漢我不作是念我是離欲阿羅漢世
尊我若作是念我得阿羅漢道世尊則不說
須菩提是樂阿蘭那行者以須菩提實无所
行而名須菩提是樂阿蘭那行
佛告須菩提於意云何如来昔在然燈佛所
於法有所得不世尊如来在然燈佛所於法
實无所得須菩提於意云何菩薩莊嚴佛土
不不也世尊何以故莊嚴佛土者則非莊嚴
是名莊嚴是故須菩提諸菩薩摩訶薩應如
是生清淨心不應住色生心不應住聲香味

BD03822號　金剛般若波羅蜜經　（12–1）

佛告須菩提於意云何如来昔在然燈佛所
於法有所得不世尊如来在然燈佛所於法
實无所得須菩提於意云何菩薩莊嚴佛土
不不也世尊何以故莊嚴佛土者則非莊嚴
是名莊嚴是故須菩提諸菩薩摩訶薩應如
是生清淨心不應住色生心不應住聲香味
觸法生心應无所住而生其心須菩提譬如
有人身如須弥山王於意云何是身為大不
須菩提言甚大世尊何以故佛說非身是名
大身須菩提如恒河中所有沙數如是沙等
恒河於意云何是諸恒河沙寧為多不須菩
提言甚多世尊但諸恒河尚多无數何况其
沙須菩提我今實言告汝若有善男子善女
人以七寶尒所恒河沙數三千大千世界以用
布施得福多不須菩提言甚多世尊佛告
須菩提若善男子善女人於此經中乃至受
持四句偈等為他人說而此福德勝前福德
復次須菩提隨說是經乃至四句偈等當知
此處一切世間天人阿脩羅皆應供養如佛
塔廟何况有人盡能受持讀誦須菩提當知
是人成就最上第一希有之法若是經典所在
之處則為有佛若尊重弟子
尒時須菩提白佛言世尊當何名此經我等
云何奉持佛告須菩提是經名為金剛般若

BD03822號　金剛般若波羅蜜經　（12–2）

塔廟何況有人盡能受持讀誦須菩提當知
是人成就最上第一希有之法若是經典所在
之處則為有佛若尊重弟子
尒時須菩提白佛言世尊當何名此經我等
云何奉持佛告須菩提是經名為金剛般若
波羅蜜以是名字汝當奉持所以者何須菩
提佛說般若波羅蜜則非般若波羅蜜須菩
提於意云何如來有所說法不須菩提白佛言
世尊如來无所說須菩提於意云何三千大千
世界所有微塵是為多不須菩提言甚多世
尊須菩提諸微塵如來說非微塵是名微
塵如來說世界非世界是名世界須菩提於
意云何可以三十二相見如來不不也世尊不可
以三十二相得見如來何以故如來說三十二相
即是非相是名三十二相須菩提若有善男
子善女人以恒河沙等身命布施若復有人
於此經中乃至受持四句偈等為他人說其福
甚多
尒時須菩提聞說是經深解義趣涕淚悲泣
而白佛言希有世尊佛說如是甚深經典我
從昔來所得慧眼未曾得聞如是之經世尊
若復有人得聞是經信心清淨則生實相當

BD03822號　金剛般若波羅蜜經　（12–3）

而白佛言希有世尊佛說如是甚深經典我
從昔來所得慧眼未曾得聞如是之經世尊
若復有人得聞是經信心清淨則生實相當
知是人成就第一希有功德世尊是實相者
則是非相是故如來說名實相世尊我今得聞
如是經典信解受持不足為難若當來世後
五百歲其有眾生得聞是經信解受持是
人則為第一希有何以故此人无我相人相眾
生相壽者相所以者何我相即是非相人相眾
生相壽者相即是非相何以故離一切諸相則
名諸佛
佛告須菩提如是如是若復有人得聞是經
不驚不怖不畏當知是人甚為希有何以故
須菩提如來說第一波羅蜜非第一波羅蜜是名
第一波羅蜜
須菩提忍辱波羅蜜如來說非忍辱波羅蜜何
以故須菩提如我昔為歌利王割截身體我
於尒時无我相无人相无眾生相无壽者相
何以故我於往昔節節支解時若有我相人
相眾生相壽者相應生嗔恨須菩提又念過
去於五百世作忍辱仙人於尒所世无我相无
人相无眾生相无壽者相是故須菩提菩薩
應離一切相發阿耨多羅三藐三菩提心不應

BD03822號　金剛般若波羅蜜經　（12–4）

何以故我於往昔節節支解時若有我相人
相衆生相壽者相應生嗔恨須菩提又念過
去於五百世作忍辱仙人於尒所世无我相无
人相无衆生相无壽者相是故須菩提菩薩
應離一切相發阿耨多羅三藐三菩提心不應
住色生心不應住聲香味觸法生心无所住
心若心有住則為非住是故佛說菩薩不應
住色布施須菩提菩薩為利益一切衆生應
如是布施如來說一切諸相即是非相又說一切
衆生則非衆生須菩提如來是真語者實語
者如語者不誑語者不異語者須菩提如來
所得法此法无實无虛須菩提若菩薩心住於
法而行布施如人入闇則无所見若菩薩心不住
法而行布施如人有目日光明照見種種色須
菩提當來之世若有善男子善女人能於此經
受持讀誦則為如來以佛智慧悉知是人悉見
是人皆成就无量无邊功德
須菩提若有善男子善女人初日分以恒河
沙等身布施中日分復以恒河沙等身布施
後日分亦以恒河沙等身布施如是无量百
千萬億劫以身布施若復有人聞此經典信
心不逆其福勝彼何況書寫受持讀誦為人
解說須菩提以要言之是經有不可思議不

BD03822號　金剛般若波羅蜜經　（12–5）

沙等身布施中日分復以恒河沙等身布施
後日分亦以恒河沙等身布施如是无量百
千萬億劫以身布施若復有人聞此經典信
心不逆其福勝彼何況書寫受持讀誦為人
解說須菩提以要言之是經有不可思議不
可稱量无邊功德如來為發者說為發冣
上乘者說若有人能受持讀誦廣為人說如
來悉知是人悉見是人皆得成就不可量不
可稱无有邊不可思議功德如是人等則為
荷擔如來阿耨多羅三藐三菩提何以故須
菩提若樂小法者著我見人見衆生見壽者
見則於此經不能聽受讀誦為人解說須菩
提在在處處若有此經一切世間天人阿脩羅
所應供養當知此處則為是塔皆應恭敬作
禮圍繞以諸華香而散其處
復次須菩提善男子善女人受持讀誦此經
若為人輕賤是人先世罪業應墮惡道以今
世人輕賤故先世罪業則為消滅當得阿耨
多羅三藐三菩提須菩提我念過去无量阿
僧祇劫於然燈佛前得值八百四千萬億那
由他諸佛悉皆供養承事无空過者若復有
人於後末世能受持讀誦此經所得功德於我
所供養諸佛功德百分不及一千萬億分
乃至筭數譬喻所不能及須菩提若善男子

BD03822號　金剛般若波羅蜜經　（12–6）

由他諸佛悉皆供養承事无空過者若復有
人於後末世能受持讀誦此經所得功德於我
所供養諸佛功德百分不及一千萬億分
乃至筭數譬喻所不能及須菩提若善男子
善女人於後末世有受持讀誦此經所得功德
我若具說者或有人聞心則狂亂狐疑不信
須菩提當知是經義不可思議果報亦不可
思議
尒時須菩提白佛言世尊善男子善女人發
阿耨多羅三藐三菩提心云何應住云何降
伏其心佛告須菩提善男子善女人發阿耨多
羅三藐三菩提者當生如是心我應滅度一
切衆生滅度一切衆生已而无有一衆生實滅
者何以故若菩薩有我相人相衆生相壽
者相則非菩薩所以者何須菩提實无有法
發阿耨多羅三藐三菩提者須菩提於意
云何如来於然燈佛所有法得阿耨多羅三
藐三菩提不不也世尊如我解佛所說義
佛於然燈佛所无有法得阿耨多羅三藐三
菩提佛言如是如是須菩提實无有法如来
得阿耨多羅三藐三菩提須菩提若有法如来
得阿耨多羅三藐三菩提者然燈佛則不與
我受記汝於来世當得作佛号釋迦牟尼
以實无有法得阿耨多羅三藐三菩提是故然

BD03822號　金剛般若波羅蜜經　（12–7）

菩提佛言如
得阿耨多羅三藐三菩提須菩提若有法如来
得阿耨多羅三藐三菩提者然燈佛則不與
我受記汝於来世當得作佛号釋迦牟尼
以實无有法得阿耨多羅三藐三菩提是故然
燈佛與我受記作是言汝於来世當得作佛
号釋迦牟尼何以故如来者即諸法如義若
有人言如来得阿耨多羅三藐三菩提須菩
提實无有法佛得阿耨多羅三藐三菩提須
菩提如来所得阿耨多羅三藐三菩提於是
中无實无虗是故如来說一切法皆是佛
法須菩提所言一切法者即非一切法是故名
一切法須菩提譬如人身長大須菩提言世
尊如来說人身長大則為非大身是名大
身須菩提菩薩亦如是若作是言我當滅度
无量衆生則不名菩薩何以故須菩提實无
有法名為菩薩是故佛說一切法无我无人无
衆生无壽者須菩提若菩薩作是言我當
莊嚴佛土是不名菩薩何以故如来說莊嚴
佛土者即非莊嚴是名莊嚴須菩提若菩薩
通達无我法者如来說名真是菩薩
須菩提於意云何如来有肉眼不如是世尊如
来有肉眼須菩提於意云何如来有天眼不
如是世尊如来有天眼須菩提於意云何如
来有慧眼

BD03822號　金剛般若波羅蜜經　（12–8）

須菩提於意云何如來有肉眼不如是世尊如
來有肉眼須菩提於意云何如來有天眼不
如是世尊如來有天眼須菩提於意云何如
來有慧眼不如是世尊如來有慧眼須菩提
於意云何如來有法眼不如是世尊如來有
法眼須菩提於意云何如來有佛眼不如是
世尊如來有佛眼須菩提於意云何恒河中所
有沙佛說是沙不如是世尊如來說是沙須
菩提於意云何如一恒河中所有沙有如是等恒
恒河是諸恒河所有沙數世界如是寧為多不
甚多世尊佛告須菩提尒所國土中所有衆
生若干種心如來悉知何以故如來說諸心
皆為非心是名為心所以者何須菩提過去
心不可得現在心不可得未來心不可得須菩
提於意云何若有人滿三千大千世界七寶以
用布施是人以是因緣得福多不如是世尊此
人以是因緣得福甚多須菩提若福德有實
如來不說得福德多以福德无故如來說得
福德多
須菩提於意云何佛可以具足色身見不不
也世尊如來不應具色身見何以故如來說
具足色身即非具足色身是名具足色身
須菩提於意云何如來可以具足諸相不不

BD03822號　金剛般若波羅蜜經　（12–9）

具足色身即非具足色身是名具足色身
須菩提於意云何如來可以具足諸相不不
也世尊如來不應以具足諸相見何以故如來
說諸相具足即非具足是名諸相具足須菩
提汝勿謂如來作是念我當有所說法莫作
是念何以故若人言如來有所說法即為謗
佛不能解我所說故須菩提說法者无法可
說是名說法須菩提白佛言世尊佛得阿耨
多羅三藐三菩提為无所得耶如是如是須
菩提我於阿耨多羅三藐三菩提乃至无有少
法可得是名阿耨多羅三藐三菩提復次須
菩提是法平等无有高下是名阿耨多羅
三藐三菩提以无我无人无衆生无壽者脩
一切善法則得阿耨多羅三藐三菩提須菩
提所言善法者如來說非善法是名善法
須菩提若三千大千世界中所有諸須弥山
王如是等七寶聚有人持用布施若人以此
般若波羅蜜經乃至四句偈等受持讀誦為
他人說於前福百分不及一千萬億分乃至
筭數譬喻所不能及
須菩提於意云何汝等勿謂如來作是念我
當度衆生須菩提莫作是念何以故實无有
衆生如來度者若有衆生如來度者如來則
有我人衆生壽者須菩提如來說有我者則

BD03822號　金剛般若波羅蜜經　（12–10）

他人說於前福百分不及一千萬億分
筭數譬喻所不能及
須菩提於意云何汝等勿謂如来作是念我
當度衆生須菩提莫作是念何以故實无有
衆生如来度者若有衆生如来度者如来則
有我人衆生壽者須菩提如来說有我者則
非有我而凡夫之人以為有我須菩提凡夫
者如来說則非凡夫須菩提於意云何可以
三十二相觀如来不須菩提言如是如是以
三十二相觀如来佛言須菩提若以三十二相
觀如来者轉輪聖王則是如来須菩提白佛
言世尊如我解佛所說義不應以三十二相
觀如来尒時世尊而說偈言
若以色見我　以音聲求我　是行人邪道　不能見如来
須菩提汝若作是念如来不以具足相故得
阿耨多羅三藐三菩提須菩提莫作是念如
来不以具足相故得阿耨多羅三藐三菩提
須菩提汝若作是念發阿耨多羅三藐三菩
提者說諸法斷滅相莫作是念何以故發阿
耨多羅三藐三菩提者於法不說斷滅相須菩
提若菩薩以滿恒河沙等世界七寶布施若
復有人知一切法无我得成於忍此菩薩勝前
菩薩所得功德須菩提以諸菩薩不受福德
故須菩提白佛言世尊云何菩薩不受福德

BD03822 號　金剛般若波羅蜜經　　（12–11）

阿耨多羅三藐三菩提須菩提莫作是念如
来不以具足相故得阿耨多羅三藐三菩提
須菩提汝若作是念發阿耨多羅三藐三菩
提者說諸法斷滅相莫作是念何以故發阿
耨多羅三藐三菩提者於法不說斷滅相須菩
提若菩薩以滿恒河沙等世界七寶布施若
復有人知一切法无我得成於忍此菩薩勝前
菩薩所得功德須菩提以諸菩薩不受福德
故須菩提白佛言世尊云何菩薩不受福德
須菩提菩薩所作福德不應貪著是故說
不受福德須菩提若有人言如来若来若去若
坐若卧是人不解我所說義何以故如来者无
所從来亦无所去故名如来
須菩提若善男子善女人以三千大千世界碎
為微塵於意云何是微塵衆寧為多不甚多
世尊何以故若是微塵衆實有者佛則不說
是微塵衆所以者何佛說微塵衆則非微塵
衆是名微塵衆世尊如来所說三千大千世界
則非世界是名世界何以故若世界實有者則
是一合相如来說一合相則非一合相是名一合相
須菩提一合相者則是不可說但凡夫之人貪著

BD03822 號　金剛般若波羅蜜經　　（12–12）

世尊滅度後　其有聞是經　若有隨喜者　為
尒時佛告彌勒菩薩摩訶薩阿逸多如來滅
後若比丘比丘尼優婆塞優婆夷及餘智者
若長若幼聞是經隨喜已從法會出至於餘
處若在僧坊若空閑地若城邑巷陌聚落田
里如其所聞為父母宗親善友知識隨力演
說是諸人等聞已隨喜復行轉教餘人聞已
亦隨喜轉教如是展轉至第五十阿逸多其
第五十善男子善女人隨喜功德我今說之
汝當善聽若四百万億阿僧祇世界六趣四
生衆生卵生胎生濕生化生若有形无形有
想无想非有想非无想无足二足四足多足
如是等在衆生數者有人求福隨其所欲娛
樂之具皆給與之一一衆生與滿閻浮提金
銀瑠璃車𤦲馬瑙珊瑚虎珀諸妙珎寶及象
馬車乘七寶所成宮殿樓閣等是大施主如
是布施滿八十年已而作是念我已施衆生
娛樂之具隨意所欲然此衆生皆已衰老年
過八十髮白面皺將死不久我當以佛法而

BD03823號　妙法蓮華經卷六　（30–1）

銀瑠璃車𤦲馬瑙珊瑚虎珀諸妙珎寶及象
馬車乘七寶所成宮殿樓閣等是大施主如
是布施滿八十年已而作是念我已施衆生
娛樂之具隨意所欲然此衆生皆已衰老年
過八十髮白面皺將死不久我當以佛法而
訓導之即集此衆生宣布法化示教利喜一
時皆得須陁洹道斯陁含道阿那含道阿羅
漢道盡諸有漏於深禪定皆得自在具八解
脫於汝意云何是大施主所得功德寧為多
不彌勒白佛言世尊是人功德甚多无量无
邊若是施主但施衆生一切樂具功德无量
何況令得阿羅漢果佛告彌勒我今分明語
汝是人以一切樂具施於四百万億阿僧祇
世界六趣衆生又令得阿羅漢果所得功德
不如是第五十人聞法華經一偈隨喜功德
百分千分百千万億分不及其一乃至筭數
譬喻所不能知阿逸多如是第五十人展轉
聞法華經隨喜功德尚无量无邊阿僧祇何
況最初於會中聞而隨喜者其福復勝无量
无邊阿僧祇不可得比又阿逸多若人為是
經故往詣僧坊若坐若立須臾聽受緣是功
德轉身所生得好上妙象馬車乘珎寶輦轝
及乘天宮若復有人於講法處坐更有人來
勸令坐聽若分座令坐是人功德轉身得帝
釋坐處若梵王坐處若轉輪聖王所坐之處

BD03823號　妙法蓮華經卷六　（30–2）

經故往詣僧坊若坐若立須臾聽受緣是功
德轉身所生得好上妙象馬車乘珍寶輦轝
及乘天宮若復有人於講法處坐更有人來
勸令坐聽若分座令坐是人功德轉身得帝
釋坐處若梵王坐處若轉輪聖王所坐之處
阿逸多若復有人語餘人言有經名法華可
共往聽即受其教乃至須臾間聞是人功德
轉身得與陀羅尼菩薩共生一處利根智慧
百千万世終不瘖瘂口氣不臭舌常无病口
亦无病齒不垢黑不黃不踈亦不缺落不差
不曲脣不下垂亦不褰縮不麁澀不瘡緊亦
不缺壞亦不喎斜不厚不大亦不黧黑无諸
可惡鼻不匾㔸亦不曲戾面色不黑亦不狹
長亦不窊曲无有一切不可憙相脣舌牙齒
悉皆嚴好鼻脩高直面皃圓滿眉高而長額
廣平正人相具足世世所生見佛聞法信受
教誨阿逸多汝且觀是勸於一人令往聽法
功德如此何況一心聽說讀誦而於大衆為
人分別如說脩行尒時世尊欲重宣此義而
說偈言
若人於法會　得聞是經典　乃至於一偈　隨喜為他說
如是展轉教　至于第五十　㝡後人獲福　今當分別之
如有大施主　供給无量衆　具滿八十歲　隨意之所欲
見彼衰老相　髮白而面皺　齒踈形枯竭　念其死不久
我今應當教　令得於道果　即為方便說　涅槃真實法

BD03823號　妙法蓮華經卷六　（30–3）

若人於法會　得聞是經典　乃至於一偈　隨喜為他說
如是展轉教　至于第五十　㝡後人獲福　今當分別之
如有大施主　供給无量衆　具滿八十歲　隨意之所欲
見彼衰老相　髮白而面皺　齒踈形枯竭　念其死不久
我今應當教　令得於道果　即為方便說　涅槃真實法
世皆不牢固　如水沫泡焰　汝等咸應當　疾生猒離心
諸人聞是法　皆得阿羅漢　具足六神通　三明八解脫
㝡後第五十　聞一偈隨喜　是人福勝彼　不可為譬喻
如是展轉聞　其福尚无量　何況於法會　初聞隨喜者
若有勸一人　將引聽法華　言此經深妙　千万劫難遇
即受教往聽　乃至須臾聞　斯人之福報　今當分別說
世世无口患　齒不踈黃黑　脣不厚褰缺　无有可惡相
舌不乾黑短　鼻高脩且直　額廣而平正　面目悉端嚴
為人所憙見　口氣无臭穢　優鉢華之香　常從其口出
若故詣僧坊　欲聽法華經　須臾聞歡喜　今當說其福
後生天人中　得妙象馬車　珍寶之輦轝　及乘天宮殿
若於講法處　勸人坐聽經　是福因緣得　釋梵轉輪座
何況一心聽　解說其義趣　如說而脩行　其福不可限

妙法蓮華經法師功德品第十九

尒時佛告常精進菩薩摩訶薩若善男子善
女人受持是法華經若讀若誦若解說若書
寫是人當得八百眼功德千二百耳功德八
百鼻功德千二百舌功德八百身功德千二
百意功德以是功德莊嚴六根皆令清淨是
善男子善女人父母所生清淨肉眼見於三

BD03823號　妙法蓮華經卷六　（30–4）

尒時佛告常精進菩薩摩訶薩若善男子善
女人受持是法華經若讀若誦若解說若書
寫是人當得八百眼功德千二百耳功德八
百鼻功德千二百舌功德八百身功德千二
百意功德以是功德莊嚴六根皆令清淨是
善男子善女人父母所生清淨肉眼見於三
千大千世界內外所有山林河海下至阿鼻
地獄上至有頂亦見其中一切衆生及業因
緣果報生處悉見悉知尒時世尊欲重宣此
義而說偈言
若於大衆中　以无所畏心　說是法華經　汝聽其功德
是人得八百　功德殊勝眼　以是莊嚴故　其目甚清淨
父母所生眼　悉見三千界　內外弥樓山　須弥及鐵圍
并諸餘山林　大海江河水　下至阿鼻獄　上至有頂處
其中諸衆生　一切皆悉見　雖未得天眼　肉眼力如是
復次常精進若善男子善女人受持此經若
讀若誦若解說若書寫得千二百耳功德以
是清淨耳聞三千大千世界下至阿鼻地獄
上至有頂其中內外種種語言音聲象聲馬
聲牛聲車聲啼哭聲愁歎聲螺聲鼓聲鍾聲
鈴聲咲聲語聲男聲女聲童子聲童女聲法
聲非法聲苦聲樂聲凡夫聲聖人聲喜聲不
喜聲天聲龍聲夜叉聲乾闥婆聲阿脩羅聲
迦樓羅聲緊那羅聲摩睺羅伽聲火聲水聲
風聲地獄聲畜生聲餓鬼聲比丘聲比丘尼

聲非法聲苦聲樂聲凡夫聲聖人聲喜聲不
喜聲天聲龍聲夜叉聲乾闥婆聲阿脩羅聲
迦樓羅聲緊那羅聲摩睺羅伽聲火聲水聲
風聲地獄聲畜生聲餓鬼聲比丘聲比丘尼
聲聲聞聲辟支佛聲菩薩聲佛聲以要言之
三千大千世界中一切內外所有諸聲雖未
得天耳以父母所生清淨常耳皆悉聞知如
是分別種種音聲而不壞耳根尒時世尊
欲重宣此義而說偈言
父母所生耳　清淨无濁穢　以此常耳聞　三千世界聲
象馬車牛聲　鍾鈴螺鼓聲　琴瑟箜篌聲　簫笛之音聲
清淨好歌聲　聽之而不著　无數種人聲　聞悉能解了
又聞諸天聲　微妙之歌音　及聞男女聲　童子童女聲
山川險谷中　迦陵頻伽聲　命命等諸鳥　悉聞其音聲
地獄衆苦痛　種種楚毒聲　餓鬼飢渴逼　求索飲食聲
諸阿脩羅等　居在大海邊　自共語言時　出于大音聲
如是說法者　安住於此間　遙聞是衆聲　而不壞耳根
十方世界中　禽獸鳴相呼　其說法之人　於此悉聞之
其諸梵天上　光音及遍淨　乃至有頂天　言語之音聲
法師住於此　悉皆得聞之　一切比丘衆　及諸比丘尼
若讀誦經典　若為他人說　法師住於此　悉皆得聞之
復有諸菩薩　讀誦於經法　若為他人說　撰集解其義
如是諸音聲　悉皆得聞之　諸佛大聖尊　教化衆生者
於諸大衆中　演說微妙法　持此法華者　悉皆得聞之
三千大千界　內外諸音聲　下至阿鼻獄　上至有頂天

法師住於此 悉皆得聞之 一切比丘衆 及諸比丘尼
若讀誦經典 若為他人說 法師住於此 悉皆得聞之
復有諸菩薩 讀誦於經法 若為他人說 撰集解其義
如是諸音聲 悉皆得聞之 諸佛大聖尊 教化衆生者
於諸大衆中 演說微妙法 持此法華者 悉皆得聞之
三千大千界 內外諸音聲 下至阿鼻獄 上至有頂天
皆聞其音聲 而不壞耳根 其耳聰利故 悉能分別知
持是法華者 雖未得天耳 但用所生耳 功德已如是
復次常精進 若善男子善女人受持是經 若
讀若誦若解說若書寫 成就八百鼻功德 以
是清淨鼻根 聞於三千大千世界上下內外
種種諸香 須曼那華香 闍提華香 末利華香
瞻蔔華香 波羅羅華香 赤蓮華香 青蓮華香
白蓮華香 華樹香 菓樹香 栴檀香 沈水香 多
摩羅跋香 多伽羅香 及千万種和香 若末若
丸若塗香 持是經者 於此間住 悉能分別 又
復別知衆生之香 象香 馬香 牛羊等香 男香
女香 童子香 童女香 及草木叢林香 若近若
遠所有諸香 悉皆得聞 分別不錯 持是經者
雖住於此 亦聞天上諸天之香 波利質多羅
拘鞞陀羅樹香 及曼陁羅華香 摩訶曼陁羅
華香 曼殊沙華香 摩訶曼殊沙華香 栴檀 沈
水 種種末香 諸雜華香 如是等天香 和合 所
出之香 无不聞知 又聞諸天身香 釋提桓因
在勝殿上 五欲娛樂嬉戲時香 若在妙法堂

BD03823號　妙法蓮華經卷六　（30–7）

拘鞞陀羅樹香 及曼陁羅華香 摩訶曼陁羅
華香 曼殊沙華香 摩訶曼殊沙華香 栴檀 沈
水 種種末香 諸雜華香 如是等天香 和合 所
出之香 无不聞知 又聞諸天身香 釋提桓因
在勝殿上 五欲娛樂嬉戲時香 若在妙法堂
上為忉利諸天說法時香 若於諸園遊戲時
香 及餘天等男女身香 皆悉遙聞 如是展轉
乃至梵世 上至有頂諸天身香 亦皆聞之 并
聞諸天所燒之香 及聲聞香 辟支佛香 菩薩
香 諸佛身香 亦皆遙聞 知其所在 雖聞此香
然於鼻根不壞不錯 若欲分別為他人說 憶
念不謬 尒時世尊欲重宣此義而說偈言
是人鼻清淨 於此世界中 若香若臭物 種種悉聞知
須曼那闍提 多摩羅栴檀 沈水及桂香 種種華菓香
及知衆生香 男子女人香 說法者遠住 聞香知所在
大勢轉輪王 小轉輪及子 羣臣諸宮人 聞香知所在
身所著珎寶 及地中寶藏 轉輪王寶女 聞香知所在
諸人嚴身具 衣服及瓔珞 種種所塗香 聞則知其身
諸天若行坐 遊戲及神變 持是法華者 聞香悉能知
諸樹華菓實 及蘇油香氣 持經者住此 悉知其所在
諸山深險處 栴檀樹華敷 衆生在中者 聞香皆能知
鐵圍山大海 地中諸衆生 持經者聞香 悉知其所在
阿修羅男女 及其諸眷屬 鬪諍遊戲時 聞香皆能知
曠野險隘處 師子象虎狼 野牛水牛等 聞香知所在

BD03823號　妙法蓮華經卷六　（30–8）

諸樹華菓實　及穌油香氣　持經者住此　悉知其所在
諸山深嶮處　栴檀樹華敷　衆生在中者　聞香皆能知
鐵圍山大海　地中諸衆生　持經者聞香　悉知其所在
阿脩羅男女　及其諸眷屬　鬪諍遊戲時　聞香皆能知
曠野險隘處　師子象虎狼　野牛水牛等　聞香知所在
若有懷妊者　未辯其男女　无根及非人　聞香悉能知
以聞香力故　知其初懷妊　成就不成就　安樂產福子
以聞香力故　知男女所念　染欲癡恚心　亦知脩善者
地中衆伏藏　金銀諸珍寶　銅器之所盛　聞香悉能知
種種諸瓔珞　无能識其價　聞香知貴賤　出處及所在
天上諸華等　曼陁曼殊沙　波利質多樹　聞香悉能知
天上諸宮殿　上中下差別　衆寶華莊嚴　聞香悉能知
天園林勝殿　諸觀妙法堂　在中而娛樂　聞香悉能知
諸天若聽法　或受五欲時　來往行坐臥　聞香悉能知
天女所著衣　好華香莊嚴　周旋遊戲時　聞香悉能知
如是展轉上　乃至於梵世　入禪出禪者　聞香悉能知
光音遍淨天　乃至于有頂　初生及退沒　聞香悉能知
諸比丘衆等　於法常精進　若坐若經行　及讀誦經法
或在林樹下　專精而坐禪　持經者聞香　悉知其所在
菩薩志堅固　坐禪若讀誦　或為人說法　聞香悉能知
在在方世尊　一切所恭敬　愍衆而說法　聞香悉能知
衆生在佛前　聞經皆歡喜　如法而脩行　聞香悉能知
雖未得菩薩　无漏法生鼻　而是持經者　先得此鼻相
復次常精進　若善男子善女人受持是經若
讀若誦若解說若書寫得千二百舌功德若

BD03823號　妙法蓮華經卷六　（30–9）

衆生在佛前　聞經皆歡喜　如法而脩行　聞香悉能知
雖未得菩薩　无漏法生鼻　而是持經者　先得此鼻相
復次常精進　若善男子善女人受持是經若
讀若誦若解說若書寫得千二百舌功德若
好若醜若美不美及諸苦澁物在其舌根皆
變成上味如天甘露无不美者若以舌根於
大衆中有所演說出深妙聲能入其心皆令
歡喜快樂又諸天子天女釋梵諸天聞是深
妙音聲有所演說言論次第皆悉來聽及諸
龍龍女夜叉夜叉女乾闥婆乾闥婆女阿脩
羅阿脩羅女迦樓羅迦樓羅女緊那羅緊那羅
女摩睺羅伽摩睺羅伽女為聽法故皆來
親近恭敬供養及比丘比丘尼優婆塞優婆
夷國王王子羣臣眷屬小轉輪王大轉輪王
七寶千子內外眷屬乘其宮殿俱來聽法以
是菩薩善說法故婆羅門居士國內人民盡
其形壽隨侍供養又諸聲聞辟支佛菩薩諸
佛常樂見之是人所在方面諸佛皆向其處
說法悉能受持一切佛法又能出於深妙法
音尒時世尊欲重宣此義而說偈言
是人舌根淨　終不受惡味　其有所食噉　悉皆成甘露
以深淨妙音　於大衆說法　以諸因緣喻　引導衆生心
聞者皆歡喜　設諸上供養　諸天龍夜叉　及阿脩羅等
皆以恭敬心　而共來聽法　是說法之人　若欲以妙音

BD03823號　妙法蓮華經卷六　（30–10）

[illegible]
是人舌根淨 終不受惡味 其有所食噉 悉皆成甘露
以深淨妙音 於大衆說法 以諸因緣喻 引導衆生心
聞者皆歡喜 設諸上供養 諸天龍夜叉 及阿脩羅等
皆以恭敬心 而共來聽法 是說法之人 若欲以妙音
遍滿三千界 隨意即能至 大小轉輪王 及千子眷屬
合掌恭敬心 常來聽受法 諸天龍夜叉 羅剎毗舍闍
亦以歡喜心 常樂來供養 梵天王魔王 自在大自在
如是諸天衆 常來至其所 諸佛及弟子 聞其說法音
常念而守護 或時為現身
復次常精進 若善男子善女人受持是經 若
讀若誦若解說若書寫 得八百身功德 得清
淨身 如淨瑠璃 衆生憙見 其身淨故 三千大
千世界衆生 生時死時 上下好醜 生善處惡
處 悉於中現 及鐵圍山 大鐵圍山 弥樓山 摩
訶弥樓山等諸山 及其中衆生 悉於中現 下
至阿鼻地獄 上至有頂 所有及衆生 悉於中
現 若聲聞 辟支佛 菩薩 諸佛說法 皆於身中
現其色像 尒時世尊欲重宣此義而說偈言
若持法華者 其身甚清淨 如彼淨瑠璃 衆生皆憙見
又如淨明鏡 悉見諸色像 菩薩於淨身 皆見世所有
唯獨自明了 餘人所不見 三千世界中 一切諸群萌
天人阿脩羅 地獄鬼畜生 如是諸色像 皆於身中現
諸天等宮殿 乃至於有頂 鐵圍及弥樓 摩訶弥樓山
諸大海水等 皆於身中現 諸佛及聲聞 佛子菩薩等
若獨若在衆 說法悉皆現 雖未得无漏 法性之妙身

BD03823號　妙法蓮華經卷六　(30–11)

又如淨明鏡 悉見諸色像 菩薩於淨身 皆見世所有
唯獨自明了 餘人所不見 三千世界中 一切諸群萌
天人阿脩羅 地獄鬼畜生 如是諸色像 皆於身中現
諸天等宮殿 乃至於有頂 鐵圍及弥樓 摩訶弥樓山
諸大海水等 皆於身中現 諸佛及聲聞 佛子菩薩等
若獨若在衆 說法悉皆現 雖未得无漏 法性之妙身
以清淨常體 一切於中現
復次常精進 若善男子善女人 如來滅後受
持是經 若讀若誦若解說若書寫 得千二百
意功德 以是清淨意根 乃至聞一偈一句 通
達无量无邊之義 解是義已 能演說一句一
偈 至於一月四月乃至一歲 諸所說法 隨其
義趣 皆與實相不相違背 若說俗間經書 治
世語言 資生業等 皆順正法 三千大千世界
六趣衆生 心之所行 心所動作 心所戲論 皆
悉知之 雖未得无漏智慧 而其意根清淨如
此 是人有所思惟籌量言說 皆是佛法 无不
真實 亦是先佛經中所說 尒時世尊欲重宣
此義而說偈言
是人意清淨 明利无穢濁 以此妙意根 知上中下法
乃至聞一偈 通達无量義 次第如法說 月四月至歲
是世界內外 一切諸衆生 若天龍及人 夜叉鬼神等
其在六趣中 所念若干種 持法華之報 一時皆悉知
十方无數佛 百福莊嚴相 為衆生說法 悉聞能受持
思惟无量義 說法亦无量 終始不忘錯 以持法華故

BD03823號　妙法蓮華經卷六　(30–12)

乃至聞一偈　通達无量義　次第如法說　月四月至歲
是世界內外　一切諸衆生　若天龍及人　夜叉鬼神等
其在六趣中　所念若干種　持法華之報　一時皆悉知
十方无數佛　百福莊嚴相　為衆生說法　悉聞能受持
思惟无量義　說法亦无量　終始不忘錯　以持法華故
悉知諸法相　隨義識次第　達名字語言　如所知演說
此人有所說　皆是先佛法　以演此法故　於衆无所畏
持法華經者　意根淨若斯　雖未得无漏　先有如是相
是人持此經　安住希有地　為一切衆生　歡喜而愛敬
能以千万種　善巧之語言　分別而說法　持法華經故

妙法蓮華經常不輕菩薩品第二十

尒時佛告得大勢菩薩摩訶薩汝今當知若
比丘比丘尼優婆塞優婆夷持法華經者若
有惡口罵詈誹謗獲大罪報如前所說其所
得功德如向所說眼耳鼻舌身意清淨得大
勢乃往古昔過无量无邊不可思議阿僧祇
劫有佛名威音王如來應供正遍知明行足
善逝世間解无上士調御丈夫天人師佛世
尊劫名離衰國名大成其威音王佛於彼世
中為天人阿脩羅說法為求聲聞者說應四
諦法度生老病死究竟涅槃為求辟支佛者
說應十二因緣法為諸菩薩因阿耨多羅三
藐三菩提說應六波羅蜜法究竟佛慧得大
勢是威音王佛壽四十万億那由他恒河沙
劫正法住世劫數如一閻浮提微塵像法住

BD03823號　妙法蓮華經卷六　（30–13）

諦法度生老病死究竟涅槃為求辟支佛者
說應十二因緣法為諸菩薩因阿耨多羅三
藐三菩提說應六波羅蜜法究竟佛慧得大
勢是威音王佛壽四十万億那由他恒河沙
劫正法住世劫數如一閻浮提微塵像法住
世劫數如四天下微塵其佛饒益衆生已然
後滅度正法像法滅盡之後於此國土復有
佛出亦号威音王如來應供正遍知明行足
善逝世間解无上士調御丈夫天人師佛世
尊如是次第有二万億佛皆同一号最初威
音王如來既已滅度正法滅後於像法中增
上慢比丘有大勢力尒時有一菩薩比丘名
常不輕得大勢以何因緣名常不輕是比丘
凡有所見若比丘比丘尼優婆塞優婆夷皆
悉禮拜讚嘆而作是言我深敬汝等不敢輕
慢所以者何汝等皆行菩薩道當得作佛而
是比丘不專讀誦經典但行禮拜乃至遠見
四衆亦復故往禮拜讚嘆而作是言我不敢
輕於汝等汝等皆當作佛故四衆之中有生
瞋恚心不淨者惡口罵詈言是无智比丘從
何所來自言我不輕汝而與我等授記當得
作佛我等不用如是虛妄授記如此經歷多
年常被罵詈不生瞋恚常作是言汝當作佛
說是語時衆人或以杖木瓦石而打擲之避
走遠住猶高聲唱言我不敢輕於汝等汝等
皆當作佛以其常作是語故增上慢比丘比

BD03823號　妙法蓮華經卷六　（30–14）

作佛我等不用如是虛妄授記如此經歷多
年常被罵詈不生瞋恚常作是言汝當作佛
說是語時衆人或以杖木瓦石而打擲之避
走遠住猶高聲唱言我不敢輕於汝等汝等
皆當作佛以其常作是語故增上慢比丘比
丘尼優婆塞優婆夷号之為常不輕是比丘
臨欲終時於虛空中具聞威音王佛先所說
法華經二十千万億偈悉能受持即得如上
眼根清淨耳鼻舌身意根清淨得是六根清
淨已更增壽命二百万億那由他歲廣為人
說是法華經於時增上慢四衆比丘比丘尼
優婆塞優婆夷輕賤是人為作不輕名者見
其得大神通力樂說辯力大善寂力聞其所
說皆信伏隨從是菩薩復化千万億衆令住
阿耨多羅三藐三菩提命終之後得值二千
億佛皆号日月燈明於其法中說是法華經
以是因緣復值二千億佛同号雲自在燈王
於此諸佛法中受持讀誦為諸四衆說此經
典故得是常眼清淨耳鼻舌身意諸根清淨
於四衆中說法心无所畏得大勢是常不輕
菩薩摩訶薩供養如是若干諸佛恭敬尊重
讚嘆種諸善根於後復值千万億佛亦於諸
佛法中說是經典功德成就當得作佛得大
勢於意云何尒時常不輕菩薩豈異人乎則
我身是若我於宿世不受持讀誦此經為他

BD03823號　妙法蓮華經卷六　(30–15)

菩薩摩訶薩供養如是若干諸佛恭敬尊重
讚嘆種諸善根於後復值千万億佛亦於諸
佛法中說是經典功德成就當得作佛得大
勢於意云何尒時常不輕菩薩豈異人乎則
我身是若我於宿世不受持讀誦此經為他
人說者不能疾得阿耨多羅三藐三菩提我
於先佛所受持讀誦此經為人說故疾得阿
耨多羅三藐三菩提得大勢彼時四衆比丘
比丘尼優婆塞優婆夷以瞋恚意輕賤我故
二百億劫常不值佛不聞法不見僧千劫於
阿鼻地獄受大苦惱畢是罪已復遇常不輕
菩薩教化阿耨多羅三藐三菩提得大勢於
汝意云何尒時四衆常輕是菩薩者豈異人
乎今此會中跋陀婆羅等五百菩薩師子月
等五百比丘尼思佛等五百優婆塞皆於阿
耨多羅三藐三菩提不退轉者是得大勢當
知是法華經大饒益諸菩薩摩訶薩能令至
於阿耨多羅三藐三菩提是故諸菩薩摩訶
薩於如來滅後常應受持讀誦解說書寫是
經尒時世尊欲重宣此義而說偈言
過去有佛　号威音王　神智无量　將導一切
天人龍神　所共供養　是佛滅後　法欲盡時
有一菩薩　名常不輕　時諸四衆　計著於法
不輕菩薩　往到其所　而語之言　我不輕汝
汝等行道　皆當作佛　諸人聞已　輕毀罵詈
不輕菩薩　能忍受之　其罪畢已　臨命終時

BD03823號　妙法蓮華經卷六　(30–16)

天人龍神所共供養　是佛滅後　法欲盡時
有一菩薩　名常不輕　時諸四衆　計著於法
不輕菩薩　往到其所　而語之言　我不輕汝
汝等行道　皆當作佛　諸人聞已　輕毀罵詈
不輕菩薩　能忍受之　其罪畢已　臨命終時
得聞此經　六根清淨　神通力故　增益壽命
復為諸人　廣說是經　諸著法衆　皆蒙菩薩
教化成就　令住佛道　不輕命終　值无數佛
說是經故　得无量福　漸具功德　疾成佛道
彼時不輕　則我身是　時四部衆　著法之者
聞不輕言　汝當作佛　以是因緣　值无數佛
此會菩薩　五百之衆　并及四部　清信士女
今於我前　聽法者是　我於前世　勸是諸人
聽受斯經　第一之法　開示教人　令住涅槃
世世受持　如是經典　億億万劫　至不可議
時乃得聞　是法華經　億億万劫　至不可議
諸佛世尊　時說是經　是故行者　於佛滅後
聞如是經　勿生疑惑　應當一心　廣說此經
世世值佛　疾成佛道

妙法蓮華經如來神力品第二十一

尒時千世界微塵等菩薩摩訶薩從地踊出
者皆於佛前一心合掌瞻仰尊顏而白佛言
世尊我等於佛滅後世尊分身所在國土滅
度之處當廣說此經所以者何我等亦自欲
得是真淨大法受持讀誦解說書寫而供養

BD03823號　妙法蓮華經卷六　（30–17）

者皆於佛前一心合掌瞻仰尊顏而白佛言
世尊我等於佛滅後世尊分身所在國土滅
度之處當廣說此經所以者何我等亦自欲
得是真淨大法受持讀誦解說書寫而供養
之尒時世尊於文殊師利等无量百千万億
舊住娑婆世界菩薩摩訶薩及諸比丘比丘
尼優婆塞優婆夷天龍夜叉乾闥婆阿脩羅
迦樓羅緊那羅摩睺羅伽人非人等一切衆
前現大神力出廣長舌上至梵世一切毛孔
放於无量无數色光皆悉遍照十方世界衆
寶樹下師子座上諸佛亦復如是出廣長舌
放无量光釋迦牟尼佛及寶樹下諸佛現神
力時滿百千歲然後還攝舌相一時謦欬俱
共彈指是二音聲遍至十方諸佛世界地皆
六種震動其中衆生天龍夜叉乾闥婆阿脩
羅迦樓羅緊那羅摩睺羅伽人非人等以佛
神力故皆見此娑婆世界无量无邊百千万
億衆寶樹下師子座上諸佛及見釋迦牟尼
佛共多寶如來在寶塔中坐師子座又見无
量无邊百千万億菩薩摩訶薩及諸四衆恭
敬圍繞釋迦牟尼佛既見是已皆大歡喜得
未曾有即時諸天於虛空中高聲唱言過此
无量无邊百千万億阿僧祇世界有國名娑
婆是中有佛名釋迦牟尼今為諸菩薩摩訶
薩說大乘經名妙法蓮華教菩薩法佛所護

BD03823號　妙法蓮華經卷六　（30–18）

敬圍繞釋迦牟尼佛既見是已皆大歡喜得
未曾有即時諸天於虛空中高聲唱言過此
无量无邊百千万億阿僧祇世界有國名娑
婆是中有佛名釋迦牟尼今為諸菩薩摩訶
薩說大乘經名妙法蓮華教菩薩法佛所護
念汝等當深心隨喜亦當礼拜供養釋迦牟
尼佛彼諸衆生聞虛空中聲已合掌向娑婆
世界作如是言南无釋迦牟尼佛南无釋迦
牟尼佛以種種華香瓔珞幡蓋及諸嚴身之
具珎寶妙物皆共遥散娑婆世界所散諸物
從十方來譬如雲集變成寶帳遍覆此間諸
佛之上于時十方世界通達无㝵如一佛土
尒時佛告上行等菩薩大衆諸佛神力如是
无量无邊不可思議若我以是神力於无量
无邊百千万億阿僧祇劫為囑累故說此經
功德猶不能盡以要言之如來一切所有之
法如來一切自在神力如來一切秘要之藏
如來一切甚深之事皆於此經宣示顯說是
故汝等於如來滅後應一心受持讀誦解說
書寫如說脩行所在國土若有受持讀誦解
說書寫如說脩行若經卷所住之處若於園
中若於林中若於樹下若於僧坊若白衣舍
若在殿堂若山谷曠野是中皆應起塔供養
所以者何當知是處即是道場諸佛於此得
阿耨多羅三藐三菩提諸佛於此轉于法輪

BD03823號　妙法蓮華經卷六　（30–19）

說書寫如說脩行若經卷所住之處若於園
中若於林中若於樹下若於僧坊若白衣舍
若在殿堂若山谷曠野是中皆應起塔供養
所以者何當知是處即是道場諸佛於此得
阿耨多羅三藐三菩提諸佛於此轉于法輪
諸佛於此而般涅槃尒時世尊欲重宣此義
而說偈言
諸佛救世者　住於大神通　為悅衆生故　現无量神力
舌相至梵天　身放无數光　為求佛道者　現此希有事
諸佛謦欬聲　及彈指之聲　周聞十方國　地皆六種動
以佛滅度後　能持是經故　諸佛皆歡喜　現无量神力
囑累是經故　讚美受持者　於无量劫中　猶故不能盡
是人之功德　无邊无有窮　如十方虛空　不可得邊際
能持是經者　則為已見我　亦見多寶佛　及諸分身者
又見我今日　教化諸菩薩　能持是經者　令我及分身
滅度多寶佛　一切皆歡喜　十方現在佛　并過去未來
亦見亦供養　亦令得歡喜　諸佛坐道場　所得秘要法
能持是經者　不久亦當得　能持是經者　於諸法之義
名字及言辭　樂說无窮盡　如風於空中　一切无障㝵
於如來滅後　知佛所說經　因緣及次第　隨義如實說
如日月光明　能除諸幽冥　斯人行世間　能滅衆生闇
教无量菩薩　畢竟住一乘　是故有智者　聞此功德利
於我滅度後　應受持斯經　是人於佛道　決定无有疑
妙法蓮華經囑累品第二十二
尒時釋迦牟尼佛從法座起現大神力以右

BD03823號　妙法蓮華經卷六　（30–20）

於我滅度後　應受持斯經　是人於佛道　決定无有疑

妙法蓮華經囑累品第二十二

尒時釋迦牟尼佛從法座起現大神力以右
手摩无量菩薩摩訶薩頂而作是言我於无
量百千万億阿僧祇劫脩習是難得阿耨多
羅三藐三菩提法今以付囑汝等汝等應當
一心流布此法廣令增益如是三摩諸菩薩
摩訶薩頂而作是言我於无量百千万億阿
僧祇劫脩習是難得阿耨多羅三藐三菩提
法今以付囑汝等汝等當受持讀誦廣宣此
法令一切衆生普得聞知所以者何如來有
大慈悲无諸慳悋亦无所畏能與衆生佛之
智慧如來智慧自然智慧如來是一切衆生
之大施主汝等亦應隨學如來之法勿生慳
悋於未來世若有善男子善女人信如來智
慧者當為演說此法華經使得聞知為令其
人得佛慧故若有衆生不信受者當於如來
餘深法中示教利喜汝等若能如是則為已
報諸佛之恩時諸菩薩摩訶薩聞佛作是說
已皆大歡喜遍滿其身益加恭敬曲躬低頭
合掌向佛俱發聲言如世尊勅當具奉行唯
然世尊願不有慮諸菩薩摩訶薩衆如是三
反俱發聲言如世尊勅當具奉行唯然世尊
願不有慮尒時釋迦牟尼佛令十方來諸分
身佛各還本土而作是言諸佛各隨所安多

BD03823號　妙法蓮華經卷六　（30–21）

合掌向佛俱發聲言如世尊勅當具奉行唯
然世尊願不有慮諸菩薩摩訶薩衆如是三
反俱發聲言如世尊勅當具奉行唯然世尊
願不有慮尒時釋迦牟尼佛令十方來諸分
身佛各還本土而作是言諸佛各隨所安多
寶佛塔還可如故說是語時十方无量分身
諸佛坐寶樹下師子座上者及多寶佛并上
行等无邊阿僧祇菩薩大衆舍利弗等聲聞
四衆及一切世間天人阿脩羅等聞佛所說
皆大歡喜

妙法蓮華經藥王菩薩本事品第二十三

尒時宿王華菩薩白佛言世尊藥王菩薩云
何遊於娑婆世界世尊是藥王菩薩有若干
百千万億那由他難行苦行善哉世尊願少
解說諸天龍神夜叉乾闥婆阿脩羅迦樓羅
緊那羅摩睺羅伽人非人等又他國土諸來
菩薩及此聲聞衆聞皆歡喜尒時佛告宿王
華菩薩乃往過去无量恒河沙劫有佛号日
月淨明德如來應供正遍知明行足善逝世
間解无上士調御丈夫天人師佛世尊其餘
有八十億大菩薩摩訶薩七十二恒河沙大
聲聞衆佛壽四万二千劫菩薩壽命亦等彼
國无有女人地獄餓鬼畜生阿脩羅等及以
諸難地平如掌琉璃所成寶樹莊嚴寶帳覆
上垂寶華幡寶瓶香爐周遍國界七寶為臺
一樹一臺其樹去臺盡一箭道此諸寶樹皆

BD03823號　妙法蓮華經卷六　（30–22）

聲聞衆佛壽四万二千劫菩薩壽命亦等彼
國无有女人地獄餓鬼畜生阿脩羅等及以
諸難地平如掌瑠璃所成寶樹莊嚴寶帳覆
上垂寶華幡寶瓶香爐周遍國界七寶為臺
一樹一臺其樹去臺盡一箭道此諸寶樹皆
有菩薩聲聞而坐其下諸寶臺上各有百億
諸天作天伎樂歌嘆於佛以為供養尒時彼
佛為一切衆生憙見菩薩及衆菩薩諸聲聞
衆說法華經是一切衆生憙見菩薩樂習苦
行於日月淨明德佛法中精進經行一心求
佛滿万二千歲已得現一切色身三昧得此
三昧已心大歡喜即作念言我得現一切色
身三昧皆是得聞法華經力我今當供養日
月淨明德佛及法華經即時入是三昧於虛
空中雨曼陁羅華摩訶曼陁羅華細末堅黑
栴檀滿虛空中如雲而下又雨海此岸栴檀
之香此香六銖價直娑婆世界以供養佛作
是供養已從三昧起而自念言我雖以神力
供養於佛不如以身供養即服諸香栴檀薰
陸兜樓婆畢力迦沉水膠香又飲瞻蔔諸華
香油滿千二百歲已香油塗身於日月淨明
德佛前以天寶衣而自纏身灌諸香油以神
通力願而自燃身光明遍照八十億恒河沙
世界其中諸佛同時讚言善哉善哉善男子
是真精進是名真法供養如來若以華香瓔

BD03823號　妙法蓮華經卷六　（30–23）

德佛前以天寶衣而自纏身灌諸香油以神
通力願而自燃身光明遍照八十億恒河沙
世界其中諸佛同時讚言善哉善哉善男子
是真精進是名真法供養如來若以華香瓔
珞燒香末香塗香天繒幡蓋及海此岸栴檀
之香如是等種種諸物供養所不能及假使
國城妻子布施亦所不及善男子是名第一
之施於諸施中最尊最上以法供養諸如來
故作是語已而各嘿然其身火燃千二百歲
過是已後其身乃盡一切衆生憙見菩薩作
如是法供養已命終之後復生日月淨明德
佛國中於淨德王家結加趺坐忽然化生即
為其父而說偈言
大王今當知　我經行彼處　即時得一切　現諸身三昧
懃行大精進　捨所愛之身
說是偈已而白父言日月淨明德佛今故現
在我先供養佛已得解一切衆生語言陁羅
尼復聞是法華經八百千万億那由他甄迦
羅頻婆羅阿閦婆等偈大王我今當還供養
此佛白已即坐七寶之臺上昇虛空高七多
羅樹往到佛所頭面礼足合十指爪以偈讚佛
容顏甚奇妙　光明照十方　我適曾供養　今復還親近
尒時一切衆生憙見菩薩說是偈已而白佛
言世尊世尊猶故在世尒時日月淨明德佛
告一切衆生憙見菩薩善男子我涅槃時到
滅盡時至汝可安施床座我於今夜當般涅

BD03823號　妙法蓮華經卷六　（30–24）

容顔甚奇妙　光明照十方　我適曾供養　今復還親近
尒時一切衆生憙見菩薩說是偈已而白佛
言世尊世尊猶故在世尒時日月淨明徳佛
告一切衆生憙見菩薩善男子我涅槃時到
滅盡時至汝可安施牀座我於今夜當般涅
槃又勑一切衆生憙見菩薩善男子我以佛
法囑累於汝及諸菩薩大弟子并阿耨多羅
三藐三菩提法亦以三千大千七寶世界諸
寶樹寶臺及給侍諸天悉付於汝我滅度後
所有舍利亦付囑汝當令流布廣設供養應
起若干千塔如是日月淨明徳佛勑一切衆
生憙見菩薩已於夜後分入於涅槃尒時一
切衆生憙見菩薩見佛滅度悲感懊惱戀慕
於佛即以海此岸栴檀為積供養佛身而以
燒之火滅已後收取舍利作八万四千寶瓶
以起八万四千塔高三世界表刹莊嚴垂諸
幡蓋懸衆寶鈴尒時一切衆生憙見菩薩復
自念言我雖作是供養心猶未足我今當更
供養舍利便語諸菩薩大弟子及天龍夜叉
等一切大衆汝等當一心念我今供養日月
淨明徳佛舍利作是語已即於八万四千塔
前燃百福莊嚴臂七万二千歲而以供養令
无數求聲聞衆无量阿僧祇人發阿耨多羅
三藐三菩提心皆使得住現一切色身三昧
尒時諸菩薩天人阿脩羅等見其无臂憂惱
悲哀而作是言此一切衆生憙見菩薩是我

BD03823號　妙法蓮華經卷六　（30–25）

前燃百福莊嚴臂七万二千歲而以供養令
无數求聲聞衆无量阿僧祇人發阿耨多羅
三藐三菩提心皆使得住現一切色身三昧
尒時諸菩薩天人阿脩羅等見其无臂憂惱
悲哀而作是言此一切衆生憙見菩薩是我
等師教化我者而今燒臂身不具足于時一
切衆生憙見菩薩於大衆中立此誓言我捨
兩臂必當得佛金色之身若實不虛令我兩
臂還復如故作是誓已自然還復由斯菩薩
福徳智慧淳厚所致當尒之時三千大千世
界六種震動天雨寶華一切人天得未曾有
佛告宿王華菩薩於汝意云何一切衆生憙
見菩薩豈異人乎今藥王菩薩是也其所捨
身布施如是无量百千万億那由他數宿王
華若有發心欲得阿耨多羅三藐三菩提者
能燃手指乃至足一指供養佛塔勝以國城
妻子及三千大千國土山林河池諸珎寶物
而供養者若復有人以七寶滿三千大千世
界供養於佛及大菩薩辟支佛阿羅漢是人
所得功徳不如受持此法華經乃至一四句
偈其福最多宿王華譬如一切川流江河諸
水之中海為第一此法華經亦復如是於諸
如來所說經中最為深大又如土山黑山小
鐵圍山大鐵圍山及十寶山衆山之中須弥
山為第一此法華經亦復如是於諸經中最
為其上又如衆星之中月天子最為第一此

BD03823號　妙法蓮華經卷六　（30–26）

水之中海為第一此法華經亦復如是於諸
如來所說經中最為深大又如土山黑山小
鐵圍山大鐵圍山及十寶山衆山之中須弥
山為第一此法華經亦復如是於諸經中最
為其上又如衆星之中月天子最為第一此
法華經亦復如是於千万億種諸經法中最
為照明又如日天子能除諸闇此經亦復如
是能破一切不善之闇又如諸小王中轉輪
聖王最為第一此經亦復如是於衆經中最
為其尊又如帝釋於三十三天中王此經亦
復如是諸經中王又如大梵天王一切衆生
之父此經亦復如是一切賢聖學无學及發
菩薩心者之父又如一切凡夫人中須陁洹
斯陁含阿那含阿羅漢辟支佛為第一此經
亦復如是一切如來所說若菩薩所說若聲
聞所說諸經法中最為第一有能受持是經
典者亦復如是於一切衆生中亦為第一一
切聲聞辟支佛中菩薩為第一此經亦復如
是於一切諸經法中最為第一如佛為諸法
王此經亦復如是諸經中王宿王華此經能
救一切衆生者此經能令一切衆生離諸苦
惱此經能大饒益一切衆生充滿其願如清
涼池能滿一切諸渴乏者如寒者得火如裸
者得衣如商人得主如子得母如渡得船如
病得醫如暗得燈如貧得寶如民得王如賈
客得海如炬除暗此法華經亦復如是能令

BD03823號　妙法蓮華經卷六

（30–27）

惱此經能大饒益一切衆生充滿其願如清
涼池能滿一切諸渴乏者如寒者得火如裸
者得衣如商人得主如子得母如渡得船如
病得醫如暗得燈如貧得寶如民得王如賈
客得海如炬除暗此法華經亦復如是能令
衆生離一切苦一切病痛能解一切生死之
縛若人得聞此法華經若自書若使人書所
得功德以佛智慧籌量多少不得其邊若書
是經卷華香瓔珞燒香末香塗香幡蓋衣服
種種之燈蘇燈油燈諸香油燈瞻蔔油燈須
曼那油燈波羅羅油燈婆利師迦油燈那婆摩
利油燈供養所得功德亦復无量宿王華若
有人聞是藥王菩薩本事品者亦得无量无
邊功德若有女人聞是藥王菩薩本事品能
受持者盡是女身後不復受若如來滅後後
五百歲中若有女人聞是經典如說修行於
此命終即往安樂世界阿弥陁佛大菩薩衆
圍繞住處生蓮華中寶座之上不復為貪欲
所惱亦復不為瞋恚愚癡所惱亦復不為憍
慢嫉妬諸垢所惱得菩薩神通无生法忍得
是忍已眼根清淨以是清淨眼根見七百万
二千億那由他恒河沙等諸佛如來是時諸
佛遙共讚言善哉善哉善男子汝能於釋迦
牟尼佛法中受持讀誦思惟是經為他人說
所得福德无量无邊火不能燒水不能漂汝

BD03823號　妙法蓮華經卷六

（30–28）

是忍已眼根清淨以是清淨眼根見七百万
二千億那由他恒河沙等諸佛如来是時諸
佛遥共讚言善哉善哉善男子汝能於釋迦
牟尼佛法中受持讀誦思惟是經為他人說
所得福德无量无邊火不能燒水不能漂汝
之功德千佛共說不能令盡汝今已能破諸
魔賊壞生死軍諸餘怨敵皆悉摧滅善男子
百千諸佛以神通力共守護汝於一切世間
天人之中无如汝者唯除如来其諸聲聞辟
支佛乃至菩薩智慧禪定无有與汝等者宿
王華此菩薩成就如是功德智慧之力若有
人聞是藥王菩薩本事品能隨喜讚善者是
人現世口中常出青蓮華香身毛孔中常出
牛頭栴檀香所得功德如上所說是故宿王
華以此藥王菩薩本事品囑累於汝我滅度
後後五百歲中廣宣流布於閻浮提无令斷
絶惡魔魔民諸天龍夜叉鳩槃荼等得其便
也宿王華汝當以神通之力守護是經所以
者何此經則為閻浮提人病之良藥若人有
病得聞是經病即消滅不老不死宿王華汝
若見有受持是經者應以青蓮華盛滿末香
供散其上散已作是念言此人不久必當取
草坐於道場破諸魔軍當吹法螺擊大法鼓
度脫一切衆生老病死海是故求佛道者見
有受持是經典人應當生恭敬心說是
藥王菩薩本事品時八万四千菩薩得解一

BD03823號　妙法蓮華經卷六　（30–29）

華以此藥王菩薩本事品囑累於汝我滅度
後後五百歲中廣宣流布於閻浮提无令斷
絶惡魔魔民諸天龍夜叉鳩槃荼等得其便
也宿王華汝當以神通之力守護是經所以
者何此經則為閻浮提人病之良藥若人有
病得聞是經病即消滅不老不死宿王華汝
若見有受持是經者應以青蓮華盛滿末香
供散其上散已作是念言此人不久必當取
草坐於道場破諸魔軍當吹法螺擊大法鼓
度脫一切衆生老病死海是故求佛道者見
有受持是經典人應當生恭敬心說是
藥王菩薩本事品時八万四千菩薩得解一
切衆生語言陁羅尼多寶如来於寶塔中讚
宿王華菩薩言善哉善哉宿王華汝成就不
可思議功德乃能問釋迦牟尼佛如此之事
利益无量一切衆生

妙法蓮華經卷第六

BD03823號　妙法蓮華經卷六　（30–30）

此經我

剛般若

則非般若波羅蜜須菩

云何如來有所說法不須菩提白佛

言世尊如來无所說須菩提於意云何三千

大千世界所有微塵是為多不須菩提言甚

多世尊須菩提諸微塵如來說非微塵是名

微塵如來說世界非世界是名世界須菩提

於意云何可以三十二相見如來不不也世

尊不可以三十二相得見如來何以故如來

說三十二相即是非相是名三十二相

須菩提若有善男子善女人以恒河沙等身

命布施若復有人於此經中乃至受持四句

偈等為他人說其福甚多

爾時須菩提聞說是經深解義趣涕淚悲泣

而白佛言希有世尊佛說如是甚深經典我

BD03824號　金剛般若波羅蜜經　（3–1）

於意云何可以三十二相見如來不不也世

尊不可以三十二相得見如來何以故如來

說三十二相即是非相是名三十二相

須菩提若有善男子善女人以恒河沙等身

命布施若復有人於此經中乃至受持四句

偈等為他人說其福甚多

爾時須菩提聞說是經深解義趣涕淚悲泣

而白佛言希有世尊佛說如是甚深經典我

從昔來所得慧眼未曾得聞如是之經世尊

若復有人得聞是經信心清淨則生實相當

知是人成就第一希有功德世尊是實相者

則是非相是故如來說名實相世尊我今得

聞如是經典信解受持不足為難若當來世

後五百歲其有眾生得聞是經信解受持是

人則為第一希有何以故此人无我相人相眾

生相壽者相所以者何我相即是非相人相眾

生相壽者相即是非相何以故離一切諸相則

名諸佛

佛告須菩提如是如是若復有人得聞是經

不驚不怖不畏當知是人甚為希有何以故

須菩提如來說第一波羅蜜非第一波羅蜜

是名第一波羅蜜

須菩提忍辱波羅蜜如來說非忍辱波羅蜜

何以故須菩提如我昔為歌利王割截身體

我於爾時无我相无人相无眾生相无壽者

相何以故我於往昔節節支解時若有我相

人相眾生相壽者相應生瞋恨須菩提又念

BD03824號　金剛般若波羅蜜經　（3–2）

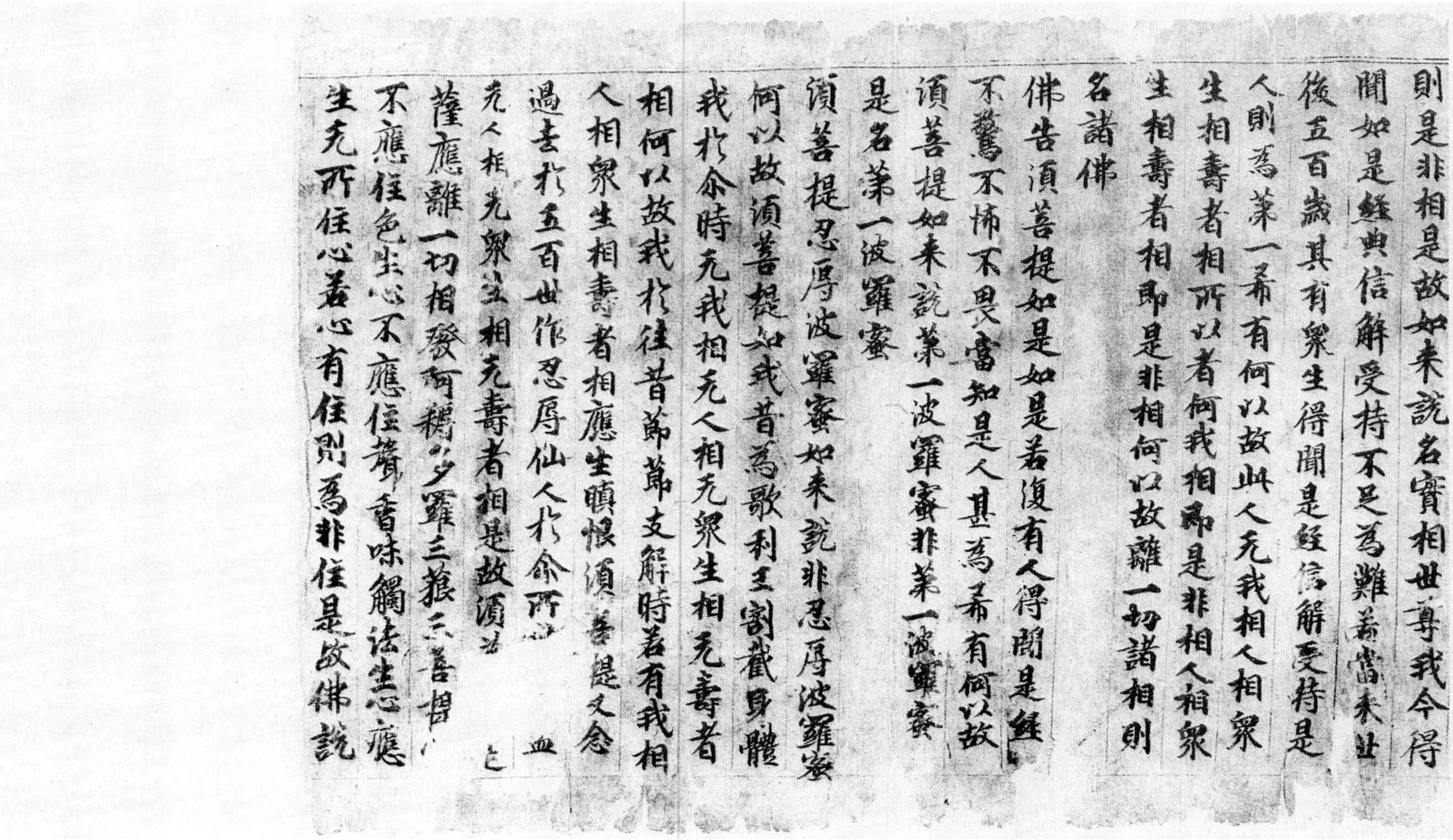
則是非相是故如來說名實相世尊我今得
聞如是經典信解受持不足為難若當來世
後五百歲其有衆生得聞是經信解受持是
人則為第一希有何以故此人无我相人相衆
生相壽者相所以者何我相即是非相人相衆
生相壽者相即是非相何以故離一切諸相則
名諸佛
佛告須菩提如是如是若復有人得聞是經
不驚不怖不畏當知是人甚為希有何以故
須菩提如來說第一波羅蜜非第一波羅蜜
是名第一波羅蜜
須菩提忍辱波羅蜜如來說非忍辱波羅蜜
何以故須菩提如我昔為歌利王割截身體
我於爾時无我相无人相无衆生相无壽者
相何以故我於往昔節節支解時若有我相
人相衆生相壽者相應生瞋恨須菩提又念
過去於五百世作忍辱仙人於爾所世　血
无人相无衆生相无壽者相是故須菩　之
薩應離一切相發阿耨多羅三藐三菩提
不應住色生心不應住聲香味觸法生心應
生无所住心若心有住則為非住是故佛說

BD03824 號　金剛般若波羅蜜經　（3–3）

大般若波羅蜜多經卷第二百六

BD03825 號背　大般若波羅蜜多經卷二六一護首　（1–1）

大般若波羅蜜多經卷第二百六十一
初分難信解品第卅四之八十　三藏法師玄奘奉　詔譯
善現一切智智清淨故內空清淨內空清淨
故法定清淨何以故若一切智智清淨若內
空清淨若法定清淨無二無二分無別無斷
故一切智智清淨故外空內外空空空大空
勝義空有為空無為空畢竟空無際空散空
無變異空本性空自相空共相空一切法空

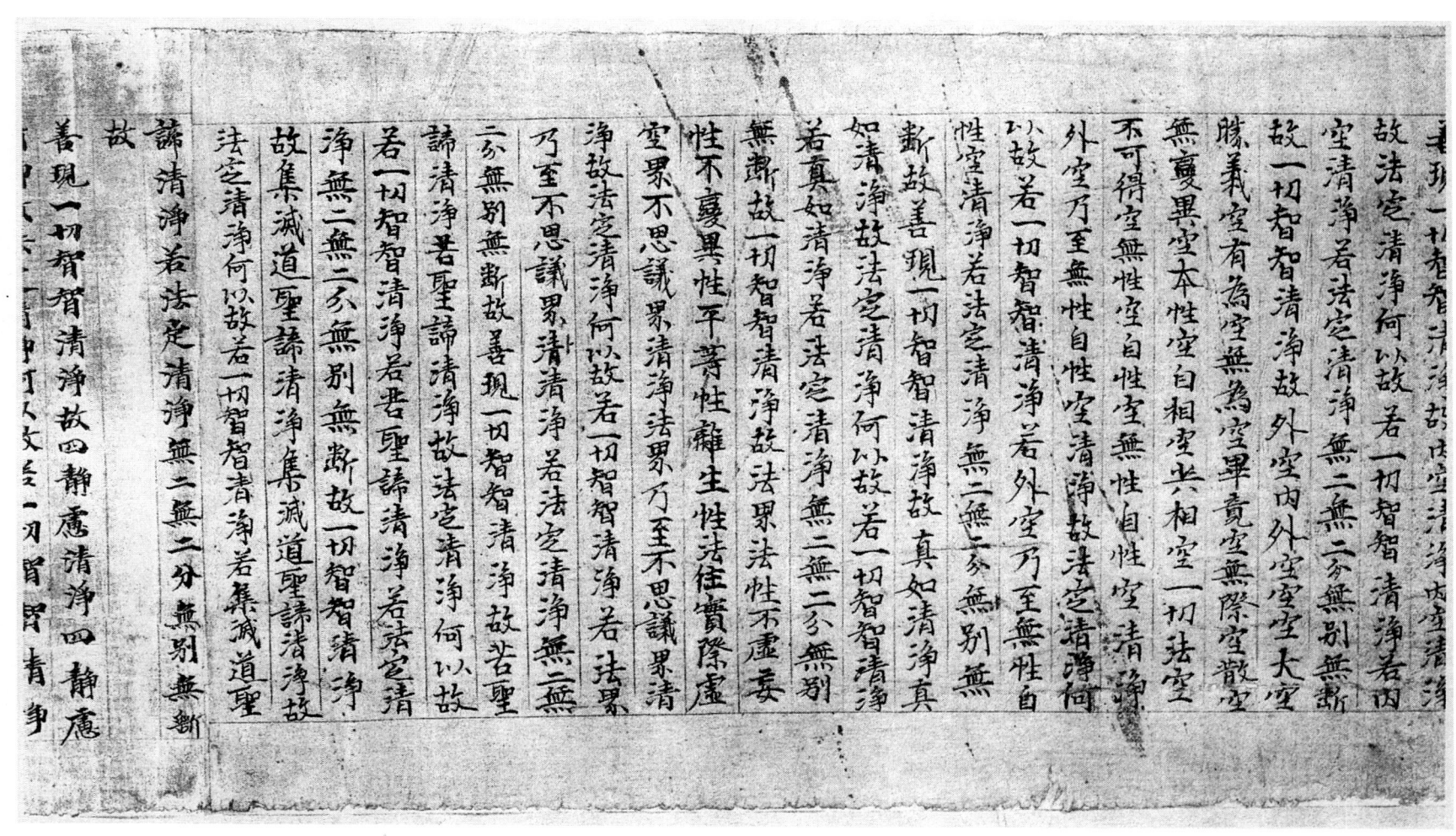

BD03825 號　大般若波羅蜜多經卷二六一　（4–1）

善現一切智智清淨故內空清淨內空清淨
故法定清淨何以故若一切智智清淨若內
空清淨若法定清淨無二無二分無別無斷
故一切智智清淨故外空內外空空空大空
勝義空有為空無為空畢竟空無際空散空
無變異空本性空自相空共相空一切法空
不可得空無性空自性空無性自性空清淨
外空乃至無性自性空清淨故法定清淨何
以故若一切智智清淨若外空乃至無性自
性空清淨若法定清淨無二無二分無別無
斷故善現一切智智清淨故真如清淨真
如清淨故法定清淨何以故若一切智智清淨
若真如清淨若法定清淨無二無二分無別
無斷故一切智智清淨故法界法性不虛妄
性不變異性平等性離生性法定法住實際虛
空界不思議界清淨法界乃至不思議界清
淨故法定清淨何以故若一切智智清淨若法界
乃至不思議界清淨若法定清淨無二無
二分無別無斷故善現一切智智清淨故苦聖
諦清淨苦聖諦清淨故法定清淨何以故
若一切智智清淨若苦聖諦清淨若法定清
淨無二無二分無別無斷故一切智智清淨
故集滅道聖諦清淨集滅道聖諦清淨故
法定清淨何以故若一切智智清淨若集滅道聖
諦清淨若法定清淨無二無二分無別無斷
故
善現一切智智清淨故四靜慮清淨四靜慮

BD03825 號　大般若波羅蜜多經卷二六一　（4–2）

淨無二無二分無別無斷故一切智智清淨
故集滅道聖諦清淨集滅道聖諦清淨故
法定清淨何以故若一切智智清淨若集滅道聖
諦清淨若法定清淨無二無二分無別無斷
故
善現一切智智清淨故四靜慮清淨四靜慮
清淨故法定清淨何以故若一切智智清淨
若四靜慮清淨若法定清淨無二無二分無
別無斷故一切智智清淨故四無量四無色
定清淨四無量四無色定清淨故法定清淨
何以故若一切智智清淨若四無量四無色
定清淨若法定清淨無二無二分無別無斷
故善現一切智智清淨故八解脫清淨八解
脫清淨故法定清淨何以故若一切智智清
淨若八解脫清淨若法定清淨無二無二分
無別無斷故一切智智清淨故八勝處九次
第定十遍處清淨八勝處九次第定十遍處
清淨故法定清淨何以故若一切智智清淨
若八勝處九次第定十遍處清淨若法定清
淨無二無二分無別無斷故善現一切智智
清淨故四念住清淨四念住清淨故法定清
淨何以故若一切智智清淨若四念住清淨
若法定清淨無二無二分無別無斷故一切
智智清淨故四正斷四神足五根五力七等
覺支八聖道支清淨四正斷乃至八聖道支
清淨故法定清淨何以故若一切智智清淨
若四正斷乃至八聖道支清淨若法定清淨

定清淨四無量四無色定清淨故法定清淨
何以故若一切智智清淨若四無量四無色
定清淨若法定清淨無二無二分無別無斷
故善現一切智智清淨故八解脫清淨八解
脫清淨故法定清淨何以故若一切智智清
淨若八解脫清淨若法定清淨無二無二分
無別無斷故一切智智清淨故八勝處九次
第定十遍處清淨八勝處九次第定十遍處
清淨故法定清淨何以故若一切智智清淨
若八勝處九次第定十遍處清淨若法定清
淨無二無二分無別無斷故善現一切智智
清淨故四念住清淨四念住清淨故法定清
淨何以故若一切智智清淨若四念住清淨
若法定清淨無二無二分無別無斷故一切
智智清淨故四正斷四神足五根五力七等
覺支八聖道支清淨四正斷乃至八聖道支
清淨故法定清淨何以故若一切智智清淨
若四正斷乃至八聖道支清淨若法定清淨
無二無二分無別無斷故善現一切智智清
淨故空解脫門清淨空解脫門清淨故法定
清淨何以故若一切智智清淨若空解脫門
清淨若法定清淨無二無二分無別無斷故

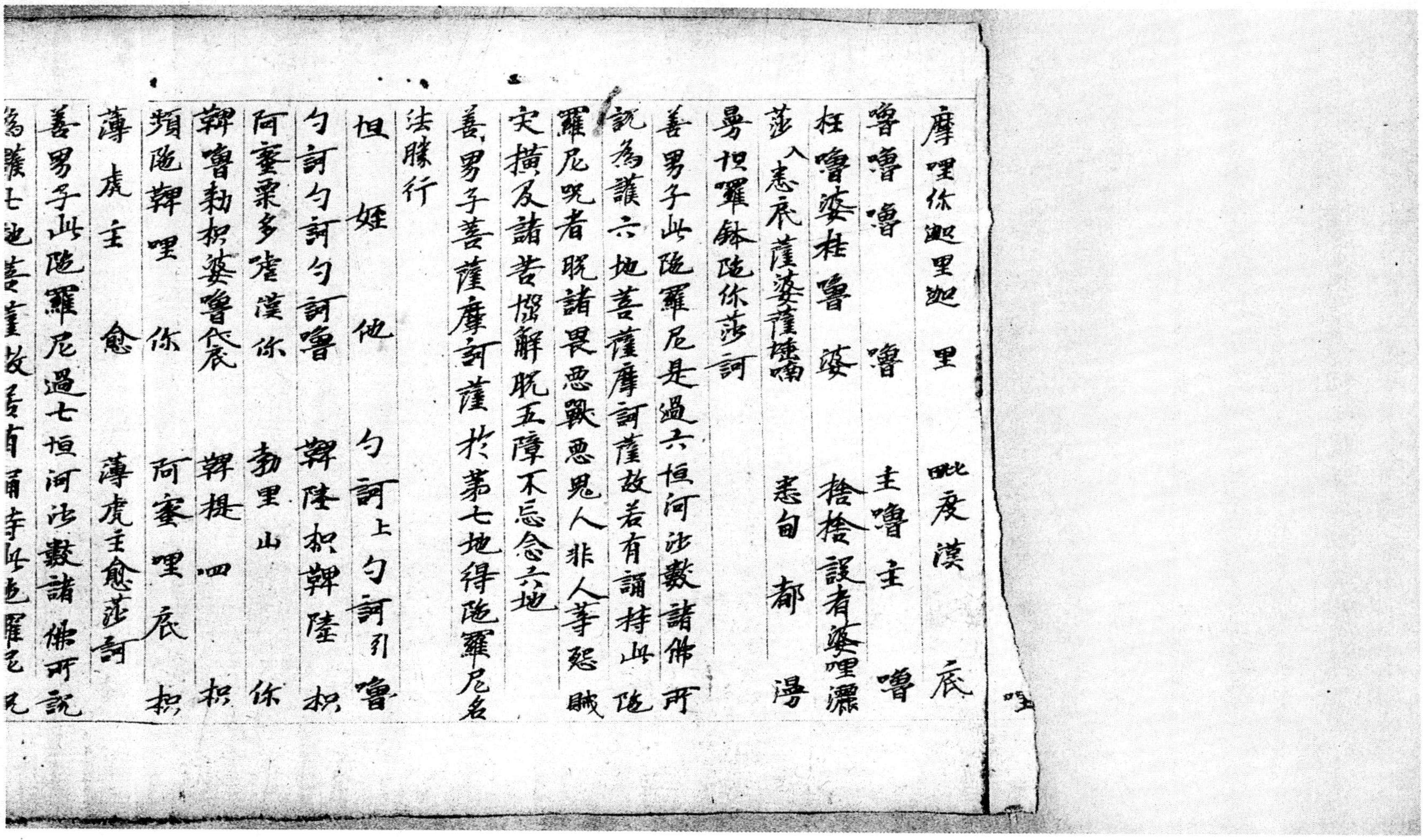
摩哩你𠺕哩迦 里 毗度漢 底
嚕嚕 嚕 嚕 圭嚕圭 嚕
杜嚕婆杜嚕 婆 捨捨 設者婆哩灑
莎入悉底 薩婆薩埵喃 悉甸 都 漫
曼怛羅鉢陁你莎訶
善男子此陁羅尼是過六恒河沙數諸佛所
說為護六地菩薩摩訶薩故若有誦持此陁
羅尼呪者脫諸畏惡獸惡鬼人非人等怨賊
災横及諸苦惱解脫五障不忘念六地
善男子菩薩摩訶薩於第七地得陁羅尼名
法勝行
怛 姪 他 勺訶上 勺訶引 嚕
勺訶勺訶勺訶嚕 鞞陸枳鞞陸 枳
阿蜜栗多奢漢你 勃里山 你
鞞嚕勑枳婆嚕底 鞞提 呬 枳
頻陁鞞哩 你 阿蜜哩底 枳
薄虎 主 愈 薄虎主愈莎訶
善男子此陁羅尼過七恒河沙數諸佛所說
為護七地菩薩故若有誦持此陁羅尼呪

BD03826 號　金光明最勝王經卷四　（4–1）

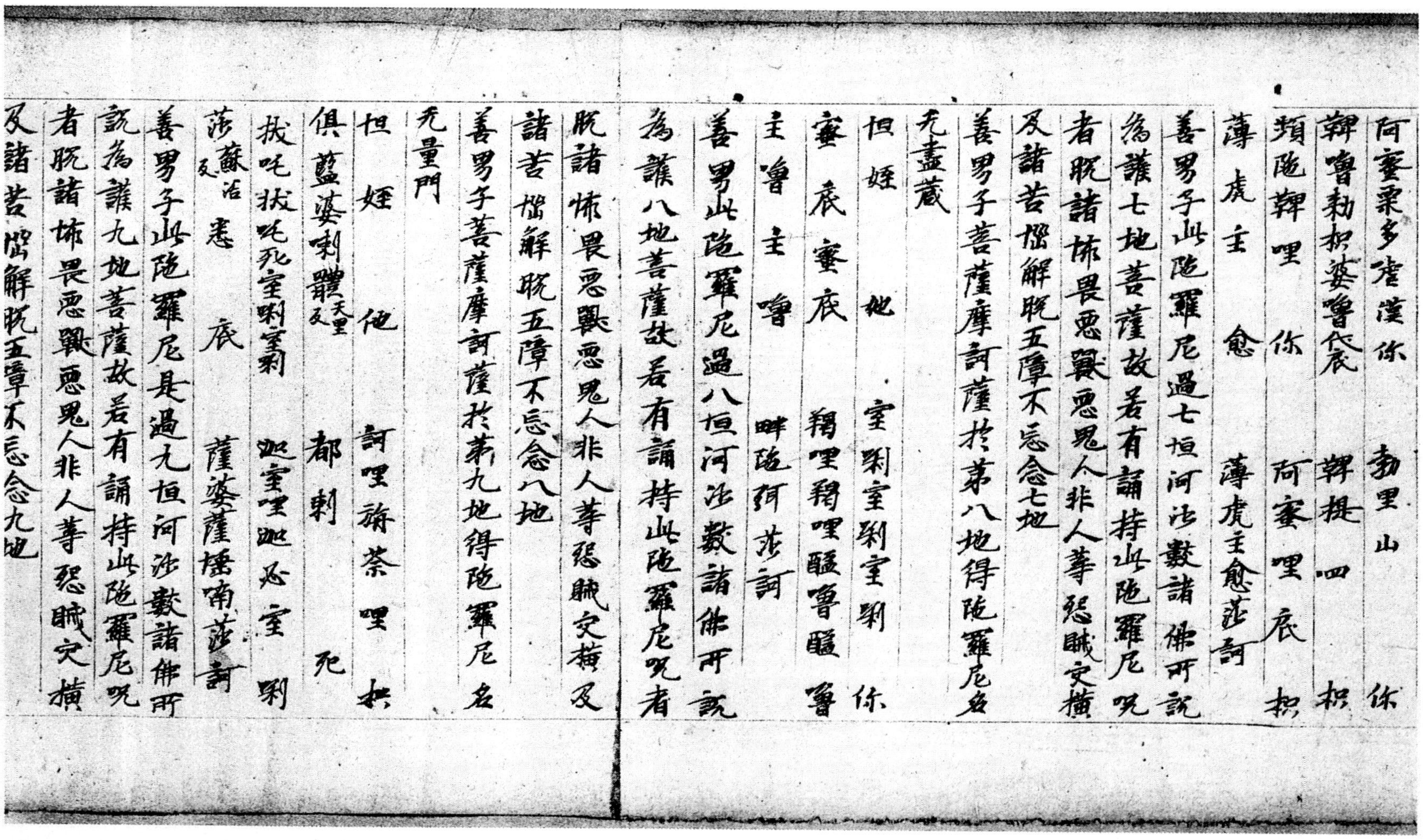
阿蜜栗多奢漢你 勃里山 你
鞞嚕勑枳婆嚕底 鞞提 呬 枳
頻陁鞞哩 你 阿蜜哩底 枳
薄虎主 愈 薄虎主愈莎訶
善男子此陁羅尼過七恒河沙數諸佛所說
為護七地菩薩故若有誦持此陁羅尼呪
者脫諸怖畏惡獸惡鬼人非人等怨賊災横
及諸苦惱解脫五障不忘念七地
善男子菩薩摩訶薩於第八地得陁羅尼名
無盡藏
怛姪 他 室唎室唎室唎 你
蜜 底蜜 底 羯哩羯哩醯嚕醯 嚕
主 嚕 主 嚕 畔陁弭莎訶
善男子此陁羅尼過八恒河沙數諸佛所說
為護八地菩薩故若有誦持此陁羅尼呪者
脫諸怖畏惡獸惡鬼人非人等怨賊災横及
諸苦惱解脫五障不忘念八地
善男子菩薩摩訶薩於第九地得陁羅尼名
無量門
怛 姪 他 訶哩旃荼 哩 枳
俱藍婆喇體天里反 都 剌 死
拔吒拔吒死室唎室唎 迦室哩迦 必室 唎
莎蘇活反 悉 底 薩婆薩埵喃莎訶
善男子此陁羅尼是過九恒河沙數諸佛所
說為護九地菩薩故若有誦持此陁羅尼呪
者脫諸怖畏惡獸惡鬼人非人等怨賊災横
及諸苦惱解脫五障不忘念九地

BD03826 號　金光明最勝王經卷四　（4–2）

俱藍婆喇體天里反　都喇　死
拔吒拔吒死室喇室喇　泚室哩泚必室　喇
莎蘇活反悉　底　薩婆薩埵南莎訶
善男子此陁羅尼是過九恒河沙數諸佛所
說為護九地菩薩故若有誦持此陁羅尼呪
者脫諸怖畏惡獸惡鬼人非人等怨賊災橫
及諸苦惱解脫五障不忘念九地
善男子菩薩摩訶薩於第十地得陁羅尼
名破金剛山
怛　姪　他　悉提去蘇悉提　去
謨折你木察　你　毗木底菴末　麗
毗末麗涅末　麗　忙　揭　麗
呬囒若揭　鞞　曷喇怛娜揭鞞
三曼多跋姪　囇　薩婆頞他娑憚你
摩捺斯莫訶摩捺斯　頞步　底
頞窒步　底　阿喇誓毗喇誓
頞主底菴蜜栗底　阿喇誓毗喇誓
跋　藍　謎　跋囉蚶火含麼莎入隷
晡喇你晡喇　娜　曼奴喇剃莎訶
善男子此陁羅尼灌頂吉祥句是過十恒河
沙數諸佛所說為護十地菩薩故若有誦持
此陁羅尼呪者脫諸怖畏惡獸惡鬼人非人
等怨賊災橫一切毒害皆悉除滅解脫五障
不忘念十地
尒時師子相无礙光燄菩薩聞佛說此不　可
思議陁羅尼已即從座起偏袒右肩右膝著
地合掌恭敬頂禮佛足以頌讚佛

BD03826號　金光明最勝王經卷四　（4–3）

怛　姪　他　悉提去蘇悉提　去
謨折你木察　你　毗木底菴末　麗
毗末麗涅末　麗　忙　揭　麗
呬囒若揭　鞞　曷喇怛娜揭鞞
三曼多跋姪　囇　薩婆頞他娑憚你
摩捺斯莫訶摩捺斯　頞步　底
頞窒步　底　阿喇誓毗喇誓
頞主底菴蜜栗底　阿喇誓毗喇誓
跋　藍　謎　跋囉蚶火含麼莎入隷
晡喇你晡喇　娜　曼奴喇剃莎訶
善男子此陁羅尼灌頂吉祥句是過十恒河
沙數諸佛所說為護十地菩薩故若有誦持
此陁羅尼呪者脫諸怖畏惡獸惡鬼人非人
等怨賊災橫一切毒害皆悉除滅解脫五障
不忘念十地
尒時師子相无礙光燄菩薩聞佛說此不　可
思議陁羅尼已即從座起偏袒右肩右膝著
地合掌恭敬頂禮佛足以頌讚佛
敬禮无譬喻　甚深无相法　衆生失正知　唯佛能濟度
如來明慧眼　不見一相法　復以正法眼　普照不思議
得至无上處

BD03826號　金光明最勝王經卷四　（4–4）

次復懺悔一切鬼神脩羅道中諭諂詐稱
罪報懺悔鬼神道中擔沙負石填河塞海
罪報懺悔鬼神羅刹鳩槃荼諸惡鬼神生
噉肉血受此醜陋罪報如是鬼神道中无
量无邊一切罪報今日稽顙向十方佛大
地菩薩求哀懺悔悉令消滅至心頂礼常
住三寶
願弟子等承是懺悔畜生等報所生功德
生生世世滅愚癡垢自識業緣智慧明照
斷惡道身願以懺悔餓鬼等報所生功德
生生世世永離慳貪飢渴之苦常食甘露
解脫之味願以懺悔鬼神脩羅等報所生
功德生生世世質直无諂離邪命因除醜
陋果福利人天願弟子等從今以去乃至
道場決定不受四惡道報唯除大悲為衆生
故以誓願力處之无猒至心頂礼常住三寶
舍利弗汝當至心歸命北方佛
南无勝藏佛　南无自在藏佛
南无无邊華龍須彌摩王佛　南无降伏諸魔勇猛佛
南无定諸魔佛　南无法像佛
南无功德勝佛　南无山峯光佛
南[illegible]法王佛　南[illegible]佛

BD03827號　佛名經（十六卷本）卷一三　（8–1）

[illegible]
舍利弗汝當至心歸命北方佛
南无勝藏佛　南无自在藏佛
南无无邊華龍須彌摩王佛　南无降伏諸魔勇猛佛
南无定諸魔佛　南无法像佛
南无功德勝佛　南无山峯光佛
南无法王佛　南无普恭敬燈佛
從此以上一万佛十二部經一切賢聖
南无地勝佛　南无成就如來家佛
南无一切寶成就佛　南无陁羅尼文句決定王佛
南无忍自在王佛　南无成就一切稱佛
南无三世智自在佛　南无勝歸依德善住佛
南无種種摩尼光佛　南无勝功德佛
南无佛功德勝佛　南无无餘證佛
南无得佛眼佛　南无隨過去佛
南无大慈成就悲勝佛　南无住持師子智佛
南无无衆生住寶際王佛　南无自家法得成就佛
南无大智莊嚴身佛　南无智稱佛
南无佛法首佛　南无一切衆生德佛
南无過一切法聞佛　南无自在曰陁羅佛
南无滿足意佛　南无大瑠璃佛
南无菩提光明佛　南无不可思議法智光明佛
南无真檀不空王佛　南无不染波頭摩幢佛
南无法財聲王佛　南无釋法善知稱佛
南无智積劫佛　南无佛眼清淨分陁利佛
南无智自在稱佛　南无斷无邊疑佛
南无衆生方便自在王佛　南无无邊覺奮迅无导思惟佛
[illegible]

BD03827號　佛名經（十六卷本）卷一三　（8–2）

南无法財聲王佛　南无釋法善知稱佛
南无智積劫佛　南无佛眼清淨分陁利佛
南无智自在稱佛　南无斷无邊疑佛
南无衆生方便自在王佛　南无无邊覺奮迅无㝵思惟佛
南无法行地善住佛　南无普衆生男廣佛
南无降伏諸魔力堅意佛　南无天王自在寶合王佛
南无如寶脩行藏佛　南无能自一切歡喜月見佛
南无大迅覺迅佛　南无種種摩尼聲吼王佛
南无无歡王佛　南无不退了勇猛佛
南无佛土莊嚴身佛　南无智根本華幢佛
南无化身无㝵稱佛　南无一切龍摩尼藏佛
南无法聲自在佛　南无法甘露莎梨羅佛
南无无邊寶福德藏佛　南无清淨華行佛
南无大法王華勝佛　南无一切盡无盡藏佛
南无花山藏佛　南无智虛空山佛
南无智力不可破壞佛　南无无㝵堅固隨順智佛
南无邊大海藏佛　南无智王无盡稱佛
南无奮迅心意王佛　南无自清淨智佛
南无智自在法王佛　南无勝行佛
南无金剛見佛　南无法滿足隨香見佛
南无龍月佛　南无目陁羅園佛
南无能生一切衆生歡喜稱佛　南无火威德光明輪王佛
南无无障㝵波羅佛　南无无垢鑄佛
南无放光明佛　南无山力月藏佛
南无心自在王佛　南无堅固无畏上首佛
南无堅固勇猛寶佛　南无堅固心善住王佛
南无[illegible]波閻[illegible]王佛　南无勝丈夫分陁利佛

南无能生一切衆生歡喜稱佛　南无火威德光明輪王佛
南无无障㝵波羅佛　南无无垢鑄佛
南无放光明佛　南无山力月藏佛
南无心自在王佛　南无堅固无畏上首佛
南无堅固勇猛寶佛　南无堅固心善住王佛
南无能破闇曀王佛　南无勝丈夫分陁利佛
南无百聖藏佛　南无妙蓮華藏佛
南无見平等法身佛　南无衆生月佛
南无師子去佛　南无大威德佛
南无妙聲佛　南无无邊光佛
南无見愛佛　南无大首佛
南无勝首佛　南无樂聲佛
南无見寶佛　南无清稱佛
從此以上一万一百佛十二部經一切賢聖
南无師子慧佛　南无德聲佛
南无脩樓毗香佛　南无電燈佛
南无波頭摩光佛　南无大光佛
南无梵聲佛　南无无疑佛
南无无邊勢力佛　南无月面佛
南无邊光佛　南无愛威德佛
南无散疑佛　南无功德燈佛
南无不藏威德佛　南无无邊藏佛
南无光明奮迅王佛　南无廣稱佛
南无遠離幢佛　南无增長聖佛
南无普見佛　南无不可勝佛
南无威德聚佛　南无堅固步佛
南无摩㝹賒彌佛　南无无邊色佛

南无遠離幢佛　南无增長聖佛
南无普見佛　南无不可勝佛
南无威德聚佛　南无堅固步佛
南无摩㝹賒稱佛　南无无邊色佛
南无大光明佛　南无妙聲佛
南无不動步佛　南无无邊莊嚴佛
南无大清淨佛　南无威德聚光明佛
南无任智佛　南无堅佛
南无愛解脫佛　南无无畏佛
南无甘露藏佛　南无普觀察佛
南无大脩行佛　南无細威德佛
南无十方恭敬佛　南无光明勝佛
南无重說佛　南无光明莊嚴佛
南无師子奮迅佛　南无善見佛
南无甘露步佛　南无月光明佛
南无功德稱佛　南无去根佛
南无清淨聲佛　南无无㝵輪佛
南无甘露聲佛　南无衆生可敬佛
南无如意威德佛　南无无邊色佛
南无大力佛　南无決莊嚴佛
南无普照觀佛　南无奮迅德佛
南无妙色佛　南无稱意佛
南无寶莊嚴佛　南无高光明佛
南无解脫步佛　南无功德莊嚴佛
南无畢竟智佛　南无生難勝佛
南无不動智佛　南无行竟佛
南无妙色佛　南无寶色佛

BD03827號　佛名經（十六卷本）卷一三　（8–5）

南无寶莊嚴佛　南无高光明佛
南无解脫步佛　南无功德莊嚴佛
南无畢竟智佛　南无生難勝佛
南无不動智佛　南无行竟佛
南无妙色佛　南无寶色佛
南无火聲佛　南无善思惟佛
南无功德華佛　南无思惟世間佛
南无大高光佛　南无无譬喻奮迅佛
南无清淨覺佛　南无无月重佛
南无月燈佛　南无无邊光佛
南无種種日佛　南无天城佛
南无心清淨佛　南无波頭摩藏佛
南无常擇智佛　南无師子聲佛
南无无邊光佛　南无勝聲佛
南无可樂意智光佛　南无功德光佛
南无自在光佛　南无淨嚴身佛
南无无濁義佛　南无應威德佛
南无成就義智佛　南无得大聲佛
南无婆藪隨聲佛　南无贊哆光佛
從此以上万二百佛十二部經一切賢聖
南无決定思惟佛　南无薩遮婆㝹佛
南无鳴闍光明佛　南无毗棃波威德佛
南无憂多羅魔吒佛　南无夜舍難勝佛
南无功德清淨佛　南无法燈佛
南无勝功德佛　南无仙荷波提愛面佛
南无心荷步去佛　南无思惟衆生佛
南无莎伽羅智佛　南无波頭摩藏佛

BD03827號　佛名經（十六卷本）卷一三　（8–6）

南无憂多羅魔吒佛　南无夜舍難兜佛
南无功德清淨佛　南无法燈佛
南无勝功德佛　南无仙荷波提愛面佛
南无心荷步去佛　南无思惟衆生佛
南无莎伽羅智佛　南无波頭摩藏佛
南无蓋仙佛　南无莎羅王佛
南无脩利耶光佛　南无菩提味佛
南无寂諸根佛　南无婆嵬光佛
南无荼陁利光佛　南无弥留光佛
南无旃陁面佛　南无莎利荼去佛
南无諸方眼佛　南无法光明佛
南无尸羅波散那佛　南无阿難陁智佛
南无阿難陁色佛　南无地荼毗梨耶佛
南无提婆弥多佛　南无莎濕多智佛
南无寂静光佛　南无摩嵬舍威德佛
南无善分若提陁佛　南无稱聖佛
南无稱幢佛　南无輪面佛
南无普清淨佛　南无摩訶提闍佛
南无阿羅訶應佛　南无優多那勝佛
南无悉達他思惟佛　南无愛供養佛
南无三濕多護佛　南无尼弥佛
南无信菩提佛　南无破意佛
南无出智佛　南无勝聲佛
南无質多羅婆嵬佛　南无弥荷聲佛
南无大炎騫陁佛　南无勝拘吒佛
南无阿舒伽愛佛　南无天國土佛
南无師子難提拘沙佛　南无阿難陁波頭佛

南无三濕多護佛　南无尼弥佛
南无信菩提佛　南无破意佛
南无出智佛　南无勝聲佛
南无質多羅婆嵬佛　南无弥荷聲佛
南无大炎騫陁佛　南无勝拘吒佛
南无阿舒伽愛佛　南无天國土佛
南无師子難提拘沙佛　南无阿難陁波頭佛
南无見愛佛　南无波提波王佛
南无勝難兜佛　南无方聞聲佛
南无愛眼佛　南无旃陁難兜佛
南无阿婆夜達多佛　南无那利多王佛
南无蕤摩提婆佛　南无日光明佛
南无大稱佛　南无真聲佛
南无說愛佛　南无稱憂多羅佛
南无摩頭羅光明佛　南无脩佉聲佛
南无質多意佛　南无婆藪陁清淨佛
南无寂瞋佛　南无破意佛
南无宿王佛　南无毗伽陁畏佛
南无勝憂多摩佛　南无波薩那智佛
南无慈勝種光佛　南无普見佛
南无見月佛　南无降伏諸魔威德佛
南无摩訶羅他佛　南无心荷步去佛

南无普
南无普照十
南无一切德成就世界
南无无垢世界智起光如来
南无怖憂鉢羅世界波頭摩勝如来
南无波頭摩怖世界十方勝如来
南无華怖世界華成就如来
南无天世界堅固衆生如来
南无光明世界知光明如来
歸命如是等无量无邊如来
南无安樂調世界脩智如来
南无安樂世界遠離胎如来
南无染世界明王如来
南无雲世界斷一切煩惱如来
南无普色世界无邊智稱如来
南无堅固世界旃檀屋勝如来
南无无比功德世界成就无比勝佛花如来
南无寶世界善住力王如来
南无十方上首世界起月光如来
南无龍王世界上首如来
歸命如是等无量无邊如来

BD03828號　佛名經（二十卷本）卷四　（22–1）

南无无比功德世界成就无比勝佛花如来
南无寶世界善住力王如来
南无十方上首世界起月光如来
南无龍王世界上首如来
歸命如是等无量无邊如来
南无善住世界善高聚如来
南无无怖畏世界作稱如来
南无愛香世界斷諸難如来
南无成就一切功德善住世界稱親如来
南无成就一切勢力善住世界稱堅如来
南无憂慧世界遠離諸憂如来
南无稱世界起波頭摩功德如来
南无華俱蘇摩住世界善散華幢如来
南无十方名稱世界放光明普至如来
南无十方上首世界名稱眼如来
歸命如是等无量无邊如来
南无炎慧世界放炎如来
南无吼世界十方稱名如来
南无光明世界自在孫留如来
南无寶光明世界寶光明如来
南无常歡喜世界炎熾如来
南无有世界三界自在奮迅如来
南无无畏世界放光明輪如来
南无常懸世界衆辟勝如来

BD03828號　佛名經（二十卷本）卷四　（22–2）

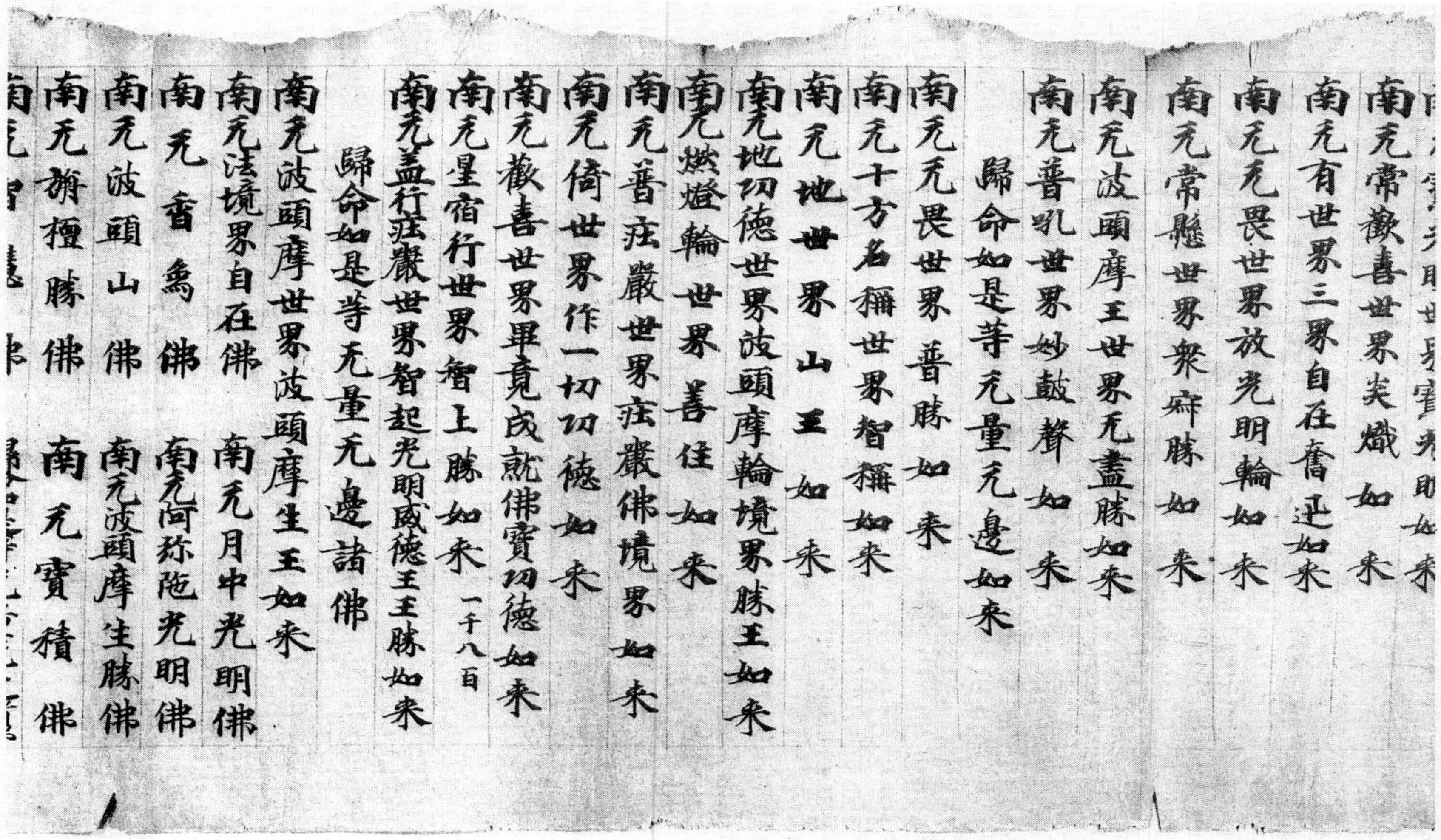
南无常歡喜世界炎熾如來
南无有世界三界自在奮迅如來
南无无畏世界放光明輪如來
南无常懸世界衆[illegible]勝如來
南无波頭摩王世界无盡勝如來
南无普吼世界妙鼓聲如來
歸命如是等无量无邊如來
南无无畏世界普勝如來
南无十方名稱世界智稱如來
南无地世界山王如來
南无地切德世界波頭摩輪境界勝王如來
南无燃燈輪世界善住如來
南无普莊嚴世界莊嚴佛境界如來
南无歡喜世界畢竟成就佛寶功德如來
南无倚世界作一切功德如來
南无星宿行世界智上勝如來　一千八百
南无盖行莊嚴世界智起光明威德王王勝如來
歸命如是等无量无邊諸佛
南无波頭摩世界波頭摩生王如來
南无法境界自在佛　南无月中光明佛
南无香爲佛　南无阿弥陁光明佛
南无波頭山佛　南无波頭摩生勝佛
南无旃檀勝佛　南无寶積佛

BD03828號　佛名經（二十卷本）卷四　（22–3）

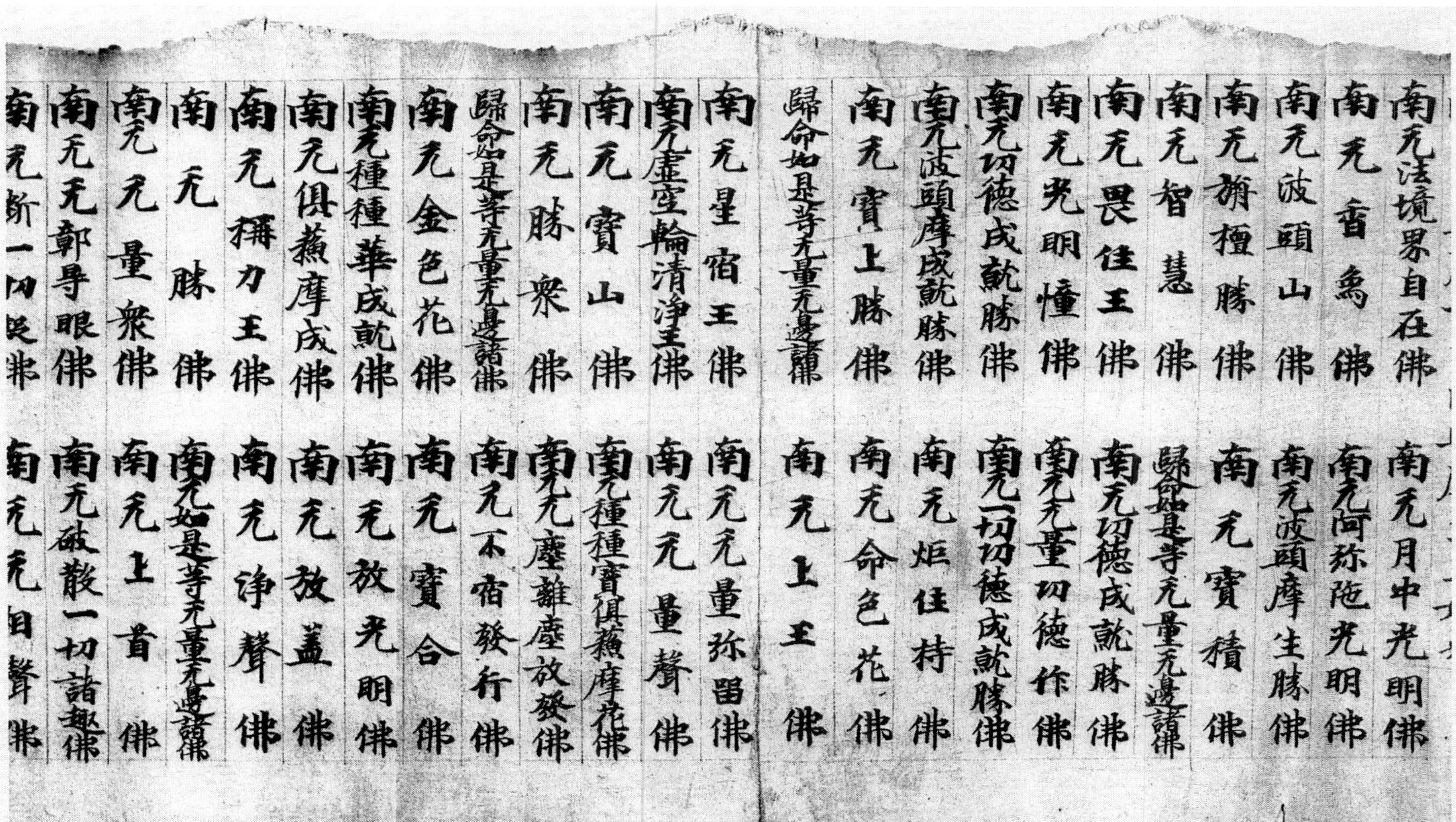
南无法境界自在佛　南无月中光明佛
南无香爲佛　南无阿弥陁光明佛
南无波頭山佛　南无波頭摩生勝佛
南无旃檀勝佛　南无寶積佛
南无智慧佛　歸命如是等无量无邊諸佛
南无畏住王佛　南无切德成就勝佛
南无光明幢佛　南无无量切德作佛
南无切德成就勝佛　南无一切切德成就勝佛
南无波頭摩成就勝佛　南无炬住持佛
南无寶上勝佛　南无命色花佛
歸命如是等无量无邊諸佛　南无上王佛
南无星宿王佛　南无无量弥留佛
南无虚空輪清淨王佛　南无无量聲佛
南无寶山佛　南无種種寶俱蘇摩花佛
南无勝衆佛　南无塵離塵放發佛
歸命如是等无量无邊諸佛　南无不宿發行佛
南无金色花佛　南无寶合佛
南无種種華成就佛　南无放光明佛
南无俱蘇摩成佛　南无放盖佛
南无稱力王佛　南无淨聲佛
南无勝佛　南无如是等无量无邊諸佛
南无无量衆佛　南无上首佛
南无无郭导眼佛　南无破散一切諸趣佛
南无斷一切疑佛　南无无自聲佛

BD03828號　佛名經（二十卷本）卷四　（22–4）

南无稱力王佛　南无淨聲佛
南无勝佛　南无如是等无量无邊諸佛
南无无量衆佛　南无上首佛
南无无鄣㝵眼佛　南无破散一切諸趣佛
南无斷一切疑佛　南无无相聲佛
南无畢竟得无邊功德佛　南无寶成就勝佛
南无波頭摩上勝佛　南无寶上佛
歸命過去未來如是等无量无邊諸佛
南无无鄣㝵發脩佛　南无无邊佛
南无寶弥留佛　南无日燃燈上勝佛
南无智成就勝佛　南无憂鉢羅燃燈佛
南无十方燃燈佛　南无賢勝佛
南无莎羅自在王佛　南无師子佛
南无寶弥留佛　南无毗婆尸佛
南无妙勝光明佛　南无功德王光明佛
南无華佛　南无无量眼佛
南无如是等无量无邊諸佛
南无功德一昧佛　南无十方燃燈佛
南无賢勝佛　南无娑羅自在王佛
南无師子佛　南无寶弥留佛
南无毗婆尸佛　南无明王佛
南无上首佛　南无上首佛
南无如是等无量无邊諸佛
南无大龍佛　南无香上首佛

BD03828號　佛名經（二十卷本）卷四　（22–5）

南无師子佛　南无寶弥留佛
南无毗婆尸佛　南无明王佛
南无上首佛　南无上首佛
南无如是等无量无邊諸佛
南无大龍佛　南无香上首佛
南无香勝幢佛　南无无旃檀屋佛
南无香幢佛　南无无邊精進佛
南无十上光明佛波頭摩上佛　南无驚怖波頭摩成就佛
南无如是等无量无邊諸佛
南无寶網佛　南无善住王佛
南无香勝王佛　南无與一切樂佛
南无示一切念佛　南无不定說佛
南无能滅一切怖畏佛　南无不住王佛
南无寶光明佛　南无與一切衆生安隱佛
南无如是等无量无邊諸佛
南无觀无量界佛　南无无虛空莊嚴勝佛
南无无莊嚴佛　南无脩行幢佛　一千九百
南无成就驚怖勝花佛　南无賢勝佛
南无清淨眼佛　南无上勝高佛
南无不可勝幢佛　南无如是等无量无邊諸佛
南无可依佛　南无无量无邊佛
南无香弥留佛　南无月輪聞王佛
南无妙弥留寶成就勝佛　南无聞弥留善勝佛
南无淨勝佛　南无无鄣㝵眼佛

BD03828號　佛名經（二十卷本）卷四　（22–6）

南无不可勝性佛　南无如是音无量无邊佛
南无可依佛　南无无量无邊佛
南无香弥留佛　南无月輪聞王佛
南无妙弥留寶成就勝佛　南无聞弥留善勝佛
南无淨勝佛　南无无鄣㝵眼佛
南无无邊功德作佛　南无威德王佛
南无願善思惟成就佛　南无清淨輪王佛
南无智上佛　南无精進仙佛
南无智山佛　南无方佛
南无大會上首佛　南无最上首佛
南无智讚佛　南无上勝佛
南无現示衆生境界无鄣㝵見佛　南无不成就境界佛
南无无鄣㝵光明佛　南无發光明无㝵佛
南无佛波頭摩上成就勝佛　南无觀一切佛境界現佛形佛
南无東方説堅如佛　南无化聲佛
南无波頭摩勝佛　南无寶成就勝佛
南无海弥留佛　南无无垢慧佛
南无智花成就佛　南无積勝上藏德寂靜佛
南无離貪境界佛　南无離一切取佛
南无不可思議功德成就勝佛　南无現成就勝佛
南无无畏去佛　南无香風佛
南无无等香光佛　南无雲妙鼓聲佛
南无功德成就勝佛　南无无量奮迅境界弥留聚佛
南无香勝弥留佛　南无无量弥留佛
南无无邊光明佛　南无普見佛

南无不可思議功德成就勝佛　南无現成就勝佛
南无无畏去佛　南无香風佛
南无无等香光佛　南无雲妙鼓聲佛
南无功德成就勝佛　南无无量奮迅境界弥留聚佛
南无香勝弥留佛　南无无量弥留佛
南无无量光明佛　南无普見佛
南无无畏佛　南无得无畏佛
南无月燃燈佛　南无火燃燈佛
南无勝脩佛　南无勝衆佛
南无金剛成佛　南无智自在王佛
南无智力稱佛　南无无畏勝佛
南无功德王光明佛　南无善眼佛
南无堅自在王佛　南无弥留王佛
南无虛空弥留寶勝佛　南无賢上勝佛
南无梵吼聲佛　南无寶花佛
南无波頭摩成就勝佛　南无旃檀香佛
南无須弥佛　南无勝莊嚴佛
南无寶蓋佛　南无香象佛
南无无邊勝佛　南无不空説名佛
南无不可思議功德光明佛　南无无畏王佛
南无波頭摩上勝佛　南无常得精進佛
南无藥王佛　南无安隱佛
南无无邊意行佛　南无无邊境界佛
南无无邊光明佛　南无无邊眼佛

南无波頭摩上勝佛　南无常得精進佛
南无藥王佛　南无安隱佛
南无无邊意行佛　南无无邊境界佛
南无无邊光明佛　南无无邊眼佛
南无金色境界佛　南无无邊虛空境界佛
南无星宿王佛　南无善上勝佛
南无虛空勝佛　南无妙勝佛
南无方作佛　南无妙弥留佛
南无无鄣㝵眼佛　南无堅佛　二千
南无燃燈佛　歸命如是等无量无邊諸佛
南无火幢佛　南无賢无垢威德光佛
南无智積佛　南无稱力王佛
南无功德王光明佛　南无見智佛
南无波頭摩妙勝佛　南无成就勝佛
南无寶光佛　南无寶蓮花勝佛
南无遠離起成就佛　南无衆上首佛
南无拘留孫佛　南无幢王佛
南无波頭摩功德佛　南无放光明佛
南无弥勒佛　南无光明波頭摩光佛
南无勝王佛　南无法幢佛
南无无量奮迅佛　南无海須弥佛
南无妙佛　南无釋迦牟尼佛
南无不空見佛　南无无鄣㝵吼聲佛
南无无量功德勝名光明佛　南无无分別脩行佛

BD03828號　佛名經（二十卷本）卷四　（22–9）

南无无量奮迅佛　南无海須弥佛
南无妙佛　南无釋迦牟尼佛
南无不空見佛　南无无鄣㝵吼聲佛
南无无量功德勝名光明佛　南无无分別脩行佛
南无无邊光明佛　南无善眼佛
南无南方普寶藏佛　南无无垢遠離垢解脫佛
歸命如是等无量无邊諸佛　南无西方无量花佛
南无无量照佛　南无无量光明佛
南无无量明佛　南无无量境界佛
南无无量在佛　南无无星奮迅佛
南无普蓋佛　南无蓋行佛
南无寶蓋佛　南无星宿王佛
南无善星宿佛　南无光明輪佛
南无光明王佛　南无光明上勝佛
南无无邊見佛　南无勝佛
南无无邊境界奮迅佛　南无无鄣㝵吼聲佛
南无大雲光明佛　南无羅網王佛
南无善得平等光明佛　南无波頭摩勝花佛
南无山王佛　南无月衆增上佛
南无高光明佛　南无合聚佛
南无不空光明佛　南无頂勝王佛
南无北方不空燃燈佛　南无不空奮迅佛
南无不空境界佛　南无不空光明佛
南无无邊精進佛　南无娑羅自在王佛

BD03828號　佛名經（二十卷本）卷四　（22–10）

南无直光明佛 南无合聚佛
南无不空光明佛 南无頂勝王佛
南无上方不空燃燈佛 南无不空奮迅佛
南无不空境界佛 南无不空光明佛
南无无邊精進佛 南无莎羅自在王佛
南无寶莎羅王佛 南无普蓋佛
南无蓋莊嚴佛 南无寶積佛
南无栴檀屋佛 南无栴檀香佛
南无无量光明佛 南无光明輪莊嚴彌留佛
南无无郭导眼佛 南无无量眼佛
南无寶成就佛 南无一切功德佛
南无佛花成就功德佛 南无善住慧佛
南无无量步佛 南无不空勝佛
南无寶步佛 南无无邊脩行佛
南无无邊莊嚴勝佛 南无虛空輪光明佛
南无无量聲佛 南无藥王佛
南无无畏佛 南无遠離驚怖毛竪佛
南无功德王光明佛 南无觀智慧起花佛
南无虛空寂佛 南无虛空聲佛
南无虛空莊嚴成就佛 南无下方大自佛
南无妙勝佛 南无有佛
南无花勝佛 南无善生佛 二千一百
南无師子勝佛 南无成就義佛
南无師子誰佛 南无師子鉀佛

BD03828號　佛名經（二十卷本）卷四　（22–11）

南无妙勝佛 南无有佛
南无花勝佛 南无善生佛 二千一百
南无師子勝佛 南无成就義佛
南无師子誰佛 南无師子鉀佛
南无善住山王佛 南无淨彌留佛
南无清淨眼佛 南无不空足步佛
南无虛空像佛 南无香勝佛
南无香山佛 南无无量眼佛
南无香積佛 南无寶衆佛
南无寶高佛 南无善住佛
南无善住王佛 南无淨彌留佛
南无堅王佛 南无光明輪佛
南无火然燈佛 南无不空過佛
南无善思惟發行佛 南无師子佛
南无堅固衆生佛 南无行勝住王佛
南无上方无量境界佛 南无勝王佛
南无精進勝佛 南无斷疑佛
南无善星宿王佛 南无燃燈佛
南无光明佛 南无彌光明佛
南无善高佛 南无善蓋佛
南无明彌留佛 南无光明輪佛
南无寶蓋佛 南无栴檀香佛
南无栴檀勝佛 南无須彌聚佛
南无寶光明佛 南无堅固王佛

BD03828號　佛名經（二十卷本）卷四　（22–12）

南无寶蓋佛　南无旃檀香佛
南无旃檀勝佛　南无須弥聚佛
南无寶光明佛　南无堅固王佛
南无淨功德佛　南无清淨眼佛
南无无畏佛　南无遠離諸畏佛
南无成就積佛　南无寶勝佛
南无山王佛　南无轉女根佛
南无无量行佛　南无最勝光明佛
南无羅網光明幢佛　南无因王佛
南无東南方觀一切佛形鏡如來以為上首
南无花豐奮迅佛
南无羅網光明佛　南无无量光明佛花佛
南无寶堅固佛　南无初發心車輪佛
南无花積佛　南无千上光明佛
南无不動步佛　南无无量跡步佛
南无无量顛佛　南无无邊顛佛
南无无邊境界佛　南无不定顛佛
南无轉胎佛　南无轉諸難佛
南无不行念佛　南无成就一切念佛
南无佛虛空佛　南无有勝佛
南无西南方成義如來為首　南无成就義發行佛
南无炎佛　南无常發行佛
南无善住佛　南无无量發行佛
南无无相脩行佛　南无无邊脩行佛

BD03828號　佛名經（二十卷本）卷四　（22-13）

南无佛虛空佛　南无有勝佛
南无西南方成義如來為首　南无成就義發行佛
南无炎佛　南无常發行佛
南无善住佛　南无无量發行佛
南无无相脩行佛　南无无邊脩行佛
南无普脩行佛　南无燃燈光明作佛
南无普藏佛　南无普山佛
南无无邊形佛　南无无邊精進佛
南无羅網光佛　南无夢陁羅佛
南无光明輪佛　南无善見佛
南无不空說名佛　南无破一切怖畏佛
南无无量功德王光明佛　南无无邊花佛　二千二百
南无无邊吼聲佛　南无樂積光明功德佛
南无不二輪佛　南无无量光明佛花光佛
南无无量聲佛　南无无高明佛
南无堅固自在王佛　南无日面佛
南无善明佛　南无勝功德佛
南无寶花佛　南无寶成就佛
南无月花佛　南无一切眾生脩行佛
南无轉一切世間佛　南无无量光明无形佛
南无无畏佛　南无一切樂念慎行佛
南无西北方普香光明如來為首　南无發初香光相佛
南无香山佛　南无香鳥佛
南无香勝佛　南无香身佛

BD03828號　佛名經（二十卷本）卷四　（22-14）

南无无畏佛　南无一切樂念慎行佛
南无西方普香光明聚首疊　南无發初香光相佛
南无香山佛　南无香鳥佛
南无香勝佛　南无香身佛
南无香勝佛　南无光王佛
南无妙波頭摩王佛　南无佛境界佛
南无无量境界佛　南无安樂佛
南无快勝佛　南无放光明花佛
南无花蓋行佛　南无花帳佛
南无金花佛　南无香花佛
南无高王佛　南无善道師佛
南无勝一切衆生佛　南无轉一切念佛
南无无量行花佛　南无无量香佛
南无普照放光明明佛　南无普光明佛
南无普放光明佛　南无放成就勝花佛
南无寶羅網像佛　南无妙光佛
南无普一蓋國土佛　南无星宿王佛
南无合聚佛　南无不住王佛
南无香風佛　南无无邊智境界佛
南无不空行佛　南无初發心佛
南无无鄣导眼佛　南无不空見佛
南无无量眼佛　南无燃燈上佛
南无普光明佛　南无照光明佛
南无一切國土一切衆生不斷樂説佛　南无阿樓那奮迅佛

南无无鄣导眼佛　南无不空見佛
南无无量眼佛　南无燃燈上佛
南无普光明佛　南无照光明佛
南无一切國土一切衆生不斷樂説佛　南无阿樓那奮迅佛
南无无迹奮迅佛　南无東方斷一切憂惱如来爲首
南无離憂佛　南无樂成就功德佛
南无无畏王佛　南无勝孫留佛
南无香山佛　南无拘隣佛
南无大體勝佛　南无寶蓮花勝佛
南无花成就佛　南无吼眼佛
南无勝衆佛　南无无邊光眼佛
南无月勝光明稱佛　南无星宿王衆增上佛
南无无邊光明佛　南无香高山佛
南无无畏佛　南无成就勝无畏佛
南无无邊光照光明佛　南无香孫留佛
南无離驚怖成就勝佛　南无无量功德月成就佛
南无一切功德莊嚴佛　南无不可勝幢佛
南无增上讃光明佛　南无花勝王佛
南无无邊成就行佛　南无一切勝佛
南无虚空輪清淨王佛　南无无量吼聲佛
南无无量吼妙聲佛　南无寶勝功德佛
南无淨勝佛　南无无导香鳥佛 二千三百
南无高光明佛　南无稱佛
南无十二部尊經大海藏

南无无邊成就行佛　南无一切勝佛
南无虛空輪清淨王佛　南无无量吼聲佛
南无无量吼妙聲佛　南无寶勝功德佛
南无淨勝佛　南无无导香鳥佛 二千三百
南无高光明佛　南无稱佛
南无十二部經般若海藏
南无明度五十挍計經　南无讃國菩薩經
南无超日明三昧經　南无月上女經
南无中陰經　南无須弥藏經
南无大法鼓經　南无諸佛要集經
南无文殊師利佛土嚴淨經　南无濡首菩薩无上清淨分衛經
南无大乘同性經　南无大集譬喻王經
南无阿閦佛國經　南无蓮華面經
南无迦葉經　南无孔雀王陁羅尼經
南无發覺淨心經　南无无上衣經
南无移識經　南无未曾有因緣經
南无諸大菩薩摩訶薩衆
南无大山菩薩　南无愛見菩薩
南无歡喜王菩薩　南无无邊觀菩薩
南无无邊觀行菩薩　南无破耶見魔菩薩
南无憂德菩薩　南无成就一切義菩薩
南无師子菩薩　南无善住意菩薩
南无无比心菩薩　南无那羅德菩薩
南无因陁羅德菩薩　南无海天菩薩
南无成支羅菩薩　南无藥王菩薩

BD03828號　佛名經（二十卷本）卷四

（22–17）

南无憂德菩薩　南无成就一切義菩薩
南无師子菩薩　南无善住意菩薩
南无无比心菩薩　南无那羅德菩薩
南无因陁羅德菩薩　南无海天菩薩
南无渋波羅菩薩　南无藥王菩薩
南无盧舍那菩薩　南无月光菩薩
南无波頭摩勝藏菩薩　南无智山菩薩
南无聲聞緣覺一切辟支佛
南无福德辟支佛　南无黑辟支佛
南无直福德辟支佛　南无識辟支佛
南无香辟支佛　南无聲聞緣覺一切賢聖
南无過現未來三世諸佛歸命懺悔
弟子等略懺煩惱鄣竟今當次第懺悔
業鄣夫業能莊飾世趣在在處處是以思
惟求離世解脫所以六道果報種種不同形類
各異當知皆是業力所作所以佛十力中業
力甚深凡夫之人多於此中皆生疑惑何以
故現見世間行善之者觸向轗軻為惡之者
是事偶諧言凡夫善惡无分如此計者皆
是不能深達業理何以故尒經中說言有三
種業何等為三一者現報二者生報三者後
報現報業者現在作善作惡現身受報生
報業者此生作善作惡未生受報後報業者
或是過去无量生中作善作惡或於此生中

BD03828號　佛名經（二十卷本）卷四

（22–18）

……何以故如經中說言有三
種業何等爲三一者現報二者生報三者後
報現報業者現在作善作惡現身受報生
報業者此生作善作惡來生受報後報業者
或是過去无量生中作善作惡或於此生中
受或在未來无量生中方受其報向者行惡
之人現在見好此是過去生報後報善業熟
故所以現在有此樂果豈關現在作諸惡業而
得好報行善之人現在見苦者是過去生中生
報後報惡業熟故現在善根力弱不能排遣
是故得此苦報豈關現在作善而招惡報何
以知然現見世爲善之者爲人所讚歎人所
尊重故知未來必招樂果過去既有如此惡
業所以諸佛菩薩教令親近善友共行懺悔
善知識者於得道中則爲利益是故弟子等
今日至誠歸依十方諸佛
南无東方无量離垢佛　南无南方樹根華王佛
南无西方蓮花自在佛　南无北方金剛能破佛
南无東南方悲種義勝佛　南无西南方金海自在王佛
南无西北方无邊自在佛　南无東北方无量香爲王佛
南无下方得慧幢佛　南无上方甘露上王佛
如是十方盡虛空界一切三寶
弟子等无始以來至於今日積惡如恒沙
罪滿天地捨身與受身不覺亦不知或作
五逆深厚濁纏无間罪業或造一闡提斷善

BD03828號　佛名經（二十卷本）卷四　（22–19）

南无下方得慧幢佛　南无上方甘露上王佛
如是十方盡虛空界一切三寶
弟子等无始以來至於今日積惡如恒沙
罪滿天地捨身與受身不覺亦不知或作
五逆深厚濁纏无間罪業或造一闡提斷善
根業輕誣佛語謗方等業破滅三寶毀正
法業不信罪福起十惡業迷真返正癡或
或之業不孝二親反戾之業輕慢師長无
禮敬業朋友无信不義之業或作四重六重
八部聖道毀犯五戒破齋業五篇七聚多數
犯業優婆塞戒輕重垢業或菩薩戒不能清
淨如說行業前後方便汙梵行業月无六齋
懈怠之業年三長齋不常脩業三千威儀不
如法業八万律儀微細罪業不脩身戒心慧
之業春秋八王造衆罪業行十六種惡律儀業
於苦衆生无愍傷業不矜不念无悲惠業不
拔濟无救護業心懷嫉忌无度彼業於怨親
境不平等業耽荒五欲不猒離業或因衣食
園林池浴生蕩逸業或以盛年放恣情欲造
衆罪業或善有漏迴向三有鄣出世業如是
等業无量无邊今日發露向十方佛尊法聖
衆皆悉懺悔
願弟子等承是懺悔无閒等罪諸業所生
福善願生生世世滅五逆罪除一闡提如是

BD03828號　佛名經（二十卷本）卷四　（22–20）

衆罪業或善有漏迴向三有鄣出世業如是
等業无量无邊今日發露向十方佛尊法聖
衆皆悉懺悔
願弟子等承是懺悔无閒等罪諸業所生
福善願生生世世滅五逆罪除一闡提如是
輕重諸罪從今以去乃至道場誓不更犯恒
習出世清淨善法精持律行守護威儀如度海
者愛惜浮囊六度四等常標行首戒定慧品
轉得增明速成如來卅二相八十種好十力无畏
大悲三念常樂妙智八自在我
大乘蓮華寶達菩薩問荅報應沙門品第廿八
寶達復入鐵珠洋銅灌口地獄云何名曰洋銅灌
口地獄其地獄縱廣卅四由旬周迊鐵城鐵網
羅覆火炎同然烟火俱熾間无休息鏃鏑
鐵鏘遍布其地其地火然上至羅網上徹於
下下徹於上烟火炎熾燒煮罪人其地獄中有
火鐵池流出火珠烟炎焚熾鐵珠灌注猶
如流水灌罪人口尒時南門有五千沙門口眼
火出唱如是言我今云何受如是苦宛轉
於地而不肯起馬頭羅剎手捉三鈷鐵叉就
地而鐘其叉鈷中火炎俱出燒罪人心一日一夜
万死万生復有鐵鉤來鉤其舌復有鐵錘
來鎚其頭復有飛刀來刺其完馬頭羅剎將
諸沙門來入流火河中馬頭羅剎手捉鐵箕
鈔鐵火珠塞口而灌鐵珠入口背上而出口眼

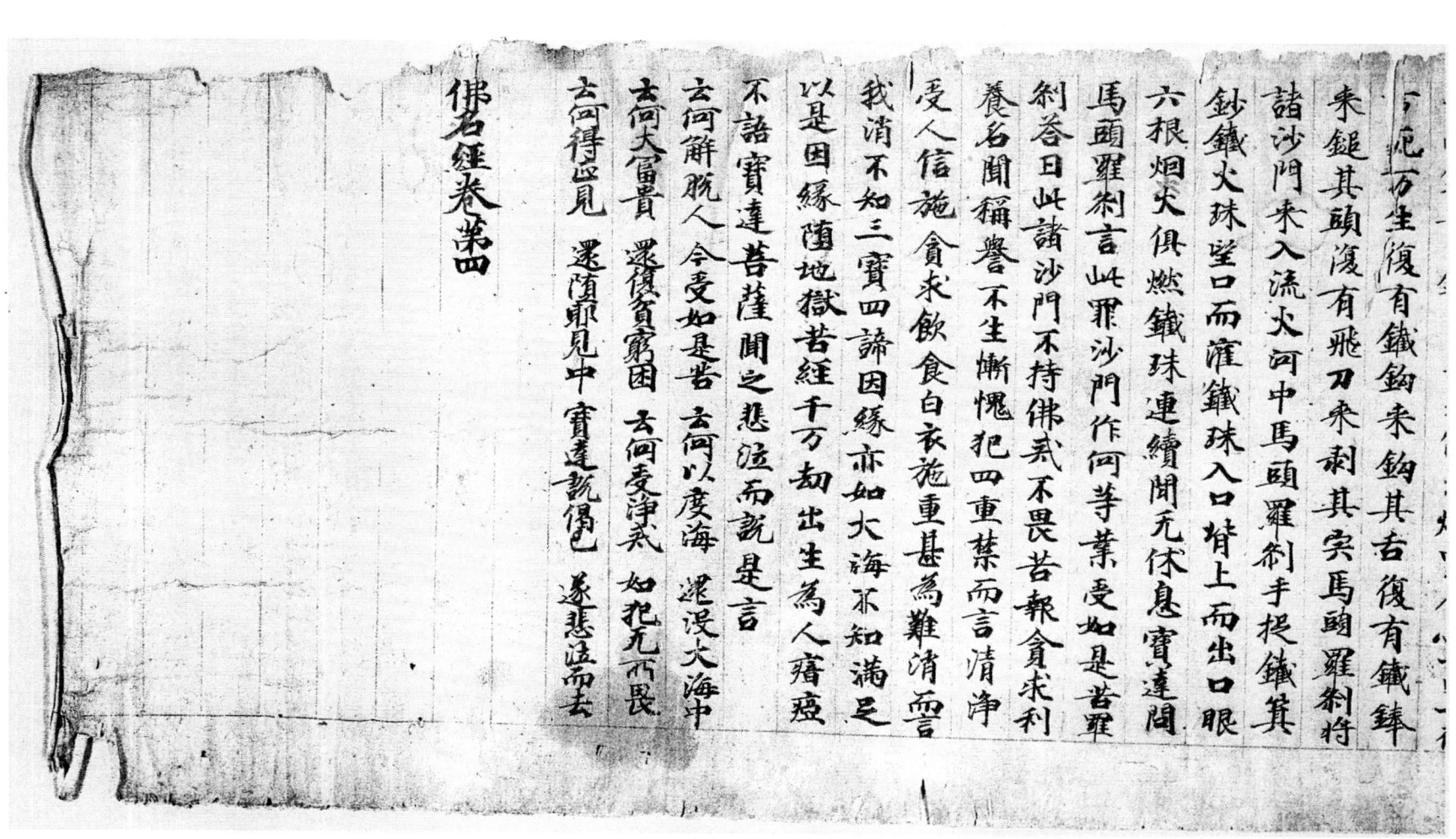

BD03828號　佛名經（二十卷本）卷四　（22–21）

万死万生復有鐵鉤來鉤其舌復有鐵錘
來鎚其頭復有飛刀來刺其完馬頭羅剎將
諸沙門來入流火河中馬頭羅剎手捉鐵箕
鈔鐵火珠塞口而灌鐵珠入口背上而出口眼
六根烟火俱燃鐵珠連續間无休息寶達問
馬頭羅剎言此罪沙門作何等業受如是苦羅
剎荅曰此諸沙門不持佛戒不畏苦報貪求利
養名聞稱譽不生慚愧犯四重禁而言清淨
受人信施貪求飲食白衣施重甚為難消而言
我消不知三寶四諦因緣亦如大海不知滿足
以是因緣墮地獄若經千万劫出生為人痖瘂
不語寶達菩薩聞之悲泣而說是言
云何解脫人　今受如是苦　云何以度海　還沒大海中
云何大富貴　還復貧窮困　云何受淨戒　如犯无所畏
云何得正見　還墮耶見中　寶達說偈已　遂悲泣而去
佛名經卷第四

BD03828號　佛名經（二十卷本）卷四　（22–22）

現一切智智清淨故色處清[illegible]
七等覺支清淨何以故若一切智智清淨若
色處清淨若七等覺支清淨无二无二分无
別无斷故一切智智清淨故聲香味觸法處
清淨聲香味觸法處清淨故七等覺支清淨
何以故若一切智智清淨若聲香味觸法處
清淨若七等覺支清淨无二无二无別无
斷故善現一切智智清淨故眼界清淨眼界
清淨故七等覺支清淨何以故若一切智智
清淨若眼界清淨若七等覺支清淨无二无
二分无別无斷故一切智智清淨故色界眼
識界及眼觸眼觸為緣所生諸受清淨色界
乃至眼觸為緣所生諸受清淨故七等覺支
清淨何以故若一切智智清淨若色界乃至
眼觸為緣所生諸受清淨若七等覺支清淨
无二无二分无別无斷故善現一切智智清
淨故耳界清淨耳界清淨故七等覺支清淨
何以故若一切智智清淨若耳界清淨若七
等覺支清淨无二无二分无別无斷故一切
智智清淨故聲界耳識界及耳觸耳觸為緣
所生諸受清淨聲界乃至耳觸為緣所生諸
[illegible]

BD03829 號　大般若波羅蜜多經卷二七〇　（5-1）

淨故耳界清淨耳界清淨故七等覺支清淨
何以故若一切智智清淨若耳界清淨若七
等覺支清淨无二无二分无別无斷故一切
智智清淨故聲界耳識界及耳觸耳觸為緣
所生諸受清淨聲界乃至耳觸為緣所生諸
受清淨故七等覺支清淨何以故若一切智
智清淨若聲界乃至耳觸為緣所生諸受清
淨若七等覺支清淨无二无二分无別无斷
故善現一切智智清淨故鼻界清淨鼻界清
淨故七等覺支清淨何以故若一切智智清淨
若鼻界清淨若七等覺支清淨无二无二分
无別无斷故一切智智清淨故香界鼻識界
及鼻觸鼻觸為緣所生諸受清淨香界乃至
鼻觸為緣所生諸受清淨故七等覺支清淨
何以故若一切智智清淨若香界乃至鼻觸
為緣所生諸受清淨若七等覺支清淨无二
无二分无別无斷故善現一切智智清淨故
舌界清淨舌界清淨故七等覺支清淨何以
故若一切智智清淨若舌界清淨若七等覺
支清淨无二无二分无別无斷故一切智智
清淨故味界舌識界及舌觸舌觸為緣所生
諸受清淨味界乃至舌觸為緣所生諸受清
淨故七等覺支清淨何以故若一切智智清
淨若味界乃至舌觸為緣所生諸受清淨若
七等覺支清淨无二无二分无別无斷故善
現一切智智清淨故身界清淨身界清淨故
七等覺支清淨可以故若一切智智清淨若

BD03829 號　大般若波羅蜜多經卷二七〇　（5-2）

諸受清淨味界乃至舌觸為緣所生諸受清
淨故七等覺支清淨何以故若一切智智清
淨若味界乃至舌觸為緣所生諸受清淨若
七等覺支清淨无二无二分无別无斷故善
現一切智智清淨故身界清淨身界清淨故
七等覺支清淨何以故若一切智智清淨若
身界清淨若七等覺支清淨无二无二分无
別无斷故一切智智清淨故觸界身識界及
身觸身觸為緣所生諸受清淨觸界乃至身
觸為緣所生諸受清淨故七等覺支清淨何
以故若一切智智清淨若觸界乃至身觸為
緣所生諸受清淨若七等覺支清淨无二无
二分无別无斷故善現一切智智清淨故意
界清淨意界清淨故七等覺支清淨何以故
若一切智智清淨若意界清淨若七等覺支
清淨无二无二分无別无斷故一切智智清
淨故法界意識界及意觸意觸為緣所生諸
受清淨法界乃至意觸為緣所生諸受清淨
故七等覺支清淨何以故若一切智智清淨
若法界乃至意觸為緣所生諸受清淨若七
等覺支清淨无二无二分无別无斷故善現
一切智智清淨故地界清淨地界清淨故七
等覺支清淨何以故若一切智智清淨若地
界清淨若七等覺支清淨无二无二分无別
无斷故一切智智清淨故水火風空識界清
淨水火風空識界清淨故七等覺支清淨何
以故若一切智智清淨若水火風空識界清

BD03829 號　大般若波羅蜜多經卷二七〇　（5–3）

等覺支清淨无二无二分无別无斷故善現
一切智智清淨故地界清淨地界清淨故七
等覺支清淨何以故若一切智智清淨若地
界清淨若七等覺支清淨无二无二分无別
无斷故一切智智清淨故水火風空識界清
淨水火風空識界清淨故七等覺支清淨何
以故若一切智智清淨若水火風空識界清
淨若七等覺支清淨无二无二分无別无斷
故善現一切智智清淨故无明清淨无明清
淨故七等覺支清淨何以故若一切智智清
淨若无明清淨若七等覺支清淨无二无二
分无別无斷故一切智智清淨故行識名色
六處觸受愛取有生老死愁歎苦憂惱清淨
行乃至老死愁歎苦憂惱清淨故七等覺支
清淨何以故若一切智智清淨若行乃至老死
愁歎苦憂惱清淨若七等覺支清淨无二
无二分无別无斷故

大般若波羅蜜多經卷第二百七十

BD03829 號　大般若波羅蜜多經卷二七〇　（5–4）

淨若七等覺支清淨无二无二分无別无斷
故善現一切智智清淨故无明清淨无明清
淨故七等覺支清淨何以故若一切智智清
淨若无明清淨若七等覺支清淨无二无二
分无別无斷故一切智智清淨故行識名色
六處觸受愛取有生老死愁歎苦憂惱清淨
行乃至老死愁歎苦憂惱清淨故七等覺支
清淨何以故若一切智智清淨若行乃至老死
愁歎苦憂惱清淨若七等覺支清淨无二
无二分无別无斷故

大般若波羅蜜多經卷第二百七十

第二[illegible]校

[illegible]

BD03829 號　大般若波羅蜜多經卷二七〇　（5–5）

不應住色生心不應住聲香味觸法生心
无所住心若心有住則為非住是故佛說菩薩
心不應住色布施須菩提菩薩為利益一切
衆生應如是布施如來說一切諸相即是
非相又說一切衆生則非衆生須菩提如來
是真語者實語者如語者不誑語者不異
語者須菩提如來所得法此法无實无虛
須菩提若菩薩心住於法而行布施如人入
闇則无所見若菩薩心不住法而行布施如人
有目日光明照見種種色須菩提當來之
世若有善男子善女人能於此經受持讀誦
則為如來以佛智慧悉知是人悉見是人皆
得成就无量无邊功德
須菩提若有善男子善女人初日分以恒河沙
等身布施中日分復以恒河沙等身布施後
日分亦以恒河沙等身布施如是无量百千万
億劫以身布施若復有人聞此經典信心不
逆其福勝彼何況書寫受持讀誦為人解

BD03830 號　金剛般若波羅蜜經　（5–1）

得成就无量无邊功德
須菩提若有善男子善女人初日分以恒河沙
等身布施中日分復以恒河沙等身布施後
日分亦以恒河沙等身布施如是无量百千万
億劫以身布施若復有人聞此經典信心不
逆其福勝彼何況書寫受持讀誦為人解
說須菩提以要言之是經有不可思議不可
稱量无邊功德如來為發大乘者說為發最
上乘者說若有人能受持讀誦廣為人說如
來悉知是人悉見是人皆得成就不可量不
可稱无有邊不可思議功德如是人等則為
荷擔如來阿耨多羅三藐三菩提何以故須
菩提若樂小法者著我見人見衆生見壽
者見則於此經不能聽受讀誦為人解說須
菩提在在處處若有此經一切世間天人阿
脩羅所應供養當知此處則為是塔皆應恭
敬作禮圍繞以諸華香而散其處
復次須菩提善男子善女人受持讀誦此經
若為人輕賤是人先世罪業應墮惡道以今
世人輕賤故先世罪業則為消滅當得阿耨
多羅三藐三菩提須菩提我念過去无量阿
僧祇劫於然燈佛前得值八百四千万億那
由他諸佛悉皆供養承事无空過者若復有
人於後末世能受持讀誦此經所得功德於
我所供養諸佛功德百分不及一千万億分
乃至算數譬喻所不能及須菩提若善男子

BD03830號　金剛般若波羅蜜經　（5–2）

多羅三藐三菩提須菩提我念過去无量阿
僧祇劫於然燈佛前得值八百四千万億那
由他諸佛悉皆供養承事无空過者若復有
人於後末世能受持讀誦此經所得功德於
我所供養諸佛功德百分不及一千万億分
乃至算數譬喻所不能及須菩提若善男子
善女人於後末世有受持讀誦此經所得功德
我若具說者或有人聞心則狂亂狐疑不信
須菩提當知是經義不可思議果報亦不可
思議
介時須菩提白佛言世尊善男子善女人發
阿耨多羅三藐三菩提心云何應住云何降
伏其心佛告須菩提善男子善女人發阿耨多
羅三藐三菩提者當生如是心我應滅度一切
衆生滅度一切衆生已而无有一衆生實滅
度者何以故若菩薩有我相人相衆生相
壽者相則非菩薩所以者何須菩提實无
有法發阿耨多羅三藐三菩提者須菩提於
意云何如來於然燈佛所有法得阿耨多羅
三藐三菩提不不也世尊如我解佛所說義佛所
然燈佛所无有法得阿耨多羅三藐三菩提
佛言如是如是須菩提實无有法如來得阿
耨多羅三藐三菩提須菩提若有法如來得
阿耨多羅三藐三菩提者然燈佛則不與我
受記汝於來世當得作佛号釋迦牟尼以實
无有法得阿耨多羅三藐三菩提是故然

BD03830號　金剛般若波羅蜜經　（5–3）

佛言如是須菩提實无有法如來得阿
耨多羅三藐三菩提須菩提若有法如來得
阿耨多羅三藐三菩提者然燈佛則不與我
受記汝於來世當得作佛号釋迦牟尼以實
无有法得阿耨多羅三藐三菩提是故然
燈佛與我受記作是言汝於來世當得作佛
号釋迦牟尼何以故如來者即諸法如義若
有人言如來得阿耨多羅三藐三菩提須菩
提實无有法佛得阿耨多羅三藐三菩提
須菩提如來所得阿耨多羅三藐三菩提於
是中无實无虛是故如來說一切法皆是佛
法須菩提所言一切法者即非一切法是故名
一切法須菩提譬如人身長大須菩提言世
尊如來說人身長大則為非大身是名大身
須菩提菩薩亦如是若作是言我當滅度
无量衆生則不名菩薩何以故須菩提實无
有法名為菩薩是故佛說一切法无我无
人无衆生无壽者須菩提若菩薩作是言
我當莊嚴佛土是不名菩薩何以故如來說莊
嚴佛土者即非莊嚴是名莊嚴須菩提若菩
薩通達无我法者如來說名真是菩薩
須菩提於意云何如來有肉眼不如是世尊
如來有肉眼須菩提於意云何如來有天眼
不如是世尊如來有天眼須菩提於意云何
如來有慧眼不如是世尊如來有慧眼須菩
提於意云何如來有法眼不如是世尊如來有

BD03830號　金剛般若波羅蜜經　（5–4）

一切法須菩提譬如人身長大須菩提言世
尊如來說人身長大則為非大身是名大身
須菩提菩薩亦如是若作是言我當滅度
无量衆生則不名菩薩何以故須菩提實无
有法名為菩薩是故佛說一切法无我无
人无衆生无壽者須菩提若菩薩作是言
我當莊嚴佛土是不名菩薩何以故如來說莊
嚴佛土者即非莊嚴是名莊嚴須菩提若菩
薩通達无我法者如來說名真是菩薩
須菩提於意云何如來有肉眼不如是世尊
如來有肉眼須菩提於意云何如來有天眼
不如是世尊如來有天眼須菩提於意云何
如來有慧眼不如是世尊如來有慧眼須菩
提於意云何如來有法眼不如是世尊如來有
法眼須菩提於意云何如來有佛眼不如是
世尊如來有佛眼須菩提於意云何恒河中
所有沙佛說是沙不如是世尊如來說是沙
須菩提於意云何如一恒河中所有沙有如是
等恒河是諸恒河所有沙數佛世界如是寧

BD03830號　金剛般若波羅蜜經　（5–5）

大般若波羅蜜多經卷第三百卌九
初分相引攝品第六十之一　三藏法師玄奘奉　詔譯
尒時具壽善現白佛言世尊云何菩薩摩訶
薩安住布施波羅蜜多引攝淨戒波羅蜜多
佛言善現若菩薩摩訶薩以無攝受無慳悋
心脩布施時持是布施與諸有情平等共有
迴向無上正等菩提於諸有情住慈身業住慈
語業住慈意業善現是為菩薩摩訶薩安
住布施波羅蜜多引攝淨戒波羅蜜多具壽
善現復白佛言世尊云何菩薩摩訶薩安住
布施波羅蜜多引攝安忍波羅蜜多佛言善
現若菩薩摩訶薩以無攝受無慳悋心脩布
施時持是布施與諸有情平等共有迴向無
上正等菩提設有受者非理毀罵加害凌辱
菩薩於彼不起變異瞋毒害心唯生憐愍慈
悲之心善現是為菩薩摩訶薩安住布施波
羅蜜多引攝安忍波羅蜜多具壽善現復白
佛言世尊云何菩薩摩訶薩安住布施波羅
蜜多引攝精進波羅蜜多佛言善現若菩薩
摩訶薩以無攝受無慳悋心脩布施時持是

BD03831號　大般若波羅蜜多經卷三四九　（2–1）

心脩布施時持是布施與諸有情平等共有
迴向無上正等菩提於諸有情住慈身業住慈
語業住慈意業善現是為菩薩摩訶薩安
住布施波羅蜜多引攝淨戒波羅蜜多具壽
善現復白佛言世尊云何菩薩摩訶薩安住
布施波羅蜜多引攝安忍波羅蜜多佛言善
現若菩薩摩訶薩以無攝受無慳悋心脩布
施時持是布施與諸有情平等共有迴向無
上正等菩提設有受者非理毀罵加害凌辱
菩薩於彼不起變異瞋毒害心唯生憐愍慈
悲之心善現是為菩薩摩訶薩安住布施波
羅蜜多引攝安忍波羅蜜多具壽善現復白
佛言世尊云何菩薩摩訶薩安住布施波羅
蜜多引攝精進波羅蜜多佛言善現若菩薩
摩訶薩以無攝受無慳悋心脩布施時持是
布施與諸有情平等共有迴向無上正等菩
提設有受者非理毀罵加害凌辱尒時菩薩
便作是念諸有造作如是類業還自感得如
是類果我今不應計彼所作廢脩自業復作

BD03831號　大般若波羅蜜多經卷三四九　（2–2）

无別无斷故善現一切陁羅尼門清淨故身
界清淨身界清淨故一切智智清淨何以故
若一切陁羅尼門清淨若身界清淨若一切
智智清淨无二无二分无別无斷故一切陁
羅尼門清淨故觸界身識界及身觸身觸為
緣所生諸受清淨觸界乃至身觸為緣所生
諸受清淨故一切智智清淨何以故若一切
陁羅尼門清淨若觸界乃至身觸為緣所生
諸受清淨若一切智智清淨无二无二分无
別无斷故善現一切陁羅尼門清淨故意界
清淨意界清淨故一切智智清淨何以故若
一切陁羅尼門清淨若意界清淨若一切智
智清淨无二无二分无別无斷故一切陁羅
尼門清淨故法界意識界及意觸意觸為緣
所生諸受清淨法界乃至意觸為緣所生諸
受清淨故一切智智清淨何以故若一切陁
羅尼門清淨若法界乃至意觸為緣所生諸
受清淨若一切智智清淨无二无二分无別
无斷故善現一切陁羅尼門清淨故地界清
淨地界清淨故一切智智清淨何以故若一
切陁羅尼門清淨若地界清淨若一切智智
清淨无二无二分无別无斷故一切陁羅尼

BD03832號　大般若波羅蜜多經卷二四〇　（5–1）

羅尼門清淨若法界乃至意觸為緣所生諸
受清淨若一切智智清淨无二无二分无別
无斷故善現一切陁羅尼門清淨故地界清
淨地界清淨故一切智智清淨何以故若一
切陁羅尼門清淨若地界清淨若一切智智
清淨无二无二分无別无斷故一切陁羅尼
門清淨故水火風空識界清淨水火風空識
界清淨故一切智智清淨何以故若一切陁
羅尼門清淨若水火風空識界清淨若一切
智智清淨无二无二分无別无斷故善現一
切陁羅尼門清淨故无明清淨无明清淨故
一切智智清淨何以故若一切陁羅尼門清
淨若无明清淨若一切智智清淨无二无二
分无別无斷故一切陁羅尼門清淨故行識
名色六處觸受愛取有生老死愁歎苦憂惱
清淨行乃至老死愁歎苦憂惱清淨故一切
智智清淨何以故若一切陁羅尼門清淨若
行乃至老死愁歎苦憂惱清淨若一切智智
清淨无二无二分无別无斷故
善現一切陁羅尼門清淨故布施波羅蜜多
清淨布施波羅蜜多清淨故一切智智清
淨何以故若一切陁羅尼門清淨若布施波羅
蜜多清淨若一切智智清淨无二无二分无
別无斷故一切陁羅尼門清淨故淨戒安忍
精進靜慮般若波羅蜜多清淨淨戒乃至般
若波羅蜜多清淨故一切智智清淨何以故
若一切陁羅尼門清淨若淨戒乃至般若波
羅蜜多清淨若一切智智清淨无二无二分

BD03832號　大般若波羅蜜多經卷二四〇　（5–2）

蜜多清淨若一切智智清淨无二无二分
別无斷故一切陁羅尼門清淨故淨戒安忍
精進靜慮般若波羅蜜多清淨淨戒乃至般
若波羅蜜多清淨故一切智智清淨何以故
若一切陁羅尼門清淨若淨戒乃至般若波
羅蜜多清淨若一切智智清淨无二无二分
无別无斷故善現一切陁羅尼門清淨故內
空清淨內空清淨故一切智智清淨何以故
若一切陁羅尼門清淨若內空清淨若一切
智智清淨无二无二分无別无斷故一切陁
羅尼門清淨故外空內外空空空大空勝義
空有為空无為空畢竟空无際空散空无變
異空本性空自相空共相空一切法空不可
得空无性空自性空无性自性空清淨外空
乃至无性自性空清淨故一切智智清淨何
以故若一切陁羅尼門清淨若外空乃至无
性自性空清淨若一切智智清淨无二无二
分无別无斷故善現一切陁羅尼門清淨故
真如清淨真如清淨故一切智智清淨何以
故若一切陁羅尼門清淨若真如清淨若一
切智智清淨无二无二分无別无斷故一切
陁羅尼門清淨故法界法性不虛妄性不變
異性平等性離生性法定法住實際虛空界
不思議界清淨法界乃至不思議界清淨故
一切智智清淨何以故若一切陁羅尼門清
淨若法界乃至不思議界清淨若一切智智
清淨无二无二分无別无斷故善現一切陁羅
尼門清淨故苦聖諦清淨苦聖諦清淨故一
切智智清淨何以故若一切陁羅尼門清淨

一切智智清淨何以故若一切陁羅尼門清
淨若法界乃至不思議界清淨若一切智智
清淨无二无二分无別无斷故善現一切陁羅
尼門清淨故苦聖諦清淨苦聖諦清淨故一
切智智清淨何以故若一切陁羅尼門清淨
若苦聖諦清淨若一切智智清淨无二无
二分无別无斷故一切陁羅尼門清淨故集
滅道聖諦清淨集滅道聖諦清淨故一切智
智清淨何以故若一切陁羅尼門清淨若集
滅道聖諦清淨若一切智智清淨无二无二
分无別无斷故善現一切陁羅尼門清淨故
四靜慮清淨四靜慮清淨故一切智智清淨
何以故若一切陁羅尼門清淨若四靜慮清
淨若一切智智清淨无二无二分无別无斷
故一切陁羅尼門清淨故四无量四无色定清
淨四无量四无色定清淨故一切智智清淨
何以故若一切陁羅尼門清淨若四无量四
无色定清淨若一切智智清淨无二无二分
无別无斷故善現一切陁羅尼門清淨故八
解脫清淨八解脫清淨故一切智智清淨何
以故若一切陁羅尼門清淨若八解脫清淨
若一切智智清淨无二无二分无別无斷故
一切陁羅尼門清淨故八勝處九次第定
十遍處清淨八勝處九次第定十遍處清淨
故一切智智清淨何以故若一切陁羅尼門
清淨若八勝處九次第定十遍處清淨若一
切智智清淨无二无二分无別无斷故善現
一切陁羅尼門清淨故四念住清淨四念住

十遍處清淨八勝處九次第定十遍處清淨
故一切智智清淨何以故若一切陁羅尼門
清淨若八勝處九次第定十遍處清淨若一
切智智清淨无二无二分无別无斷故善現
一切陁羅尼門清淨故四念住清淨四念住
清淨故一切智智清淨何以故若一切陁羅
尼門清淨若四念住清淨若一切智智清淨
无二无二分无別无斷故一切陁羅尼門清
淨故四正斷四神足五根五力七等覺支八
聖道支清淨四正斷乃至八聖道支清淨故
一切智智清淨何以故若一切陁羅尼門清淨
若四正斷乃至八聖道支清淨若一切智
智清淨无二无二分无別无斷故善現一切
陁羅尼門清淨故空解脫門清淨空解脫門
清淨故一切智智清淨何以故若一切陁羅
尼門清淨若空解脫門清淨若一切智智清
淨无二无二分无別无斷故一切陁羅尼門
清淨故无相无願解脫門清淨无相无願
解脫門清淨故一切智智清淨何以故若一切
陁羅尼門清淨若无相无願解脫門清淨若
一切智智清淨无二无二分无別无斷故善
現一切陁羅尼門清淨故菩薩十地清淨菩
薩十地清淨故一切智智清淨何以故若一
切陁羅尼門清淨若菩薩十地清淨若一切
智智清

BD03832號　大般若波羅蜜多經卷二四〇　（5–5）

[illegible]

學者莫亂循行若欲不疑

如人依地倒還從依地起依心生煩惱亦須依

心處滅心　問曰向來既被權教次勸其

歸云何入頓隨所見次第釋之學者尋

答曰此門微細非宣不知縱為宣傳處

所說違背仏言求既不解說何敢怯旦如

識所迷夫言識者略有九種三乘聖人依之

六識為縛羅漢以六識為解緣覺以七識

識為體諸仏以九識為境言五識者眼耳鼻舌

身也言六識者於中可不明之聲香味觸法者

意內思想及夢中所見我執者是也言八識者

種子者是也言九識者清淨無垢仏之境

界九名體本是一羅漢弃捨之塵

根六識不行於中取寐緣覺乃此六識約境

不想心超分別境捨諸眾生取中講中無

心曰在智意有身也並不念前或雖滅後

乃體無邊超諸境之塵本來不假推求

知合於八識　一彈指頃六十剎那一剎那中

習經久學少分可知若未曾經本不能會生滅

心自在智慧心有导之并不尔前威雖滅後
乃體无邊超諸境邑塵本性不假推求
知合於八識　一彈指頃六十剎那一剎那中
習經久學少亦可知若未曾經本不能會生滅
可得宣且揚廣闡來在十念念之中一一稱理不見身
如如不動九剎那中外想亦別心能如是名為亦照三
精進漸漸施功弃捨攀緣內心順覺善能觀察外猖
剎十剎那中三亦如理當體凝寂七剎那中貪思外事覺心
不欲懈怠如人夜行月黑失道煩惡東西撩亂不知去
見悖火當處无疑遲疑之中心直至雖未達彼
明到如是名為通達三昧如是超聞思界不可七識
所設於多時中順此三昧內行外行一相无二縱有忘念
於中此剎那外習業緣立剎那中心能如理乃至行坐
任意縱雖有迷等亦合理脩行如是名為无言證三昧
等亦三昧從是已去勤發精進不作劫數為期以證為
想心極少六七漸寂於十亦中七亦如理三亦或發教習迷真
一切力速能除照七剎那中湛然不動猶如世間人定之後
清太无諸亂境月光照耀无能照心四方清太者喻心无亂
月光照了者此正覺不動无能照心者无能覺心也行用稱
而為覺照凝寂遠用三昧以七三昧力自利利他於說教
法而得无疑化諸眾生迴向世般若身心境界似如睡覺之
人思說夢事假使万億衆中所見如理或時世間迴天動地
不得為事乃乃亦別无无記意十剎那成就相離不斷嚴
一六如照他智心或時之中不假六根行用以意證到此者
為出世能心三昧譬如世間大富長者雖有多財命終
後乃至嶽塵不能隨去如是三昧足尔乃至山嶽念无
何事心不通心又通心地大度大地水火風大名如本際无實

不得為事了了別无无記意十刹那成就相應不斷滅
六如照世智心、或時之中不假六根行用如意證到此者
為出世絕心三昧譬如世間大富長者雖有多財命終
沒乃至微塵不能隨去如是三昧皆亦乃至微念无
有停止不遍心、遍心地大於大地水火風大各如本際无实
身得意生身縱容身於一念中若欲棄捨如脫故衣无无痛
癢雖未能斷過去恒沙无明種子而无現行未來煩惱心
无方所念念循行遍法一无异入法界流海專心精進如救頭
然闇境漸明見於本性　或習相續證十方刹但以心眼及觀
眾生心行分別不以肉眼開見即閉眼不見乃至六根皆復
如是如從此境正觀現前轉轉照明向於歸地專意精
進相續不斷於此地中身遍十方百佛世界歡喜
踊躍无邊其身入百万阿僧祇功德法門於諸佛界
聞法不息入法界體除无明闇念念中證无量三昧
如善財童子藉佛法界求善知識於念念中始知
一切眾生從无始已來皆是父母起大慈悲隨力現
身於六道中救拔不息積功累德證无生忍超於
七地達諸佛意分身百億恒河沙微塵等世界中得
无功用證自然智運運遍遍成就眾生應以佛身
得度者即現佛身而為說法乃至畜生身得度者
即皆現之成就眾生猶如天上月遍現　諸水中月
不來入水中以兩明故能現之此菩薩亦爾雖現化身
不隨彼轉以有因故始能應現此等諸用名為十地
雖分身百億在世行化心遍法界湛然无异復過

皆現之成熟衆生猶如天上日雖現諸水中自
不來入水中以兩明故能現之此𦬇亦爾雖現化身
不隨彼轉以有因故始能應現此𦬇諸用名為十地
雖亦身百億在世行化心遍法界湛然無身淩遍
此地大覺圓成如瑠璃山應現十方悟更照明能
現無邊化剎功德莊嚴顯現恒沙大衆圍遶一切
諸法無不能現自在無身超金剛三昧心無分別普知
諸法盡無明際證首楞嚴經定了知未曾作凡夫上知
無果可證雖從發心已來求善知識學法循道斷
滅煩惱並知虛行如人夢中見身有病服藥得
可睡眠覺已了知不曾有病亦不曾服藥而得
可又如醉人將身覓身後醉醒已知不曾覓亦不
曾得如是三昧亦復如是亦名三昧王亦名極地又
名仏地𦬇已到如是地不念三昧亦不念得三昧亦不
念已得三昧𦬇盧舍那智海圓滿報身三世諸仏
一等無異猶如百億恒沙衆寶金山自性光明照虛
空界如是境界不可思議不可度量不可智測乃
至十地不能圓見具足三身隱現自在　一者法身
二報身　三化身　言法身者清淨無身猶如虛空無
得無失無作不生不滅無始無終無成無壞
無覺無說一切衆生悉皆同有上至諸仏下至蟻子
體性一相故名法身言報身者是恒沙功德大
智大空為體如日初出合光虛空報身成就合於法
[illegible]

……作不生不滅无始无終无成无壞
无覺无説一切衆生悉皆同有上至諸佛下至蟻子
體性一相故名法身言報身者是恒沙功德大
智大定為體如日初出合光塵空報身成就合於法
界有得无失有從有作有生无滅有始无終有覺
无説有成无壞唯佛與佛獨有此身地上菩薩隨證云
有地前菩薩二乘凡夫如盲見色元无有分此名報身
言化身者隨機應現出入自在以色為體緣熟出
世緣散現滅有終有作有得有失有生有滅有成
有壞有始有終有説无覺无常有化名為化身雖
有三名而體是一譬如火性　一者熱性　二者赤性
三者明性　赤性者以決定故似對報身　明性者有
不有以不定故如化身雖有三名而體是一深達
此意名為佛地願諸行者細意尋思經不能
修讀着心照路得力无過此門滅罪消殃
不過此理努力努力若自修之若著文思汝棄不
失八万細行攝在其中三千威儀亦在其次常
樂我淨元從此題向轉廿填其中不離
一切利根修道之人欲頓入佛法不待後時受記及
次弟行不住三昧正受及十種地者要須達諸佛意
者不住一切法當順自家无住體性者一切衆生本
來是有不是今修道始能作也但發心者一切時一切
處莫皆不遍元不在者不問老小時在家出家
時貴賤富貴時一切時重處若能發心並是有之

者不住一切法當順自家无住住體性者一切衆生本
来具有不是今脩道始能作也但發心者一切時一切
處莫皆不遍无不在者不問老小時在家出家
時貧賤富貴時一切時處若能發心並具有之
若晝若夜亦遍在平旦晨時乃至十二時中有能
發心時皆遍有若喫食時若行住坐卧時乃至
痾屎時皆遍若門前若舍裏亦遍仏堂中亦遍
上廁亦遍合眼時開眼時語嘿時亦遍乃至一切處
莫不皆有亦鈍根之人雖聞仏法即見色身為趣人起
種種分別即次第修行種種法門不達仏意仏意者
即自心體是也心體无念心體无求心體无所心體无住
心體无得失心體无仏无有色相心體亦是无一切法可得
者夫人即是不信自心清淨不信本心清淨故即有法
可得若有少法可得者即不得阿耨多羅三藐三菩提
亦无眼耳鼻舌身意乃至无智亦无得呈向心上
无可向外處无也欲作仏者應離一切相一切相者不
是外邊山河大地森羅万像是一切相也但是心上起
念求仏法及菩提相是一切相也何以故是心即是仏不可
將仏求仏不可將心求心不可將覺覺覺不可執拳
覓手離冰覓水者必無是處皆是外邊覓仏求仏外
邊求菩提外邊求菩提外邊求文殊師利
外求般若波羅蜜外求淨土外求十地外求三昧外
求受記之人如此求菩提菩提亦不到念念之中去菩
是進退似人欲求入真如我西向西直上千萬萬里

是求菩薩求菩提外是求菩薩求觀世音求文殊師利
外求般若波羅蜜外求淨土外求十地外求三昧外
求受記之人如此求求菩提驢年亦不到念念之中去菩
提甚遠如人欲求入京出城西門向西直上行步去京
漸遠並枉功夫用功雖多獲果甚少汝等利根循
道要須將心即心上一切法心上無佛亦莫外求佛心上無
菩提心上無般若心上無菩薩心上無淨土心上無知解心上
無見聞覺知外亦莫求知解等一切法心上無貪瞋
癡外莫起貪瞋癡心上無天堂地獄六道四生乃
至一切善法惡法外莫是莫非莫求莫捨莫覓莫
信莫歸之但更能不作一切法不求一切法不覓一切
法不循行一切法不思惟一切法不念一切法此即是佛即是
菩薩即是般若波羅蜜即是菩薩懺若心中乃至起纖
念者出過法性人如蠶吐絲還自縛如木出火還自燒
世人心動有所求處皆受苦樂報以不依佛意故名
為逆佛人亦名謗佛人何以故佛體即是無心是人無心中
立心求念可不是逆佛人如心中更無別佛法人離心求
佛即是謗佛如人無罪有諸人有過可不謗他耶答
心循道人亦然心中無一切法者欲求一切法者即是
謗心心者即是謗佛也一切諸佛皆從心生故問曰外道
是可先有佛耶　答曰汝但順自家無心之佛即達
外是一切諸佛不是覓他外佛而能見自心佛也汝先滅六
別心始令外諸佛意若將心別求佛者何時得見真佛
故經云當觀自身實相觀佛亦然實相者自心上不起

是可先有仏耶　若已證仏性自實无心之仏即違
久遠一切諸仏不是究竟仏而能見自心仏也汝先滅亦
別心始合外諸仏意若將亦別求仏者何時得見真仏
故經云當觀自身實相觀仏亦然實相者自心上不起
一切假名念求名為實相又經云菴提遮女无不出門
常見諸仏十大弟子千二百五十羅漢常隨仏行而不見仏
可由外邊色身納仏耶以要言之皆由不立心也有一人
夜蹹菽皮將是蠛蠓以損殘業即隨去惡道更有一人
夜蹹蠛蠓為是菽皮不起心想即不成業亦不受報
一獵師口云我十年殺生然後休殺至第三日命終
其十年殺生眾並受苦報此人未殺生以自心相計念
成業故受苦報阿闍世王殺父害母作五逆罪仏遣
心中覓罪不得罪性當消滅提婆達多墮於地獄
受生悔過心地獄變成如第三禪樂若如此者心外實
有業報耶心外可有仏耶當知並由心作心淨仏土淨
若能當下淨心不起一切念求者此人即是頓悟仏
法更不待次第脩行始悟如人睡時眼口亦睡耳
鼻舌脇乃至身中八万四千筋脈一切時皆睡眠
若睡覺一切一時睡覺更不待次第別覺不可先
從眼覺然後耳覺乃至一一次第覺也覺即一時
覺睡即一時睡行即一時行坐即一時坐飢亦一時飢
飽亦一時飽實无次第若利根脩道者從初發心
便成正覺不住待十地此即是仏即是般若波羅蜜
故經云欲求仏者當學般若波羅蜜欲求菩提欲

覺悟即一時悟行亦一時行坐即一時坐飢亦一時飢
飽亦一時飽无次第若利根脩道者從初發心
便成正覺不住待十地七即是仏即是般若波羅蜜
故経云欲求仏者當學般若波羅蜜欲求菩提欲
求菩薩當學般若波羅蜜乃至欲求一切智及一切
法但學般若波羅蜜万法自然成般若波羅蜜者
即彼岸智慧也彼岸者即一切衆生心體也但順心
體者一切法一時成更不勞次第别學方可成也如
肚裏飢但向口中與食即飽眼飢亦口中與食耳
鼻身脚手飢但向口中與食即飽不可眼裏著
食得飽乃至手脚上著食而得飽下要須向口中與
食始可得飽飢飽皆一時无有次第如經云有眼人見
像更无次第所見塵也盲人莫像次第所見不等
不離像終不見像體也一切脩道人欲求仏欲求
見求十地菩薩求淨土但向心中求一切法皆自然一時
更不待次第也　　問汝現心念一匹馬先從頭念
當先從尾念從何次第念若滅此念馬之心從
次第滅眼見一箇人從次第見耳聞諸聲從何次第聞
念我所念一切法念皆一時念滅皆一時滅聞皆一時
即見皆一時見大乘无次第見聞念滅若思量大城
念滅皆一時无有從西門至東門次第念亦无從東門
至西門一時滅皆一時无前後次第汝既心念一切法
時念一時滅眼見耳聞飢飽一時无前後次第者云

念我所念一切法念皆一時念滅皆一時
即見皆一時見人處无次第見聞念滅若思量大小城
念滅皆一時无有從西門至東門次第念亦无從東門
至西門一時滅皆一時无前後次第次說心念一切法
一時念一時滅眼見耳聞飢飽一時无前後次第者亦
如修道散亂次第諸行耶若能剎那順心體不
心一切求念者一切煩惱一時滅一切仏道一時成更
有前後名為頓悟莫汝但莫起我是凡彼是
我有苦波无苦之念不起如是等分別心者仏
道當時自然成也若存分別心欲求仏道者終无
得也若把燈覓暗終无得法若背日求明无有是
處事不覺威明暗不並要須先息生滅心然後往
仏不可先作仏然後滅心无有是處先喫食然後
飽不可先飽然後喫食故法華經云假使滿世間
皆如舍利弗盡思共度量不能測仏智之者无生滅也此
菩薩等生滅心測仏不生滅智何由可得一切人雖修
過並求他外仏求他外經不能求自仏及自心經自仏自
者不求一切法不念一切法是也若求他家仏不
遍一切時處亦有驚怖疑惑不名菩有人
若不了自心无物弗見自家仏一切時一切處皆遍
非仏堂中有仏堂外无亦不是念仏時有不念仏時
先然即一切時處皆遍若讀他家文字所說經
自即須洗手護淨心念香轉然可能讀若能讀

迺去求仏……不能……

之者不求一切法不念一切法是也若求他家仏不

遍一切時處上有驚怖疑勤不名弟有人

名不了自心无物即見自家仏一切時一切處皆遍

非仏堂中有仏堂外无亦不是念仏時有不念仏時

先然即一切時處皆遍遍者讀他家文字所說經

有即須洗手護淨心念若轉然可能讀若能讀

自家心中无文字經者即不假洗手護淨及以心

念若轉方能讀也然即日夜一切處无問淨與不

淨但能不立心剎那中十二部經並讀以了何以故

仏說十二部經意並在眾生不立心所求也如人造

也味食並在飽如人借他物用皆畏損失破壞

若用自家物者即不畏也養他家一千箇男女

不如自產一子說他財物不如自有一錢說他種々

食不如自食一口歎他家仏不如歎自心仏是

滅者无思念者无亦別者汝將生滅思想念

為仏也汝若道思想亦別淨仏

脉五藏六根母胎中是誰造鑄

地上者青黃赤白長短方

之造也地堅水溫火暖

之得此善種々諸事根

之近性一一源師造作人者我即

別求覓仏外覓解脫次第滅

味食並在飽，人借他物用皆畏損失破壞。
不用自家物者亦不畏也。養他家一千箇男女，
如自產一子。說他財物不如自有一錢。說他種種
食，不如自食一口。數他家仏，不如數自心仏。是
滅者无思念者，无分別者。汝將生滅思想分
爲仏也。汝若道思想不分別淨仏，
眼五藏六根母胎中是誰鑄？
地上爲草青黃赤白長短方
之造也，地堅水濕火熱，
之得此等種種諸事根
之道性一源，師造作人者我亦
別求覓仏，永覓解脫次第滅
八不　於仏若思量不得者，當亦不思議界
諸法既是不思議，云何求仏而欲思議分別耶？
即修道人不達此理者，永不能出生死，合仏意。
何以故？皆住生滅心。著了此意者，行住坐臥皆
是不思議界者，合諸仏界也。

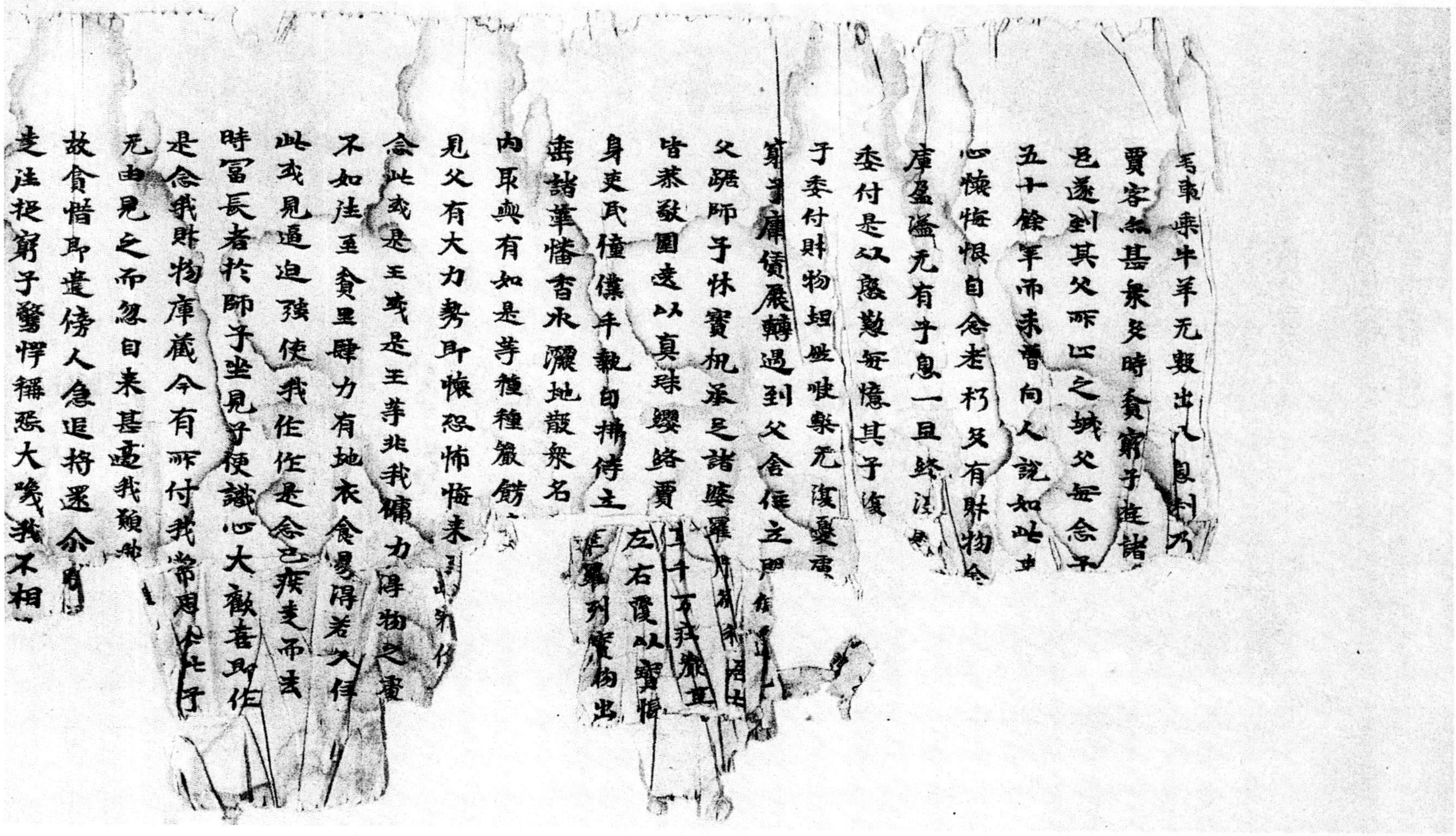

馬車乘牛羊无數出入息利乃
賈客亦甚衆多時貧窮子遊諸
邑遂到其父所止之城父每念子
五十餘年而未曾向人說如此事
心懷悔恨自念老朽多有財物金
庫盈溢无有子息一旦終沒
委付是以慇懃每憶其子復
子委付財物坦然快樂无復憂慮
窮子傭賃展轉遇到父舍住立門側
父踞師子牀寶机承足諸婆羅門刹利居士
皆恭敬圍遶以真珠瓔珞價直千萬莊嚴
身吏民僮僕手執白拂侍立左右覆以寶帳
垂諸華幡香水灑地散衆名華羅列寶物出
內取與有如是等種種嚴飾
見父有大力勢即懷恐怖悔來至此竊作
念此或是王或是王等非我傭力得物之處
不如往至貧里肆力有地衣食易得若久住
此或見逼迫強使我作作是念已疾走而去
時富長者於師子坐見子便識心大歡喜即作
是念我財物庫藏今有所付我常思念此子
无由見之而忽自來甚適我願我雖
故貪惜即遣傍人急追將還爾時
走往捉窮子驚愕稱怨大喚我不相

BD03834號　妙法蓮華經（十卷本）卷三　（21–1）

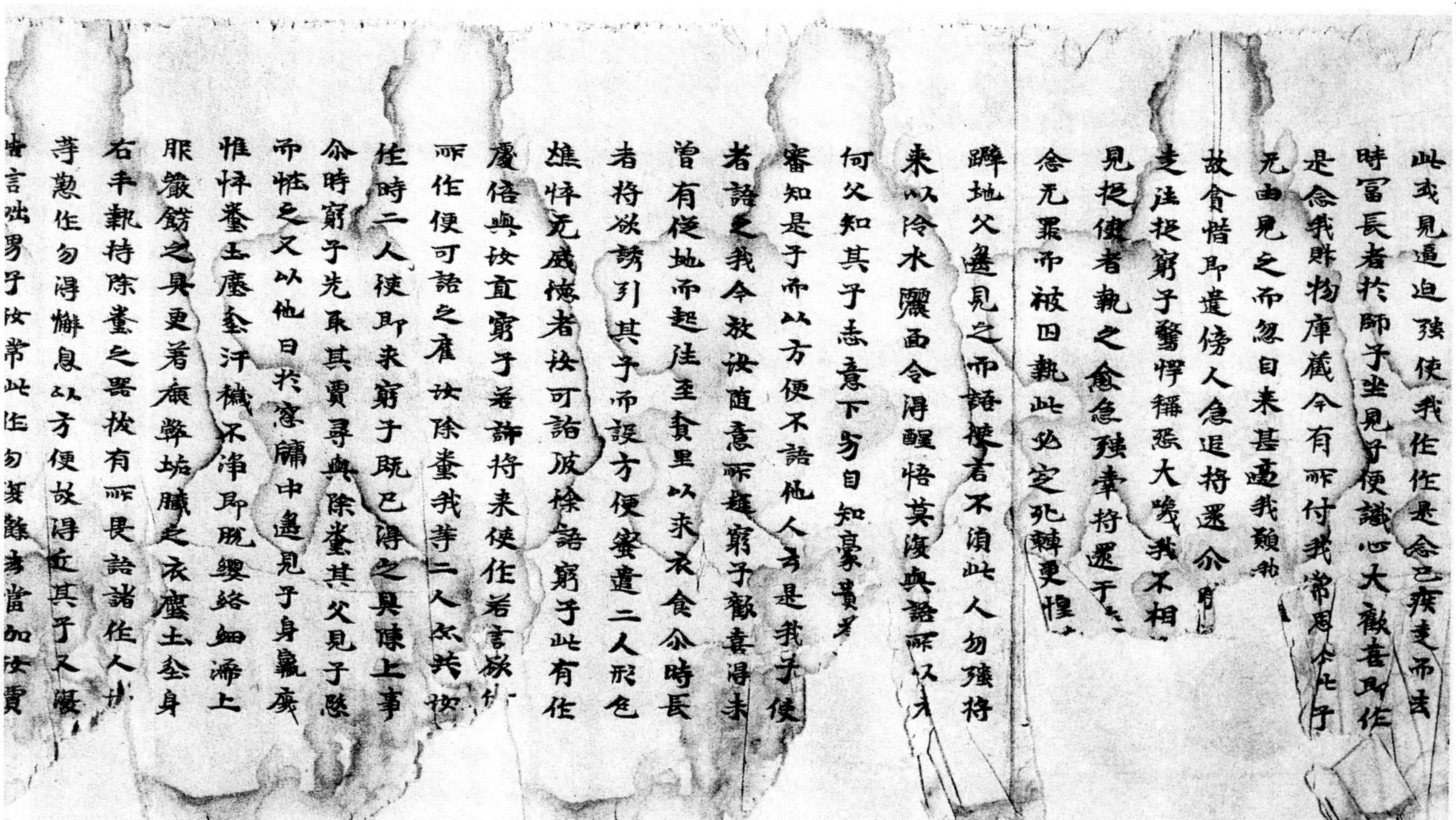

此或見逼迫強使我作作是念已疾走而去
時富長者於師子坐見子便識心大歡喜即作
是念我財物庫藏今有所付我常思念此子
无由見之而忽自來甚適我願我雖
故貪惜即遣傍人急追將還爾時
走往捉窮子驚愕稱怨大喚我不相
見捉使者執之逾急強牽將還于時
念无罪而被囚執此必定死轉更惶怖
躃地父遙見之而語使者不須此人勿強將
來以冷水灑面令得醒悟莫復與語所以者
何父知其子志意下劣自知豪貴為
審知是子而以方便不語他人云是我子使
者語之我今放汝隨意所趣窮子歡喜得未
曾有從地而起往至貧里以求衣食爾時長
者將欲誘引其子而設方便密遣二人形色
憔悴无威德者汝可詣彼徐語窮子此有作
處倍與汝直窮子若許將來使作若言欲何
所作便可語之雇汝除糞我等二人亦共汝
作時二人使即求窮子既已得之具陳上事
爾時窮子先取其價尋與除糞其父見子愍
而怪之又以他日於窗牖中遙見子身羸瘦
憔悴糞土塵坌汗穢不淨即脫瓔珞細軟上
服嚴飾之具更著麤弊垢膩之衣塵土坌身
右手執持除糞之器狀有所畏語諸作人汝
等勤作勿得懈息以方便故得近其子後復
告言咄男子汝常此作勿復餘去當加汝價

BD03834號　妙法蓮華經（十卷本）卷三　（21–2）

憔悴糞土塵坌污穢不淨即脫瓔珞細軟上
服嚴飾之具更著麤弊垢膩之衣塵土坌身
右手執持除糞之器狀有所畏語諸作人汝
等懃作勿得懈息以方便故得近其子又後
告言咄男子汝常此作勿復餘去當加汝價
諸有所須瓫器米麵鹽酢之屬莫自疑難亦
有老弊使人須者相給好自安意我如汝父
勿復憂慮所以者何我年老大而汝少壯汝
常作時无有欺怠瞋恨怨言都不見汝有此
諸惡如餘作人自今已後如所生子即時長
者更與作字名之為兒尒時窮子雖欣此遇
猶故自謂客作賤人由是之故於廿年中常
令除糞過是已後心相體信入出无難然其
所止猶在本處世尊尒時長者有疾自知將
死不久語窮子言我今多有金銀珍寶倉庫
盈溢其中多少所應取與汝悉知之我心如
是當體此意所以者何今我與汝便為不異
宜加用心无令漏失尒時窮子即受教勑領
知眾物金銀珍寶及諸庫藏而无悕取一飡
之意然其所止故在本處下劣之心亦未能
捨復經少時父知子意漸已通泰成就大志
自鄙先心臨欲終時而命其子并會親族國
王大臣剎利居士皆悉已集即自宣言諸君
當知此是我子我之所生於某城中捨吾逃
走伶俜辛苦五十餘年其本字某我名某甲
昔在本城懷憂推覓忽於此間遇會得之此

BD03834號　妙法蓮華經（十卷本）卷三　　（21–3）

捨復經少時父知子意漸已通泰成就大志
自鄙先心臨欲終時而命其子并會親族國
王大臣剎利居士皆悉已集即自宣言諸君
當知此是我子我之所生於某城中捨吾逃
走伶俜辛苦五十餘年其本字某我名某甲
昔在本城懷憂推覓忽於此間遇會得之此
實我子我實其父今吾所有一切財物皆是
子有先所出內是子所知世尊是時窮子聞
父此言即大歡喜得未曾有而作是念我本
无心有所悕求今此寶藏自然而至世尊大富
長者則是如來我等皆似佛子如來常說
我等為子世尊我等以三苦故於生死中受
諸熱惱迷惑无知樂著小法今日世尊令我
等思惟蠲除諸法戲論之糞我等於中懃加
精進得至涅槃一日之價既得此已心大歡
喜自以為足便自謂於佛法中懃精進故所
得弘多然世尊先知我等心著弊欲樂於小
法便見縱捨不為分別汝等當有如來知見
寶藏之分世尊以方便力說如來智慧我等
從佛得涅槃一日之價以為大得於此大乘无
有志求我等又因如來智慧為諸菩薩開示
演說而自於此无有志願所以者何佛知我
等心樂小法以方便力隨我等說而我等不
知真是佛子今我等方知世尊於佛智慧无
所悋惜所以者何我等昔來真是佛子而但
樂小法若我等有樂大之心佛則為我說大

BD03834號　妙法蓮華經（十卷本）卷三　　（21–4）

隨說而自於此无有志願所以者何佛知我
等心樂小法以方便力隨我等說而我等不
知真是佛子今我等方知世尊於佛智慧无
所悋惜所以者何我等昔來真是佛子而但
樂小法若我等有樂大之心佛則為我說大
乘法此經中唯說一乘而昔於菩薩前毀呰
聲聞樂小法者然佛實以大乘教化是故我
等說本无有心有所悕求今法王大寶自然
而至如佛子所應得者皆已得之尒時摩訶
迦葉欲重宣此義　事而說偈言

我等今日　聞佛音教　歡喜踊躍　得未曾有
佛說聲聞　當得作佛　无上寶聚　不求自得
譬如童子　幼稚无識　捨父逃逝　遠到他土
周流諸國　五十餘年　其父憂念　四方推求
求之既疲　頓止一城　造立舍宅　五欲自娛
其家巨富　多諸金銀　車璖馬瑙　真珠琉璃
象馬牛羊　輦轝車乘　田業僮僕　人民衆多
出入息利　乃遍他國　商估賈人　无處不有
千万億衆　圍遶恭敬　常為王者　之所愛念
羣臣豪族　皆共宗重　以諸緣故　往來者衆
豪富如是　有大力勢　而年朽邁　益憂念子
夙夜惟念　死時將至　癡子捨我　五十餘年
庫藏諸物　當如之何
尒時窮子　求索衣食　從邑至邑　從國至國
或有所得　或无所得　飢餓羸瘦　體生瘡癬

BD03834號　妙法蓮華經（十卷本）卷三　（21–5）

夙夜惟念　死時將至　癡子捨我　五十餘年
庫藏諸物　當如之何
尒時窮子　求索衣食　從邑至邑　從國至國
或有所得　或无所得　飢餓羸瘦　體生瘡癬
漸次經歷　到父住城　傭賃展轉　遂到父舍
尒時長者　於其門內　施大寶帳　處師子坐
眷屬圍遶　諸人侍衛
或有計筭　金銀寶物　出內財產　注記券疏
窮子見父　豪貴尊嚴　謂是國王　若是王等
驚怖自怪　何故至此
覆自念言　我若久住　或見逼迫　強駈使作
思惟是已　馳走而去　借問貧里　欲往傭作
長者是時　在師子坐　遙見其子　嘿而識之
即勑使者　追捉將來　窮子驚喚　迷悶躄地
是人執我　必當見殺　何用衣食　使我至此
長者知子　愚癡狹劣　不信我言　不信是父
即以方便　更遣餘人　眇目矬陋　无威德者
汝可語之　云當相雇　除諸糞穢　倍與汝價
窮子聞之　歡喜隨來　為除糞穢　淨諸房舍
長者於牖　常見其子　念子愚劣　樂為鄙事
於是長者　著弊垢衣　執除糞器　往到子所
方便附近　語令勤作
既益汝價　并塗足油　飲食充足　薦席厚煖
如是苦言　汝當勤作　又以軟語　若如我子
長者有智　漸令入出　經二十年　執作家事

BD03834號　妙法蓮華經（十卷本）卷三　（21–6）

於是長者 著弊垢衣 執除糞器 往到子所
方便附近 語令勤作
既益汝價 并塗足油 飲食充足 薦席厚煖
如是苦言 汝當懃作 又以濡語 若如我子
長者有智 漸令入出 經二十年 執作家事
示其金銀 真珠頗梨 諸物出入 皆使令知
猶處門外 止宿草菴 自念貧事 我无此物
父知子心 漸已曠大 欲與財物 即聚親族
國王大臣 刹利居士 於此大眾 說是我子
捨我他行 經五十歲 自見子來 已二十年
昔於某城 而失是子 周行求索 遂來至此
凡我所有 舍宅人民 悉以付之 恣其所用
子念昔貧 志意下劣 今於父所 大獲珍寶
并及舍宅 一切財物 甚大歡喜 得未曾有
佛亦如是 知我樂小 未曾說言 汝等作佛
而說我等 得諸无漏 成就小乘 聲聞弟子
佛勑我等 說最上道 脩習此者 當得成佛
我承佛教 為大菩薩 以諸因緣 種種譬喻
若干言辭 說无上道
諸佛子等 從我聞法 日夜思惟 精懃脩習
是時諸佛 即授其記 汝於來世 當得作佛
一切諸佛 祕藏之法 但為菩薩 演其實事
而不為我 說斯真要
如彼窮子 得近其父 雖知諸物 心不悕取
我等雖說 佛法寶藏 自无志願 亦復如是

BD03834號　妙法蓮華經（十卷本）卷三　（21–7）

是時諸佛 即授其記 汝於來世 當得作佛
一切諸佛 祕藏之法 但為菩薩 演其實事
而不為我 說斯真要
如彼窮子 得近其父 雖知諸物 心不悕取
我等雖說 佛法寶藏 自无志願 亦復如是
我等內滅 自謂為足 唯了此事 更无餘事
我等若聞 淨佛國土 教化眾生 都无欣樂
所以者何 一切諸法 皆悉空寂 无生无滅
无大无小 无漏无為 如是思惟 不生喜樂
我等長夜 於佛智慧 无貪无著 无復志願
而自於法 謂是究竟
我等長夜 脩習空法 得脫三界 苦惱之患
住最後身 有餘涅槃 佛所教化 得道不虛
則為已得 報佛之恩
我等雖為 諸佛子等 說菩薩法 以求佛道
而於是法 永无願樂
導師見捨 觀我心故 初不勸進 說有實利
如富長者 知子志劣 以方便力 柔伏其心
然後乃付 一切財寶
佛亦如是 現希有事 知樂小者 以方便力
調伏其心 乃教大智
我等今日 得未曾有 非先所望 而今自得
如彼窮子 得无量寶
世尊我今 得道得果 於无漏法 得清淨眼
我等長夜 持佛淨戒 始於今日 得其果報
法王法中 久脩梵行 今得无漏 无上大果

BD03834號　妙法蓮華經（十卷本）卷三　（21–8）

我等今日 得未曾有 非先所望 而今自得
如彼窮子 得无量寶
世尊我今 得道得果 於无漏法 得清淨眼
我等長夜 持佛淨戒 始於今日 得其果報
法王法中 久脩梵行 今得无漏 无上大果
我等今者 真是聲聞 以佛道聲 令一切聞
我等今者 真阿羅漢 於諸世間 天人魔梵
普於其中 應受供養
世尊大恩 以希有事 憐愍教化 利益我等
无量億劫 誰能報者
手足供給 頭頂礼敬 一切供養 皆不能報
若以頂戴 兩肩荷負 於恒沙劫 盡心恭敬
又以美饍 无量寶衣 及諸臥具 種種湯藥
牛頭栴檀 及諸珍寶 以起塔廟 寶衣布地
以斯等事 以用供養 於恒沙劫 亦不能報
諸佛希有 无量无邊 不可思議 大神通力
无漏无為 諸法之王 能為下劣 忍于斯事
取相凡夫 隨宜為說 諸佛於法 得最自在
知諸衆生 種種欲樂 及其志力 隨所堪任
以无量喻 而為說法
隨諸衆生 宿世善根 又知成熟 未成熟者
種種籌量 分別知已 於一乘道 隨宜說三
妙法蓮華經藥草喻品第五
尒時世尊告摩訶迦葉及諸大弟子善哉善
哉迦葉善說如來真實功德誠如所言如來

BD03834號　妙法蓮華經（十卷本）卷三　（21–9）

種種籌量 分別知已 於一乘道 隨宜說三
妙法蓮華經藥草喻品第五
尒時世尊告摩訶迦葉及諸大弟子善哉善
哉迦葉善說如來真實功德誠如所言如來
復有无量无邊阿僧祇功德汝等若於无量
億劫說不能盡迦葉當知如來是諸法之王
若有所說皆不虛也於一切法以智方便而
演說之其所說法皆悉到於一切智地如來
觀知一切諸法之所歸趣亦知一切衆生深
心所行通達无㝵又於諸法究盡明了示諸
衆生一切智慧迦葉譬如三千大千世界山
川谿谷土地所生卉木叢林及諸藥草種類
若干名色各異密雲弥布遍覆三千大千世
界一時等澍其澤普洽卉木叢林及諸藥草
小根小莖小枝小葉中根中莖中枝中葉大
根大莖大枝大葉諸樹大小隨上中下各有
所受一雲所雨稱其種性而得生長華菓敷
實雖一地所生一雨所潤而諸草木各有差
別迦葉當知如來亦復如是出現於世如大
雲起以大音聲普遍世界天人阿脩羅如彼
大雲普覆三千大千國土於大衆中而唱是
言我是如來應供正遍知明行足善逝世間
解无上士調御丈夫天人師佛世尊未度者
令度未解者令解未安者令安未涅槃者令
得涅槃今世後世如實知之我是一切知者
一切見者知道者開道者說道者

BD03834號　妙法蓮華經（十卷本）卷三　（21–10）

言我是如來應供正遍知明行足善逝世間
解无上士調御丈夫天人師佛世尊未度者
令度未解者令解未安者令安未涅槃者令
得涅槃今世後世如實知之我是一切知者
一切見者知道者開道者說道者汝等天人
阿脩羅衆皆應到此為聽法故
尒時无數千万億種衆生來至佛所而聽法
如來于時觀是衆生諸根利鈍精進懈怠隨
其所堪而為說法種種无量皆令歡喜快得
利善是諸衆生聞是法已現世安隱後生善
處以道受樂亦得聞法既聞法已離諸鄣导
於諸法中任力所能漸得入道如彼大雲雨
於一切卉木叢林及諸藥草如其種性具足
蒙潤各得生長如來說法一相一味所謂解
脫相離相滅相究竟至於一切種智其有衆
生聞如來法若持讀誦如說脩行所得功德
不自覺知所以者何唯有如來知此衆生種
相體性念何事思何事脩何事云何念云何
思云何脩以何法念以何法思以何法脩以
何法得何法衆生住於種種之地唯有如來
如實見之明了无导如彼卉木叢林諸藥草
等而不自知上中下性如來知是一相一味
之法所謂解脫相離相滅相究竟涅槃常寂
滅相終歸於空佛知是已觀衆生心欲而將
護之是故不即為說一切種智汝等迦葉甚

BD03834號　妙法蓮華經（十卷本）卷三　（21-11）

等而不自知上中下性如來知是一相一味
之法所謂解脫相離相滅相究竟涅槃常寂
滅相終歸於空佛知是已觀衆生心欲而將
護之是故不即為說一切種智汝等迦葉甚
為希有能知如來隨宜說法能信能受所以
者何諸佛世尊隨宜說法難解難知尒時世
尊欲重宣此義而說偈言

破有法王　出現於世　隨衆生欲　種種說法
如來尊重　智慧深遠　久嘿斯要　不務速說
有智若聞　則能信解　无智疑悔　則為永失
是故迦葉　隨力為說　以種種緣　令得正見
迦葉當知　譬如大雲　起於世間　遍覆一切
惠雲含潤　電光晃耀　雷聲遠震　令衆悅豫
日光掩蔽　地上清涼　靉靆垂布　如可承攬
其雨普等　四方俱下　流澍无量　率土充洽
山川嶮谷　幽邃所生　卉木藥草　大小諸樹
百穀苗稼　甘蔗蒲桃　雨之所潤　无不豐足
乾地普洽　藥木並茂
其雲所出　一味之水　草木叢林　隨分受潤
一切諸樹　上中下等　稱其大小　各得生長
根莖枝葉　華菓光色　一雨所及　皆得鮮澤
如其體相　性分大小　所潤是一　而各滋茂
佛亦如是　出現於世　譬如大雲　普覆一切
既出于世　為諸衆生　分別演說　諸法之實
大聖世尊　於諸天人　一切衆中　而宣是言
我為如來　兩足之尊　出于世間　猶如大雲

BD03834號　妙法蓮華經（十卷本）卷三　（21-12）

佛亦如是　出現於世　譬如大雲　普覆一切
既出于世　為諸衆生　分別演說　諸法之實
大聖世尊　於諸天人　一切衆中　而宣是言
我為如來　兩足之尊　出于世間　猶如大雲
充潤一切　枯槁衆生　皆令離苦　得安隱樂
世間之樂　及涅槃樂
諸天人衆　一心善聽　皆應到此　覲无上尊
我為世尊　无能及者　安隱衆生　故現於世
為大衆說　甘露淨法　其法一味　解脫涅槃
以一妙音　演暢斯義　常為大乘　而作因緣
我觀一切　普皆平等　无有彼此　愛憎之心
我无貪著　亦无限㝵　恒為一切　平等說法
如為一人　衆多亦然
常演說法　曾无他事　去來坐立　終不疲猒
充足世間　如雨普潤　貴賤上下　持戒毀戒
威儀具足　及不具足　正見邪見　利根鈍根
等雨法雨　而无懈惓
一切衆生　聞我法者　隨力所受　住於諸地
或處人天　轉輪聖王　釋梵諸王　是小藥草
知无漏法　能得涅槃　起六神通　及得三明
獨處山林　常行禪定　得緣覺證　是中藥草
求世尊處　我當作佛　行精進定　是上藥草
又諸佛子　專心佛道　常行慈悲　自知作佛
決定无疑　是名小樹
安住神通　轉不退輪　度无量億　百千衆生

BD03834號　妙法蓮華經（十卷本）卷三　（21–13）

獨處山林　常行禪定　得緣覺證　是中藥草
求世尊處　我當作佛　行精進定　是上藥草
又諸佛子　專心佛道　常行慈悲　自知作佛
決定无疑　是名小樹
安住神通　轉不退輪　度无量億　百千衆生
如是菩薩　名為大樹
佛平等說　如一味雨　隨衆生性　所受不同
如彼草木　所稟各異
佛以此喻　方便開示　種種言辞　演說一法
於佛智慧　如海一渧
我雨法雨　充滿世間　一味之法　隨力脩行
如彼叢林　藥草諸樹　隨其大小　漸增茂好
諸佛之法　常以一味　令諸世間　普得具足
漸次脩行　皆得道果
聲聞緣覺　處於山林　住最後身　聞法得果
是名藥草　各得增長
若諸菩薩　智慧堅固　了達三界　求最上乘
是名小樹　而得增長
復有住禪　得神通力　聞諸法空　心大歡喜
放无數光　度諸衆生　是名大樹　而得增長
如是迦葉　佛所說法　譬如大雲　以一味雨
潤於人華　各得成實
迦葉當知　以諸因緣　種種譬喻　開示佛道
是我方便　諸佛亦然
今為汝等　說最實事　諸聲聞衆　皆非滅度
汝等所行　是菩薩道　漸漸脩學　悉當成佛

BD03834號　妙法蓮華經（十卷本）卷三　（21–14）

潤於人華　各得成實
迦葉當知　以諸因緣　種種譬喻　開示佛道
是我方便　諸佛亦然
今為汝等　說最實事　諸聲聞衆　皆非滅度
汝等所行　是菩薩道　漸漸脩學　悉得成佛

妙法蓮華經授記品第六

尒時世尊說是偈已告諸大衆唱如是言我
此弟子摩訶迦葉於未來世當得奉覲三百
万億諸佛世尊供養恭敬尊重讚歎廣宣諸
佛无量大法於最後身得成為佛名曰光明
如來應供正遍知明行足善逝世間解无上
士調御丈夫天人師佛世尊國名光德劫名
大莊嚴佛壽十二小劫正法住世廿小劫像
法亦住廿小劫國界嚴飾无諸穢惡瓦礫荊
棘便利不淨其土平正无有高下坑坎堆阜
流離為地寶樹行列黃金為繩以界道側散
諸寶華周遍清淨其國菩薩无量千億諸聲
聞衆亦復无數无有魔事雖有魔及魔民皆
護佛法尒時世尊欲重宣此義而說偈言
告諸比丘　我以佛眼　見是迦葉　於未來世
過无數劫　當得作佛
而於來世　供養奉見　三百万億　諸佛世尊
為佛智慧　淨脩梵行
供養最上　二足尊已　脩集一切　无上之慧
於最後身　得成為佛

BD03834號　妙法蓮華經（十卷本）卷三　（21–15）

過无數劫　當得作佛
而於來世　供養奉見　三百万億　諸佛世尊
為佛智慧　淨脩梵行
供養最上　二足尊已　脩集一切　无上之慧
於最後身　得成為佛
其土清淨　流離為地　多諸寶樹　行列道側
金繩界道　見者歡喜　常出好香　散衆名華
種種奇妙　以為莊嚴　其地平正　无有丘坑
諸菩薩衆　不可稱計　其心調柔　逮大神通
奉持諸佛　大乘經典
諸聲聞衆　无漏後身　法王之子　亦不可計
乃以天眼　不能數知
其佛當壽　十二小劫　正法住世　二十小劫
像法亦住　二十小劫　光明世尊　其事如是
尒時大目揵連須菩提摩訶迦旃延等皆悉
悚慄一心合掌瞻仰世尊目不暫捨即共同
聲而說偈言
大雄猛世尊　諸釋之法王　哀愍我等故　而賜佛音聲
若知我深心　見為授記者　如以甘露灑　除熱得清涼
如從飢國來　忽遇大王饍　心猶懷疑懼　未敢即便食
若復得王教　然後乃敢食
我等亦如是　每惟小乘過　不知當云何　得佛无上慧
雖蒙佛音聲　言我等作佛　心常懷憂懼　如未敢便食
若蒙佛授記　尒乃快安樂
大雄猛世尊　常欲安世間　願賜我等記　如飢須教食
尒時世尊知諸大弟子心之所念告諸比丘是

BD03834號　妙法蓮華經（十卷本）卷三　（21–16）

若復得王教　然後乃敢食
我等亦如是　每惟小乘過　不知當云何　得佛无上慧
雖聞佛音聲　言我等作佛　心尚懷憂懼　如未敢便食
若蒙佛授記　尒乃快安樂
大雄猛世尊　常欲安世間　願賜我等記　如飢須教食
尒時世尊知諸大弟子心之所念告諸比丘是
須菩提於當來世奉覲三百万億那由他佛
供養恭敬尊重讚嘆常脩梵行具菩薩道於
最後身得成為佛号曰名相如來應供正遍
知明行足善逝世間解无上士調御丈夫天
人師佛世尊劫名有寶國名寶生其土平政
頗梨為地寶樹莊嚴无諸丘坑沙礫荊蕀便
利之穢寶華覆地周遍清淨其土人民皆處
寶臺珎妙樓閣聲聞弟子无量无邊筭數譬
喻所不能知諸菩薩衆无數千万億那由他
佛壽十二小劫正法住世二十小劫像法亦
住二十小劫其佛常處虛空為衆說法度脫
无量菩薩及聲聞衆尒時世尊欲重宣此義
而說偈言
諸比丘衆　今告汝等　皆當一心　聽我所說
我大弟子　須菩提者　當得作佛　号曰名相
當供无數　万億諸佛　隨佛所行　漸具大道
最後身得　三十二相　端政殊妙　猶如寶山
其佛國土　嚴淨第一　衆生見者　无不愛樂
佛於其中　度无量衆
其佛法中　多諸菩薩　皆悉利根　轉无上輪

BD03834 號　妙法蓮華經（十卷本）卷三　（21–17）

當供无數　万億諸佛　隨佛所行　漸具大道
最後身得　三十二相　端政殊妙　猶如寶山
其佛國土　嚴淨第一　衆生見者　无不愛樂
佛於其中　度无量衆
其佛法中　多諸菩薩　皆悉利根　轉无上輪
彼國常以　菩薩莊嚴
諸聲聞衆　不可稱數　皆得三明　具六神通
住八解脫　有大威德
其佛說法　現於无量　神通變化　不可思議
諸天人民　數如恒沙　皆共合掌　聽受佛語
其佛當壽　十二小劫　正法住世　二十小劫
像法亦住　二十小劫
尒時世尊復告諸比丘衆我今語汝是大迦
旃延於當來世以諸供具供養奉事八千億
佛恭敬尊重諸佛滅後各起塔廟高千由旬
縱廣正等五百由旬以金銀琉璃車璖馬瑙
真珠玫瑰七寶合成衆華瓔珞塗香末香燒
香繒蓋幢幡供養塔廟過是已後當復供養
二万億佛亦復如是供養是諸佛已具菩薩
道當得作佛号曰閻浮那提金光如來應供
正遍知明行足善逝世間解无上士調御丈
夫天人師佛世尊其土平政頗梨為地寶樹
莊嚴黃金為繩以界道側妙華覆地周遍清
淨見者歡喜无四惡道地獄餓鬼畜生阿脩
羅道多有天人諸聲聞衆及諸菩薩无量万
億莊嚴其國佛壽十二小劫正法住世二十

BD03834 號　妙法蓮華經（十卷本）卷三　（21–18）

夫天人師佛世尊其土平政頗梨為地寶樹
莊嚴黃金為繩以界道側妙華覆地周遍清
淨見者歡喜无四惡道地獄餓鬼畜生阿脩
羅道多有天人諸聲聞眾及諸菩薩无量万
億莊嚴其國佛壽十二小劫正法住世二十
小劫像法亦住二十小劫尒時世尊欲重宣
此義而說偈言
諸比丘眾　皆一心聽　如我所說　真實无異
是迦旃延　當以種種　妙好供具　供養諸佛
諸佛滅後　起七寶塔　亦以華香　供養舍利
其最後身　得佛智慧　成等正覺　國土清淨
度脫无量　万億眾生　皆為十方　之所供養
佛之光明　无能勝者　其佛號曰　閻浮金光
菩薩聲聞　斷一切有　无量无數　莊嚴其國
尒時世尊復告大眾我今語汝是大目揵連
當以種種供具供養八千諸佛恭敬尊重諸
佛滅後各起塔廟高千由旬縱廣正等五百
由旬以金銀流離車渠馬瑙真珠玫瑰七寶
合成眾華瓔珞塗香末香燒香繒蓋幢幡以
用供養過是已後當復供養二百万億諸佛
亦復如是當得成佛號曰多摩羅跋栴檀香
如來應供正遍知明行足善逝世間解无上
士調御丈夫天人師佛世尊劫名喜滿國名
意樂其土平政頗梨為地寶樹莊嚴散真珠
華周遍清淨見者歡喜多諸天人菩薩
其[illegible]

BD03834 號　妙法蓮華經（十卷本）卷三　（21–19）

如來應供正遍知明行足善逝世間解无上
士調御丈夫天人師佛世尊劫名喜滿國名
意樂其土平政頗梨為地寶樹莊嚴散真珠
華周遍清淨見者歡喜多諸天人菩薩
其數无量佛壽廿四小劫正法住世卌小劫
像法亦住卌小劫尒時世尊欲重宣此義而
說偈言
我此弟子　大目揵連　捨是身已　得見八千
二百万億　諸佛世尊　為佛道故　供養恭敬
於諸佛所　常脩梵行
於无量劫　奉持佛法　諸佛滅後　起七寶塔
長表金刹　華香伎樂　而以供養　諸佛塔廟
漸漸具足　菩薩道已　於意樂國　而得作佛
號多摩羅　栴檀之香
其佛壽命　二十四劫　常為天人　演說佛道
聲聞无量　如恒河沙　三明六通　有大威德
菩薩无數　志固精進　於佛智慧　皆不退轉
佛滅度後　正法當住　四十小劫　像法亦尒
我諸弟子　威德具足　其數五百　皆當授記
於未來世　咸得成佛
我及汝等　宿世因緣　吾今當說　汝等善聽

妙法蓮華經卷第三

BD03834 號　妙法蓮華經（十卷本）卷三　（21–20）

於未來世　咸得成佛
我及汝等　宿世因緣　吾今當說　汝等善聽
妙法蓮華經卷第三

BD03834 號　妙法蓮華經（十卷本）卷三　（21–21）

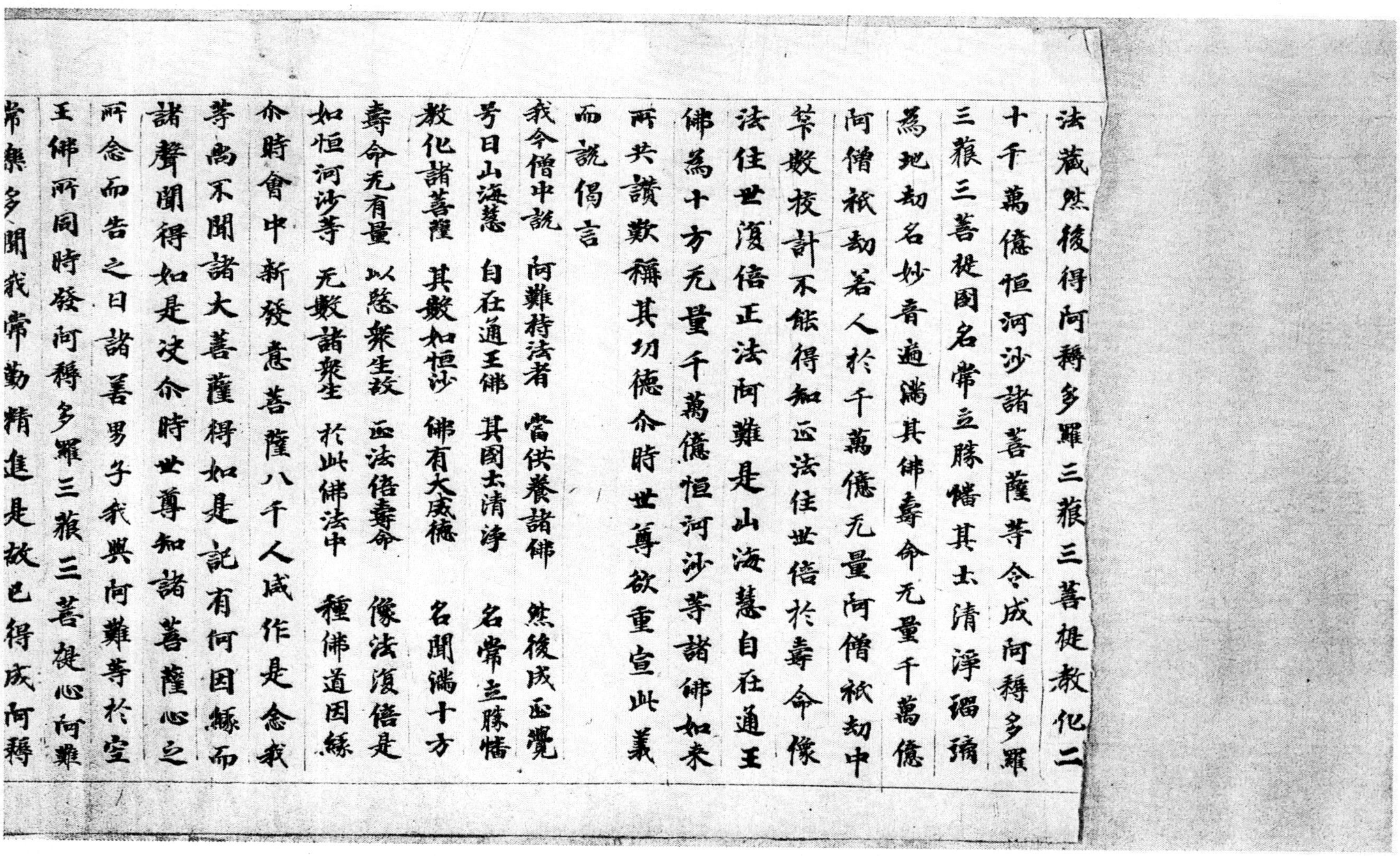
法藏然後得阿耨多羅三藐三菩提教化二
十千萬億恒河沙諸菩薩等令成阿耨多羅
三藐三菩提國名常立勝幡其土清淨瑠璃
爲地劫名妙音遍滿其佛壽命无量千萬億
阿僧祇劫若人於千萬億无量阿僧祇劫中
筭數挍計不能得知正法住世倍於壽命像
法住世復倍正法阿難是山海慧自在通王
佛爲十方无量千萬億恒河沙等諸佛如來
所共讚歎稱其功德尒時世尊欲重宣此義
而說偈言
我今僧中說　阿難持法者　當供養諸佛　然後成正覺
号曰山海慧　自在通王佛　其國土清淨　名常立勝幡
教化諸菩薩　其數如恒沙　佛有大威德　名聞滿十方
壽命无有量　以愍衆生故　正法倍壽命　像法復倍是
如恒河沙等　无數諸衆生　於此佛法中　種佛道因緣
尒時會中新發意菩薩八千人咸作是念我
等尚不聞諸大菩薩得如是記有何因緣而
諸聲聞得如是決尒時世尊知諸菩薩心之
所念而告之曰諸善男子我與阿難等於空
王佛所同時發阿耨多羅三藐三菩提心阿難
常樂多聞我常勤精進是故已得成阿耨

BD03835 號　妙法蓮華經卷四　（4–1）

等尚不聞諸大菩薩得如是記有何因緣而
諸聲聞得如是決尒時世尊知諸菩薩心之
所念而告之曰諸善男子我與阿難等於空
王佛所同時發阿耨多羅三藐三菩提心阿難
常樂多聞我常勤精進是故我已得成阿耨
多羅三藐三菩提而阿難護持我法亦護
將來諸佛法藏教化成就諸菩薩衆其本願
如是故獲斯記阿難面於佛前自聞受記
及國土莊嚴所願具足心大歡喜得未曾有
即時憶念過去无量千萬億諸佛法藏通
達无礙如今所聞亦識本願尒時阿難而說
偈言

世尊甚希有　令我念過去　无量諸佛法　如今日所聞
我今无復疑　安住於佛道　方便為侍者　護持諸佛法

尒時佛告羅睺羅汝於來世當得作佛号蹈
七寶華如來應供正遍知明行足善逝世間
解无上士調御丈夫天人師佛世尊當供養
十世界微塵等數諸佛如來常為諸佛而作
長子猶如今也是蹈七寶華佛國土莊嚴壽
命劫數所化弟子正法像法亦如山海慧自
在通王如來无異亦為此佛而作長子過是
已後當得阿耨多羅三藐三菩提尒時世尊
欲重宣此義而說偈言

我為太子時　羅睺為長子　我今成佛道　受法為法子
為未來世中　見无量億佛　皆為其長子　一心求佛道
羅睺羅密行　唯我能知之　現為我長子　以示諸衆生
无量億千萬　功德不可數　安住於佛法　以求无上道

已後當得阿耨多羅三藐三菩提尒時世尊
欲重宣此義而說偈言
我為太子時　羅睺為長子　我今成佛道　受法為法子
為未來世中　見无量億佛　皆為其長子　一心求佛道
羅睺羅密行　唯我能知之　現為我長子　以示諸衆生
无量億千萬　功德不可數　安住於佛法　以求无上道

尒時世尊見學无學二千人其意柔耎寂然清淨
一心觀佛佛告阿難汝見是學无學二千人
不唯然已見阿難是諸人等當供養五十世
界微塵數諸佛如來恭敬尊重護持法藏末
後同時於十方國各得成佛皆同一号名曰
寶相如來應供正遍知明行足善逝世間解
无上士調御丈夫天人師佛世尊壽命一劫
國土莊嚴聲聞菩薩正法像法皆悉同等尒
時世尊欲重宣此義而說偈言

是二千聲聞　今於我前住　悉皆與授記　未來當成佛
所供養諸佛　如上說塵數　護持其法藏　後當成正覺
各於十方國　悉同一名号　俱時坐道場　以證无上慧
皆名為寶相　國土及弟子　正法與像法　悉等无有異
咸以諸神通　度十方衆生　名聞普周遍　漸入於涅槃

尒時學无學二千人聞佛授記歡喜踊躍而
說偈言

世尊慧燈明　我聞授記音　心歡喜充滿　如甘露見灌

妙法蓮華經法師品第十

尒時世尊因藥王菩薩告八萬大士藥王汝
見是大衆中无量諸天龍王夜叉乹闥婆阿
脩羅迦樓羅緊那羅摩睺羅伽人與非人及

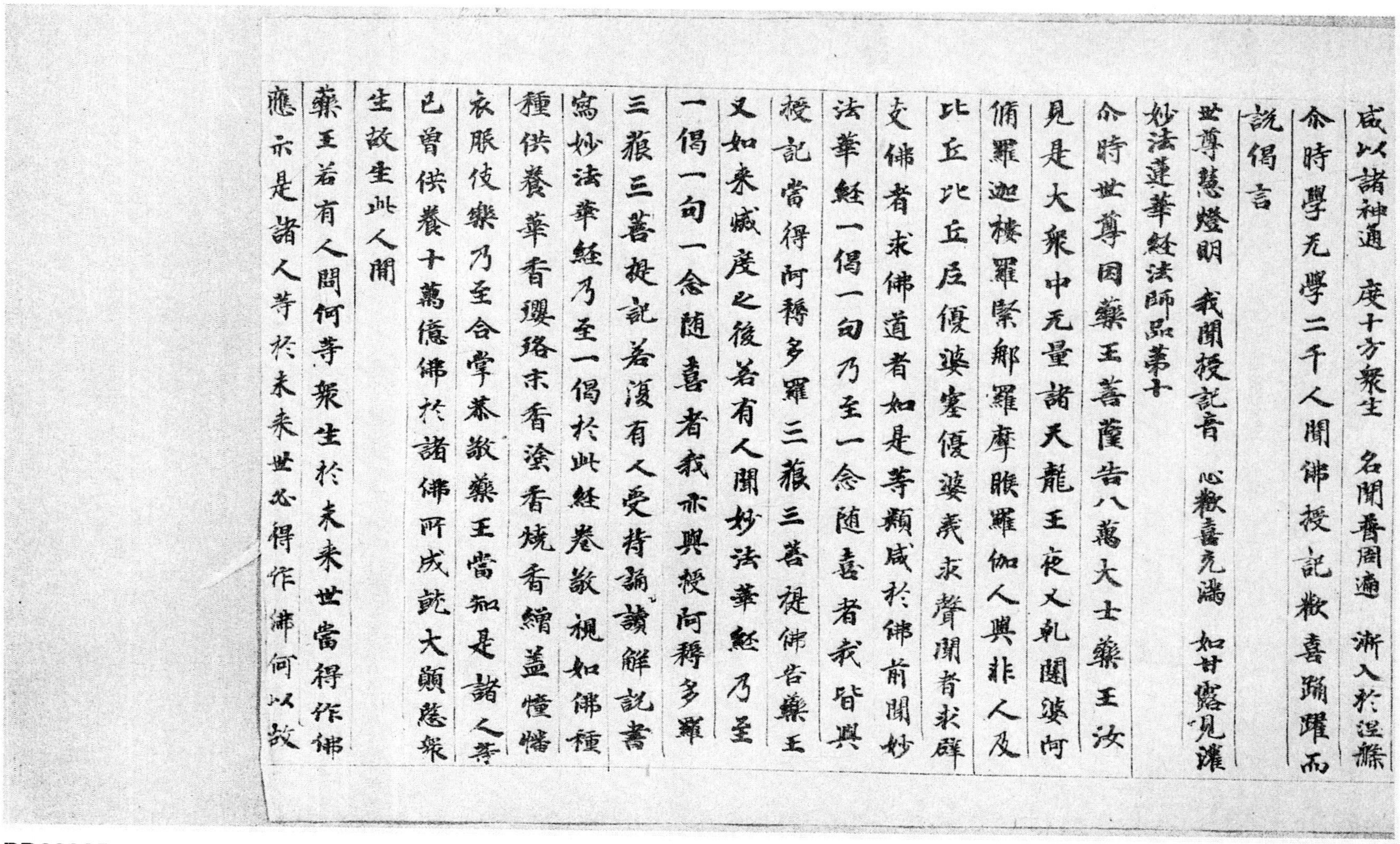
咸以諸神通　度十方衆生　名聞普周遍　漸入於涅槃
尒時學无學二千人聞佛授記歡喜踊躍而
說偈言
世尊慧燈明　我聞授記音　心歡喜充滿　如甘露見灌
妙法蓮華經法師品第十
尒時世尊因藥王菩薩告八萬大士藥王汝
見是大衆中无量諸天龍王夜叉乾闥婆阿
脩羅迦樓羅緊那羅摩睺羅伽人與非人及
比丘比丘尼優婆塞優婆夷求聲聞者求辟
支佛者求佛道者如是等類咸於佛前聞妙
法華經一偈一句乃至一念隨喜者我皆與
授記當得阿耨多羅三藐三菩提佛告藥王
又如來滅度之後若有人聞妙法華經乃至
一偈一句一念隨喜者我亦與授阿耨多羅
三藐三菩提記若復有人受持讀誦解說書
寫妙法華經乃至一偈於此經卷敬視如佛種
種供養華香瓔珞末香塗香燒香繒蓋幢幡
衣服伎樂乃至合掌恭敬藥王當知是諸人等
已曾供養十萬億佛於諸佛所成就大願愍衆
生故生此人間
藥王若有人問何等衆生於未來世當得作佛
應示是諸人等於未來世必得作佛何以故

BD03835號　妙法蓮華經卷四

（4–4）

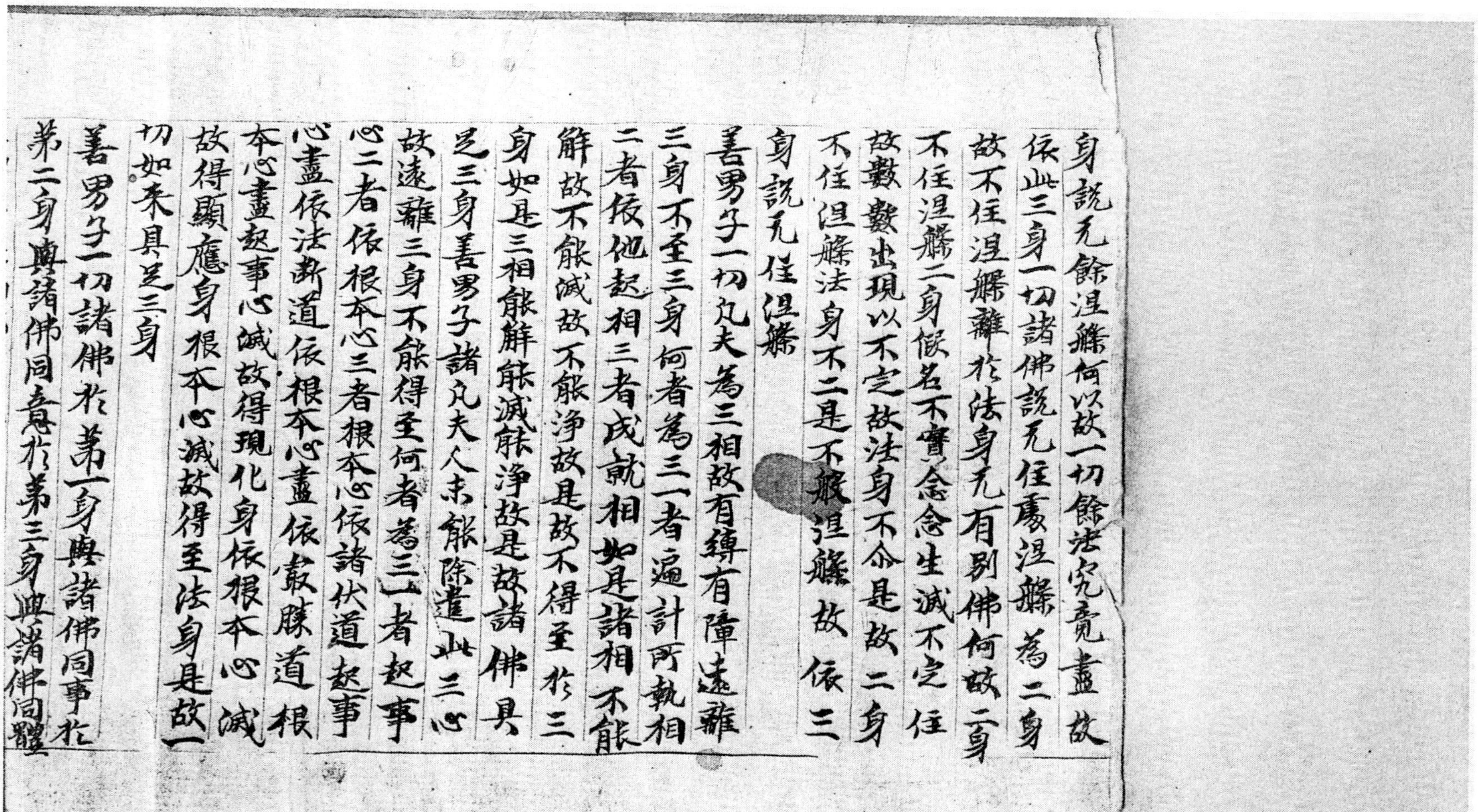
身說无餘涅槃何以故一切餘法究竟盡故
依此三身一切諸佛說无住處涅槃爲二身
故不住涅槃離於法身无有別佛何故二身
不住涅槃二身假名不實念念生滅不定住
故數數出現以不定故法身不尒是故二身
不住涅槃法身不二是不住涅槃故依三
身說无住涅槃
善男子一切凡夫爲三相故有縛有障遠離
三身不至三身何者爲三一者遍計所執相
二者依他起相三者成就相如是諸相不能
解故不能滅故不能淨故是故不得至於三
身如是三相能解能滅能淨故是故諸佛具
足三身善男子諸凡夫人未能除遣此三心
故遠離三身不能得至何者爲三一者起事
心二者依根本心三者根本心依諸伏道起事
心盡依法斷道依根本心盡依最勝道根
本心盡起事心滅故得現化身依根本心滅
故得顯應身根本心滅故得至法身是故一
切如來具足三身
善男子一切諸佛於第一身與諸佛同事於
第二身與諸佛同意於第三身與諸佛同體

BD03836號　金光明最勝王經（兑廢稿）卷二

（2–1）

兌

不住涅槃法身不二是不住涅槃故依三
身說无住涅槃
善男子一切凡夫為三相故有縛有障遠離
三身不至三身何者為三一者遍計所執相
二者依他起相三者成就相如是諸相不能
解故不能滅故不能淨故是故不得至於三
身如是三相能解能滅能淨故是故諸佛具
足三身善男子諸凡夫人未能除遣此三心
故遠離三身不能得至何者為三一者起事
心二者依根本心三者根本心依諸伏道起事
心盡依法斷道依根本心盡依最勝道根
本心盡起事心滅故得現化身依根本心滅
故得顯應身根本心滅故得至法身是故一
切如來具足三身
善男子一切諸佛於第一身與諸佛同事於
第二身與諸佛同意於第三身與諸佛同體
善男子是初佛身隨眾生意有多種故現種
種相是故說多第二佛身弟子一意故現一
相是故說一第三佛身過一切種相非執相境
界是故說名不一不二善男子是第一身
依於應身得顯現故是第二身依於法
身得顯現故是法身者是真實有无依處故善
得顯現故是法身者是真實有无依處故善男

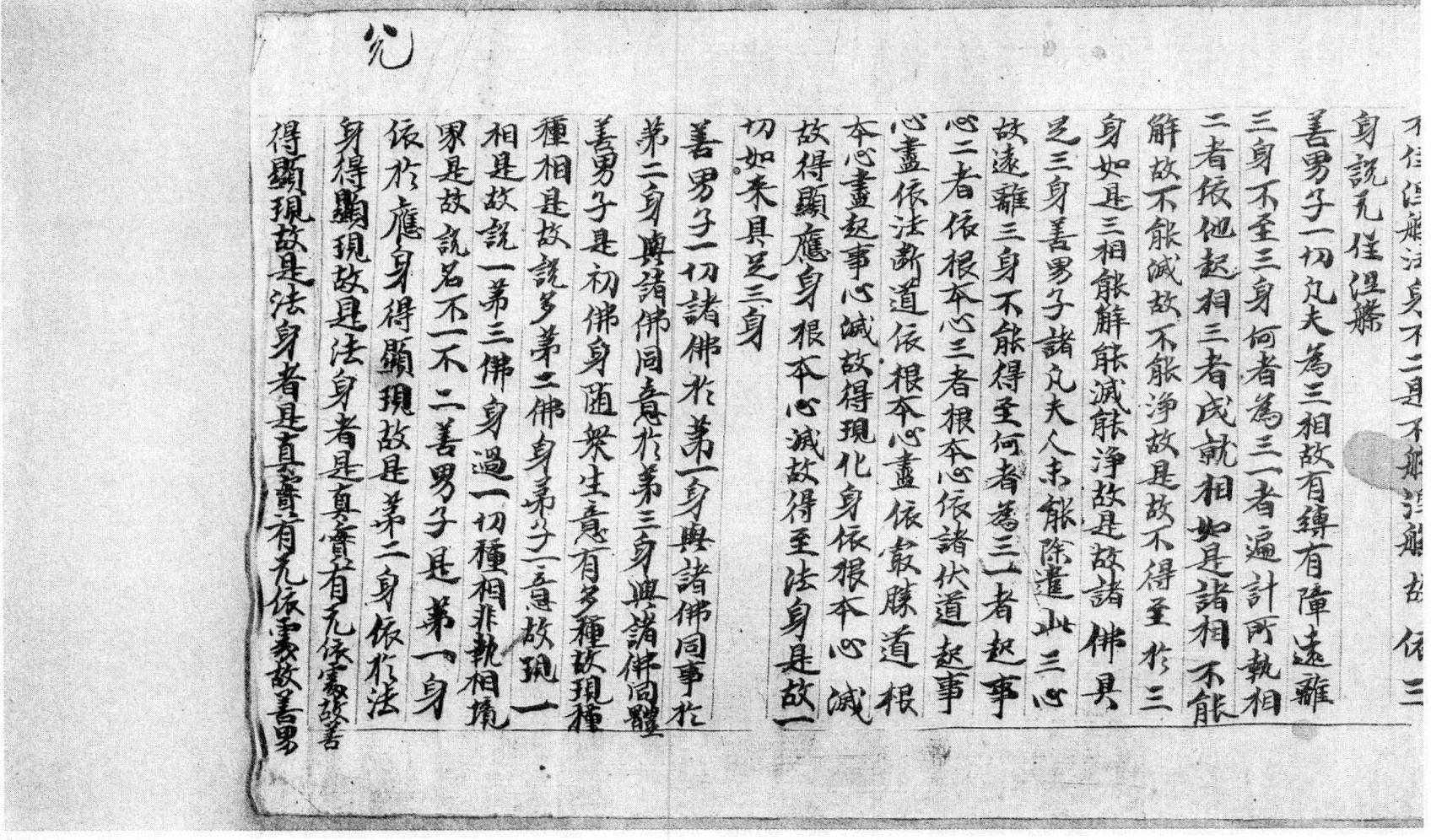

BD03836號　金光明最勝王經（兌廢稿）卷二　（2–2）

處清淨无
清淨即耳鼻舌身意處
清淨即士夫清淨何以故是
鼻舌身意處清淨无二无
善現士夫清淨即色處清
士夫清淨何以故是士夫清
无二无二分无別无斷故士
味觸法處清淨聲香味觸
夫清淨何以故是士夫清淨與聲
處清淨无二无二分无別无斷故善現士夫
清淨即眼界清淨眼界清淨即士夫清淨何
以故是士夫清淨與眼界清淨无二无二分无別
无斷故士夫清淨即色界眼識界及眼觸眼
觸為緣所生諸受清淨色界乃至眼觸為緣
所生諸受清淨即士夫清淨何以故是士夫清
淨與色界乃至眼觸為緣所生諸受清淨
无二无二分无別无斷故善現士夫清淨即
耳界清淨耳界清淨即士夫清淨何以故是
士夫清淨與耳界清淨无二无二分无別无
斷故士夫清淨即聲界耳識界及耳觸耳觸

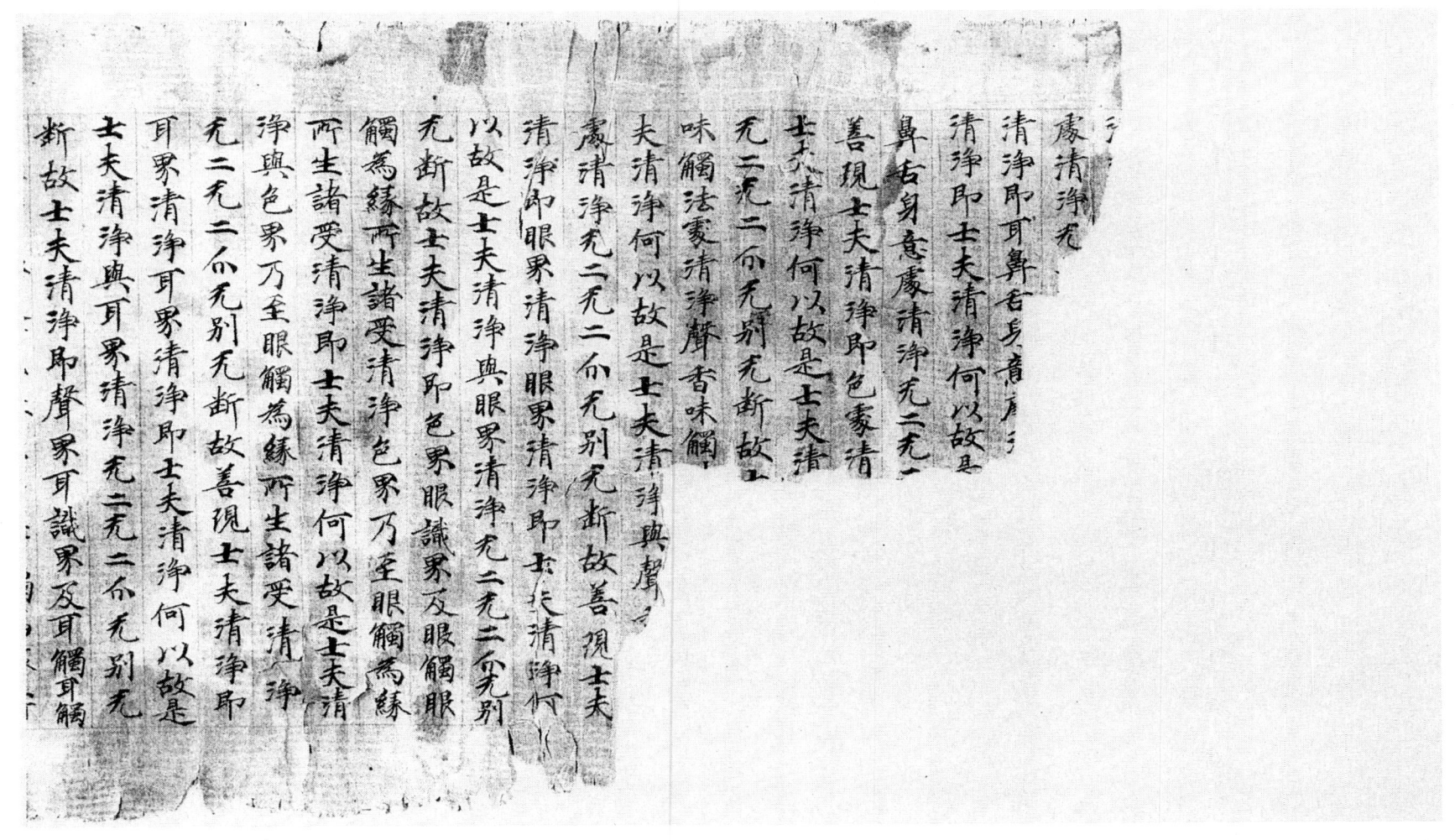

BD03837號　大般若波羅蜜多經卷一九二　（6–1）

所生諸受清淨即士夫清淨何以故是士夫清
淨與色界乃至眼觸爲緣所生諸受清淨
无二无二分无別无斷故善現士夫清淨即
耳界清淨耳界清淨即士夫清淨何以故是
士夫清淨與耳界清淨无二无二分无別无
斷故士夫清淨即聲界耳識界及耳觸耳觸
爲緣所生諸受清淨聲界乃至耳觸爲緣所
生諸受清淨即士夫清淨何以故是士夫清
淨與聲界乃至耳觸爲緣所生諸受清淨无
二无二分无別无斷故善現士夫清淨即鼻
界清淨鼻界清淨即士夫清淨何以故是士
夫清淨與鼻界清淨无二无二分无別无斷
故士夫清淨即香界鼻識界及鼻觸鼻觸
爲緣所生諸受清淨香界乃至鼻觸爲緣
所生諸受清淨即士夫清淨何以故是士夫
清淨與香界乃至鼻觸爲緣所生諸受清淨
无二无二分无別无斷故善現士夫清淨即
舌界清淨舌界清淨即士夫清淨何以故是士
夫清淨與舌界清淨无二无二分无別无斷故
士夫清淨即味界舌識界及舌觸舌觸爲緣
所生諸受清淨味界乃至舌觸爲緣所生
諸受清淨即士夫清淨何以故是士夫清淨
與味界乃至舌觸爲緣所生諸受清淨无二
无二分无別无斷故善現士夫清淨即身界
清淨身界清淨即士夫清淨何以故是士夫
清淨與身界清淨无二无二分无別无斷故

BD03837 號　大般若波羅蜜多經卷一九二　（6–2）

與味界乃至舌觸爲緣所生諸受清淨无二
无二分无別无斷故善現士夫清淨即身界
清淨身界清淨即士夫清淨何以故是士夫
清淨與身界清淨无二无二分无別无斷故
士夫清淨即觸界身識界及身觸身觸爲緣所
生諸受清淨觸界乃至身觸爲緣所生諸受
清淨即士夫清淨何以故是士夫清淨與觸
界乃至身觸爲緣所生諸受清淨无二无二
分无別无斷故善現士夫清淨即意界清淨
意界清淨即士夫清淨何以故是士夫清淨
與意界清淨无二无二分无別无斷故士夫
清淨即法界意識界及意觸意觸爲緣所生
諸受清淨法界乃至意觸爲緣所生諸受清
淨即士夫清淨何以故是士夫清淨與法界
乃至意觸爲緣所生諸受清淨无二无二分无
別无斷故善現士夫清淨即地界清淨地界
清淨即士夫清淨何以故是士夫清淨與地
界清淨无二无二分无別无斷故士夫清淨
即水火風空識界清淨水火風空識界清淨
即士夫清淨何以故是士夫清淨與水火風
空識界清淨无二无二分无別无斷故善現
士夫清淨即无明清淨无明清淨即士夫清
淨何以故是士夫清淨與无明清淨无二无
二分无別无斷故士夫清淨即行識名色六
處觸受愛取有生老死愁歎苦憂惱清淨
行乃至老死愁歎苦憂惱清淨即士夫清淨

BD03837 號　大般若波羅蜜多經卷一九二　（6–3）

空識界清淨无二无二分无別无斷故善現
士夫清淨即无明清淨无明清淨即士夫清
淨何以故是士夫清淨與无明清淨无二无
二分无別无斷故士夫清淨即行識名色六
處觸受愛取有生老死愁歎苦憂惱清淨
行乃至老死愁歎苦憂惱清淨即士夫清淨
何以故是士夫清淨與行乃至老死愁歎苦
憂惱清淨无二无二分无別无斷故
善現士夫清淨即布施波羅蜜多清淨布
施波羅蜜多清淨即士夫清淨何以故是士夫
清淨與布施波羅蜜多清淨无二无二分无
別无斷故士夫清淨即淨戒安忍精進靜慮
般若波羅蜜多清淨淨戒乃至般若波羅蜜
多清淨即士夫清淨何以故是士夫清淨與
淨戒乃至般若波羅蜜多清淨无二无二分
无別无斷故善現士夫清淨即內空清淨內
空清淨即士夫清淨何以故是士夫清淨與
內空清淨无二无二分无別无斷故士夫清
淨即外空內外空空空大空勝義空有為
空无為空畢竟空无際空散空无變異空本
性空自相空共相空一切法空不可得空无
性空自性空无性自性空清淨外空乃至无
性自性空清淨即士夫清淨何以故是士夫清
淨與外空乃至无性自性空清淨无二无二
分无別无斷故善現士夫清淨即真如清
淨真如清淨即士夫清淨何以故是士夫清
淨與真如清淨无二无二分无別无斷故士

BD03837 號　大般若波羅蜜多經卷一九二　（6–4）

性空自性空无性自性空清淨外空乃至无
性自性空清淨即士夫清淨何以故是士夫清
淨與外空乃至无性自性空清淨无二无二
分无別无斷故善現士夫清淨即真如清
淨真如清淨即士夫清淨何以故是士夫清
淨與真如清淨无二无二分无別无斷故士
夫清淨即法界法性不虛妄性不變異性
平等性離生性法定法住實際虛空界不思
議界清淨法界乃至不思議界清淨即士夫清
淨何以故是士夫清淨與法界乃至不思議
界清淨无二无二分无別无斷故善現士夫清
淨即苦聖諦清淨苦聖諦清淨即士夫清
淨何以故是士夫清淨與苦聖諦清淨无二无
二分无別无斷故士夫清淨即集滅道聖諦
清淨集滅道聖諦清淨即士夫清淨何以故
是士夫清淨與集滅道聖諦清淨无二无二
分无別无斷故
善現士夫清淨即四靜慮清淨四靜慮清淨
即士夫清淨何以故是士夫清淨與四靜慮
清淨无二无二分无別无斷故士夫清淨即
四无量四无色定清淨四无量四无色定清
淨即士夫清淨何以故是士夫清淨與四无
量四无色定清淨无二无二分无別无斷
故善現士夫清淨即八解脫清淨八解脫清
淨即士夫清淨何以故是士夫清淨與八解脫
清淨无二无二分无別无斷故士夫清淨即

BD03837 號　大般若波羅蜜多經卷一九二　（6–5）

[illegible]清淨无二无二分无別无斷故善現士夫清
淨即苦聖諦清淨苦聖諦清淨即士夫清
淨何以故是士夫清淨與苦聖諦清淨无二无
二分无別无斷故士夫清淨即集滅道聖諦
清淨集滅道聖諦清淨即士夫清淨何以故
是士夫清淨與集滅道聖諦清淨无二无二
分无別无斷故
善現士夫清淨即四靜慮清淨四靜慮清淨
即士夫清淨何以故是士夫清淨與四靜慮
清淨无二无二分无別无斷故士夫清淨即
四无量四无色定清淨四无量四无色定清
淨即士夫清淨何以故是士夫清淨與四无
量四无色定清淨无二无二分无別无斷
故善現士夫清淨即八解脫清淨八解脫清
淨即士夫清淨何以故是士夫清淨與八解脫
清淨无二无二分无別无斷故士夫清淨即
八勝處九次第定十遍處清淨八勝處九次
第定十遍處清淨即士夫清淨何以故是士
夫清淨與[illegible]清淨无

BD03837 號　大般若波羅蜜多經卷一九二　（6–6）

陁羅尼門三摩地門菩薩十地又施有情
五眼六神通又施有情如來十力四无所畏
四无礙解大慈大悲大喜大捨十八佛不共
法又施有情无忘失法恒住捨性又施有情
一切智道相智一切相智又施有情布施愛
語利行同事成熟有情嚴淨佛土方便善巧
又施有情預流一來不還阿羅漢果獨覺菩
提又施有情一切菩薩摩訶薩行諸佛无上
正等菩提舍利子諸菩薩摩訶薩施諸有情
如是等類无量无數无邊善法故說菩薩為
大施主由此已報諸施主恩是真福田生長
勝福

初分相應品第三

尒時舍利子白佛言世尊脩行般若波羅蜜
多菩薩摩訶薩與何法相應故當言與般若
波羅蜜多相應佛告具壽舍利子言舍利子
脩行般若波羅蜜多菩薩摩訶薩與色空
相應故當言與般若波羅蜜多相應與受想行
識空相應故當言與般若波羅蜜多相應舍
利子脩行般若波羅蜜多菩薩摩訶薩與眼

BD03838 號　大般若波羅蜜多經卷四　（2–1）

又施有情預流一來不還阿羅漢果獨覺菩
提又施有情一切菩薩摩訶薩行諸佛无上
正等菩提舍利子諸菩薩摩訶薩施諸有情
如是等類无量无數无邊善法故說菩薩為
大施主由此已報諸施主恩是真福田生長
勝福

初分相應品第三

尒時舍利子白佛言世尊脩行般若波羅蜜
多菩薩摩訶薩與何法相應故當言與般若
波羅蜜多相應佛告具壽舍利子言舍利子
脩行般若波羅蜜多菩薩摩訶薩與色空
相應故當言與般若波羅蜜多相應與受想行
識空相應故當言與般若波羅蜜多相應舍
利子脩行般若波羅蜜多菩薩摩訶薩與眼
處空相應故當言與般若波羅蜜多相應與
耳鼻舌身意處空相應故當言與般若波羅

BD03838 號　大般若波羅蜜多經卷四　（2–2）

十力清淨若一切智智清淨無二無二分無別
無斷故無變異空清淨故四無所畏四無礙
解大慈大悲大喜大捨十八佛不共法清淨
四無所畏乃至十八佛不共法清淨故一切
智智清淨何以故若無變異空清淨若四
無所畏乃至十八佛不共法清淨若一切智智
清淨無二無二分無別無斷故善現無變
異空清淨故無忘失法清淨無忘失法清淨故
一切智智清淨何以故若無變異空清淨若
無忘失法清淨若一切智智清淨無二無二
分無別無斷故無變異空清淨故恒住捨性
清淨恒住捨性清淨故一切智智清淨何以
故若無變異空清淨若恒住捨性清淨若一
切智智清淨無二無二分無別無斷故善現
無變異空清淨故一切智智清淨一切智清
淨故一切智智清淨何以故若無變異空清淨若
一切智清淨若一切智智清淨無二無二分
無別無斷故無變異空清淨故道相智一
切相智清淨道相智一切相智清淨故一切智
智清淨何以故若無變異空清淨若道相智

BD03839 號　大般若波羅蜜多經卷二一三　（2–1）

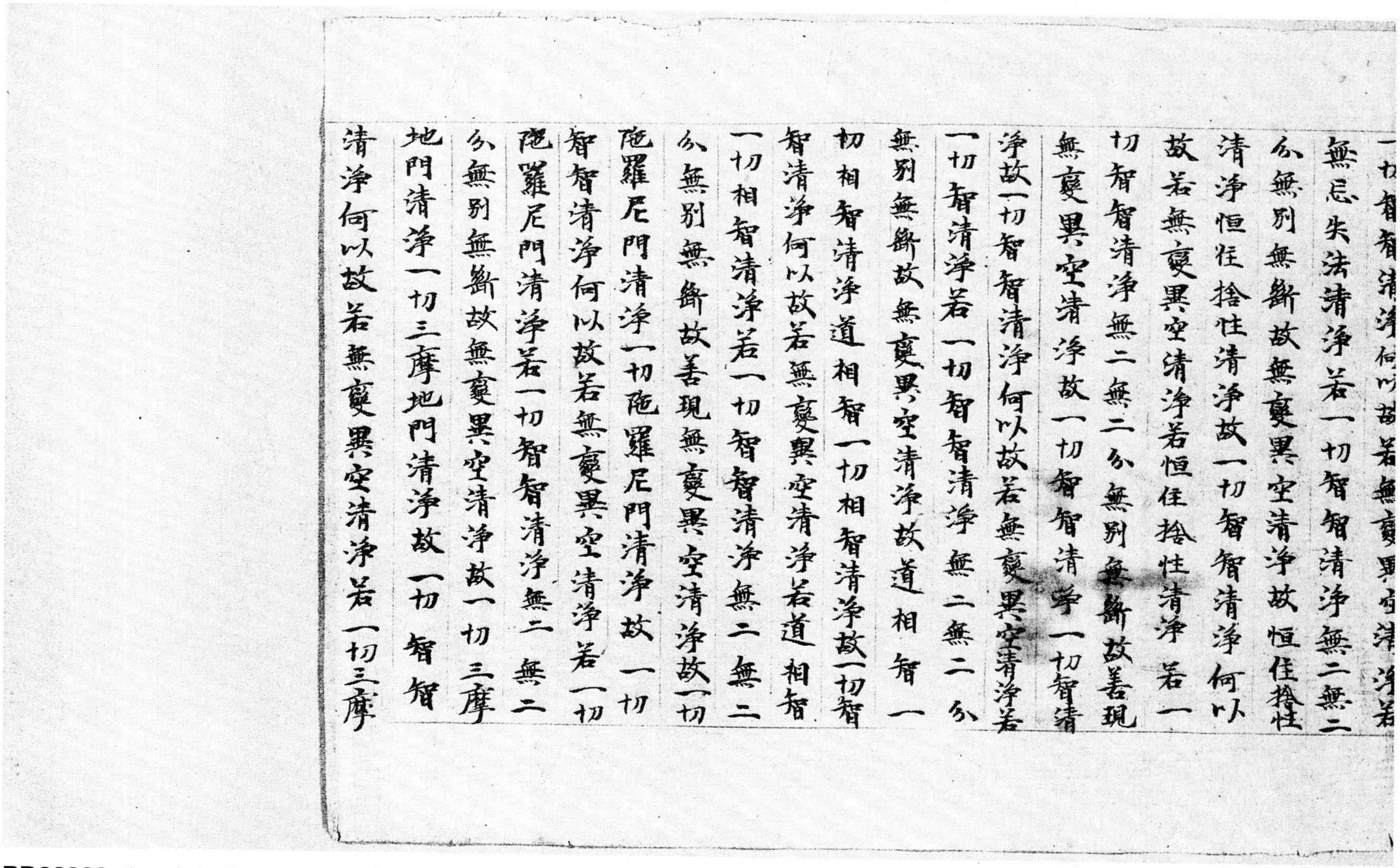

一切智智清淨何以故若無變異空清淨若
無忘失法清淨若一切智智清淨無二無二
分無別無斷故無變異空清淨故恒住捨性
清淨恒住捨性清淨故一切智智清淨何以
故若無變異空清淨若恒住捨性清淨若一
切智智清淨無二無二分無別無斷故善現
無變異空清淨故一切智清淨一切智清
淨故一切智智清淨何以故若無變異空清淨若
一切智清淨若一切智智清淨無二無二分
無別無斷故無變異空清淨故道相智一
切相智清淨道相智一切相智清淨故一切智
智清淨何以故若無變異空清淨若道相智
一切相智清淨若一切智智清淨無二無二
分無別無斷故善現無變異空清淨故一切
陁羅尼門清淨一切陁羅尼門清淨故一切
智智清淨何以故若無變異空清淨若一切
陁羅尼門清淨若一切智智清淨無二無二
分無別無斷故無變異空清淨故一切三摩
地門清淨一切三摩地門清淨故一切智智
清淨何以故若無變異空清淨若一切三摩

BD03839號　大般若波羅蜜多經卷二一三

（2–2）

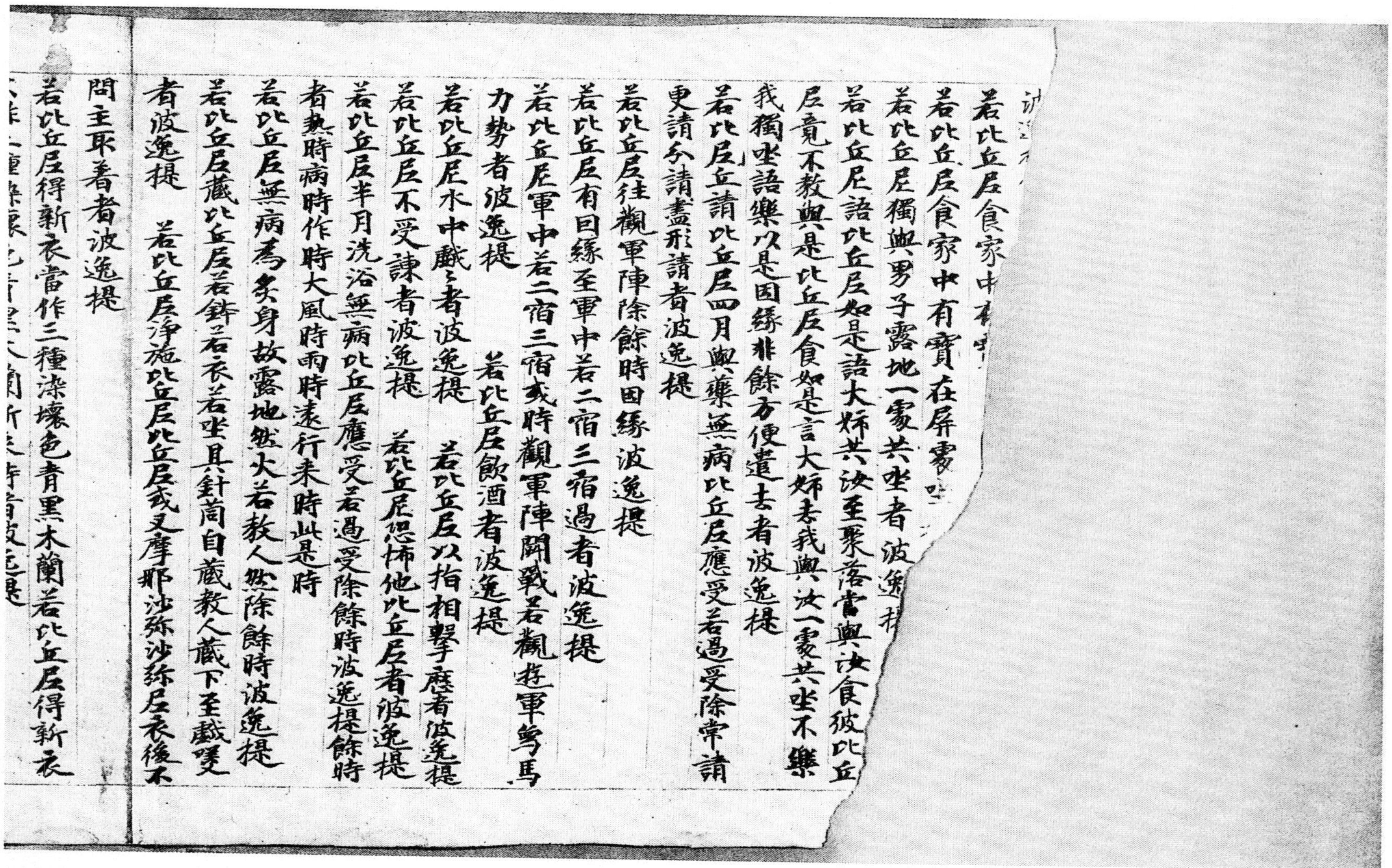

若比丘尼食家中有寶在屏處坐
若比丘尼獨與男子露地一處共坐者波逸提
若比丘尼語比丘尼如是語大姊共汝至聚落當與汝食彼比丘
尼竟不教與是比丘尼食如是言大姊去我與汝一處共坐不樂
我獨坐語樂以是因緣非餘方便遣去者波逸提
若比丘尼請四月與藥無病比丘尼應受若過受除常請
更請分請盡形請者波逸提
若比丘尼往觀軍陣除餘時因緣波逸提
若比丘尼有因緣至軍中若二宿三宿過者波逸提
若比丘尼軍中若二宿三宿或時觀軍陣鬪戰若觀遊軍象馬
力勢者波逸提　若比丘尼飲酒者波逸提
若比丘尼水中戲者波逸提　若比丘尼以指相擊攊者波逸提
若比丘尼不受諫者波逸提　若比丘尼恐怖他比丘尼者波逸提
若比丘尼半月洗浴無病比丘尼應受若過受除餘時波逸提餘時
者熱時病時作時大風時雨時遠行來時此是時
若比丘尼無病為炙身故露地然火若教人然除餘時波逸提
若比丘尼藏比丘尼若鉢若衣若坐具針筒自藏教人藏下至戲笑
者波逸提　若比丘尼淨施比丘尼比丘尼式叉摩那沙彌沙彌尼衣後不
問主取著者波逸提
若比丘尼得新衣當作三種染壞色青黑木蘭若比丘尼得新衣

BD03840號　四分比丘尼戒本

（7–1）

者熱時病時作時大風時雨時遠行來時此是時
若比丘尼無病為炙身故露地然火若教人然除餘時波逸提
若比丘尼藏比丘尼若鉢若衣若坐具針筒自藏教人藏下至戲笑
者波逸提　若比丘尼淨施比丘尼比丘尼式叉摩那沙彌沙彌尼衣後不
問主取著者波逸提
若比丘尼得新衣當作三種染壞色青黑木蘭若比丘尼得新衣
不作三種染壞色青黑木蘭新衣持者波逸提
若比丘尼故斷畜生命者波逸提
若比丘尼故惱他比丘尼乃至少時不樂者波逸提
若比丘尼知比丘尼有麤罪覆藏者波逸提
若比丘尼知諍事者如法懺悔已後更發舉者波逸提
若比丘尼知是賊伴共一道行乃至一聚落者波逸提
若比丘尼作如是語我知佛所說法行婬欲非是障道法彼比丘
尼諫此比丘尼言大姊莫作是語莫謗世尊謗世尊者不善世
尊不作是語世尊無數方便說婬欲是障道法犯婬欲者是障道
法彼比丘尼諫此比丘尼時堅持不捨彼比丘尼乃至三諫令捨是
事乃至三諫時捨者善不捨者波逸提
若比丘尼知如是語人未作法如是邪見不捨若畜同羯磨同一止宿
者波逸提
若沙彌尼如是言我知佛所說法行婬欲非障道法彼比丘尼諫
此沙彌尼言汝莫作是語莫誹謗世尊誹謗世尊者不善世尊
不作是語沙彌尼世尊無數方便說婬欲是障道法犯婬欲者是
障道法彼比丘尼諫此沙彌尼時堅持不捨彼比丘尼應乃至三呵
諫捨此事故乃至三諫時若捨者善不捨者彼比丘尼應語是沙彌
尼言汝自今已去非佛弟子不得隨餘比丘尼如諸沙彌尼得與比丘
尼二宿汝今無是事汝去滅去不須此中住若比丘尼知如是償沙
彌尼若畜共同止宿者波逸提
若比丘尼如法諫時作如是語我今不學是戒乃至問有智慧
持戒律者我當難問波逸提若為求解應當難
若比丘尼說戒時如是語大姊用是雜碎戒為說是戒時令人惱愧
[illegible]

尼二宿汝今無是事汝去滅去不須此中住若比丘尼知如是償沙
彌尼若畜共同止宿者波逸提
若比丘尼如法諫時作如是語我今不學是戒乃至問有智慧
持戒律者我當難問波逸提若為求解應當難
若比丘尼說戒時如是語大姊用是雜碎戒為說是戒時令人惱愧
懷疑輕毀戒故波逸提
若比丘尼說戒時作如是語大姊我今始知是戒半月半月說戒經
來餘比丘尼知是比丘尼若二若三說戒中坐何況多彼比丘尼無
知無解若犯罪如法治更重增無知法大姊汝無利得不善汝說
戒時不用心念不一心兩耳聽法彼無知故波逸提
若比丘尼共同羯磨已後作如是說諸比丘尼隨親厚以眾僧物
與者波逸提　若比丘尼僧斷事時不與欲而去者波逸提
若比丘尼與欲竟後更呵者波逸提
若比丘尼比丘尼共鬪諍後聽此語已而彼說者波逸提
若比丘尼嗔恚故不喜打比丘尼者波逸提
若比丘尼嗔恚故不喜以無根僧伽婆尸沙謗者波逸提
若比丘尼剎利水澆頭王王未出藏寶若入過宮門閾者波逸提
若比丘尼寶莊飾自捉若教人捉除僧伽藍中及寄宿處波逸提若
僧伽藍中若寄宿處若寶若以寶莊飾自捉若教人捉若識者
取如是因緣非餘
若比丘尼非時入聚落又不囑比丘尼波逸提
若比丘尼作繩床若木床足床如來八指除入陛孔上若截竟過者
波逸提　若比丘尼持兜羅綿貯作繩床木床若臥具坐褥者波逸提
若比丘尼噉蒜者波逸提　若比丘尼剃三處毛者波逸提
若比丘尼以水作淨應齊兩指各一節若過者波逸提
若比丘尼以胡膠作男根者波逸提　若比丘尼共相拍者波逸提
若比丘尼比丘無病食時供給水以扇者波逸提
若比丘尼乞生穀者波逸提　若比丘尼在寺內生草上大小便波逸提
若比丘尼夜便大小便器中晝不看墻外棄者波逸提
若比丘尼往觀聽伎樂者波逸提
[illegible]

若比丘尼以胡膠作男根者波逸提　若比丘尼共相拍者波逸提
若比丘尼比丘無病食時供給水以扇者波逸提
若比丘尼乞生穀者波逸提　若比丘尼在寺內生草上大小便波逸提
若比丘尼夜便大小便器中晝不看墻外棄者波逸提
若比丘尼往觀聽伎樂者波逸提
若比丘尼入村內與男子在屏處共立共語者波逸提
若比丘尼入村內巷陌中遣伴遠去屏處與男子共立耳語者波逸提
若比丘尼入白衣家內坐不語主人捨去者波逸提
若比丘尼入白衣家內不語主人輙坐床者波逸提
若比丘尼入白衣家內不語主人輙自敷坐宿者波逸提
若比丘尼與男子共入闇室中者波逸提
若比丘尼不審諦受語便向人說者波逸提
若比丘尼有小因緣事便呪積墮三惡道不生佛法中者波逸提
若比丘尼共鬪諍不善憶持諍事推匈啼哭者波逸提
若比丘尼無病二人共同床臥者波逸提
若比丘尼共一蓐同一被臥除餘時波逸提
若比丘尼知先住後至知後至先住為惱故在前誦經問義授教者波逸提　若比丘尼同活比丘尼病不瞻視者波逸提
若比丘尼安居初聽餘比丘尼在房中安床後瞋恚駈出者波逸提
若比丘尼春夏冬一切時人間遊行除餘因緣者波逸提
若比丘尼夏安居訖不去者波逸提
若比丘尼邊界有疑恐怖處人間遊行者波逸提
若比丘尼於界內有疑恐怖處在人間遊行者波逸提
若比丘尼親近居士居士兒共住作不隨順行餘比丘尼諫此比丘尼言妹汝莫親近居士居士兒共住作不隨順行大姊可別住汝若別住於佛法有增益安樂住彼比丘尼諫此比丘尼時堅持不捨彼比丘尼應三諫捨此事故乃至三諫捨此事者善若不善捨者波逸提
若比丘尼往觀王宮文飾畫堂園林浴池者波逸提
若比丘尼露身形在河水泉水渠水中浴者波逸提
若比丘尼作浴衣應量作者長佛六搩手廣二搩手半若過者波逸提　若比丘尼縫僧伽梨過五日者波逸提

丘尼應三諫捨此事故乃至三諫捨此事者善若不善捨者波逸提
若比丘尼往觀王宮文飾畫堂園林浴池者波逸提
若比丘尼露身形在河水泉水渠水中浴者波逸提
若比丘尼作浴衣應量作者長佛六搩手廣二搩手半若過者波逸提　若比丘尼縫僧伽梨過五日者波逸提
若比丘尼過五日不看僧伽梨者波逸提
若比丘尼與眾僧衣作留難者波逸提
若比丘尼不問主便著他衣者波逸提
若比丘尼持沙門衣施與外道白衣者波逸提
若比丘尼作如是意眾僧如法分衣遮令不分恐弟子不得者波逸提
若比丘尼作如是意令眾僧令不得出迦絺那衣後當出欲令五事分得放捨者波逸提
若比丘尼如是意遮比丘尼僧不出迦絺那衣欲令分得五事放捨者波逸提
若比丘尼餘比丘尼語言為我滅此諍事而不作方便令滅者波逸提
若比丘尼自手持食與白衣入外道食者波逸提
若比丘尼為白衣作使者波逸提　若比丘尼自手紡續者波逸提
若比丘尼入白衣舍內在小床大床上若坐臥者波逸提
若比丘尼至白衣舍語主人數數坐上宿明日不辭主人而去者波逸提
若比丘尼誦習世俗呪術者波逸提　若比丘尼教人誦習呪術者波逸提
若比丘尼知女人任身度與受具足戒者波逸提
若比丘尼知婦女乳兒與受具足戒波逸提
若比丘尼知年不滿二十與受具足戒者波逸提
若比丘尼年十八童女與二歲學戒不與六法滿廿便与受具足戒者波逸提
若比丘尼度曾嫁婦女年十歲與二歲學戒年滿十二聽與受具足戒若減十二與受具戒者波逸提
若比丘尼度他小年曾嫁女與二歲學戒年滿十二不白眾僧便與受具足戒者波逸提　若比丘尼知如是人與受具足戒者波逸提
若比丘尼多度弟子不教二歲學戒不以二法攝取波逸提
若比丘尼不二歲隨和上尼者波逸提　若比丘尼僧不聽而受人

十二歲與受具足戒若滿十二與受具戒者波逸提
若比丘尼度他小年曾嫁女與二歲學戒年滿十二不白衆僧便與
受具足戒者波逸提　若比丘尼知如是人與受具足戒者波逸提
若比丘尼多度弟子不教二歲學戒不以二法攝取波逸提
若比丘尼不二歲隨和上尼者波逸提　若比丘尼僧不聽而受人
具足戒者波逸提　若比丘尼年未滿十二歲受人具足戒者波逸提
若比丘尼年十二歲衆僧不聽便受人具足戒者波逸提
若比丘尼僧不聽受人具足戒便言衆僧有愛有恚有怖有癡
欲聽者便不欲聽者便不聽波逸提
若比丘尼父母夫主不聽與受具足戒者波逸提
若比丘尼知女人與童男男子相敬愛愁憂瞋恚女人度令出家
受具足戒者波逸提
若比丘尼語式叉摩那言汝妹捨是學是當與汝受具足戒若不
方便與受具足戒者波逸提　若比丘尼不滿一歲受人具足戒者波逸提
若比丘尼與人受具足戒已經宿方往比丘僧中與受具足戒者波逸提
若比丘尼不病不往受教者波逸提　若比丘尼半月應往比丘僧中求教
受若不求者波逸　若比丘尼僧夏安居竟應往比丘僧中三事自恣
見聞疑若者波逸提　若比丘尼在無比丘處夏安居者波逸提
若比丘尼知有比丘僧伽藍不白而入者波逸提　若比丘尼罵比丘者波逸提
若比丘尼喜鬪諍不善憶持諍事後瞋恚不喜罵比丘尼衆者波逸提
若比丘尼身生癰及種種創不白衆及餘人輒使男子破若裹者波逸提
若比丘尼先受請若足食已後食飯麨乾飯魚及肉者波逸提
若比丘尼於食家生嫉妬心者波逸提　若比丘尼以香塗身者波逸提
若比丘尼以胡麻滓塗摩身者波逸提　若比丘尼使比丘尼塗身者波逸提
若比丘尼使式叉摩那塗身者波逸提　若比丘尼使沙彌尼塗摩身者波逸提
若比丘尼使白衣婦女塗摩身波逸提　若比丘尼著貯跨衣者波逸提
若比丘尼畜婦女莊嚴身具除時因緣波逸提
若比丘尼無病乘乘在道行除時因緣者波逸提
若比丘尼不著僧祇支入村者波逸提　若比丘尼向暮至白衣家
先不被喚者波逸提　若比丘尼向暮開伽藍門不囑受餘比丘尼
[illegible]

BD03840號　四分比丘尼戒本　（7-6）

若比丘尼畜婦女莊嚴身具除時因緣波逸提
若比丘尼無病乘乘在道行除時因緣者波逸提
若比丘尼不著僧祇支入村者波逸提　若比丘尼向暮至白衣家
先不被喚者波逸提　若比丘尼向暮開伽藍門不囑受餘比丘尼
而出者波逸提　若比丘尼日沒開僧伽門不囑受而出者波逸提
若比丘尼不前安居不後安居者波逸提　若比丘尼知女人常漏
大小便涕唾常出者波逸提度受具足戒波逸提
若比丘尼知二形人與受具足戒者波逸提　若比丘尼知二道合
者與受具戒者波逸提　若比丘尼知有負債難者病難者與
受具足戒者波逸提　若比丘尼學世俗伎術以自活命波逸提
若比丘尼以世俗伎術教授白衣者波逸提　若比丘尼被擯不去者
波逸提　若比丘尼欲問比丘義先不求而問者波逸提
若比丘尼知先住後至後至先住欲惱彼故在前經若立若坐若臥
者波逸提　若比丘尼在有比丘僧伽藍內起塔波逸提
若比丘尼見新戒比丘應起迎逆恭敬禮拜問訊請與坐不坐者除
因緣波逸提　若比丘尼搖身故搖身趨行者波逸提
若比丘尼作婦女莊嚴香塗摩身者波逸提
諸大姊我已說一百七十八波逸提今問諸大姊是中清淨不　三說
諸大姊是中清淨默然故是事如是持
諸大姊是八波羅提提舍尼法半月半月說戒經中來
若比丘尼乞蘇而食犯應懺可呵法應向餘比丘說言大姊我犯可
呵法所不應為今向大姊悔過如是世尊
若比丘尼不病乞油食者犯應懺悔可呵法應向餘比丘尼說言
大姊我犯可呵法所不應為我今向大姊懺悔是法名懺悔過法
若比丘尼不病乞蜜食者犯應懺悔可呵法應向餘比丘尼說言大
姊我犯可呵法所不應為今我向大姊懺悔是法名悔過法
若比丘尼不病乞黑石蜜食者犯應懺悔可呵法應向餘比丘尼說

BD03840號　四分比丘尼戒本　（7-7）

大般若波羅蜜多經卷第五百一十九

三藏法師玄奘奉 詔譯

第三分巧便品第廿三之三

尒時具壽善現白佛言世尊甚深般若波羅
蜜多用何為相佛告善現甚深般若波羅蜜
多用空為相无相為相无著為相寂靜為相
遠離為相所以者何如是般若波羅蜜多甚
深相中諸法諸相皆不可得无所有故具壽
善現復白佛言頗有因緣可說般若波羅蜜
多所有妙相餘一切法亦有如是諸妙相耶
佛告善現如是如是有曰緣故可說般若波
羅蜜多所有妙相餘法亦有如是妙相所以
者何甚深般若波羅蜜多性空為相餘法亦
以性空為相甚深般若波羅蜜多无著為相
餘法亦以无著為相甚深般若波羅蜜多无
相為相餘法亦以无相為相甚深般若波羅
蜜多寂靜為相餘法亦以寂靜為相甚深般
若波羅蜜多遠離為相餘法亦以遠離為相
由此因緣可佐是說甚深般若波羅蜜多所

BD03841號　大般若波羅蜜多經卷五一九　（2–1）

尒時具壽善現白佛言世尊甚深般若波羅
蜜多用何為相佛告善現甚深般若波羅蜜
多用空為相无相為相无著為相寂靜為相
遠離為相所以者何如是般若波羅蜜多甚
深相中諸法諸相皆不可得无所有故具壽
善現復白佛言頗有因緣可說般若波羅蜜
多所有妙相餘一切法亦有如是諸妙相耶
佛告善現如是如是有曰緣故可說般若波
羅蜜多所有妙相餘法亦有如是妙相所以
者何甚深般若波羅蜜多性空為相餘法亦
以性空為相甚深般若波羅蜜多无著為相
餘法亦以无著為相甚深般若波羅蜜多无
相為相餘法亦以无相為相甚深般若波羅
蜜多寂靜為相餘法亦以寂靜為相甚深般
若波羅蜜多遠離為相餘法亦以遠離為相
由此因緣可佐是說甚深般若波羅蜜多所
有妙相餘法亦有如是妙相以一切法皆自
性空自性離故尒時善現復白佛言若一切
法皆自性空自性離者即一切法一切法空
亦一切法一切法離云何有情可得施設有
深有淨非性空法有深有淨亦非離法有深
有淨非性空法能證無上正等菩提亦非離法

BD03841號　大般若波羅蜜多經卷五一九　（2–2）

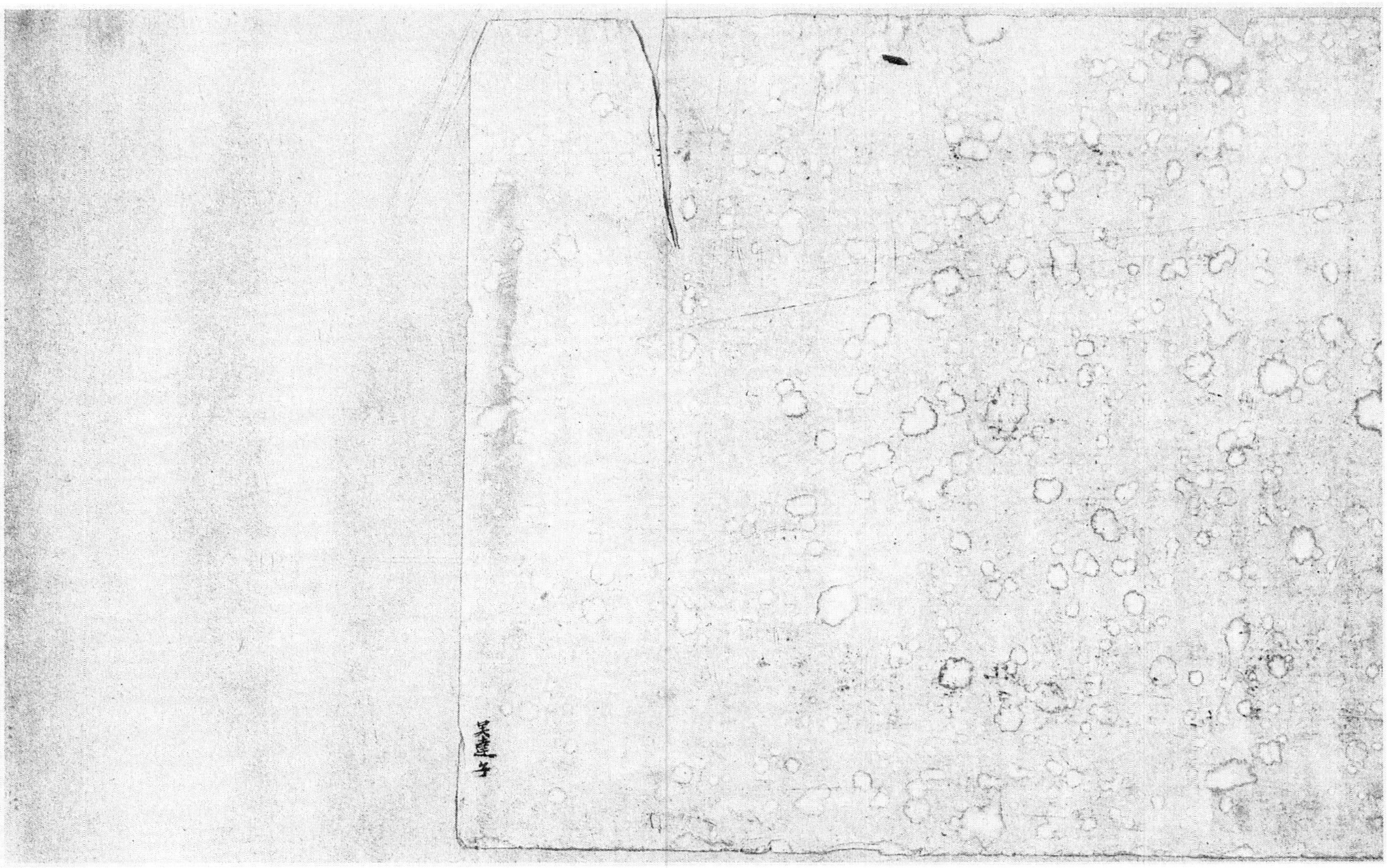

吴達子

BD03841 號背　題名　（1–1）

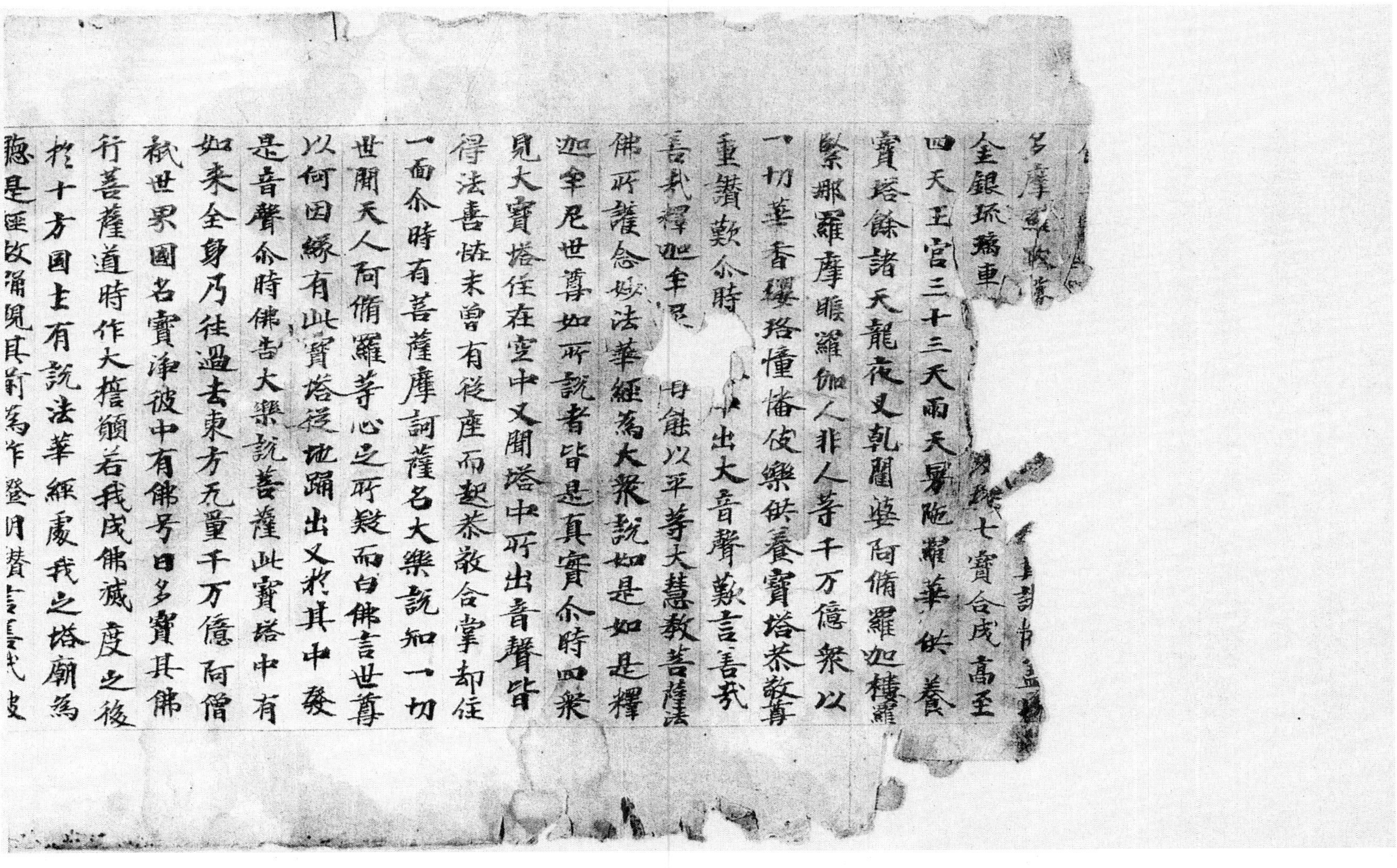

多摩羅跋栴檀之香充遍世界其諸幡蓋
金銀琉璃車[illegible]七寶合成高至
四天王宮三十三天雨天曼陀羅華供養
寶塔餘諸天龍夜叉乾闥婆阿脩羅迦樓羅
緊那羅摩睺羅伽人非人等千万億眾以
一切華香瓔珞幢幡伎樂供養寶塔恭敬尊
重讚歎尒時[illegible]中出大音聲歎言善哉
善哉釋迦牟尼世尊能以平等大慧教菩薩法
佛所護念妙法華經為大眾說如是如是釋
迦牟尼世尊如所說者皆是真實尒時四眾
見大寶塔住在空中又聞塔中所出音聲皆
得法喜怪未曾有從座而起恭敬合掌却住
一面尒時有菩薩摩訶薩名大樂說知一切
世間天人阿脩羅等心之所疑而白佛言世尊
以何因緣有此寶塔從地踊出又於其中發
是音聲尒時佛告大樂說菩薩此寶塔中有
如來全身乃往過去東方无量千万億阿僧
祇世界國名寶淨彼中有佛号曰多寶其佛
行菩薩道時作大誓願若我成佛滅度之後
於十方國土有說法華經處我之塔廟為
聽是經故踊現其前為作證明讚言善哉

BD03842 號　妙法蓮華經卷四　（14–1）

是音聲尒時佛告大樂說菩薩此寶塔中有
如来全身乃往過去東方无量千万億阿僧
祇世界國名寶淨彼中有佛號曰多寶其佛
行菩薩道時作大誓願若我成佛滅度之後
於十方國土有說法華經處我之塔廟為
聽是經故踊現其前為作證明讃言善哉彼
佛成道已臨滅度時於天人大衆中告諸比丘
我滅度後欲供養我全身者應起一大塔
其佛神通願力十方世界在在處處若有說
法華經者彼之寶塔皆踊出其前全身在於
塔中讃言善哉善哉大樂說今多寶如来塔
聞說法華經故從地踊出讃言善哉善哉是
時大樂說菩薩以如来神力故白佛言世尊
我等願欲見此佛身佛告大樂說菩薩摩訶
薩是多寶佛有深重願若我寶塔為聽法華
經故出於諸佛前時其有欲以我身示四衆
者彼佛分身諸佛在於十方世界說法盡還
集一處然後我身乃出現耳大樂說我分身
諸佛在於十方世界說法者今應當集大樂
說白佛言世尊我等亦願欲見世尊分身諸
佛礼拜供養尒時佛放白毫一光即見東方
五百万億那由他恒河沙等國土諸佛彼諸
國土皆以頗梨為地寶樹寶衣以為莊嚴无
數千万億菩薩充滿其中遍張寶幔寶網
羅上彼國諸佛以大妙音而說諸法及見无量
万億菩薩遍滿諸國為衆說法南西北方四
維上下白毫相光所照之處亦復如是尒時

BD03842號　妙法蓮華經卷四　（14–2）

國土皆以頗梨為地寶樹寶衣以為莊嚴无
數千万億菩薩充滿其中遍張寶幔寶網
羅上彼國諸佛以大妙音而說諸法及見无量
万億菩薩遍滿諸國為衆說法南西北方四
維上下白毫相光所照之處亦復如是尒時
十方諸佛各告衆菩薩言善男子我今應往
娑婆世界釋迦牟尼佛所并供養多寶如来
寶塔時娑婆世界即變清淨琉璃為地寶樹
莊嚴黄金為繩以界八道无諸聚落村營城
邑大海江河山川林藪燒大寶香曼陁羅華
遍布其地以寶網幔羅覆其上懸諸寶鈴唯
留此會衆移諸天人置於他土是時諸佛各
將一大菩薩以為侍者至娑婆世界各到寶
樹下一一寶樹高五百由旬枝葉華菓次第
莊嚴諸寶樹下皆有師子之座高五由旬亦
以大寶而挍飾之尒時諸佛各於此座結跏趺
坐如是展轉遍滿三千大千世界而於釋迦
牟尼佛一方所分之身猶故未盡時釋迦牟
尼佛欲容受所分身諸佛故八方各更變二
百万億那由他國皆令清淨无有地獄餓
鬼畜生及阿脩羅又移諸天人置於他土所
化之國亦以琉璃為地寶樹莊嚴樹高五百
由旬枝葉華菓次第嚴飾樹下皆有寶師
子座高五百由旬種種諸寶以為莊挍亦无大海
江河及目真隣陁山摩訶目真隣陁山鐵圍山
大鐵圍山須弥山等諸山王通為一佛國土寶
地平正寶交露幔遍覆其上懸諸幡蓋

BD03842號　妙法蓮華經卷四　（14–3）

由旬枝葉華菓次苐嚴飾樹下皆有寶師
子座高五百由旬種種諸寶以爲莊挍亦无大海
江河及目真隣陁山摩訶目真隣陁山鐵圍山
大鐵圍山須弥山等諸山王通爲一佛國土寶
地平正寶交露幔遍覆其上懸諸幡蓋
燒大寶香諸天寶華遍布其地釋迦牟尼佛
爲諸佛當来坐故復於八方各更變二百万億
那由他國皆令清淨无有地獄餓鬼畜生及
阿脩羅又移諸天人置於他土所化之國亦以
瑠璃爲地寶樹莊嚴樹高五百由旬枝葉華
菓次苐莊嚴樹下皆有寶師子座高五由
旬亦以大寶而挍飾之亦无大海江河及目
真隣陁山摩訶目真隣陁山鐵圍山大鐵圍
山須弥山等諸山王通爲一佛國土寶地平
正寶交露幔遍覆其上懸諸幡蓋燒大寶香
諸天寶華遍布其地尒時東方釋迦牟尼所
分之身百千万億那由他恒河沙等國土中
諸佛各各說法来集於此如是次苐十方諸
佛皆悉来集坐於八方尒時一一方四百万億
那由他國土諸佛如来遍滿其中是時諸
佛各在寶樹下坐師子座皆遣侍者問訊釋
迦牟尼佛各賷寶華滿掬而告之言善男子
汝往詣耆闍崛山釋迦牟尼佛所如我辭曰
少病少惱氣力安樂及菩薩聲聞衆悉安隱
不以此寶華散佛供養而作是言彼某甲佛
與欲開此寶塔諸佛遣使亦復如是尒時釋
迦牟尼佛見所分身佛悉已来集各各坐於

少病少惱氣力安樂及菩薩聲聞衆悉安隱
不以此寶華散佛供養而作是言彼某甲佛
與欲開此寶塔諸佛遣使亦復如是尒時釋
迦牟尼佛見所分身佛悉已来集各各坐於
師子之座皆聞諸佛與同開寶塔即從座
起住虛空中一切四衆起立合掌一心觀佛
於是釋迦牟尼佛以右指開七寶塔戶出大
音聲如却關鑰開大城門即時一切衆會皆
見多寶如来於寶塔中坐師子座全身不散
如入禪定又聞其言善哉善哉釋迦牟尼佛
快說是法華經我爲聽是經故而来至此尒
時四衆等見過去无量千万億劫滅度佛說
如是言嘆未曾有以天寶華聚散多寶佛及
釋迦牟尼佛上尒時多寶佛於寶塔中分半
座與釋迦牟尼佛而作是言釋迦牟尼佛可
就此座即時釋迦牟尼佛入其塔中坐其半
座結加趺坐尒時大衆見二如来在七寶塔
中師子座上結加趺坐各作是念佛座高遠
唯願如来以神通力令我等輩俱處虛空即
時釋迦牟尼佛以神通力接諸大衆皆在虛
空以大音聲普告四衆誰能於此娑婆國土
廣說妙法華經今正是時如来不久當入涅
槃佛欲以此妙法華經付囑有在尒時世尊
欲重宣此義而說偈言
聖主世尊　雖久滅度　在寶塔中　尚爲法来
諸人云何　不勤爲法　此佛滅度　无央數劫
處處聽法　以難遇故　彼佛本願　我滅度後

槃佛欲以此妙法華經付囑有在尒時世尊
欲重宣此義而說偈言
聖主世尊　雖久滅度　在寶塔中　尚為法來
諸人云何　不勤為法　此佛滅度　无鞅數劫
處處聽法　以難遇故　彼佛本願　我滅度後
在在所往　常為聽法　又我分身　无量諸佛
如恒沙等　來欲聽法　及見滅度　多寶如來
各捨妙土　及弟子眾　天人龍神　諸供養事
令法久住　故來至此　為坐諸佛　以神通力
移无量眾　令國清淨　諸佛各各　詣寶樹下
如清淨池　蓮華莊嚴　其寶樹下　諸師子座
佛坐其上　光明嚴飾　如夜闇中　然大炬火
身出妙香　遍十方國　眾生蒙薰　喜不自勝
譬如大風　吹小樹枝　以是方便　令法久住
告諸大眾　我滅度後　誰能護持　讀誦斯經
今於佛前　自說誓言　其多寶佛　雖久滅度
以大誓願　而師子吼　多寶如來　及與我身
所集化佛　當知此意　諸佛子等　誰能護法
當發大願　令得久住　其有能護　此經法者
則為供養　我及多寶　此多寶佛　處於寶塔
常遊十方　為是經故　亦復供養　諸來化佛
莊嚴光飾　諸世界者　若說此經　則為見我
多寶如來　及諸化佛　諸善男子　各諦思惟
此為難事　宜發大願　諸餘經典　數如恒沙
雖說此等　未足為難　若接須弥　擲置他方
无數佛土　亦未為難　若以足指　動大千界

BD03842號　妙法蓮華經卷四

（14–6）

多寶如來　及諸化佛　諸善男子　各諦思惟
此為難事　宜發大願　諸餘經典　數如恒沙
雖說此等　未足為難　若接須弥　擲置他方
无數佛土　亦未為難　若以足指　動大千界
遠擲他國　亦未為難　若立有頂　為眾演說
无量餘經　亦未為難　若佛滅後　於惡世中
能說此經　是則為難　假使有人　手把虛空
而以遊行　亦未為難　於我滅後　若自書持
若使人書　是則為難　若以大地　置足甲上
昇於梵天　亦未為難　佛滅度後　於惡世中
暫讀此經　是則為難　假使劫燒　擔負乾草
入中不燒　亦未為難　我滅度後　若持此經
為一人說　是則為難　若持八万　四千法藏
十二部經　為人演說　令諸聽者　得六神通
雖能如是　亦未為難　於我滅後　聽受此經
問其義趣　是則為難　若人說法　令千万億
无量无數　恒沙眾生　得阿羅漢　具六神通
雖有是益　亦未為難　於我滅後　若能奉持
如斯經典　是則為難　我為佛道　於无量土
從始至今　廣說諸經　而於其中　此經第一
若有能持　則持佛身　諸善男子　於我滅後
誰能護持　讀誦此經　今於佛前　自說誓言
此經難持　若暫持者　我則歡喜　諸佛亦然
如是之人　諸佛所歎　是則勇猛　是則精進
是名持戒　行頭陀者　則為疾得　无上佛道
能於來世　讀持此經　是真佛子　住淳善地

BD03842號　妙法蓮華經卷四

（14–7）

誰能受持　讀誦此經　今於佛前　自說誓言
此經難持　若暫持者　我則歡喜　諸佛亦然
如是之人　諸佛所歎　是則勇猛　是則精進
是名持戒　行頭陁者　則為疾得　无上佛道
能於來世　讀持此經　是真佛子　住淳善地
佛滅度後　能解其義　是諸天人　世間之眼
於恐畏世　能須臾說　一切天人　皆應供養
妙法蓮華經提婆達多品第十二
尒時佛告諸菩薩及天人四衆吾於過去无
量劫中求法華經无有懈惓於多劫中常作
國王發願求於无上菩提心不退轉為欲滿
足六波羅蜜勤行布施心无悋惜象馬七寶
國城妻子奴婢僕從頭目髓腦身肉手足不
惜軀命時世人民壽命无量為於法故捐捨
國位委政太子擊皷宣令四方求法誰能為
我說大乘者吾當終身供給走使時有仙人
來白王言我有大乘名妙法華經若不違我
當為宣說王聞仙言歡喜踊躍即隨仙人供
給所須採菓汲水拾薪設食乃至以身而為
床座身心无惓于時奉事經千歲為於法故
精勤給侍令无所乏尒時世尊欲重宣此
義而說偈言
我念過去劫　為求大法故　雖作世國王　不貪五欲樂
椎鍾告四方　誰有大法者　若為我解說　身當為奴僕
時有阿私仙　來白於大王　我有微妙法　世間所希有
若能脩行者　吾當為汝說　時王聞仙言　心生大喜悅
即便隨仙人　供給於所須　採薪及菓蓏　隨時恭敬與

我念過去劫　為求大法故　雖作世國王　不貪五欲樂
椎鍾告四方　誰有大法者　若為我解說　身當為奴僕
時有阿私仙　來白於大王　我有微妙法　世間所希有
若能脩行者　吾當為汝說　時王聞仙言　心生大喜悅
即便隨仙人　供給於所須　採薪及菓蓏　隨時恭敬與
情存妙法故　身心无懈惓　普為諸衆生　勤求於大法
亦不為己身　及以五欲樂　故為大國王　勤求獲此法
遂致得成佛　今故為汝說
佛告諸比丘尒時王者則我身是時仙人者今
提婆達多是由提婆達多善知識故令我
具足六波羅蜜慈悲喜捨三十二相八十種
好紫磨金色十力四无所畏四攝法十八不共
神通道力成等正覺廣度衆生皆因提婆
達多善知識故告諸四衆提婆達多却後過
无量劫當得成佛号曰天王如來應供正遍
知明行足善逝世間解无上士調御丈夫天
人師佛世尊世界名天道時天王佛住世二
十中劫廣為衆生說於妙法恒河沙衆生得
阿羅漢果无量衆生發緣覺心恒河沙衆生發
无上道心得无生忍至不退轉時天王佛般
涅槃後正法住世二十中劫全身舍利起
七寶塔高六十由旬縱廣四十由旬諸天人民
悉以雜華末香燒香塗香衣服瓔珞幢幡
寶蓋伎樂歌頌礼拜供養七寶妙塔无量衆
生得阿羅漢无量衆生悟辟支佛不可思議
衆生發菩提心至不退轉佛告諸比丘未來
世中若有善男子善女人聞妙法華經提婆

七寶塔高六十由旬縱廣四十由旬諸天人民
悉以雜華末香燒香塗香衣服瓔珞幢幡
寶蓋伎樂歌頌礼拜供養七寶妙塔无量衆
生得阿羅漢无量衆生悟辟支佛不可思議
衆生發菩提心至不退轉佛告諸比丘未來
世中若有善男子善女人聞妙法華經提婆
達多品淨心信敬不生疑惑者不墮地獄餓
鬼畜生生十方佛前所生之處常聞此經若
生人天中受勝妙樂若在佛前蓮華化生於
時下方多寶世尊所從菩薩名曰智積白多
寶佛當還本土釋迦牟尼佛告智積曰善男
子且待須臾此有菩薩名文殊師利可與相
見論說妙法可還本土尒時文殊師利坐千
葉蓮華大如車輪俱來菩薩亦坐寶華從
於大海娑竭羅龍宮自然踊出住虛空中詣靈
鷲山從蓮華下至於佛所頭面敬礼二世尊
足脩敬已畢往智積所共相慰問却坐一面
智積菩薩問文殊師利仁往龍宮所化衆生
其數幾何文殊師利言其數无量不可稱計
非口所宣非心所測且待須臾自當有證所言
未竟无數菩薩坐寶蓮華從海踊出詣靈鷲
山住在虛空此諸菩薩皆是文殊師利之
所化度具菩薩行皆共論說六波羅蜜本
聲聞人在虛空中說聲聞行今皆脩行大乘
空義文殊師利謂智積曰於海教化其事如
是尒時智積菩薩以偈讚曰
大智德勇健　化度无量衆　今此諸大衆　及我皆已見

BD03842號　妙法蓮華經卷四

（14–10）

所化度具菩薩行皆共論說六波羅蜜本
聲聞人在虛空中說聲聞行今皆脩行大乘
空義文殊師利謂智積曰於海教化其事如
是尒時智積菩薩以偈讚曰
大智德勇健　化度无量衆　今此諸大衆　及我皆已見
演暢實相義　開闡一乘法　廣度諸群生　令速成菩提
文殊師利言我於海中唯常宣說妙法華經
智積菩薩問文殊師利言此經甚深微妙諸
經中寶世所希有頗有衆生勤加精進脩行
此經速得佛不文殊師利言有娑竭羅龍王
女年始八歲智慧利根善知衆生諸根行業
得陁羅尼諸佛所說甚深秘藏悉能受持深
入禪定了達諸法於剎那頃發菩提心得不退
轉辯才无礙慈念衆生猶如赤子功德具足心
念口演微妙廣大慈悲仁讓志意和雅能至
菩提智積菩薩言我見釋迦如來於无量
劫難行苦行積功累德求菩薩道未曾止息觀
三千大千世界乃至无有如芥子許非是菩
薩捨身命處爲衆生故然後乃得成菩提道
不信此女於須臾頃便成正覺言論未訖
時龍女忽現於前頭面礼敬却住一面以偈
讚曰
深達罪福相　遍照於十方　微妙淨法身　具相三十二
以八十種好　用莊嚴法身　天人所戴仰　龍神咸恭敬
一切衆生類　无不宗奉者　又聞成菩提　唯佛當證知
我闡大乘教　度脫苦衆生

BD03842號　妙法蓮華經卷四

（14–11）

讚曰
深達罪福相　遍照於十方　微妙淨法身　具相三十二
以八十種好　用莊嚴法身　天人所戴仰　龍神咸恭敬
一切衆生類　无不宗奉者　又聞成菩提　唯佛當證知
我闡大乘教　度脫苦衆生
時舍利弗語龍女言汝謂不久得无上道是
事難信所以者何女身垢穢非是法器云何
能得无上菩提佛道懸曠經无量劫勤苦積
行具備諸度然後乃成又女人身猶有五障
一者不得作梵天王二者帝釋三者魔王四
者轉輪聖王五者佛身云何女身速得成佛
尒時龍女有一寶珠價直三千大千世界持
以上佛佛即受之龍女謂智積菩薩尊者舍
利弗言我獻寶珠世尊納受是事疾不答言
甚疾女言以汝神力觀我成佛復速於此當
時衆會皆見龍女忽然之間變成男子具菩
薩行即往南方无垢世界坐寶蓮華成等正
覺三十二相八十種好普為十方一切衆生
演說妙法尒時娑婆世界菩薩聲聞天龍八
部人與非人皆遙見彼龍女成佛普為時會
人天說法心大歡喜悉遙敬礼无量衆生聞
法解悟得不退轉无量衆生得受道記无垢
世界六反震動娑婆世界三千衆生住不退
地三千衆生發菩提心而得受記智積菩薩
及舍利弗一切衆會嘿然信受
妙法蓮華經勸持品第十三
尒時藥王菩薩摩訶薩及大樂說菩薩摩

BD03842號　妙法蓮華經卷四　（14–12）

人天說法心大歡喜悉遙敬礼无量衆生聞
法解悟得不退轉无量衆生得受道記无垢
世界六反震動娑婆世界三千衆生住不退
地三千衆生發菩提心而得受記智積菩薩
及舍利弗一切衆會嘿然信受
妙法蓮華經勸持品第十三
尒時藥王菩薩摩訶薩及大樂說菩薩摩
訶薩與二万菩薩眷屬俱皆於佛前作是誓
言唯願世尊不以為慮我等於佛滅後當奉持
讀誦說此經典後惡世衆生善根轉少多增
上慢貪利供養增不善根遠離解脫雖難可
教化我等當起大忍力讀誦此經持說書寫
種種供養不惜身命尒時衆中五百阿羅漢
得受記者白佛言世尊我等亦自誓願於異
國土廣說此經復有學无學八千人得受記
者從座而起合掌向佛作是誓言世尊我等
亦當於他國土廣說此經所以者何是娑婆國
中人多弊惡懷增上慢功德淺薄瞋濁諂曲
心不實故尒時佛姨母摩訶波闍波提比丘
尼與學无學比丘尼六千人俱從座而起一
心合掌瞻仰尊顏目不暫捨於時世尊告憍
曇彌何故憂色而視如來汝心將无謂我不
說汝名授阿耨多羅三藐三菩提記耶憍
曇彌我先摠說一切聲聞皆已授記尒汝欲
知記者將來之世當於六万八千億諸佛法
中為大法師及六千學无學比丘尼俱為法
師汝如是漸漸具菩薩道當得作佛号一切

BD03842號　妙法蓮華經卷四　（14–13）

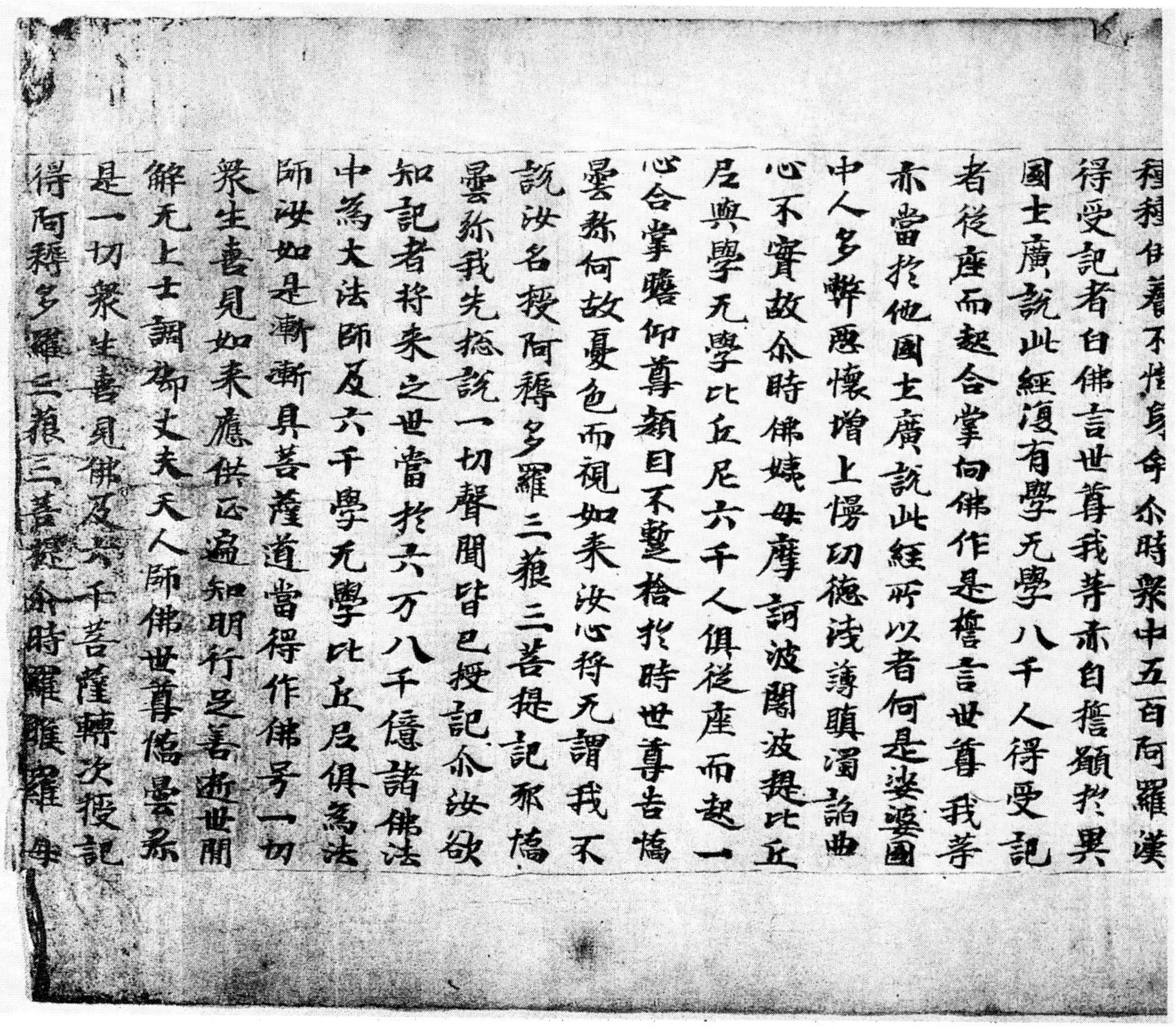
種種供養不惜身命尒時衆中五百阿羅漢
得受記者白佛言世尊我等亦自誓願於異
國土廣說此經復有學无學八千人得受記
者從座而起合掌向佛作是誓言世尊我等
亦當於他國土廣說此經所以者何是娑婆國
中人多弊惡懷增上慢功德淺薄瞋濁諂曲
心不實故尒時佛姨母摩訶波闍波提比丘
尼與學无學比丘尼六千人俱從座而起一
心合掌瞻仰尊顏目不暫捨於時世尊告憍
曇彌何故憂色而視如來汝心將无謂我不
說汝名授阿耨多羅三藐三菩提記耶憍
曇彌我先揔說一切聲聞皆已授記尒汝欲
知記者將來之世當於六万八千億諸佛法
中爲大法師及六千學无學比丘尼俱爲法
師汝如是漸漸具菩薩道當得作佛号一切
衆生喜見如來應供正遍知明行足善逝世間
解无上士調御丈夫天人師佛世尊憍曇彌
是一切衆生喜見佛及六千菩薩轉次授記
得阿耨多羅三藐三菩提尒時羅睺羅母

BD03842 號　妙法蓮華經卷四　（14–14）

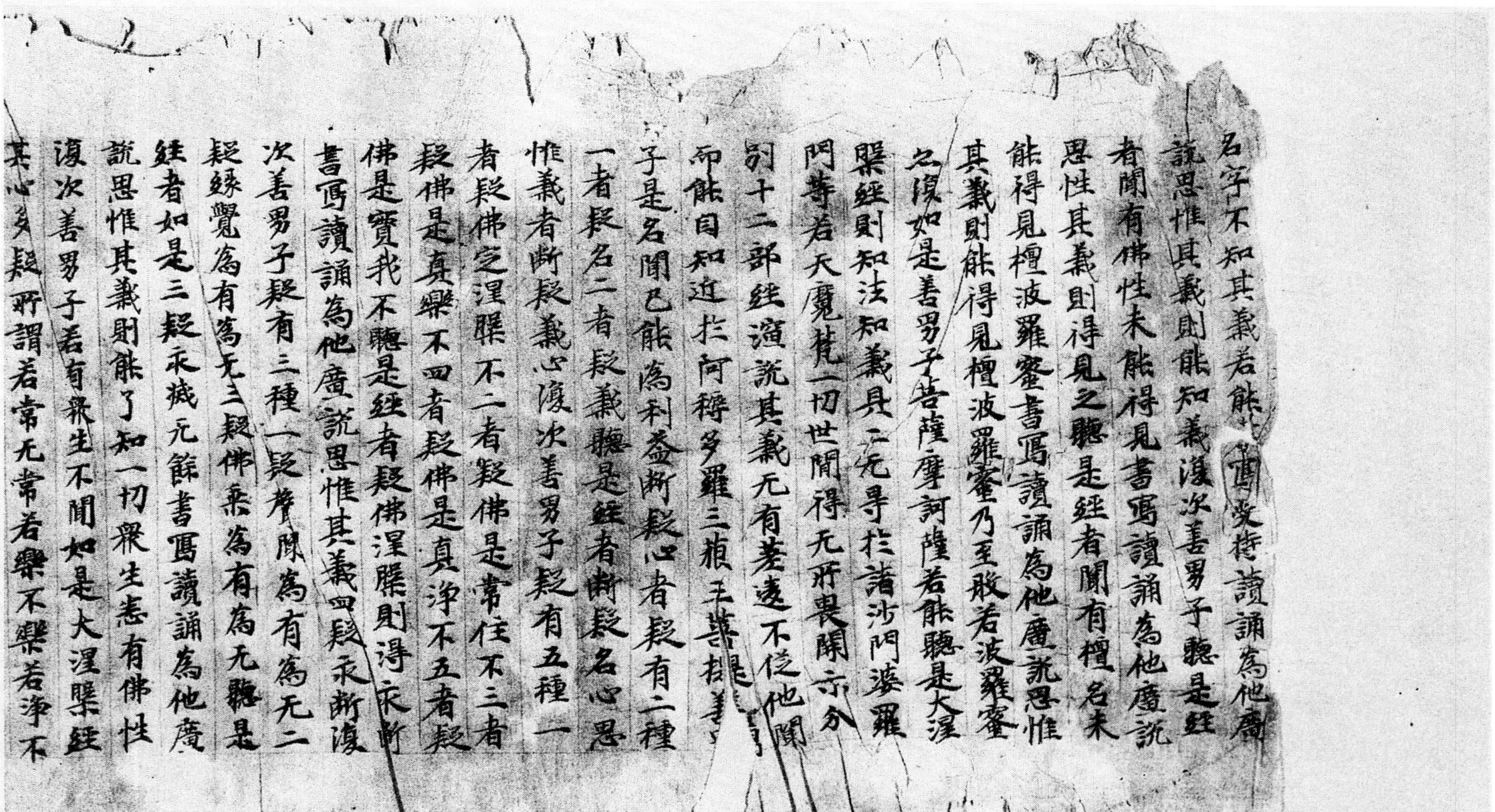
名字不知其義若能書寫受持讀誦爲他廣
說思惟其義則能知義復次善男子聽是經
者聞有佛性未能得見書寫讀誦爲他廣說
思惟其義則得見之聽是經者聞有檀名未
能得見檀波羅蜜書寫讀誦爲他廣說思惟
其義則能得見檀波羅蜜乃至般若波羅蜜
亦復如是善男子菩薩摩訶薩若能聽是大涅
槃經則知法知義具二无导於諸沙門婆羅
門等若天魔梵一切世間得无所畏開示分
別十二部經演說其義无有差違不從他聞
而能自知近於阿耨多羅三藐三菩提善男
子是名聞已能爲利益斷疑心者疑有二種
一者疑名二者疑義聽是經者斷疑名心思
惟義者斷疑義心復次善男子疑有五種一
者疑佛定涅槃不二者疑佛是常住不三者
疑佛是真樂不四者疑佛是真淨不五者疑
佛是實我不聽是經者疑佛涅槃則得永斷
書寫讀誦爲他廣說思惟其義四疑永斷復
次善男子疑有三種一疑聲聞爲有爲无二
疑緣覺爲有爲无三疑佛乘爲有爲无聽是
經者如是三疑永滅无餘書寫讀誦爲他廣
說思惟其義則能了知一切衆生悉有佛性
復次善男子若有衆生不聞如是大涅槃經
其心多疑所謂若常无常若樂不樂若淨不

BD03843 號　大般涅槃經（北本　宮本）卷二一　（5–1）

次善男子疑有三種一疑聲聞為有為无二
疑緣覺為有為无三疑佛乘為有為无聽是
經者如是三疑永滅无餘書寫讀誦為他廣
說思惟其義則能了知一切眾生悉有佛性
復次善男子若有眾生不聞如是大涅槃經
其心多疑所謂若常无常若樂不樂若淨不
淨若我无我若命非命若眾生非眾生若畢
竟不畢竟若他世若過世若有若无若苦若
非苦若集若非集若道若非道若滅若非滅
若法若非法若善若非善若空若非空聽是
經者如是諸疑悉得永斷復次善男子若有
不聞如是經者復有種種眾多疑心所謂色
是我耶受想行識是我耶眼能見耶我能見
耶乃至識能知耶我能知耶色受報耶我受
報耶乃至識受報耶我受報耶色至他世耶
我至他世耶乃至識亦如是生死之法有始
有終耶无始无終耶聽是經者如是等疑亦
得永斷
復有人疑一闡提犯四重禁作五逆罪謗方
等經如是等輩有佛性耶无佛性耶聽是經
者如是等疑悉得永斷復有人疑世間有邊
耶世間无邊耶有十方世界耶无十方世界
耶聽是經者如是等疑亦得永斷是名能斷
疑惑之心慧心正直无耶曲者心若有疑則所
見不正一切凡夫若不得聞是大涅槃微妙
經典所見耶曲乃至聲聞辟支佛人所見亦
曲云何名為一切凡夫所見耶曲於有漏中
見常樂我淨於如來所見无常苦不淨无我
見有眾生壽命知見計非有想非无想處以

見不正一切凡夫若不得聞是大涅槃微妙
經典所見耶曲乃至聲聞辟支佛人所見亦
曲云何名為一切凡夫所見耶曲於有漏中
見常樂我淨於如來所見无常苦不淨无我
見有眾生壽命知見計非有想非无想處以
為涅槃見自在天有八正道有見斷見如是
等見名為耶曲菩薩摩訶薩若得聞是大涅
槃經脩行聖行則得斷除如是耶曲云何名
為聲聞緣覺耶曲見耶見於菩薩從兜率天
下化似白象降神母胎父名淨飯母名摩耶
迦毗羅城處胎滿足十月而生生未至地帝
釋奉接難陀龍王及跋難陀吐水而浴摩尼
跋陀大鬼神王執持寶蓋隨後侍立地神化
華以承其足四方各行滿足七步到於天廟
令諸天像悉起承迎阿私陀仙抱持占相既
占相已生大悲苦自傷當終不覩佛興詣師
學書筭計射御圖識伎藝處在深宮六万婇
女娛樂受樂出城遊觀至迦毗羅園道見老
人乃至沙門法服而行還至宮中見諸婇女
形體狀貌猶如枯骨所有宮殿冢墓无異猒
惡出家夜半踰城至鬱陀伽阿邏羅等大仙
人所聞說識處及非有想非无想處既聞是
已諦觀是處是非常苦不淨无我捨至樹下
具脩苦行滿足六年知是苦行不能得成阿
耨多羅三藐三菩提尒時復到阿利拔提河
中洗浴受牧牛女所奉乳糜受已轉至菩提
樹下破魔波旬得成阿耨多羅三藐三菩提
於波羅捺為五比丘初轉法輪乃至於此拘

已評樵是處是非常苦不淨无我指至樵下
具脩苦行滿足六年知是苦行不能得成阿
耨多羅三藐三菩提尒時復到阿利跋提河
中洗浴受牧牛女所奉乳糜受已轉至菩提
樹下破魔波旬得成阿耨多羅三藐三菩提
於波羅㮈爲五比丘初轉法輪乃至於此拘
尸那城入般涅槃如是等見是名聲聞緣覺
曲見善男子菩薩摩訶薩聽受如是大涅槃
經悉得斷除如是等見若能書寫讀誦通利
爲他演說思惟其義則得正直无邪曲見善
男子菩薩摩訶薩脩行如是大涅槃經諦知
菩薩无量劫來不從兜率降神母胎乃至拘
尸那城入般涅槃是名菩薩摩訶薩正直之
見能知如來深密義者所謂即是大般涅槃
一切衆生悉有佛性懺四重禁除謗法心盡
五逆罪滅一闡提然後得成阿耨多羅三藐
三菩提是名甚深秘密之義
復次善男子云何復名甚深之義雖知衆生
實无有我而於未來不失業果雖知五陰於
此滅盡善惡之業終不敗亡雖有諸業不得
作者雖有至處无有去者雖有繫縛无受縛
者雖有涅槃之无滅者是名甚深秘密之義
尒時光明遍照高貴德王菩薩摩訶薩白佛
言世尊如我解佛所說聞不聞義是義不然
何以故法若有者便應定有法若无者便應
定无无不應生有不應滅如其聞者是則爲
聞若不聞者則爲不聞云何而言聞所不聞
世尊若不可聞是爲不聞若已聞者則更不
聞何以故已得聞故云何而言聞所不聞譬

BD03843號　大般涅槃經（北本　宮本）卷二一　（5–4）

言世尊如我解佛所說聞不聞義是義不然
何以故法若有者便應定有法若无者便應
定无无不應生有不應滅如其聞者是則爲
聞若不聞者則爲不聞云何而言聞所不聞
世尊若不可聞是爲不聞若已聞者則更不
聞何以故已得聞故云何而言聞所不聞譬
如去者到則不去去則不到亦如生已不生
不生不生得已不得不得不得聞已不聞不
聞不聞亦復如是世尊若不聞聞者一切衆
生未有菩提即應有之未得涅槃亦應得之
未見佛性應見佛性云何復言十住菩薩雖
見佛性未得明了世尊若不聞聞者如來往
昔從誰得聞若言得聞何故如來於阿含中
復言无師若不聞不聞如來得成阿耨多羅
三藐三菩提者一切衆生不聞不聞亦應得
成阿耨多羅三藐三菩提如來若當不聞如
是大涅槃經見佛性者一切衆生不聞是經
亦應得見世尊凡是色者或可見或不可見
聲亦如是或可聞或不可聞是大涅槃非
色非聲云何而言可得見聞世尊過去已滅
則不可聞未來未至亦不可聞現在聽時則
不名聞聞已聲滅更不可聞是大涅槃亦非
過去未來現在若非三世則不可說若不可
說則不可聞云何而言菩薩脩是大涅槃經
聞所不聞
尒時佛讚光明遍照高貴德王菩薩摩訶薩

BD03843號　大般涅槃經（北本　宮本）卷二一　（5–5）

與十二因緣共行而不見知不見知
故无有終始十住菩薩唯見其終不見其始
諸佛世尊見始見終以是義故諸佛了了得
見佛性善男子一切衆生不能見於十二因
緣是故輪轉善男子如蠶作繭自生自死一
切衆生亦復如是不見佛性故自造結業流
轉生死猶如拍毬善男子是故我於諸經中
說若有人見十二緣者即是見法見法者即
是見佛佛者即是佛性何以故一切諸佛以
此爲性善男子觀十二緣智凡有四種一者
下二者中三者上四者上上下智觀者不見
佛性以不見故得聲聞道中智觀者不見佛
性以不見故得緣覺道上智觀者見不了了
不了了故住十住地上上智者見了了故得
阿耨多羅三藐三菩提道以是義故十二因
緣名爲佛性佛性者即第一義空第一義空
名爲中道中道者即名佛性佛性者名爲涅槃
爾時師子吼菩薩摩訶薩白佛言世尊若佛

BD03844號　大般涅槃經（北本）卷二七　（5–1）

阿耨多羅三藐三菩提道以是義故十二因
緣名爲佛性佛性者即第一義空第一義空
名爲中道中道者即名佛性佛性者名爲涅槃
爾時師子吼菩薩摩訶薩白佛言世尊若佛
與佛性无差別者一切衆生何用修道　佛言
善男子如汝所問是義不然佛與佛性雖无
差別然諸衆生悉未具足善男子譬如有人
惡心害母害已生悔三業雖善是人故名地
獄人也何以故是人定當墮地獄故是人雖
无地獄陰界諸入猶故得名爲地獄人善男
子是故我於諸經中說若見有人修行善者
名見天人修行惡者名見地獄何以故定受
報故善男子一切衆生定得阿耨多羅三藐
三菩提故是故我說一切衆生悉有佛性一
切衆生真實未有三十二相八十種好以是
義故我於此經而說偈言
本有今无　本无今有　三世有法　无有是處
善男子有者凡有三種一未來有二現在有
三過去有一切衆生未來之世當有阿耨多
羅三藐三菩提是名佛性一切衆生現在悉
有煩惱諸結是故現在无有三十二相八十種
好一切衆生過去之世有斷煩惱是故現在
得見佛性以是義故我常宣說一切衆生悉
有佛性乃至一闡提等亦有佛性一闡提等

BD03844號　大般涅槃經（北本）卷二七　（5–2）

有煩惱諸結是故現在无有三十二相八十種
好一切衆生過去之世有斷煩惱是故現在
得見佛性以是義故我常宣說一切衆生悉
有佛性乃至一闡提等亦有佛性一闡提等
无有善法佛性亦善以未來有故一闡提等
悉有佛性何以故一闡提等定當得成阿耨
多羅三藐三菩提故善男子譬如有人家有
乳酪有人問言汝有蘇耶答言我有酪實非
蘇以巧方便定當得故故言有蘇衆生亦尒
悉皆有心凡有心者定當得成阿耨多羅三
藐三菩提以是義故我常宣說一切衆生悉
有佛性善男子畢竟有二種一者莊嚴畢竟
二者究竟畢竟一者世間畢竟二者出世間
畢竟莊嚴畢竟六波羅蜜究竟畢竟者一
切衆生所得一乘一乘者名為佛性以是義
故我說一切衆生悉有佛性一切衆生悉有
一乘以无明覆故不能得見善男子如欝單
曰世三天果報覆故此間衆生不能得見佛
性亦尒諸結覆故衆生不見復次善男子佛
性者即首楞嚴三昧性如醍醐即是一切諸
佛之母以首楞嚴三昧力故而令諸佛常樂
我淨一切衆生悉有首楞嚴三昧以不修行
故不得見是故不能得成阿耨多羅三藐三
菩提善男子首楞嚴三昧者有五種名一者

BD03844號　大般涅槃經（北本）卷二七　（5–3）

性者即首楞嚴三昧性如醍醐即是一切諸
佛之母以首楞嚴三昧力故而令諸佛常樂
我淨一切衆生悉有首楞嚴三昧以不修行
故不得見是故不能得成阿耨多羅三藐三
菩提善男子首楞嚴三昧者有五種名一者
首楞嚴三昧二者般若波羅蜜三者金剛三
昧四者師子吼三昧五者佛性隨其所作處
處得名善男子如一三昧得種種名如禪名
四禪根名定根力名定力覺名定覺正名正
定八大人覺名為定覺首楞嚴定亦復如是
善男子一切衆生具足三定謂上中下上者
謂佛性也以是故言一切衆生悉有佛性中
者一切衆生具足初禪有因緣時則能修集
若无因緣則不能修因緣二種一謂火災二
謂破欲界結以是故言一切衆生悉具中定
下定者十大地中心數定也以是故言一切
衆生悉具下定一切衆生悉有佛性煩惱覆
故不能得見十住菩薩雖見一乘不知如來
是常住法以是故言十地菩薩雖見佛性而
不明了善男子首楞者名一切畢竟嚴者名
堅一切畢竟而得堅固名首楞嚴以是故言
首楞嚴定名為佛性善男子我於一時住尼
連禪河告阿難言我今欲洗汝可取衣及以
澡豆我既入水一切飛鳥水陸之屬悉來觀

BD03844號　大般涅槃經（北本）卷二七　（5–4）

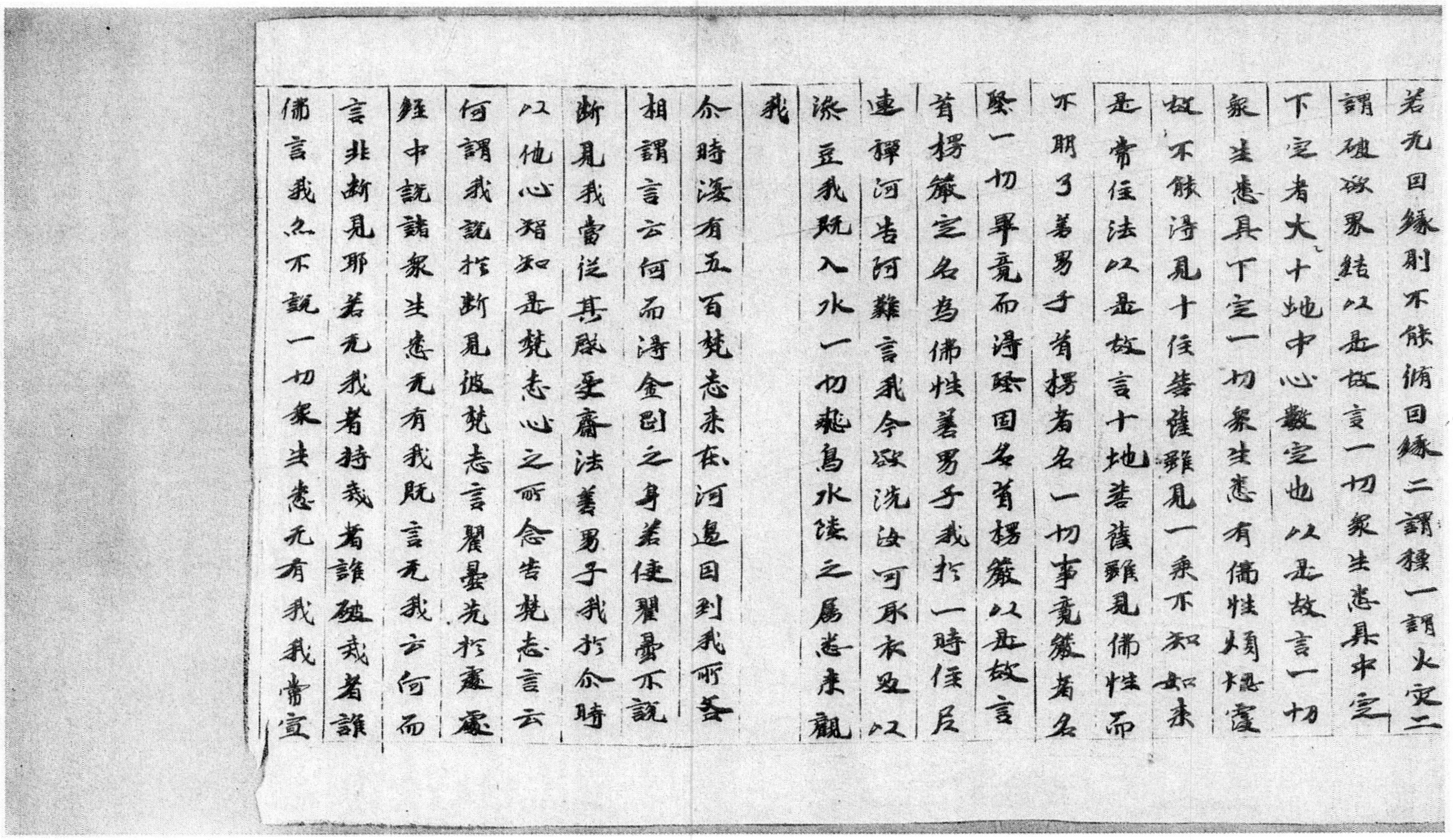

若无因緣則不能修因緣二謂種一謂火定二
謂破戒眾結以是故言一切眾生悉具中定
下定者大十地中心數定也以是故言一切
眾生悉具下定一切眾生悉有佛性煩惱覆
故不能得見十住菩薩雖見一乘不知如來
是常住法以是故言十地菩薩雖見佛性而
不明了善男子首楞者名一切事竟嚴者名
堅一切畢竟而得堅固名首楞嚴以是故言
首楞嚴定名為佛性善男子我於一時住尼
連禪河告阿難言我今欲洗汝可取衣及以
澡豆我既入水一切飛鳥水陸之屬悉來觀
我
尒時復有五百梵志來在河邊因到我所各
相謂言云何而得金剛之身若使瞿曇不說
斷見我當從其啟受齋法善男子我於尒時
以他心智知是梵志心之所念告梵志言云
何謂我說於斷見彼梵志言瞿曇先於處處
經中說諸眾生悉无有我既言无我云何而
言非斷見耶若无我者持戒者誰破戒者誰
佛言我亦不說一切眾生悉无有我我常宣

BD03844號　大般涅槃經（北本）卷二七　（5–5）

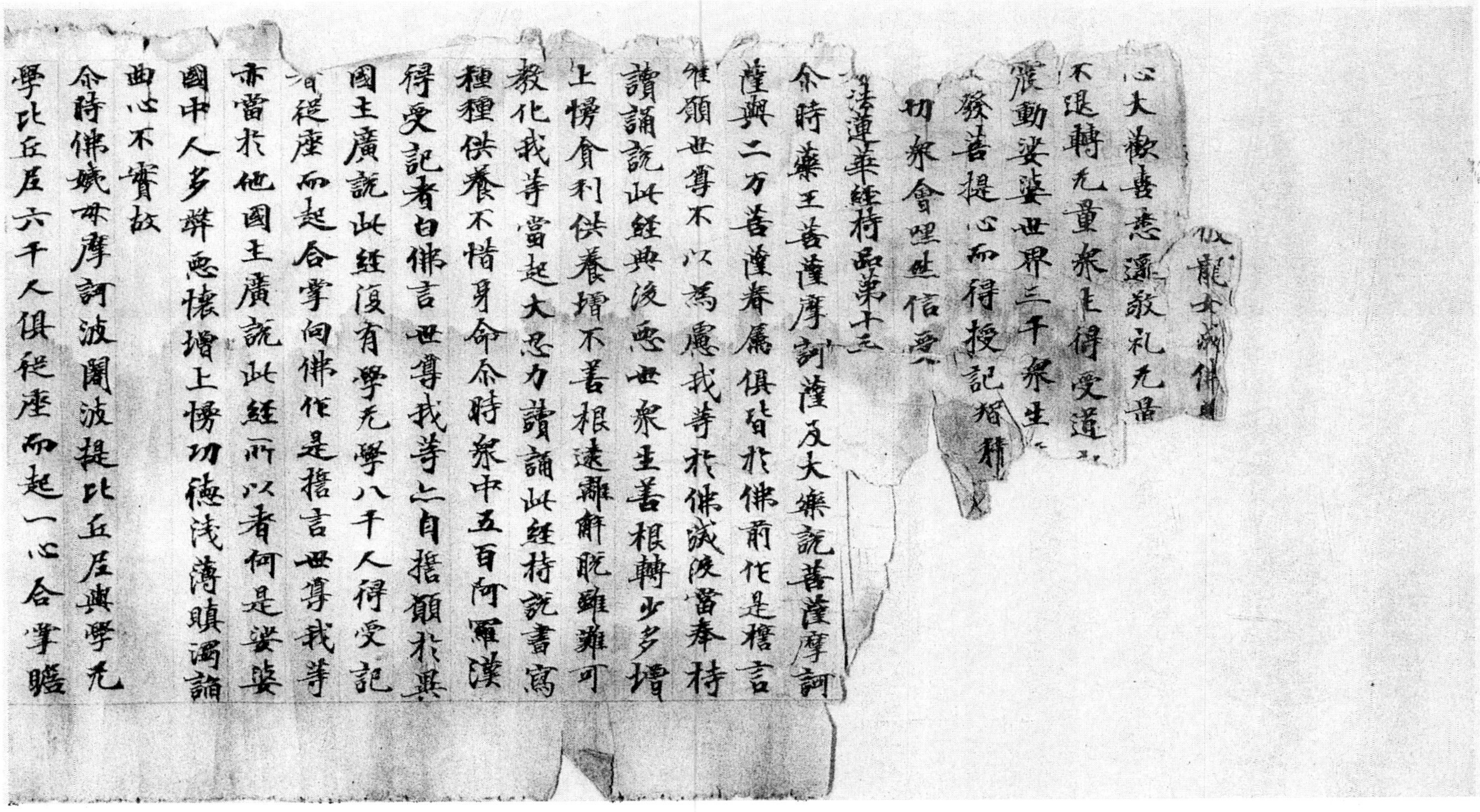

彼龍女成佛
心大歡喜悉遙敬礼无量
不退轉无量眾生得受道記
震動娑婆世界三千眾生住
發菩提心而得授記智積
切眾會默然信受
妙法蓮華經持品第十三
尒時藥王菩薩摩訶薩及大樂說菩薩摩訶
薩與二万菩薩眷屬俱皆於佛前作是誓言
唯願世尊不以為慮我等於佛滅後當奉持
讀誦說此經典後惡世眾生善根轉少多增
上慢貪利供養增不善根遠離解脫雖難可
教化我等當起大忍力讀誦此經持說書寫
種種供養不惜身命尒時眾中五百阿羅漢
得受記者白佛言世尊我等亦自誓願於異
國土廣說此經復有學无學八千人得受記
者從座而起合掌向佛作是誓言世尊我等
亦當於他國土廣說此經所以者何是娑婆
國中人多弊惡懷增上慢功德淺薄瞋濁諂
曲心不實故
尒時佛姨母摩訶波闍波提比丘尼與學无
學比丘尼六千人俱從座而起一心合掌瞻

BD03845號　妙法蓮華經卷四　（5–1）

國王廣說此經復有學无學八千人得受記
者從座而起合掌向佛作是誓言世尊我等
亦當於他國土廣說此經所以者何是娑婆
國中人多弊惡懷增上慢功德淺薄瞋濁諂
曲心不實故
尒時佛姨母摩訶波闍波提比丘尼與學无
學比丘尼六千人俱從座而起一心合掌瞻
仰尊顏目不暫捨於時世尊告憍曇弥何故
憂色而視如來汝等心將无謂我不說汝名受
阿耨多羅三藐三菩提記耶憍曇弥我先惣
說一切聲聞皆已受記今汝欲知記者將來
之世當於六万八千億諸佛法中為大法師及
六千學无學比丘尼俱為法師汝如是漸漸
具菩薩道當得作佛号一切衆生憙見如來
應供正遍知明行足善逝世間解无上士調
御丈夫天人師佛世尊憍曇弥是一切衆生
喜見佛及六千菩薩轉次受記得阿耨多羅
三藐三菩提尒時羅睺羅母耶輸陁羅比丘
尼作是念世尊於受記中獨不說我名佛告
耶輸陁羅汝於來世五百万億諸佛法中修菩
薩行為大法師漸具佛道於善國中當得作
佛号具足千万光相如來應供正遍知明行
足善逝世間解无上士調御丈夫天人師佛
世尊佛壽无量阿僧祇劫尒時摩訶波闍波
提比丘尼及耶輸陁羅比丘尼并其眷屬皆
大歡喜得未曾有即於佛前而說偈言

佛号具足千万光相如來應供正遍知明行
足善逝世間解无上士調御丈夫天人師佛
世尊佛壽无量阿僧祇劫尒時摩訶波闍波
提比丘尼及耶輸陁羅比丘尼并其眷屬皆
大歡喜得未曾有即於佛前而說偈言
世尊導師　安隱天人　我等聞記　心安具足
諸比丘尼說是偈已白佛言世尊我等亦能
於他方國土廣宣此經尒時世尊視八十万
億那由他諸菩薩摩訶薩是諸菩薩皆是阿
惟越致轉不退法輪得諸陁羅尼即從座起
至於佛前一心合掌而作是念若世尊告勑
我等持說此經者當如佛教廣宣斯法復作
是念佛今嘿然不見告勑我當云何時諸菩
薩敬順佛意并欲自滿本願便於佛前作師
子吼而發誓言世尊我等於如來滅後周旋
往返十方世界能令衆生書寫此經受持讀
誦解說其義如法脩行正憶念皆是佛之威
力唯願世尊在於他方遙見守護即時諸菩
薩俱同發聲而說偈言
唯願勿為慮　於佛滅度後　恐怖惡世中　我等當廣說
有諸无智人　惡口罵詈等　及加刀杖者　我等皆當忍
惡世中比丘　邪智心諂曲　未得謂為得　我慢心充滿
或有阿練若　納衣在空閑　自謂行真道　輕賤人間者
貪著利養故　與白衣說法　為世所恭敬　如六通羅漢
是人懷惡心　常念世俗事　假名阿練若　好出我等過
而作如是言　此諸比丘等　為貪利養故　說外道論議

薩俱同發聲而說偈言
唯願勿為慮　於佛滅度後　恐怖惡世中　我等當廣說
有諸无智人　惡口罵詈等　及加刀杖者　我等皆當忍
惡世中比丘　邪智心諂曲　未得謂為得　我慢心充滿
或有阿練若　納衣在空閑　自謂行真道　輕賤人間者
貪著利養故　與白衣說法　為世所恭敬　如六通羅漢
是人懷惡心　常念世俗事　假名阿練若　好出我等過
而作如是言　此諸比丘等　為貪利養故　說外道論議
自作此經典　誑惑世間人　為求名聞故　分別於是經
常在大眾中　欲毀我等故　向國王大臣　婆羅門居士
及餘比丘眾　誹謗說我惡　謂是邪見人　說外道論議
我等敬佛故　悉忍是諸惡　為斯所輕言　汝等皆是佛
如此輕慢言　皆當忍受之　濁劫惡世中　多有諸恐怖
惡鬼入其身　罵詈毀辱我　我等敬信佛　當著忍辱鎧
為說是經故　忍此諸難事　我不愛身命　但惜无上道
我等於來世　護持佛所囑　世尊自當知　濁世惡比丘
不知佛方便　隨宜所說法　惡口而顰蹙　數數見擯出
遠離於塔寺　如是等眾惡　念佛告勅故　皆當忍是事
諸聚落城邑　其有求法者　我皆到其所　說佛所囑法
我是世尊使　處眾无所畏　我當善說法　願佛安隱住
我於世尊前　諸來十方佛　發如是誓言　佛自知我心

妙法蓮華經卷第四

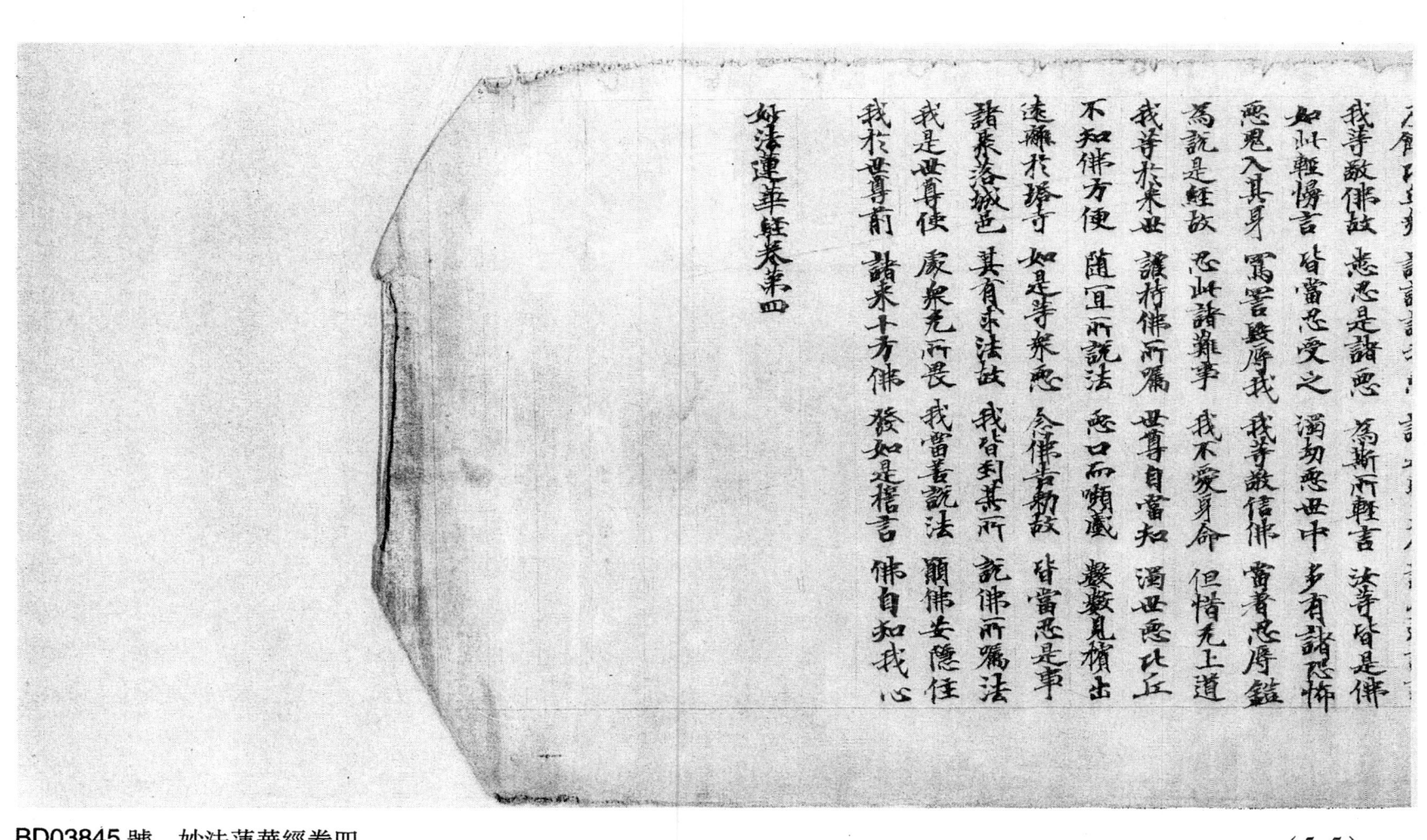

BD03845號　妙法蓮華經卷四　（5–4）

我等敬佛故　悉忍是諸惡　為斯所輕言　汝等皆是佛
如此輕慢言　皆當忍受之　濁劫惡世中　多有諸恐怖
惡鬼入其身　罵詈毀辱我　我等敬信佛　當著忍辱鎧
為說是經故　忍此諸難事　我不愛身命　但惜无上道
我等於來世　護持佛所囑　世尊自當知　濁世惡比丘
不知佛方便　隨宜所說法　惡口而顰蹙　數數見擯出
遠離於塔寺　如是等眾惡　念佛告勅故　皆當忍是事
諸聚落城邑　其有求法者　我皆到其所　說佛所囑法
我是世尊使　處眾无所畏　我當善說法　願佛安隱住
我於世尊前　諸來十方佛　發如是誓言　佛自知我心

妙法蓮華經卷第四

BD03845號　妙法蓮華經卷四　（5–5）

香味觸法
訶薩行般若波羅
滅故學亦應於耳鼻
學善現菩薩摩訶　般若　羅蜜多時
應於眼觸不生不滅故學亦應於耳鼻舌
意觸不生不滅故學善現菩薩摩訶薩行
羅蜜多時應於眼觸為緣所生諸受
生不滅故學亦應於耳鼻舌身意觸為緣
所生諸受不生不滅故學善現菩薩摩訶薩
行般若波羅蜜多時應於地界不生不滅故
學亦應於水火風空識界不生不滅故學善
現菩薩摩訶薩行般若波羅蜜多時應於無
不滅故學亦應於行識名色六處觸受
取有生老死愁歎苦憂惱不生不滅故
學善現菩薩摩訶薩行般若波羅蜜多時應
於布施波羅蜜多不生不滅故學亦應於淨戒
安忍精進靜慮般若波羅蜜多不生不滅故
學善現菩薩摩訶薩行般若波羅蜜多時應
於內空不生不滅故學亦應於外空內外空
空勝義空有為空無為空畢竟空
無際空散空無變異空本性空自相空共相
空一切法空不可得空無性空自性空無性自
性空不生不滅故學善現菩薩摩訶薩行般

BD03846 號　大般若波羅蜜多經卷三六〇　（6–1）

安忍精進靜慮般若波羅蜜多不生不滅故
學善現菩薩摩訶薩行般若波羅蜜多時應
於內空不生不滅故學亦應於外空內外空
空勝義空有為空無為空畢竟空
無際空散空無變異空本性空自相空共相
空一切法空不可得空無性空自性空無性自
性空不生不滅故學善現菩薩摩訶薩行般
若波羅蜜多時應於真如不生不滅故學亦
應於法界法性不虛妄性不變異性平等性
性法定法住實際虛空界不思議界不
不滅故學善現菩薩摩訶薩行般若波羅
蜜多時應於苦聖諦不生不滅故學亦應於
集滅道聖諦不生不滅故學善現菩薩摩訶
薩行般若波羅蜜多時應於四念住不生不滅
故學亦應於四正斷四神足五根五力七等
覺支八聖道支不生不滅故學善現菩薩摩
訶薩行般若波羅蜜多時應於四靜慮不生
不滅故學亦應於四無量四無色定不生不
滅故學善現菩薩摩訶薩行般若波羅蜜
多時應於八解脫不生不滅故學亦應於八
勝處九次第定十遍處不生不滅故學善現
菩薩摩訶薩行般若波羅蜜多時應於一切
摩地門不生不滅故學亦應於一切陀羅
尼門不生不滅故學善現菩薩摩訶薩行般
若波羅蜜多時應於空解脫門不生不滅故
學亦應於無相無願解脫門不生不滅故學
善現菩薩摩訶薩行般若波羅蜜多時應於五
眼不生不滅故學亦應於六神通不生不滅

BD03846 號　大般若波羅蜜多經卷三六〇　（6–2）

尼門不生不滅故學善現菩薩摩訶薩行般
若波羅蜜多時應於空解脫門不生不滅故
學亦應於無相無願解脫門不生不滅故學
善現菩薩摩訶薩行般若波羅蜜多時應於五
眼不生不滅故學亦應於六神通不生不滅
故學善現菩薩摩訶薩行般若波羅蜜多
時應於佛十力不生不滅故學亦應於四無所
畏四無礙解大慈大悲大喜大捨十八佛
不共法不生不滅故學善現菩薩摩訶薩行
般若波羅蜜多時應於無忘失法不生不滅故
學亦應於恒住捨性不生不滅故學善現
菩薩摩訶薩行般若波羅蜜多時應於一切
智不生不滅故學亦應於道相智一切相智
不生不滅故學善現菩薩摩訶薩行般若波
羅蜜多時應於預流果不生不滅故學亦應
於一來不還阿羅漢果不生不滅故學善現
菩薩摩訶薩行般若波羅蜜多時應於獨覺
菩提不生不滅故學善現菩薩摩訶薩行般
若波羅蜜多時應於一切菩薩摩訶薩行不
生不滅故學善現菩薩摩訶薩行般若波羅
蜜多時應於諸佛無上正等菩提不生不滅
故學
具壽善現白佛言世尊菩薩摩訶薩行般若
波羅蜜多時云何應於色不生不滅故學云
何應於受想行識不生不滅故學世尊菩薩
摩訶薩行般若波羅蜜多時云何應於眼處
不生不滅故學云何應於耳鼻舌身意處不
生不滅故學世尊菩薩摩訶薩行般若波羅

BD03846號　大般若波羅蜜多經卷三六〇　（6–3）

波羅蜜多時云何應於色不生不滅故學云
何應於受想行識不生不滅故學世尊菩薩
摩訶薩行般若波羅蜜多時云何應於眼處
不生不滅故學云何應於耳鼻舌身意處不
生不滅故學世尊菩薩摩訶薩行般若波羅
蜜多時云何應於色處不生不滅故學云何
應於聲香味觸法處不生不滅故學世尊菩
薩摩訶薩行般若波羅蜜多時云何應於眼
界不生不滅故學云何應於耳鼻舌身意界
不生不滅故學世尊菩薩摩訶薩行般若波
羅蜜多時云何應於色界不生不滅故學云
何應於聲香味觸法界不生不滅故學世尊
菩薩摩訶薩行般若波羅蜜多時云何應於
眼識界不生不滅故學云何應於耳鼻舌身
意識界不生不滅故學世尊菩薩摩訶薩行
般若波羅蜜多時云何應於眼觸不生不滅
故學云何應於耳鼻舌身意觸不生不滅故
學世尊菩薩摩訶薩行般若波羅蜜多時云
何應於眼觸為緣所生諸受不生不滅故學
云何應於耳鼻舌身意觸為緣所生諸受不
生不滅故學世尊菩薩摩訶薩行般若波羅
蜜多時云何應於地界不生不滅故學云何
應於水火風空識界不生不滅故學世尊菩
薩摩訶薩行般若波羅蜜多時云何應於無
明不生不滅故學云何應於行識名色六處
觸受愛取有生老死愁歎苦憂惱不生不滅
故學世尊菩薩摩訶薩行般若波羅蜜多時
云何應於布施波羅蜜多不生不滅故學云

BD03846號　大般若波羅蜜多經卷三六〇　（6–4）

蜜多時云何應於地界不生不滅故學云何
應於水火風空識界不生不滅故學世尊菩
薩摩訶薩行般若波羅蜜多時云何應於無
明不生不滅故學云何應於行識名色六處
觸受愛取有生老死愁歎苦憂惱不生不滅
故學世尊菩薩摩訶薩行般若波羅蜜多時
云何應於布施波羅蜜多不生不滅故學云
何應於淨戒安忍精進靜慮般若波羅蜜多
不生不滅故學世尊菩薩摩訶薩行般若波
羅蜜多時云何應於內空不生不滅故學云
何應於外空內外空空空大空勝義空有為
空無為空畢竟空無際空散空無變異空本
性空自相空共相空一切法空不可得空無性
空自性空無性自性空不生不滅故學世
尊菩薩摩訶薩行般若波羅蜜多時云何應
於真如不生不滅故學云何應於法界法性
不虛妄性不變異性平等性離生性法定法
住實際虛空界不思議界不生不滅故學世
尊菩薩摩訶薩行般若波羅蜜多時云何應
於苦聖諦不生不滅故學云何應於集滅道
聖諦不生不滅故學世尊菩薩摩訶薩行般
若波羅蜜多時云何應於四念住不生不滅
故學云何應於四正斷四神足五根五力七
等覺支八聖道支不生不滅故學世尊菩薩
摩訶薩行般若波羅蜜多時云何應於四靜
慮不生不滅故學云何應於四無量四無色
定不生不滅故學世尊菩薩摩訶薩行般若
波羅蜜多時云何應於八解脫不生不滅故

BD03846號　大般若波羅蜜多經卷三六〇　（6–5）

住實際虛空界不思議界不生不滅故學世
尊菩薩摩訶薩行般若波羅蜜多時云何應
於苦聖諦不生不滅故學云何應於集滅道
聖諦不生不滅故學世尊菩薩摩訶薩行般
若波羅蜜多時云何應於四念住不生不滅
故學云何應於四正斷四神足五根五力七
等覺支八聖道支不生不滅故學世尊菩薩
摩訶薩行般若波羅蜜多時云何應於四靜
慮不生不滅故學云何應於四無量四無色
定不生不滅故學世尊菩薩摩訶薩行般若
波羅蜜多時云何應於八解脫不生不滅故
學云何應於八勝處九次第定十遍處不生
不滅故學世尊菩薩摩訶薩行般若波羅蜜
多時云何應於一切三摩地門不生不滅故
學云何應於一切陀羅尼門不生不滅故學
世尊菩薩摩訶薩行般若波羅蜜多時云何
應於空解脫門不生不滅故學云何應於無
相無願解脫門不生不滅故學世尊菩薩摩
訶薩行般若波羅蜜多時云何應於五眼不
生不滅故學云何應於六神通不生不滅故
學世尊菩薩摩訶薩行般若波羅蜜多時云
何應於佛十力不生不滅故學云何應於四
無所畏四無礙解大慈
不共法不生

BD03846號　大般若波羅蜜多經卷三六〇　（6–6）

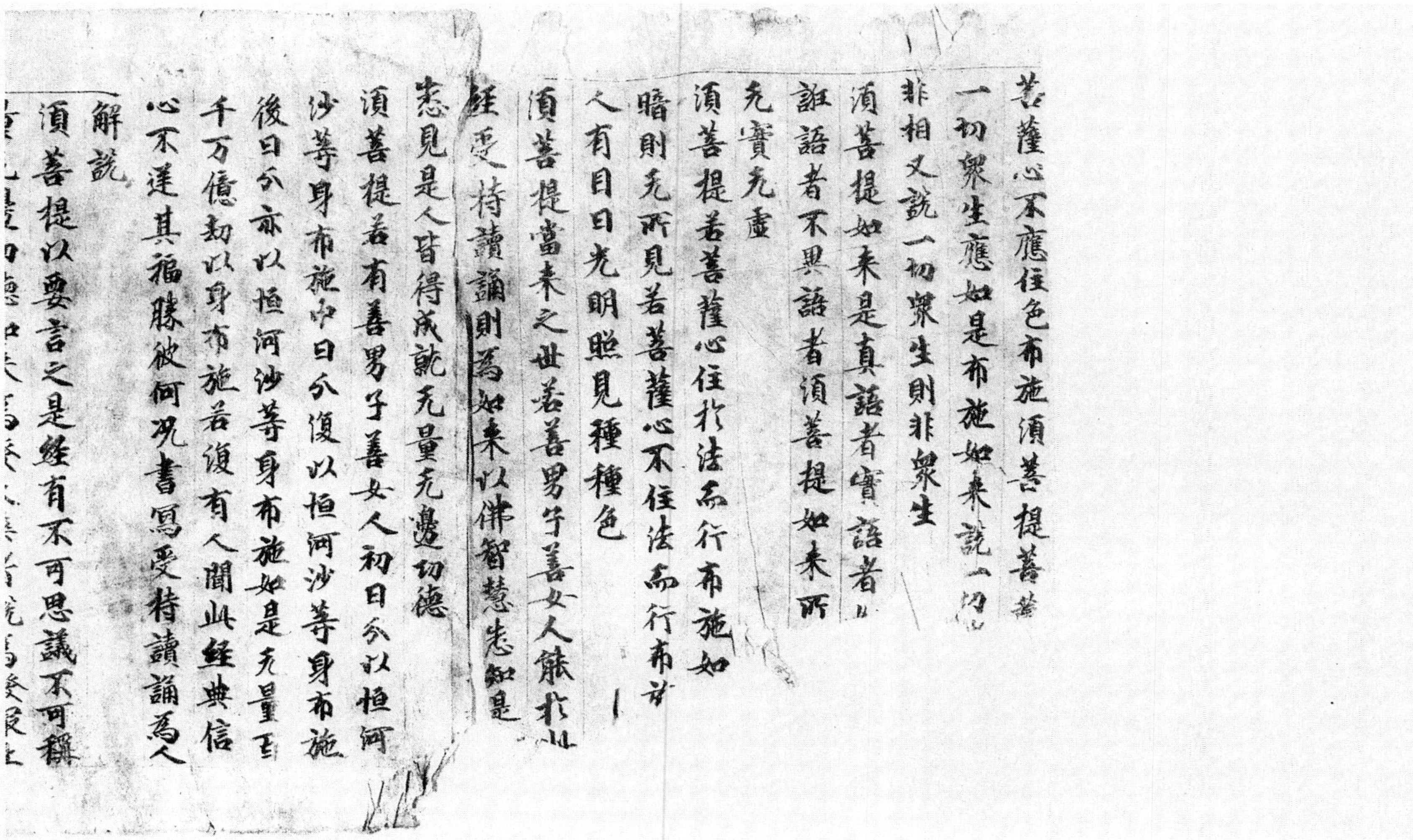
菩薩心不應住色布施須菩提菩薩
一切衆生應如是布施如來說一切
非相又說一切衆生則非衆生
須菩提如來是真語者實語者如
誑語者不異語者須菩提如來所
无實无虛
須菩提若菩薩心住於法而行布施如
暗則无所見若菩薩心不住法而行布施
人有目日光明照見種種色
須菩提當來之世若善男子善女人能於此
經受持讀誦則為如來以佛智慧悉知是
悉見是人皆得成就无量无邊功德
須菩提若有善男子善女人初日分以恒河
沙等身布施中日分復以恒河沙等身布施
後日分亦以恒河沙等身布施如是无量百
千万億劫以身布施若復有人聞此經典信
心不逆其福勝彼何況書寫受持讀誦為人
解說
須菩提以要言之是經有不可思議不可稱
量无邊功德如來為發大乘者說為發最上

BD03847號　金剛般若波羅蜜經　（9–1）

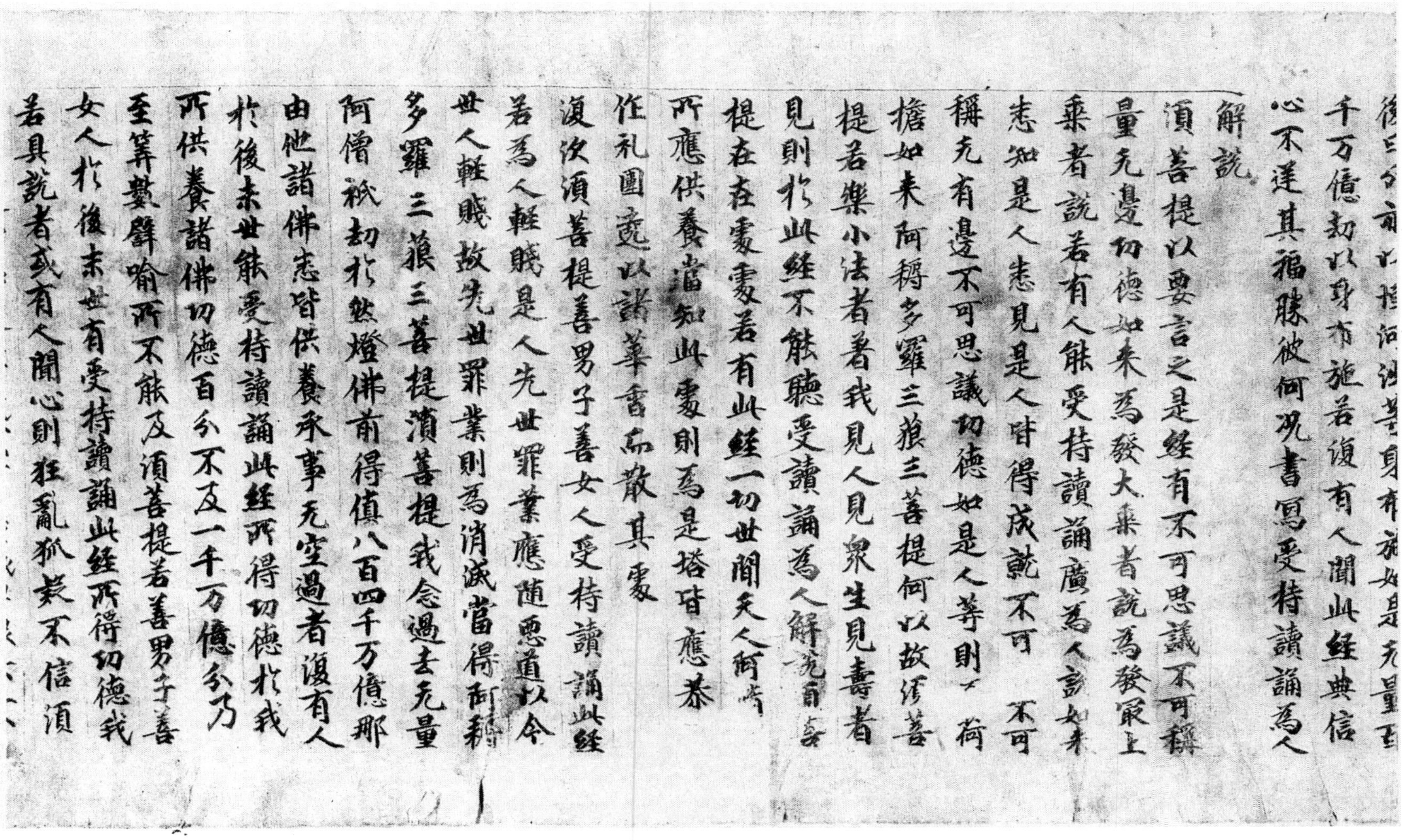
後日分亦以恒河沙等身布施如是无量百
千万億劫以身布施若復有人聞此經典信
心不逆其福勝彼何況書寫受持讀誦為人
解說
須菩提以要言之是經有不可思議不可稱
量无邊功德如來為發大乘者說為發最上
乘者說若有人能受持讀誦廣為人說如來
悉知是人悉見是人皆得成就不可量不可
稱无有邊不可思議功德如是人等則為荷
擔如來阿耨多羅三藐三菩提何以故須菩
提若樂小法者著我見人見衆生見壽者
見則於此經不能聽受讀誦為人解說須菩
提在在處處若有此經一切世間天人阿脩
所應供養當知此處則為是塔皆應恭
作礼圍遶以諸華香而散其處
復次須菩提善男子善女人受持讀誦此經
若為人輕賤是人先世罪業應墮惡道以今
世人輕賤故先世罪業則為消滅當得阿耨
多羅三藐三菩提須菩提我念過去无量
阿僧祇劫於然燈佛前得值八百四千万億那
由他諸佛悉皆供養承事无空過者若復有人
於後末世能受持讀誦此經所得功德於我
所供養諸佛功德百分不及一千万億分乃
至筭數譬喻所不能及須菩提若善男子善
女人於後末世有受持讀誦此經所得功德我
若具說者或有人聞心則狂亂狐疑不信須

BD03847號　金剛般若波羅蜜經　（9–2）

所供養諸佛功德百分不及一千万億分乃
至筭數譬喻所不能及須菩提若善男子善
女人於後末世有受持讀誦此經所得功德我
若具說者或有人聞心則狂亂狐疑不信須
菩提當知是經義不可思議果報亦不
可思議
尒時須菩提白佛言世尊善男子善女人發
阿耨多羅三藐三菩提心云何應住云何降伏
其心佛告須菩提善男子善女人發阿耨多
羅三藐三菩提者當生如是心我應滅度一
切眾生滅度一切眾生已而无有一眾生實
滅度者何以故若菩薩有我相人相眾生相
壽者相則非菩薩所以者何須菩提實无有
法發阿耨多羅三藐三菩提者
須菩提於意云何如來於然燈佛所有法得
阿耨多羅三藐三菩提不不也世尊如我解
佛所說義佛於然燈佛无有法得阿耨多
羅三藐三菩提佛言如是如是須菩提實无
有法如來得阿耨多羅三藐三菩提須菩提
若有法如來得阿耨多羅三藐三菩提者然
燈佛則不與我受記汝於來世當得作佛号
釋迦牟尼以實无有法得阿耨多羅三藐三菩
提是故然燈佛與我受記作是言汝於來世
當得作佛号釋迦牟尼何以故如來者即諸
法如義若有人言如來得阿耨多羅三藐三

釋迦牟尼以實无有法得阿耨多羅三藐三菩
提是故然燈佛與我受記作是言汝於來世
當得作佛号釋迦牟尼何以故如來者即諸
法如義若有人言如來得阿耨多羅三藐三
菩提須菩提實无有法佛得阿耨多羅三藐三
藐三菩提須菩提如來所得阿耨多羅三藐
三菩提於是中无實无虛是故如來說一切法
皆是佛法須菩提於所言一切法者即非一切法
是故名一切法
須菩提譬如人身長大須菩提言世尊如來
說人身長大則為非大身是名大身
須菩提菩薩亦如是若作是言我當滅度无
量眾生則不名菩薩何以故須菩提實无有
法名為菩薩是故佛說一切法无我无人无眾
生无壽者須菩提若菩薩作是言我當莊嚴
佛土是不名菩薩何以故如來說莊嚴佛土
者即非莊嚴是名莊嚴須菩提若菩薩通
達无我法者如來說名真是菩薩
須菩提於意云何如來有肉眼不如是世尊
如來有肉眼須菩提於意云何如來有天眼
不如是世尊如來有天眼須菩提於意云何
如來有慧眼不如是世尊如來有慧眼須菩
提於意云何如來有法眼不如是世尊如來
有法眼須菩提於意云何如來有佛眼不如
是世尊如來有佛眼須菩提於意云何恒河
中所有沙佛說是沙不如是世尊如來說是

提於意云何如来有法眼不如是世尊如来
有法眼須菩提於意云何如来有佛眼不如
是世尊如来有佛眼須菩提於意云何恒河
中所有沙佛說是沙不如是世尊如来說是
沙須菩提於意云何如一恒河中所有沙有如
是等恒河是諸恒河所沙數佛世界如是
寧為多不甚多世尊佛告須菩提尒所國
土中所有衆生若干種心如来悉知何以故如
来說諸心皆為非心是名心所以者何須菩
提過去心不可得現在心不可得未来心不可
得須菩提於意云何若有人滿三千大千世
界七寶以用布施是人以是因緣得福多不
如是世尊此人以是因緣得福甚多
須菩提若福德有實如来不說得福德多以
福德无故如来說得福德多
須菩提於意云何佛可以具足色身見不不
也世尊如来不應以具足色身見何以故如
来說具足色身即非具足色身是名具足色
身須菩提於意云何如来可以具足諸相見
不不也世尊如来不應以具足諸相見何以故
如来說諸相具足即非具足是名諸相具足
須菩提汝勿謂如来作是念我當有所說法
莫作是念何以故若人言如来有所說法即
為謗佛不能解我所說故須菩提說法者
无法可說是名說法
須菩提白佛言世尊佛得阿耨多羅三藐三
菩提為无所得耶如是如是須菩提我於阿

須菩提汝勿謂如来作是念我當有所說法
莫作是念何以故若人言如来有所說法即
為謗佛不能解我所說故須菩提說法者
无法可說是名說法
須菩提白佛言世尊佛得阿耨多羅三藐三
菩提為无所得耶如是如是須菩提我於阿
耨多羅三藐三菩提乃至无有少法可得是
名阿耨多羅三藐三菩提復次須菩提是法
平等无有高下是名阿耨多羅三藐三菩
提以无我无人无衆生无壽者脩一切善法
則得阿耨多羅三藐三菩提須菩提所言善
法者如来說非善法是名善法
須菩提若三千大千世界中所有諸須弥山
王如是等七寶聚有人持用布施若人以此
般若波羅蜜經乃至四句偈等受持讀誦為
他人說於前福德百分不及一百千万億分乃
至筭數譬喻所不能及
須菩提於意云何汝等勿謂如来作是念我
當度衆生須菩提莫作是念何以故實无有
衆生如来度者若有衆生如来度者如来則
有我人衆生壽者須菩提如来說有我者則
非有我而凡夫之人以為有我須菩提凡夫者
如来說則非凡夫
須菩提於意云何可以卅二相觀如来不須菩
提言如是如是以卅二相觀如来佛言須菩
提若以卅二相觀如来者轉輪聖王則是如
来須菩提白佛言世尊如我解佛所說義不

須菩提於意云何可以卅二相觀如来不須菩
提言如是如是以卅二相觀如来佛言須菩
提若以卅二相觀如来者轉輪聖王則是如
来須菩提白佛言世尊如我解佛所說義不
應以卅二相觀如来尒時世尊而說偈言
若以色見我 以音聲求我 是人行邪道 不能見如来
須菩提汝若作是念如来不以具足相故得阿
耨多羅三藐三菩提須菩提莫作是念 如
来不以具足相故得阿耨多羅三藐三菩提
須菩提汝若作是念發阿耨多羅三藐三提
者說諸法斷滅相莫作是念何以故發阿耨
多羅三藐三菩提者於法不說斷滅相須菩
提若菩薩以滿恒河沙等世界七寶布施若
復有人知一切法无我得成於忍此菩薩勝
前菩薩所得功德須菩提以諸菩薩不受福
德故須菩提白佛言世尊云何菩薩不受福
德須菩提菩薩所作福德不應貪著是故
說不受福德
須菩提若有人言如来若来若去若坐若卧
是人不解我所說義何以故如来者无所從
来亦无所去故名如来
須菩提若善男子善女人以三千大千世界
碎為微塵於意云何是微塵衆寧為多不
甚多世尊何以故若是微塵衆實有者佛
則不說是微塵衆所以者何佛說微塵衆則
非微塵衆是名微塵衆世尊如来所說三千大

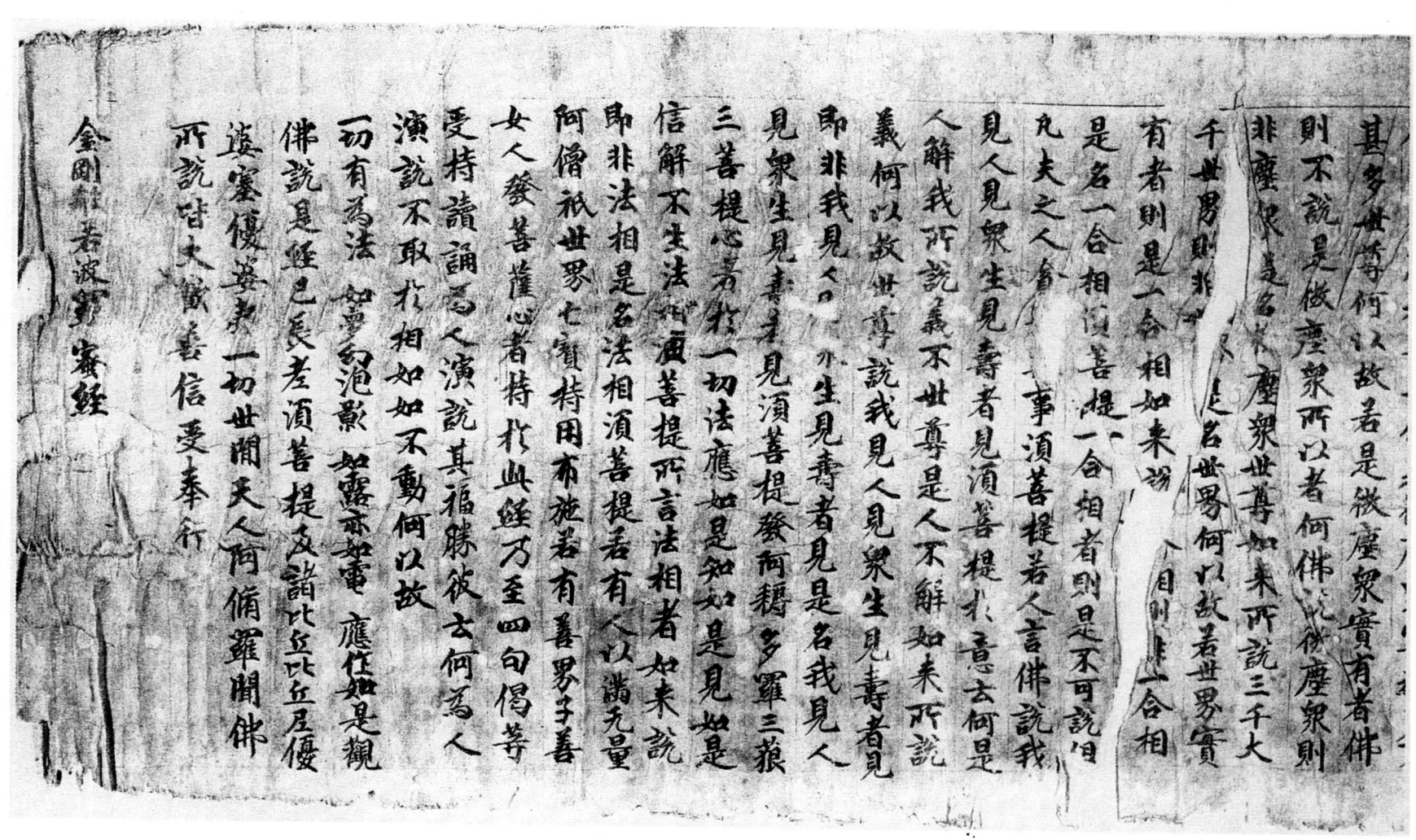

BD03847號　金剛般若波羅蜜經

（9–7）

甚多世尊何以故若是微塵衆實有者佛
則不說是微塵衆所以者何佛說微塵衆則
非微塵衆是名微塵衆世尊如来所說三千大
千世界則非世界是名世界何以故若世界實
有者則是一合相如来說一合相則非一合相
是名一合相須菩提一合相者則是不可說但
凡夫之人貪著其事須菩提若人言佛說我
見人見衆生見壽者見須菩提於意云何是
人解我所說義不世尊是人不解如来所說
義何以故世尊說我見人見衆生見壽者見
即非我見人見衆生見壽者見是名我見人
見衆生見壽者見須菩提發阿耨多羅三藐
三菩提心者於一切法應如是知如是見如是
信解不生法相須菩提所言法相者如来說
即非法相是名法相須菩提若有人以滿无量
阿僧祇世界七寶持用布施若有善男子善
女人發菩薩心者持於此經乃至四句偈等
受持讀誦為人演說其福勝彼云何為人
演說不取於相如如不動何以故
一切有為法 如夢幻泡影 如露亦如電 應作如是觀
佛說是經已長老須菩提及諸比丘比丘尼優
婆塞優婆夷一切世間天人阿脩羅聞佛
所說皆大歡喜信受奉行

金剛般若波羅蜜經

BD03847號　金剛般若波羅蜜經

（9–8）

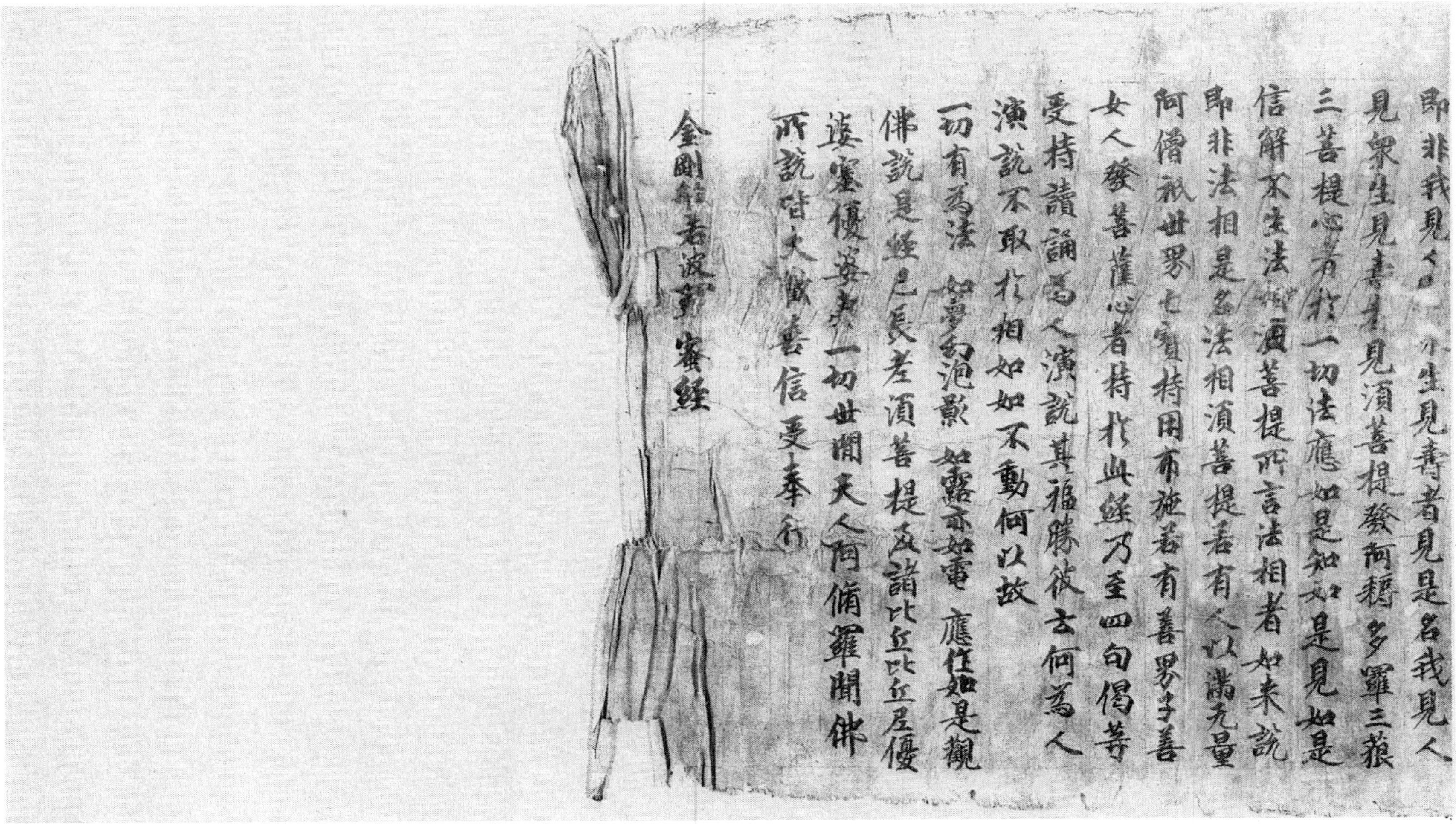
即非我見〻〻〻生見壽者見是名我見人
見眾生見壽者見須菩提發阿耨多羅三藐
三菩提心者於一切法應如是知如是見如是
信解不生法相須菩提所言法相者如來說
即非法相是名法相須菩提若有人以滿无量
阿僧祇世界七寶持用布施若有善男子善
女人發菩薩心者持於此經乃至四句偈等
受持讀誦為人演說其福勝彼云何為人
演說不取於相如如不動何以故
一切有為法　如夢幻泡影　如露亦如電　應作如是觀
佛說是經已長老須菩提及諸比丘比丘尼優
婆塞優婆夷一切世間天人阿脩羅聞佛
所說皆大歡喜信受奉行
金剛般若波羅蜜經

BD03847號　金剛般若波羅蜜經　（9–9）

白父言父先所許玩好之具羊車鹿車牛車
願時賜與舍利弗爾時長者各賜諸子等一
大車其車高廣眾寶莊校周帀欄楯四面懸
鈴又於其上張設幰蓋亦以珍奇雜寶而嚴
飾之寶繩絞絡垂諸華纓重敷綩綖安置丹
枕駕以白牛膚色充潔形體姝好有大筋力
行步平正其疾如風又多僕從而侍衛之所
以者何是大長者財富无量種種諸藏悉皆
充溢而作是念我財物无極不應以下劣小
車與諸子等今此幼童皆是吾子愛无偏黨
我有如是七寶大車其數无量應當等心各
各與之不宜差別所以者何以我此物周給
一國猶尚不匱何況諸子是時諸子各乘大
車得未曾有非本所望舍利弗於汝意云何
是長者等與諸子珍寶大車寧有虛妄不舍
利弗言不也世尊是長者但令諸子得免火

BD03848號　妙法蓮華經卷二　（5–1）

各與之不宜差別所以者何以我此物周給
一國猶尚不匱何況諸子是時諸子各乘大
車得未曾有非本所望舍利弗於汝意云何
是長者等與諸子珍寶大車寧有虛妄不舍
利弗言不也世尊是長者但令諸子得免火
難全其軀命非為虛妄何以故若全身命便
為已得玩好之具況復方便於彼火宅而拔
濟之世尊若是長者乃至不與最小一車猶
不虛妄何以故是長者先作是意我以方便
令子得出以是因緣无虛妄也何況長者自
知財富无量欲饒益諸子等與大車佛告舍
利弗善哉善哉如汝所言舍利弗如來亦復
如是則為一切世間之父於諸怖畏衰惱憂
患无明闇蔽永盡无餘而悉成就无量知見
力无所畏有大神力及智慧力具足方便智
慧波羅蜜大慈大悲常无懈惓恒求善事利
益一切而生三界朽故火宅為度眾生生老
病死憂悲苦惱愚癡闇蔽三毒之火教化令
得阿耨多羅三藐三菩提見諸眾生為生老
病死憂悲苦惱之所燒煮亦以五欲財利故
受種種苦又以貪著追求故現受眾苦後受
地獄畜生餓鬼之苦若生天上及在人間貧
窮困苦愛別離苦怨憎會苦如是等種種諸
苦眾生沒在其中歡喜遊戲不覺不知不驚

BD03848號　妙法蓮華經卷二　（5–2）

病死憂悲苦惱之所燒煮亦以五欲財利故
受種種苦又以貪著追求故現受眾苦後受
地獄畜生餓鬼之苦若生天上及在人間貧
窮困苦愛別離苦怨憎會苦如是等種種諸
苦眾生沒在其中歡喜遊戲不覺不知不驚
不怖亦不生厭不求解脫於此三界火宅東
西馳走雖遭大苦不以為患舍利弗佛見此
已便作是念我為眾生之父應拔其苦難與
无量无邊佛智慧樂令其遊戲舍利弗如來
復作是念若我但以神力及智慧力捨於方
便為諸眾生讚如來知見力无所畏者眾生
不能以是得度所以者何是諸眾生未免生
老病死憂悲苦惱而為三界火宅所燒何由
能解佛之智慧舍利弗如彼長者雖復身手
有力而不用之但以慇懃方便勉濟諸子火
宅之難然後各與珍寶大車如來亦復如是
雖有力无所畏而不用之但以智慧方便於
三界火宅拔濟眾生為說三乘聲聞辟支佛
佛乘而作是言汝等莫得樂住三界火宅勿
貪麤弊色聲香味觸也若貪著生愛則為所
燒汝速出三界當得三乘聲聞辟支佛佛乘
我今為汝保任此事終不虛也汝等但當勤
脩精進如來以是方便誘進眾生復作是言
汝等當知此三乘法皆是聖所稱歎自在无
繫无所依求乘是三乘以无漏根力覺道禪

BD03848號　妙法蓮華經卷二　（5–3）

佛乘而作是言汝等莫得樂住三界火宅勿
貪麤弊色聲香味觸也若貪著生愛則為所
燒汝速出三界當得三乘聲聞辟支佛佛乘
我今為汝保任此事終不虛也汝等但當勤
脩精進如來以是方便誘進衆生復作是言
汝等當知此三乘法皆是聖所稱歎自在无
繫无所依求乘是三乘以无漏根力覺道禪
定解脫三昧等而自娛樂便得无量安隱快
樂舍利弗若有衆生內有智性從佛世尊聞
法信受殷勤精進欲速出三界自求涅槃是
名聲聞乘如彼諸子為求羊車出於火宅若
有衆生從佛世尊聞法信受殷勤精進求自
然樂獨善寂深知諸法因緣是名辟支佛
乘如彼諸子為求鹿車出於火宅若有衆生
從佛世尊聞法信受勤脩精進求一切智佛
智自然智无師智如來知見力无所畏愍念
安樂无量衆生利益天人度脫一切是名大
乘菩薩求此乘故名為摩訶薩如彼諸子為
求牛車出於火宅舍利弗如彼長者見諸子
等安隱得出火宅到无畏處自惟財富无量
等以大車而賜諸子如來亦復如是為一切
衆生之父若見无量億千衆生以佛教門出
三界苦怖畏險道得涅槃樂如來尒時便作
是念我有无量无邊智慧力无畏等諸佛法
藏是諸衆生皆是我子等與大乘不令有人

BD03848號　妙法蓮華經卷二　（5–4）

樂舍利弗若有衆生內有智性從佛世尊聞
法信受殷勤精進欲速出三界自求涅槃是
名聲聞乘如彼諸子為求羊車出於火宅若
有衆生從佛世尊聞法信受殷勤精進求自
然樂獨善寂深知諸法因緣是名辟支佛
乘如彼諸子為求鹿車出於火宅若有衆生
從佛世尊聞法信受勤脩精進求一切智佛
智自然智无師智如來知見力无所畏愍念
安樂无量衆生利益天人度脫一切是名大
乘菩薩求此乘故名為摩訶薩如彼諸子為
求牛車出於火宅舍利弗如彼長者見諸子
等安隱得出火宅到无畏處自惟財富无量
等以大車而賜諸子如來亦復如是為一切
衆生之父若見无量億千衆生以佛教門出
三界苦怖畏險道得涅槃樂如來尒時便作
是念我有无量无邊智慧力无畏等諸佛法
藏是諸衆生皆是我子等與大乘不令有人
獨得滅度皆以如來滅度而滅度之是諸衆
生脫三界者悉與諸佛禪定解脫等娛樂之

BD03848號　妙法蓮華經卷二　（5–5）

[illegible]
不如來[illegible]觀自在離外道[illegible]說自證
智境界起諸應化所應作事住如來定入
昧樂是故說名大觀行師亦復名爲大哀
愍者能燒煩惱分別薪盡諸佛子衆所共圍
繞普入一切衆生心中遍一切處具一切智
永離一切分別事相我今願得重〻
神通力以得見故未得者得已得不退者令
分別住三昧樂增長滿足如來智地
尒時世尊知楞伽王即當證悟無上法忍爲
哀愍故便現其身令所化事還復如本時十
頭王見所曾覩無量山城悉寶莊嚴一一城
中皆有如來應正等覺三十二相以嚴其身
自見其身遍諸佛前悉有大慧夜叉圍繞
說自證智所行之法亦見十方諸佛國土如
是等事悉無有別尒時世尊普觀衆會以
慧眼觀非肉眼觀如師子王奮迅迴盼欣然
大笑於其眉間髀脇腰頸及以肩臂德字之
中一一毛孔皆放無量妙色光明如虹拖暉如日
舒光亦如劫火猛焰熾然時虛空中釋梵四
天遙見如來坐如須彌楞伽山頂欣然大笑
尒時諸菩薩及諸天衆咸作是念如來世尊
於法自在何因緣故欣然大笑身放光明默

BD03849號　大乘入楞伽經卷一　（15-1）

大笑於其眉間髀脇腰頸及以肩臂德字之
中一一毛孔皆放無量妙色光明如虹拖暉如日
舒光亦如劫火猛焰熾然時虛空中釋梵四
天遙見如來坐如須彌楞伽山頂欣然大笑
尒時諸菩薩及諸天衆咸作是念如來世尊
於法自在何因緣故欣然大笑身放光明默
然不動住自證境入三昧樂如師子王周迴
顧視觀羅婆那念如實法
尒時大慧菩薩摩訶薩先受羅婆那王請
復知菩薩衆會之心及觀未來一切衆生皆
悉樂著語言文字隨言取義而生迷惑執取
二乘外道之行或作是念世尊已離諸識境
界何因緣故欣然大笑爲斷彼疑而問於佛
佛即告言善哉大慧善哉大慧汝觀世間愍
諸衆生於三界中惡見所纏欲令開悟而問
於我諸智慧人爲利自他能作是問大慧此
楞伽王曾問過去一切如來應正等覺二種
之義今亦欲問未來亦尒此二種義差別之
相一切二乘及諸外道皆不能測
尒時如來知楞伽王欲問此義而告之曰楞伽
王汝欲問我宜應速問我當爲汝分別解
釋滿汝所願令汝歡喜能以智慧思惟觀察
離諸分別善知諸地修習對治證真實義入
三昧樂爲諸如來之所攝受住奢摩地樂遠
離二乘三昧過失住於不動善慧法雲菩薩
之地能如實知諸法無我當於大寶蓮華宮
中以三昧水而灌其頂復見無量蓮華圍
繞無數菩薩於中止住與諸衆會遞相瞻
視如是境界不可思議楞伽王汝起一方便行
住修行地復起無量諸方便行汝定當得如上
所說不思議事處如來位隨形應物汝所當

BD03849號　大乘入楞伽經卷一　（15-2）

離二乘三昧過失住於不動善慧法雲菩薩
之地能如實知諸法无我當於大寶蓮華宮
中以三昧水而灌其頂復見无量蓮華圍
繞无數菩薩於中止住與諸衆會遞相瞻
視如是境界不可思議楞伽王汝起一方便行
住修行地復起无量諸方便行汝定當得如上
所說不思議事處如來位隨形應物汝所當
得一切二乘及諸外道梵釋天等所未曾見
尒時楞伽王蒙佛許已即於清淨光明如大
蓮花寶山頂上從座而起諸婇女衆之所圍
繞化作无量種種色花種種色香末香塗香
幢幡幰蓋冠珮瓔珞及餘世間未曾見聞種
種勝妙莊嚴之具又復化作欲界所有種種
无量諸音樂器過諸天龍乾闥婆等一切世
間之所有者又復化作十方佛土昔所曾見
諸音樂器又復化作大寶羅網遍覆一切佛
菩薩上復現種種上妙衣服建立幢幡以為
供養作是事已即昇虛空高七多羅樹於虛
空中復雨種種諸供養雲作諸音樂從空而
下即坐第二日電光明如大蓮華寶山頂上
歡喜恭敬而作是言我今欲問如來二義如
是二義我已曾問過去如來應正等覺彼佛
世尊已為我說我今欲問於是義唯願如
來為我宣說世尊變化如來說此二義非根
本佛根本佛說三昧樂境不說虛妄分別所
有善哉世尊於法自在唯願哀愍說此二義
一切佛子心皆樂聞
尒時世尊告彼王言汝應問我當為汝說時
夜叉王更著種種寶冠瓔珞諸莊嚴具以嚴
其身而作是言如來常說法尚應捨何況非
法云何得捨此二種法何者是法何者非法

有善哉世尊於法自在唯願哀愍說此二義
一切佛子心皆樂聞
尒時世尊告彼王言汝應問我當為汝說時
夜叉王更著種種寶冠瓔珞諸莊嚴具以嚴
其身而作是言如來常說法尚應捨何況非
法云何得捨此二種法何者是法何者非法
法若應捨云何有二有二即墮分別相中有
體无體是實非實如是一切皆是分別不能
了知阿賴耶識无差別相如毛輪住非淨智
境法性如是云何可捨尒時佛告楞伽王言
楞伽王汝豈不見瓶等无常敗壞之法凡夫
於中妄生分別汝今何故不如是知法與非
法差別之相此是凡夫之所分別非聖智見凡
夫墮在種種相中非諸聖者楞伽王如燒宮
殿園林見種種燄火性是一所出光燄由薪
力故長短大小各各差別汝今云何不如是
知法與法差別之相楞伽王如一種子生
牙莖枝葉及以花果无量差別外法如是
內法亦然謂无明為緣生蘊界處一切諸法
於三界中受諸趣生有苦樂好醜語默行止
各各差別又如諸識相雖是一隨於境界有
上中下染淨善惡種種差別楞伽王非但如
上法有差別諸修行者修觀行時自智所行
亦復見有差別之相況法與非法而无種種
差別分別楞伽王法與非法差別相者當知悉
是相分別故楞伽王何者是法所謂二乘及
諸外道虛妄分別說有實等為諸法因如
是等法應捨應離不應於中分別取相見
自心法性則无執著瓶等諸物凡愚所取本
无有體諸觀行人以毗鉢舍那如實觀察名
捨諸法楞伽王何者是非法所謂諸法无性无

諸外道虛妄分別說有實等為諸法因如
是等法應捨應離不應於中分別取相見
自心法性則无執著瓶等諸物凡愚所取本
无有體諸觀行人以毗鉢舍那如實觀察名
捨諸法楞伽王何者是非法所謂諸法无性无
相永離分別如實見者若有若无如是境界
彼皆不起是名捨非法復有非法所謂兔角
石女兒等皆无性相不可分別但隨世俗說
有名字非如瓶等而可取著以彼非是識之
取所如是分別亦應捨離是名捨法及捨非
法楞伽王汝先所問我已說竟楞伽王汝言
我於過去諸如來所已問是義彼諸如來已
為我說楞伽王汝言過去但是分別未來亦
然我亦同彼楞伽王彼諸佛法皆離分別已
出一切分別戲論非如色相唯智能證為令
衆生得安樂故而演說法以无相智說名如
來是故如來以智為體智為身故不可分別
不可以何分別不可以我人衆生相分別何
故不能分別以意識因境界起取色形相是
故離能分別亦離所分別楞伽王譬如壁上彩
畫衆生无有覺知世間衆生悉亦如是无業
无報諸法亦然无聞无說楞伽王世間衆生猶
如變化凡夫外道不能了達楞伽王能如是
見名為正見若他見者名分別見由分別故
取著於二楞伽王譬如有人於水鏡中自
見其像於燈月中自見其影於山谷中自聞
其響便生分別而起取著此亦如是法與非
法唯是分別由分別故不能捨離但更增長
一切虛妄不能寂滅寂滅者所謂一緣一緣者是
最勝三昧從此能生自證聖智以如來藏
而為境界

BD03849號　大乘入楞伽經卷一

（15–5）

見名為正見若他見者名分別見由分別故
取著於二楞伽王譬如有人於水鏡中自
見其像於燈月中自見其影於山谷中自聞
其響便生分別而起取著此亦如是法與非
法唯是分別由分別故不能捨離但更增長
一切虛妄不能寂滅寂滅者所謂一緣一緣者是
最勝三昧從此能生自證聖智以如來藏
而為境界

佛說大乘入楞伽經集一切法品第二之初
尒時大慧菩薩摩訶薩與摩帝菩薩俱遊
一切諸佛國土承佛神力從座而起偏袒右肩
右膝著地向佛合掌曲躬恭敬而說頌曰

世間離生滅　譬如虛空花　智不得有无　而興大悲心
一切法如幻　遠離於心識　智不得有无　而興大悲心
世間恒如夢　遠離於斷常　智不得有无　而興大悲心
知人法无我　煩惱及尒焰　常清淨无相　而興大悲心
佛不住涅槃　涅槃不住佛　遠離覺所覺　若有若非有
法身如幻夢　云何可稱讚　知无性无生　乃名稱讚佛
佛无根境相　不見名見佛　云何於牟尼　而能有讚毀
若見於牟尼　寂靜遠離生　是人今後世　離著无所取

尒時大慧菩薩摩訶薩偈讚佛已自說姓名

我名為大慧　通達於大乘　今以百八義　仰諮尊中上

時世間解聞是語已普觀衆會而作是言

汝等諸佛子　今皆恣所問　我當為汝說　自證之境界

尒時大慧菩薩摩訶薩蒙佛許已頂礼佛足以
頌問曰

云何起計度　云何淨計度　云何起迷惑　云何淨迷惑
云何名佛子　及无影次第　云何刹土化　相及諸外道
解脫至何所　誰縛誰能解　云何禪境界　何故有三乘
彼以何緣生　何作何能作　誰說二俱異　云何諸有起
云何无色定　及餘滅盡定　云何為想滅　云何從定覺
云何所作生　進去及持身　云何見諸物　云何入諸地

BD03849號　大乘入楞伽經卷一

（15–6）

云何起計度　云何淨計度　云何起迷惑　云何淨迷惑
云何名佛子　及无影次第　云何剎土化　相及諸外道
解脫至何所　誰縛誰能解　云何禪境界　何故有三乘
彼以何緣生　何作何能作　誰說二俱異　云何諸有起
云何无色定　及餘滅盡定　云何為想滅　云何從定覺
云何所作生　進去及持身　云何見諸物　云何入諸地
云何有佛子　誰能破三有　何處身云何　生復住何處
云何得神通　自在及三昧　三昧心何相　願佛為我說
云何名藏識　云何名意識　云何起諸見　云何退諸見
云何姓非姓　云何唯是心　何因建立相　云何成无我
云何无眾生　云何隨俗說　云何得不起　常見及斷見
云何佛外道　其相不相違　何故當來世　種種諸異部
云何性為空　云何剎那滅　胎藏云何起　云何世不動
云何諸世間　如幻亦如夢　乾城及陽焰　乃至水中月
云何菩提分　覺分從何起　云何國土乱　何故見諸有
云何知世法　云何離文字　云何如空花　不生亦不滅
真如有幾種　諸度心有幾　云何如虛空　云何離分別
云何地次第　云何得无影　何者二无我　云何所知淨
聖智有幾種　戒眾生亦然　摩尼等諸寶　斯並云何出
誰起於語言　眾生及諸物　明處與伎術　誰之所顯示
伽他有幾種　長行句亦然　道理幾不同　解釋幾差別
飲食是誰作　愛欲云何起　云何轉輪王　及以諸小王
云何王守護　天眾幾種別　地日月星宿　斯等並是何
解脫有幾種　修行師復幾　云何阿闍梨　弟子幾差別
如來有幾種　本生事亦然　眾魔及異學　如是各有幾
自性幾種異　心有幾種別　云何唯假設　願佛為開演
云何為風雲　念智何因有　藤樹等行列　此並誰能作
云何為馬獸　何因而捕取　云何卑陋人　願佛為我說
云何六時攝　云何一闡提　女男及不男　此並云何生
云何修行進　云何修行退　瑜伽師有幾　令人住其中
眾生生諸趣　何形何色相　富饒大自在　此復何因得

自性幾種異　心有幾種別　云何唯假設　願佛為開演
云何為風雲　念智何因有　藤樹等行列　此並誰能作
云何為馬獸　何因而捕取　云何卑陋人　願佛為我說
云何六時攝　云何一闡提　女男及不男　此並云何生
云何修行進　云何修行退　瑜伽師有幾　令人住其中
眾生生諸趣　何形何色相　富饒大自在　此復何因得
云何釋迦種　云何甘蔗種　仙人長苦行　是誰之教授
何因佛世尊　一切剎中現　異名諸色類　佛子眾圍遶
何因不食肉　何因令斷肉　食肉諸眾生　以何因故食
何故諸國土　猶如日月形　須彌及蓮花　卍字師子像
何故諸國土　如因陀羅網　覆住或側住　一切寶所成
何故諸國土　无垢日月光　或如花果形　箜篌細腰鼓
云何變化佛　云何為報佛　真如智慧佛　願皆為我說
云何於欲界　不成等正覺　何故色究竟　離染得菩提
如來滅度後　誰當持正法　世尊住久如　正法幾時住
悉檀有幾種　諸見復有幾　何故立毗尼　及以諸比丘
一切諸佛子　獨覺及聲聞　云何轉所依　云何得无相
云何得世通　云何得出世　復以何因故　心住七地中
僧伽有幾種　云何成破僧　云何為眾生　廣說醫方論
何故大牟尼　唱說如是言　迦葉拘留孫　拘那含是我
何故說斷常　及與我无我　何不恒說實　一切唯是心
云何男女林　訶梨菴摩羅　雞羅娑輪圍　及以金剛山
如是處中間　无量寶莊嚴　仙人乾闥婆　一切皆充滿
此皆何因緣　願尊為我說
尒時世尊聞其所請大乘微妙諸佛之心最上
法門即告之言善哉大慧諦聽諦聽如汝所
問當次第說即說頌曰
若生若不生　涅槃及空相　流轉无自性　波羅蜜佛子
聲聞辟支佛　外道无色行　須彌巨海山　洲渚剎土地
星宿與日月　天眾阿脩羅　解脫自在通　力禪諸三昧
滅及如意足　菩提分及道　禪定與无量　諸蘊及往來

問當次第說 即說頌曰
若生若不生 涅槃及空相 流轉无自性 波羅蜜佛子
聲聞辟支佛 外道无色行 須彌巨海山 洲渚剎土地
星宿與日月 天衆阿脩羅 解脫自在通 力禪諸三昧
滅及如意足 菩提分及道 禪定與无量 諸蘊及往來
乃至滅盡定 心生起言說 心意識无我 五法及自在
分別所分別 能所二種見 諸乘種性處 金摩尼真珠
一闡提大種 荒亂及一佛 智所知教得 衆生有无有
象馬獸何因 云何而捕取 云何因譬喻 相應成悉檀
所作及能作 衆林與迷惑 如是真實理 唯心无境界
諸地无次第 无相轉所依 醫方工巧論 伎術諸明處
須彌諸山地 巨海日月量 上中下衆生 身各幾微塵
一一剎幾塵 一一弓幾肘 幾弓俱盧舍 半由旬由旬
兔毫與隙遊 蟣羊毛穬麦 半升與一升 是各幾穬麦
一斛及十斛 十萬暨千億 乃至頻婆羅 是等各幾數
幾塵成芥子 幾芥成草子 復以幾草子 而成於一豆
幾豆成一銖 幾銖成一兩 幾兩成一斤 幾斤成須彌
此等所應請 何因問餘事 聲聞辟支佛 諸佛及佛子
如是等身量 各有幾微塵 火風各幾塵 一一根有幾
眉及諸毛孔 復各幾塵成 如是等諸事 云何不問我
云何得財富 云何轉輪王 云何王守護 云何得解脫
云何長行句 婬欲及飲食 云何男女林 金剛等諸山
幻夢渴愛譬 諸雲從何起 時節云何有 何因種種味
女男及不男 佛菩薩嚴飾 云何諸妙山 仙闥婆莊嚴
解脫至何所 誰縛誰解脫 云何禪境界 變化及外道
云何无因作 云何有因作 云何轉諸見 云何起計度
云何淨計度 所作云何起 云何而轉去 云何斷諸相
云何起三昧 破三有者誰 何處身云何 云何无有我
云何隨俗說 汝問相云何 及所問非我 云何為胎藏
及以餘支分 云何斷常見 云何心一境 云何言說智
戒種性佛子 云何稱理釋 云何師弟子 衆生種性別

BD03849號　大乘入楞伽經卷一　(15–9)

解脫至何所 誰縛誰解脫 云何禪境界 變化及外道
云何无因作 云何有因作 云何轉諸見 云何起計度
云何淨計度 所作云何起 云何而轉去 云何斷諸相
云何起三昧 破三有者誰 何處身云何 云何无有我
云何隨俗說 汝問相云何 及所問非我 云何為胎藏
及以餘支分 云何斷常見 云何心一境 云何言說智
戒種性佛子 云何稱理釋 云何師弟子 衆生種性別
飲食及虛空 聰明魔施設 云何樹行布 是汝之所問
何因一切剎 種種相不同 或有如箜篌 腰鼓及衆花
或有離光明 仙人長苦行 或有好族姓 令衆生尊重
或有體卑陋 為人所輕賤 云何欲界中 修行不成佛
而於色究竟 乃昇等正覺 云何世間人 而能獲神通
何因稱比丘 何故名僧伽 云何化及報 真如智慧佛
云何使其心 得住七地中 此及於餘義 汝今咸問我
如先佛所說 一百八種句 一一相皆相應 遠離諸見過
亦離於世俗 言語所成法 我當為汝說 佛子應聽受
尔時大慧菩薩摩訶薩白佛言世尊何者是
一百八句佛言大慧所謂生句非生句常句
非常句相句非相句住異句非住異句剎那句
非剎那句自性句非自性句空句非空句斷句
非斷句心句非心句中句非中句恒句非恒句
緣句非緣句因句非因句煩惱句非煩惱句
愛句非愛句方便句非方便句善巧句非善
巧句清淨句非清淨句相應句非相應句譬
喻句非譬喻句弟子句非弟子句師句非師
句種性句非種性句三乘句非三乘句无影
像句非无影像句願句非願句三輪句非三
輪句標相句非標相句有句非有句无句非
无句俱句非俱句自證聖智句非自證聖智
句現法樂句非現法樂句剎句非剎句塵句
非塵句水句非水句弓句非弓句大種句非

BD03849號　大乘入楞伽經卷一　(15–10)

像句非无影像句翳句非翳句三輪句非三
輪句標相句非標相句有句非有句无句非
无句俱句非俱句自證聖智句非自證聖智
句現法樂句非現法樂句剎句非剎句塵句
非塵句水句非水句弓句非弓句大種句非
大種句算數句非算數句神通句非神通句
虛空句非虛空句雲句非雲句巧明句非巧
明句伎術句非伎術句風句非風句地句非
地句心句非心句假立句非假立句體性句非
體性句蘊句非蘊句衆生句非衆生句覺句
非覺句涅槃句非涅槃句所知句非所知句
外道句非外道句荒亂句非荒亂句幻句非
幻句夢句非夢句陽焰句非陽焰句影像句
非影像句火輪句非火輪句乾闥婆句非乾
闥婆句天句非天句飲食句非飲食句婬欲
句非婬欲句見句非見句波羅蜜句非波羅
蜜句戒句非戒句日月星宿句非日月星宿
句諦句非諦句果句非果句滅句非滅句滅起句
非滅起句醫方句非醫方句相句非相句支分
句非支分句禪句非禪句迷句非迷句現句非
現句譏句非譏句種族句非種族句仙句非
仙句王句非王句攝受句非攝受句寶句非寶
句記句非記句一闡提句非一闡提句女男句男
句非女男不男句味句非味句作句非作
句身句非身句計度句非計度句動句
非動句根句非根句有為句非有為句因果
句非因果句色究竟句非色究竟句時節句
非時節句樹藤句非樹藤句種種句非種種
句演說句非演說句決定句非決定句毗
尼句非毗尼句比丘句非比丘句住持句非
住持句文字句非文字句大慧此百八句皆

BD03849號　大乘入楞伽經卷一　（15–11）

句非女男不男句味句非味句作句非作
句身句非身句計度句非計度句動句
非動句根句非根句有為句非有為句因果
句非因果句色究竟句非色究竟句時節句
非時節句樹藤句非樹藤句種種句非種種
句演說句非演說句決定句非決定句毗
尼句非毗尼句比丘句非比丘句住持句非
住持句文字句非文字句大慧此百八句皆
是過去諸佛所說
尒時大慧菩薩摩訶薩復白佛言世尊諸識
有幾種生住滅佛言大慧諸識有二種生住
滅非億度者之所能知所謂相續生及相生
相續住及相住相續滅及相滅諸識有三相
謂轉相業相真相大慧識廣說有八略則唯
二謂現識及分別事識大慧如明鏡中現諸
色像現識亦尒大慧現識與分別事識此二
識无異相互為因大慧現識以不思議熏變
為因分別事識以分別境界及无始戲論習
氣為因大慧阿賴耶識虛妄分別種種習氣
滅即一切根識滅是名相滅大慧相續滅者
謂所依因滅及所緣滅即相續滅所依因者
謂无始戲論虛妄習氣所緣者謂自心所見
分別境界大慧譬如泥團與微塵非異非不
異金與莊嚴具亦如是大慧若泥團與微塵
異者應非彼成而實彼成是故不異若不異
者泥團微塵應无分別大慧轉識藏識若異
者藏識應非彼因若不異者轉識滅藏識亦應
滅然彼真相不滅大慧識真相不滅但業相
滅真相滅者藏識應滅若藏識滅者即不
異外道斷滅論大慧彼諸外道作如是說取
境界相續識滅即无始相續識滅大慧彼諸
外道說相續識從作者生不說眼識依色光

BD03849號　大乘入楞伽經卷一　（15–12）

者[illegible]
滅然彼真相不滅大慧識真相不滅但業相
滅真相滅者藏識應滅若藏識滅者即不
異外道斷滅論大慧彼諸外道作如是說取
境界相續識滅即无始相續識滅大慧彼諸
外道說相續識從作者生不說眼識依色光
明和合而生唯說作者為生因故作者是何
彼計勝性丈夫自在時及微塵為能作者復
次大慧有七種自性所謂集自性性自性相自
性大種自性因自性緣自性成自性復次大
慧有七種第一義所謂心所行智所行二見
所行超二見所行超子地所行如來所行如
來自證聖智所行大慧此是過去未來現在
一切如來應正等覺法自性第一義心以此心
成就如來世間出世間最上法以聖慧眼
入自共相種種安立其所安立不與外道惡
見共大慧云何為外道惡見謂不知境界自
分別現於自性第一義見有見无而起言
說大慧我今當說若了境如幻自心所現則
滅妄想三有苦及无知愛業緣大慧有諸
沙門婆羅門妄計非有及有於因果外顯現
諸物依時而住或計蘊界處依緣生住有已
即滅大慧彼於若相續若作用若生若滅若
諸有若涅槃若道若業若果若諦破壞
斷滅論何以故不得現法故不見根本故大慧
譬如瓶破不作瓶事又如焦種不能生牙此亦
如是若蘊界處法已現當滅應知此則无相
續生以无因故但是自心虛妄所見復次大慧
若本无有識三緣合生龜應生毛沙應出油
汝宗則壞違決定義所作事業悉空无益
大慧三合為緣是因果性可說為有過現未
來從无生有此依住覺想地者所[illegible]

BD03849號　大乘入楞伽經卷一　（15–13）

如是若蘊界處法已現當滅應知此則无相
續生以无因故但是自心虛妄所見復次大慧
若本无有識三緣合生龜應生毛沙應出油
汝宗則壞違決定義所作事業悉空无益
大慧三合為緣是因果性可說為有過現未
來從无生有此依住覺想地者所有理教及
自惡見熏習餘氣作如是說大慧愚癡凡夫
惡見所噬邪見迷醉无智妄稱一切智說
大慧復有沙門婆羅門觀一切法皆无自性
如空中雲如旋火輪如乾闥婆城如幻如焰
如水中月如夢所見不離自心由无始來虛
妄見故取以為外作是觀已斷分別緣亦離
妄心所取名義知身及物并所住處一切
皆是藏識境界无能所取及生住滅如是思
惟恒住不捨大慧此菩薩摩訶薩不久當得
生死涅槃二種平等大悲方便无功用行觀
眾生如幻如影從緣无起知一切境界離心无
得行无相道漸昇諸地住三昧境了達三界
皆唯自心得如幻定絕眾影像成就智慧證
无生法入金剛喻三昧當得佛身恒住如如
起諸變化力通自在大慧方便以為嚴飾
遊眾佛國離諸外道及心意識轉依次第成
如來身大慧菩薩摩訶薩欲得佛身應當
遠離蘊界處心因緣所作生住滅法戲論分
別但住心量觀察三有无始時來妄習所起
思惟佛地无相无生自證聖法得心自在无功
用行如如意寶隨宜現身令達唯心漸入諸
地是故大慧菩薩摩訶薩於自悉檀應善
修學

佛說大乘入楞伽經卷第一

BD03849號　大乘入楞伽經卷一　（15–14）

惟恒住不捨大慧此菩薩摩訶薩不久當得
生死涅槃二種平等大悲方便无功用行觀
衆生如幻如影從緣无起知一切境界離心无
得行无相道漸昇諸地住三昧境了達三界
皆唯自心得如幻定絕衆影像成就智慧證
无生法入金剛喻三昧當得佛身恒住如如
起諸變化力通自在大慧方便以爲嚴飾
遊衆佛國離諸外道及心意識轉依次第成
如來身大慧菩薩摩訶薩欲得佛身應當
遠離蘊界處心因緣所作生住滅法戲論分
別但住心量觀察三有无始時來妄習所起
思惟佛无相无生自證聖法得心自在无功
用行如如意寶隨宜現身令達唯心漸入諸
地是故大慧菩薩摩訶薩於自悉檀應善
修學

佛說大乘入楞伽經卷第一

BD03849 號　大乘入楞伽經卷一　（15–15）

鎧若菩薩摩訶薩擐四念住鎧擐四正斷四
神足五根五力七等覺支八聖道支鎧善現
如是名爲菩薩摩訶薩擐大乘鎧若菩薩摩
訶薩擐內空鎧擐外空內外空空空大空勝
義空有爲空无爲空畢竟空无際空散空无
變異空本性空自相空共相空一切法空不
可得空无性空自性空无性自性空鎧善現
如是名爲菩薩摩訶薩擐大乘鎧若菩薩摩
訶薩擐五眼鎧擐六神通鎧善現如是名爲
菩薩摩訶薩擐大乘鎧若菩薩摩訶薩擐佛
十力鎧擐四无所畏四无礙解大慈大悲大
喜大捨十八佛不共法一切智道相智一切
相智鎧善現如是名爲菩薩摩訶薩擐大乘
鎧若菩薩摩訶薩擐佛身相諸功德鎧善現
如是名爲菩薩摩訶薩擐大乘鎧
復次善現若菩薩摩訶薩擐如是等諸功德
鎧放大光明遍照三千大千世界亦令此界
六三變動其中地獄火等苦具及彼有情身
心痛惱皆得除滅菩薩知其既離衆苦便爲
稱讚三寶功德彼得聞已身心安樂從自趣
沒生天人中即得奉覲諸佛菩薩親承供養
稟正法音其中傍生互相殘害鞭撻驅逼无

BD03850 號　大般若波羅蜜多經卷四九　（2–1）

菩薩訶薩擐大乘鎧若菩薩摩訶薩擐佛
十力鎧擐四无所畏四无礙解大慈大悲大
喜大捨十八佛不共法一切智道相智一切
相智鎧善現如是名為菩薩摩訶薩擐大乘
鎧若菩薩摩訶薩擐佛身相諸功德鎧善現
如是名為菩薩摩訶薩擐大乘鎧
復次善現若菩薩摩訶薩擐如是等諸功德
鎧放大光明遍照三千大千世界亦令此界
六三變動其中地獄火等苦具及彼有情身
心痛惱皆得除滅菩薩知其既離眾苦便為
稱讚三寶功德彼得聞已身心安樂從自趣
沒生天人中即得奉覲諸佛菩薩親承供養
稟正法音其中傍生互相殘害鞭撻驅逼无
量種苦皆得滅除菩薩知其既離眾苦亦為
稱讚三寶功德彼得聞已身心安樂從自趣
沒生天人中即得奉覲諸佛菩薩親承供養
稟正法音其中鬼界恐怖飢渴身心燋惱无
量種苦皆得除滅菩薩知其既離眾苦亦為
稱讚三寶功德彼得聞已身心安樂從自趣

BD03850號　大般若波羅蜜多經卷四九　（2–2）

大般涅槃經卷第十二
復次善男子菩薩摩
從頭至足其中唯有
肉筋骨脾腎心肺
便利涕唾目淚方膏
脈菩薩如是專念觀[illegible]
住在何處誰屬於我
骨是耶菩薩尒時除
是念是骨色相異所
骨相〻復非我何以
及以鴿色菩薩繫心
切色欲復作是念如
足跟以拄踝骨依因
骨以拄膞骨依因膞
[illegible]骨依因膝骨
以拄髖骨依因髖骨以拄腰骨依因腰骨以
拄脊骨依因脊骨以拄肋骨復因脊骨上拄
項骨依因項骨以拄頤骨依因頤骨以拄牙
齒上有髑髏復因項骨以拄髆骨依因髆骨

BD03851號　大般涅槃經（北本）卷一二　（5–1）

切色欲復作是念如
足跟以駐踝骨依因
骨以駐膝骨依因膝
[illegible]骨依因脛骨
以駐髖骨依因髖骨以駐腰骨依因腰骨以
駐脊骨依因脊骨以駐肋骨復因脊骨上駐
項骨依因項骨以駐頤骨依因頤骨以駐牙
齒上有髑髏復因項骨以駐髆骨依因髆骨
以駐臂骨依因臂骨以駐捥骨依因捥骨以
駐掌骨依因掌骨以駐指骨菩薩摩訶薩如
是觀時身所有骨一切分離得是觀已即斷
三欲一形貌欲二姿態欲三細觸欲菩薩摩
訶薩觀青骨時見此大地東西南北四維上
下悉皆青相如青色觀黃白鴿色亦復如是
菩薩摩訶薩作是觀時眉間即出青黃赤白
鴿等色光是菩薩於是一一諸光明中見有
佛像見已即問如此身者不淨因緣和合共
成云何而得坐起行住屈申俯仰視瞬喘息
悲泣喜笑此中无主誰使之然作是問已光
中諸佛忽然不現復作是念或識是我故使
諸佛不為我說復觀此識次第生滅猶如流
水亦復非我復作是念若識非我出息入息
或能是我復作是念是入出息直是風也而
是風性乃是四大四大之中何者是我地性
非我水火風性亦復非我復作是念此身一
切悉无有我唯有心風因緣和合示現種種

BD03851號　大般涅槃經（北本）卷一二　（5–2）

諸佛不為我說復觀此識次第生滅猶如流
水亦復非我復作是念若識非我出息入息
或能是我復作是念是入出息直是風也而
是風性乃是四大四大之中何者是我地性
非我水火風性亦復非我復作是念此身一
切悉无有我唯有心風因緣和合示現種種
所作事業譬如呪力幻術所作亦如箜篌隨
意出聲是故此身如是不淨假衆因緣和合
共成而於何處生此貪欲若被罵辱復於何
處而生瞋恚而我此身三十六物不淨臭穢何
處當有受罵辱者若聞其罵即便思惟以何
音聲而見罵也一一音聲不能見罵若一不
能多亦不能以是義故不應生瞋若他來打
亦應思惟如是打者從何而生復作是念因
手刀杖及以我身故得名打我今何緣橫瞋
於他乃是我身自招此咎以我受是五陰身
故譬如因的則有箭中我身亦尒有身有打
我若不忍心則散亂心若散亂則失正念若
失正念則不能觀善不善義若不能觀善不
善義則行惡法惡法因緣則墮地獄畜生餓
鬼菩薩尒時作是觀已得四念處得四念處
已則得住於堪忍地中菩薩摩訶薩住是地
已則能堪忍貪欲恚癡亦能堪忍寒熱飢渴
蚉虻蚤虱暴風惡觸種種疾病惡口罵詈撾
打楚撻身心苦惱一切能忍是故名為住堪
忍地迦葉菩薩摩訶薩白佛言世尊菩薩未

BD03851號　大般涅槃經（北本）卷一二　（5–3）

鬼菩薩尒時作是觀已得四念處得四念處
已則得住於堪忍地中菩薩摩訶薩住是地
已則能堪忍貪欲恚癡亦能堪忍寒熱飢渴
蚉䖟蚤虱暴風惡觸種種疾病惡口罵詈撾
打楚撻身心苦惱一切能忍是故名為住堪
忍地迦葉菩薩摩訶薩白佛言世尊菩薩未
得住不動地淨持戒時頗有因緣得破戒不
善男子有菩薩未得住不動地有因緣故可
得破戒迦葉啟諮何者是耶佛言迦葉若有
菩薩知以破戒因緣則能令人受持愛樂大
乘經典及能令其讀誦通利書寫經卷廣為
他說不退轉於阿耨多羅三藐三菩提為如
是故故得破戒菩薩尒時應作是念我寧一
劫若減一劫墮於阿鼻地獄受罪要必當令
如是之人不退轉於阿耨多羅三藐三菩提
迦葉以是因緣菩薩摩訶薩得毀淨戒尒時
文殊師利菩薩摩訶薩白佛言世尊若有菩
薩攝取護持如是之人令不退於菩提之心
為是毀戒若墮阿鼻无有是處尒時佛讚文
殊師利善哉善哉如汝所說我念往昔於此
閻浮提作大國王名曰仙豫愛念敬重大乘
經典其心純善无有麁惡嫉妬慳悋口常宣
說愛語善語身常攝護貧窮孤獨布施精進
无有休息時世无佛聲聞緣覺我於尒時愛
樂大乘方等經典十二年中事婆羅門供給

BD03851號　大般涅槃經（北本）卷一二　（5-4）

迦葉以是因緣菩薩摩訶薩得毀淨戒尒時
文殊師利菩薩摩訶薩白佛言世尊若有菩
薩攝取護持如是之人令不退於菩提之心
為是毀戒若墮阿鼻无有是處尒時佛讚文
殊師利善哉善哉如汝所說我念往昔於此
閻浮提作大國王名曰仙豫愛念敬重大乘
經典其心純善无有麁惡嫉妬慳悋口常宣
說愛語善語身常攝護貧窮孤獨布施精進
无有休息時世无佛聲聞緣覺我於尒時愛
樂大乘方等經典十二年中事婆羅門供給
所須過十二年施安已訖即作是言師等今
應發阿耨多羅三藐三菩提心婆羅門言大
王菩提之性是无所有大乘經典亦復如是
大王云何乃令人物同於虛空善男子我於
尒時心重大乘聞婆羅門誹謗方等聞已即
時斷其命根善男子以是因緣從是已來不
墮地獄善男子擁護攝持大乘經典乃有如
是无量勢力復次迦葉又有聖行所謂四聖
諦苦集滅道是名四聖諦迦葉苦者逼迫相
集者能生長相滅……

BD03851號　大般涅槃經（北本）卷一二　（5-5）

若欲聽是經　令心淨无垢　常生歡喜念　能長諸功德
若以尊重心　聽聞是經者　善生於人趣　遠離諸苦難
彼人善根熟　諸佛之所讚　方得聞是經　及以懺悔法
金光明最勝王經如來壽量品第二
尒時王舍大城有一菩薩摩訶薩名曰妙幢已
於過去无量俱胝那庾多百千佛所承事
供養殖諸善根是時妙幢菩薩獨於靜處
作是思惟以何因緣釋迦牟尼如來壽命短促
唯八十年復作是念如佛所說有二因緣得壽
命長云何為二一者不害生命二者施他飲食
然釋迦牟尼如來曾於无量百千万億无數
大劫不害生命行十善道常以飲食惠施一
切飢餓眾生乃至己身血肉骨髓亦持施與
令得飽滿況餘飲食時彼菩薩於世尊所作
是念時以佛威力其室忽然廣博嚴淨帝
青瑠璃種種眾寶雜彩間飾如佛淨土有
妙香氣過諸天香芬馥充滿於其四面各有
上妙師子之座四寶所成以天寶衣而敷其
上復於此座有妙蓮華種種珍寶以為嚴飾

BD03852號　金光明最勝王經卷一　（4–1）

是念時以佛威力其室忽然廣博嚴淨帝
青瑠璃種種眾寶雜彩間飾如佛淨土有
妙香氣過諸天香芬馥充滿於其四面各有
上妙師子之座四寶所成以天寶衣而敷其
上復於此座有妙蓮華種種珍寶以為嚴飾
量等如來自然顯現於蓮花上有四如來東
方不動南方寶相西方无量壽北方天鼓音是四
如來各於其座跏趺而坐放大光明周遍照
耀王舍大城及此三千大千世界乃至十方恒
河沙等諸佛國土雨諸天花奏諸天樂尒時
於此贍部洲中及三千大千世界所有眾生
以佛威力受勝妙樂无有乏少若身不具
皆蒙具足盲者能視聾者得聞瘂者能言愚
者得智若心亂者得本心若衣无者得衣服
被惡賤者人所敬有垢穢者身清潔於此
世間所有利益未曾有事悉皆顯現
尒時妙幢菩薩見四如來及希有事歡喜
踊躍合掌一心瞻仰諸佛殊勝之相亦復思惟
釋迦牟尼如來无量功德唯於壽命生疑惑
心云何如來功德无量壽命短促唯八十年尒
時四佛告妙幢菩薩言善男子汝今不應思
忖如來壽命長短何以故善男子我等不見
諸天世間梵摩沙門婆羅門等人及非人有
能算知佛之壽量知其齊限唯除无上正
遍知者時四如來欲說釋迦牟尼佛所有壽
量以佛威力欲色界天諸龍鬼神揵闥婆阿
蘇羅揭路荼緊那羅莫呼洛伽及无量百千
億那庾多菩薩摩訶薩悉來集會入妙幢菩

BD03852號　金光明最勝王經卷一　（4–2）

能筭知佛之壽量知其齊限唯除无上正
遍知者時四如來欲說釋迦牟尼佛所有壽
量以佛威力欲色界天諸龍神揵闥婆阿
蘇羅揭路荼緊那羅莫呼洛伽及无量百千
億那庾多菩薩摩訶薩悉來集會入妙幢菩
薩淨妙室中尒時四佛於大衆中欲顯釋迦
牟尼如來所有壽量而說頌曰
一切諸海水　可知其滴數　无有能數知　釋迦之壽量
析諸妙高山　如芥可知數　无有能數知　釋迦之壽量
一切大地土　可知其塵數　无有能筭知　釋迦之壽量
假使量虛空　可得盡邊際　无有能度知　釋迦之壽量
若人住億劫　盡力常筭數　亦復不能知　世尊之壽量
不害衆生命　及施於飲食　由斯二種因　得壽命長遠
是故大覺尊　壽命難知數　如劫无邊際　壽量亦如是
妙幢汝當知　不應起疑惑　最勝壽无量　莫能知數者
尒時妙幢菩薩聞四如來說釋迦牟尼佛壽
量无限白言世尊云何如來示現如是短促壽
量時四世尊告妙幢菩薩言善男子彼釋迦
牟尼佛於五濁世出現之時人壽百年稟
性下劣善根微薄復无信解此諸衆生多有
我見人衆生壽者養育邪見我我所見斷
常見等為欲利益此諸異生及衆外道如是
等類令生正解速得成就无上菩提是故釋迦
牟尼如來示現如是短促壽命善男子然
彼如來欲令衆生見涅槃已難遭想憂苦
等想於佛世尊所說經教速當受持讀誦通
利為人解說不生謗毀是故如來現斯短壽
何以故彼諸衆生若見如來不般涅槃不生

BD03852號　金光明最勝王經卷一

（4–3）

牟尼如來示現如是短促壽命善男子然
彼如來欲令衆生見涅槃已難遭想憂苦
等想於佛世尊所說經教速當受持讀誦通
利為人解說不生謗毀是故如來現斯短壽
何以故彼諸衆生若見如來不般涅槃不生
恭敬難遭之想如來所說甚深經典亦不受
持讀誦通利為人宣說所以者何以常見佛
不尊重故善男子譬如有人見其父母多有
財產珎寶豐盈便於財物不生希有難遭
之想所以者何於父財物生常想故善男子彼
諸衆生亦復如是若見如來不入涅槃不生
希有難遭之想所以者何由常見故善男子
譬如有人父母貧窮資財乏少然彼貧人或詣
王家或大臣舍見其倉庫種種珎財悉皆盈
滿生希有心難遭之想時彼貧人為欲求
財廣設方便策勤无怠所以者何為捨貧窮
受安樂故善男子彼諸衆生亦復如是若見
如來入於涅槃生難遭想乃至憂苦等想復
作是念於无量劫諸佛如來出現於世如烏
量跋花時乃一現彼諸衆生發希有心起難
遭想若遇如來心生敬信聞說正法生實語
想所有經典悉皆受持不生毀謗善男子以
是因緣彼佛世尊不久住世速入涅槃善男
子是諸如來以如是等善巧方便成就衆生

BD03852號　金光明最勝王經卷一

（4–4）

如来

淨土沙弥王善保經貝自手札記之耳

BD03852號背　題記、雜寫　（1–1）

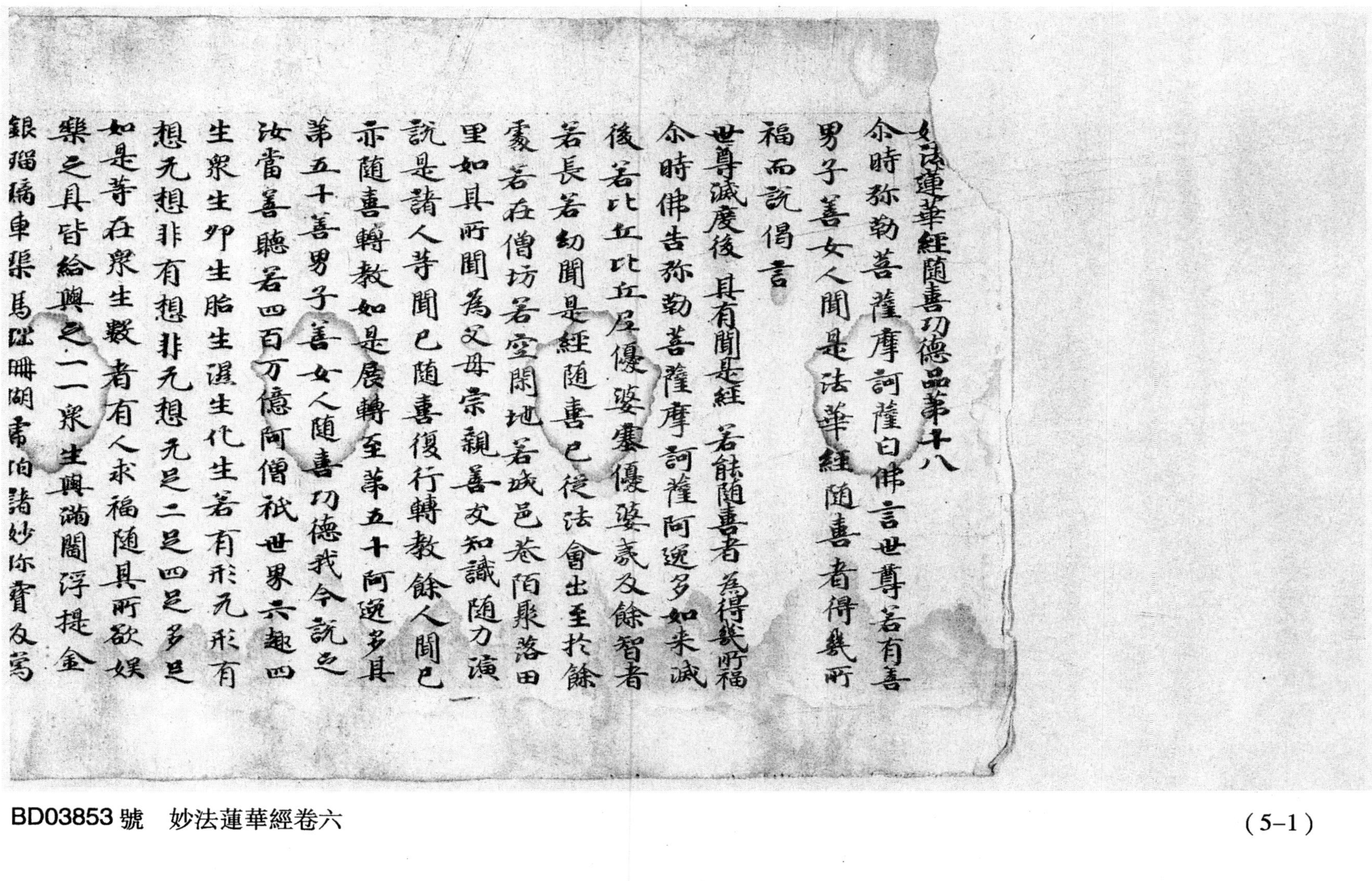
妙法蓮華經隨喜功德品第十八

尒時弥勒菩薩摩訶薩白佛言世尊若有善男子善女人聞是法華經隨喜者得幾所福而説偈言

世尊滅度後　其有聞是經　若能隨喜者　為得幾所福

尒時佛告弥勒菩薩摩訶薩阿逸多如来滅後若比丘比丘尼優婆塞優婆夷及餘智者若長若幼聞是經隨喜已從法會出至於餘處若在僧坊若空閑地若城邑巷陌聚落田里如其所聞為父母宗親善友知識隨力演説是諸人等聞已隨喜復行轉教餘人聞已亦隨喜轉教如是展轉至第五十阿逸多其第五十善男子善女人隨喜功德我今説之汝當善聽若四百万億阿僧祇世界六趣四生衆生卵生胎生濕生化生若有形无形有想无想非有想非无想无足二足四足多足如是等在衆生數者有人求福隨其所欲娛樂之具皆給與之一一衆生與滿閻浮提金銀瑠璃車璩馬瑙珊瑚虎珀諸妙珍寶及象

BD03853號　妙法蓮華經卷六　（5–1）

汝當善聽若四百万億阿僧祇世界六趣四
生衆生卵生胎生濕生化生若有形无形有
想无想非有想非无想无足二足四足多足
如是等在衆生數者有人求福隨其所欲娛
樂之具皆給與之一一衆生與滿閻浮提金
銀琉璃車𤦲馬瑙珊瑚虎珀諸妙珎寶及象
馬車乘七寶所成宮殿樓閣等是大施主如
是布施滿八十年已而作是念我已施衆生
娛樂之具隨意所欲然此衆生皆已衰老年
過八十髮白面皺將死不久我當以佛法而
訓導之即集此衆生宣布法化示教利喜一
時皆得須陁洹道斯陁含道阿那含道阿羅
漢道盡諸有漏於深禪定皆得自在具八解
脫於汝意云何是大施主所得功德寧為多
不彌勒白佛言世尊是人功德甚多无量无
邊若是施主但施衆生一切樂具功德无量
何況令得阿羅漢果佛告彌勒我今分明語
汝是人以一切樂具施於四百万億阿僧祇
世界六趣衆生又令得阿羅漢果所得功德
不如是第五十人聞法華經一偈隨喜功德
百分千分百千万億分不及其一乃至筭數
譬喻所不能知阿逸多如是第五十人展轉
聞法華經隨喜功德尚无量无邊阿僧祇何
況最初於會中聞而隨喜者其福復勝无量
无邊阿僧祇不可得比又阿逸多若人為是
經故往詣僧坊若坐若立須臾聽受緣是功

BD03853號　妙法蓮華經卷六　（5–2）

聞法華經隨喜功德尚无量无邊阿僧祇何
況最初於會中聞而隨喜者其福復勝无量
无邊阿僧祇不可得比又阿逸多若人為是
經故往詣僧坊若坐若立須臾聽受緣是功
德轉身所生得好上妙象馬車乘珎寶輦轝
及乘天宮若復有人於講法處坐更有人來
勸令坐聽若分座令坐是人功德轉身得帝
釋坐處若梵王坐處若轉輪聖王所坐之
處阿逸多若復有人語餘人言有經名法華可
共往聽即受其教乃至須臾間聞是人功德
轉身得與陁羅尼菩薩共生一處利根智慧
百千万世終不瘖瘂口氣不臭舌常无病口
亦无病齒不垢黑不黃不踈亦不缺落不差
不曲脣不下垂亦不褰縮不麁澁不瘡胗亦
不缺壞亦不喎斜不厚不大亦不黧黑无諸
可惡鼻不匾㔸亦不曲戾面色不黑亦不狹
長亦不窊曲无有一切不可喜相脣舌牙齒
悉皆嚴好鼻脩高直面貌圓滿眉高而長額
廣平正人相具足世世所生見佛聞法信受
教誨阿逸多汝且觀是勸於一人令往聽法
功德如此何況一心聽說讀誦而於大衆為
人分別如說脩行尒時世尊欲重宣此義而
說偈言
若人於法會　得聞是經典　乃至於一偈　隨喜為他說
如是展轉教　至于第五十　㝡後人獲福　今當分別之
如有大施主　供給无量衆　具滿八十歲　隨意之所欲

BD03853號　妙法蓮華經卷六　（5–3）

功德如此何況一心聽說讀誦而於大衆
人分別如說脩行尒時世尊欲重宣此義而
說偈言
若人於法會　得聞是經典　乃至於一偈　隨喜為他說
如是展轉教　至于第五十　最後人獲福　今當分別之
如有大施主　供給无量衆　具滿八十歲　隨意之所欲
見彼衰老相　髮白而面皺　齒踈形枯竭　念其死不久
我今應當教　令得於道果　即為方便說　涅槃真實法
世皆不牢固　如水沫泡焰　汝等咸應當　疾生猒離心
諸人聞是法　皆得阿羅漢　具足六神通　三明八解脫
最後第五十　聞一偈隨喜　是人福勝彼　不可為譬喻
如是展轉聞　其福尚无量　何況於法會　初聞隨喜者
若有勸一人　將引聽法華　言此經深妙　千万劫難遇
即受教往聽　乃至須臾聞　斯人之福報　今當分別說
世世无口患　齒不踈黄黑　脣不厚褰缺　无有可惡相
舌不乾黑短　鼻高脩且直　額廣而平正　面目悉端嚴
為人所喜見　口氣无臭穢　優鉢華之香　常從其口出
若故詣僧坊　欲聽法華經　須臾聞歡喜　今當說其福
後生天人中　得妙象馬車　珎寶之輦轝　及乘天宮殿
若於講法處　勸人坐聽經　是福因緣得　釋梵轉輪座
何況一心聽　解說其義趣　如說而脩行　其福不可量
妙法蓮華經法師功德品第十九
尒時佛告常精進菩薩摩訶薩若善男子善
女人受持是法華經若讀若誦若解說若書
寫是人當得八百眼功德千二百耳功德八
百鼻功德千二百舌功德八百身功德千二
百意功德以是功德莊嚴六根皆令清淨是

BD03853號　妙法蓮華經卷六　（5-4）

世皆不牢固　如水沫泡焰　汝等咸應當　疾生猒離心
諸人聞是法　皆得阿羅漢　具足六神通　三明八解脫
最後第五十　聞一偈隨喜　是人福勝彼　不可為譬喻
如是展轉聞　其福尚无量　何況於法會　初聞隨喜者
若有勸一人　將引聽法華　言此經深妙　千万劫難遇
即受教往聽　乃至須臾聞　斯人之福報　今當分別說
世世无口患　齒不踈黄黑　脣不厚褰缺　无有可惡相
舌不乾黑短　鼻高脩且直　額廣而平正　面目悉端嚴
為人所喜見　口氣无臭穢　優鉢華之香　常從其口出
若故詣僧坊　欲聽法華經　須臾聞歡喜　今當說其福
後生天人中　得妙象馬車　珎寶之輦轝　及乘天宮殿
若於講法處　勸人坐聽經　是福因緣得　釋梵轉輪座
何況一心聽　解說其義趣　如說而脩行　其福不可量
妙法蓮華經法師功德品第十九
尒時佛告常精進菩薩摩訶薩若善男子善
女人受持是法華經若讀若誦若解說若書
寫是人當得八百眼功德千二百耳功德八
百鼻功德千二百舌功德八百身功德千二
百意功德以是功德莊嚴六根皆令清淨是
善男子善女人父母所生清淨肉眼見於三

BD03853號　妙法蓮華經卷六　（5-5）

今為諸菩薩摩訶
薩說大乘經　法蓮華教菩薩法佛所
念汝等當深心隨喜亦當禮拜供養釋迦
佛彼諸衆生聞虛空中聲已合掌向娑婆
界作如是言南無釋迦牟尼佛南無釋迦
牟尼佛以種種華香瓔珞幡蓋及諸嚴身之
具珎寶妙物皆共遙散娑婆世界所散諸物
從十方來譬如雲集變成寶帳遍覆此間諸
佛之上于時十方世界通達無㝵如一佛土
尒時佛告上行等菩薩大衆諸佛神力如是
無量無邊不可思議若我以是神力於無量
無邊百千万億阿僧祇劫為囑累故說此經
功德猶不能盡以要言之如來一切所有之
法如來一切自在神力如來一切秘要之藏
如來一切甚深之事皆於此經宣示顯說是
故汝等於如來滅後應一心受持讀誦解說
書寫如說修行所在國土若有受持讀誦解
說書寫如說修行若經卷所住之處若於園
中若於林中若於樹下若於僧坊若白衣舍
若在殿堂若山谷曠野是中皆應起塔供

BD03854號　妙法蓮華經卷六　（4–1）

故汝等於如來滅後應一心受持讀誦解說
書寫如說修行所在國土若有受持讀誦解
說書寫如說修行若經卷所住之處若於園
中若於林中若於樹下若於僧坊若白衣舍
若在殿堂若山谷曠野是中皆應起塔供
養所以者何當知是處即是道場諸佛於
此得阿耨多羅三藐三菩提諸佛於此轉于
法輪諸佛於此而般涅槃尒時世尊欲重宣
此義而說偈言
諸佛救世者　住於大神通　為悅衆生故　現無量神力
舌相至梵天　身放無數光　為求佛道者　現此希有事
諸佛謦欬聲　及彈指之聲　周聞十方國　地皆六種動
以佛滅度後　能持是經故　諸佛皆歡喜　現無量神力
囑累是經故　讃美受持者　於無量劫中　猶故不能盡
是人之功德　無邊無有窮　如十方虛空　不可得邊際
能持是經者　則為已見我　亦見多寶佛　及諸分身者
又見我今日　教化諸菩薩
能持是經者　令我及分身　滅度多寶佛　一切皆歡喜
十方現在佛　并過去未來　亦見亦供養　亦令得歡喜
諸佛坐道場　所得秘要法　能持是經者　不久亦當得
能持是經者　於諸法之義　名字及言辭　樂說無窮盡
如風於空中　一切無障㝵
於如來滅後　知佛所說經　因緣及次第　隨義如實說
如日月光明　能除諸幽冥　斯人行世間　能滅衆生闇
教無量菩薩　畢竟住一乘
是故有智者　聞此功德利　於我滅度後　應受持斯經

BD03854號　妙法蓮華經卷六　（4–2）

諸佛坐道場　所得秘要法　能持是經者　不久亦當得
能持是經者　於諸法之義　名字及言辭　樂說無窮盡
如風於空中　一切無障閡
於如來滅後　知佛所說經　因緣及次第　隨義如實說
如日月光明　能除諸幽冥　斯人行世間　能滅衆生闇
教無量菩薩　畢竟住一乘
是故有智者　聞此功德利　於我滅度後　應受持斯經
是人於佛道　決定無有疑

妙法蓮華經囑累品第二十二

尒時釋迦牟尼佛從法座起現大神力以右手
摩無量菩薩摩訶薩頂而作是言我於無量
百千万億阿僧祇劫脩集是難得阿耨多羅
三藐三菩提法今以付囑汝等汝等當應一心
流布此法廣令增益如是三摩諸菩薩摩
訶薩頂而作是言我於無量百千万億阿僧
祇劫脩集是難得阿耨多羅三藐三菩提法
今以付囑汝等汝等當受持讀誦廣宣此法
令一切衆生普得聞知所以者何如来有大慈
悲無諸慳悋亦無所畏能與衆生佛之智慧
如来智慧自然智慧如来是一切衆生之大施
主汝等亦應隨學如来之法勿生慳悋於未
来世若有善男子善女人信如来智慧者當
為演說此法華經使得聞知為令其人得佛
慧故若有衆生不信受者當於如来餘深法
中示教利喜汝等若能如是則為已報諸佛
之恩時諸菩薩摩訶薩聞佛作是說已皆大
歡喜遍滿其身益加恭敬曲躬低頭合掌

BD03854號　妙法蓮華經卷六　（4–3）

祇劫脩集是難得阿耨多羅三藐三菩提法
今以付囑汝等汝等當受持讀誦廣宣此法
令一切衆生普得聞知所以者何如来有大慈
悲無諸慳悋亦無所畏能與衆生佛之智慧
如来智慧自然智慧如来是一切衆生之大施
主汝等亦應隨學如来之法勿生慳悋於未
来世若有善男子善女人信如来智慧者當
為演說此法華經使得聞知為令其人得佛
慧故若有衆生不信受者當於如来餘深法
中示教利喜汝等若能如是則為已報諸佛
之恩時諸菩薩摩訶薩聞佛作是說已皆大
歡喜遍滿其身益加恭敬曲躬低頭合掌
向佛俱發聲言如世尊勑當具奉行唯然世
尊願不有慮諸菩薩摩訶薩衆如是三反俱
發聲言如世尊勑當具奉行唯然世尊願不
有慮尒時釋迦牟尼佛令十方来諸分身
佛各還本土而作是言諸佛各隨所安多寶
佛塔還可如故說是語時十方無量分身
諸佛坐寶樹下師子座上者及多寶佛并上
行等無邊阿僧祇菩薩大衆舍利弗等聲
聞四衆及一切世間天人阿脩羅等聞佛所
說皆大歡喜

BD03854號　妙法蓮華經卷六　（4–4）

言善哉善哉善男子汝今善知一切諸法如
幻如炎如乾闥婆城畫水之跡亦如泡沫芭
蕉之樹空无有實非命非我无有苦樂如十
住菩薩之所知見時大衆中忽然之頃有大
光明非青見青非黄見黄非赤見赤非白見
白非色見色非明見明非見而見尒時大衆
遇斯光已身心快樂譬如比丘入師子王定
尒時文殊師利菩薩摩訶薩白佛言世尊今
此光明誰之所放尒時如來嘿然不說迦葉
菩薩復問文殊師利何因緣故有此光明照
於大衆文殊師利嘿然不荅尒時无邊身菩
薩復問迦葉菩薩今此光明誰之所有迦葉
菩薩嘿然不說淨住王子菩薩復問无邊身
菩薩何因緣故是大衆中有此光明无邊身
菩薩嘿然不說如是五百菩薩皆亦如是雖
相諮問然无荅者尒時世尊問文殊師利言
文殊師利何因緣故是大衆中有此光明文
殊師利言世尊如是光明名爲智慧智慧者
即是常住常住之法无有因緣云何佛問何
因緣故有是光明是光明者名大涅槃大涅

BD03855號　大般涅槃經（北本　宮本）卷二一　（5-1）

菩薩何因緣故是大衆中有此光明无邊身
菩薩嘿然不說如是五百菩薩皆亦如是雖
相諮問然无荅者尒時世尊問文殊師利言
文殊師利何因緣故是大衆中有此光明文
殊師利言世尊如是光明名爲智慧智慧者
即是常住常住之法无有因緣云何佛問何
因緣故有是光明是光明者名大涅槃大涅
槃者則名常住常住之法不從因緣云何佛
問何因緣故有是光明是光明者即是如來
如來者即是常住常住之法不從因緣云何
如來問於因緣光明者名大慈悲大慈悲者
名爲常住常住之法不從因緣云何如來問
於因緣光明者即是念佛念佛者是名常住
常住之法不從因緣云何如來問於因緣光
明者即是一切聲聞緣覺不共之道聲聞緣
覺不共之道即名常住常住之法不從因緣
云何如來問於因緣世尊亦有因緣因滅无
明則得熾然阿耨多羅三藐三菩提燈佛言
文殊師利汝今莫入諸法甚深第一義諦應
以世諦而解說之文殊師利言世尊於此東
方過二十恒河沙等世界有佛世界名曰不
動其佛住處縱廣正等足滿一万二千由旬
其地七寶无有土石平正柔濡无諸溝坑其
諸樹木四寶所成金銀瑠璃及以頗梨華菓
茂盛无時不有若有衆生聞其華香身心安
樂譬如比丘入第三禪周迊復有三千大河
其水微妙八味具足若有衆生在中浴者所
得喜樂譬如比丘入第二禪其河多有種種
諸華優鉢羅華波頭摩華拘物頭華分陀利

BD03855號　大般涅槃經（北本　宮本）卷二一　（5-2）

諸樹木四寶所成金銀瑠璃及以頗梨華菓
茂盛无時不有若有衆生聞其華香身心安
樂譬如比丘入第三禪周迊復有三千大河
其水微妙八味具足若有衆生在中浴者所
得喜樂譬如比丘入弟二禪其河多有種種
諸華憂鉢羅華波頭摩華拘物頭華分陁利
華香華大香華微妙華常華一切衆生无遮
護華其河兩岸亦有衆華所謂阿提目多伽
華占婆華波吒羅華婆師羅華摩利伽華大
摩利迦華新摩利伽華須摩那華由提迦華
檀耨迦利華常樂華一切衆生不遮護華底
布金沙有四梯陛金銀琉璃雜色頗梨多有
衆鳥遊集其上復有无量虎狼師子諸惡鳥
獸其心相視猶如赤子彼世界中一切无有
犯重禁者誹謗正法及一闡提五逆等罪其
土調適无有寒熱飢渴苦惱无貪欲恚放逸
嫉妬无有日月晝夜時節猶如弟二切利天
上其土人民等有光明各各无有憍慢之心
一切悉是菩薩大士皆得神通具大功德其
心悉皆尊重正法乘於大乘愛念大乘貪樂
大乘護惜大乘大慧成就得大揔持心常憐
愍一切衆生具佛号曰滿月光明如来應供
正遍知明行足善逝世間解无上士調御丈
夫天人師佛世尊隨所住處有所講宣其土
衆生无不得聞為流離光菩薩摩訶薩講宣
如是大涅槃經言善男子菩薩摩訶薩若能
脩行大涅槃經所不聞者皆悉得聞彼瑠璃
光菩薩摩訶薩聞滿月光明佛如此聞光
明遍照高貴德王菩薩摩訶薩所問等无有

夫天人師佛世尊隨所住處有所講宣其土
衆生无不得聞為流離光菩薩摩訶薩講宣
如是大涅槃經言善男子菩薩摩訶薩若能
脩行大涅槃經所不聞者皆悉得聞彼瑠璃
光菩薩摩訶薩聞滿月光明佛如此聞光
明遍照高貴德王菩薩摩訶薩所問等无有
異彼滿月光明佛即告瑠璃光菩薩言善男
子西方去此廿恒河沙佛土彼有世界名娑
婆其土多有山陵堆阜土沙礫石荊蕀惡刺
周遍充滿常有飢渴寒熱苦惱其土人民不
能恭敬沙門婆羅門父母師長貪著非法欲
於非法脩行耶法不信正法壽命短促又行
姧詐王者微之王雖有國不知滿足於他所
有生貪利心興師相伐枉死者衆生脩者行
如是非法四天善神心无歡喜故降災旱穀
米不登人民多病苦惱无量彼中有佛号釋
迦牟尼如来應正遍知明行足善逝世間解
无上士調御丈夫天人師佛世尊大悲純厚
愍衆生故於拘尸那城娑羅雙樹間為諸大
衆敷演如是大涅槃經彼有菩薩名光明遍
照高貴德王已問斯事如汝无異佛今答之
汝可速往自當得聞世尊彼琉璃光菩薩聞
此事已與八万四千菩薩摩訶薩欲来至此
故先現瑞以此因緣有此光明是名因緣亦
非因緣尒時琉璃光菩薩與八万四千諸菩
薩摂持諸幡蓋香華瓔珞種種伎樂倍勝於
前俱来至此拘尸那城娑羅雙樹間以己所
持供養之具供養於佛頭面禮足合掌恭敬
右遶三匝脩敬已畢却坐一面尒時世尊問

有生貪利心興師相伐枉死者衆生循者行
如是非法四天善神心无歡喜故降灾旱㷊
米不登人民多病苦惱无量彼中有佛号釋
迦牟尼如来應正遍知明行足善逝世間解
无上士調御丈夫天人師佛世尊大悲純厚
愍衆生故於拘尸那城娑羅雙樹間為諸大
衆敷演如是大涅槃經彼有菩薩名光明遍
照高貴德王已問斯事如汝无異佛今荅之
汝可速往自當得聞世尊彼琉璃光菩薩聞
此事已與八万四千菩薩摩訶薩欲来至此
故先現瑞以此因緣有此光明是名因緣之
非因緣尒時琉璃光菩薩與八万四千諸菩
薩俱持諸幡蓋香華瓔珞種種伎樂倍勝於
前俱来至此拘尸那城娑羅雙樹間以已所
持供養之具供養於佛頭面禮足合掌恭敬
右遶三匝脩敬已畢却坐一面尒時世尊問
彼菩薩善男子汝為到来為不到来琉璃光
菩薩言世尊到亦不来不到亦不来我觀是
義都无有来世尊諸行若常亦復不来若是
无常亦无有来若人見有衆生性者有来不
来我今不見衆生定性云何當言有来不来
有憍慢者見有去来无憍慢者則无去来有

BD03855 號　大般涅槃經（北本　宮本）卷二一

（5–5）

佛告須菩提於意云何如来昔在然
於法有所得不世尊如来昔在然燈佛所於
法實无所得須菩提於意云何菩薩莊嚴佛
土不不也世尊何以故莊嚴佛土者則非莊嚴
是名莊嚴是故須菩提諸菩薩摩訶薩應
如是生清淨心不應住色生心不應住聲香
味觸法生心應无所住而生其心須菩提譬如
有人身如須弥山王於意云何是身為大不
須菩提言甚大世尊何以故佛說非身是名大
身須菩提如恒河中所有沙數如是沙等恒
河於意云何是諸恒河沙寧為多不須菩提
言甚多世尊但諸恒河尚多无數何況其沙
須菩提我今實言告汝若有善男子善女人
以七寶滿尒所恒河沙數三千大千世界以用
布施得福多不須菩提言甚多世尊佛告須
菩提若善男子善女人於此經中乃至受持
四句偈等為他人說而此福德勝前福德
復次須菩提隨說是經乃至四句偈等當知
此處一切世間天人阿脩羅皆應供養如佛

BD03856 號　金剛般若波羅蜜經

（4–1）

布施得福多不須菩提言甚多世尊佛告須
菩提若善男子善女人於此經中乃至受持
四句偈等為他人說而此福德勝前福德
復次須菩提隨說是經乃至四句偈等當知
此處一切世間天人阿脩羅皆應供養如佛
塔廟何況有人盡能受持讀誦須菩提當知
是人成就最上第一希有之法若是經典所
在之處則為有佛若尊重弟子
尒時須菩提白佛言世尊當何名此經我等云
何奉持佛告須菩提是經名為金剛般若波
羅蜜以是名字汝當奉持所以者何須菩提
佛說般若波羅蜜則非般若波羅蜜須菩提
於意云何如來有所說法不須菩提白佛言
世尊如來无所說須菩提於意云何三千大
千世界所有微塵是為多不須菩提言甚
多世尊須菩提諸微塵如來說非微塵是
名微塵如來說世界非世界是名世界須菩提
於意云何可以三十二相見如來不不也世
尊不可以三十二相得見如來何以故如來
說三十二相即是非相是名三十二相
須菩提若有善男子善女人以恒河沙等
身命布施若復有人於此經中乃至受持四
句偈等為他人說其福甚多
尒時須菩提聞說是經深解義趣涕淚悲泣
而白佛言希有世尊佛說如是甚深經典我
從昔來所得慧眼未曾得聞如是之經世尊
若復有人得聞是經信心清淨則生實相當

BD03856號　金剛般若波羅蜜經　（4–2）

句偈等為他人說其福甚多
尒時須菩提聞說是經深解義趣涕淚悲泣
而白佛言希有世尊佛說如是甚深經典我
從昔來所得慧眼未曾得聞如是之經世尊
若復有人得聞是經信心清淨則生實相當
知是人成就第一希有功德世尊是實相者
則是非相是故如來說名實相世尊我今得
聞如是經典信解受持不足為難若當來世
後五百歲其有眾生得聞是經信解受持是
人則為第一希有何以故此人无我相人相
眾生相壽者相所以者何我相即是非相人
相眾生相壽者相即是非相何以故離一切
諸相則名諸佛
佛告須菩提如是如是若復有人得聞是經
不驚不怖不畏當知是人甚為希有何以故
須菩提如來說第一波羅蜜非第一波羅蜜
是名第一波羅蜜須菩提忍辱波羅蜜如
來說非忍辱波羅蜜何以故須菩提如我昔
為歌利王割截身體我於尒時无我相无人
相无眾生相无壽者相何以故我於往昔節
節支解時若有我相人相眾生相壽者相應
生瞋恨須菩提又念過去於五百世作忍辱
仙人於尒所世无我相无人相无眾生相无壽
者相是故須菩提菩薩應離一切相發阿
耨多羅三藐三菩提心不應住色生心不應
住聲香味觸法生心應生无所住心若心有
住則為非住是故佛說菩薩心不應住色布

BD03856號　金剛般若波羅蜜經　（4–3）

仙人於尒所世无我相无人相无衆生相无壽
者相是故須菩提菩薩應離一切相發阿
耨多羅三藐三菩提心不應住色生心不應
住聲香味觸法生心應生无所住心若心有
住則為非住是故佛說菩薩心不應住色布
施須菩提菩薩為利益一切衆生應如是布
施如来說一切諸相即是非相又說一切衆
生則非衆生須菩提如来是真語者實語
者如語者不誑語者不異語者須菩提如来
所得法此法无實无虛須菩提若菩薩心住
於法而行布施如人入闇則无所見若菩薩心
不住法而行布施如人有目日照見種種色須
菩提當来之世若有善男子善女人能於此
經受持讀誦則為如来以佛智慧悉知是人悉
見是人皆得成就无量无邊功德
須菩提若有善男子善女人初日分以恒河
沙等身布施中日分復以恒河沙等身布施
後日分亦以恒河沙等身布施如是无量百千
万億劫以身布施若復有人聞此經典信心
不逆其福勝彼何況書寫受持讀誦為人解
說須菩提以要言之是經有不可思議不可稱
量无邊功德如来為發大乘者說為發最上
乘者說若有人能受持讀誦廣為人說如来
悉知是人悉見是人皆得成就不可量不可稱

BD03856號　金剛般若波羅蜜經　（4–4）

寶處在近此城非實[illegible]化耳尒時世尊欲
重宣此義而說偈言
大通智勝佛　十劫坐道場　佛法不現前　不得成佛道
諸天神龍王　阿脩羅衆等　常雨於天華　以供養彼佛
諸天擊天鼓　并作衆伎樂　香風吹萎華　更雨新好者
過十小劫已　乃得成佛道　諸天及世人　心皆懷踊躍
彼佛十六子　皆與其眷屬　千万億圍繞　俱行至佛所
頭面礼佛足　而請轉法輪　聖師子法雨　充我及一切
世尊甚難值　久遠時一現　為覺悟群生　震動於一切
東方諸世界　五百万億國　梵宮殿光曜　昔所未曾有
諸梵見此相　尋来至佛所　散華以供養　并奉上宮殿
請佛轉法輪　以偈而讚歎　佛知時未至　受請默然坐
三方及四維　上下亦復尒　散華奉宮殿　請佛轉法輪
世尊甚難值　願以大慈悲　廣開甘露門　轉无上法輪
無量慧世尊　受彼衆人請　為宣種種法　四諦十二緣
无明至老死　皆從生緣有　如是衆過患　汝等應當知
宣暢是法時　六百万億姟　得盡諸苦際　皆成阿羅漢
第二說法時　千万恒沙衆　於諸法不受　亦得阿羅漢
從是後得道　其數无有量　万億劫筭數　不能得其邊

BD03857號　妙法蓮華經卷三　（4–1）

世尊甚難值 願以大慈悲 廣開甘露門 轉无上法輪
無量慧世尊 受彼衆人請 為宣種種法 四諦十二緣
无明至老死 皆從生緣有 如是衆過患 汝等應當知
宣暢是法時 六百万億姟 得盡諸苦際 皆成阿羅漢
第二說法時 千万恒沙衆 於諸法不受 亦得阿羅漢
從是後得道 其數无有量 万億劫筭數 不能得其邊
時十六王子 出家作沙弥 皆共請彼佛 演說大乘法
我等及營從 皆當成佛道 願得如世尊 慧眼第一淨
佛知童子心 宿世之所行 以無量因緣 種種諸譬喻
說六波羅蜜 及諸神通事 分別真實法 菩薩所行道
說是法華經 如恒河沙偈 彼佛說經已 靜室入禪定
一心一處坐 八万四千劫 是諸沙弥等 知佛禪未出
為无量億衆 說佛无上慧 各各坐法座 說是大乘經
於佛宴寂後 宣揚助法化 一一沙弥等 所度諸衆生
有六百万億 恒河沙等衆 彼佛滅度後 是諸聞法者
在在諸佛土 常與師俱生 是十六沙弥 具足行佛道
今現在十方 各得成正覺 尒時聞法者 各在諸佛所
其有住聲聞 漸教以佛道 我在十六數 曾亦為汝說
是故以方便 引汝趣佛慧 以是本因緣 今說法華經
令汝入佛道 慎勿懷驚懼 譬如險惡道 迴絕多毒獸
又復无水草 人所怖畏處 無數千万衆 欲過此險道
其路甚曠遠 逕五百由旬 時有一導師 強識有智慧
明了心決定 在險濟衆難 衆人皆疲惓 而白導師言
我等今頓乏 於此欲退還 導師作是念 此輩甚可愍
如何欲退還 而失大珍寶 尋時思方便 當設神通力
化作大城郭 莊嚴諸舍宅 周匝有園林 渠流及浴池
重門高樓閣 男女皆充滿 即作是化已 慰衆言勿懼
汝等入此城 各可隨所樂 諸人既入城 心皆大歡喜

其路甚曠遠 逕五百由旬 時有一導師 強識有智慧
明了心決定 在險濟衆難 衆人皆疲惓 而白導師言
我等今頓乏 於此欲退還 導師作是念 此輩甚可愍
如何欲退還 而失大珍寶 尋時思方便 當設神通力
化作大城郭 莊嚴諸舍宅 周匝有園林 渠流及浴池
重門高樓閣 男女皆充滿 即作是化已 慰衆言勿懼
汝等入此城 各可隨所樂 諸人既入城 心皆大歡喜
皆生安隱想 自謂已得度 導師知息已 集衆而告言
汝等當前進 此是化城耳 我見汝疲極 中路欲退還
故以方便力 權化作此城 汝今勤精進 當共至寶所
我亦復如是 為一切導師 見諸求道者 中路而懈廢
不能度生死 煩惱諸險道 故以方便力 為息說涅槃
言汝等苦滅 所作皆已辦 既知到涅槃 皆得阿羅漢
尒乃集大衆 為說真實法 諸佛方便力 分別說三乘
唯有一佛乘 息處故說二 今為汝說實 汝所得非滅
為佛一切智 當發大精進 汝證一切智 十力等佛法
具三十二相 乃是真實滅 諸佛之導師 為息說涅槃
既知是息已 引入於佛慧

妙法蓮華經卷第三

[illegible]
言汝等苦滅　所作皆已辦　既知到涅槃　皆得阿羅漢
尒乃集大衆　為說真實法　諸佛方便力　分別說三乘
唯有一佛乘　息處故說二　今為汝說實　汝所得非滅
為佛一切智　當發大精進　汝證一切智　十力等佛法
具三十二相　乃是真實滅　諸佛之導師　為息說涅槃
既知是息已　引入於佛慧

妙法蓮華經卷第三

BD03857號　妙法蓮華經卷三

（4–4）

所謂
菩提菩薩應如是布施不
菩薩不住相布施其福德不可思量須菩提
於意云何東方虛空可思量不不也世尊須
菩提南西北方四維上下虛空可思量不不
也世尊須菩提菩薩无住相布施福德亦復
如是不可思量須菩提菩薩但應如所教住
須菩提於意云何可以身相見如來不不也
世尊不可以身相得見如來何以故如來所
說身相即非身相佛告須菩提凡所有相皆
是虛妄若見諸相非相則見如來
須菩提白佛言世尊頗有衆生得聞如是言
說章句生實信不佛告須菩提莫作是說如
來滅後後五百歲有持戒脩福者於此章句
能生信心以此為實當知是人不於一佛二
佛三四五佛而種善根已於无量千万佛所
種諸善根聞是章句乃至一念生淨信者須

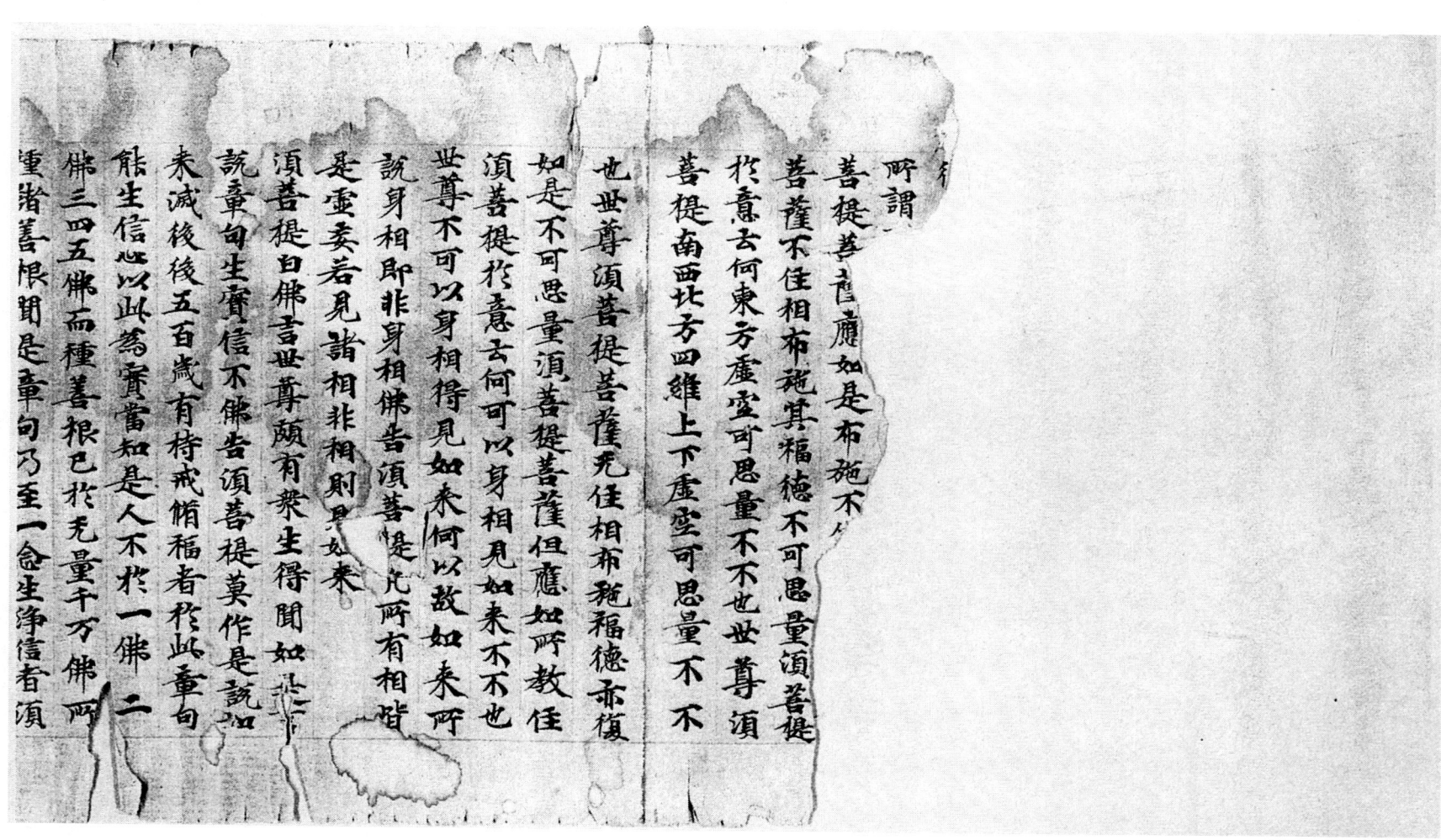

BD03858號　金剛般若波羅蜜經

（4–1）

須菩提白佛言世尊頗有衆生得聞如是言
說章句生實信不佛告須菩提莫作是說如
來滅後後五百歲有持戒脩福者於此章句
能生信心以此為實當知是人不於一佛二
佛三四五佛而種善根已於无量千万佛所
種諸善根聞是章句乃至一念生淨信者須
菩提如來悉知悉見是諸衆生得如是无量
福德何以故是諸衆生无復我相人相衆生
相壽者相无法相亦无非法相何以故是諸衆
生若心取相則為著我人衆生壽者若取法
相即著我人衆生壽者何以故若取非法相
即著我人衆生壽者是故不應取法不應取
非法以是義故如來常說汝等比丘知我說法
如筏喻者法尚應捨何況非法
須菩提於意云何如來得阿耨多羅三藐三
菩提耶如來有所說法耶須菩提言如我解
佛所說義无有定法名阿耨多羅三藐三菩
提亦无有定法如來可說何以故如來所說法
皆不可取不可說非法非非法所以者何一切
賢聖皆以无為法而有差別
須菩提於意云何若人滿三千大千世界七
寶以用布施是人所得福德寧為多不須菩
提言甚多世尊何以故是福德即非福德性
是故如來說福德多若復有人於此經中受
持乃至四句偈等為他人說其福勝彼何以故
須菩提一切諸佛及諸佛阿耨多羅三藐三

BD03858號　金剛般若波羅蜜經　（4–2）

寶以用布施是人所得福德寧為多不須菩
提言甚多世尊何以故是福德即非福德性
是故如來說福德多若復有人於此經中受
持乃至四句偈等為他人說其福勝彼何以故
須菩提一切諸佛及諸佛阿耨多羅三藐三
菩提法皆從此經出須菩提所謂佛法者即
非佛法
須菩提於意云何須陁洹能作是念我得須
陁洹果不須菩提言不也世尊何以故須陁
洹名為入流而无所入不入色聲香味觸法
是名須陁洹須菩提於意云何斯陁含能作
是念我得斯陁含果不須菩提言不也世尊
何以故斯陁含名一往來而實无往來是名
斯陁含須菩提於意云何阿那含能作是念
我得阿那含果不須菩提言不也世尊何以
故阿那含名為不來而實无來是故名阿那
含須菩提於意云何阿羅漢能作是念我得
阿羅漢道不須菩提言不也世尊何以故實
无有法名阿羅漢世尊若阿羅漢作是念我
得阿羅漢道即為著我人衆生壽者世尊佛
說我得无諍三昧人中最為第一是第一離
欲阿羅漢我不作是念我是離欲阿羅漢
世尊我若作是念我得阿羅漢道世尊則不
說須菩提是樂阿蘭那行者以須菩提實
无所行而名須菩提是樂阿蘭那行
佛告須菩提於意云何如來昔在然燈佛所
於法有所得不世尊如來在然燈佛所於法

BD03858號　金剛般若波羅蜜經　（4–3）

无有法名阿羅漢世尊若阿羅漢作是念我
得阿羅漢道即為着我人衆生壽者世尊佛
説我得无諍三昧人中最為第一是第一離
欲阿羅漢我不作是念我是離欲阿羅漢
世尊我若作是念我得阿羅漢道世尊則不
説須菩提是樂阿蘭那行者以須菩提實
无所行而名須菩提是樂阿蘭那行
佛告須菩提於意云何如來昔在然燈佛所
於法有所得不世尊如來在然燈佛所於法
實无所得須菩提於意云何菩薩莊嚴佛
土不不也世尊何以故莊嚴佛土者則非莊
嚴是名莊嚴是故須菩提諸菩薩摩訶薩
應如是生清淨心不應住色生心不應住聲
香味觸法生心應无所住而生其心須菩提
譬如有人身如須弥山王於意云何是身為
大不須菩提言甚大世尊何以故佛説非身
是名大身
須菩提如恒河中所有沙數如是沙等恒河
於意云何是諸恒河沙寧為多不須菩提
言甚多世尊但諸恒河尚多无數何况其沙
須菩提我今實言告汝若有善男子善女人

BD03858號　金剛般若波羅蜜經　（4–4）

心不逆其
解説須菩提以要言之是經有不可思議不
可稱量无邊功德如來為發大乘者説為發
最上乘者説若有人能受持讀誦廣為人説
如來悉知是人悉見是人皆得成就不可量
不可稱无有邊不可思議功德如是人等則
為荷擔如來阿耨多羅三藐三菩提何以故
須菩提若樂小法者着我見人見衆生見壽
者見則於此經不能聽受讀誦為人解説須
菩提在在處處若有此經一切世間天人阿
脩羅所應供養當知此處則為是塔皆應
恭敬作礼圍繞以諸華香而散其處
復次須菩提善男子善女人受持讀誦此經
若為人輕賤是人先世罪業應墮惡道以今
世人輕賤故先世罪業則為消滅當得阿耨
多羅三藐三菩提須菩提我念過去无量阿
僧祇劫於然燈佛前得值八百四千万億那
由他諸佛悉皆供養承事无空過者若復有
人於後末世能受持讀誦此經所得功德於

BD03859號　金剛般若波羅蜜經　（4–1）

若為人輕賤是人先世罪業應墮惡道以今
世人輕賤故先世罪業則為消滅當得阿耨
多羅三藐三菩提須菩提我念過去无量阿
僧祇劫於然燈佛前得值八百四千万億那
由他諸佛悉皆供養承事无空過者若復有
人於後末世能受持讀誦此經所得功德於
我所供養諸佛功德百分不及一千万億分
乃至筭數譬喻所不能及須菩提若善男子
善女人於後末世有受持讀誦此經所得功
德我若具說者或有人聞心則狂亂狐疑不
信須菩提當知是經義不可思議果報亦不
可思議
尒時須菩提白佛言世尊善男子善女人發
阿耨多羅三藐三菩提心云何應住云何降
伏其心佛告須菩提善男子善女人發阿耨
多羅三藐三菩提者當生如是心我應滅度
一切衆生滅度一切衆生已而无有一衆生
實滅度者何以故若菩薩有我相人相衆生
相壽者相則非菩薩所以者何須菩提實无
有法發阿耨多羅三藐三菩提者須菩提於
意云何如來於然燈佛所有法得阿耨多羅
三藐三菩提不不也世尊如我解佛所說義
佛於然燈佛所无有法得阿耨多羅三藐三
菩提佛言如是如是須菩提實无有法如來
得阿耨多羅三藐三菩提須菩提若有法如
來得阿耨多羅三藐三菩提者然燈佛則不
與我受記汝於來世當得作佛号釋迦牟尼

BD03859號　金剛般若波羅蜜經　（4–2）

三藐三菩提不不也世尊如我解佛所說義
佛於然燈佛所无有法得阿耨多羅三藐三
菩提佛言如是如是須菩提實无有法如來
得阿耨多羅三藐三菩提須菩提若有法如
來得阿耨多羅三藐三菩提者然燈佛則不
與我受記汝於來世當得作佛号釋迦牟尼
以實无有法得阿耨多羅三藐三菩提是故
然燈佛與我受記作是言汝於來世當得作
佛号釋迦牟尼何以故如來者即諸法如義
若有人言如來得阿耨多羅三藐三菩提須
菩提實无有法佛得阿耨多羅三藐三菩提
須菩提如來所得阿耨多羅三藐三菩提於
是中无實无虛是故如來說一切法皆是佛
法須菩提所言一切法者即非一切法是故
名一切法須菩提譬如人身長大須菩提言
世尊如來說人身長大則為非大身是名大
身須菩提菩薩亦如是若作是言我當滅度
无量衆生則不名菩薩何以故須菩提實无有
法名為菩薩是故佛說一切法无我无人无
衆生无壽者須菩提若菩薩作是言我當莊
嚴佛土是不名菩薩何以故如來說莊嚴佛
土者即非莊嚴是名莊嚴須菩提若菩薩通
達无我法者如來說名真是菩薩
須菩提於意云何如來有肉眼不如是世尊
如來有肉眼須菩提於意云何如來有天眼
不如是世尊如來有天眼須菩提於意云何
如來有慧眼不如是世尊如來有慧眼須菩

BD03859號　金剛般若波羅蜜經　（4–3）

我无衆生无壽者須菩提若菩薩作是言我當荘
嚴佛土是不名菩薩何以故如来說荘嚴佛
土者即非荘嚴是名荘嚴須菩提若菩薩通
達无我法者如来說名真是菩薩
須菩提於意云何如来有肉眼不如是世尊
如来有肉眼須菩提於意云何如来有天眼
不如是世尊如来有天眼須菩提於意云何
如来有慧眼不如是世尊如来有慧眼須菩
提於意云何如来有法眼不如是世尊如来
有法眼須菩提於意云何如来有佛眼不如
是世尊如来有佛眼須菩提於意云何恒河
中所有沙佛說是沙不如是世尊如来說是
沙須菩提於意云何如一恒河中所有沙有
如是等恒河是諸恒河所有沙數佛世界如
是寧為多不甚多世尊佛告須菩提尒所國
土中所有衆生若干種心如来悉知何以故
如来說諸心皆為非心是名為心所以者何
須菩提過去心不可得現在心不可得未来
心不可得須菩提於意云何若有人滿三千
大千世界七寶以用布施是人以是因緣得
尊此人以是因緣得福甚多

BD03859 號　金剛般若波羅蜜經

（4–4）

菩薩
何我昔從
菩薩受記作佛而我等不預斯事甚自感
失於如来无量知見世尊我常獨處山林樹
下若坐若行每作是念我等同入法性云何
如来以小乘法而見濟度然是我咎非世尊
也所以者何若我等待說所因成就阿耨多
羅三藐三菩提者必以大乘而得度脫然我
等不解方便隨宜所說初聞佛法遇便信受
思惟取證世尊我從昔来終日竟夜每自剋
責而今從佛聞所未聞未曾有法斷諸疑悔
身意泰然快得安隱今日乃知真是佛子從
佛口生從法化生得佛法分尒時舍利弗欲
重宣此義而說偈言
我聞是法音 得所未曾有 心懷大歡喜 疑網皆已除
昔来蒙佛教 不失於大乘 佛音甚希有 能除衆生惱
我已得漏盡 聞亦除憂惱 我處於山谷 或在林樹下
若坐若經行 常思惟是事 嗚呼深自責 云何而自欺
我等亦佛子 同入无漏法 不能於未来 演說无上道
金色三十二 十力諸解脫 同共一法中 而不得此事

BD03860 號　妙法蓮華經卷二

（4–1）

重宣此義而說偈言
我聞是法音　得所未曾有　心懷大歡喜　疑網皆已除
昔來蒙佛教　不失於大乘　佛音甚希有　能除衆生惱
我已得漏盡　聞亦除憂惱　我處於山谷　或在林樹下
若坐若經行　常思惟是事　嗚呼深自責　云何而自欺
我等亦佛子　同入无漏法　不能於未來　演說无上道
金色三十二　十力諸解脫　同共一法中　而不得此事
八十種妙好　十八不共法　如是等功德　而我皆已失
我獨經行時　見佛在大衆　名聞滿十方　廣饒益衆生
自惟失此利　我為自欺誑　我常於日夜　每思惟是事
欲以問世尊　為失為不失　我常見世尊　稱讚諸菩薩
以是於日夜　籌量如此事　今聞佛音聲　隨宜而說法
无漏難思議　令衆至道場　我本著邪見　為諸梵志師
世尊知我心　拔邪說涅槃　我悉除邪見　於空法得證
尒時心自謂　得至於滅度　而今乃自覺　非是實滅度
若得作佛時　具三十二相　天人夜叉衆　龍神等恭敬
是時乃可謂　永盡滅无餘　佛於大衆中　說我當作佛
聞如是法音　疑悔悉已除　初聞佛所說　心中大驚疑
將非魔作佛　惱亂我心耶　佛以種種緣　譬喻巧言說
其心安如海　我聞疑網斷　佛說過去世　无量滅度佛
安住方便中　亦皆說是法　現在未來佛　其數无有量
亦以諸方便　演說如是法　如今者世尊　從生及出家
得道轉法輪　亦以方便說　世尊說實道　波旬无此事
以是我定知　非是魔作佛　我墮疑網故　謂是魔所為
聞佛柔軟音　深遠甚微妙　演暢清淨法　我心大歡喜
疑悔永已盡　安住實智中　我定當作佛　為天人所敬

BD03860號　妙法蓮華經卷二　（4–2）

亦以諸方便　演說如是法　如今者世尊　從生及出家
得道轉法輪　亦以方便說　世尊說實道　波旬无此事
以是我定知　非是魔作佛　我墮疑網故　謂是魔所為
聞佛柔軟音　深遠甚微妙　演暢清淨法　我心大歡喜
疑悔永已盡　安住實智中　我定當作佛　為天人所敬
轉无上法輪　教化諸菩薩
尒時佛告舍利弗吾今於天人沙門婆羅門
等大衆中說我昔曾於二万億佛所為无上
道故常教化汝汝亦長夜隨我受學我以方
便引導汝故生我法中舍利弗我昔教汝志
願佛道汝今悉忘而便自謂已得滅度我今
還欲令汝憶念本願所行道故為諸聲聞說
是大乘經名妙法蓮華教菩薩法佛所護念
舍利弗汝於未來世過无量无邊不可思議
劫供養若干千万億佛奉持正法具足菩薩
所行之道當得作佛号曰華光如來應供正
遍知明行足善逝世間解无上士調御丈夫
天人師佛世尊國名離垢其土平正清淨嚴
飾安隱豐樂天人熾盛琉璃為地有八交道
黃金為繩以界其側其傍各有七寶行樹常
有華菓華光如來亦以三乘教化衆生舍利
弗彼佛出時雖非惡世以本願故說三乘法
其劫名大寶莊嚴何故名曰大寶莊嚴其國
中以菩薩為大寶故彼諸菩薩无量无邊不
可思議筭數譬喻所不能及非佛智力无能
知者若欲行時寶華承足此諸菩薩非初發

BD03860號　妙法蓮華經卷二　（4–3）

其劫名大寶莊嚴何故名曰大寶莊嚴其國
中以菩薩為大寶故彼諸菩薩无量无邊不
可思議筭數譬喻所不能及非佛智力无能
知者若欲行時寶華承足此諸菩薩非初發
意皆久殖德本於无量百千万億佛所淨脩
梵行恒為諸佛之所稱歎常脩佛慧具大神
通善知一切諸法之門質直无偽志念堅固
如是菩薩充滿其國舍利弗華光佛壽十二
小劫除為王子未作佛時其國人民壽八小
劫華光如來過十二小劫授堅滿菩薩阿耨
多羅三藐三菩提記告諸比丘是堅滿菩薩
次當作佛号曰華足安行多陁阿伽度阿羅
訶三藐三佛陁其佛國土亦復如是舍利弗
是華光佛滅度之後正法住世三十二小劫
像法住世亦三十二小劫尒時世尊欲重宣
此義而說偈言
舍利弗來世　成佛普智尊　号名曰華光　當度无量眾
供養无數佛　具足菩薩行　十力等功德　證於无上道
過无量劫已　劫名大寶嚴　世界名離垢　清淨无瑕穢
以琉璃為地　金繩界其道　七寶雜色樹　常有華菓實
彼國諸菩薩　志念常堅固　神通波羅蜜　皆已悉具足
於无數佛所　善學菩薩道　如是等大士　華光佛所化
佛為王子時　棄國捨世榮　於最末後身　出家成佛道
華光佛住世　壽十二小劫　其國人民眾　壽命八小劫

BD03860號　妙法蓮華經卷二　　（4–4）

中為天人阿脩羅
諦法度生老病死究竟
說應十二因緣法為諸菩薩
藐三菩提說應六波羅蜜法
勢是威音王佛壽四十万億那由
劫正法住世劫數如一閻浮提微塵
世劫數如四天下微塵其佛饒
後滅度正法像法滅盡之後於此
佛出亦号威音王如來應供正遍
善逝世間解無上士調御丈夫天人
尊如是次第有二万億佛皆同一号
音王如來既已滅度正法滅後於像法中增
上慢比丘有大勢力尒時有一菩薩比丘名
常不輕得大勢以何因緣名常不輕是比丘
凡有所見若比丘比丘尼優婆塞優婆夷皆
悉禮拜讚歎而作是言我深敬汝等不敢輕
慢所以者何汝等皆行菩薩道當得作佛而

BD03861號　妙法蓮華經卷六　　（10–1）

常不輕得大勢以何因緣名常不輕是比丘
凡有所見若比丘比丘尼優婆塞優婆夷皆
悉礼拜讚歎而作是言我深敬汝等不敢輕
慢所以者何汝等皆行菩薩道當得作佛而
是比丘不專讀誦經典但行礼拜乃至遠見
四衆亦復故往礼拜讚歎而作是言我不敢
輕於汝等汝等皆當作佛四衆之中有生瞋
恚心不淨者惡口罵詈言是無智比丘從何
所來自言我不輕汝而與我等授記當得作
佛我等不用如是虛妄授記如此經歷多年
常被罵詈不生瞋恚常作是言汝當作佛說
是語時衆人或以杖木瓦石而打擲之避走
遠住猶高聲唱言我不敢輕汝汝等皆當作
佛以其常作是語故增上慢比丘比丘尼優
婆塞優婆夷皆号之為常不輕是比丘臨欲
終時於虛空中具聞威音王佛先所說法華
經二十千万億偈悉能受持即得如上眼根
清淨耳鼻舌身意根清淨得是六根清淨已
更增壽命二百万億那由他歲廣為人說是
法華經於時增上慢四衆比丘比丘尼優婆
塞優婆夷輕賤是人為作不輕名者見其得
大神通力樂說辯力大善寂力聞其所說皆
信伏隨從是菩薩復化千万億衆令住阿耨
多羅三藐三菩提命終之後得值二千億佛
皆号日月燈明於其法中說是法華經以是
因緣復值二千億佛同号雲自在燈王於此

BD03861號　妙法蓮華經卷六　（10–2）

大神通力樂說辯力大善寂力聞其所說皆
信伏隨從是菩薩復化千万億衆令住阿耨
多羅三藐三菩提命終之後得值二千億佛
皆号日月燈明於其法中說是法華經以是
因緣復值二千億佛同号雲自在燈王於此
諸佛法中受持讀誦為諸四衆說此經典故
得是常眼清淨耳鼻舌身意諸根清淨於四
衆中說法心無所畏得大勢是常不輕菩薩
摩訶薩供養如是若干諸佛恭敬尊重讚歎
種諸善根於後復值千万億佛亦於諸佛法
中說是經典功德成就當得作佛得大勢於
意云何尒時常不輕菩薩豈異人乎則我身
是若我於宿世不受持讀誦此經為他人說
者不能疾得阿耨多羅三藐三菩提我於先
佛所受持讀誦此經為人說故疾得阿耨多
羅三藐三菩提得大勢彼時四衆比丘比丘
尼優婆塞優婆夷以瞋恚意輕賤我故二百
億劫常不值佛不聞法不見僧千劫於阿鼻
地獄受大苦惱畢是罪已復遇常不輕菩薩
教化令得阿耨多羅三藐三菩提得大勢於
汝意云何尒時四衆常輕是菩薩者豈異人
乎今此會中跋陀婆羅等五百菩薩師子月等
五百比丘尼思佛等五百優婆塞皆於阿耨
多羅三藐三菩提不退轉者是得大勢當知
是法花經大饒益諸菩薩摩訶薩能令至於

BD03861號　妙法蓮華經卷六　（10–3）

汝意云何尒時四衆常軽是菩薩者豈異人
乎今此會中跋陁婆羅等五百菩薩師子月等
五百比丘尼思佛等五百優婆塞皆於阿耨
多羅三藐三菩提不退轉者是得大勢當知
是法花經大饒益諸菩薩摩訶薩能令至於
阿耨多羅三藐三菩提是故諸菩薩摩訶薩
於如來滅後常應受持讀誦解說書寫是經
尒時世尊欲重宣此義而說偈言
過去有佛　号威音王　神智無量　將導一切
天人龍神　所共供養
是佛滅後　法欲盡時　有一菩薩　名常不軽
時諸四衆　計著於法　不軽菩薩　往到其所
而語之言　我不軽汝　汝等行道　皆當作佛
諸人聞已　軽毀罵詈　不軽菩薩　能忍受之
其罪畢已　臨命終時　得聞此經　六根清淨
神通力故　增益壽命　復為諸人　廣說是經
諸著法衆　皆蒙菩薩　教化成就　令住佛道
不軽命終　值無數佛　說是經故　得無量福
漸具功德　疾成佛道　彼時不軽　則我身是
時四部衆　著法之者　聞不軽言　汝當作佛
以是因緣　值無數佛　此會菩薩　五百之衆
并及四部　清信士女　今於我前　聽法者是
我於前世　勸是諸人　聽受斯經　第一之法
開示教人　令住涅槃　世世受持　如是經典
億億万劫　至不可議　時乃得聞　是法華經

BD03861號　妙法蓮華經卷六　（10–4）

時四部衆　著法之者　聞不軽言　汝當作佛
以是因緣　值無數佛　此會菩薩　五百之衆
并及四部　清信士女　今於我前　聽法者是
我於前世　勸是諸人　聽受斯經　第一之法
開示教人　令住涅槃　世世受持　如是經典
億億万劫　至不可議　時乃得聞　是法華經
億億万劫　至不可議　諸佛世尊　時說是經
是故行者　於佛滅後　聞如是經　勿生疑惑
應當一心　廣說此經　世世值佛　疾成佛道
妙法蓮華經如來神力品第二十一
尒時千世界微塵等菩薩摩訶薩從地踊出
者皆於佛前一心合掌瞻仰尊顏而白佛言
世尊我等於佛滅後世尊分身所在國土滅
度之處常廣說此經所以者何我等亦自欲
得是真淨大法受持讀誦解說書寫而供養
之尒時世尊於文殊師利等無量百千万億
舊住娑婆世界菩薩摩訶薩及諸比丘比丘
尼優婆塞優婆夷天龍夜叉乾闥婆阿脩羅
迦樓羅緊那羅摩睺羅伽人非人等一切衆
前現大神力出廣長舌上至梵世一切毛孔
放於無量無數色光皆悉遍照十方世界衆
寶樹下師子座上諸佛亦復如是出廣長舌
放無量光釋迦牟尼佛及寶樹下諸佛現神
力時滿百千歲然後還攝舌相一時謦欬俱
共彈指是二音聲遍至十方諸佛世界地皆
六種震動其中衆生天龍夜叉乾闥婆阿脩

BD03861號　妙法蓮華經卷六　（10–5）

寶樹下師子座上諸佛亦復如是出廣長舌
放無量光釋迦牟尼佛及寶樹下諸佛現神
力時滿百千歲然後還攝舌相一時謦欬俱
共彈指是二音聲遍至十方諸佛世界地皆
六種震動其中眾生天龍夜叉乾闥婆阿脩
羅迦樓羅緊那羅摩睺羅伽人非人等以佛
神力故皆見此娑婆世界無量無邊百千万
億眾寶樹下師子座上諸佛及見釋迦牟尼
佛共多寶如來在寶塔中坐師子座又見無
量無邊百千万億菩薩摩訶薩及諸四眾恭
敬圍繞釋迦牟尼佛既見是已皆大歡喜得
未曾有即時諸天於虛空中高聲唱言過此
無量無邊百千万億阿僧祇世界有國名娑
婆是中有佛名釋迦牟尼今為諸菩薩摩訶
薩說大乘經名妙法蓮華教菩薩法佛所護
念汝等當深心隨喜亦當禮拜供養釋迦牟
尼佛彼諸眾生聞虛空中聲已合掌向娑婆
世界作如是言南无釋迦牟尼佛南无釋迦
牟尼佛以種種華香瓔珞幡蓋及諸嚴身之
具珎寶妙物皆共遙散娑婆世界所散諸物
從十方來譬如雲集變成寶帳遍覆此間諸
佛之上于時十方世界通達無礙如一佛土
尒時佛告上行等菩薩大眾諸佛神力如是
無量無邊不可思議若我以是神力於無量
無邊百千万億阿僧祇劫為囑累故說此經

從十方來譬如雲集變成寶帳遍覆此間諸
佛之上于時十方世界通達無礙如一佛土
尒時佛告上行等菩薩大眾諸佛神力如是
無量無邊不可思議若我以是神力於無量
無邊百千万億阿僧祇劫為囑累故說此經
功德猶不能盡以要言之如來一切所有之
法如來一切自在神力如來一切秘要之藏
如來一切甚深之事皆於此經宣示顯說是
故汝等於如來滅後應一心受持讀誦解說
書寫如說脩行所在國土若有受持讀誦解
說書寫如說脩行若經卷所住之處若於園
中若於林中若於樹下若於僧坊若白衣舍
若在殿堂若山谷曠野是中皆應起塔供養
所以者何當知是處即是道場諸佛於此得
阿耨多羅三藐三菩提諸佛於此轉于法輪
諸佛於此而般涅槃尒時世尊欲重宣此義
而說偈言
諸佛救世者　住於大神通　為悅眾生故　現無量神力
舌相至梵天　身放無數光　為求佛道者　現此希有事
諸佛謦欬聲　及彈指之聲　周聞十方國　地皆六種動
以佛滅度後　能持是經故　諸佛皆歡喜　現無量神力
囑累是經故　讚美受持者　於無量劫中　猶故不能盡
是人之功德　無邊無有窮　如十方虛空　不可得邊際
能持是經者　則為已見我　亦見多寶佛　及諸分身者
又見我今日　教化諸菩薩

以佛滅度後　能持是經故　諸佛皆歡喜　現無量神力
囑累是經故　讚美受持者　於無量劫中　猶故不能盡
是人之功德　無邊無有窮　如十方虛空　不可得邊際
能持是經者　則為已見我　亦見多寶佛　及諸分身者
又見我今日　教化諸菩薩
能持是經者　令我及分身　滅度多寶佛　一切皆歡喜
十方現在佛　并過去未來　亦見亦供養　亦令得歡喜
諸佛坐道場　所得秘要法　能持是經者　不久亦當得
能持是經者　於諸法之義　名字及言詞　樂說無窮盡
如風於空中　一切無障礙　於如來滅後　知佛所說法
因緣及次第　隨義如實說　如日月光明　能除諸幽冥
斯人行世間　能滅眾生暗　教無量菩薩　畢竟住一乘
是故有智者　聞此功德利　於我滅度後　應受持斯經
是人於佛道　決定無有疑
妙法蓮華經囑累品第廿二
尒時釋迦牟尼佛從法座起現大神力以右
手摩無量菩薩摩訶薩頂而作是言我於無
量百千万億阿僧祇劫脩習是難得阿耨多
羅三藐三菩提法今以付囑汝等汝等應當
一心流布此法廣令增益如是三摩諸菩薩
摩訶薩頂而作是言我於無量百千万億阿
僧祇劫脩習是難得阿耨多羅三藐三菩提
法今以付囑汝等汝等當受持讀誦廣宣此
法令一切眾生普得聞知所以者何如來有
大慈悲無諸慳悋亦無所畏能與眾生佛之
智慧如來智慧自然智慧如來是一切眾生

BD03861號　妙法蓮華經卷六　（10–8）

僧祇劫脩習是難得阿耨多羅三藐三菩提
法今以付囑汝等汝等當受持讀誦廣宣此
法令一切眾生普得聞知所以者何如來有
大慈悲無諸慳悋亦無所畏能與眾生佛之
智慧如來智慧自然智慧如來是一切眾生
之大施主汝等亦應隨學如來之法勿生慳
悋於未來世若有善男子善女人信如來智
慧者當為演說此法華經使得聞知為令其
人得佛慧故若有眾生不信受者當於如來
餘深法中示教利喜汝等若能如是則為已
報諸佛之恩時諸菩薩摩訶薩聞佛作是說
已皆大歡喜遍滿其身益加恭敬曲躬低頭
合掌向佛俱發聲言如世尊勅當具奉行唯
然世尊願不有慮諸菩薩摩訶薩眾如是三
反俱發聲言如世尊勅當具奉行唯然世尊
願不有慮尒時釋迦牟尼佛令十方諸來
分身佛各還本土而作是言諸佛各隨所安
多寶佛塔還可如故說是語時十方無量分
身諸佛坐寶樹下師子座上者及多寶佛并
上行等無邊阿僧祇菩薩大眾舍利弗等聲
聞四眾及一切世間天人阿脩羅等聞佛所
說皆大歡喜
妙法蓮華經藥王菩薩本事品第廿三
尒時宿王華菩薩白佛言世尊藥王菩薩云
何遊於娑婆世界世尊是藥王菩薩有若干
百千万億那由他難行苦行善哉世尊願少

BD03861號　妙法蓮華經卷六　（10–9）

餘深法中示教利喜汝等若能如是則為已
報諸佛之恩時諸菩薩摩訶薩聞佛作是說
已皆大歡喜遍滿其身益加恭敬曲躬低頭
合掌向佛俱發聲言如世尊勅當具奉行唯
然世尊願不有慮諸菩薩摩訶薩眾如是三
反俱發聲言如世尊勅當具奉行唯然世尊
願不有慮尒時釋迦牟尼佛令十方諸來
分身佛各還本土而作是言諸佛各隨所安
多寶佛塔還可如故說是語時十方無量分
身諸佛坐寶樹下師子座上者及多寶佛并
上行等無邊阿僧祇菩薩大眾舍利弗等聲
聞四眾及一切世間天人阿脩羅等聞佛所
說皆大歡喜

妙法蓮華經藥王菩薩本事品第廿三

尒時宿王華菩薩白佛言世尊藥王菩薩云
何遊於娑婆世界世尊是藥王菩薩有若干
百千万億那由他難行苦行善哉世尊願少
解說諸天龍神夜叉乾闥婆阿脩羅迦樓羅
緊那羅摩睺羅伽人非人等又他國土諸來
菩薩及此聲聞眾聞皆歡喜尒時佛告宿王
華菩薩乃往過去無量恒河沙劫有佛號曰
月德如來應供正遍知明行足善逝世

BD03861號　妙法蓮華經卷六　（10–10）

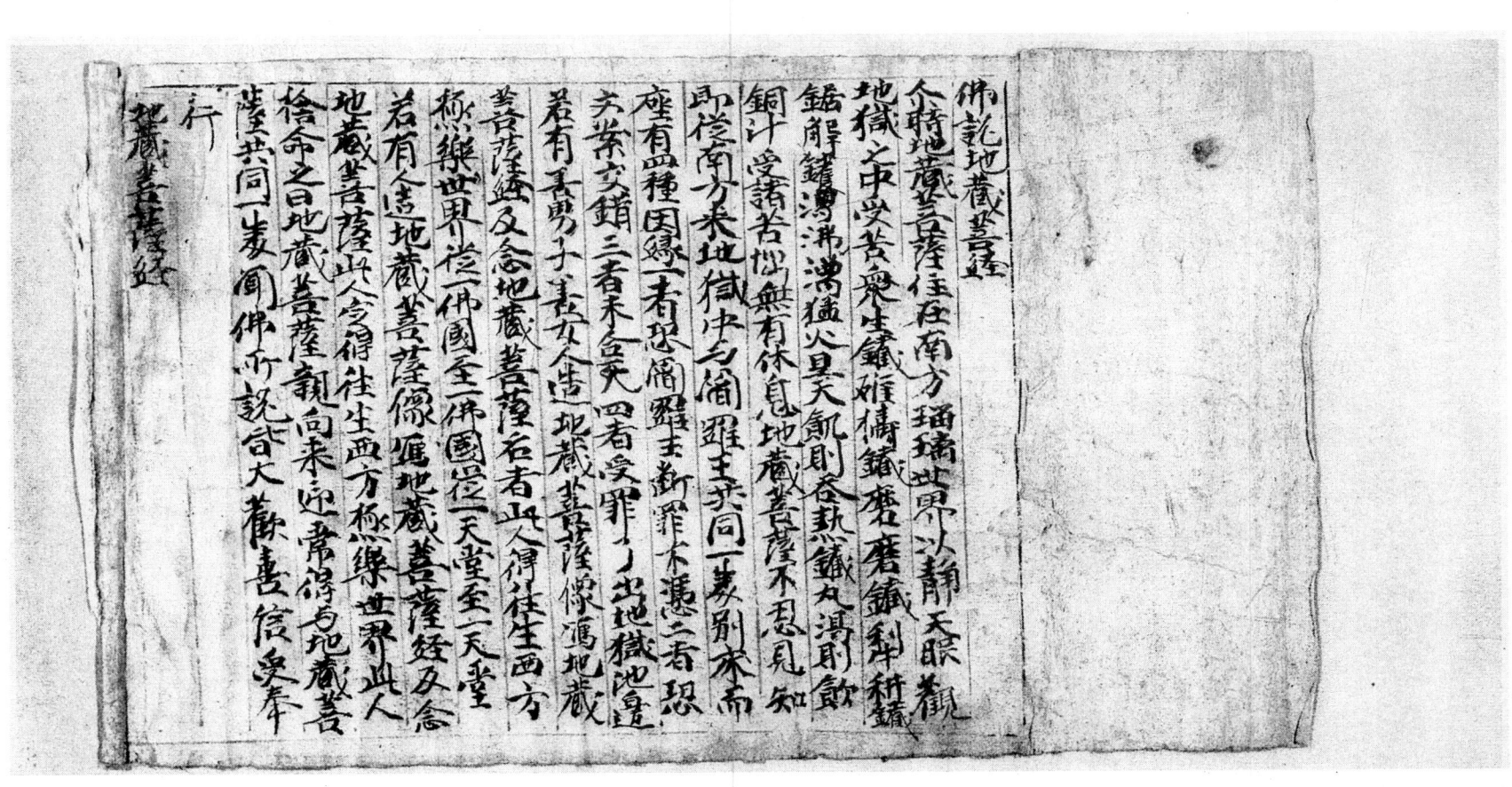

佛說地藏菩薩經

尒時地藏菩薩住在南方瑠璃世界以淨天眼觀
地獄之中受苦眾生鐵碓擣鐵磨磨鐵犁耕鐵
鋸解鑊湯涌沸猛火亘天飢則吞熱鐵丸渴則飲
銅汁受諸苦惱無有休息地藏菩薩不忍見之
即從南方來地獄中與閻羅王共同一處別床而
坐有四種因緣一者恐閻羅王斷罪不憑二者恐
文案交錯三者未合死四者受罪了出地獄池邊
若有善男子善女人造地藏菩薩像寫地藏
菩薩經及念地藏菩薩名者此人得往生西方
極樂世界從一佛國至一佛國從一天堂至一天堂
若有人造地藏菩薩像寫地藏菩薩經及念
地藏菩薩此人命得往生西方極樂世界此人
捨命之日地藏菩薩親自來迎常得與地藏菩
薩共同一處聞佛所說皆大歡喜信受奉
行

地藏菩薩經

BD03862號　地藏菩薩經（偽經）　（1–1）

……百千……
如大龍王名稱普聞衆
樂奉持忍行精……
念現前開闡慧門善循
妙神通逮得惣持辯才
皆已不久當成一切種……
制諸外道令起淨心轉妙法輪
佛土悉已莊嚴六趣有情无
智具足大忍住大慈悲心有
諸佛不般涅槃發弘誓心盡未
所深種淨因於三世法悟无生忍
所行境界以大善巧化世間於
演秘密之法甚深空性皆已了知
名曰无障礙轉法輪菩薩常發心
菩薩常精進菩薩不休息菩薩慈氏
吉祥菩薩觀自在菩薩惣持自在王菩薩大
辯莊嚴王菩薩妙高山王菩薩大海深王菩
薩寶幢菩薩大寶幢菩薩地藏菩薩虛空
藏菩薩寶手自在菩薩金剛手菩薩歡喜
菩薩大法力菩薩大莊嚴光菩薩大金光莊

BD03863號　金光明最勝王經卷一　（5–1）

菩薩常精進菩薩不休息菩薩慈氏
吉祥菩薩觀自在菩薩惣持自在王菩薩大
辯莊嚴王菩薩妙高山王菩薩大海深王菩
薩寶幢菩薩大寶幢菩薩地藏菩薩虛空
藏菩薩寶手自在菩薩金剛手菩薩歡喜
菩薩大法力菩薩大莊嚴光菩薩大金光莊
嚴菩薩淨戒菩薩常定菩薩極清淨慧菩薩堅
固精進菩薩心如虛空菩薩不斷大願菩薩
施藥菩薩療諸煩惱病菩薩醫王菩薩歡喜
高王菩薩得上授記菩薩大雲淨光菩薩大
雲持法菩薩大雲名稱喜樂菩薩大雲現无
邊稱菩薩大雲師子吼菩薩大雲牛王吼菩
薩大雲吉祥菩薩大雲寶德菩薩大雲日藏
菩薩大雲月藏菩薩大雲星光菩薩大雲火
光菩薩大雲電光菩薩大雲雷音菩薩大雲
慧雨充遍菩薩大雲清淨雨王菩薩大雲花
樹王菩薩大雲青蓮花香菩薩大雲寶旃檀
香清涼身菩薩大雲除闇菩薩大雲破翳
菩薩如是等无量大菩薩衆各於晡時從定
而起往詣佛所頂礼佛足右繞三匝退坐一面
復有梨車毗童子五億八千其名曰師子光
童子師子慧童子法授童子因陀羅授童子
大光童子大猛童子佛護童子法護童子僧護
童子金剛護童子虛空護童子虛空吼童子
寶藏童子吉祥妙藏童子如是等人而為上
首悉皆安住无上菩提於大乘中深信歡喜
各於晡時往詣佛所頂礼佛足右繞三匝退
坐一面

BD03863號　金光明最勝王經卷一　（5–2）

童子金剛護童子虛空護童子虛空吼童子
寶藏童子吉祥妙藏童子如是等人而為上
首悉皆安住无上菩提於大乘中深信歡喜
各於晡時往詣佛所頂礼佛足右繞三匝退
坐一面
復有四万二千天子其名曰喜見天子喜悅天
子日光天子月髻天子明慧天子虛空淨
慧天子除煩惱天子吉祥天子如是等天而
為上首皆發弘願護持大乘紹隆正法能使
不絕各於晡時往詣佛所頂礼佛足右繞三
匝退坐一面
復有二万八千龍王蓮花龍王翳羅葉龍
王大力龍王大吼龍王小波龍王持駃水龍王
金面龍王如意龍王是等龍王而為上首於
大乘法常樂受持發深信心稱揚擁護各
於晡時往詣佛所頂礼佛足右繞三匝退坐一面
復有三万六千諸藥叉眾毗沙門天王而為
上首其名曰菴婆藥叉持菴婆藥叉蓮花光
藏藥叉蓮花面藥叉頻眉藥叉現大怖藥叉
動地藥叉吞食藥叉是等藥叉悉皆愛樂如
來正法深心護持不生疲厭各於晡時往詣
佛所頂礼佛足右繞三匝退坐一面
復有四万九千揭路荼王香象勢力王而為
上首及餘健闥婆阿蘇羅緊那羅莫呼洛伽
等山林河海一切神仙并諸大國所有王眾中
宮后妃淨信男女人天大眾悉皆雲集咸願
擁護无上大乘讀誦受持書寫流布各

BD03863號　金光明最勝王經卷一　（5-3）

上首及餘健闥婆阿蘇羅緊那羅莫呼洛伽
等山林河海一切神仙并諸大國所有王眾中
宮后妃淨信男女人天大眾悉皆雲集咸願
擁護无上大乘讀誦受持書寫流布各
晡時往詣佛所頂礼佛足右繞三匝退坐一
面如是等聲聞菩薩人天眾龍神八部既
雲集已各各至心合掌恭敬瞻仰尊容目未
曾捨願樂欲聞殊勝妙法尒時薄伽梵於日
晡時從定而起觀察大眾而說頌曰
金光明妙法　最勝諸經王　甚深難得聞　諸佛之境界
我當為大眾　宣說如是經　并四方四佛　威神共加護
東方阿閦尊　南方寶相佛　西方无量壽　北方天鼓音
我復演妙法　吉祥懺中勝　能滅一切罪　淨除諸惡業
及消眾苦惱　常與无量樂　一切智根本　諸功德莊嚴
眾生身不具　壽命將損減　諸惡相現前　天神皆捨離
親友懷瞋恨　眷屬悉分離　彼此共乖違　珍財皆散失
惡星為變怪　或被邪蠱侵　若復多憂愁　眾苦之所逼
睡眠見惡夢　因此生煩惱　是人當澡浴　應著鮮潔衣
於此妙經王　甚深佛所讚　專注心无亂　讀誦聽受持
由此經威力　能離諸灾橫　及餘眾苦難　无不皆除滅
護世四王眾　及大臣眷屬　无量諸藥叉　一心皆擁衛
大辯才天女　尼連河水神　訶利底母神　堅牢地神眾
梵王帝釋主　龍王緊那羅　及金翅鳥王　阿蘇羅天眾
如是天神等　并將其眷屬　皆來護是人　晝夜常不離
我當說是經　甚深佛行處　諸佛秘密教　千万劫難逢
若有聞是經　能為他演說　若心生隨喜　或設於供養
如是諸人等　當於无量劫　常為諸天人　龍神所恭敬

BD03863號　金光明最勝王經卷一　（5-4）

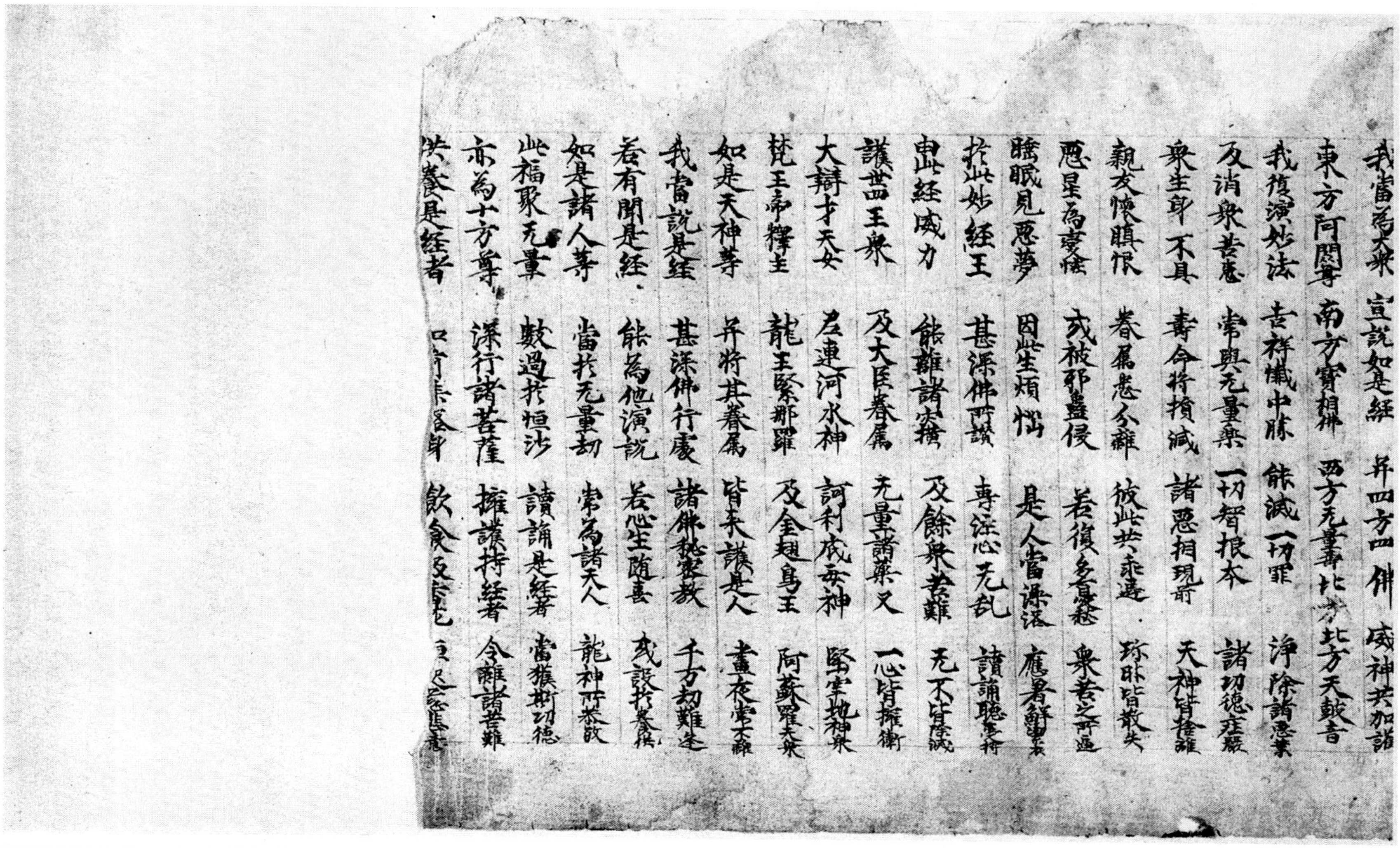

我當為大乘　宣說如是經　并四方四佛　威神共加護
東方阿閦尊　南方寶相佛　西方无量壽　北方天鼓音
我復演妙法　吉祥懺中勝　能滅一切罪　淨除諸惡業
及消眾苦患　常與无量樂　一切智根本　諸功德莊嚴
眾生身不具　壽命將損減　諸惡相現前　天神皆捨離
親友懷瞋恨　眷屬悉分離　彼此共乖違　珍財皆散失
惡星為變怪　或被邪蠱侵　若復多憂愁　眾苦之所逼
睡眠見惡夢　因此生煩惱　是人當澡浴　應著鮮潔衣
於此妙經王　甚深佛所讚　專注心无亂　讀誦聽受持
由此經威力　能離諸災橫　及餘眾苦難　无不皆除滅
護世四王眾　及大臣眷屬　无量諸藥叉　一心皆擁衛
大辯才天女　尼連河水神　訶利底母神　堅牢地神眾
梵王帝釋主　龍王緊那羅　及金翅鳥王　阿蘇羅天眾
如是天神等　并將其眷屬　皆來護是人　晝夜常不離
我當說是經　甚深佛行處　諸佛秘密教　千萬劫難逢
若有聞是經　能為他演說　若心生隨喜　或設於供養
如是諸人等　當於无量劫　常為諸天人　龍神所恭敬
此福聚无量　數過於恒沙　讀誦是經者　當獲斯功德
亦為十方尊　深行諸菩薩　擁護持經者　令離諸苦難
供養是經者　如前澡浴身　飲食及香花　恒起慈悲意

BD03863 號　金光明最勝王經卷一

(5–5)

BD03863 號背　雜寫

(1–1)

……教
……師聞我……
是時无邊身菩薩白佛言世尊云何
陽經唯願世尊為諸聽眾解說其……
悟速達心本入佛知見永斷疑悔
佛言善哉善哉善男子汝等諦聽吾……
解說八陽之經八者分別也陽者明……
大乘无為之理了能分別識因……
得又云八識為經陽明為緯經緯相交以成經
教故名八陽經八識者眼是色識耳是聲識
鼻是香識舌是味識身是觸識意是分別
識含藏識阿賴耶識是名八識明了分別八識
根源空无所有即知兩眼光明天光明天
中即現日月光明世尊兩耳聲聞天聲聞天
中即現无量聲如來兩鼻佛香天佛香天中即
現香積如來口舌法味天法味天中即現法喜
如來身是盧舍那天盧舍那天中即現成
就盧舍那盧舍那鏡像盧舍那光明佛意
是无分別天无分別天中即現不動如來大
光明佛心是法界天法界天中即現空王如
來含藏識天演出阿那含經大涅槃經阿

BD03864 號　天地八陽神咒經　（2–1）

鼻是香識舌是味識身是觸識意是分別
識含藏識阿賴耶識是名八識明了分別八識
根源空无所有即知兩眼光明天光明天
中即現日月光明世尊兩耳聲聞天聲聞天
中即現无量聲如來兩鼻佛香天佛香天中即
現香積如來口舌法味天法味天中即現法喜
如來身是盧舍那天盧舍那天中即現成
就盧舍那盧舍那鏡像盧舍那光明佛意
是无分別天无分別天中即現不動如來大
光明佛心是法界天法界天中即現空王如
來含藏識天演出阿那含經大涅槃經阿
賴耶識天演出大智度論經瑜伽論經善
男子佛是法法即是佛合為一相即現
大通智勝如來
佛說此經時一切大地六種震動光照天地无
有邊際浩浩蕩蕩而无所名一切幽冥皆悉
明朗一切地獄並皆消滅一切罪人俱得離苦
皆發无上菩提之心
尒時眾中八万八千菩薩一時成佛号曰虛空
藏如來應正等覺劫名圓滿國号无邊
一切民人无有彼此並證无諍三昧六万六千
比丘比丘尼優婆塞優婆夷得大總持无

BD03864 號　天地八陽神咒經　（2–2）

提於意云何可以三十二相見如来不不也
世尊不可以三十二相得見如来何以故如来
說三十二相即是非相是名三十二相
須菩提若有善男子善女人以恒河沙等身
命布施若復有人於此經中乃至受持四句
偈等為他人說其福甚多
尒時須菩提聞說是經深解義趣涕淚悲
泣而白佛言希有世尊佛說如是甚深經典
我從昔来所得慧眼未曾得聞如是之經世
尊若復有人得聞是經信心清淨則生實相
當知是人成就第一希有功德世尊是實相
者則是非相是故如来說名實相世尊我今
得聞如是經典信解受持不足為難若當来
世後五百歲其有衆生得聞是經信解受持是
人則為第一希有何以故此人无我相人相衆生
相壽者相所以者何我相即是非相人相衆
生相壽者相即是非相何以故離一切諸相則
名諸佛

BD03865 號　金剛般若波羅蜜經　（3–1）

世後五百歲其有衆生得聞是經信解受持是
人則為第一希有何以故此人无我相人相衆生
相壽者相所以者何我相即是非相人相衆
生相壽者相即是非相何以故離一切諸相則
名諸佛
佛告須菩提如是如是若復有人得聞是
經不驚不怖不畏當知是人甚為希有何以
故須菩提如来說第一波羅蜜非第一波羅蜜
是名第一波羅蜜
須菩提忍辱波羅蜜如来說非忍辱波羅蜜
何以故須菩提如我昔為歌利王割截身體
我於尒時无我相无人相无衆生相无壽者
相何以故我於往昔節節支解時若有我相
人相衆生相壽者相應生瞋恨須菩提又念過
去於五百世作忍辱仙人於尒所世无我相无
人相无衆生相无壽者相是故須菩提菩薩
應離一切相發阿耨多羅三藐三菩提心不
應住色生心不應住聲香味觸法生心應生
无所住心若心有住則為非住是故佛說菩
薩心不應住色布施須菩提菩薩為利益
一切衆生應如是布施如来說一切諸相即是
非相又說一切衆生則非衆生
須菩提如来是真語者實語者如語者不
誑語者不異語者須菩提如来所得法此法
无實无虛

BD03865 號　金剛般若波羅蜜經　（3–2）

非相又說一切衆生則非衆生
須菩提如来是真語者實語者如語者不
誑語者不異語者須菩提如来所得法此法
无實无虛
須菩提若菩薩心住於法而行布施如人入闇
則无所見若菩薩心不住法而行布施如人有
目日光明照見種種色
須菩提當来之世若有善男子善女人能
此於經受持讀誦則為如来以佛智慧悉知
是人悉見是人皆得成就无量无邊功德
須菩提若有善男子善女人初日分以恒河
沙等身布施中日分復以恒河沙等身布施
後日分亦以恒河沙等身布施如是无量百千
万億劫以身布施若復有人聞此經典信心不
逆其福勝彼何况書寫受持讀誦為人解說
須菩提以要言之是經有不可思議不可稱量
无邊功德如来為發大乘者說為發最上乘
者說若有人能受持讀誦廣為人說如来悉
知是人悉見是人皆得成就不可量不可稱
无有邊不可思議功德如是人等則為荷擔
如来阿耨多羅三藐三菩提何以故須菩提
若樂小法者著我見人見衆生見壽者見

BD03865號　金剛般若波羅蜜經　（3–3）

三四五佛而種善根已於无量千万佛所種
諸善根聞是章句乃至一念生淨信者須
菩提如来悉知悉見是諸衆生得如是无量
福德何以故是諸衆生无復我相人相衆生
相壽者相无法相亦无非法相何以故是諸
衆生若心取相則為著我人衆生壽者若
取法相即著我人衆生壽者何以故若取非法
相即著我人衆生壽者是故不應取法不應
取非法以是義故如来常說汝等比丘知我
說法如筏喻者法尚應捨何况非法
須菩提於意云何如来得阿耨多羅三藐三
菩提耶如来有所說法耶須菩提言如我
解佛所說義无有定法名阿耨多羅三藐
三菩提亦无有定法如来可說何以故如来所
說法皆不可取不可說非法非非法所以者
何一切賢聖皆以无為法而有差別
須菩提於意云何若人滿三千大千世界七
寶以用布施是人所得福德寧為多不須菩
提言甚多世尊何以故是福德即非福德性是

BD03866號　金剛般若波羅蜜經　（6–1）

三菩[illegible]
說法皆不可取不可說非法非非法所以者
何一切賢聖皆以无為法而有差別
須菩提於意云何若人滿三千大千世界七
寶以用布施是人所得福德寧為多不須菩
提言甚多世尊何以故是福德即非福德性是
故如來說福德多若復有人於此經中受
持乃至四句偈等為他人說其福勝彼何以
故須菩提一切諸佛及諸佛阿耨多羅三藐三
菩提法皆從此經出須菩提所謂佛法者
即非佛法
須菩提於意云何須陁洹能作是念我得
須陁洹果不須菩提言不也世尊何以故須陁
洹名為入流而无所入不入色聲香味觸法是
名須陁洹須菩提於意云何斯陁含能作
是念我得斯陁含果不須菩提言不也世尊
何以故斯陁含名一往來而實无往來是名
斯陁含須菩提於意云何阿那含能作是念
我得阿那含果不須菩提言不也世尊何以
故阿那含名為不來而實无來是故名阿那
含須菩提於意云何阿羅漢能作是念我得
阿羅漢道不須菩提言不也世尊何以故實
无有法名阿羅漢世尊若阿羅漢作是念我
得阿羅漢道即為著我人衆生壽者世尊佛
說我得无諍三昧人中最為第一是第一離
欲阿羅漢我不作是念我是離欲阿羅漢

BD03866號　金剛般若波羅蜜經

（6–2）

阿羅漢道不須菩提言不也世尊何以故實
无有法名阿羅漢世尊若阿羅漢作是念我
得阿羅漢道即為著我人衆生壽者世尊佛
說我得无諍三昧人中最為第一是第一離
欲阿羅漢我不作是念我是離欲阿羅漢
世尊我若作是念我得阿羅漢道世尊則不
說須菩提是樂阿蘭那行者以須菩提實无
所行而名須菩提是樂阿蘭那行
佛告須菩提於意云何如來昔在然燈佛所
於法有所得不世尊如來在然燈佛所於法實
无所得須菩提於意云何菩薩莊嚴佛土不
不也世尊何以故莊嚴佛土者則非莊嚴是
名莊嚴是故須菩提諸菩薩摩訶薩應如
是生清淨心不應住色生心不應住聲香味觸
法生心應无所住而生其心須菩提譬如有人
身如須彌山王於意云何是身為大不須
菩提言甚大世尊何以故佛說非身是名
大身須菩提如恒河中所有沙數如是沙等
恒河於意云何是諸恒河沙寧為多不須菩
提言甚多世尊但諸恒河尚多无數何況其沙
須菩提我今實言告汝若有善男子善女
人以七寶滿尒所恒河沙數三千大千世界以
用布施得福多不須菩提言甚多世尊佛告
須菩提若善男子善女人於此經中乃至
受持四句偈等為他人說而此福德勝前福
德復次須菩提隨說是經乃至四句偈等當

BD03866號　金剛般若波羅蜜經

（6–3）

人以七寶滿尒所恒河沙數三千大千世界以
用布施得福多不須菩提言甚多世尊佛告
須菩提若善男子善女人於此經中乃至
受持四句偈等為他人說而此福德勝前福
德復次須菩提隨說是經乃至四句偈等當
知此處一切世間天人阿脩羅皆應供養如佛
塔廟何況有人盡能受持讀誦須菩提當知
是人成就最上第一希有之法若是經典所在
之處則為有佛若尊重弟子
尒時須菩提白佛言世尊當何名此經我等
云何奉持佛告須菩提是經名為金剛般若
波羅蜜以是名字汝當奉持所以者何須菩
提佛說般若波羅蜜則非般若波羅蜜須
菩提於意云何如來有所說法不須菩提白
佛言世尊如來无所說須菩提於意云何三千
大千世界所有微塵是為多不須菩提言甚多
世尊須菩提諸微塵如來說非微塵是名微
塵如來說世界非世界是名世界須菩提於
意云何可以三十二相見如來不不也世尊
何以故如來說三十二相即是非相是名三十
二相須菩提若有善男子善女人以恒河
沙等身命布施若復有人於此經中乃至
受持四句偈等為他人說其福甚多
尒時須菩提聞說是經深解義趣涕淚悲泣
而白佛言希有世尊佛說如是甚深經典我
從昔來所得慧眼未曾得聞如是之經世尊

BD03866號　金剛般若波羅蜜經　（6–4）

沙等身命布施若復有人於此經中乃至
受持四句偈等為他人說其福甚多
尒時須菩提聞說是經深解義趣涕淚悲泣
而白佛言希有世尊佛說如是甚深經典我
從昔來所得慧眼未曾得聞如是之經世尊
若復有人得聞是經信心清淨則生實相當
知是人成就第一希有功德世尊是實相者
則是非相是故如來說名實相世尊我今得
聞如是經典信解受持不足為難若當來世
後五百歲其有衆生得聞是經信解受持是
人則為第一希有何以故此人无我相人相衆
生相壽者相所以者何我相即是非相人相
衆生相壽者相即是非相何以故離一切諸
相則名諸佛
佛告須菩提如是如是若復有人得聞是經
不驚不怖不畏當知是人甚為希有何以故
須菩提如來說第一波羅蜜非第一波羅蜜
是名第一波羅蜜
須菩提忍辱波羅蜜如來說非忍辱波羅
蜜何以故須菩提如我昔為歌利王割截身
體我於尒時无我相无人相无衆生相无壽者
相何以故我於往昔節節支解時若有我相人
相衆生相壽者相應生瞋恨須菩提又念過
去於五百世作忍辱仙人於尒所世无我相无
人相无衆生相无壽者相是故須菩提菩薩
應離一切相發阿耨多羅三藐三菩提心

BD03866號　金剛般若波羅蜜經　（6–5）

則是非相是故如來說名實相世尊我今得
聞如是經典信解受持不足為難若當來世
後五百歲其有眾生得聞是經信解受持是
人則為第一希有何以故此人无我相人相眾
生相壽者相所以者何我相即是非相人相
眾生相壽者相即是非相何以故離一切諸
相則名諸佛
佛告須菩提如是如是若復有人得聞是經
不驚不怖不畏當知是人甚為希有何以故
須菩提如來說第一波羅蜜非第一波羅蜜
是名第一波羅蜜
須菩提忍辱波羅蜜如來說非忍辱波羅
蜜何以故須菩提如我昔為歌利王割截身
體我於尒時无我相无人相无眾生相无壽者
相何以故我於往昔節節支解時若有我相人
相眾生相壽者相應生瞋恨須菩提又念過
去於五百世作忍辱仙人於尒所世无我相无
人相无眾生相无壽者相是故須菩提菩薩
應離一切相發阿耨多羅三藐三菩提心

BD03866號　金剛般若波羅蜜經

（6–6）

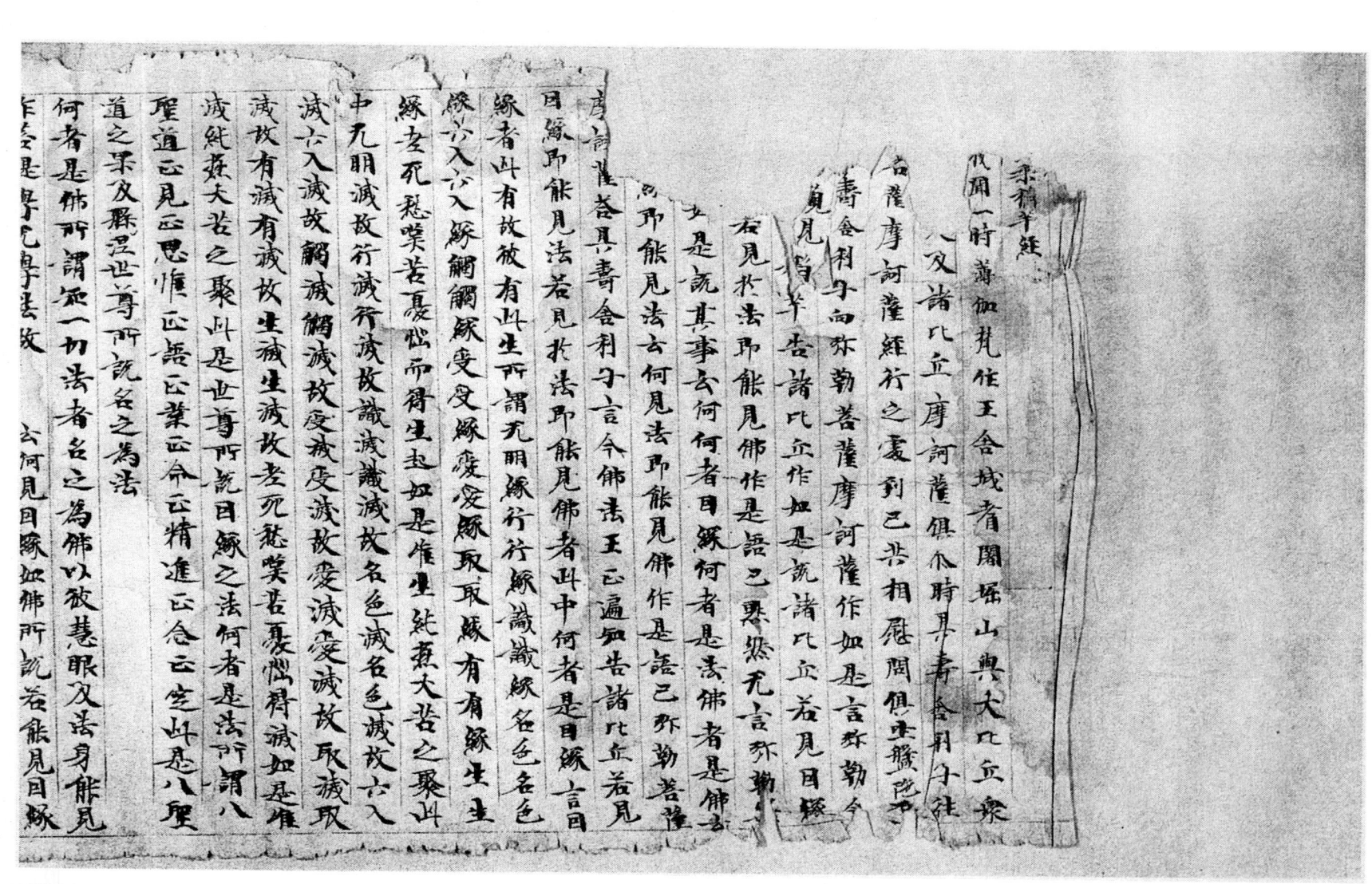

…乘稻芉經
…我聞一時薄伽梵住王舍城耆闍崛山與大比丘眾
…人及諸比丘摩訶薩俱尒時具壽舍利子往
…菩薩摩訶薩經行之處到已共相慰問俱坐盤陀石
…壽舍利子向弥勒菩薩摩訶薩作如是言弥勒今
…覩見稻芉告諸比丘作如是說諸比丘若見因緣
若見於法即能見佛作是語已默然无言弥勒…
…是說其事云何何者因緣何者是法何者是佛云
…即能見法云何見法即能見佛作是語已弥勒菩薩
摩訶薩答具壽舍利子言今佛法王正遍知告諸比丘若見
因緣即能見法若見於法即能見佛者此中何者是因緣言因
緣者此有故彼有此生故彼生所謂无明緣行行緣識識緣名色名色
緣六入六入緣觸觸緣受受緣愛愛緣取取緣有有緣生生
緣老死愁歎苦憂惱而得生起如是唯生純極大苦之聚此
中无明滅故行滅行滅故識滅識滅故名色滅名色滅故六入
滅六入滅故觸滅觸滅故受滅受滅故愛滅愛滅故取滅取
滅故有滅有滅故生滅生滅故老死愁歎苦憂惱得滅如是唯
滅純極大苦之聚此是世尊所說因緣之法何者是法所謂八
聖道正見正思惟正語正業正命正精進正念正定此是八聖
道之果及涅槃世尊所說名之為法
何者是佛所謂知一切法者名之為佛以彼慧眼及法身能見
作菩提學无學法故　云何見因緣如佛所說若能見因緣

BD03867號　大乘稻芉經

（7–1）

滅故有滅有滅故生滅生滅故老死憂悲苦惱得滅如是唯
滅純極大苦之聚此是世尊所說因緣之法何者是法所謂八
聖道正見正思惟正語正業正命正精進正念正定此是八聖
道之果及涅槃世尊所說名之為法
何者是佛所謂知一切法者名之為佛以彼慧眼及法身能見
作菩提學無學法故　云何見因緣如佛所說若能見因緣
之法常無壽離壽如實性無錯謬性無生無起無作無為無障
导無境界寂靜無畏無侵奪不寂靜相者是
若能如是於法亦見常無壽離壽如實性無生無起無作無
為無障导無境界寂靜無畏無侵奪不寂靜相者得正智故能
悟勝法以無上法身而見於佛
問曰何故名因緣　答曰若有因緣名為因緣非無因無
緣故是故名為因緣之法世尊略說因緣之相彼
緣生果如來出現若不出現法性常住乃至法
性法住性法定性與因緣相應性真如性無錯謬
性無變異性真實性實際性不虛妄性不顛
倒性等作如是說
此因緣法以其二種而得生起云何為二所謂因相應
緣相應彼復有二謂內及外此中何者是外因緣法
因相應所謂從種生芽從芽生葉從葉生莖從
莖生節從節生穗從穗生花從花生實若無有種芽
即不生乃至若無有花實亦不生有種芽生如
是有花實亦得生彼種亦不作是念我能生芽芽
亦不作是念我從種生乃至花亦不作是念我能生
實實亦不作是念我從花生雖然有種故而芽得
生如是有花故實即而能成就應如是觀外因相應
義　應云何觀外因緣法因相應義謂六界和
合故以何六界和合所謂地水火風空時界等和合

BD03867號　大乘稻芉經　（7–2）

亦不作是念我從種生乃至花亦不作是念我能生
實實亦不作是念我從花生雖然有種故而芽得
生如是有花故實即而能成就應如是觀外因相應
義　應云何觀外因緣法因相應義謂六界和
合故以何六界和合所謂地水火風空時界等和合
外法緣法而得生起應如是觀外因緣法緣相應義
地界者能持於種水界者潤漬於種火界者能暖於
種風界者動搖於種空界者不障於種時則能變種
子若無此眾緣種則不能而生於芽若具外地界無不
具足如是乃至水火風空時等無不具足一切和合種子
滅時而芽得生　此中地界不作是念我能任持種子
如是水界亦不作是念我能潤漬於種火界亦不作是
念我能暖於種子風界亦不作是念我能動搖於種空
界亦不作是念我能不障於種時亦不作是念我能變
於種子種子亦作是念我能生芽芽亦不作是念我今從
此眾緣而生雖然有此眾緣而眾緣滅時芽即得生如是有
花之時實即得生彼芽亦非自作亦非他作非自他俱作
非自在作亦非時變非自性生亦非無因而生雖然地水
火風空時界等和合種滅之時而芽得生是故應如是
觀外因緣法緣相應義　應以五種觀彼外因緣
法何等為五不常不斷不移從於小因而生大果與相彼
似云何不常為芽與種各別異故彼芽非種非種壞
時而芽得生亦非不滅而得生起種壞之時而芽得生
是故不常云何不斷非過去種壞而生於芽亦非不
滅而得生起種子亦壞當尒之時如秤高下而芽得
生是故不斷云何不移芽與種別芽非種故是不移云何
小因緣而生大果從小種子而生大果是故從於小因而生

BD03867號　大乘稻芉經　（7–3）

時而芽得生亦非不滅而得生起種壞之時而芽得生
是故不常云何不斷非過去種壞而生於芽亦非不
滅而得生起種子亦壞當尒之時如秤高下而芽得
生是故不斷云何不移芽與種別芽非種故是不移云何
小因緣而生大果從小種子而生大果是故從於小因而生
大果云何與彼相似而所植種生彼果故是故與彼相似
是以五種觀外因緣之法　如是內因緣法亦以二種
而得生起云何為二所謂因相應緣相應何者是內因緣
法因相應義所謂始從无明緣行乃至生緣老死若无
明不生行亦不有乃至若无有生老死非有如是有无
明故行乃得生乃至有生故老死得有无明亦不作是念我
能生行行亦不能念我從无明而生乃至生亦不作是念我
能生於老死老死亦不能作是念我從生有雖然有无明故
行乃得生如是有生故老死得有是故應如是觀內因緣
法因相應義　應云何觀內因緣法緣相應事為
六界和合故以六界和合所謂地水火風空識界等和合
故應如是觀內因緣法緣相應事
何者是內因緣法地水火界之相為此身中作堅硬者名
為地界為令此身而聚集者名為水界能消身所食
飲嚼歠者名為火界為此身中作內外出入息者名
為風界為此身中作虛通者名為空界五識身相應
及有漏相識猶如束蘆能成就此身名色芽者名為
識界若无此衆緣身則不生若內地界无不具足如是
乃至水火風空識界等无不具足一切和合身即得生
彼地界者亦不作是念我能而作身中堅硬之事水界亦
不作是念我能為身而作聚集火界亦不作是念我能消
消身所食飲嚼歠之事風界亦不作念我能作內外入出
息空界亦不作念我能而作身中虛通之事識界亦不

BD03867號　大乘稻芉經

（7–4）

識界若无此衆緣身則不生若內地界无不具足如是
乃至水火風空識界等无不具足一切和合身即得生
彼地界者亦不作是念我能而作身中堅硬之事水界亦
不作是念我能為身而作聚集火界亦不作是念我能消
消身所食飲嚼歠之事風界亦不作念我能作內外入出
息空界亦不作念我能而作身中虛通之事識界亦不
作念我能成就此身名色之芽身亦作是念我從此衆
緣而生雖然有此衆緣之時身即得生彼地界亦非是我
非是衆生非命者非生者非儒童非作者非男非女非
黃門非自在非我所亦非餘等如是乃至水界火界風界
空界識界亦非是我非是衆生非命者非生者非儒童
非作者非男非女非黃門非自在非我所亦非餘等
何者是无明於此六界起於一想一合想常想堅牢想不壞想
安樂想衆生命生者養育士夫人儒童作者我我所想等
及餘種種无知此是无明有无明故於諸境界起貪嗔癡
於諸境界起貪嗔癡者此是无明緣行而於諸事能了
別者名為識與識俱生四取蘊者此是名色依名色諸
根名為六入三法和合名之為觸覺受觸者名之為受於
受貪嗔癡著名之為愛增長愛者名之為取從取而生
能生業者名之有為而從彼因所生之蘊名之為生生已
蘊成就者名之為老老已蘊滅壞者名之為死臨終之
時內具貪著及熱惱者名之為愁從愁而生諸言辭者
名之為嘆五識身受苦者名之為苦作意意識受諸苦
者名之為憂具如是等及隨煩惱者名之為惱大黑闇故
故名无明造作故名諸行了別故名識相依故名名色為生
門故名六入觸故名觸受故名受渴故名愛取生後有故名
名有生蘊故名生蘊熟故名老蘊壞故名死愁故名愁
嘆故名嘆惱身故名苦惱心故名憂煩惱故名惱復次不

BD03867號　大乘稻芉經

（7–5）

音名之為憂具如是等及隨煩惱者名之為惱大黑闇故
故名无明造作故名諸行了別故名識相依故名名色為生
門故名六入觸故名觸受故名受渴故名愛取生後有故名
名有生蘊故名生蘊熟故名老蘊壞故名死悲故名悲
嘆故名嘆惱身故名苦惱心故名憂煩惱故名惱復次不
了性真顛倒无知名為无明如是有无明故能成三行所
謂福行罪行不動行從於福行而生福行識者此是无明
緣行從於罪行而生罪行識者此則名為行緣識從於不動
而生不動行識者此則名為識緣名色名色增長故從六入門
中能成事者此是名色緣六入從於六入而生六聚觸者此是
六入緣觸從於觸所而生彼受者此則名為觸緣受了別受已
而生樂著染者此則名為受緣愛知已而生樂著染故不欲
遠離好色及於安樂而生願樂者此是愛緣取生願樂已從
身意造後有業者此是取緣有從於彼業所生蘊者此是
有緣生生已諸蘊成熟及滅壞者此則名為生緣老死是
故復因緣十二支法牙相為因牙相為緣非常非无常非有為
非无為非有因非无因非有受非盡法非壞法非滅法從无始
已來如暴流水而无斷絕雖然此因緣十二支法牙相為因牙
相為緣非常非无常非有為非无為非有因非无緣非有受
非盡法非壞法非滅法從无始已來非暴流水而无斷絕有其四
支能攝十二因緣之法云何為四所謂无明愛業識識者以種子
性為因業者以田相為因无明及愛以煩惱性為因此中業及
煩惱能生種子之識无明能殖種子之識若无此衆緣種子之
識而不能成　　彼業亦作是念我今能作種子識愛田亦不作
念我能潤於種子之識无明亦不作是念我今能殖種子之識彼種子
識亦不能作念我今從此衆緣而生雖然種子之識依彼業田及
愛所潤无明糞壤所生之處入於母胎能生名色之芽彼名色芽
亦非作自亦非他作非自他俱作非自在化亦非時變非自性生非依

BD03867號　大乘稻芊經

（7–6）

身意造後有業者此是取緣有從於彼業所生蘊者此是
有緣生生已諸蘊成熟及滅壞者此則名為生緣老死是
故復因緣十二支法牙相為因牙相為緣非常非无常非有為
非无為非有因非无因非有受非盡法非壞法非滅法從无始
已來如暴流水而无斷絕雖然此因緣十二支法牙相為因牙
相為緣非常非无常非有為非无為非有因非无緣非有受
非盡法非壞法非滅法從无始已來非暴流水而无斷絕有其四
支能攝十二因緣之法云何為四所謂无明愛業識識者以種子
性為因業者以田相為因无明及愛以煩惱性為因此中業及
煩惱能生種子之識无明能殖種子之識若无此衆緣種子之
識而不能成　　彼業亦作是念我今能作種子識愛田亦不作
念我能潤於種子之識无明亦不作是念我今能殖種子之識彼種子
識亦不能作念我今從此衆緣而生雖然種子之識依彼業田及
愛所潤无明糞壤所生之處入於母胎能生名色之芽彼名色芽
亦非作自亦非他作非自他俱作非自在化亦非時變非自性生非依
作者亦非无因而生雖然母父和合時及餘緣和合之時无我之法无我
我所猶如虛空彼諸幻法因及衆緣无不具足故依彼生處入於母胎
則能成熟執受種子之識名色之芽

BD03867號　大乘稻芊經

（7–7）

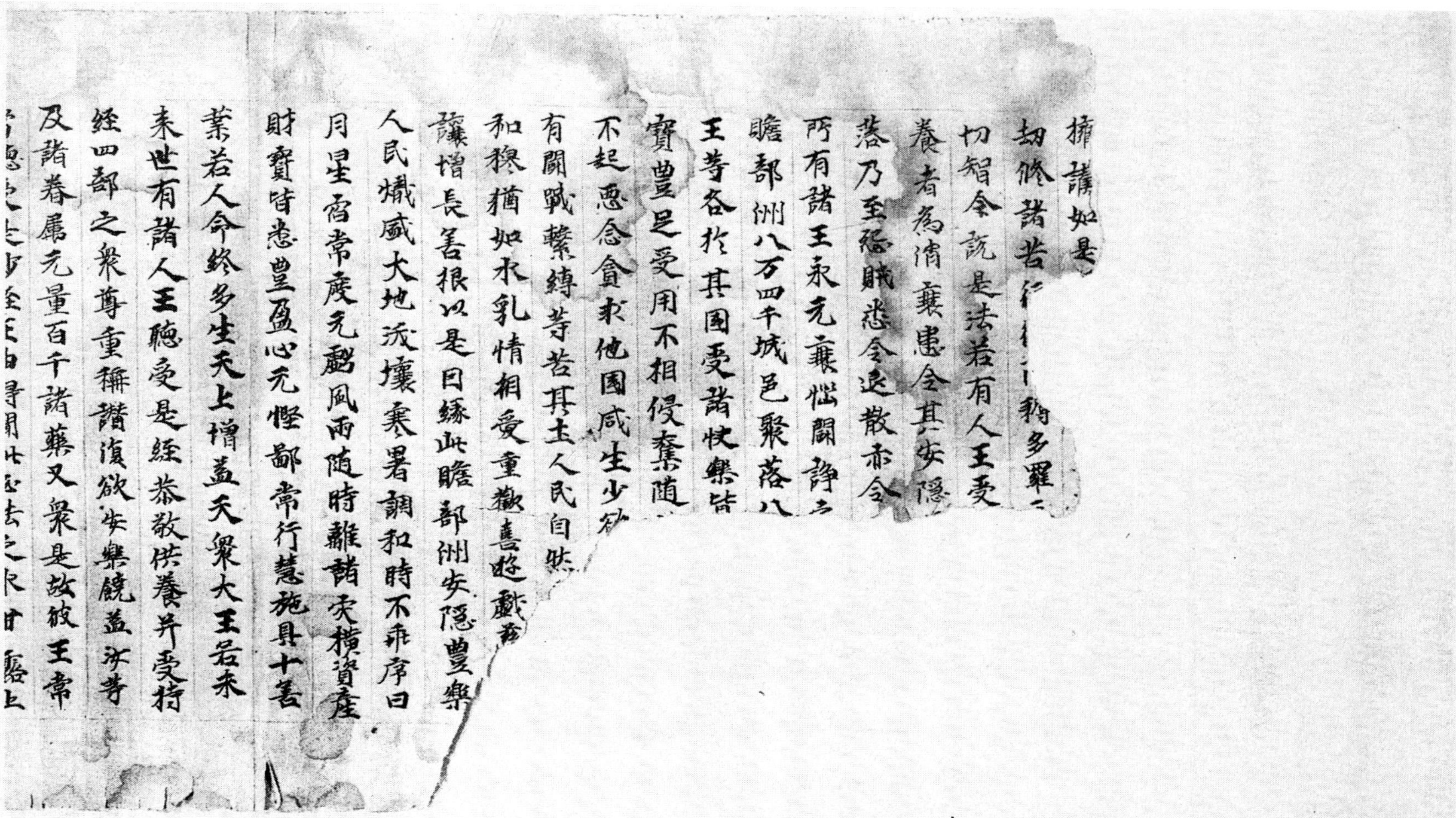

擁護如是
劫修諸苦行[illegible]耨多羅三
切智今說是法若有人王受
養者爲消衰患令其安隱
落乃至怨賊悉令退散亦令
所有諸王永无衰惱鬪諍之
贍部洲八万四千城邑聚落八
王等各於其國受諸快樂皆
寶豐足受用不相侵奪隨
不起惡念貪求他國咸生少欲
有鬪戰繫縛等苦其土人民自然
和穆猶如水乳情相愛重歡喜遊戲慈
讓增長善根以是因緣此贍部洲安隱豐樂
人民熾盛大地沃壤寒暑調和時不乖序日
月星宿常度无虧風雨隨時離諸災橫資產
財寶皆悉豐盈心无慳鄙常行惠施具十善
業若人命終多生天上增益天衆大王若未
來世有諸人王聽受是經恭敬供養并受持
經四部之衆尊重稱讚復欲安樂饒益汝等
及諸眷屬无量百千諸藥叉衆是故彼王常
[illegible]

BD03868號　金光明最勝王經卷六

（5–1）

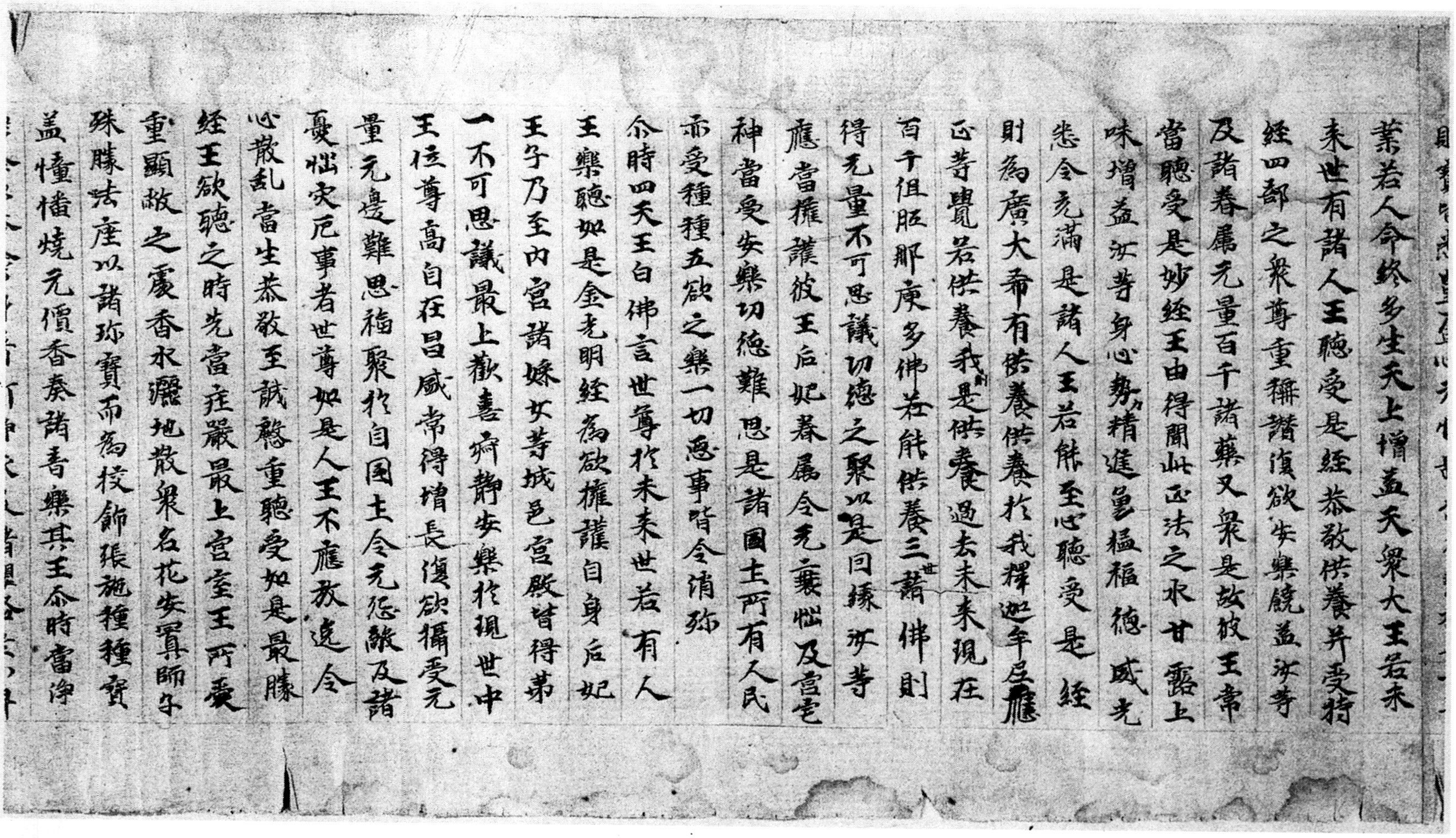

業若人命終多生天上增益天衆大王若未
來世有諸人王聽受是經恭敬供養并受持
經四部之衆尊重稱讚復欲安樂饒益汝等
及諸眷屬无量百千諸藥叉衆是故彼王常
當聽受是妙經王由得聞此正法之水甘露上
味增益汝等身心勢力精進勇猛福德威光
悉令充滿是諸人王若能至心聽受是經
則爲廣大希有供養供養於我釋迦牟尼應
正等覺若供養我是供養過去未來現在
百千俱胝那庾多佛若能供養三世諸佛則
得无量不可思議功德之聚以是因緣汝等
應當擁護彼王后妃眷屬令无衰惱及宮宅
神常受安樂功德難思是諸國土所有人民
亦受種種五欲之樂一切惡事皆令消殄
爾時四天王白佛言世尊於未來世若有人
王樂聽如是金光明經爲欲擁護自身后妃
王子乃至內宮諸婇女等城邑宮殿皆得第
一不可思議最上歡喜寂靜安樂於現世中
王位尊高自在昌盛常得增長復欲攝受无
量无邊難思福聚於自國土令无怨敵及諸
憂惱災厄事者世尊如是人王不應放逸令
心散亂當生恭敬至誠慇重聽受如是最勝
經王欲聽之時先當莊嚴最上宮室王所愛
重顯敞之處香水灑地散衆名花安置師子
殊勝法座以諸珍寶而爲校飾張施種種寶
蓋幢幡燒无價香奏諸音樂其王爾時當淨

BD03868號　金光明最勝王經卷六

（5–2）

心散乱當生恭敬至誠慇重聽受妙
経王欲聽之時先當荘嚴最上宮室王所愛
重顯敞之處香水灑地散衆名花安置師子
殊勝法座以諸珎寶而為校飾張施種種寶
蓋幢幡燒无價香奏諸音樂其王尒時當浄
澡浴以香塗身著新浄衣及諸瓔珞坐小卑
座不生高舉捨自在位離諸憍慢端心正念
聽是経王於法師所起大師想復於宮内后
妃王子婇女眷屬生慈愍心喜悅相視和顔
耎語於自身心大喜充遍作如是念我今獲
得難思殊勝廣大利益於此経王盛興供養
既敷設已見法師至當起虔敬渇仰之心
尒時佛告四天王不應如是不迎法師時彼
人王應著純浄鮮潔之衣種種瓔珞以為嚴
飾自持白蓋及以香花脩飭軍儀盛陳音樂
歩出城闕迎彼法師運想虔恭為吉祥事四
王以何因縁令彼人王親作如是恭敬供養
由彼人王舉足下足歩歩即是恭敬供養承
事尊重百千万億那庾多諸佛世尊復得超
越如是劫數生死之苦復於来世如是數劫
當受輪王殊勝尊位随其歩歩亦於現世福
德增長自在為王感應難思衆所欽重當於
无量百千億劫人天受用七寶宮殿所在生
處常得為王増益壽命言詞辯了人天信受
无所畏懼有大名稱咸共瞻仰天上人中受
勝妙樂權大力勢有大威德身相奇妙端嚴
无比值天人師遇善知識成就具足无量福

BD03868號　金光明最勝王經卷六　（5–3）

无量百千億劫人天受用七寶宮殿所在生
處常得為王増益壽命言詞辯了人天信受
无所畏懼有大名稱咸共瞻仰天上人中受
勝妙樂權大力勢有大威德身相奇妙端嚴
无比值天人師遇善知識成就具足无量福
聚四王當知彼諸人王見如是等種種无量
功德利益故應自往奉迎法師若一踰繕那
乃至百千踰繕那於說法師應生佛想還至
城已作如是念今日釋迦牟尼如来應正等
覺入我宮中受我供養為我說法我聞法已
即於阿耨多羅三藐三菩提不復退轉即是
值遇百千万億那庾多諸佛世尊我於今日
即是種種廣大殊勝上妙樂具供養過去未
来現在諸佛我於今日即是永拔琰摩王界
地獄餓鬼傍生之苦便為已種无量百千万
億轉輪聖王釋梵天主善根種子當令无量
百千万億衆生出生死苦得涅槃樂積集无
量无邊不可思議福德之聚後宮眷屬及諸
人民皆蒙安隱國土清泰无諸災厄毒害悪
人他方怨敵不来侵擾遠離憂患四王當知時
彼人王應作如是尊重正法亦於受持是妙
経典苾芻苾芻尼鄔波索迦鄔波斯迦供養
恭敬尊重讃歎所獲善根先以勝福廻與汝
等及諸眷屬彼之人王有大福德善業因縁
於現世中得大自在増益威光吉祥妙相皆
悉荘嚴一切怨敵能以正法而摧伏之
尒時四天王白佛言世尊若有人王能作如

BD03868號　金光明最勝王經卷六　（5–4）

人他方怨敵不來侵擾遠離憂患四王當知時
彼人王應作如是尊重正法亦於受持是妙
經典苾芻苾芻尼鄔波索迦鄔波斯迦供養
恭敬尊重讚歎所獲善根先以勝福施與汝
等及諸眷屬彼之人王有大福德善業因緣
於現世中得大自在增益威光吉祥妙相皆
悉莊嚴一切怨敵能以正法而摧伏之
尒時四天王白佛言世尊若有人王能作如
是恭敬正法聽此經王并於四衆持經之人
恭敬供養尊重讚歎時彼人王欲為我等生
歡喜故當在一邊近於法座香水灑地散衆
名花安置處所設四王座我與彼王共聽正
法其王所有自利善根亦以福分施及我等
世尊時彼人王請說法者昇座之時便為我
等燒衆名香供養是經世尊時彼香烟於一
念須上昇虛空即至我等諸天宮殿於虛空
中變成香蓋我等天衆聞彼妙香香有金光
照曜我等所居宮殿乃至梵宮及以帝釋大
辯才天大吉祥天堅牢地神正了知大將二
十八部諸藥叉神大自在天金剛密主寶賢大
將訶利底母五百眷屬无熱惱池龍王大海
龍王所居之處世尊如是等衆於自宮殿見

BD03868號　金光明最勝王經卷六

（5–5）

地門清淨若七等覺支清淨无二无二分无
別无斷故
善現一切智智清淨故預流果清淨預流果
清淨故七等覺支清淨何以故若一切智智
清淨若預流果清淨若七等覺支清淨无二
无二分无別无斷故一切智智清淨故一來
不還阿羅漢果清淨一來不還阿羅漢果清
淨故七等覺支清淨何以故若一切智智清
淨若一來不還阿羅漢果清淨若七等覺支
清淨无二无二分无別无斷故善現一切智
智清淨故獨覺菩提清淨獨覺菩提清淨故
七等覺支清淨何以故若一切智智清淨若
獨覺菩提清淨若七等覺支清淨无二无二
分无別无斷故善現一切智智清淨故一切
菩薩摩訶薩行清淨一切菩薩摩訶薩行清
淨故七等覺支清淨何以故若一切智智清
淨若一切菩薩摩訶薩行清淨若七等覺支
清淨无二无二分无別无斷故善現一切智
智清淨故諸佛无上正等菩提清淨諸佛无
上正等菩提清淨故七等覺支清淨何以故

BD03869號　大般若波羅蜜多經卷二七一

（6–1）

分无別无斷故善現一切智智清淨故一切
菩薩摩訶薩行清淨一切菩薩摩訶薩行清
淨故七等覺支清淨何以故若一切智智清
淨若一切菩薩摩訶薩行清淨若七等覺支
清淨无二无二分无別无斷故善現一切智
智清淨故諸佛无上正等菩提清淨諸佛无
上正等菩提清淨故七等覺支清淨何以故
若一切智智清淨若諸佛无上正等菩提清
淨若七等覺支清淨无二无二分无別无斷
故
復次善現一切智智清淨故色清淨色清淨
故八聖道支清淨何以故若一切智智清淨
若色清淨若八聖道支清淨无二无二分无
別无斷故一切智智清淨故受想行識清淨
受想行識清淨故八聖道支清淨何以故若
一切智智清淨若受想行識清淨若八聖道
支清淨无二无二分无別无斷故善現一切
智智清淨故眼處清淨眼處清淨故八聖道
支清淨何以故若一切智智清淨若眼處清
淨若八聖道支清淨无二无二分无別无斷
故一切智智清淨故耳鼻舌身意處清淨耳
鼻舌身意處清淨故八聖道支清淨何以故
若一切智智清淨若耳鼻舌身意處清淨若
八聖道支清淨无二无二分无別无斷故善
現一切智智清淨故色處清淨色處清淨故
八聖道支清淨何以故若一切智智清淨若
色處清淨若八聖道支清淨无二无二分无

BD03869號　大般若波羅蜜多經卷二七一　（6–2）

若一切智智清淨若耳鼻舌身意處清淨若
八聖道支清淨无二无二分无別无斷故善
現一切智智清淨故色處清淨色處清淨故
八聖道支清淨何以故若一切智智清淨若
色處清淨若八聖道支清淨无二无二分无
別无斷故一切智智清淨故聲香味觸法處
清淨聲香味觸法處清淨故八聖道支清淨
何以故若一切智智清淨若聲香味觸法處
清淨若八聖道支清淨无二无二分无別无
斷故善現一切智智清淨故眼界清淨眼界
清淨故八聖道支清淨何以故若一切智智
清淨若眼界清淨若八聖道支清淨无二无
二分无別无斷故一切智智清淨故色界眼
識界及眼觸眼觸為緣所生諸受清淨色界
乃至眼觸為緣所生諸受清淨故八聖道支
清淨何以故若一切智智清淨若色界乃至
眼觸為緣所生諸受清淨若八聖道支清淨
无二无二分无別无斷故善現一切智智清
淨故耳界清淨耳界清淨故八聖道支清淨
何以故若一切智智清淨若耳界清淨若八
聖道支清淨无二无二分无別无斷故一切
智智清淨故聲界耳識界及耳觸耳觸為緣
所生諸受清淨聲界乃至耳觸為緣所生諸
受清淨故八聖道支清淨何以故若一切智
智清淨若聲界乃至耳觸為緣所生諸受清
淨若八聖道支清淨无二无二分无別无斷

BD03869號　大般若波羅蜜多經卷二七一　（6–3）

聖道支清淨无二无二分无別无斷故一切
智智清淨故聲界耳識界及耳觸耳觸為緣
所生諸受清淨聲界乃至耳觸為緣所生諸
受清淨故八聖道支清淨何以故若一切智
智清淨若聲界乃至耳觸為緣所生諸受清
淨若八聖道支清淨无二无二分无別无斷
故
善現一切智智清淨故鼻界清淨鼻界清淨
故八聖道支清淨何以故若一切智智清
淨若鼻界清淨若八聖道支清淨无二无二
分无別无斷故一切智智清淨故香界鼻
識界及鼻觸鼻觸為緣所生諸受清淨香界
乃至鼻觸為緣所生諸受清淨故八聖道支清
淨何以故若一切智智清淨若香界乃至鼻
觸為緣所生諸受清淨若八聖道支清淨无
二无二分无別无斷故善現一切智智清淨故
舌界清淨舌界清淨故八聖道支清淨何以
故若一切智智清淨若舌界清淨若八聖道
支清淨无二无二分无別无斷故一切智智
清淨故味界舌識界及舌觸舌觸為緣所生
諸受清淨味界乃至舌觸為緣所生諸受清
淨故八聖道支清淨何以故若一切智智清
淨若味界乃至舌觸為緣所生諸受清淨若
八聖道支清淨无二无二分无別无斷故善
現一切智智清淨故身界清淨身界清淨故
八聖道支清淨何以故若一切智智清淨若
身界清淨若八聖道支清淨无二无二分无

BD03869 號　大般若波羅蜜多經卷二七一　（6–4）

淨若味界乃至舌觸為緣所生諸受清淨若
八聖道支清淨无二无二分无別无斷故善
現一切智智清淨故身界清淨身界清淨故
八聖道支清淨何以故若一切智智清淨若
身界清淨若八聖道支清淨无二无二分无
別无斷故一切智智清淨故觸界身識界及
身觸身觸為緣所生諸受清淨觸界乃至身
觸為緣所生諸受清淨故八聖道支清淨何
以故若一切智智清淨若觸界乃至身觸為
緣所生諸受清淨若八聖道支清淨无二无
二分无別无斷故善現一切智智清淨故意
界清淨意界清淨故八聖道支清淨何以故
若一切智智清淨若意界清淨若八聖道支
清淨无二无二分无別无斷故一切智智清
淨故法界意識界及意觸意觸為緣所生諸
受清淨法界乃至意觸為緣所生諸受清淨
故八聖道支清淨何以故若一切智智清淨
若法界乃至意觸為緣所生諸受清淨若八
聖道支清淨无二无二分无別无斷故善現
一切智智清淨故地界清淨地界清淨故八
聖道支清淨何以故若一切智智清淨若地
界清淨若八聖道支清淨无二无二分无別
无斷故一切智智清淨故水火風空識界清
淨水火風空識界清淨故八聖道支清淨
何以故若一切智智清淨若水火風空識界清
淨若八聖道支清淨无二无二分无別无斷
故善現一切智智清淨故无明清淨无明清

BD03869 號　大般若波羅蜜多經卷二七一　（6–5）

若法界乃至意觸為緣所生諸受清淨若八
聖道支清淨无二无二分无別无斷故善現
一切智智清淨故地界清淨地界清淨故八
聖道支清淨何以故若一切智智清淨若地
界清淨若八聖道支清淨无二无二分无別
无斷故一切智智清淨故水火風空識界清
淨水火風空識界清淨故八聖道支清淨
何以故若一切智智清淨若水火風空識界清
淨若八聖道支清淨无二无二分无別无斷
故善現一切智智清淨故无明清淨无明清
淨故八聖道支清淨何以故若一切智智清
淨若无明清淨若八聖道支清淨无二无二
分无別无斷故一切智智清淨故行識名色
六處觸受愛取有生老死愁歎苦憂惱清淨
行乃至老死愁歎苦憂惱清淨故八聖道支
清淨何以故若一切智智清淨若行乃至老
死愁歎苦憂惱清淨若八聖道支清淨无二
无二分无別无斷故
善現一切智

BD03869號　大般若波羅蜜多經卷二七一　（6–6）

卅八

聖

BD03869號背　勘記　（1–1）

金剛般若波羅蜜經
如是我聞一時佛在舍衛國祇樹給孤獨園
與大比丘眾千二百五十人俱尒時世尊食時
著衣持鉢入舍衛大城乞食於其城中次第
乞已還至本處飯食訖收衣鉢洗足已敷座而
坐時長老須菩提在大衆中即從座起偏袒
右肩右膝著地合掌恭敬而白佛言希有世
尊如來善護念諸菩薩善付囑諸菩薩世尊
善男子善女人發阿耨多羅三藐三菩提心應
云何住云何降伏其心佛言善哉善哉須菩
提如汝所說如來善護念諸菩薩善付囑
諸菩薩汝今諦聽當為汝說善男子善女
人發阿耨多羅三藐三菩提心應如是住如是
降伏其心唯然世尊願樂欲聞
佛告須菩提諸菩薩摩訶薩應如是降伏
其心所有一切衆生之類若卵生若胎生若濕
生若化生若有色若無色若有想若無想若
非有想若非無想我皆令入無餘涅槃而滅度

BD03870號　金剛般若波羅蜜經　（5–1）

降伏其心唯然世尊願樂欲聞
佛告須菩提諸菩薩摩訶薩應如是降伏
其心所有一切衆生之類若卵生若胎生若濕
生若化生若有色若無色若有想若無想若
非有想若非無想我皆令入無餘涅槃而滅度
之如是滅度無量無數無邊衆生實無衆生
得滅度者何以故須菩提若菩薩有我相人
相衆生相壽者相即非菩薩
復次須菩提菩薩於法應無所住行於布施
所謂不住色布施不住聲香味觸法布施須
菩提菩薩應如是布施不住於相何以故若
菩薩不住相布施其福德不可思量須菩提
於意云何東方虛空可思量不不也世尊須
菩提南西北方四維上下虛空可思量不不
也世尊須菩提菩薩無住相布施福德亦復
如是不可思量須菩提菩薩但應如所教住
須菩提於意云何可以身相見如來不不也
世尊不可以身相得見如來何以故如來所
說身相即非身相佛告須菩提凡所有相皆
是虛妄若見諸相非相則見如來
須菩提白佛言世尊頗有衆生得聞如是言
說章句生實信不佛告須菩提莫作是說
如來滅後後五百歲有持戒修福者於此章句
能生信心以此為實當知是人不於一佛二佛

BD03870號　金剛般若波羅蜜經　（5–2）

[illegible]
須菩提白佛言世尊頗有衆生得聞如是言
說章句生實信不佛告須菩提莫作是說
如來滅後後五百歲有持戒脩福者於此章句
能生信心以此為實當知是人不於一佛二佛
三四五佛而種善根已於無量千萬佛所種
諸善根聞是章句乃至一念生淨信者須
菩提如來悉知悉見是諸衆生得如是無量
福德何以故是諸衆生無復我相人相衆生想
壽者相無法相亦無非法相何以故是諸衆
生若心取相則為著我人衆生壽者若取法
相即著我人衆生壽者何以故若取非法
相即著我人衆生壽者是故不應取法不應
取非法以是義故如來常說汝等比丘知我說
法如筏喻者法尚應捨何況非法
須菩提於意云何如來得阿耨多羅三藐三
菩提耶如來有所說法耶須菩提言如我解
佛所說義無有定法名阿耨多羅三藐三菩提
亦無有定法如來可說何以故如來所說法
皆不可取不可說非法非非法所以者何一切
賢聖皆以無為法而有差別
須菩提於意云何若人滿三千大千世界七寶
以用布施是人所得福德寧為多不須菩提
言甚多世尊何以故是福德即非福德性是
故如來說福德多若復有人於此經中受持

賢聖皆以無為法而有差別
須菩提於意云何若人滿三千大千世界七寶
以用布施是人所得福德寧為多不須菩提
言甚多世尊何以故是福德即非福德性是
故如來說福德多若復有人於此經中受持
乃至四句偈等為他人說其福勝彼何以故須
菩提一切諸佛及諸佛阿耨多羅三藐三
菩提法皆從此經出須菩提所謂佛法者即
非佛法是名佛法
須菩提於意云何須陁洹能作是念我得須
陁洹果不須菩提言不也世尊何以故須陁洹
名為入流而無所入不入色聲香味觸法是
名須陁洹須菩提於意云何斯陁含能作
是念我得斯陁含果不須菩提言不也世尊
何以故斯陁含名一往來而實無往來是名斯
陁含須菩提於意云何阿那含能作是念我
得阿那含果不須菩提言不也世尊何以故阿
那含名為不來而實無來是故名阿那含
須菩提於意云何阿羅漢能作是念我得
阿羅漢道不須菩提言不也世尊何以故實
無有法名阿羅漢世尊若阿羅漢作是念我
得阿羅漢道即為著我人衆生壽者世尊佛
說我得無諍三昧人中最為第一是第一離
欲阿羅漢我不作是念我是離欲阿羅漢世
尊我若作是念我得阿羅漢道世尊則不說

名為入流而無所入不入色聲香味觸法是
名須陁洹須菩提於意云何斯陁含能作
是念我得斯陁含果不須菩提言不也世尊
何以故斯陁含名一往來而實無往來是名斯
陁含須菩提於意云何阿那含能作是念我
得阿那含果不須菩提言不也世尊何以故阿
那含名為不來而實無來是故名阿那含
須菩提於意云何阿羅漢能作是念我得
阿羅漢道不須菩提言不也世尊何以故實
無有法名阿羅漢世尊若阿羅漢作是念我
得阿羅漢道即為著我人衆生壽者世尊佛
說我得無諍三昧人中最為第一是第一離
欲阿羅漢我不作是念我是離欲阿羅漢世
尊我若作是念我得阿羅漢道世尊則不說
須菩提是樂阿蘭那行者以須菩提實無所行
而名須菩提是樂阿蘭那行
佛告須菩提於意云何如來昔在然燈佛所於
法有所得不世尊如來在然燈佛所於法實
無有得須菩提於意云何菩薩莊嚴佛土不
不也世尊何以故莊嚴佛土者則非莊嚴是

BD03870 號　金剛般若波羅蜜經　（5–5）

……說法除病應當學
不得為覆頭者說法除病應當學
不得為裹頭者說法除病應當學
不得為叉腰者說法除病應當學
不得為著革屣者說法除病應當學
不得為著木屐者說法除病應當學
不得為騎乘者說法除病應當學
不得在佛塔中止宿除為守護故應當學　六十
不得藏財物置佛塔中除為堅牢故應當學
不得著革屣入佛塔中應當學
不得手捉革屣入佛塔中應當學
不得著革屣遶佛塔行應當學
不得著富羅入佛塔中應當學
不得手捉富羅入佛塔中應當學
不得塔下坐食留草及食汙地應當學
不得擔死屍從塔下過應當學
不得塔下埋死屍應當學
不得在塔下燒死屍應當學　七十
不得向佛塔燒死屍應當學
不得佛塔四邊燒死屍臭氣來入應當學
不得持死人衣及床從塔下過除浣染香熏應當學
不得佛塔下大小便應當學
不得向佛塔大小便應當學
不得遶佛塔四邊大小便使臭氣來入應當學

BD03871 號　四分比丘尼戒本　（5–1）

不得向佛塔燒死屍應當學
不得佛塔四邊燒死屍使臭氣來入應當學
不得持死人衣及床從塔下過除浣染香薰應當學
不得佛塔下大小便應當學
不得向佛塔大小便應當學
不得繞佛塔四邊大小便使臭氣來入應當學
不得持佛像至大小便處應當學
不得在佛塔下嚼楊枝應當學
不得向佛塔下嚼楊枝應當學 八十
不得佛塔四邊嚼楊枝應當學
不得在佛塔下涕唾應當學
不得向佛塔涕唾應當學
不得佛塔四邊涕唾應當學
不得向佛塔舒脚坐應當學
不得安佛塔在下房已在上房住應當學
人坐已立不得為說法除病應當學
人臥已坐不得為說法除病應當學
人在座已在非座不得為說法除病應當學
人在高坐已在下坐不得為說法除病應當學
人在前行已在後行不得為說法除病應當學 九十
人在高經行處已在下經行處不應為說法除病應當學
人在道已在非道不應為說法除病應當學
不得攜手在道行應當學
不得上樹過人頭除時因緣應當學
不得絡囊盛鉢貫杖頭著肩上而行應當學
人持杖不恭敬不應為說法除病應當學
人持劍不應為說法除病應當學
人持鉾不應為說法除病應當學
人持刀不應為說法除病應當學
人持蓋不應為說法除病應當學 一百
諸大姊我已說眾學戒法今問諸大姊是中清淨不 三說

不得上樹過人頭除時因緣應當學
不得絡囊盛鉢貫杖頭著肩上而行應當學
人持杖不恭敬不應為說法除病應當學
人持劍不應為說法除病應當學
人持鉾不應為說法除病應當學
人持刀不應為說法除病應當學
人持蓋不應為說法除病應當學 一百
諸大姊我已說眾學戒法今問諸大姊是中清淨不 三說
諸大姊是中清淨默然故是事如是持
諸大姊是七滅諍法半月半月說戒經中來
若比丘尼有諍事起即應除滅
應與現前毗尼當與現前毗尼
應與憶念毗尼當與憶念毗尼
應與不癡毗尼當與不癡毗尼
應與自言治當與自言治
應與覓罪相當與覓罪相
應與多人語當與多人語
應與如草覆地當與如草覆地
諸大姊我已說七滅諍法今問諸大姊是中清淨不 三說
諸大姊是中清淨默然故是事如是持
諸大姊我已說戒經序已說八波羅夷法已說十七僧伽婆
尸沙法已說三十尼薩耆波逸提法已說一百七十八波逸提法
我已說八波羅提提舍尼法已說眾學戒法已說七滅諍法
此是佛所說半月半月說戒經中來若更有餘佛法是
中皆共和合應當學
忍辱第一道 佛說無為最 出家惱他人 不名為沙門 此是毗
婆尸如來無所著等正覺說是戒經
譬如明眼人 能避險惡道 世有聰明人 能遠離諸惡 此是尸
棄如來無所著等正覺說是戒經
不謗亦不嫉 當奉行於戒 飲食知止足 常樂在空閑
心定樂精進 是名諸佛教

忍辱第一道　佛說無爲最　出家惱他人　不名爲沙門　此是毗
婆尸如來無所著等正覺說是戒經
譬如明眼人　能避險惡道　世有聡明人　能遠離諸惡　此是尸
棄如來無所著等正覺說是戒經
不謗亦不嫉　當奉行於戒　飲食知止足　常樂在空閑
心定樂精進　是名諸佛教
此是毗葉羅如來無所著等正覺說是戒經
譬如蜂採花　不壞色與香　但取其味去　比丘入聚然
不違戾他事　不觀作不作　但自觀身行　若正若不正
此是拘樓孫如來無所著等正覺說是戒經
心莫作放逸　聖法當勤學　如是無憂愁　心定入涅槃
此是拘那含牟尼如來無所著等正覺說是戒經
一切惡莫作　當奉行諸善　自淨其志意　是則諸佛教
此是迦葉如來無所著等正覺說是戒經
善護於口言　自淨其志意　身莫作諸惡　此三業道淨
能得如是行　是大仙人道
此是釋迦牟尼如來無所著等正覺於十二年中爲無事僧
說是戒經　從是已後廣分別說　諸比丘尼自爲樂法　樂沙
門者有慚有愧樂學戒者當於中學
明人能護戒　能得三種樂　名譽及利養　死得生天上
當觀如是處　有智懃護戒　戒淨有智慧　便得第一道
如過去諸佛　及以未來者　現在諸世尊　能勝一切憂
皆共尊敬戒　此是諸佛法　若有自爲身　欲求於佛道
當尊重正法　此是諸佛教　七佛爲世尊　滅除諸結使
說是七戒經　諸縛得解脫　已入於涅槃　諸戲永滅盡
尊行大仙說　聖賢稱譽戒　弟子之所行　入寂滅涅槃
尊世涅槃時　興起於大悲　集諸比丘衆　與如是教誡
莫謂我涅槃　淨行者无護　我今說戒經　亦善說毗尼
我雖般涅槃　當視如世尊　此經久住世　佛法得熾盛
以是熾盛故　得入於涅槃　若不持此戒　如所應布薩
喻如日沒時　世界皆闇冥　當護持是戒

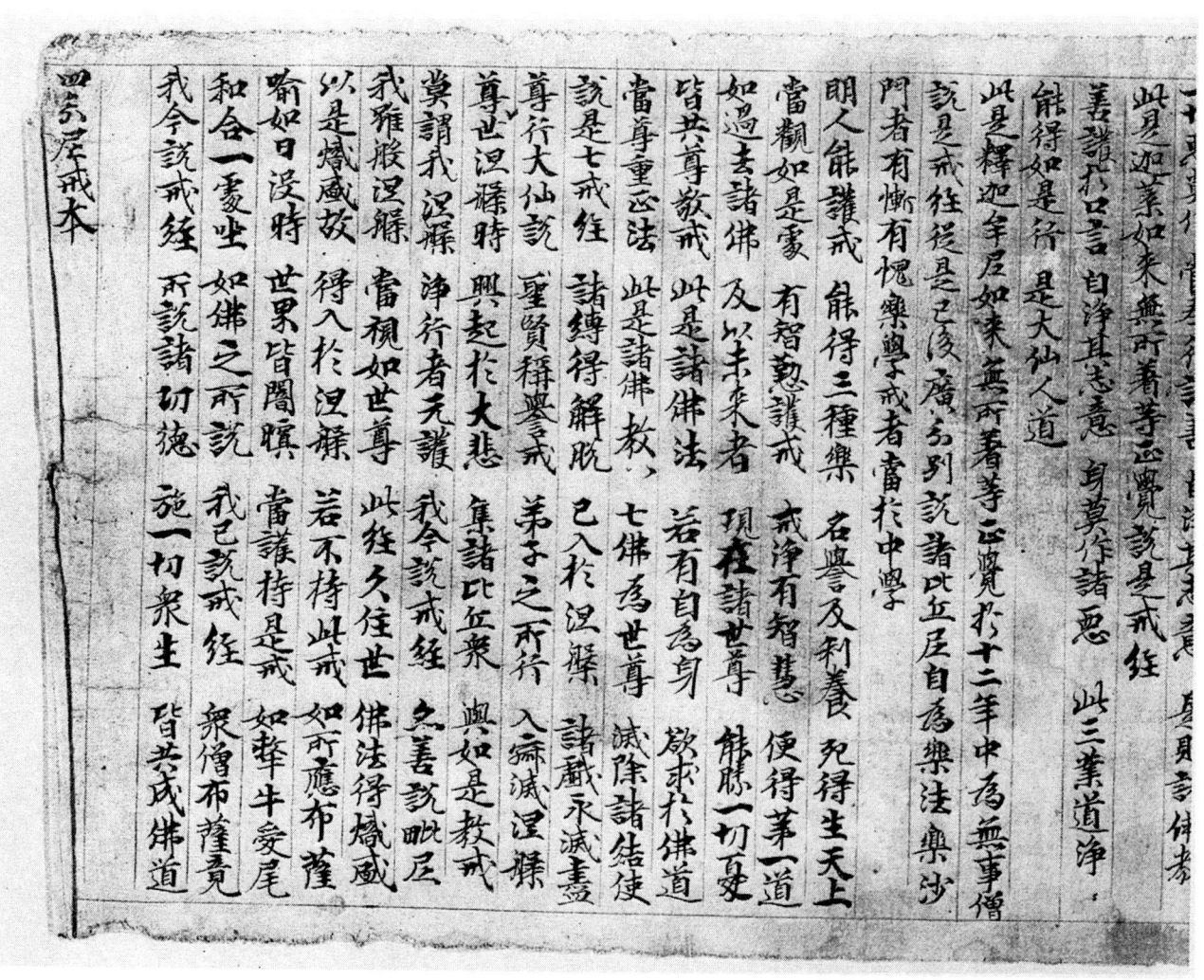

BD03871號　四分比丘尼戒本　（5–4）

一切惡莫作　當奉行諸善　自淨其志意　是則諸佛教
此是迦葉如來無所著等正覺說是戒經
善護於口言　自淨其志意　身莫作諸惡　此三業道淨
能得如是行　是大仙人道
此是釋迦牟尼如來無所著等正覺於十二年中爲無事僧
說是戒經　從是已後廣分別說　諸比丘尼自爲樂法　樂沙
門者有慚有愧樂學戒者當於中學
明人能護戒　能得三種樂　名譽及利養　死得生天上
當觀如是處　有智懃護戒　戒淨有智慧　便得第一道
如過去諸佛　及以未來者　現在諸世尊　能勝一切憂
皆共尊敬戒　此是諸佛法　若有自爲身　欲求於佛道
當尊重正法　此是諸佛教　七佛爲世尊　滅除諸結使
說是七戒經　諸縛得解脫　已入於涅槃　諸戲永滅盡
尊行大仙說　聖賢稱譽戒　弟子之所行　入寂滅涅槃
尊世涅槃時　興起於大悲　集諸比丘衆　與如是教誡
莫謂我涅槃　淨行者无護　我今說戒經　亦善說毗尼
我雖般涅槃　當視如世尊　此經久住世　佛法得熾盛
以是熾盛故　得入於涅槃　若不持此戒　如所應布薩
喻如日沒時　世界皆闇冥　當護持是戒　如犛牛愛尾
和合一處坐　如佛之所說　我已說戒經　衆僧布薩竟
我今說戒經　所說諸功德　施一切衆生　皆共成佛道

四分尼戒本

BD03871號　四分比丘尼戒本　（5–5）

世世尊
如是不可思
須菩提於意云何
世尊不可以身相
說身相即非身相佛　　所有
是虛妄若見諸相非　　如來
須菩提白佛言世尊頗有眾生得聞如是言說
章句生實信不佛告須菩提莫作是說如來
滅後後五百歲有持戒脩福者於此章句
能生信心以此為實當知是人不於一佛二
佛三四五佛而種善根已於无量千万佛所
種諸善根聞是章句乃至一念生淨信者須
菩提如來悉知悉見是諸眾生得如是无量
福德何以故是諸眾生无復我相人相眾生
相壽者相无法相亦无非法相何以故是諸
眾生若心取相則為著我人眾生壽者若取
法相即著我人眾生壽者何以故若取非法
相即著我人眾生壽者是故不應取法不應
取非法以是義故如來常說汝等比丘知我
說法如筏喻者法尚應捨何況非法
須菩提於意云何如來得阿耨多羅三藐三

BD03872號　金剛般若波羅蜜經　（4–1）

種諸善根聞是章句乃至一念生淨信者須
菩提如來悉知悉見是諸眾生得如是无量
福德何以故是諸眾生无復我相人相眾生
相壽者相无法相亦无非法相何以故是諸
眾生若心取相則為著我人眾生壽者若取
法相即著我人眾生壽者何以故若取非法
相即著我人眾生壽者是故不應取法不應
取非法以是義故如來常說汝等比丘知我
說法如筏喻者法尚應捨何況非法
須菩提於意云何如來得阿耨多羅三藐三
菩提耶如來有所說法耶須菩提言如我
解佛所說義无有定法名阿耨多羅三藐三菩
提亦无有定法如來可說何以故如來所說
法皆不可取不可說非法非非法所以者何
一切賢聖皆以无為法而有差別
須菩提於意云何若人滿三千大千世界七寶
以用布施是人所得福德寧為多不須菩提
言甚多世尊何以故是福德即非福德性是
故如來說福德多若復有人於此經中受持
乃至四句偈等為他人說其福勝彼何以故須
菩提一切諸佛及諸佛阿耨多羅三藐三菩
提法皆從此經出須菩提所謂佛法者即非佛法
須菩提於意云何須陁洹能作是念我得須
陁洹果不須菩提言不也世尊何以故須陁
洹名為入流而无所入不入色聲香味觸法
是名須陁洹須菩提於意云何斯陁含能作

BD03872號　金剛般若波羅蜜經　（4–2）

提法皆從此出須菩提所謂佛法者即非佛法
須菩提於意云何須陁洹能作是念我得須
陁洹果不須菩提言不也世尊何以故須陁
洹名為入流而无所入不入色聲香味觸法
是名須陁洹須菩提於意云何斯陁含能作
是念我得斯陁含果不須菩提言不也世尊
何以故斯陁含名一往來而實无往來是名斯
陁含須菩提於意云何阿那含能作是念我
得阿那含果不須菩提言不也世尊何以
故阿那含名為不來而實无來是故名阿那
含須菩提於意云何阿羅漢能作是念我得
阿羅漢道不須菩提言不也世尊何以故實
无有法名阿羅漢世尊若阿羅漢作是念我
得阿羅漢道即為著我人衆生壽者世尊佛
說我得无諍三昧人中最為第一是第一離
欲阿羅漢我不作是念我是離欲阿羅漢世
尊我若作是念我得阿羅漢道世尊則不說
須菩提是樂阿蘭那行者以須菩提實无所
行而名須菩提是樂阿蘭那行
佛告須菩提於意云何如來昔在然燈佛所
於法有所得不世尊如來在然燈佛所於法
實无所得須菩提於意云何菩薩莊嚴佛土
不不也世尊何以故莊嚴佛土者則非莊嚴
是名莊嚴是故須菩提諸菩薩摩訶薩應如
是生清淨心不應住色生心不應住聲香味
觸法生心應无所住而生其心須菩提譬如
[illegible]

BD03872號　金剛般若波羅蜜經　（4–3）

行而名須菩提是樂阿蘭那行
佛告須菩提於意云何如來昔在然燈佛所
於法有所得不世尊如來在然燈佛所於法
實无所得須菩提於意云何菩薩莊嚴佛土
不不也世尊何以故莊嚴佛土者則非莊嚴
是名莊嚴是故須菩提諸菩薩摩訶薩應如
是生清淨心不應住色生心不應住聲香味
觸法生心應无所住而生其心須菩提譬如
有人身如須弥山王於意云何是身為大不
須菩提言甚大世尊何以故佛說非身是名
大身須菩提如恒河中所有沙數如是沙等恒
河於意云何是諸恒河沙寧為多不須菩提言
甚多世尊但諸恒河尚多无數何況其沙須
菩提我今實言告汝若有善男子善女人以
七寶滿尒所恒河沙數三千大千世界以用
布施得福多不須菩提言甚多世尊佛告須
菩提若善男子善女人於此經中乃至受持
四句偈等為他人說而此福德勝前福德
復次須菩提隨說是經乃至四句偈等當知
此處一切世間天人阿脩羅皆應供養如佛
塔廟何況有人盡能受持讀誦須菩提當知
[illegible]人成就最上第一希有之法若是經典所
[illegible]為有佛若尊重弟子

BD03872號　金剛般若波羅蜜經　（4–4）

佛告須菩提於意
於法有所得不世尊如來
實无所得須菩提於意云何
不不也世尊何以故莊嚴佛土者則非
是名莊嚴是故須菩提諸菩薩摩訶薩應如
是生清淨心不應住色生心不應住聲香味
觸法生心應无所住而生其心須菩提譬如
有人身如須弥山王於意云何是身為大不
須菩提言甚大世尊何以故佛說非身是名
大身須菩提如恒河中所有沙數如是沙等
恒河於意云何是諸恒河沙寧為多不須菩
提言甚多世尊但諸恒河尚多无數何況其
沙須菩提我今實言告汝若有善男子善女
人以七寶滿尒所恒河沙數三千大千世界
以用布施得福多不須菩提言甚多世尊佛
告須菩提若善男子善女人於此經中乃至
受持四句偈等為他人說而此福德勝前福
德復次須菩提隨說是經乃至四句偈等當
知此處一切世間天人阿脩羅皆應供養如

BD03873號　金剛般若波羅蜜經　（5–1）

沙須菩提我今實言告汝若有善男子善女
人以七寶滿尒所恒河沙數三千大千世界
以用布施得福多不須菩提言甚多世尊佛
告須菩提若善男子善女人於此經中乃至
受持四句偈等為他人說而此福德勝前福
德復次須菩提隨說是經乃至四句偈等當
知此處一切世間天人阿脩羅皆應供養如
佛塔廟何況有人盡能受持讀誦須菩提當
知是人成就最上第一希有之法若是經典
所在之處則為有佛若尊重弟子
尒時須菩提白佛言世尊當何名此經我等
云何奉持佛告須菩提是經名為金剛般若
波羅蜜以是名字汝當奉持所以者何須菩
提佛說般若波羅蜜則非般若波羅蜜須菩
提於意云何如來有所說法不須菩提白佛
言世尊如來无所說須菩提於意云何三千
大千世界所有微塵是為多不須菩提言甚
多世尊須菩提諸微塵如來說非微塵是名
微塵如來說世界非世界是名世界須菩提
於意云何可以三十二相見如來不不也世
尊不可以三十二相得見如來何以故如來
說三十二相即是非相是名三十二相須菩
提若有善男子善女人以恒河沙等身命布
施若復有人於此經中乃至受持四句偈等
為他人說其福甚多
尒時須菩提聞說是經深解義趣涕淚悲泣

BD03873號　金剛般若波羅蜜經　（5–2）

尊不可以三十二相得見如來何以故如來
說三十二相即是非相是名三十二相須菩
提若有善男子善女人以恒河沙等身命布
施若復有人於此經中乃至受持四句偈等
為他人說其福甚多
尒時須菩提聞說是經深解義趣涕淚悲泣
而白佛言希有世尊佛說如是甚深經典我
從昔來所得慧眼未曾得聞如是之經世尊
若復有人得聞是經信心清淨則生實相當
知是人成就第一希有功德世尊是實相者
則是非相是故如來說名實相世尊我今得
聞如是經典信解受持不足為難若當來世
後五百歲其有衆生得聞是經信解受持是
人則為第一希有何以故此人无我相人相
衆生相壽者相所以者何我相即是非相人
相衆生相壽者相即是非相何以故離一切
諸相則名諸佛佛告須菩提如是如是若復
有人得聞是經不驚不怖不畏當知是人甚
為希有何以故須菩提如來說第一波羅蜜
非第一波羅蜜是名第一波羅蜜
須菩提忍辱波羅蜜如來說非忍辱波羅蜜
何以故須菩提如我昔為歌利王割截身體
我於尒時无我相无人相无衆生相无壽者
相何以故我於往昔節節支解時若有我相
人相衆生相壽者相應生瞋恨須菩提又念

須菩提忍辱波羅蜜如來說非忍辱波羅蜜
何以故須菩提如我昔為歌利王割截身體
我於尒時无我相无人相无衆生相无壽者
相何以故我於往昔節節支解時若有我相
人相衆生相壽者相應生瞋恨須菩提又念
過去於五百世作忍辱仙人於尒所世无我
相无人相无衆生相无壽者相是故須菩提
菩薩應離一切相發阿耨多羅三藐三菩提
心不應住色生心不應住聲香味觸法生心
應生无所住心若心有住則為非住是故佛
說菩薩心不應住色布施須菩提菩薩為利
益一切衆生應如是布施如來說一切諸相
即是非相又說一切衆生則非衆生須菩提
如來是真語者實語者如語者不誑語者不
異語者須菩提如來所得法此法无實无虛
須菩提若菩薩心住於法而行布施如人入
闇則无所見若菩薩心不住法而行布施如
人有目日光明照見種種色須菩提當來之
世若有善男子善女人能於此經受持讀誦
則為如來以佛智慧悉知是人悉見是人皆
得成就无量无邊功德
須菩提若有善男子善女人初日分以恒河
沙等身布施中日分復以恒河沙等身布施
後日分亦以恒河沙等身布施如是无量百
千万億劫以身布施若復有人聞此經典信

人有目日光明照見種種色須菩提當來之
世若有善男子善女人能於此經受持讀誦
則爲如來以佛智慧悉知是人悉見是人皆
得成就无量无邊功德
須菩提若有善男子善女人初日分以恒河
沙等身布施中日分復以恒河沙等身布施
後日分亦以恒河沙等身布施如是无量百
千万億劫以身布施若復有人聞此經典信
心不逆其福勝彼何況書寫受持讀誦爲人
解說須菩提以要言之是經有不可思議不
可稱量无邊功德如來爲發大乘者說爲發
最上乘者說若有人能受持讀誦廣爲人說
如來悉知是人悉見是人皆得成就不可量
不可稱无有邊不可思議功德如是人等則
爲荷擔如來阿耨多羅三藐三菩提何以故
須菩提若樂小法者著我見人見衆生見壽
者見則於此經不能聽受讀誦爲人解說須
菩提在在處處若有此經一切世間天人阿
脩羅所應供養當知此處則爲是塔皆應恭

BD03873 號　金剛般若波羅蜜經　（5–5）

般若波羅蜜多心經
觀自在菩薩行深般若波羅蜜多時照見五蘊
皆空度一切苦厄舍利子色不異空空不異色色即
是空空即是色受想行識亦復如是舍利子是諸法
空相不生不滅不垢不淨不增不減是故空中無色無
受想行識無眼耳鼻舌身意無色聲香味觸
法無眼界乃至無意識界無無明亦無無明盡乃
至無老死亦無老死盡無苦集滅道無智亦無
得以無所得故菩提薩埵依般若波羅蜜多故心
無罣礙無罣礙故無有恐怖遠離顛倒夢想究
竟涅槃三世諸佛依般若波羅蜜多故得阿
耨多羅三藐三菩提故知般若波羅蜜多是
大神呪是大明呪是無上呪是無等等呪能
除一切苦真實不虛故說般若波羅蜜多呪即說呪曰
揭諦揭諦　波羅揭諦　波羅僧揭諦　菩提娑婆訶
般若波羅蜜多心經一卷

BD03874 號 **A**　般若波羅蜜多心經　（1–1）

如是我聞一時佛在王……
衆千二百五十人俱皆……
沙而為上首并諸獨覺……
佛而為上首諸大菩薩八千人俱
而為上首大梵天王釋提桓因四天大王龍神
八部諸苾蒭苾蒭尼鄔波索迦鄔波斯迦尒
時世尊於此衆中欣然而笑放大光明照屍陁
林及此大會未久之間其光還復從口而入端
身而坐正念不動尒時迦葉波即從座起偏露
右肩遶佛三匝即於佛前右膝著地而白佛言
世尊如來何故於此衆中欣然而笑放大光明
照屍陁林及此大會未久之間其光還復從口
而入端身而坐正念不動唯願如來說其意志
佛言善哉善哉善男子汝當諦聽善思念之
吾當為汝說真要法我以佛眼觀此林中捨身
行者未來當獲正等菩提若有有情能發勝上
捨身之意心生平等無有愛憎不生慳悋若能
一發是心雖未捨身是人已過二乘之行百千

BD03874號B1　要行捨身經

（8–1）

佛言善哉善哉善男子汝當諦聽善思念之
吾當為汝說真要法我以佛眼觀此林中捨身
行者未來當獲正等菩提若有有情能發勝上
捨身之意心生平等無有愛憎不生慳悋若能
一發是心雖未捨身是人已過二乘之行百千
万倍即共諸菩薩等一切同志呪捨身命普及
有情是義不然不名為普若是普者水性有情
即無有分唯願如來示我普義佛言善男子我
正許說汝方即問若有有情能施身分分為二
分一分水中一分陸地是人命欲終時囑善知
識同志願者分割其身以為二分是分身者
所得功德與捨身人功德無二我念過去然燈
佛時在舍衛國修菩提行願捨身命皮肉筋骨
心心相續弥勒于時為我善友我命既盡即分二
分安置如法慈氏合掌即發願言以此微供普
及有情水陸空行一切都食緣是功德無始已
來恒相值遇共為眷屬次復作佛即其人也我
因捨身發大誓言若有有情飢食我肉渴飲我
血既飲噉已願令一切有情因食我肉發菩提心
離飢渴苦未來當得法喜等食資自性身飲我
血者離諸愛渴當獲法水灌注心源愛法位資
變化身以是義故疾得無上正等菩提又迦葉波
我於因地初發心時三度死捨至第四生即能生
捨不生貪愛於空王佛時以悟空理即作薩埵王

BD03874號B1　要行捨身經

（8–2）

說飢[illegible]
血者離諸愛渴當獲法水灌注心源愛法位資
變化身以是義故疾得無上正等菩提又迦葉波
我於因地初發心時三度死捨至第四生即能生
捨不生貪愛於空王佛時以悟空理即作潅壚王
子施身餓虎飼於七子亦作月光大王廣惠千首
亦為達拏太子布施妻兒亦為慈力悲王施軀
於五夜叉為求法故於雪山邊求半句偈以其
身餧其羅刹我若廣說無始已來生捨身命於
百千劫不可說盡何以故都由因地初發心時
死捨身故迦葉波白佛言世尊如是等人但行
捨身無量功德不審未施已前多生造罪先世
惡業捨身福報得滅以不佛言善男子若有有
情多生煞害一切有情遍娑訶界四重五逆謗方
等經乃至食噉有情血肉如是等罪無量無邊
若有情能施身分普濟有情除飢渴苦如上之
罪悉皆消滅從無始已來所有殃咎速滅无餘
緣捨身故即是大懺悔志誠慚愧十方三世
一切諸佛皆共稱嘆善男子假使有人從无
始已來作業偷僧祇物常住僧物見前僧物
不淨說法大犯重禁如是等罪應入捺洛迦傍
生餓鬼多百千劫不得解脫恐獲來苦即請苾
集娑訶世界三明六通具八解脫大阿羅漢若
凡若聖一切僧尼聚在一處欲滅其罪亦不可
滅何以故即有百千殑伽娑訶世界一切衆僧
清淨衆海即不來集以是因緣罪難除滅是

BD03874 號 B1　要行捨身經　（8–3）

生餓鬼多百千劫不得解脫恐獲來苦即請苾
集娑訶世界三明六通具八解脫大阿羅漢若
凡若聖一切僧尼聚在一處欲滅其罪亦不可
滅何以故即有百千殑伽娑訶世界一切衆僧
清淨衆海即不來集以是因緣罪難除滅是
故稱云常住僧物普通法界上至諸佛下及
沙弥悉皆有分不如有人於一切生處顧捨此
身皮肉筋骨心心相續如上之罪悉皆消滅天
曹地府所有薄籍自然除滅以是因緣我見是
利故勸諸有情當施身分必定獲得无上等覺
尒時世尊告弥勒菩薩言慈氏如是華經汝當
護持於贍部洲廣宣流布無令斷絕尒時弥勒
菩薩白佛言世尊如來滅後惡世之中若善男
子善女人發勇猛心以身布施一切有情為檀
波羅蜜故如是等人我於龍花初首皆令得度
唯願佛日更不有處大梵天王釋提桓因四天
大王龍神八部諸苾蒭苾蒭尼鄔波索迦鄔
波斯迦白佛言世尊如此人輩我等從今為作
衛護不令有人作於留難所以者何如此人輩必
定獲得无上等覺尒時慶喜白佛言世尊當
何名之佛告慶喜此經名諸佛要行捨身功德
經尒時一切天人阿素洛等聞佛所說信受奉
行
佛說要行捨身經

BD03874 號 B1　要行捨身經　（8–4）

[illegible]
經尒時一切天人阿素洛等聞佛所說信受奉
行
佛說要行捨身經
佛說无常經 亦名三啓經　　三藏法師義淨奉　制譯
稽首歸依无上士　常起弘誓大悲心
為濟有情生死流　令得涅槃安隱處
大捨防非忍无倦　一心方便正慧力
自利利他悲圓滿　故号調御天人師
稽首歸依妙法藏　三四二五理圓明
七八能開四諦門　修者咸到无為岸
法雲法雨潤群生　能除熱惱蠲衆病
難化之徒使調順　隨機引導非強力
稽首歸依真聖衆　八輩上人能離染
金剛智杵破邪山　永斷无始相纏縛
始從鹿苑至雙林　隨佛一代弘真教
各稱本緣行化已　灰身滅智證无生
稽首總敬三寶尊　是謂正因能普濟
生死迷愚鎮沉溺　咸令出離至菩提
生者皆歸死　容顏盡變衰　強力病所侵　无能免斯者
假使妙高山　劫盡皆散壞　大海深无底　亦復皆枯竭
大地及日月　時至皆歸盡　未曾有一事　不被无常吞
上至非想處　下至轉輪王　七寶鎮隨身　千子常圍繞
如其壽命盡　須臾不暫停　還漂死海中　隨緣受衆苦
循環三界內　猶如汲井輪　亦如蠶作繭　吐絲還自縛

BD03874 號 B2　無常三啓經　　(8–5)

[illegible]
[illegible]
大地及日月　時至皆歸盡　未曾有一事　不被无常吞
上至非想處　下至轉輪王　七寶鎮隨身　千子常圍繞
如其壽命盡　須臾不暫停　還漂死海中　隨緣受衆苦
循環三界內　猶如汲井輪　亦如蠶作繭　吐絲還自縛
无上諸世尊　獨覺聲聞衆　尚捨无常身　何況諸凡夫
父母及妻子　兄弟并眷屬　目觀生死隔　云何不愁歎
是故勸諸人　諦聽真實法　共捨无常處　當行不死門
佛教如甘露　除熱得清涼　一心應善聽　能滅諸煩惱
如是我聞一時薄伽梵在室羅伐城逝多林給
孤獨園尒時佛告諸苾芻有三種法於諸世
間是不可愛是不光澤是不可念是不稱意
何者為三謂老病死汝諸苾芻此老病死於
諸世間實不可愛實不光澤實不可念實不
稱意若老病死世間无者如來應正等覺不
出於世為諸衆生說所證法及調伏事是故
應知此老病死於諸世間是不可愛是不光
澤是不可念是不稱意由此三事如來應正
等覺出現於世為諸衆生說所證法及調伏事
尒時世尊重說頌曰
外事莊彩咸歸壞　內身衰變亦同然
唯有勝法不滅亡　諸有智人應善察
此老病死皆共嫌　形儀醜陋極可厭
少年容貌暫時停　不久咸悉見枯羸
假使壽命滿百年　終歸不免无常逼
老病死苦常隨逐　恒與衆生作无利

BD03874 號 B2　無常三啓經　　(8–6)

唯有勝法不滅亡 諸有智人應善察
此老病死皆共嫌 形儀醜陋極可厭
少年容貌暫時停 不久咸悉見枯羸
假使壽命滿百年 終歸不免无常逼
老病死苦常隨逐 恒與衆生作无利
尒時世尊說是經已 諸苾芻衆天龍藥叉揵
達婆阿蘇羅等皆大歡喜信受奉行
常求諸欲境 不行於善事 云何報刑命 不見死來侵
命根氣欲盡 支節悉分離 衆苦與俱死 此時徒歎恨
兩目俱翻上 死刀隨業下 意想並慞惶 无能相救濟
長喘連胷急 噎氣喉中乾 死王催伺命 親屬徒相守
諸識皆昏昧 行入險城中 親知咸棄捨 任彼繩牽將
將至琰魔王 隨業而受報 勝因生善道 惡業墮泥犁
明眼无過慧 黑闇不過癡 病不越怨家 大怖无過死
有生皆必死 造罪苦切身 當勤策三業 恒修於福智
眷屬皆捨去 財貨任他將 但持自善根 險道充粮食
譬如路傍樹 暫息非久停 車馬及妻兒 不久皆如是
譬如群宿鳥 夜聚旦隨飛 死去別親知 乖離亦如是
唯有佛菩提 是真歸仗處 依經我略說 智者善應思
天阿蘇羅藥叉等 來聽法者應至心
擁護佛法使長存 各各勤行世尊教
諸有聽徒來至此 或在地上或居空
常於人世起慈心 晝夜自身依法住
願諸世界常安隱 无邊福智益群生
所有罪業並消除 遠離衆苦歸圓寂

BD03874號 B2　無常三啓經　（8–7）

諸識皆昏昧 行入險城中 親知咸棄捨 任彼繩牽將
將至琰魔王 隨業而受報 勝因生善道 惡業墮泥犁
明眼无過慧 黑闇不過癡 病不越怨家 大怖无過死
有生皆必死 造罪苦切身 當勤策三業 恒修於福智
眷屬皆捨去 財貨任他將 但持自善根 險道充粮食
譬如路傍樹 暫息非久停 車馬及妻兒 不久皆如是
譬如群宿鳥 夜聚旦隨飛 死去別親知 乖離亦如是
唯有佛菩提 是真歸仗處 依經我略說 智者善應思
天阿蘇羅藥叉等 來聽法者應至心
擁護佛法使長存 各各勤行世尊教
諸有聽徒來至此 或在地上或居空
常於人世起慈心 晝夜自身依法住
願諸世界常安隱 无邊福智益群生
所有罪業並消除 遠離衆苦歸圓寂
恒用戒香塗瑩體 常持定服以資身
菩提妙花遍莊嚴 隨所住處常安樂
初後讚歎乃是尊者馬鳴取經意而集
造中是正經金口所說事有三開故名三啓
佛說无常經一卷

BD03874號 B2　無常三啓經　（8–8）

尒時須菩提白佛言世尊善男子善女人發
阿耨多羅三藐三菩提心云何應住云何降
伏其心佛告須菩提善男子善女人發阿耨
多羅三藐三菩提者當生如是心我應滅度一
切衆生滅度一切衆生已而无有一切衆生實
滅度者何以故若菩薩有我相人相衆生相壽
者相則非菩薩所以者何須菩提實无有法
發阿耨多羅三藐三菩提者須菩提於意云
何如来於然燈佛所有法得阿耨多羅三藐
三菩提不不也世尊如我觧佛所說義佛於
然燈佛所无有法得阿耨多羅三藐三菩提
佛言如是如是須菩提實无有法如来得
阿耨多羅三藐三菩提須菩提若有法如来
得阿耨多羅三藐三菩提者然燈佛則不
與我受記汝於来世當得作佛号釋迦牟尼
以實无有法得阿耨多羅三藐三菩提是故
然燈佛與我受記作是言汝於来世當得作
佛号釋迦牟尼何以故如来者即諸法如義
若有人言如来得阿耨多羅三藐三菩提須
菩提實无有法佛得阿耨多羅三藐三菩提

BD03875 號　金剛般若波羅蜜經　（3–1）

[illegible]
與我受記汝於来世當得作佛号釋迦牟尼
以實无有法得阿耨多羅三藐三菩提是故
然燈佛與我受記作是言汝於来世當得作
佛号釋迦牟尼何以故如来者即諸法如義
若有人言如来得阿耨多羅三藐三菩提須
菩提實无有法佛得阿耨多羅三藐三菩提
須菩提如来所得阿耨多羅三藐三菩提於
是中无實无虛是故如来說一切法皆是佛法
須菩提所言一切法者即非一切法是故名一
切法須菩提譬如有人身長大須菩提言世尊
如来說人身長大則為非大身是名大身須
菩提菩薩亦如是若作是言我當滅度无
量衆生則不名菩薩何以故須菩提實无
有法名為菩薩是故佛說一切法无我无人
无衆生无壽者須菩提若菩薩作是言我當
莊嚴佛土是不名菩薩何以故如来說莊嚴
佛土者即非莊嚴是名莊嚴須菩提若菩
薩通達无我法者如来說名真是菩薩
須菩提於云何如来有肉眼不如是世尊如
来有肉眼須菩提於意云何如来有天眼
不如是世尊如来有天眼須菩提於意云何
如来有慧眼不如是世尊如来有慧眼須菩
提於意云何如来有法眼不如是世尊如来
有法眼須菩提於意云何如来有佛眼不如
是世尊如来有佛眼須菩提於意云何恒河
中所有沙佛說是沙不如是世尊如来說是
沙須菩提於意云何如一恒河中所有沙有如

BD03875 號　金剛般若波羅蜜經　（3–2）

提於意云何如来有法眼不如是世尊如来
有法眼須菩提於意云何如来有佛眼不如
是世尊如来有佛眼須菩提於意云何恒河
中所有沙佛說是沙不如是世尊如来說是
沙須菩提於意云何如一恒河中所有沙有如
是等恒河是諸恒河所有沙數佛世界如
是寧為多不甚多世尊佛告須菩提尒所國
土中所有衆生若干種心如来悉知何以故如
来說諸心皆為非心是名為心所以者何須菩
提過去心不可得現在心不可得未来心不可
得須菩提於意云何若有人滿三千大千
世界七寶以用布施是人以是因緣得福多
不如是世尊此人以是因緣得福甚多須菩
提若福德有實如来不說得福德多以福德
无故如来說得福德多
須菩提於意云何佛可以具足色身見不不也
世尊如来不應以具足色身見何以故如来說
具足色身即非具足色身是名具足色身須
菩提於意云何如来可以具足諸相見不不
也世尊如来不應以具足諸相見何以故如来
說諸相具足即非具足是名諸相具足須菩
提汝勿謂如来作是念我當有所說法莫作
是念何以故若人言如来有所說法即為謗
佛不能解我所說故須菩提說法者无法
可說是名說法須菩提白佛言世尊佛得阿
耨多羅三藐三菩提為

BD03875 號　金剛般若波羅蜜經　（3–3）

耶薄拘羅阿
并諸菩薩摩訶薩文
多菩薩乾陁訶提菩薩
是等諸大菩薩及釋提桓因
量諸天大衆俱
佛告長老舍利弗從是西方十万億
土有世界名曰極樂其土有佛号阿弥陁
在說法舍利弗彼土何故名為極樂其
无有衆苦但受諸樂故名極樂又
弗極樂國土七重欄楯七重羅網七重行
皆是四寶周帀圍繞是故彼國名曰極樂
又舍利弗極樂國土有七寶池八功德水充
滿其中池底純以金沙布地四邊階道金銀
琉璃頗梨合成上有樓閣亦以金銀琉璃頗
梨車璖赤珠馬瑙而嚴飾之池中蓮華大如
車輪青色青光黄色黄光赤色赤光白色白
光微妙香潔舍利弗極樂國土成就如是

BD03876 號　阿彌陀經　（6–1）

滿其中池底純以金沙布地四邊階道金銀
琉璃頗梨合成上有樓閣亦以金銀琉璃頗
梨車𤦲赤珠馬瑙而嚴飾之池中蓮華大如
車輪青色青光黃色黃光赤色赤光白色白
光微妙香潔舍利弗極樂國土成就如是
功德莊嚴又舍利弗彼佛國土常作天樂黃
金為地晝夜六時而雨曼陁羅華其國衆生
常以清旦各以衣裓盛衆妙華供養他方十万
億佛即以食時還到本國飯食經行舍利弗
極樂國土成就如是功德莊嚴復次舍利弗
彼國常有種種奇妙雜色之鳥白鵠孔雀鸚
鵡舍利迦陵頻伽共命之鳥是諸衆鳥晝夜
六時出和雅音其音演暢五根五力七菩提
分八聖道分如是等法其土衆生聞是音
已皆悉念佛念法念僧舍利弗汝勿謂此鳥
實是罪報所生所以者何彼佛國土无三惡
趣舍利弗其佛國土尚无三惡道之名何況
有實是諸衆鳥皆是阿弥陁佛欲令法音宣
流變化所作舍利弗彼佛國土微風吹動諸
寶行樹及寶羅網出微妙音譬如百千種樂
同時俱作聞是音者皆自然生念佛念法念
僧之心舍利弗其佛國土成就如是功德莊
嚴舍利弗於汝意云何彼佛何故号阿弥陁
舍利弗彼佛光明无量照十方國无所鄣㝵
是故号為阿弥陁又舍利弗彼佛壽命及其

BD03876號　阿彌陀經　（6–2）

同時俱作聞是音者皆自然生念佛念法念
僧之心舍利弗其佛國土成就如是功德莊
嚴舍利弗於汝意云何彼佛何故号阿弥陁
舍利弗彼佛光明无量照十方國无所鄣㝵
是故号為阿弥陁又舍利弗彼佛壽命及其
人民无量无邊阿僧祇劫故名阿弥陁舍利
弗阿弥陁佛成佛已來於今十劫又舍利弗
彼佛有无量无邊聲聞弟子皆阿羅漢非
是筭數之所能知諸菩薩亦如是舍利弗彼
佛國土成就如是功德莊嚴又舍利弗極樂
國土衆生生者皆是阿鞞跋致其中多有一
生補處其數甚多非是筭數所能知之但可
以无量无邊阿僧祇劫說舍利弗衆生聞者
應當發願願生彼國所以者何得與如是諸
上善人俱會一處舍利弗不可以少善根福
德因緣得生彼國舍利弗若有善男子善女
人聞說阿弥陁佛執持名号若一日若二日
若三日若四日若五日若六日若七日一心
不亂其人臨命終時阿弥陁佛與諸聖衆現
在其前是人終時心不顛倒即得往生阿弥
陁佛極樂國土舍利弗我見是利故說此言
有衆生聞是說者應當發願生彼國土
舍利弗如我今者讚歎阿弥陁佛不可思議
功德東方亦有阿閦鞞佛須弥相佛大須弥
佛須弥光佛妙音佛如是等恒河沙數諸佛

BD03876號　阿彌陀經　（6–3）

有衆生聞是說者應當發願生彼國土
舍利弗如我今者讚歎阿弥陀佛不可思議
功德東方亦有阿閦鞞佛須弥相佛大須弥
佛須弥光佛妙音佛如是等恒河沙數諸佛
各於其國出廣長舌相遍覆三千大千世界
說誠實言汝等衆生當信是稱讚不可思議
功德一切諸佛所護念經
舍利弗南方世界有日月燈佛名聞光佛大
焰肩佛須弥燈佛无量精進佛如是等恒河
沙數諸佛各於其國出廣長舌相遍覆三千
大千世界說誠實言汝等衆生當信是稱讚
不可思議功德一切諸佛所護念經
舍利弗西方世界有无量壽佛无量相佛无
量幢佛大光佛大明佛寶相佛淨光佛如是
等恒河沙數諸佛各於其國出廣長舌相遍
覆三千大千世界說誠實言汝等衆生當
信是稱讚不可思議功德一切諸佛所護念經
舍利弗北方世界有焰肩佛最勝音佛難沮
佛日生佛網明佛如是等恒河沙數諸佛各
於其國出廣長舌相遍覆三千大千世界說
誠實言汝等衆生當信是稱讚不可思議
功德一切諸佛所護念經
舍利弗下方世界有師子佛名聞佛名光佛
達摩佛法幢佛持法佛如是等恒河沙數諸
佛各於其國出廣長舌相遍覆三千大千

誠實言汝等衆生當信是稱讚不可思議
功德一切諸佛所護念經
舍利弗下方世界有師子佛名聞佛名光佛
達摩佛法幢佛持法佛如是等恒河沙數諸
佛各於其國出廣長舌相遍覆三千大千
世界說誠實言汝等衆生當信是稱讚不
可思議功德一切諸佛所護念經
舍利弗上方世界有梵音佛宿王佛香上佛
香光佛大焰肩佛雜色寶華嚴身佛娑羅
樹王佛寶華德佛見一切義佛如須弥山佛
如是等恒河沙數諸佛各於其國出廣長舌
相遍覆三千大千世界說誠實言汝等衆生
當信是稱讚不可思議功德一切諸佛所
護念經
舍利弗於汝意云何故名一切諸佛所護念
經舍利弗若有善男子善女人聞是諸佛
所說名及經名者是諸善男子善女人皆為
一切諸佛共所護念皆得不退轉於阿耨多
羅三藐三菩提故舍利弗汝等皆當信受我
語及諸佛所說舍利弗若有人已發願今發
願當發願欲生阿弥陀佛國者是諸人等皆得
不退轉於阿耨多羅三藐三菩提於彼國土
若已生若今生若當生是故舍利弗諸善男
子善女人若有信者應當發願生彼國土舍
利弗如我今者稱讚諸佛不可思議功德彼
諸佛等亦稱說我不可思議功德而作是言

不退轉於阿耨多羅三藐三菩提於彼國土
若已生若今生若當生是故舍利弗諸善男
子善女人若有信者應當發願生彼國土舍
利弗如我今者稱讚諸佛不可思議功德彼
諸佛等亦稱說我不可思議功德而作是言
釋迦牟尼佛能為甚難希有之事能於娑婆
國土五濁惡世劫濁見濁煩惱濁眾生濁命
濁中得阿耨多羅三藐三菩提為諸眾生說
是一切世間難信之法舍利弗當知我於五濁
惡世行此難事得阿耨多羅三藐三菩提
為一切世間說此難信之法是為甚難佛說
此經已舍利弗及諸比丘一切世間天人阿
脩羅等聞佛所說歡喜信受作礼而去

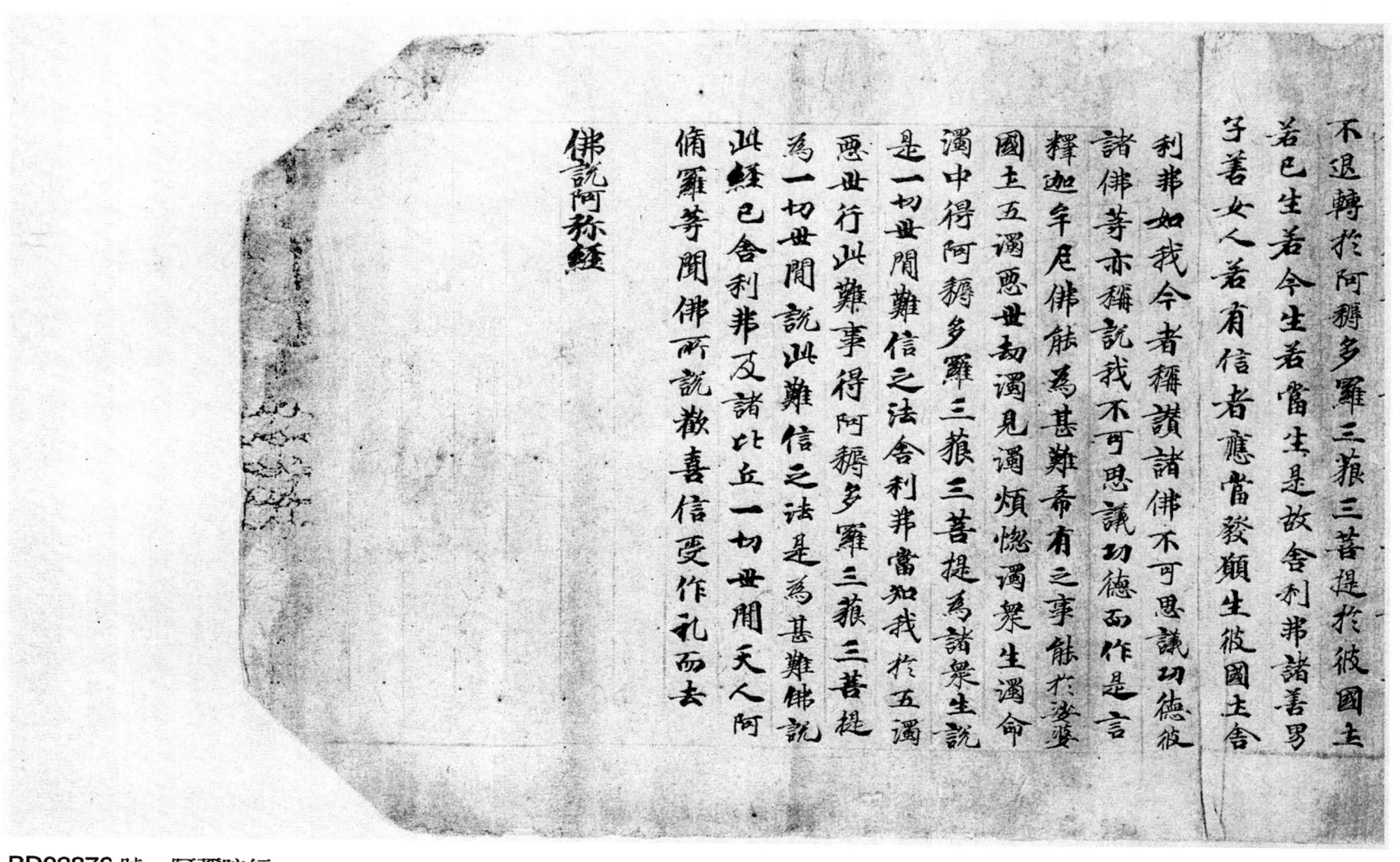

佛說阿弥經

BD03876 號　阿彌陀經

（6–6）

尊
須菩提
行而名須菩提是
於意云何如來昔…
不世尊如來在…
須菩提於意云何菩薩
尊何以故莊嚴佛土者則
是故須菩提諸菩薩摩
心不應住色生心不應…
應無所住而生其心…
須弥山王於意云何是…
甚大世尊何以故佛說非身是名
須菩提如恒河中所有沙數如是…
於意云何是諸恒河沙寧為多…
甚多世尊但諸恒河尚多無數何況
菩提我今實言告汝若有善男子…
七寶滿尒所恒河沙數三千大千世
布施得福多不須菩提言甚多世尊
菩提若善男子善女人於此經中乃
四句偈等為他人說而此福德勝…
復次須菩提隨說是經乃至四句偈等…
…一切世間天人阿脩羅…佛

BD03877 號　金剛般若波羅蜜經

（5–1）

布施得福多不須菩提言甚多世尊
菩提若善男子善女人於此經中乃
四句偈等為他人說而此福德勝
復次須菩提隨說是經乃至四句偈等
此處一切世間天人阿脩羅皆應供養如佛
塔廟何況有人盡能受持讀誦須菩提當知
是人成就最上第一希有之法若是經典所
在之處則為有佛若尊重弟子尒時須菩提
白佛言世尊當何名此經我等云何奉持佛
告須菩提是經名為金剛般若波羅蜜以是
名字汝當奉持所以者何須菩提佛說般若
波羅蜜則非般若波羅蜜須菩提於意云何
如来有所說法不須菩提白佛言世尊如来
无所說須菩提於意云何三千大千世界所
有微塵是為多不須菩提言甚多世尊須菩
提諸微塵如来說非微塵是名微塵如来說
世界非世界是名世界須菩提於意云何可
以三十二相見如来不不也世尊何以故如
来說三十二相即是非相是名三十二相須
菩提若有善男子善女人以恒河沙等身命
布施若復有人於此經中乃至受持四句偈
等為他人說其福甚多尒時須菩提聞說是
經深解義趣涕淚悲泣而白佛言希有世
尊佛說如是甚深經典我從昔来所得慧眼
未曾得聞如是之經世尊若復有人得聞是
經信心清淨則生實相當知是人成就第一
希有功德世尊是實相者則是非相是故如

BD03877 號　金剛般若波羅蜜經　（5–2）

等為他人說其福甚多尒時須菩提聞說是
經深解義趣涕淚悲泣而白佛言希有世
尊佛說如是甚深經典我從昔来所得慧眼
未曾得聞如是之經世尊若復有人得聞是
經信心清淨則生實相當知是人成就第一
希有功德世尊是實相者則是非相是故如
来說名實相世尊我今得聞如是經典信解
受持不足為難若當来世後五百歲其有衆
生得聞是經信解受持是人則為第一希有
何以故此人无我相人相衆生相壽者相所
以者何我相即是非相人相衆生相壽者相
即是非相何以故離一切諸相則名諸佛佛
告須菩提如是如是若復有人得聞是經不
驚不怖不畏當知是人甚為希有何以故須
菩提如来說第一波羅蜜非第一波羅蜜是
名第一波羅蜜
須菩提忍辱波羅蜜如来說非忍辱波羅蜜
何以故須菩提如我昔為歌利王割截身體
我於尒時无我相无人相无衆生相无壽者
相何以故我於往昔節節支解時若有我相
人相衆生相壽者相應生瞋恨須菩提又念
過去於五百世作忍辱仙人於尒所世无我
相无人相无衆生相无壽者相是故須菩提
菩薩應離一切相發阿耨多羅三藐三菩提
心不應住色生心不應住聲香味觸法生心
應生无所住心若心有住則為非住是故佛
說菩薩心不應住色布施須菩提菩薩為利

BD03877 號　金剛般若波羅蜜經　（5–3）

過去於五百世作忍辱仙人於尒所世无我
相无人相无衆生相无壽者相是故湏菩提
菩薩應離一切相發阿耨多羅三藐三菩提
心不應住色生心不應住聲香味觸法生心
應生无所住心若心有住則為非住是故佛
說菩薩心不應住色布施湏菩提菩薩為利
益一切衆生應如是布施如来說一切諸相
即是非相又說一切衆生則非衆生湏菩提
如来是真語者實語者如語者不誑語者不
異語者湏菩提如来所得法此法无實无虛
湏菩提若菩薩心住於法而行布施如人入闇
則无所見若菩薩心不住法而行布施如人有
目日光明照見種種色
湏菩提當来之世若有善男子善女人能於
此經受持讀誦則為如来以佛智慧悉知是
人悉見是人皆得成就无量无邊功德湏菩
提若有善男子善女人初日分以恒河沙等
身布施中日分復以恒河沙等身布施後日
分亦以恒河沙等身布施如是无量百千万
億劫以身布施若復有人聞此經典信心不
逆其福勝彼何況書寫受持讀誦為人解說
湏菩提以要言之是經有不可思議不可稱
量无邊功德如来為發大乘者說為發最上
乘者說若有人能受持讀誦廣為人說如来
悉知是人悉見是人皆成就不可量不可稱
无有邊不可思議功德如是人等則為荷擔
如来阿耨多羅三藐三菩提何以故湏菩提

BD03877 號　金剛般若波羅蜜經　（5–4）

[illegible]
湏菩提若菩薩心住於法而行布施如人入闇
則无所見若菩薩心不住法而行布施如人有
目日光明照見種種色
湏菩提當来之世若有善男子善女人能於
此經受持讀誦則為如来以佛智慧悉知是
人悉見是人皆得成就无量无邊功德湏菩
提若有善男子善女人初日分以恒河沙等
身布施中日分復以恒河沙等身布施後日
分亦以恒河沙等身布施如是无量百千万
億劫以身布施若復有人聞此經典信心不
逆其福勝彼何況書寫受持讀誦為人解說
湏菩提以要言之是經有不可思議不可稱
量无邊功德如来為發大乘者說為發最上
乘者說若有人能受持讀誦廣為人說如来
悉知是人悉見是人皆成就不可量不可稱
无有邊不可思議功德如是人等則為荷擔
如来阿耨多羅三藐三菩提何以故湏菩提
若樂小法者著我見人見衆生見壽者見則
於此經不能聽受讀誦為人解說湏菩提在
在處處若有此經一切世間天人阿脩羅所
應供養當知此處則為是塔皆應恭敬作禮圍
[illegible]散其處復次湏菩提善男

BD03877 號　金剛般若波羅蜜經　（5–5）

如是我聞一時薄伽梵住於曠野大
天及龍藥叉羅刹乾闥婆阿須羅迦
那羅莫呼落迦諸魔日月熒惑土
星歲星辰長尾星神二十八宿諸
悉皆讚歎諸大金剛擁護之句威力莊嚴
子座上與諸菩薩同會一處其名曰金剛手
菩薩摩訶薩金剛忿怒菩薩摩訶薩金剛部
菩薩摩訶薩金剛弓菩薩摩訶薩金剛王
菩薩摩訶薩金剛莊嚴菩薩摩訶薩金剛光
菩薩摩訶薩觀自在菩薩摩訶薩普見菩薩
摩訶薩世間吉祥菩薩摩訶薩蓮華幢菩薩
摩訶薩廣面菩薩摩訶薩蓮華眼菩薩摩訶
薩妙吉祥菩薩摩訶薩慈氏菩薩摩訶薩等
諸大菩薩僧前後圍遶聽佛說法其法名為廣
大莊嚴如意寶珠初中後善句義美妙無雜
清淨清白梵行
尒時金剛手菩薩觀於大衆從座而起以自神
力旋遶世尊數百千匝作禮前住自具倚持
以善跏趺瞻視大衆以金剛掌安自心上而
白佛言世尊有其惡星色形樂惡具猛利
心色形忿怒惱亂有情奪其精氣或奪財物
或奪於命長壽有情令作短壽以是惱亂一切

BD03878號　諸星母陀羅尼經　（5–1）

尒時金剛手菩薩觀於大衆從座而起以自神
力旋遶世尊數百千匝作禮前住自具倚持
以善跏趺瞻視大衆以金剛掌安自心上而
白佛言世尊有其惡星色形樂惡具猛利
心色形忿怒惱亂有情奪其精氣或奪財物
或奪於命長壽有情令作短壽以是惱亂一切
有情為是等故唯願世尊開顯法門守護一
切有情之類世尊告曰善哉善哉汝興大悲
為利一切諸有情故問於如來甚深密義汝
念諦聽善思念之我當說其惡星瞋怒破壞
之法及說供養行施念誦秘密之義
若行供養當供養　若作其惡當作惡
如是諸星形色等　云何而令生歡喜
諸天及與諸非天　緊那羅等及諸龍
諸藥叉等并羅刹　人及迦多留多那
猛利威德諸大神　瞋怒云何而殄滅
秘密言辭供養法　今當次第而宣說
尒時釋迦如來從息心上而施慈心遊戲光
明入於諸星頂髻之中尋時日月一切星神從
座起以諸天供即以供養釋迦如來膝輪
著地合掌作禮而白佛言世尊如來應供
正真等覺利益我等唯願世尊宣說法門
令於我等而聚集已守衛防護說法之師
令得吉慶遠離刀杖消滅毒藥及作結界
尒時釋迦如來即便為說供養星法及以密
言陀羅尼曰
唵謨呼羅迦耶莎訶　唵尸儒香蘇莎訶　唵落落
當伽俱摩囉也莎訶　唵報須也報須也莎訶　唵報
伽阿悉波須也莎訶　唵阿須囉薩多摩也莎訶
唵里乞悉囊斂羅那也莎訶　唵[illegible]

BD03878號　諸星母陀羅尼經　（5–2）

令得吉慶遠離刀杖消滅毒藥及作結果
介時釋迦如來即便爲說供養星法及以密
言陀羅尼曰
唵謨呼羅迦耶莎訶　唵尸儞沓蘇莎訶　唵落落
當伽俱麼囉也莎訶　唵報須也報須也莎訶　唵報
伽阿悉波須也莎訶　唵阿須囉薩多麼也莎訶
唵哩吒悉囊擻囉那也莎訶　唵阿密多畢哩耶莎訶
唵藉底羯多蘇莎訶
金剛手此則是彼九星秘密心呪讀便成辦
當作十二指一色香壇中安供養或凡或銅
金銀等器奉獻供養一一供養當誦一百八
遍金剛手然後誦此諸星母陀羅尼秘密書
辞滿足七遍一切諸星而作守護所有貧窮
悉得解脫命將欲盡而得長壽金剛手若苾
芻苾芻尼烏波索迦烏波斯迦及餘有情之
類若歷耳根而不中夭金剛手諸星壇中設
供養已每日而讀誦者彼說法師一切諸星
如彼所願悉令滿足與彼同類貧匱諸事
皆得消滅
介時精迦如來即便爲說諸星母陀羅尼
即說呪曰
南謨佛陀耶　南謨婆務囉馱囉耶　南麼鉢麼
達囉耶　南麼薩婆迦囉訶　南麼薩婆阿奢
婆囉甫迦喃　南謨諾奢多囉喃　南謨娑麥奢
囉尸喃　怛也泿底泿底　擻室囉擻室囉　鉢
明鉢明　娑囉娑囉　鉢娑囉鉢娑囉　三婆囉
三婆囉　基多耶基多耶　麼囉麼囉　麼訖陁
麼訖陁　伽須耶　薩婆碧達　俱嚕俱嚕
晉那晉那　乞奢波耶乞奢波耶　肩脈里位
須麼耶須麼曳　咄嚕多你　達奢耶羯

BD03878號　諸星母陀羅尼經

（5–3）

囉尸喃　怛也泿底泿底　擻室囉擻室囉　鉢
明鉢明　娑囉娑囉　鉢娑囉鉢娑囉　三婆囉
三婆囉　基多耶基多耶　麼囉麼囉　麼訖陁
麼訖陁　伽須耶　薩婆碧達　俱嚕俱嚕
晉那晉那　乞奢波耶乞奢波耶　肩脈里位
須麼耶須麼曳　咄嚕多你　達奢耶羯
麼喃　落伽落希　落叉耶落叉耶　麼耶娑
婆哩波藍　娑囉波薩奢王悉柰　薩婆
吒訶　那乞奢多囉　波多麼擻你　擻囉
你　擻囉薄伽薄底　麼訶摩曳　薩馱
耶　咄悉柰麼奢耶　皷波你　麼賛底賛底
都嚕都嚕　賛底　諜揄諜揄　資諜資
諜　諜婆訶蘇　屋吒哩屋吒訶　㕘奢
甫囉耶迷　求努多藍　薩婆怛他迦多
阿位悉位　婆麼耶莎訶　唵莎訶　吽莎訶
紇哩莎訶　吽莎訶　怛觥莎訶　鉢麼須囉
莎訶　阿室哆耶莎訶　蘊麼耶莎訶　須囉
你須多耶莎訶　泿他耶莎訶　勒多悉波位
曳莎訶　鉢伽囉耶莎訶　吒奢那跋那耶莎訶
囉訶蘇莎訶　鷄多蘇莎訶　泿他耶莎訶　擻
務囉達囉耶莎訶　鉢麼須囉莎訶　狗麼囉
耶莎訶　諾乞沙多羅難莎訶　薩婆烏鉢
多囉擻難莎訶　唵薩婆擻叱底叭叭莎訶
金剛手此是諸星母陀羅尼秘密呪句成辦
一切諸事根本金剛手此陀羅尼秘密呪句
從於九月白月七日而起於首具足長淨至
十四日供養諸星而受持之月十五日若能
晝夜而讀誦者至滿九年無其死畏亦無
星流墮落怖畏亦無月宿作惡怖畏而憶
宿命亦能供養一切諸星一切諸星隨其所

BD03878號　諸星母陀羅尼經

（5–4）

…莎訶　…莎訶　怛皤莎訶　鉢麼頞囉
莎訶　阿室哆耶莎訶　蘊麼耶莎訶　頞囉
你須多耶莎訶　沒他耶莎訶　勅多悉波伽
伐莎訶　𫌇伽囉耶莎訶　吒奢挪跋那耶莎訶
囉訶蔽莎訶　鷄多蔽莎訶　沒他耶莎訶　鞞
𥈾囉達囉耶莎訶　鉢麼頞囉莎訶　狗麼囉
耶莎訶　諸乞沙多羅難莎訶　薩婆烏鉢
多囉鞞難莎訶　唵薩婆鞞比底𠰒八莎訶
金剛手此是諸星母陁羅尼秘密呪句弐辨
一切諸事根本金剛手此陁羅尼秘密呪句
從於九月白月七日而起於首具足長淨至
十四日供養諸星而受持之月十五日若能
晝夜而讀誦者至滿九年無其死畏亦無
星流墮落怖畏亦無月宿作惡怖畏而憶
宿命亦能供養一切諸星一切諸星隨其所
願而授與之尒時諸星礼世尊已讚言善哉
忽然不現
諸星母陁羅尼經一卷　𥈾郍末反　紇胡吉反　哆猲者反　猲許葛反

BD03878號　諸星母陀羅尼經　（5–5）

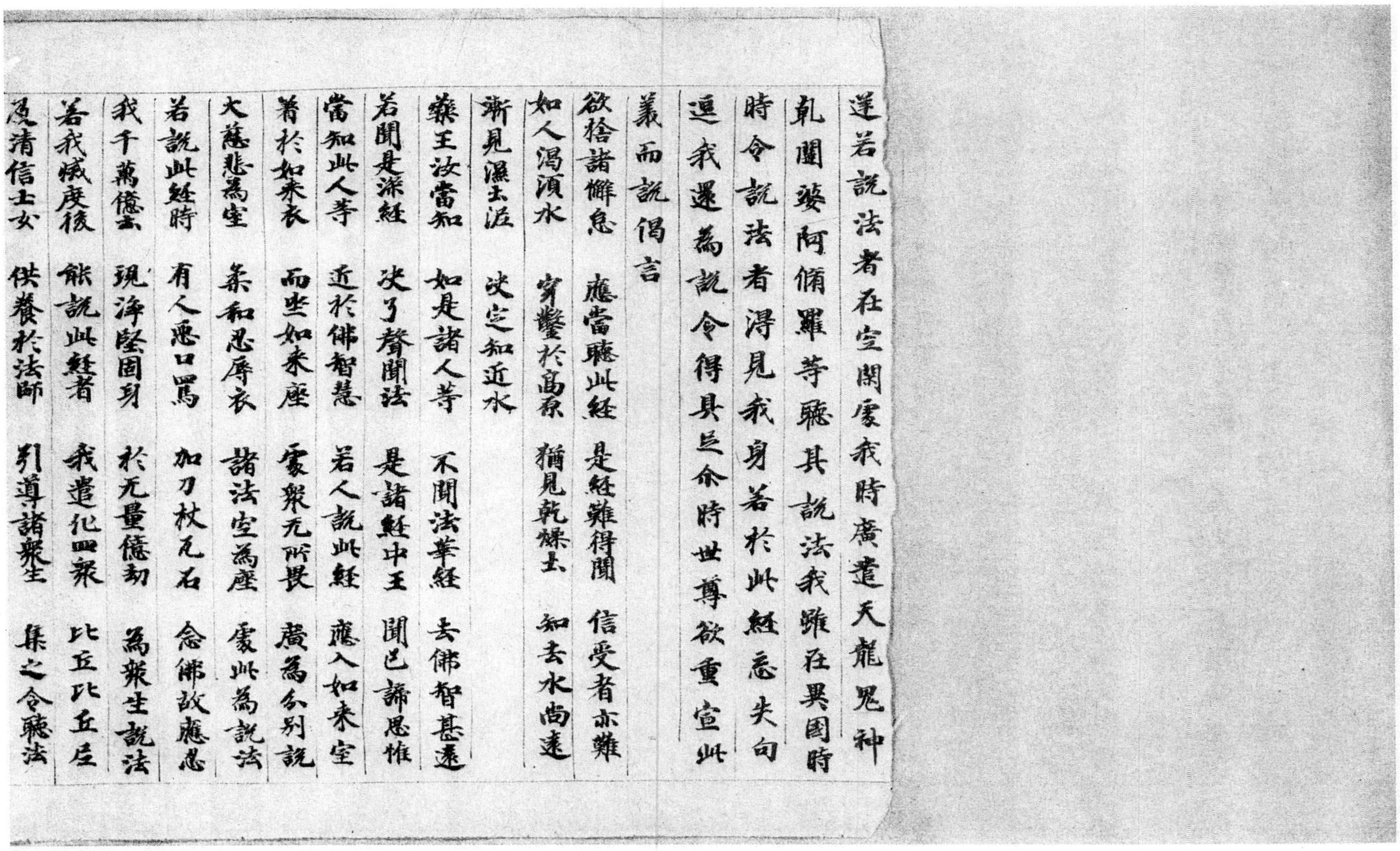
蓮若說法者在空閑處我時廣遣天龍鬼神
乾闥婆阿脩羅等聽其說法我雖在異國時
時令說法者得見我身若於此經忘失句
逗我還為說令得具足尒時世尊欲重宣此
義而說偈言
欲捨諸懈怠　應當聽此經　是經難得聞　信受者亦難
如人渴須水　穿鑿於高原　猶見乾燥土　知去水尚遠
漸見濕土泥　決定知近水
藥王汝當知　如是諸人等　不聞法華經　去佛智甚遠
若聞是深經　決了聲聞法　是諸經中王　聞已諦思惟
當知此人等　近於佛智慧　若人說此經　應入如來室
著於如來衣　而坐如來座　處眾无所畏　廣為分別說
大慈悲為室　柔和忍辱衣　諸法空為座　處此為說法
若說此經時　有人惡口罵　加刀杖瓦石　念佛故應忍
我千萬億土　現淨堅固身　於无量億劫　為眾生說法
若我滅度後　能說此經者　我遣化四眾　比丘比丘尼
及清信士女　供養於法師　引導諸眾生　集之令聽法

BD03879號　妙法蓮華經卷四　（4–1）

大慈悲為室　柔和忍辱衣　諸法空為座　處此為說法
若說此經時　有人惡口罵　加刀杖瓦石　念佛故應忍
我千萬億土　現淨堅固身　於无量億劫　為衆生說法
若我滅度後　能說此經者　我遣化四衆　比丘比丘尼
及清信士女　供養於法師　引導諸衆生　集之令聽法
若人欲加惡　刀杖及瓦石　則遣變化人　為之作衛護
若說法之人　獨在空閑處　寂寞无人聲　讀誦此經典
我尒時為現　清淨光明身　若忘失章句　為說令通利
若人具是德　或為四衆說　空處讀誦經　皆得見我身
若人在空閑　我遣天龍王　夜叉鬼神等　為作聽法衆
是人樂說法　分別无罣㝵　諸佛護念故　能令大衆喜
若親近法師　速得菩薩道　隨順是師學　得見恒沙佛

妙法蓮華經見寶塔品第十一

尒時佛前有七寶塔高五百由旬縱廣二百五
十由旬從地踊出住在空中種種寶物而莊校
之五千欄楯龕室千萬无數幢幡以為嚴飾
垂寶瓔珞寶鈴萬億而懸其上四面皆出多摩羅
䟦旃檀之香充遍世界其諸幡蓋以金銀瑠璃
硨磲碼瑙真珠玫瑰七寶合成高至四天王宮
三十三天雨天曼陁羅華供養寶塔餘諸天龍
夜叉乹闥婆阿脩羅迦樓羅緊那羅摩睺羅
伽人非人等千萬億衆以一切華香瓔珞幡蓋
伎樂供養寶塔恭敬尊重讃歎尒時寶塔
中出大音聲歎言善哉善哉釋迦牟尼世
尊能以平等大慧教菩薩法佛所護念妙法
華經為大衆說如是如是釋迦牟尼世尊如
所說者皆是真實

BD03879號　妙法蓮華經卷四

（4–2）

伎樂供養寶塔恭敬尊重讃歎尒時寶塔
中出大音聲歎言善哉善哉釋迦牟尼世
尊能以平等大慧教菩薩法佛所護念妙法
華經為大衆說如是如是釋迦牟尼世尊如
所說者皆是真實
尒時四衆見大寶塔住在空中又聞塔中所
出音聲皆得法喜怪未曾有從座而起恭敬
合掌却住一面尒時有菩薩摩訶薩名大樂
說知一切世間天人阿脩羅等心之所疑而白佛
言世尊以何因緣有此寶塔從地踊出又於
其中發是音聲尒時佛告大樂說菩薩此寶
塔中有如來全身乃往過去東方无量千
萬億阿僧祇世界國名寶淨彼中有佛号
曰多寶其佛行菩薩道時作大誓願若我成
佛滅度之後於十方國土有說法華經處我
之塔廟為聽是經故踊現其前為作證明讃
言善哉彼佛成道已臨滅度時於天人大衆
中告諸比丘我滅度後欲供養我全身者應
起一大塔其佛以神通願力十方世界在在
處處若有說法華經者彼之寶塔皆踊出
其前全身在於塔中讃言善哉善哉大樂說
今多寶如來塔聞說法華經故從地踊出讃
言善哉善哉是時大樂說菩薩以如來神力故
白佛言世尊我等願欲見此佛身告大樂說
菩薩摩訶薩是多寶佛有深重願若我寶塔
為聽法華經故出於諸佛前時其有欲以我身
示四衆者彼佛分身諸佛在於十方世界

BD03879號　妙法蓮華經卷四

（4–3）

白佛言世尊我等願欲見此佛身告大樂說
菩薩摩訶薩是多寶佛有深重願若我寶塔
為聽法華經故出於諸佛前時其有欲以我身
示四衆者彼佛分身諸佛在於十方世界
說法盡還集一處然後我身乃出現耳大樂
說我分身諸佛在於十方世界說法者今應
當集大樂說白佛言世尊我等亦願欲見世尊
分身諸佛礼拜供養
尒時佛放白毫一光即見東方五百萬億那
由他恒河沙等國土諸佛彼諸國土皆以頗
梨為地寶樹寶衣以為莊嚴无數千萬億菩
薩充滿其中遍張寶幔寶網羅上彼國諸佛
以大妙音而說諸法及見无量千萬億菩薩
遍滿諸國為衆說法南西北方四維上下白毫
相光所照之處亦復如是尒時十方諸佛各
告衆菩薩言善男子我今應往娑婆世界
釋迦牟尼佛所并供養多寶如來寶塔時娑
婆世界即變清淨瑠璃為地寶樹莊嚴黃金
為繩以界八道无諸聚落村營城邑大海江
河山川林藪燒大寶香曼陁羅華遍布其地
以寶網幔羅覆其上懸諸寶鈴唯留此會衆
移諸天人置於他土是時諸佛各將一大菩
薩以為侍者至於娑婆世界各到寶樹下一
一寶樹高五百由旬枝葉華果次第莊嚴
□師子之座高五由旬亦以大

BD03879號　妙法蓮華經卷四　（4–4）

即說呪曰
阿梨一那梨二㝹那梨三阿那盧四那履
五拘那履六
世尊以是神呪擁護法師我亦自當擁護持
是經者令百由旬內无諸衰患尒時持國天
王在此會中與千万億那由他乹闥婆衆恭
敬圍繞前詣佛所合掌白佛言世尊我亦以
陁羅尼神呪擁護持法華經者即說呪曰
阿伽祢一伽祢二瞿利三乹陁利四旃陁
利五摩蹬耆六常求利七浮樓莎柅八頞
底九
世尊是陁羅尼神呪四十二億諸佛所說若
有侵毀此法師者則為侵毀是諸佛已尒時
有羅剎女等一名藍婆二名毗藍婆三名曲
齒四名華齒五名黑齒六名多髮七名無厭
足八名持瓔珞九名睪帝十名奪一切衆生
精氣是十羅剎女與鬼子母并其子及眷屬
俱詣佛所同聲白佛言世尊我等亦欲擁護
讀誦受持法華經者除其衰患若有伺求法
師短者令不得便即於佛前而說呪曰
伊提履一伊提泯二伊提履三阿提履四
伊提履五泥履六泥履七泥履八泥履九
泥履十樓醯十一樓醯十二樓醯十三樓醯十四
多醯十五多醯十六多醯十七兜醯十八㝹
醯十九

BD03880號　妙法蓮華經卷七　（11–1）

師短者令不得便即於佛前而說呪曰
伊提履一 伊提泯二 伊提履三 阿提履四
伊提履五 泥履六 泥履七 泥履八 泥履九
泥履十 樓醯十一 樓醯十二 樓醯十三 樓醯十四
多醯十五 多醯十六 多醯十七 兜醯十八 兜
醯十九
寧上我頭上莫惱於法師若夜叉若羅剎若
餓鬼若富單那若吉蔗若毗陁羅若揵馱若
烏摩勒伽若阿跋摩羅若夜叉吉蔗若人吉
蔗若熱病若一日若二日若三日若四日若
至七日若常熱病若男形若女形若童男形
若童女形乃至夢中亦復莫惱即於佛前而
說偈言
若不順我呪　惱亂說法者　頭破作七分　如阿梨樹枝
如煞父母罪　亦如壓油殃　斗秤欺誑人　調達破僧罪
犯此法師者　當獲如是殃
諸羅剎女說此偈已白佛言世尊我等亦當
身自擁護受持讀誦脩行是經者令得安隱
離諸衰患消衆毒藥佛告諸羅剎女善哉善
哉汝等但能擁護受持法華名者福不可量
何況擁護具足受持供養經卷華香瓔珞末
香塗香燒香幡蓋伎樂燃種種燈蘇燈油燈
諸香油燈蘇摩那華油燈瞻蔔華油燈婆師
迦華油燈優鉢羅華油燈如是等百千種供
養者睪帝汝等及眷屬應當擁護如是法師
說是陁羅尼品時六万八千人得无生法忍
妙法蓮華經妙莊嚴王本事品第二十七
尒時佛告諸大衆乃往古世過无量无邊不
可思議阿僧祇劫有佛名雲雷音宿王華智
多陁阿伽度阿羅呵三藐三佛陁國名光明

BD03880號　妙法蓮華經卷七

（11–2）

諸香油燈蘇摩那華油燈瞻蔔華油燈婆師
迦華油燈優鉢羅華油燈如是等百千種供
養者睪帝汝等及眷屬應當擁護如是法師
說是陁羅尼品時六万八千人得无生法忍
妙法蓮華經妙莊嚴王本事品第二十七
尒時佛告諸大衆乃往古世過无量无邊不
可思議阿僧祇劫有佛名雲雷音宿王華智
多陁阿伽度阿羅呵三藐三佛陁國名光明
莊嚴劫名憙見彼佛法中有王名妙莊嚴其
王夫人名曰淨德有二子一名淨藏二名淨
眼是二子有大神力福德智慧久脩菩薩所
行之道所謂檀波羅蜜尸羅波羅蜜羼提波
羅蜜毗梨耶波羅蜜禪波羅蜜般若波羅蜜
方便波羅蜜慈悲憙捨乃至三十七助道法
皆悉明了通達又得菩薩淨三昧日星宿三
昧淨光三昧淨色三昧淨照明三昧長莊嚴
三昧大威德藏三昧於此三昧亦悉通達尒
時彼佛欲引導妙莊嚴王及愍念衆生故說
是法華經時淨藏淨眼二子到其母所合十
指爪掌白言願母往詣雲雷音宿王華智佛
所我等亦當侍從親近供養礼拜所以者何
此佛於一切天人衆中說法華經宜應聽受
母告子言汝父信受外道深著婆羅門法汝
等應往白父與共俱去淨藏淨眼合十爪指
掌白母我等是法王子而生此耶見家母告
子言汝等當憂念汝父為現神變若得見者
心必清淨或聽我等往至佛所於是二子念
其父故踊在虛空高七多羅樹現種種神變
於虛空中行住坐卧身上出水身下出火身
下出水身上出火或現大身滿虛空中而復

BD03880號　妙法蓮華經卷七

（11–3）

掌白母我等是法王子而生此邪見家母告
子言汝等當憂念汝父為現神變若得見者
心必清淨或聽我等往至佛所於是二子念
其父故踊在虛空高七多羅樹現種種神變
於虛空中行住坐卧身上出水身下出火身
下出水身上出火或現大身滿虛空中而復
現小小復現大於空中滅忽然在地入地如
水履水如地現如是等種種神變令其父王
心淨信解時父見子神力如是心大歡喜得
未曾有合掌向子言汝等師為是誰誰之弟
子二子白言大王彼雲雷音宿王華智佛今
在七寶菩提樹下法座上坐於一切世間天
人衆中廣說法華經是我等師我是弟子父
語子言我今亦欲見汝等師可共俱往於是
二子從空中下到其母所合掌白母父王今
已信解堪任發阿耨多羅三藐三菩提心我
等為父已作佛事願母見聽於彼佛所出家
脩道尒時二子欲重宣其意以偈白母

願母放我等　出家作沙門　諸佛甚難值　我等隨佛學
如優曇波羅　值佛復難是　脫諸難亦難　願聽我出家

母即告言聽汝出家所以者何佛難值故於
是二子白父母言善哉父母願時往詣雲雷
音宿王華智佛所親近供養所以者何佛難
得值如優曇波羅華又如一眼之龜值浮木
孔而我等宿福深厚生值佛法是故父母當
聽我等令得出家所以者何諸佛難值時亦
難遇彼時妙莊嚴王後宮八万四千人皆悉
堪任受持是法華經淨眼菩薩於法華三昧
久已通達淨藏菩薩已於無量百千万億劫
通達離諸惡趣三昧欲令一切衆生離諸惡

BD03880號　妙法蓮華經卷七　（11–4）

聽我等令得出家所以者何諸佛難值時亦
難遇彼時妙莊嚴王後宮八万四千人皆悉
堪任受持是法華經淨眼菩薩於法華三昧
久已通達淨藏菩薩已於無量百千万億劫
通達離諸惡趣三昧欲令一切衆生離諸惡
趣故其王夫人得諸佛習三昧能知諸佛秘
密之藏二子如是以方便力善化其父令心
信解好樂佛法於是妙莊嚴王與群臣眷屬
俱淨德夫人與後宮采女眷屬俱其王二子
與四万二千人俱一時共詣佛所到已頭面
礼足繞佛三帀却住一面尒時彼佛為王說
法示教利喜王大歡悅尒時妙莊嚴王及其
夫人解頸真珠瓔珞價直百千以散佛上於
虛空中化成四柱寶臺臺中有大寶床敷百
千万天衣其上有佛結跏趺坐放大光明尒
時妙莊嚴王作是念佛身希有端嚴殊特成
就第一微妙之色時雲雷音宿王華智佛告
四衆言汝等見是妙莊嚴王於我前合掌立
不此王於我法中作比丘精勤脩習助佛道
法當得作佛号娑羅樹王國名大光劫名大
高王其娑羅樹王佛有无量菩薩衆及无量
聲聞其國平正功德如是其王即時以國付
弟與夫人二子并諸眷屬於佛法中出家脩
道王出家已於八万四千歲常勤精進脩行
妙法華經過是已後得一切淨功德莊嚴三
昧即升虛空高七多羅樹而白佛言世尊此
我二子已作佛事以神通變化轉我邪心令
得安住於佛法中得見世尊此二子者是我
善知識為欲發起宿世善根饒益我故來生
我家尒時雲雷音宿王華智佛告妙莊嚴王

BD03880號　妙法蓮華經卷七　（11–5）

妙法華經過是已後得一切淨功德莊嚴三
昧即升虛空高七多羅樹而白佛言世尊此
我二子已作佛事以神通變化轉我邪心令
得安住於佛法中得見世尊此二子者是我
善知識爲欲發起宿世善根饒益我故來生
我家尒時雲雷音宿王華智佛告妙莊嚴王
言如是如是如汝所言若善男子善女人種
善根故世世得善知識其善知識能作佛事
示教利喜令入阿耨多羅三藐三菩提大王
當知善知識者是大因緣所謂化導令得見
佛發阿耨多羅三藐三菩提心大王汝見此
二子不此二子已曾供養六十五百千万億
那由他恒河沙諸佛親近恭敬於諸佛所受
持法華經愍念邪見衆生令住正見妙莊嚴
王即從虛空中下而白佛言世尊如來甚希
有以功德智慧故頂上肉髻光明顯照其眼
長廣而紺青色眉間豪相白如珂月齒白齊
密常有光明脣色赤好如頻婆菓尒時妙莊
嚴王讚歎佛如是等无量百千万億功德已
於如來前一心合掌復白佛言世尊未曾有
也如來之法具足成就不可思議微妙功德
教戒所行安隱快善我從今日不復自隨心
行不生邪見憍慢瞋恚諸惡之心說是語已
礼佛而出佛告大衆於意云何妙莊嚴王豈
異人乎今華德菩薩是其淨德夫人今佛前
光照莊嚴相菩薩是哀愍妙莊嚴王及諸眷
屬故於彼中生其二子者今藥王菩薩藥上
菩薩是是藥王藥上菩薩成就如此諸大功
德已於無量百千万億諸佛所殖衆德本成
就不可思議諸善功德若有人識是二菩薩

光照莊嚴相菩薩是哀愍妙莊嚴王及諸眷
屬故於彼中生其二子者今藥王菩薩藥上
菩薩是是藥王藥上菩薩成就如此諸大功
德已於無量百千万億諸佛所殖衆德本成
就不可思議諸善功德若有人識是二菩薩
名字者一切世間諸天人民亦應礼拜佛說
是妙莊嚴王本事品時八万四千人遠塵離
垢於諸法中得法眼淨

妙法蓮華經普賢菩薩勸發品第二十八

尒時普賢菩薩以自在神通威德名聞與大
菩薩无量无邊不可稱數從東方來所經諸
國普皆震動雨寶蓮華作无量百千万億種
種伎樂又與无數諸天龍夜叉乾闥婆阿脩
羅迦樓羅緊那羅摩睺羅伽人非人等大衆
圍繞各現威德神通之力到娑婆世界耆闍
崛山中頭面礼釋迦牟尼佛右繞七帀白佛
言世尊我於寶威德上王佛國遙聞此娑婆
世界說法華經與无量无邊百千万億諸菩
薩衆共來聽受唯願世尊當爲說之若善男
子善女人於如來滅後云何能得是法華經
佛告普賢菩薩若善男子善女人成就四法
於如來滅後當得是法華經一者爲諸佛護
念二者殖衆德本三者入正定聚四者發救
一切衆生之心善男子善女人如是成就四
法於如來滅後必得是經尒時普賢菩薩白
佛言世尊於後五百歲濁惡世中其有受持
是經典者我當守護除其衰患令得安隱使
无伺求得其便者若魔若魔子若魔女若魔
民若爲魔所著者若夜叉若羅剎若鳩槃茶

法於如来滅後必得是經尒時普賢菩薩白
佛言世尊於後五百歲濁惡世中其有受持
是經典者我當守護除其衰患令得安隱使
无伺求得其便者若魔若魔子若魔女若魔
民若為魔所著者若夜叉若羅剎若鳩槃荼
若毗舍闍若吉蔗若富單那若韋陁羅等諸
惱人者皆不得便是人若行若立讀誦此經
我尒時乘六牙白象王與大菩薩衆俱詣其
所而自現身供養守護安慰其心亦為供養
法華經故是人若坐思惟此經尒時我復乘
白象王現其人前其人若於法華經有所忘
失一句一偈我當教之與共讀誦還令通利
尒時受持讀誦法華經者得見我身甚大歡
喜轉復精進以見我故即得三昧及陁羅尼
名為旋陁羅尼百千万億旋陁羅尼法音方
便陁羅尼得如是等陁羅尼世尊若後世後
五百歲濁惡世中比丘比丘尼優婆塞優婆
夷求索者受持者讀誦者書寫者欲脩習是
法華經於三七日中應一心精進滿三七日
已我當乘六牙白象與无量菩薩而自圍繞
以一切衆生所憙見身現其人前而為說法
示教利喜亦復與其陁羅尼呪得是陁羅尼
故无有非人能破壞者亦不為女人之所惑
亂我身亦自常護是人唯願世尊聽我說此
陁羅尼即於佛前而說呪曰
阿檀地途賣反一檀陁婆地二檀陁婆帝三檀陁
鳩舍隷四檀陁脩陁隷五脩陁隷六脩陁羅
婆底七佛馱波羶祢八薩婆陁羅尼阿婆多
尼九薩婆婆沙阿婆多尼十脩阿婆多尼十一
僧伽婆履叉尼十二僧伽涅伽陁尼十三阿僧祇

阿檀地途賣反一檀陁婆地二檀陁婆帝三檀陁
鳩舍隷四檀陁脩陁隷五脩陁隷六脩陁羅
婆底七佛馱波羶祢八薩婆陁羅尼阿婆多
尼九薩婆婆沙阿婆多尼十脩阿婆多尼十一
僧伽婆履叉尼十二僧伽涅伽陁尼十三阿僧祇
十四僧伽波伽地十五帝隷阿惰僧伽兜略盧遮反
波羅帝十六薩婆僧伽三摩地伽蘭地十七薩婆
達磨脩波利剎帝十八薩婆薩埵樓馱憍舍略
阿㝹伽地十九辛阿毗吉利地帝二十
世尊若有菩薩得聞是陁羅尼者當知普賢
神通之力若法華經行閻浮提有受持者應
作此念皆是普賢威神之力若有受持讀誦
正憶念解其義趣如說脩行當知是人行普
賢行於无量无邊諸佛所深種善根為諸如
来手摩其頭若但書寫是人命終當生忉利
天上是時八万四千天女作衆伎樂而来迎
之其人即着七寶冠於婇女中娛樂快樂何
況受持讀誦正憶念解其義趣如說脩行若
有人受持讀誦解其義趣是人命終為千佛
授手令不恐怖不墮惡趣即往兜率天上弥
勒菩薩所弥勒菩薩有三十二相大菩薩衆
所共圍繞有百千万億天女眷屬而於中生
有如是等功德利益是故智者應當一心自
書若使人書受持讀誦正憶念如說脩行世
尊我今以神通力守護是經於如来滅後閻
浮提內廣令流布使不斷絕尒時釋迦牟尼
佛讚言善哉善哉普賢汝能護助是經令多
所衆生安樂利益汝已成就不可思議功德
深大慈悲從久遠来發阿耨多羅三藐三菩

書若使人書受持讀誦正憶念如說脩行世
尊我今以神通力守護是經於如來滅後閻
浮提內廣令流布使不斷絕尒時釋迦牟尼
佛讚言善哉善哉普賢汝能護助是經令多
所衆生安樂利益汝已成就不可思議功德
深大慈悲從久遠來發阿耨多羅三藐三菩
提意而能作是神通之願守護是經我當以
神通力守護能受持普賢菩薩名者普賢若
有受持讀誦正憶念脩習書寫是法華經者
當知是人則見釋迦牟尼佛如從佛口聞此
經典當知是人供養釋迦牟尼佛當知是人
佛讚善哉當知是人為釋迦牟尼佛手摩其
頭當知是人為釋迦牟尼佛衣之所覆如是
之人不復貪著世樂不好外道經書手筆亦
復不憙親近其人及諸惡者若屠兒若畜猪
羊雞狗若獵師若衒賣女色是人心意質直
有正憶念有福德力是人不為三毒所惱亦
不為嫉妬我慢邪慢增上慢所惱是人少欲
知足能脩普賢之行普賢若如來滅後後五
百歲若有人見受持讀誦法華經者應作是
念此人不久當詣道場破諸魔衆得阿耨多
羅三藐三菩提轉法輪擊法鼓吹法螺雨法
雨當坐天人大衆中師子法座上普賢若於
後世受持讀誦是經典者是人不復貪著衣
服卧具飲食資生之物所願不虛亦於現世
得其福報若有人輕毀之言汝狂人耳空作
是行終无所獲如是罪報當世世無眼若有
供養讚嘆之者當於今世得現果報若復見
受持是經者出其過惡若實若不實此人現

BD03880號　妙法蓮華經卷七　（11–10）

有正憶念有福德力是人不為三毒所惱亦
不為嫉妬我慢邪慢增上慢所惱是人少欲
知足能脩普賢之行普賢若如來滅後後五
百歲若有人見受持讀誦法華經者應作是
念此人不久當詣道場破諸魔衆得阿耨多
羅三藐三菩提轉法輪擊法鼓吹法螺雨法
雨當坐天人大衆中師子法座上普賢若於
後世受持讀誦是經典者是人不復貪著衣
服卧具飲食資生之物所願不虛亦於現世
得其福報若有人輕毀之言汝狂人耳空作
是行終无所獲如是罪報當世世無眼若有
供養讚嘆之者當於今世得現果報若復見
受持是經者出其過惡若實若不實此人現
世得白癩病若輕咲之者當世世牙齒疎缺
醜脣平鼻手脚繚戾眼目角睞身體臭穢惡
膿血水腹短氣諸惡重病是故普賢若見
是經典者當起遠迎當如敬佛說是普
發品時恒河沙等无量无邊菩薩得百
旋陁羅尼三千大千世界微塵等諸菩
普賢道佛說是經時普賢等諸菩薩舍
利弗等諸聲聞及諸天龍人非人等一切大
皆大歡喜受持佛語作禮而去

BD03880號　妙法蓮華經卷七　（11–11）

□大衆於吾
妙莊嚴王品
令華德菩薩是其淨德夫人令佛前
光照莊嚴相菩薩是哀愍妙莊嚴王及諸眷
屬故於彼中生其二子者今藥王菩薩藥上
菩薩是是藥王藥上菩薩成就如此諸大功
德已於无量百千万億諸佛所殖衆德本成
就不可思議諸善功德若有人識是二菩薩
名字者一切世間諸天人民亦應礼拜佛說
是妙莊嚴王本事品時八万四千人遠塵離
法中得法眼淨
妙法蓮華經普賢菩薩勸發品第二十八
尒時普賢菩薩以自在神通威德名聞與大
菩薩无量无邊不可稱數從東方來所經諸
國普皆震動雨寶蓮華作无量百千万億種
種伎樂又與无數諸天龍夜叉乾闥婆阿脩
羅迦樓羅緊那羅摩睺羅伽人非人等大衆
圍繞各現威德神通之力到娑婆世界耆闍

BD03881 號　妙法蓮華經卷七　（6–1）

尒時普賢……
菩薩无量无邊不可稱數從東方來所經諸
國普皆震動雨寶蓮華作无量百千万億種
種伎樂又與无數諸天龍夜叉乾闥婆阿脩
羅迦樓羅緊那羅摩睺羅伽人非人等大衆
圍繞各現威德神通之力到娑婆世界耆闍
崛山中頭面礼釋迦牟尼佛右繞七帀白佛
言世尊我於寶威德上王佛國遙聞此娑婆
世界說法華經與无量无邊百千万億諸菩
薩衆共來聽受唯願世尊當為說之若善男
子善女人於如來滅後云何能得是法華經
佛告普賢菩薩若善男子善女人成就四法
於如來滅後當得是法華經一者為諸佛護
念二者殖衆德本三者入正定聚四者發救一
切衆生之心善男子善女人如是成就四
法於如來滅後必得是經尒時普賢菩薩
白佛言世尊於後五百歲濁惡世中其有受持
是經典者我當守護除其衰患令得安隱使
无伺求得其便者若魔若魔子若魔女若魔
民若為魔所著者若夜叉若羅刹若鳩槃荼
若毗舍闍若吉蔗若富單那若韋陁羅等諸
惱人者皆不得便是人若行若立讀誦此經
我尒時乘六牙白象王與大菩薩衆俱詣其
所而自現身供養守護安慰其亦為供養法
華經故是人若坐思惟此經尒時我復乘

BD03881 號　妙法蓮華經卷七　（6–2）

惱人者皆不得便是人若行若立讀誦此經
我尒時乘六牙白象王與大菩薩衆俱詣其
所而自現身供養守護安慰其亦爲供養法
法華經故是人若坐思惟此經尒時我復乘
白象王現其人前其人若於法華經有所忘
失一句一偈我當教之與共讀誦還令通利
尒時受持讀誦法華經者得見我身甚大歡
喜轉復精進以見我故即得三昧及陁羅尼
名爲旋陁羅尼百千万億旋陁羅尼法音方
便陁羅尼得如是等陁羅尼世尊若後世後
五百歲濁惡世中比丘比丘尼優婆塞優婆夷
求索者受持者讀誦者書寫者欲脩習是
法華經於三七日中應一心精進滿三七日已
我當乘六牙白象與无量菩薩而自圍繞
以一切衆生所憙見身現其人前而爲說法
亦教利喜亦復與其陁羅尼呪得是陁羅尼
故无有非人能破壞者亦不爲女人之所惑亂
我身亦自常護是人唯願世尊聽我說此陁
羅尼即於佛前而說呪曰
阿檀地 途賣反 一 檀陁婆地 二 檀陁婆帝 三 檀陁
鳩舍隸 四 檀陁脩陁隸 五 脩陁隸 六 脩陁羅
婆底 七 佛䭾波羶祢 八 薩婆陁羅尼阿婆
多尼 九 薩婆婆沙阿婆多尼 十 脩阿婆多尼 十一
僧伽婆履叉尼 十二 僧伽涅伽陁尼 十三 阿僧祇

鳩舍隸 四 檀陁脩陁隸 五 脩陁隸 六 脩陁羅
婆底 七 佛䭾波羶祢 八 薩婆陁羅尼阿婆
多尼 九 薩婆婆沙阿婆多尼 十 脩阿婆多尼 十一
僧伽婆履叉尼 十二 僧伽涅伽陁尼 十三 阿僧祇
十四 僧伽波伽地 十五 帝隸阿惰僧伽兜略 盧遮反
波羅帝 十六 薩婆僧伽三摩地伽蘭地 十七 薩
婆達磨脩波利剎帝 十八 薩婆薩埵樓䭾憍舍
略阿㝹伽地 十九 辛阿毗吉利地帝 二十
世尊若有菩薩得聞是陁羅尼者當知普賢
神通之力若法華經行閻浮提有受持者應
作此念皆是普賢威神之力若有受持讀誦
正憶念解其義趣如說脩行當知是人行普
賢行於无量无邊諸佛所深種善根爲諸如
來手摩其頭若但書寫是人命終當生忉利天
上是時八万四千天女作衆伎樂而來迎之
其人即著七寶冠於婇女中娛樂快樂何
況受持讀誦正憶念解其義趣如說脩行若
有人受持讀誦解其義趣是人命終爲千佛
授手令不恐怖不墮惡趣即往兜率天上彌
勒菩薩所彌勒菩薩有三十二相大菩薩衆
所共圍繞有百千万億天女眷屬而於中生有
如是等功德利益是故智者應當一心自書
若使人書受持讀誦正憶念如說脩行世
尊我今以神通力守護是經於如來滅後閻

所共圍遶有百千万億天女眷属而於中生有
如是等功德利益是故智者應當一心自書
若使人書受持讀誦正憶念如說脩行世
尊我今以神通力守護是經於如來滅後閻
浮提內廣令流布使不斷絕尒時釋迦牟尼
佛讚言善哉善哉普賢汝能護助是經令多
所衆生安樂利益汝已成就不可思議功德深
大慈悲從久遠來發阿耨多羅三藐三菩提
意而能作是神通之願守護是經我當以神
通力守護能受持普賢菩薩名者普賢若
有受持讀誦正憶念脩習書寫是法華經者當
知是人則見釋迦牟尼佛如從佛口聞此經典
當知是人供養釋迦牟尼佛當知是人佛讚
善哉當知是人為釋迦牟尼佛手摩其頭
當知是人為釋迦牟尼佛衣之所覆如是之
人不復貪著世樂不好外道經書手筆亦復
不憙親近其人及諸惡者若屠兒若畜猪
羊鷄狗若獵師若衒賣女色是人心意質直
有正憶念有福德力是人不為三毒所惱亦不
為嫉妬我慢邪慢增上慢所惱是人少欲知
足能脩普賢之行普賢若如來滅後後五
百歲若有人見受持讀誦法華經者應作是
念此人不久當詣道場破諸魔衆得阿耨多
羅三藐三菩提轉法輪擊法鼓吹法螺雨法
當坐天人大衆中師子法座上普賢若於後

BD03881號　妙法蓮華經卷七　（6–5）

羊鷄狗若獵師若衒賣女色是人心意質直
有正憶念有福德力是人不為三毒所惱亦不
為嫉妬我慢邪慢增上慢所惱是人少欲知
足能脩普賢之行普賢若如來滅後後五
百歲若有人見受持讀誦法華經者應作是
念此人不久當詣道場破諸魔衆得阿耨多
羅三藐三菩提轉法輪擊法鼓吹法螺雨法
當坐天人大衆中師子法座上普賢若於後
世受持讀誦是經典者是人不復貪著衣
服卧具飲食資生之物所願不虛亦於現世
得其福報若有人輕毀之言汝狂人耳空作
是行終无所獲如是罪報當世世无眼若有
供養讚歎之者當於今世得現果報若復
見受持是經者出其過惡若實若不實此人現
世得白癩病若輕咲之者當世世牙齒踈缺
醜脣平鼻手脚繚戾眼目角睞身體臭穢惡
瘡膿血水腹短氣諸惡重病是故普賢若見
受持是經典者當起遠迎當如敬佛說是普
賢勸發品時恒河沙等无量无邊菩薩得百
千億旋陀羅尼三千大千世界微塵等諸菩
薩具普賢道佛說是經時普賢等諸菩薩
舍利弗等諸聲聞及諸天龍人非人等一切大
會皆大歡喜受持佛語作礼而去

BD03881號　妙法蓮華經卷七　（6–6）

不共法清淨无二无二分无別无斷故一切
智智清淨故味界舌識界及舌觸舌觸為緣
所生諸受清淨味界乃至舌觸為緣所生諸
受清淨故十八佛不共法清淨何以故若一
切智智清淨若味界乃至舌觸為緣所生
諸受清淨若十八佛不共法清淨无二无二分无
別无斷故善現一切智智清淨故身界清淨
身界清淨故十八佛不共法清淨何以故若
一切智智清淨若身界清淨若十八佛不共
法清淨无二无二分无別无斷故一切智智
清淨故觸界身識界及身觸身觸為緣所生
諸受清淨觸界乃至身觸為緣所生諸受
清淨故十八佛不共法清淨何以故若一切智
智清淨若觸界乃至身觸為緣所生諸受
清淨若十八佛不共法清淨无二无二分无別
无斷故善現一切智智清淨故意界清淨意
界清淨故十八佛不共法清淨何以故若一
切智智清淨若意界清淨若十八佛不共法
清淨无二无二分无別无斷故一切智智清
淨故法界意識界及意觸意觸為緣所生諸
受清淨法界乃至意觸為緣所生諸受清淨

BD03882號　大般若波羅蜜多經卷二七八　（12–1）

界清淨故十八佛不共法清淨何以故若一
切智智清淨若意界清淨若十八佛不共法
清淨无二无二分无別无斷故一切智智清
淨故法界意識界及意觸意觸為緣所生諸
受清淨法界乃至意觸為緣所生諸受清淨
故十八佛不共法清淨何以故若一切智智
清淨若法界乃至意觸為緣所生諸受清
淨若十八佛不共法清淨无二无二分无別无
斷故善現一切智智清淨故地界清淨地界
清淨故十八佛不共法清淨何以故若一切
智智清淨若地界清淨若十八佛不共法
清淨无二无二分无別无斷故一切智智清淨
故水火風空識界清淨水火風空識界清淨
故十八佛不共法清淨何以故若一切智智
清淨若水火風空識界清淨若十八佛不共
法清淨无二无二分无別无斷故善現一切
智智清淨故无明清淨无明清淨故十八佛
不共法清淨何以故若一切智智清淨若无
明清淨若十八佛不共法清淨无二无二分
无別无斷故一切智智清淨故行識名色六
處觸受愛取有生老死愁歎苦憂惱清淨
乃至老死愁歎苦憂惱清淨故十八佛不共
法清淨何以故若一切智智清淨若行乃至
老死愁歎苦憂惱清淨若十八佛不共法清
淨无二无二分无別无斷故
善現一切智智清淨故布施波羅蜜多清淨

BD03882號　大般若波羅蜜多經卷二七八　（12–2）

乃至老死愁歎苦憂惱清淨故十八佛不共
法清淨何以故若一切智智清淨若行乃至
老死愁歎苦憂惱清淨若十八佛不共法清
淨无二无二分无別无斷故
善現一切智智清淨故布施波羅蜜多清淨
布施波羅蜜多清淨故十八佛不共法清淨
何以故若一切智智清淨若布施波羅蜜多
清淨若十八佛不共法清淨无二无二分无
別无斷故一切智智清淨故淨戒安忍精進
靜慮般若波羅蜜多清淨淨戒乃至般若波
羅蜜多清淨故十八佛不共法清淨何以故
若一切智智清淨若淨戒乃至般若波羅蜜
多清淨若十八佛不共法清淨无二无二分无
別无斷故善現一切智智清淨故內空清
淨內空清淨故十八佛不共法清淨何以故
若一切智智清淨若內空清淨若十八佛不
共法清淨无二无二分无別无斷故一切智智
清淨故外空內外空空空大空勝義空有
為空无為空畢竟空无際空散空无變異空
本性空自相空共相空一切法空不可得空无
性空自性空无性自性空清淨外空乃至
无性自性空清淨故十八佛不共法清淨何
以故若一切智智清淨若外空乃至无性自
性空清淨若十八佛不共法清淨无二无二
分无別无斷故善現一切智智清淨故真如
清淨真如清淨故十八佛不共法清淨何以

BD03882號　大般若波羅蜜多經卷二七八　（12–3）

以故若一切智智清淨若外空乃至无性自
性空清淨若十八佛不共法清淨无二无二
分无別无斷故善現一切智智清淨故真如
清淨真如清淨故十八佛不共法清淨何以
故若一切智智清淨若真如清淨若十八佛
不共法清淨无二无二分无別无斷故一切智
智清淨故法界法性不虛妄性不變異性
平等性離生性法定法住實際虛空界不思
議界清淨法界乃至不思議界清淨故十八
佛不共法清淨何以故若一切智智清淨若
法界乃至不思議界清淨若十八佛不共法
清淨无二无二分无別无斷故善現一切智
智清淨故苦聖諦清淨苦聖諦清淨故十八
佛不共法清淨何以故若一切智智清淨若
苦聖諦清淨若十八佛不共法清淨无二无
二分无別无斷故一切智智清淨故集滅道
聖諦清淨集滅道聖諦清淨故十八佛不共
法清淨何以故若一切智智清淨若集滅道
聖諦清淨若十八佛不共法清淨无二无二
分无別无斷故善現一切智智清淨故四靜
慮清淨四靜慮清淨故十八佛不共法清淨
何以故若一切智智清淨若四靜慮清淨若
十八佛不共法清淨无二无二分无別无斷故
一切智智清淨故四无量四无色定清淨四
无量四无色定清淨故十八佛不共法清
淨何以故若一切智智清淨若四无量四无

BD03882號　大般若波羅蜜多經卷二七八　（12–4）

一切智智清淨故四无量四无色定清淨四
无量四无色定清淨故十八佛不共法清
淨何以故若一切智智清淨若四无量四无
色定清淨若十八佛不共法清淨无二无二
分无別无斷故善現一切智智清淨故八解
脫清淨八解脫清淨故十八佛不共法清淨
何以故若一切智智清淨若八解脫清淨若
十八佛不共法清淨无二无二分无別无斷
故一切智智清淨故八勝處九次苐定十遍
處清淨八勝處九次苐定十遍處清淨故十
八佛不共法清淨何以故若一切智智清淨
若八勝處九次苐定十遍處清淨若十八佛
不共法清淨无二无二分无別无斷故善現
一切智智清淨故四念住清淨四念住清淨
故十八佛不共法清淨何以故若一切智智
清淨若四念住清淨若十八佛不共法清淨
无二无二分无別无斷故一切智智清淨故
四正斷四神足五根五力七等覺支八聖道
支清淨四正斷乃至八聖道支清淨故十八
佛不共法清淨何以故若一切智智清淨若
四正斷乃至八聖道支清淨若十八佛不共
法清淨无二无二分无別无斷故善現一切
智智清淨故空解脫門清淨空解脫門清
淨故十八佛不共法清淨何以故若一切智智
清淨若空解脫門清淨若十八佛不共法清

BD03882號　大般若波羅蜜多經卷二七八　（12–5）

法清淨无二无二分无別无斷故善現一切
智智清淨故空解脫門清淨空解脫門清
淨故十八佛不共法清淨何以故若一切智智
清淨若空解脫門清淨若十八佛不共法清
淨无二无二分无別无斷故一切智智清淨
故无相无願解脫門清淨无相无願解脫門
清淨故十八佛不共法清淨何以故若一切
智智清淨若无相无願解脫門清淨若十八
佛不共法清淨无二无二分无別无斷故善
現一切智智清淨故菩薩十地清淨菩薩十
地清淨故十八佛不共法清淨何以故若一
切智智清淨若菩薩十地清淨若十八佛不
共法清淨无二无二分無別無斷故
善現一切智智清淨故五眼清淨五眼清淨
故十八佛不共法清淨何以故若一切智智
清淨若五眼清淨若十八佛不共法清淨无
二无二分无別无斷故一切智智清淨故六
神通清淨六神通清淨故十八佛不共法清
淨何以故若一切智智清淨若六神通清淨
若十八佛不共法清淨无二无二分无別无
斷故善現一切智智清淨故佛十力清淨佛
十力清淨故十八佛不共法清淨何以故若
一切智智清淨若佛十力清淨若十八佛不
共法清淨无二无二分无別无斷故一切智
智清淨故四无所畏四无礙解大慈大悲大

BD03882號　大般若波羅蜜多經卷二七八　（12–6）

共法清淨故十八佛不共法清淨何以故若
一切智智清淨若佛十力清淨若十八佛不
共法清淨无二无二分无別无斷故一切智
智清淨故四无所畏四无礙解大慈大悲大
喜大捨清淨四无所畏乃至大捨清淨故十
八佛不共法清淨何以故若一切智智清淨
若四无所畏乃至大捨清淨若十八佛不共
法清淨无二无二分无別无斷故善現一切
智智清淨故无忘失法清淨无忘失法清淨
故十八佛不共法清淨何以故若一切智智
清淨若无忘失法清淨若十八佛不共法清
淨无二无二分无別无斷故一切智智清淨
故恒住捨性清淨恒住捨性清淨故十八佛
不共法清淨何以故若一切智智清淨若恒
住捨性清淨若十八佛不共法清淨无二无
二分无別无斷故善現一切智智清淨故一
切智清淨一切智清淨故十八佛不共法清
淨何以故若一切智智清淨若一切智清淨
若十八佛不共法清淨无二无二分无別无
斷故一切智智清淨故道相智一切相智清
淨道相智一切相智清淨故十八佛不共法
清淨何以故若一切智智清淨若道相智一
切相智清淨若十八佛不共法清淨无二无
二分无別无斷故善現一切智智清淨故一
切陁羅尼門清淨一切陁羅尼門清淨故十
八佛不共法清淨何以故若一切智智清淨
若一切陁羅尼門清淨若十八佛不共法清

切相智清淨若十八佛不共法清淨无二无
二分无別无斷故善現一切智智清淨故一
切陁羅尼門清淨一切陁羅尼門清淨故十
八佛不共法清淨何以故若一切智智清淨
若一切陁羅尼門清淨若十八佛不共法清
淨无二无二分无別无斷故一切智智清淨
故一切三摩地門清淨一切三摩地門清淨
故十八佛不共法清淨何以故若一切智智
清淨若一切三摩地門清淨若十八佛不共
法清淨无二无二分无別无斷故
善現一切智智清淨故預流果清淨預流果
清淨故十八佛不共法清淨何以故若一切
智智清淨若預流果清淨若十八佛不共法
清淨无二无二分无別无斷故一切智智清
淨故一來不還阿羅漢果清淨一來不還阿
羅漢果清淨故十八佛不共法清淨何以故
若一切智智清淨若一來不還阿羅漢果清
淨若十八佛不共法清淨无二无二分无別
无斷故善現一切智智清淨故獨覺菩提清
淨獨覺菩提清淨故十八佛不共法清淨何
以故若一切智智清淨若獨覺菩提清淨若
十八佛不共法清淨无二无二分无別无斷故
善現一切智智清淨故一切菩薩摩訶薩
行清淨一切菩薩摩訶薩行清淨故十八佛
不共法清淨何以故若一切智智清淨若一
切菩薩摩訶薩行清淨若十八佛不共法

十八佛不共法清淨无二无二分无別无斷故
善現一切智智清淨故一切菩薩摩訶薩
行清淨一切菩薩摩訶薩行清淨故十八佛
不共法清淨何以故若一切智智清淨若一
切菩薩摩訶薩行清淨若十八佛不共法
清淨无二无二分无別无斷故善現一切智智
清淨故諸佛无上正等菩提清淨諸佛无上
正等菩提清淨故十八佛不共法清淨何以
故若一切智智清淨若諸佛无上正等菩提
清淨若十八佛不共法清淨无二无二分无
別无斷故
復次善現一切智智清淨故色清淨色清淨
故无忘失法清淨何以故若一切智智清淨
若色清淨若无忘失法清淨无二无二分无
別无斷故一切智智清淨故受想行識清淨
受想行識清淨故无忘失法清淨何以故若
一切智智清淨若受想行識清淨若无忘失
法清淨无二无二分无別无斷故善現一切
智智清淨故眼處清淨眼處清淨故无忘失
法清淨何以故若一切智智清淨若眼處清
淨若无忘失法清淨无二无二分无別无斷
故一切智智清淨故耳鼻舌身意處清淨耳
鼻舌身意處清淨故无忘失法清淨何以故
若一切智智清淨若耳鼻舌身意處清淨若
无忘失法清淨无二无二分无別无斷故善
現一切智智清淨故色處清淨色處清淨故

故一切智智清淨故耳鼻舌身意處清淨耳
鼻舌身意處清淨故无忘失法清淨何以故
若一切智智清淨若耳鼻舌身意處清淨若
无忘失法清淨无二无二分无別无斷故善
現一切智智清淨故色處清淨色處清淨故
无忘失法清淨何以故若一切智智清淨若
色處清淨若无忘失法清淨无二无二分无
別无斷故一切智智清淨故聲香味觸法處
清淨聲香味觸法處清淨故无忘失法清淨
何以故若一切智智清淨若聲香味觸法處
清淨若忘失法清淨无二无二分无別无斷故
善現一切智智清淨故眼界清淨眼界清
淨故无忘失法清淨何以故若一切智智
清淨若眼界清淨若无忘失法清淨无二无
二分无別无斷故一切智智清淨故色界眼
識界及眼觸眼觸為緣所生諸受清淨色界
乃至眼觸為緣所生諸受清淨故无忘失法
清淨何以故若一切智智清淨若色界乃至
眼觸為緣所生諸受清淨若无忘失法清淨
无二无二分无別无斷故善現一切智智清
淨故耳界清淨耳界清淨故无忘失法清淨
何以故若一切智智清淨若耳界清淨若无
忘失法清淨无二无二分无別无斷故一切
智智清淨故聲界耳識界及耳觸耳觸為緣
所生諸受清淨聲界乃至耳觸為緣所生諸
受清淨故无忘失法清淨何以故若一切智

淨故耳界清淨耳界清淨故无忘失法清淨
何以故若一切智智清淨若耳界清淨若无
忘失法清淨无二无二分无別无斷故一切
智智清淨故聲界耳識界及耳觸耳觸為緣
所生諸受清淨聲界乃至耳觸為緣所生諸
受清淨故无忘失法清淨何以故若一切智
智清淨若聲界乃至耳觸為緣所生諸受清
淨若无忘失法清淨无二无二分无別无斷
故善現一切智智清淨故鼻界清淨鼻界清
淨故无忘失法清淨何以故若一切智智清
淨若鼻界清淨若无忘失法清淨无二无二
分无別无斷故一切智智清淨故香界鼻識
界及鼻觸鼻觸為緣所生諸受清淨香界乃
至鼻觸為緣所生諸受清淨故无忘失法清
淨何以故若一切智智清淨若香界乃至鼻
觸為緣所生諸受清淨若无忘失法清淨无
二无二分无別无斷故善現一切智智清淨
故舌界清淨舌界清淨故无忘失法清淨
何以故若一切智智清淨若舌界清淨若无
忘失法清淨无二无二分无別无斷故一切
智智清淨故味界舌識界及舌觸舌觸為緣
所生諸受清淨味界乃至舌觸為緣所生諸
受清淨故无忘失法清淨何以故若一切智
智清淨若味界乃至舌觸為緣所生諸受清
淨若无忘失法清淨无二无二分无別无斷
故善現一切智智清淨故身界清淨身界清
淨故无忘失法清淨何以故若一切智智清

智智清淨故味界舌識界及舌觸舌觸為緣
所生諸受清淨味界乃至舌觸為緣所生諸
受清淨故无忘失法清淨何以故若一切智
智清淨若味界乃至舌觸為緣所生諸受清
淨若无忘失法清淨无二无二分无別无斷
故善現一切智智清淨故身界清淨身界清
淨故无忘失法清淨何以故若一切智智清
淨若身界清淨若无忘失法清淨无二无二
分无別无斷故一切智智清淨故觸界身識
界及身觸身觸為緣所生諸受清淨觸界乃
至身觸為緣所生諸受清淨故无忘失法清
淨何以故若一切智智清淨若觸界乃至身
觸為緣所生諸受清淨若无忘失法清淨无
二无二分无別无斷故善現一切智智清淨
故意界清淨意界清淨故无忘失法清淨何
以故若一切智智清淨若意界清淨若无忘
失法清淨无二无二分无別无斷故一切智
智清淨故法界意識界及意觸意觸為緣所
生諸受清淨法界乃至意觸為緣所生諸受
清淨故无忘失法清淨何以故若一切智智
清淨若法界乃至意觸為緣所生諸受清淨
若无忘失法清淨无二无二分无別无斷故
善現一切智智清淨故地界清淨地界清淨
故无忘失法清淨何以故若一切智智清淨

是金鼓中 所出妙音 復令衆生 值遇諸佛
遠離一切 諸佛業等 善脩无量 白淨之業
諸天世人 及餘衆生 隨其所思 諸所念求
如是金鼓 所出之音 皆悉能令 成就具足
若有衆生 隨大地獄 猛火炎熾 焚燒其身
无有救護 流轉諸難 當令是等 悉滅諸苦
若有衆生 諸苦所切 三惡道報 及以人中
如是金鼓 所出之音 悉能除滅 一切諸苦
无依无歸 无有救護 我爲是等 作歸依處
是諸世尊 今當證知 久已於我 生大悲心
在在處處 十方諸佛 現在世雄 兩足之尊
我本所作 惡不善業 今者懺悔 十方力前
不識諸佛 及父母恩 不解善法 造作衆惡
自性種性 及諸財寶 盛年放逸 作諸惡行
心念不善 口作惡業 隨心所作 不見其過
凡夫愚行 无知闇覆 親近惡友 煩惱亂心
五欲因緣 心生忿恚 不知猒之 故作衆惡
親近非聖 因生慳嫉 貧窮因緣 姧諂作惡
繫屬於他 常有怖畏 不得自在 而造諸惡

BD03883號　金光明經卷一　（7–1）

心念不善 口作惡業 隨心所作 不見其過
凡夫愚行 无知闇覆 親近惡友 煩惱亂心
五欲因緣 心生忿恚 不知猒之 故作衆惡
親近非聖 因生慳嫉 貧窮因緣 姧諂作惡
繫屬於他 常有怖畏 不得自在 而造諸惡
貪欲恚癡 擾動其心 渴愛所逼 造作衆惡
依因衣食 及以女色 諸結惱熱 造作衆惡
身口意惡 所集三業 如是衆罪 今悉懺悔
或不恭敬 佛法聖衆 如是諸罪 今悉懺悔
或不恭敬 緣覺菩薩 如是衆罪 今悉懺悔
以无知故 誹謗正法 不知恭敬 父母尊長
如是衆罪 今悉懺悔
愚惑所覆 憍慢放逸 因貪恚癡 造作衆惡
如是衆罪 今悉懺悔 我今供養 无量无邊
三千大千 世界諸佛 我當拔濟 十方一切
无量衆生 所有諸苦 我當安止 不可思議
阿僧祇劫 令住十地 已得安止 住十地者
悉令具足 如來正覺 爲一衆生 億劫脩行
使无量衆 令度苦海 我當爲是 諸衆生等
演說微妙 甚深悔法 所爲金光 滅除諸惡
千劫所作 極重惡業 若能至心 一懺悔者
如是衆罪 悉皆滅盡 我今已說 懺悔之法
是金光明 清淨微妙 速能滅除 一切業鄣
我當安止 住於十地 十種珍寶 以爲腳足
成佛无上 功德光明 令諸衆生 度三有海
諸佛所有 甚深法藏 不可思議 无量功德
一切種智 願悉具足 百千禪定 根力覺道

BD03883號　金光明經卷一　（7–2）

如是罪悉皆滅盡　我今已說　懺悔之法
是金光明　清淨微妙　速能滅除　一切業鄣
我當安止　住於十地　十種珎寶　以為脚足
成佛无上　功德光明　令諸衆生　度三有海
諸佛所有　甚深法藏　不可思議　无量功德
一切種智　願悉具足　百千禪定　根力覺道
不可思議　諸陁羅尼　十力世尊　我當成就
諸佛世尊　有大慈悲　當證微誠　哀受我悔
若我百劫　所作衆惡　以是因緣　生大憂苦
貧窮困乏　愁惱驚懼　怖畏惡業　心常怯劣
在在處處　暫无歡喜　十方現在　大悲世尊
能除衆生　一切怖畏　願當受我　誠心懺悔
令我恐懼　悉得消除　我之所有　煩惱業垢
唯願現在　諸佛世尊　以大悲水　洗除令淨
過去諸惡　今悉悔過　現在作罪　誠心發露
所未作者　更不敢作　已作之者　不敢覆藏
身業三種　口業有四　意三業行　今悉懺悔
身口所作　及以意思　十種惡業　一切懺悔
遠離十惡　脩行十善　安止十地　遠十力尊
所造惡業　應受惡報　今於佛前　誠心懺悔
若此國土　及餘世界　所有善法　悉以迴向
我所脩行　身口意善　願於未世　證无上道
若在諸有　六趣嶮難　愚癡无智　造作諸惡
令於佛前　皆悉懺悔　世間所有　生死嶮難
種種婬欲　愚煩惱難　如是諸難　我今懺悔
心輕躁難　近惡友難　三有嶮難　及三毒難

BD03883號　金光明經卷一　（7–3）

若在諸有　六趣嶮難　愚癡无智　造作諸惡
令於佛前　皆悉懺悔　世間所有　生死嶮難
種種婬欲　愚煩惱難　如是諸難　我今懺悔
心輕躁難　近惡友難　三有嶮難　及三毒難
遇无難難　值好時難　脩功德難　值佛亦難
如是諸難　今悉懺悔
諸佛世尊　我所依止　是故我今　敬礼佛海
金色晃曜　猶如須弥　是故我今　頂礼最勝
其色无上　猶如真金　眼目清淨　如紺琉璃
功德威神　名稱顯著　佛日大悲　滅一切闇
善淨无垢　離諸塵翳　无上佛日　大光普照
煩惱大熾　令心燋熱　唯佛能除　如月清涼
三十二相　八十種好　莊嚴其身　覩之无猒
功德巍巍　明網顯曜　安住三界　如日照世
猶如琉璃　淨无瑕穢　妙色廣大　種種各異
其色赤紅　如日初出　頗梨白銀　校飾光網
如是種種　莊嚴佛日　三有之中　生死大河
瀑水波蕩　惱亂我心　其味苦毒　最為麁澀
如來網明　能令枯涸　妙身端嚴　相好殊特
金色光明　遍照一切　智慧大海　弥滿三界
是故我今　稽首敬礼　如大海水　其量難知
大地微塵　不可稱計　諸須弥山　難可度量
虛空邊際　亦不可得　諸佛亦尒　功德无量
一切有心　无能知者　於无量劫　極心思惟
不能得知　佛功德邊　大地諸山　尚可知量
毛渧海水　亦可知數　諸佛功德　无能知者

BD03883號　金光明經卷一　（7–4）

大地微塵　不可稱計　諸須彌山　[illegible]
虛空邊際　亦不可得　諸佛亦尒　功德无量
一切有心　无能知者　於无量劫　極心思惟
不能得知　佛功德邊　大地諸山　尚可知量
毛渧海水　亦可知數　諸佛功德　无能知者
相好莊嚴　名稱讚嘆　如是功德　令衆皆得
我以善業　諸因緣故　來世不久　成於佛道
講宣妙法　利益衆生　度脫一切　无量諸苦
摧伏諸魔　及其眷屬　轉於无上　清淨法輪
住壽无量　不思議劫　充足衆生　甘露法味
我當具足　六波羅蜜　猶如過佛　之所成就
斷諸煩惱　除一切苦　悉滅貪欲　及恚癡等
我當憶念　宿命之事　百生千生　百千億生
常當至心　正念諸佛　聞說微妙　无上正法
我因善業　常值諸佛　遠離諸惡　脩諸善業
一切世界　所有衆生　无量苦惱　我當悉滅
若有衆生　諸根毀壞　不具足者　悉令具足
十方世界　所有病苦　羸瘦頓乏　无救護者
悉令解脫　如是諸苦　還得勢力　平服如故
若犯王法　臨當刑戮　无量怖畏　愁憂苦惱
如是之人　悉令解脫
若受鞭撻　繫縛枷鏁　種種苦事　逼切其身
无量百千　愁憂驚畏　種種恐懼　擾亂其心
如是无邊　諸苦惱等　願使一切　皆得解脫
若有衆生　飢渴所惱　令得種種　甘美飲食
盲者得視　聾者得聽　瘂者能言　裸者得衣
貧窮之者　即得寶藏　倉庫盈溢　无所乏少

BD03883號　金光明經卷一　（7–5）

若受鞭撻　繫縛枷鏁　種種苦事　逼切其身
无量百千　愁憂驚畏　種種恐懼　擾亂其心
如是无邊　諸苦惱等　願使一切　皆得解脫
若有衆生　飢渴所惱　令得種種　甘美飲食
盲者得視　聾者得聽　瘂者能言　裸者得衣
貧窮之者　即得寶藏　倉庫盈溢　无所乏少
一切皆受　安隱快樂　及至无有　一人受苦
衆生相視　和顏悅色　形貌端嚴　人所喜見
心常思念　他人善事　飲食飽滿　功德具足
隨諸衆生　之所思念　皆願令得　種種伎樂
箜篌箏笛　琴瑟鼓吹　如是種種　微妙音聲
江河池沼　流泉諸水　金華遍布　及憂鉢羅
隨諸衆生　之所思念　即得種種　衣服飲食
錢財珎寶　金銀琉璃　真珠璧玉　雜廁瓔珞
願諸衆生　不聞惡聲　乃至无有　可惡見者
願諸衆生　色貌微妙　各各相於　共相愛念
世間所有　資生之具　隨其所念　悉令具足
願諸衆生　諸有求索　如其所須　應念即得
香華諸珎　常於三時　雨細末香　及塗身香
衆生受者　歡喜快樂　願諸衆生　常得供養
不可思議　十方諸佛　无上妙法　清淨无垢
及諸菩薩　聲聞大衆　願諸衆生　常得遠離
三惡八難　值无難處　親覲諸佛　无上之王
願諸衆生　常生尊貴　多饒財寶　安隱豐樂
上妙色像　莊嚴其身　功德成就　有大名稱
願諸女人　皆成男子　具足智慧　精進不懈
一切皆行　菩薩之道　懃心脩集　六波羅蜜
[illegible]

BD03883號　金光明經卷一　（7–6）

不可思議 十方諸佛 无上妙法 清淨无垢
及諸菩薩 聲聞大衆 願諸衆生 常得遠離
三惡八難 值无難處 覲覲諸佛 无上之王
願諸衆生 常生尊貴 多饒財寶 安隱豐樂
上妙色像 莊嚴其身 功德成就 有大名稱
願諸女人 皆成男子 具足智慧 精進不懈
一切皆行 菩薩之道 懃心脩集 六波羅蜜
常見十方 无量諸佛 坐寶樹下 琉璃座上
安住神定 自在快樂 演說正法 衆所樂聞
若我現在 及過去世 所作惡業 諸有嶮難
應得惡果 不適意者 願悉盡滅 令无有餘
若諸衆生 三有繫縛 生死羅網 綵蜜牢固
願以智力 割斷破壞 除諸苦惱 早成菩提
若此閻浮 及餘他方 无量世界 所有衆生
所作種種 善巧功德 我念深心 隨其歡喜
我念以此 隨喜功德 及身口意 所作善業
願於來世 成无上道 得淨无垢 吉祥果報
若有敬礼 讚歎十方 信心清淨 无諸疑罔
能作如是 所說懺悔 便得超越 六十劫罪
諸善男子 及善女人 諸王剎利 婆羅門等
若有恭敬 合掌向佛 稱讚如來 并讚此偈

BD03883號　金光明經卷一　（7–7）

南无樂光佛 南无普護佛
南无清淨意佛 南无成就義佛
南无香山佛 南无摩尼清淨佛
南无功德光佛 南无日光佛
南无成就光佛 南无見愛佛
南无善思惟佛 南无娑濡多見佛
從此以上一万三百佛十二部經一切賢聖
南无師子幢佛 南无普行佛
南无大步佛 南无阿羅頻頭波頭摩眼佛
南无日光佛 南无阿弥多清淨佛
南无阿難多樓波佛 南无蓋天佛
南无羅多那光佛 南无莎羅梯羅多佛
南无善見佛 南无親味佛
南无婆耆羅莎佛 南无脩利耶那那佛
南无无障导眼佛 南无莎荷去佛
南无大然燈佛 南无盧荷伽佛
南无清淨功德佛 南无功德藏佛
南无法佛 南无摩樓多愛佛

BD03884號　佛名經（十六卷本）卷一三　（7–1）

南无无障㝵眼佛　南无莎荷去佛
南无大默燈佛　南无盧荷伽佛
南无清淨功德佛　南无功德藏佛
南无法佛　南无摩樓多愛佛
南无阿婆耶愛佛　南无慧幢佛
南无威德光佛　南无月德佛
南无求那婆藪佛　南无无邊光佛
南无安樂佛　南无稱雞兜佛
南无光明吼佛　南无普功德佛
南无勝雞兜佛　南无那羅延佛
南无寶清淨佛　南无普心佛
南无善意佛　南无善意佛
南无不量威德佛　南子師子嚬佛
南无光明意佛　南无那羅延天佛
南无薩遮雞兜佛　南无善住意佛
南无阿彌多天佛　南无大慧德佛
南无大幢佛　南无光明日佛
南无法佛　南无善法佛
南无旃陁婆兜佛　南无菴摩羅勝佛
南无解脫觀佛　南无羅多那光佛
南无羅聲佛　南无普心擇佛
南无成就光佛　南无甘露眼佛
南无稱愛佛　南无善護佛
南无天信佛　南无善量步佛
南无提婆多羅佛　南无深智佛
南无斯那步佛　南无旃陁跋陁佛

BD03884號　佛名經（十六卷本）卷一三　（7–2）

南无稱愛佛　南无善護佛
南无天信佛　南无善量步佛
南无提婆多羅佛　南无深智佛
南无斯那步佛　南无旃陁跋陁佛
南无提闍積佛　南无大勝佛
南无大步佛　南无闍耶天佛
南无悉達他意佛　南无質多憂佛
南无師子聲佛　南无信提舍那佛
南无智光佛　南无拘犢摩提闍佛
南无提闍羅尸佛　南无如意光佛
南无无邊威德佛　南无无邊光佛
南无勝藏佛　南无盧遮那稱佛
南无寶雞兜佛　南无郁伽提闍佛
南无日雞兜佛　南无摩訶弥留佛
南无摩訶額荷佛　南无世間得名佛
南无郁伽德佛　南无憂多摩稱佛
南无成就義步佛　南无提婆摩醯多佛
次礼十二部尊經大藏法輪
南无決揔持經　南无七智經
南无所祇經　南无七車經
南无耆闍掘山解經　南无留多經
南无未生王經　南无三乘經
從此以上一万四百佛十二部經一切賢聖
南无便賢者旃經　南无颰陁悔過經
南无三轉月明經　南无聽施經
南无是時自梵自守經　南无三品脩行經

BD03884號　佛名經（十六卷本）卷一三　（7–3）

南无未生王經　南无三乘經
從此以上一万四百佛十二部經一切賢聖
南无便賢者旃經　南无颰陀悔過經
南无三轉月明經　南无聽施經
南无是時自梵自守經　南无三品脩行經
南无句義經　南无鷹王經
南无須摩經　南无弘道三昧經
南无義決律經　南无須耶越國貧人經
南无齋經　南无等入法嚴經
次礼十方諸大菩薩
南无堅固寶世界金剛幢菩薩
南无堅固寶王世界勇猛幢菩薩
南无堅固樂世界堅固幢菩薩　南无堅固金世界夜光幢菩薩
南无堅固摩世界智幢菩薩　南无堅固金剛世界寶幢菩薩
南无堅固蓮華世界精進幢菩薩
南无堅固青蓮華世界離垢幢菩薩
南无堅固栴檀世界宜寶幢菩薩
南无堅固香世界法幢菩薩　南无南方善思議菩薩
現在西方菩薩
南无善吉世界成一切利菩薩　南无善吉世界金光齋菩薩
南无寶樹世界精進首菩薩　南无寶揚世界明首菩薩
南无善觀照世界照於大衆菩薩　南无无優世界普曜菩薩
南无香勝離垢光明世界普智光明慧燈菩薩
南无金剛慧世界淨光菩薩　南无善行世界无勝意菩薩
南无善吉世界明星菩薩　南无寶樹世界无言菩薩
南无歡喜世界蓮華菩薩　南无歡喜世界山王菩薩
次礼聲聞緣覺一切菩薩

BD03884號　佛名經（十六卷本）卷一三　（7-4）

南无香勝離垢光明世界普智光明慧燈菩薩
南无金剛慧世界淨光菩薩　南无善行世界无勝意菩薩
南无善吉世界明星菩薩　南无寶樹世界无言菩薩
南无歡喜世界蓮華菩薩　南无歡喜世界山王菩薩
次礼聲聞緣覺一切菩薩
南无十同名婆羅辟支佛　南无火身辟支佛
南无同菩提辟支佛　南无摩訶男辟支佛
南无心上辟支佛　南无谿淨辟支佛
南无善快辟支佛　南无園陁辟支佛
南无吉沙辟支佛　南无優波吉沙辟支佛
南无斷有辟支佛　南无優波羅辟支佛
南无斷愛辟支佛　南无施婆羅辟支佛
礼三寶已次復懺悔
已懺三塗等報今當復次稽顙懺悔人天
餘報相與稟此閻浮壽命雖日百歲滿者
无幾於其中間盛年枉夭其數无量但有
衆苦煎迫形心愁憂恐怯未曾暫離如此
皆是善根微弱惡業滋多致使現在心有
所為皆不稱意當知悉是過去已來惡業
餘報是故弟子今日至誠歸依佛
南无東方蓮華上佛　南无南方調伏佛
南无西方无量明佛　南无北方勝諸根佛
南无東南方蓮華尊佛　南无西南方无量華佛
南无西北方自在智佛　南无東北方赤蓮華德佛
南无下方分別佛　南无上方伏怨智佛
如是十方盡虛空界一切三寶至心歸命
常住三寶弟子等无始以來至於今日所

BD03884號　佛名經（十六卷本）卷一三　（7-5）

南无西方无量明佛　南无北方勝諸相佛
南无東南方蓮華尊佛　南无西南方无量華佛
南无西北方自在智佛　南无東北方赤蓮華德佛
南无下方分別佛　南无上方伏怨智佛
如是十方盡虛空界一切三寶至心歸命
常住三寶弟子等无始以來至於今日所
有現在及以未來人天之中无量餘報流
殃宿對癃殘百疾六根不具罪報懺悔人
間邊地耶見三惡八難罪報懺悔人間多
病消瘦促命夭枉罪報懺悔人間六親眷
屬不能得常相保守罪報懺悔人間親舊
彫喪愛別離苦罪報懺悔人間怨家聚會
愁憂怖畏罪報懺悔人間水火盜賊刀
兵危嶮驚恐怯弱罪報懺悔人間孤獨
困苦流離波迸亡失國土罪報懺悔人
間牢獄繫閉幽執側立鞭撻考楚罪報
懺悔人間公私口舌便相羅染更相誣
謗罪報懺悔人間惡病連年累月不差枕
臥床席不能起居罪報懺悔人間冬溫夏
疫毒厲傷寒罪報懺悔人間賊風腫滿否
塞罪報懺悔人間為諸惡神伺求其便欲
作禍祟罪報懺悔人間有鳥鳴百怪飛
屍耶鬼為作妖異罪報懺悔人間為豹豺
狼水陸一切諸惡禽獸所傷罪報懺悔人
間自縊自刺自煞罪報懺悔人間投坑赴
水自沈自墜罪報懺悔人間无有威德名
聞罪報懺悔人間衣服資生不稱心罪報
[illegible]

BD03884號　佛名經（十六卷本）卷一三　（7–6）

謗罪報懺悔人間惡病連年累月不差枕
臥床席不能起居罪報懺悔人間冬溫夏
疫毒厲傷寒罪報懺悔人間賊風腫滿否
塞罪報懺悔人間為諸惡神伺求其便欲
作禍祟罪報懺悔人間有鳥鳴百怪飛
屍耶鬼為作妖異罪報懺悔人間為豹豺
狼水陸一切諸惡禽獸所傷罪報懺悔人
間自縊自刺自煞罪報懺悔人間投坑赴
水自沈自墜罪報懺悔人間无有威德名
聞罪報懺悔人間衣服資生不稱心罪報
懺悔人間行來出入有所云為值惡知識
為作留難罪報如是現在未來人天之中
无量禍橫災疫厄難衰惱罪報弟子今日
向十方佛尊賢聖僧求哀懺悔至心頂礼
常住三寶

佛名經卷第十三

BD03884號　佛名經（十六卷本）卷一三　（7–7）

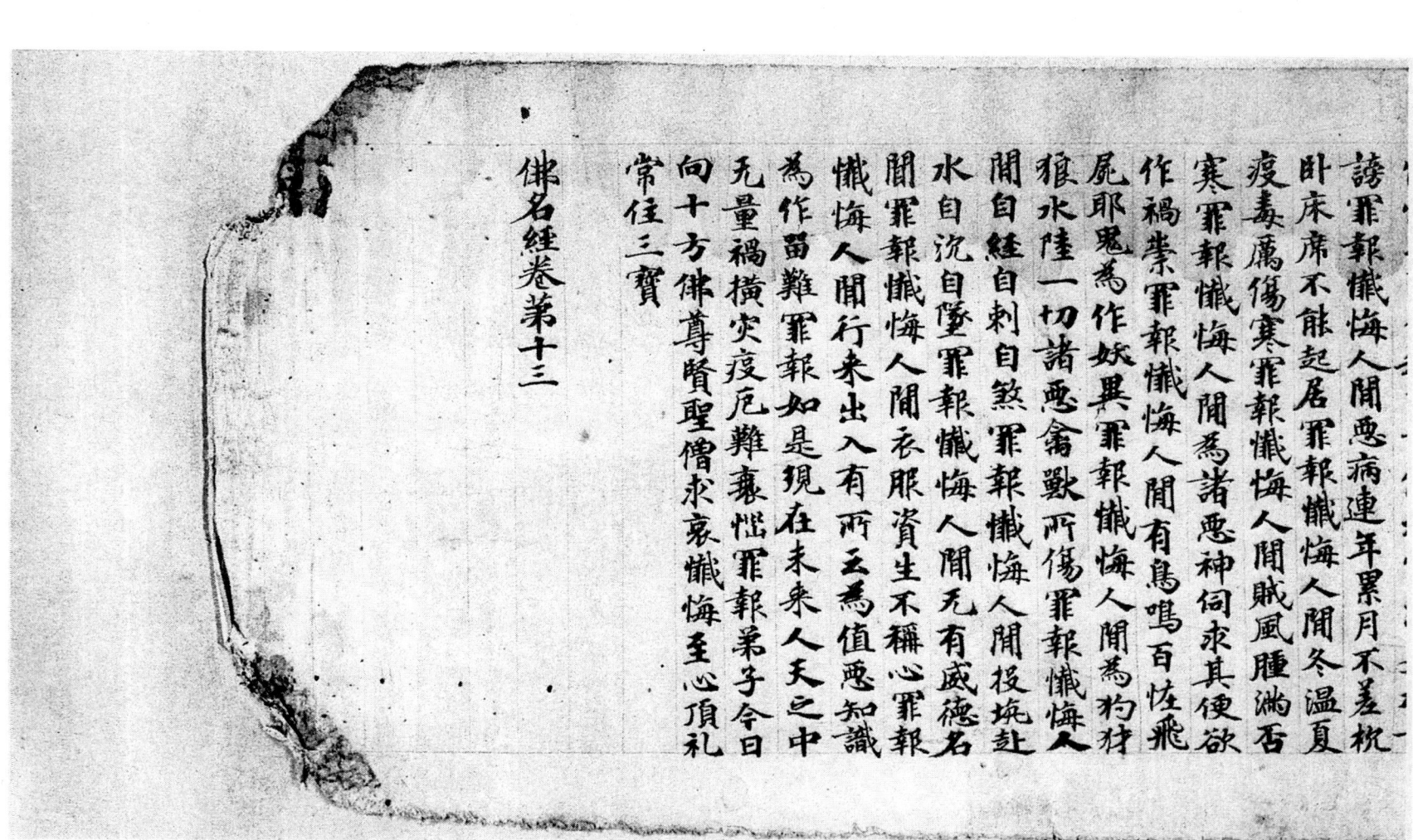

小乘通緣三世眼等未來名心積集義故又現名識能了於
故過去名意開導依故心雖不有心所相應隨心性類與彼俱
起稍八識唯有非不善有覆无記无覆无記於此世他
順益故名為善人天樂果雖於此世能為順益非於他世故不
名善能於此世他世違損故名不善惡趣苦果雖於此世能為
違損非於他世故非不善於善不善損益事中不可記別故名
无記若性染汙能弊於心障导聖道故名有覆若非染汙不
能弊心不障聖道故名无覆第八唯是无覆无記以此識是
異熟性故異熟若是善染汙者流轉還滅應不得成又此識
是善染依故若善染者互相違故應不與二俱作所依又此
識是所熏性故若善染者如極香臭應不受熏无所熏
故染淨因果俱不成立既餘貪等是唯善染故與此識
不相應惡作等四无記性者有間斷故亦不因
五緣別境謂欲希望所樂事轉此識任運无所希望勝解印持
決定事轉此識瞢昧无所印持念唯明記曾習事轉此識
昧劣不能明記定令心專注一境此識任運剎那別緣
慧唯簡擇德等事轉此識微昧不能簡擇故此不與別
境相應觸作意受想思五此是遍行心所法故若无此
五心必不生无觸受等不名心故其遍行相後當廣說
第七唯是有覆无記性是染汙障导聖道隱蔽自心
故名有覆一類內執不定七他世有……无記文准

[illegible]
昧劣不能明記能定令心專注一趣此既任運刹那別緣
惠唯簡擇德等事转此既微昧不能簡擇故比不与欲
境相應觸作意受想思五以是遍行心所法故若无比
五心必不生无觸受等不名心故其遍行相後當廣說
第七唯是有覆无記性是染汙障聖道隱蔽自心
故名有覆一類内執不起比世他世損益故名无記故唯
十八心所相應謂觸等五別境中惠我癡我見我慢我
愛八大隨惑意与遍行定相應故執我法者必有
惠故愚於我相迷无我故於非我法妄計為我故恃執
我生高舉故於所執我深耽着故八大隨惑遍染心故
何故此既无餘心所我見常起无餘見故无一心中有二惠
彼惠与我見義用別故由見審決不猶預故無所執
我不增惠故恒緣合境无希望故恒緣定事无所持故
恒緣現境无記憶故刹那別緣不專一故善唯是淨此
深汙故小十麁猛此審細故中二不善此无記故恒緣定
境非悔先故悔依外緣此内起故尋伺麁細此一類故
唯十八心所相應第六意既遍一切性具法分別内外
門轉於損益性皆可記故所起深汙雖為定伏性非損
益障聖道故論業所招異熟果心性非染汙不障道故
含一切心所相應雖非一時一切俱起隨起三性即彼相
應眼等五既隨外門轉亦同意識通其四性由无計度
隨念分別唯三十四心所相應謂五遍行及五別境十一
善法三本煩惱中二大八十隨煩惱觸等遍与心相應故
能微劣緣別別境故亦有樂深法善法故有貪嗔癡
不善根故无慚无愧通不善故掉舉等八遍染心故所
餘心所何不相應由稱量等起隨尋故小十麁猛此微劣
故追悔睡眠非五法故尋伺是意不共法故此隨因生
性位說若在果位皆无簡善与廿一心所相應遍行別
境及十一善与一切心恒相應故常樂證知所觀境故
於所觀境唯即等故令心專注[illegible]

不善根故无慚无愧通不善故掉舉等八遍染心故行
餘心行何不相應由稱量等起隨尋故小十麁猛此後方
故追悔睡眠非五識故尋伺是意不共法故此隨因生
性位說若在果位亦无除善與廿一心所相應遍行別
境及十一善與一切心恒相應故常樂證知所觀境故
於所觀境恒印持故於曾受境恒明記故世尊无有
不定心故於一切法常決擇故極淨信等常相應故无
染汙故无散動故非不定故非不定等心所相應就
隨此等心所相應於所緣境亦有寬狹因中五識唯
色等五塵假實如下所明而五識緣有其二說有說
五識但緣實境由任運起不待名言及待此餘根
境起故其長短等法餘假色要待名言及餘所起是
故不緣長等假色有說五識亦緣假境以長短等亦
色處收故眼識緣不緣違於理然緣假時必緣於實緣
實之時不緣於假實不依假假依實故第六意識緣一
切境是三七等一切分別了別識中最為勝故若第七
識唯緣第八見分為我不緣相分識中種子及相應
法以為我所我我所執不俱起故以此識俱薩迦耶見任
運一類恒相續生无容別起我我所執故又所說執此
識是我我所故於一見之說二三其第八識雖微細故所緣行相
俱不可知由因緣力自性生時內變為種子及有根身外變為器
器世界相即以所變為自所緣行相依之而得起故第八色界具
三所緣无色界中唯緣種子不變以其為所緣者又通緣變
唯有二種一隨因緣勢力故變二隨分別勢力故變初必有用
後但為境異熟識變但隨因緣所變色等必有實用別從此生
多變以其依有无用相分以不能緣故須彼實用別從此生
是故第八不緣心等以此識緣七識種來時本亦得名緣但
依現行則无緣義此亦有法為除但說為无除四智相應通
緣真俗一切境界不尔仏果非遍知故此法境相亦自心變
實不離心是心分故然此心分總有四種一者相分二見分三自

BD03885號　大乘百法明門論開宗義記　（10–3）

後但爲境異熟依變但隨因緣所變色亦必有實用別從之
分變心亦從而无用相分心亦不能緣故依彼實用別從此生
是故第八不緣心亦等以世俗故七識種境末那本亦得名緣但
依現行則无緣義此亦世法說爲緣依此說分无緣法四智相應遍
緣真俗一切境界不亦仏果非遍知故世法境相分自心所變
實不離心是心分故然此心分總有四種一者相分二見分三自
證分四證自證分謂諸法依自證生時皆似所緣能緣相現彼
相應法應知亦然似所緣相說名相分似能緣相說名見分
若心心所无所緣相應不能緣自所緣境或應一一能緣一切
自境如餘餘如自故心心所无所緣相應亦能緣如虛空等亦或
虛空等亦是能緣故知心必有見相二分相分是所緣見分
名行相相見所依自體名事即此自體名自證分此若
无者應不自憶心心所法如不曾更境必不能
憶故相見應无所依體故所量能量无量果故知必
有此自證分心分記同必含相證若无第四誰證第
三故應更有證自證分此是第三自證分果諸能
量者必有果故不應見分爲第三果見分或時非
量攝故證自體者必現量故若尓更應更立量
分是則更有无窮之失若但是第三却證第四分
是現量得相證故初二是外後二是內初唯所緣後三
通二非即見非離分不離心具所能緣无無窮果皆有
漏從四分分通若无漏心有无不定謂正體智見有
相无緣真之智必有見故若无見分應不能緣緣等可說爲緣雖有見分
真如智分真如性之名能緣故應許此定有見分而无分
別說无相取不取相故雖无相分而可說此帶如相起不
離如故如自證分緣見分時不變而緣此亦應尓變
而緣者便非親證如後得智有境相故若後得智二分
皆有說此智品有分別故說此思惟似真如相不見真
實真如性故分別諸法自共相等觀諸有情爲說法
故若後二分二智雖通緣用有无則各差別謂根本智

真如智名真如性亦名解緣故應許此定有見分而无分
別說无相取不取相彼雖无相分而可說此帶如相起不
離如故如自證分緣見分時不變而緣此亦應爾
而緣者便非親證如後得智有境相故若後得智二分
皆有說此智品有分別故說此思惟似真如相不見真
實真如性故分別諸法自共相等觀諸有情爲說法
故若後二分二智雖通緣用有无則各差別謂根本智
即不相緣若後得智有相緣用有相无相二用別故是
謂略說四分之義而前所說諸境相應知即是識之相
分是心分故非即離心雖心心所皆有四分而能量境
則有差別謂八識量總有三種一者現量謂現前量
謂量度謂於現前明了色等不迷乱相而得了知離諸
名言種類差別照境明白故名現量現即是量持業
釋也二者比量比謂比類量義同前謂於不現在前
色等而藉衆相於所觀義有正智生了知有火或无
常等是名比量比即是量持業釋也三者非量謂若
有境非可現知明白而照亦非衆緣而可比度境體實无
非可量度於非量處而起心量故名非量故非六釋
然此三量皆約心論不約境說非量故八識中二識唯
是現量由无計度隨念分別但於境界任運轉故若
末那識唯是非量緣第八識執爲我法於非我生而
橫計我若第六識通三量具自性等一切分別能遍了
知一切境故々四分中初相之分唯是所量後三々通二次之
見分通其三量其後二分唯是現量證自體者必現
量若後得智々通三量緣自共相一切境故既量
境相應領順違此領受相略有三種領違境相逼
迫身心說名苦受領順境相適悅身心說名樂受領
中容境相於身心非逼非悅名不苦不樂受於苦
樂中復各有二所謂苦憂喜樂別故逼悅身心相
各異故由无分別有分別故尤重輕微有差別故不
苦不樂不分二者非逼非悅相无異故亦無記无分別

迫身心說名苦受領順境相適悅身心說名樂受領
中容境相於身心非逼非悅名不苦不樂受於苦
樂中復各有二所謂苦憂喜樂別故逼悅身心相
各異故由无分別有分別故尤重輕微有差別故不
苦不樂不分二者非逼非悅相无異故亦无分別
故平等轉故諸適悅受五識相應恒名為樂意
識相應名喜名樂若在欲界初二靜慮近分名喜
但悅心故若在初二靜慮根本名樂名喜悅身心故第
三靜慮根本名樂安靜尤重无分別故諸逼迫受五
識相應恒名為苦意識相應名憂名苦人天中者
恒名為憂由有分別非尤重故傍生鬼界名憂名苦雜
受純受有輕重故㮈落迦中唯名為苦純受尤重无分
別故除此餘位不苦不樂若身若心皆名為捨或在第四
靜慮近分根本已上並名捨者平等轉故離變異受
不動地故若身若心无別相故知六識三受容俱得自在
位唯善樂捨諸佛已斷苦憂事故若第七識從无始
來任運一類緣內執我恒无轉易與變異受不俱起故
其第八識極不明了不能分別違順境相微細一類相
續轉故，故唯與捨受相應雖在果位亦唯捨受任運
恒時平等轉故雖此諸義依心心所而心心所皆有所依然
彼所依揔有三種一因緣依謂自種子諸有為法皆託
此依離自因緣必不生故然種自類因果不俱種現相生
決定俱有猶如束蘆俱時而有如是八識及諸心所定各
別有種子所依二增上緣依謂內六處諸心心所皆託此依
離俱有根必不轉故於中五識有四所依謂五色根六七八
識隨闕一種必不生故同境分別染淨根本所依異故
第六意識俱有所依但有二種謂七八識隨闕一種必不生
故不共根本所依異故若末那識俱有所依但有一種
謂阿賴耶藏識若无必不轉故阿賴耶識俱有所依亦
有一種謂末那識染意若无必不轉故說眼識等十緣
等者依與所依義相雜說依謂一切有生滅法仗因託

第六意識俱有所依但有二種謂七八識隨闕一種必不生
故不共根本所依異故若末那識俱有所依但有一種
謂阿賴耶識若无必不轉故阿賴耶識俱有所依亦
有一種謂末那識染意若无必不轉故説眼識等十緣
等者依与所依義相雜亂依謂一切有生滅法杖因杖
緣而得生住諸所杖托皆説爲依如王与臣互相依等若
法决定有境爲主令心心所取自所緣乃至是所依即內六處
此但如王非如臣等故俱有依但唯介所三等无間緣依謂
前滅意諸心心所皆托此依離開導根必不起故要有緣
法爲主能作等无間緣此於後生心心所法開避引導此
但屬心非心所等作等无間緣若此与彼无俱起義説此
於彼有開導力一身八識既容俱起故唯自類爲開導
依小乘不許六識並生隨一起時即名爲識隨起而滅即
名爲意故許互作等无間緣故大乘宗唯取自類自類必
无俱起義故雖心心所異類並生而互相應和合似一定
俱生滅事業必同一開導時餘亦開導雖能開導而
不名依於所引生无主義故此与四緣義有別者一者因緣
爲有爲法親辦自果此體有二一者種子二者現行種子
者謂本識中善染无記諸界地等功能差別能引次後
自類功能及起同時自類現果此唯望彼是因緣性即三
依中初所依義彼望現識爲種子依此兼後種爲因緣
性現行者謂七轉識及彼相應所變相見性界地等除
仏果善極劣无記餘熏本識生自類種此唯望彼是因
緣性三所依中都无此義現行同類展轉相望皆非因緣
自種生故二等无間緣謂八現識及彼心所前聚於後自
類无間等而開導令彼定生多同類種俱時轉故如不
相應非此緣攝除入无餘最後一念極微劣故又无當
起等无間法故非此緣餘八識聚三界九地上下死生有
漏无漏隨其所應有相開導故皆得作等无間緣即三
依中開導依義三所緣緣謂若有法是帶已相心或相應

自種生故二等无間緣謂八現識及彼心所前聚於後自
類无間等而開導令彼定生多同類種俱時轉故如不
相應非此緣攝除入无餘最後一念極微劣故又无當
起等无間法故非此緣餘八識聚三界九地上下死生有
漏无漏隨其所應有相開導故皆得作等无間緣即三
依中開導依義三所緣緣謂若有法是帶己相心或相應
所慮所托此體有二一親二疎若与能緣體不相離是見分
等內所慮托應知彼是親所緣緣若与能緣體雖相離為
質能起內所慮托應知彼是疎所緣緣親所緣緣能緣皆有離內所慮
托必不生故疎所緣緣能緣或有離外所慮托亦得生故
由是八識及諸心所各各定有親所緣緣疎所緣緣有无不定若
前五識麁鈍劣故及第七識是俱生故未轉依位必杖外
質故皆定有疎所緣緣第若六識行相猛利於一切位能自
在轉若第八識所變身土可互受用更互為質所變
根種於他有情无受用理不可為質及五七識已轉依位
所杖外質或有或无疎所緣緣有无不定此就諸識當
體而說若約相望有无不定恐文增廣略而不述三依中
都无此義四增上緣謂若有法有勝勢用能於餘法
或順或違雖前三緣亦是增上而今第四除彼取餘
為顯諸緣有差別故此順違相於四處轉生住成得四事
別故然增上用隨事雖多而顯勝者唯廿二根即是
廿二根此即攝彼三所依中俱有依義此義寬故是故識
更互為緣有力无力義皆通故初因緣中種子義者種子
即是習氣異名習氣必由熏習而有依何義故立熏習能熏
所熏各具四義令種生長故名熏習何等名為能熏四義
一有生滅若法非常能有作用生長習氣乃是能熏此遮
无為前後不變无生長用故非能熏二有勝用若有生滅勢
力增盛能引習氣乃是能熏此遮異熟心心所等勢力羸
劣故非能熏三有增減若有勝用可增可減攝植習氣
乃是能熏此遮佛果圓滿善法无增无減故非能熏彼若
能熏便非圓滿前後佛果應有勝劣四与所熏和合而轉若

无為前後不變无生長用故非能熏二有勝用若有生滅勢
力增盛能引習氣乃是能熏此遮異熟心〻所等勢力羸
劣故非能熏三有增減若有勝用可增可減攝植習氣
乃是能熏此遮仏果圓滿善法无增无減故非能熏彼若
能熏便非圓滿前後仏果應有勝劣四与所熏和合而轉若
与所熏同時同處不即不離乃是能熏此遮他身剎那前
後无和合義故非能熏唯七轉識及彼心所有勝用勢而增
減者具此四義可是能熏何等名為所熏四義一堅住性若始
終一類相續能受習氣乃是所熏此遮轉識及聲風等性
不堅住故非所熏二无記性若法平等无所違逆能容習
氣乃是所熏此遮善染勢力強盛无所容納故非所熏由
此如來第八淨識唯帶舊種非新受熏三可熏性若法
自在性非堅密能受習氣乃是所熏此遮心所及无為
法依他堅密故非所熏四与能熏共和合性若与能熏同時
同處不即不離乃是所熏此遮他心身剎那前後无和合
義故非所熏唯異熟識具此四義可是所熏非心所等若
尒第八種是雖熏第八唯是所熏識故答即前七識而与熏
生說熏成彼相見種故謂前五識所起相分託第八識相
分而生故与第八熏相分種若第七識託第八識見分而生故
与第八熏見分種其第六識具緣第八所有相見熏相見
種此既无始常熏不絕故无始來有異熟種若尒第八非
唯无記能熏七識通三性故答所仗本質是无記故所起
相分非善惡故〻所熏種性唯无記更有問答恐繁略之
熏習雖齊藉緣不等故令八識斷常有殊謂八緣總有十種
一總共所依緣即通依根彼現行識依種識故二染淨所依緣即
染淨根緣染淨事依彼轉故三分別所依緣即分別根依分別心
緣色等故四不共所依緣即五色根要俱有根識方生故五親
辦自體緣謂即種子要親從種生識體故六驚動令起緣謂
即作意於所引生心有驚能故七所託事引緣謂所緣境有
境界牽識方生故八開導令起緣謂前念識將滅能引後
念起故九非尋念起緣謂即虛空若有尋故不能了故十與了
[illegible]

辨自體緣謂即種子要親從種生識體故六驚動令起緣謂
即住意於所引生心有驚能故七所託牽引緣謂所緣境有
境界牽識方生故八開導令起緣謂前念識將滅能引後
念起故九非尋念起緣謂即虛空若有尋故不能了故十照了
令見緣謂即光明以於闇中不能了故此中眼識具有十緣隨闕
一種必不生故耳具九緣謂除光明以於闇中亦能聞故鼻
舌身三具有光明八緣皆除空者合中知故第六意識唯具
六緣除五色根不依彼故除分別根即自體故若第八識具
有五緣除第六識及通依根第八不依間斷識故自體不可依
自體故若第七識唯具四緣除所緣境以彼所緣即所依根無
別體故說依彼轉而緣彼故藉緣多少斷常有殊由此三界
通局亦異謂前五識行相麁動不能思慮唯外門轉起藉多
緣所藉衆緣時多不具故起時少間斷時多若鼻舌識唯欲界
繫色无香味无段食故眼等三識不通无色猒色生彼天无
色根境故雖有定果色无業果色故設至仏果成所作智
相應淨識亦有間斷所有俗境有斷滅故第六意識雖亦麁
動自能思慮内外門轉不藉多緣而所藉緣无時不俱應一切時
常能現起亦通三界一切地行由遇緣故五位斷滅故起時多
不起時少五位者何生无相天即下所說无相異熟及无相定
滅受相定睡眠悶絕五位名義如下所明若至仏果妙觀察智
相應淨識常无間斷於一切時觀真俗故若第七識无始時
來一類相續恒无間斷亦通三界一切地中与賴耶等為所依
故然於三種位而有轉易謂阿羅漢及滅盡定出世道中而
无染分淨分末那亦无間斷平等性智常相應故起常緣
平等真俗理故第八識於有漏位三界九地恒轉如流恒
言遮斷轉表非常猶如瀑流果因法尔非斷非常是
緣起理故与趣生而為報體乃通三界一切地中由漏无漏
位名殊隨其名體有捨不捨謂於二乘无學果位并七地

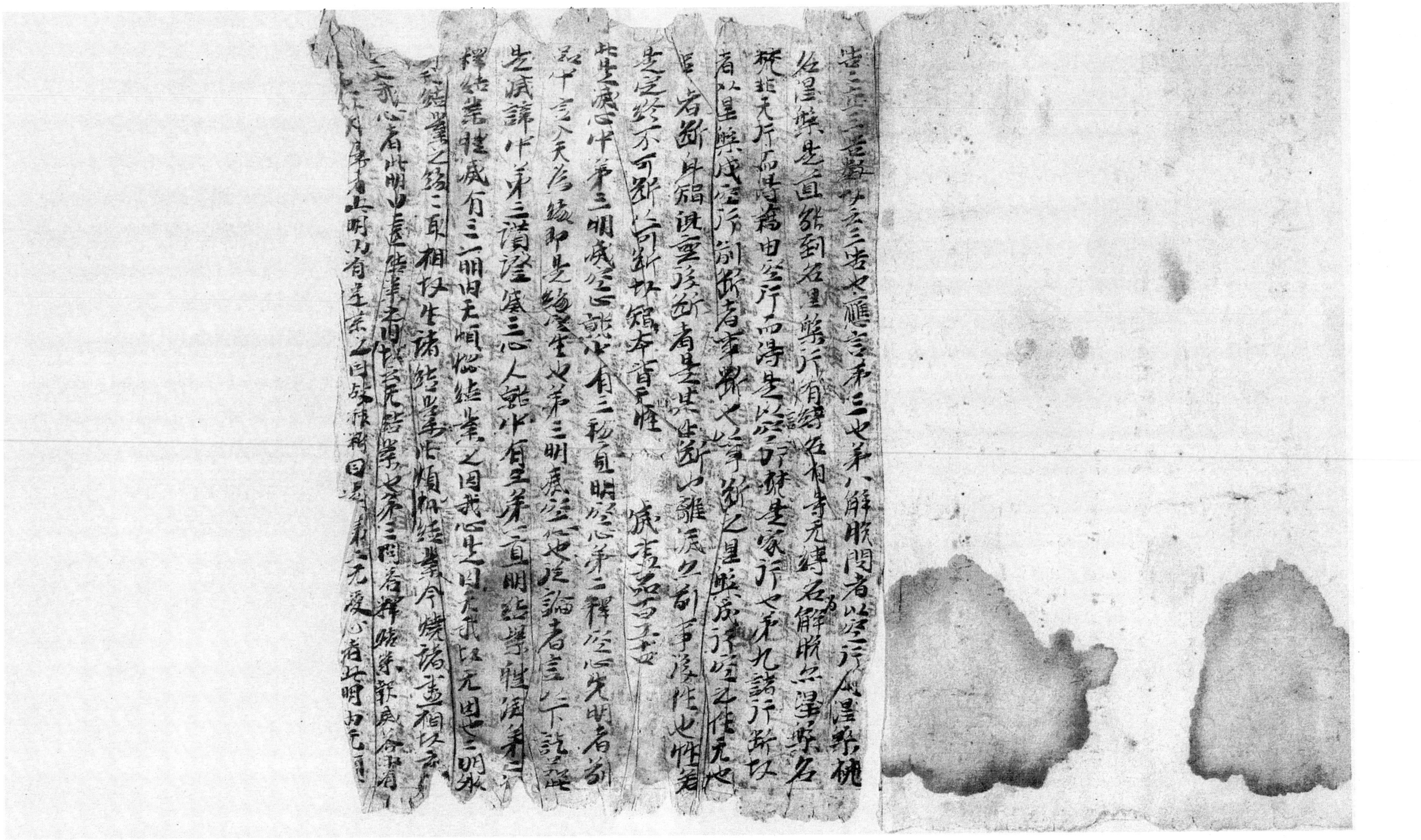

(1-1)

BD03885 號背　成實論疏（擬）

大乘无量壽經
如是我聞一時薄伽梵在舍衛國祇樹給孤獨園與大苾蒭僧千二百五十人大菩薩摩訶
薩眾俱同會坐尒時世尊告曼殊室利童子曼殊上方有世界名无量功德聚彼土有
佛号无量壽智決定王如來阿羅訶三藐三菩提現為眾生開示說法曼殊諦聽南
閻浮提人皆短壽大限百年於中死狂橫死者眾曼殊如是无量壽如來功德名稱法要若有
眾生得聞是經若自書或使人書能為經卷受持讀誦若於舍宅所住之處以種種花鬘
瓔珞塗香末香而為供養如其命盡復得延年滿足百歲如是曼殊若有眾生得聞
是无量壽智決定王如來一百八名号者益其長壽若有眾生大命將盡憶念是如
來名号更得增壽如是曼殊若有善男子善女人欲求長壽於是无量壽如來一百八名
号有得聞者或使人書受持讀誦得如是等果報福德具足陀羅尼曰
南謨薄伽勃底一阿波唎蜜多二阿喻紇硯娜三須毗你指陀多四囉佐耶五怛他羯他耶六怛姪他唵七薩婆桑塞迦囉
波唎輸底八達磨底九伽伽娜十莎訶某持伽底十一薩婆婆毗輸底十二摩訶娜耶十三波唎婆囉莎訶十五
世尊復告曼殊室利如是如來一百八名号若有自書或使人書為經卷受持讀誦知壽盡
復滿百年壽終此身後得往生无量福智世界无量壽淨土陀羅尼曰
南謨薄伽勃底阿波唎蜜多二阿喻紇硯娜三須毗你指陀多四囉佐耶五怛他羯他耶六怛姪他唵七薩婆桑塞迦
囉八波唎輸底九達磨底十伽伽娜十一莎訶某持伽底十二薩婆婆毗輸底十三摩訶娜耶十四波唎婆囉莎訶十五
尒時復有九十九殑伽佛等一時同聲說是无量壽宗要經陀羅尼曰
南謨薄伽勃底阿波唎蜜多二阿喻紇硯娜三須毗你指陀多四囉佐耶五怛他羯他耶六怛姪他唵七薩婆桑塞迦
迦囉八波唎輸底九達磨底十伽伽娜十一莎訶某持伽底十二薩婆婆毗輸底十三摩訶娜耶十四波唎婆囉莎訶十五 南謨薄伽勃底阿
尒時復有一百四殑伽佛等一時同聲說是无量壽宗要經陀羅尼曰

BD03886號　無量壽宗要經

（4–1）

南謨薄伽勃底阿波唎蜜多二阿喻紇硯娜三須毗你指陀多四囉佐耶五怛他羯他耶六怛姪他唵七薩婆桑塞迦
囉八波唎輸底九達磨底十伽伽娜十一莎訶某持伽底十二薩婆婆毗輸底十三摩訶娜耶十四波唎婆囉莎訶十五
尒時復有九十九殑伽佛等一時同聲說是无量壽宗要經陀羅尼曰
南謨薄伽勃底阿波唎蜜多二阿喻紇硯娜三須毗你指陀多四囉佐耶五怛他羯他耶六怛姪他唵七薩婆桑塞迦
迦囉八波唎輸底九達磨底十伽伽娜十一莎訶某持伽底十二薩婆婆毗輸底十三摩訶娜耶十四波唎婆囉莎訶十五
尒時復有一百四殑伽佛等一時同聲說是无量壽宗要經陀羅尼曰 南謨薄伽勃底阿
波唎蜜多二阿喻紇硯娜三須毗你指陀多四囉佐耶五怛他羯他耶六怛姪他唵七薩婆桑塞迦囉八波唎輸底九達磨
底十伽伽娜十一莎訶某持伽底十二薩婆婆毗輸底十三摩訶娜耶十四波唎婆囉莎訶十五 尒時復有七殑伽佛等一時
同聲說是无量壽宗要經陀羅尼曰 南謨薄伽勃底阿波唎蜜多二阿喻紇硯娜三須毗你指陀多四囉佐耶五
怛他羯他耶六怛姪他唵七薩婆桑塞迦囉八波唎輸底九達磨底十伽伽娜十一莎訶某持伽底十二薩婆婆毗輸底十三摩訶娜耶十四
波唎婆囉莎訶十五 尒時復有六十五殑伽佛一時同聲說是无量壽宗要經陀羅尼曰
南謨薄伽勃底阿波唎蜜多二阿喻紇硯娜三須毗你指陀多四囉佐耶五怛他羯他耶六怛姪他唵七薩婆桑塞迦囉八波唎
輸底九達磨底十伽伽娜十一莎訶某持伽底十二薩婆婆毗輸底十三摩訶娜耶十四波唎婆囉莎訶十五
尒時復有五十五殑伽佛一時同聲說是无量壽宗要經陀羅尼曰 南謨薄伽勃底阿波唎蜜多二阿
喻紇硯娜三須毗你指陀多四囉佐耶五怛他羯他耶六怛姪他唵七薩婆桑塞迦囉八波唎輸底九達磨底十伽伽娜十一莎訶某持伽
底十二薩婆婆毗輸底十三摩訶娜耶十四波唎婆囉莎訶十五 尒時復有四十五殑伽佛一時同聲說是无量壽宗要經陀
羅尼曰 南謨薄伽勃底阿波唎蜜多二阿喻紇硯娜三須毗你指陀多四囉佐耶五怛他羯他耶六怛姪他唵七薩婆桑塞迦囉八
波唎輸底九達磨底十伽伽娜十一莎訶某持伽底十二薩婆婆毗輸底十三摩訶娜耶十四波唎婆囉莎訶十五
尒時復有三十六殑伽佛一時同聲說是无量壽宗要經陀羅尼曰 南謨薄伽勃底阿波唎蜜多二阿喻紇硯
娜三須毗你指陀多四囉佐耶五怛他羯他耶六怛姪他唵七薩婆桑塞迦囉八波唎輸底九達磨底十伽伽娜十一莎訶某持
伽底十二薩婆婆毗輸底十三摩訶娜耶十四波唎婆囉莎訶十五 尒時復有二十五殑伽佛一時同聲說是无量壽
宗要經陀羅尼曰 南謨薄伽勃底阿波唎蜜多二阿喻紇硯娜三須毗你指陀多四囉佐耶五怛他羯他耶六怛姪他唵七
薩婆桑塞迦囉八波唎輸底九達磨底十伽伽娜十一莎訶某持伽底十二薩婆婆毗輸底十三摩訶娜耶十四波唎婆囉莎訶十五
尒時復有恒河沙殑伽佛一時同聲說是无量壽宗要經陀羅尼曰 南謨薄伽勃底阿波唎蜜多二阿喻紇硯
娜三須毗你指陀多四囉佐耶五怛他羯他耶六怛姪他唵七薩婆桑塞迦囉八般唎輸底九達磨底十伽伽娜十一莎訶某持伽底十二薩婆
婆毗輸底十三摩訶娜耶十四波唎婆囉莎訶十五 善男子若有自書寫教人書寫是无量壽宗要經如其命盡
復得長壽滿足百歲陀羅尼曰 南謨薄伽勃底阿波唎蜜多二阿喻紇硯娜三須毗你指陀多四囉佐耶五怛他羯他耶六怛
姪他唵七薩婆桑塞迦囉八波唎輸底九達磨底十伽伽娜十一莎訶某持伽底十二薩婆婆毗輸底十三摩訶娜耶十四波唎婆囉莎訶十五

BD03886號　無量壽宗要經

（4–2）

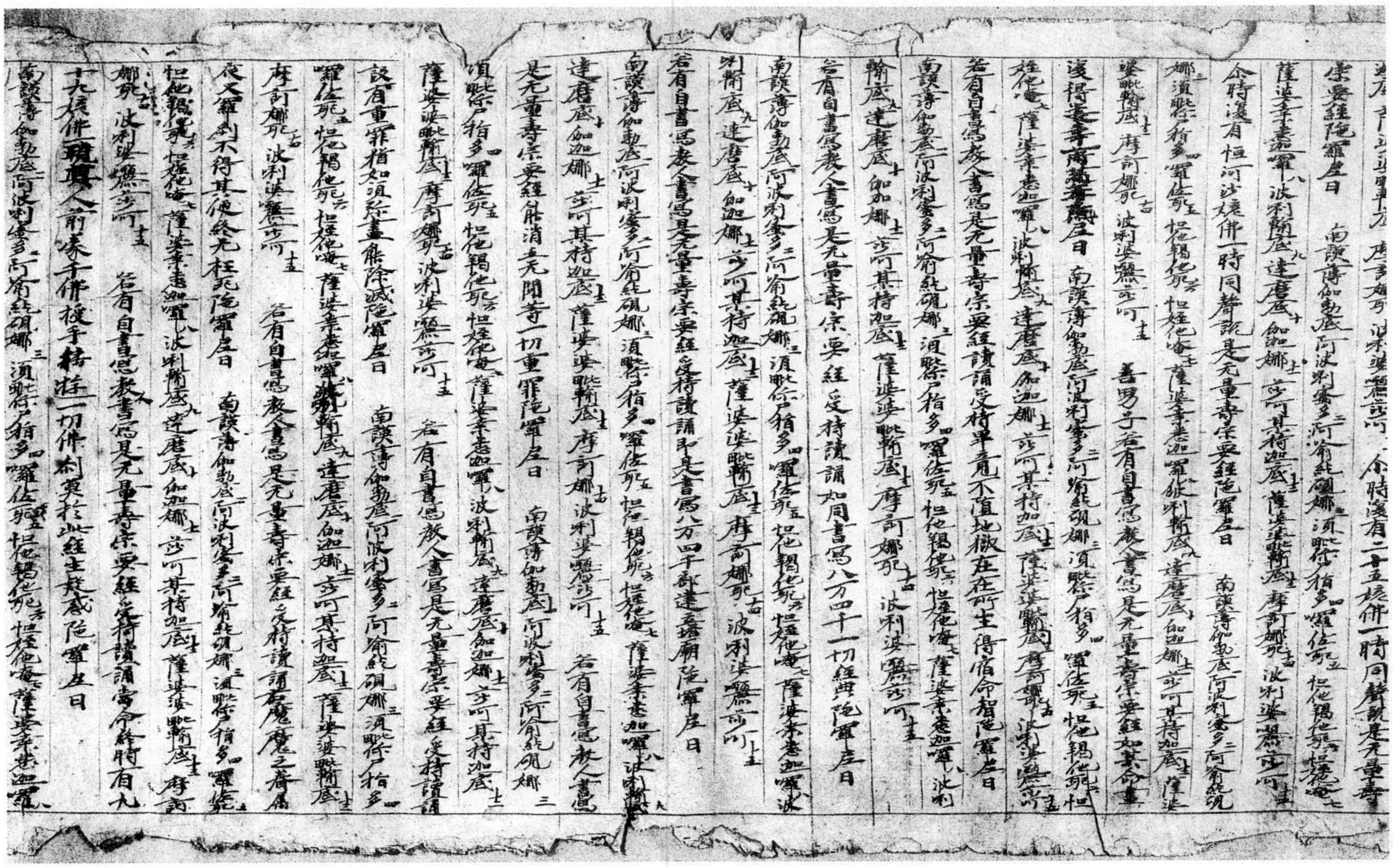

BD03886號　無量壽宗要經　　（4–3）

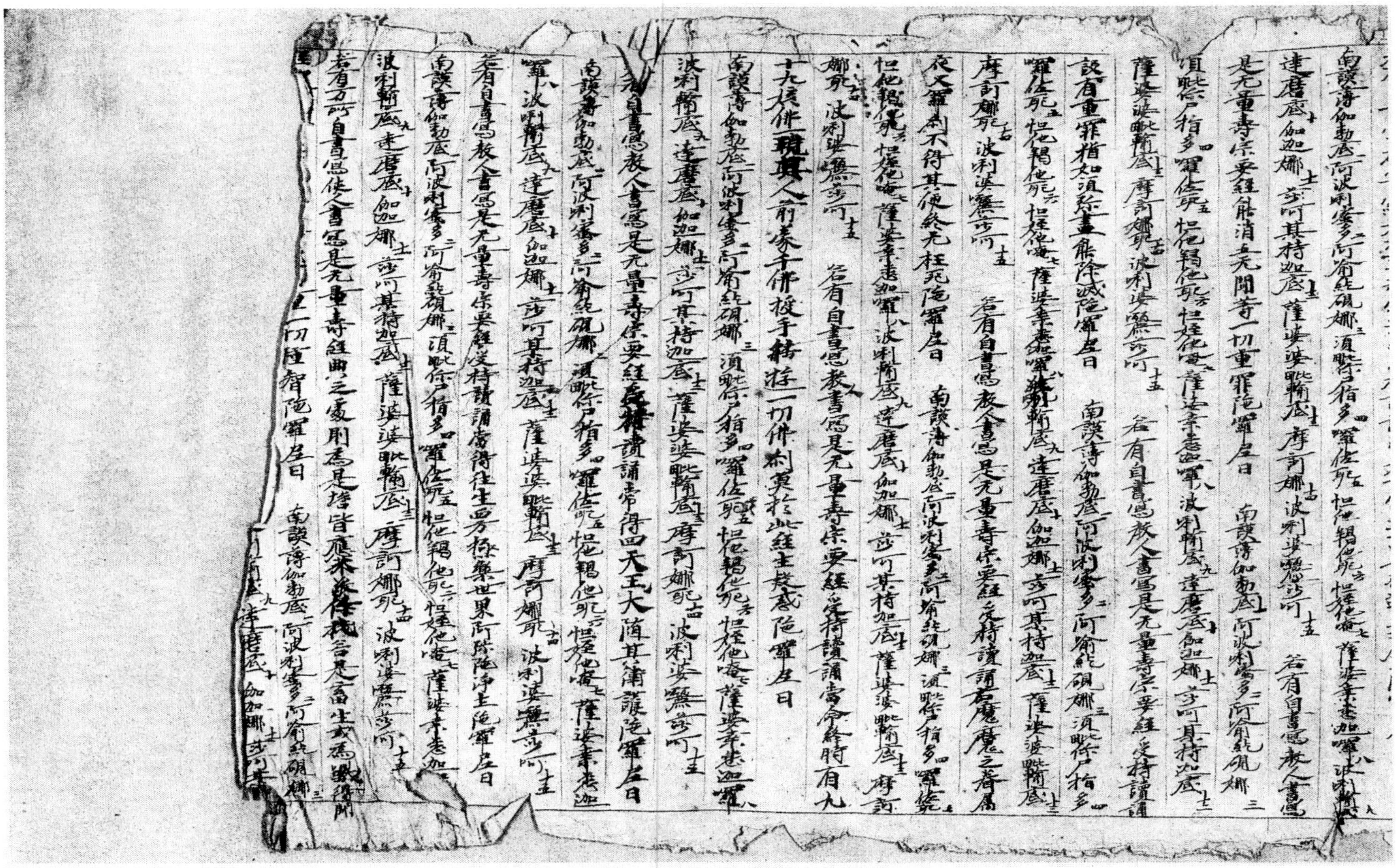

BD03886號　無量壽宗要經　　（4–4）

造像若佛塔　猶如大拇指　常生歡喜心　則生不動國
若為是經典　自身及財寶　拖於說法者　則生不動國
若能聽一偈　受持及讀誦　諸佛秘密藏　則生不動國
爾時无畏菩薩摩訶薩白佛言世尊我今已
知所造業緣得生彼國是光明遍照高貴德
王菩薩摩訶薩常憐愍一切衆生先所諮問
如來若說則能利益安樂人天阿脩羅乾闥
婆迦樓羅緊那羅摩睺羅伽等爾時世尊即
告光明遍照高貴德王菩薩善哉善哉善男
子汝今於此當至心聽吾當為汝分別解說
有因緣故未到不到有因緣故不到到有因
緣故到不到有因緣故到到何因緣故未到
不到善男子夫不到者是大涅槃凡夫未到
以有貪欲瞋恚愚癡故身業口業不清淨故及
受一切不淨物故犯四重故謗方等故一闡
提故五逆罪故以是義故未到不到善男子
何因緣故不到到不到者名大涅槃以何義
故到永斷貪欲瞋恚愚癡身口惡故不受一
切不淨物故不犯四重故不謗方等經故不

BD03887號　大般涅槃經（北本　宮本）卷二一　（6–1）

受一切不淨物故犯四重故謗方等故一闡
提故五逆罪故以是義故未到不到善男子
何因緣故不到到不到者名大涅槃以何義
故到永斷貪欲瞋恚愚癡身口惡故不受一
切不淨物故不犯四重故不謗方等經故不
作一闡提故不作五逆罪故以是義故名不
到到須陁洹者八万劫到斯陁含者六万劫
到阿那含者四万劫到阿羅漢者二万劫到
辟支佛者十千劫到以是義故名不到到善
男子何因緣故名到不到到者名為廿五有
一切衆生常為无量煩惱諸結之所覆蔽往
來不離猶如輪轉是名為到聲聞緣覺及諸
菩薩已得永離故名不到為欲化度諸衆生
故示現在中亦名為到善男子何因緣故名
為到到到者即是廿五有一切凡夫須陁洹乃
至阿那含煩惱因緣故名到到善男子聞
所不聞亦復如是有不聞聞有不聞不聞有
聞不聞有聞聞云何不聞聞善男子不聞者
名大涅槃何故不聞非有為故非音聲故不
可說故云何亦聞得聞名故所謂常樂我淨
以是義故不聞聞爾時光明遍照高貴德王
菩薩摩訶薩白佛言世尊如佛所說大涅槃
者不可得聞云何復言常樂我淨亦可得聞
何以故世尊斷煩惱者名得涅槃若未斷者
名為不得以是義故涅槃之性本无今有若
世間法本无今有則名无常譬如瓶等本无

BD03887號　大般涅槃經（北本　宮本）卷二一　（6–2）

者不可得聞云何復言常樂我淨而可得聞
何以故世尊斷煩惱者名得涅槃若未斷者
名為不得以是義故涅槃之性本无今有若
世間法本无今有則名无常譬如瓶等本无
今有已有還无故名无常涅槃若尒云何說
言常樂我淨復次世尊凡因莊嚴而得成者
悉名无常涅槃若尒應是无常何等因緣所
謂世七品六波羅蜜四无量心觀於骨相阿
那波那六念處破析六大如是等法皆是成
就涅槃因緣故名无常復次世尊有名无常
若涅槃是有亦應无常如佛昔於阿含中說
聲聞緣覺諸佛世尊皆有涅槃以是義故名
為无常復次世尊可見之法名為无常如佛
先說見涅槃者則得斷除一切煩惱復次世
尊譬如虛空於諸眾生等无鄣㝵故名為常
若使涅槃是常等者何故眾生有得不得涅
槃若尒於諸眾生不平等者則不名常世尊
譬如百人共有一怨若害此怨則多人受樂
若使涅槃是平等法一人得時應多人得一
人斷結應多人亦斷若不如是云何名常譬
如有人恭敬供養尊重讚嘆國王王子父母
師長則得利養是不名常涅槃亦尒不名為
常何以故如佛昔於阿含經中告阿難言若
有人能恭敬涅槃則得斷結受无量樂以是
義故不名為常世尊若涅槃中有常樂我淨
名者不名為常如其无者云何可說
尒時世尊告光明遍照高貴德王菩薩摩訶

BD03887號　大般涅槃經（北本　宮本）卷二一　（6–3）

常何以故如佛昔於阿含經中告阿難言若
有人能恭敬涅槃則得斷結受无量樂以是
義故不名為常世尊若涅槃中有常樂我淨
名者不名為常如其无者云何可說
尒時世尊告光明遍照高貴德王菩薩摩訶
薩涅槃之體非本无今有若涅槃體本无今
有者則非无漏常住之法有佛无佛性相常
住以諸眾生煩惱覆故不見涅槃便謂為无
菩薩摩訶薩以戒定慧懃脩其心斷煩惱已
便得見之當知涅槃是常住法非本无今有
是故為常善男子如闇中井種種七寶人亦
知有闇故不見有智之人善知方便然大明
燈持往照了悉得見之是人於此終不生念
水及七寶本无今有涅槃亦尒本自有之非
適今也煩惱闇故眾生不見大智如來以善
方便然智慧燈令諸菩薩得見涅槃常樂我
淨是故智者於此涅槃不應說言本无今有
善男子汝言因莊嚴故得成涅槃應无常者
是亦不然何以故善男子涅槃之體非生非
出非實非虛非作業生非是有漏有為之法
非聞非見非墮非死非別異相亦非同相非
往非還非去來今非一非多非長非短非圓
非方非尖非邪非相非想非名非色非因非
果非我我所以是義故涅槃是常恒不變易
是以无量阿僧祇劫脩集善法以自莊嚴然
後乃見善男子譬如地下有八味水一切眾
生而不能得有智之人施功穿掘則便得之

BD03887號　大般涅槃經（北本　宮本）卷二一　（6–4）

[illegible]
住非遷非去来今非一非多非長非短非圓
非方非𡆵非邪非相非想非名非色非因非
果非我我所以是義故涅槃是常恒不變易
是以无量阿僧祇劫脩集善法以自莊嚴然
後乃見善男子譬如地下有八味水一切衆
生而不能得有智之人施功穿掘則便得之
涅槃亦尒譬如盲人不見日月良醫療之則
便得見而是日月非是本无今有涅槃亦尒
先自有之非適今也善男子如人有罪繫之
囹圄久乃得出還家得見父母兄弟妻子眷
屬涅槃亦尒善男子汝言因緣故涅槃之法
應无常者是亦不然何以故善男子因有五
種何等爲五一者生因二者和合因三者住
因四者增長因五者遠因云何生因生因者
即是業煩惱等及外諸草木子是名生因
云何和合因如善與善心和合不善與不善
心和合无記與无記心和合是名和合因云
何住因如下有柱屋則不墮山河樹木因大
地故而得住立内有四大无量煩惱衆生得
住是名住因云何增長因因緣衣服飲食等
故令衆生增長如水種子火所不燒鳥所不
食則得增長如諸沙門婆羅門等依因和上
善知識等而得增長如因父母子得增長是
名增長因云何遠因譬如因呪鬼不能害毒
不能中因導國王无有盜賊如牙依因地水
火風等如水攢人爲蘇遠因如明色等爲識
遠因父母精血爲衆生遠因如時節等悉名

BD03887號　大般涅槃經（北本　宮本）卷二一　（6–5）

地故而得住立内有四大无量煩惱衆生得
住是名住因云何增長因因緣衣服飲食等
故令衆生增長如水種子火所不燒鳥所不
食則得增長如諸沙門婆羅門等依因和上
善知識等而得增長如因父母子得增長是
名增長因云何遠因譬如因呪鬼不能害毒
不能中因導國王无有盜賊如牙依因地水
火風等如水攢人爲蘇遠因如明色等爲識
遠因父母精血爲衆生遠因如時節等悉名
遠因善男子涅槃之體非是如是五因所成
云何當言是无常因復次善男子復有二因
一者作因二者了因如陶師輪繩是名作因
如燈燭等照闇中物是名了因善男子大涅
槃者不從作因而有唯有了因了因者所謂
卅七助道法六波羅蜜是名了因善男子布
施者是涅槃因非大涅槃因檀波羅蜜乃得
名爲大涅槃因非大涅槃因卅七品是涅槃
因无量阿僧祇助菩提法乃得名爲大涅槃
因

大般涅槃經卷第廿一

BD03887號　大般涅槃經（北本　宮本）卷二一　（6–6）

漂稱其名號即得淺
生為求金銀琉璃車璩
寶入於大海假使黑風
鬼國其中若有乃至一
者是諸人等皆得解
緣名觀世音若復有人臨當
菩薩名者彼所執刀杖尋段段
若三千大千國土滿中夜叉羅
聞其稱觀世音菩薩名者是
以惡眼視之況復加害設復有
无罪杻械枷鎖檢繫其身稱觀世音
者皆悉斷壞即得解脫若三千大千國
中怨賊有一商主將諸商人齎持重寶經過
險路其中一人作是唱言諸善男子勿得恐
怖汝等應當一心稱觀世音菩薩名號是菩
薩能以无畏施於衆生汝等若稱名者於此
怨賊當得解脫衆商人聞俱發聲言南无
觀世音菩薩稱其名故即得解脫无盡意
觀世音菩薩摩訶薩威神之力巍巍如是若
念恭敬觀世音菩薩便得

BD03888號　觀世音經　（6–1）

怖汝等應當一心稱觀世音菩薩名號是菩
薩能以无畏施於衆生汝等若稱名者於此
怨賊當得解脫衆商人聞俱發聲言南无
觀世音菩薩稱其名故即得解脫无盡意
觀世音菩薩摩訶薩威神之力巍巍如是若
有衆生多於婬欲常念恭敬觀世音菩薩便得
離欲若多瞋恚常念恭敬觀世音菩薩便得
離瞋若多愚癡常念恭敬觀世音菩薩便得
離癡无盡意觀世音菩薩有如是等大威神力
多所饒益是故衆生常應心念若有女人設
欲求男礼拜供養觀世音菩薩便生福德智
慧之男設欲求女便生端正有相之女宿植
德本衆人愛敬无盡意觀世音菩薩有如是
力若有衆生恭敬礼拜觀世音菩薩福不唐
捐是故衆生皆應受持觀世音菩薩名號无
盡意若有人受持六十二億恒河沙菩薩名
字復盡形供養飲食衣服卧具醫藥於汝意
云何是善男子善女人功德多不无盡意言
甚多世尊佛言若復有人受持觀世音菩薩
名号乃至一時礼拜供養是二人福正等无異
於百千万億劫不可窮盡无盡意受持觀
世音菩薩名号得如是无量无邊福德之利
无盡意菩薩白佛言世尊觀世音菩薩云何遊
此娑婆世界云何而為衆生說法方便之力
其事云何佛告无盡意菩薩善男子若有國

BD03888號　觀世音經　（6–2）

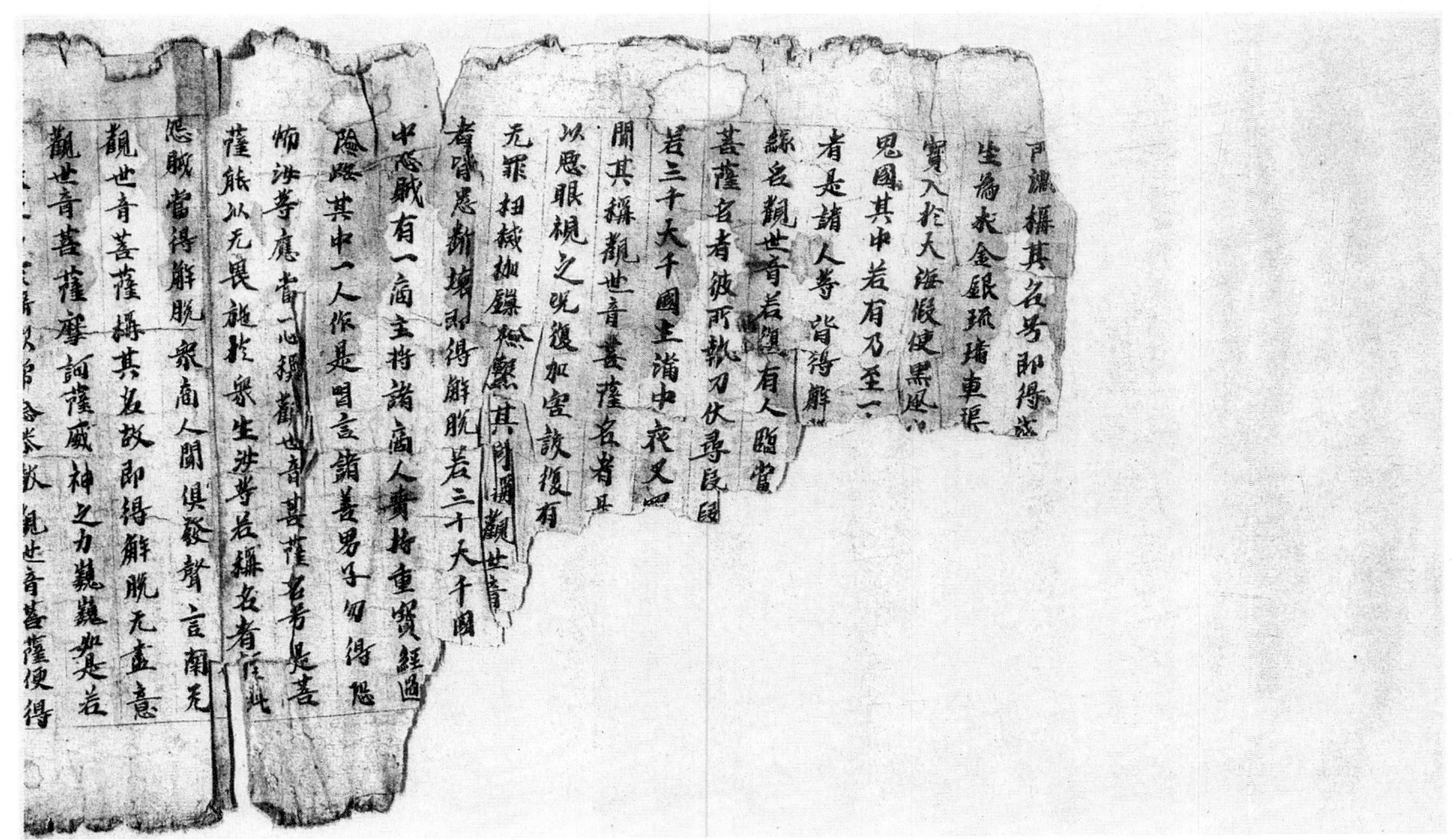

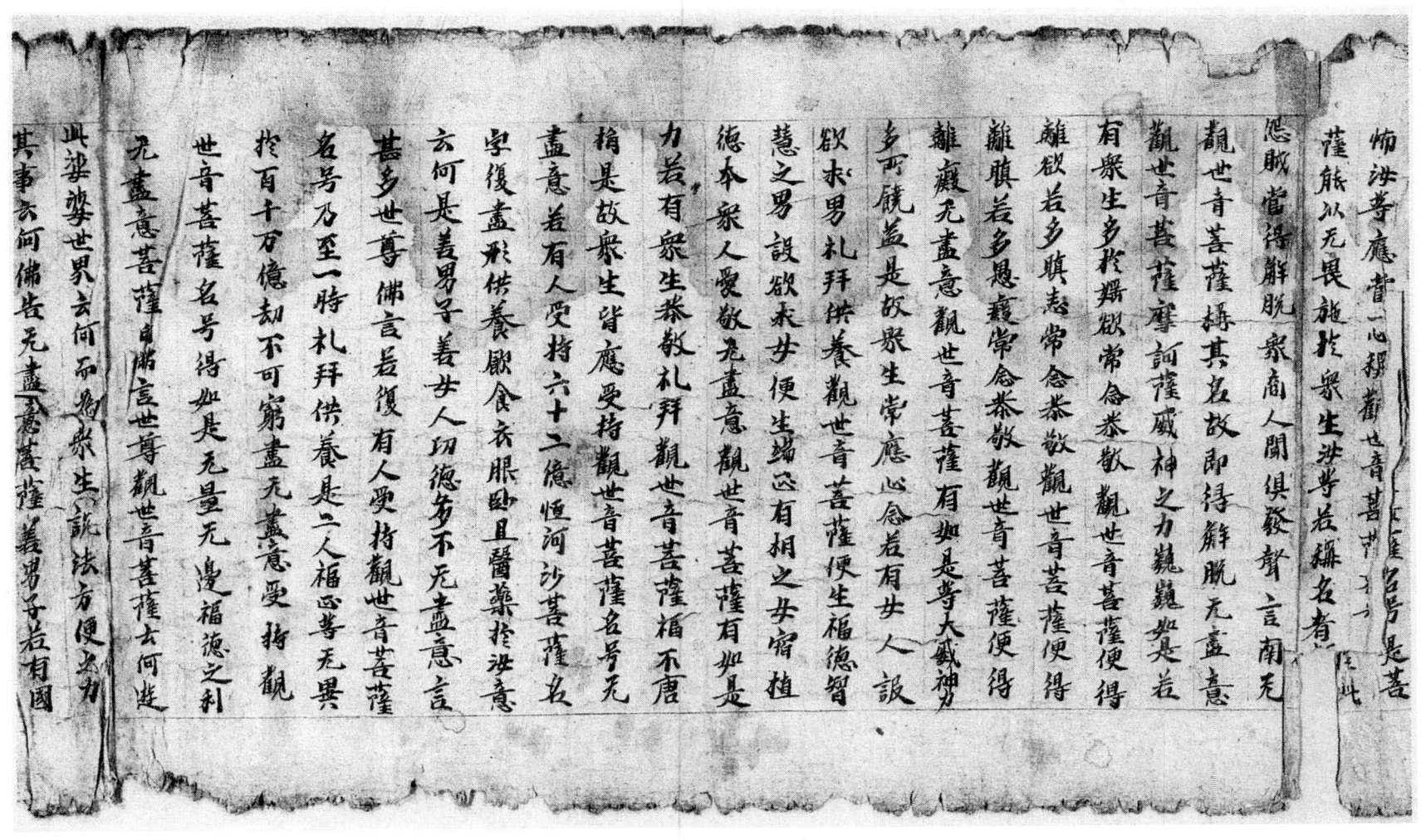

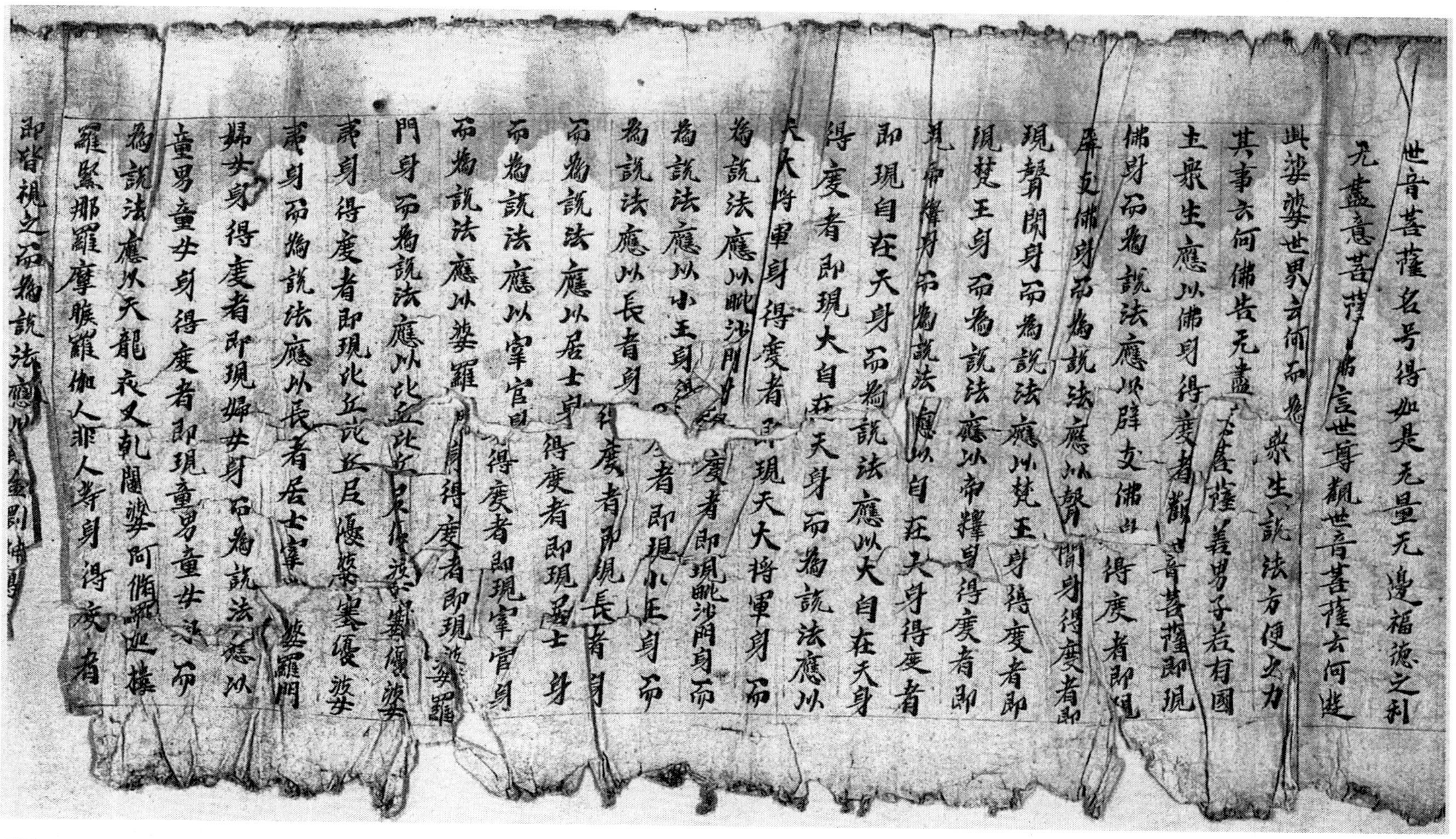

世音菩薩名号得如是无量无邊福德之利
无盡意菩薩白佛言世尊觀世音菩薩云何遊
此娑婆世界云何而為衆生說法方便之力
其事云何佛告无盡意菩薩善男子若有國
土衆生應以佛身得度者觀世音菩薩即現
佛身而為說法應以辟支佛身得度者即現
辟支佛身而為說法應以聲聞身得度者即
現聲聞身而為說法應以梵王身得度者即
現梵王身而為說法應以帝釋身得度者即
現帝釋身而為說法應以自在天身得度者
即現自在天身而為說法應以大自在天身
得度者即現大自在天身而為說法應以
天大將軍身得度者即現天大將軍身而
為說法應以毗沙門身得度者即現毗沙門身而
為說法應以小王身得度者即現小王身而
為說法應以長者身得度者即現長者身
而為說法應以居士身得度者即現居士身
而為說法應以宰官身得度者即現宰官身
而為說法應以婆羅門身得度者即現婆羅
門身而為說法應以比丘比丘尼優婆塞優婆
夷身得度者即現比丘比丘尼優婆塞優婆
夷身而為說法應以長者居士宰官婆羅門
婦女身得度者即現婦女身而為說法應以
童男童女身得度者即現童男童女身而
為說法應以天龍夜叉乾闥婆阿脩羅迦樓
羅緊那羅摩睺羅伽人非人等身得度者
即皆現之而為說法應以執金剛神

BD03888號　觀世音經

（6–3）

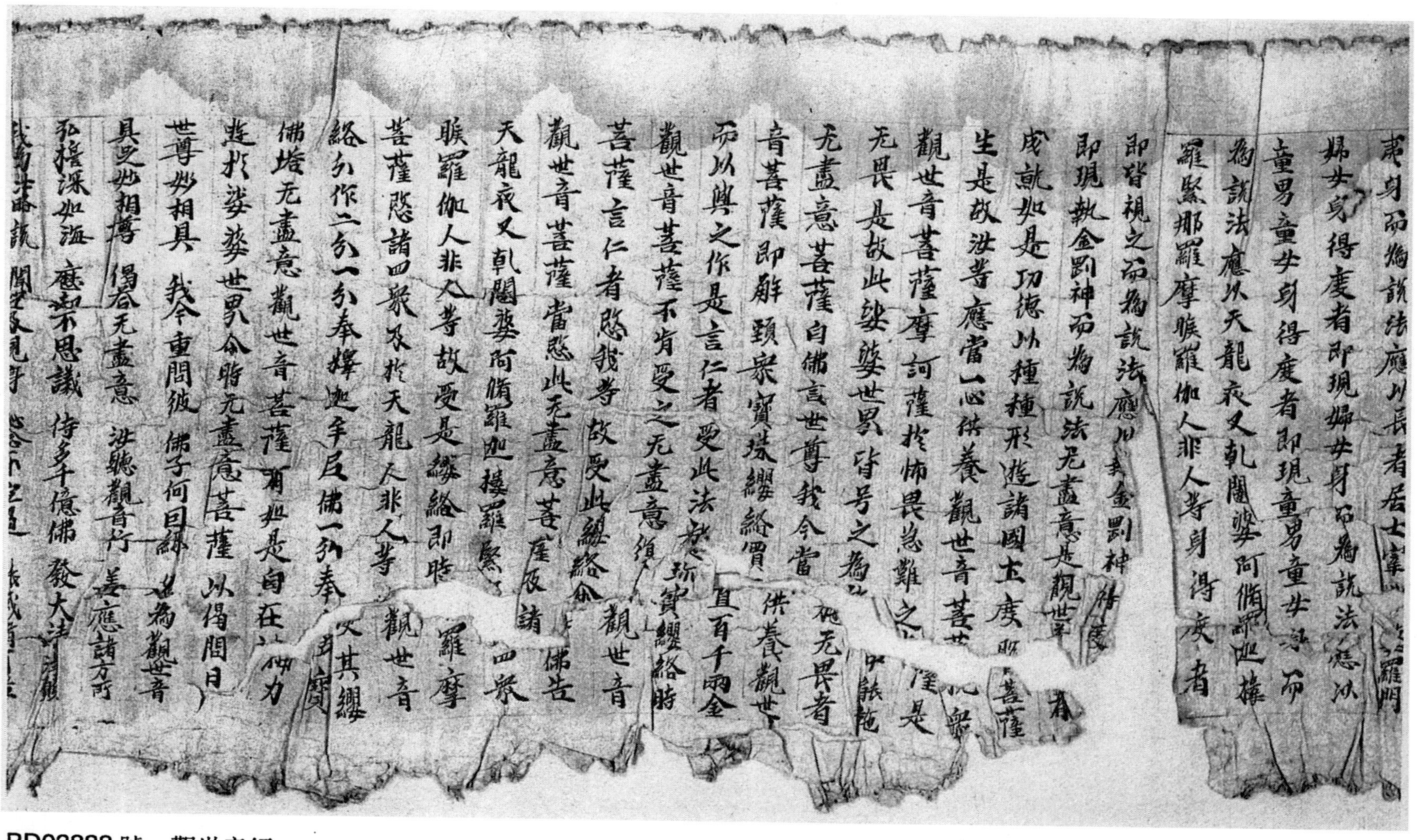

夷身而為說法應以長者居士宰官婆羅門
婦女身得度者即現婦女身而為說法應以
童男童女身得度者即現童男童女身而
為說法應以天龍夜叉乾闥婆阿脩羅迦樓
羅緊那羅摩睺羅伽人非人等身得度者
即皆現之而為說法應以執金剛神得度
即現執金剛神而為說法无盡意是觀世音
成就如是功德以種種形遊諸國土度脫　菩薩
生是故汝等應當一心供養觀世音菩
觀世音菩薩摩訶薩於怖畏急難之
无畏是故此娑婆世界皆号之為
无盡意菩薩白佛言世尊我今當　施无畏者
音菩薩即解頸衆寶珠瓔珞價　供養觀世
而以與之作是言仁者受此法施珍　直百千兩金
觀世音菩薩不肯受之无盡意復　寶瓔珞時
菩薩言仁者愍我等故受此瓔珞　觀世音
觀世音菩薩當愍此无盡意菩薩及諸　佛告
天龍夜叉乾闥婆阿脩羅迦樓羅緊　四衆
睺羅伽人非人等故受是瓔珞即時　羅摩
菩薩愍諸四衆及於天龍人非人等　觀世音
絡分作二分一分奉釋迦牟尼佛一分奉　受其瓔
佛塔无盡意觀世音菩薩有如是自在神力
遊於娑婆世界尒時无盡意菩薩以偈問曰
世尊妙相具　我今重問彼　佛子何因緣　名為觀世音
具足妙相尊　偈荅无盡意　汝聽觀音行　善應諸方所
弘誓深如海　歷劫不思議　侍多千億佛　發大清淨願
我為汝略說　聞名及見身　心念不空過　能滅諸有苦

BD03888號　觀世音經

（6–4）

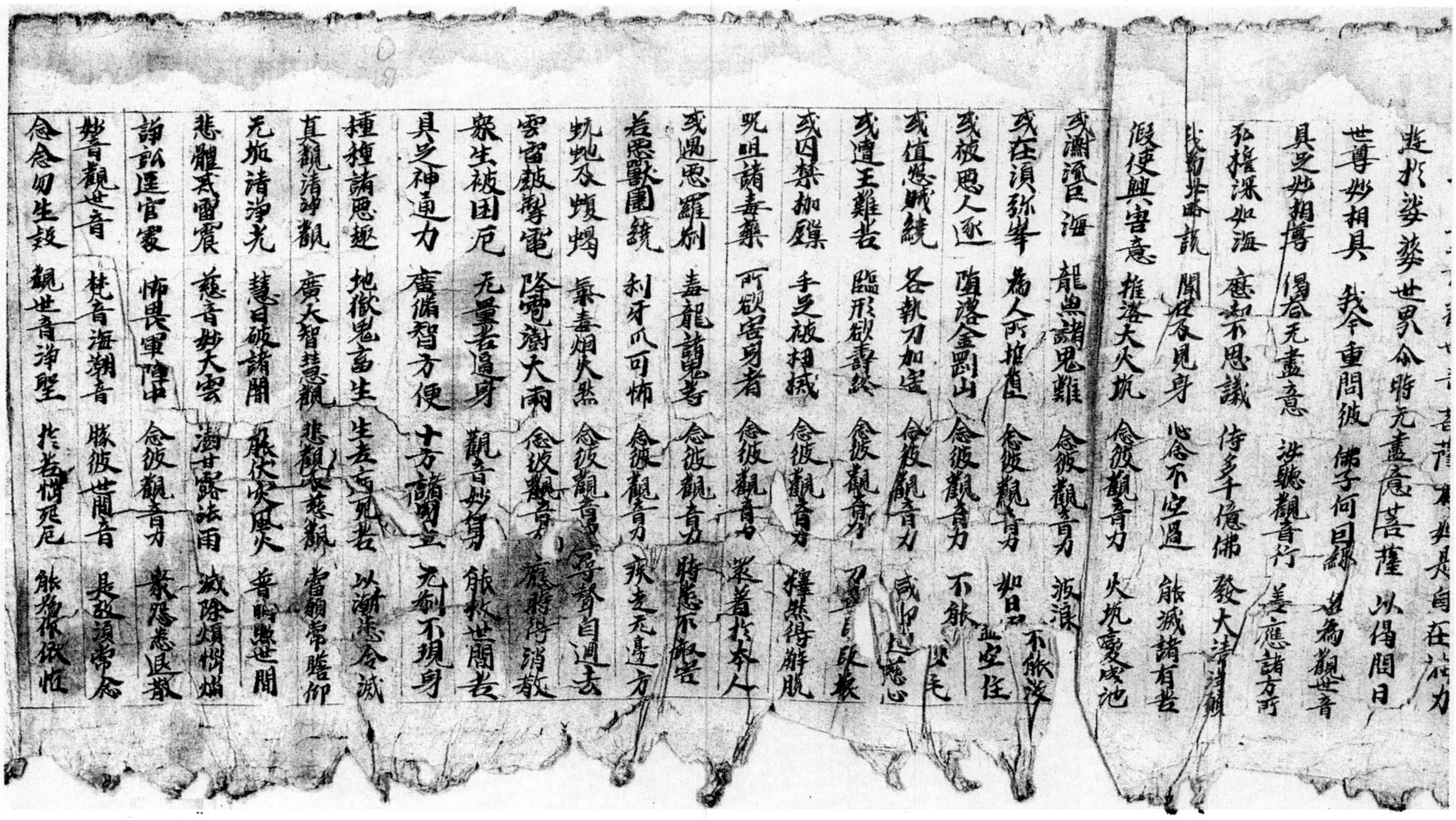
……菩薩有如是自在神力
遊於娑婆世界 尒時无盡意菩薩 以偈問曰
世尊妙相具 我今重問彼 佛子何因緣 名為觀世音
具足妙相尊 偈荅无盡意 汝聽觀音行 善應諸方所
弘誓深如海 歷劫不思議 侍多千億佛 發大清淨願
我為汝略說 聞名及見身 心念不空過 能滅諸有苦
假使興害意 推落大火坑 念彼觀音力 火坑變成池
或漂流巨海 龍魚諸鬼難 念彼觀音力 波浪不能沒
或在須弥峯 為人所推墮 念彼觀音力 如日虛空住
或被惡人逐 墮落金剛山 念彼觀音力 不能損一毛
或值怨賊繞 各執刀加害 念彼觀音力 咸即起慈心
或遭王難苦 臨刑欲壽終 念彼觀音力 刀尋段段壞
或囚禁枷鏁 手足被杻械 念彼觀音力 釋然得解脫
呪咀諸毒藥 所欲害身者 念彼觀音力 還著於本人
或遇惡羅剎 毒龍諸鬼等 念彼觀音力 時悉不敢害
若惡獸圍繞 利牙爪可怖 念彼觀音力 疾走无邊方
蚖虵及蝮蝎 氣毒煙火然 念彼觀音力 尋聲自迴去
雲雷鼓掣電 降雹澍大雨 念彼觀音力 應時得消散
衆生被困厄 无量苦逼身 觀音妙智力 能救世間苦
具足神通力 廣脩智方便 十方諸國土 无剎不現身
種種諸惡趣 地獄鬼畜生 生老病死苦 以漸悉令滅
真觀清淨觀 廣大智慧觀 悲觀及慈觀 常願常瞻仰
无垢清淨光 慧日破諸闇 能伏災風火 普明照世間
悲體戒雷震 慈意妙大雲 澍甘露法雨 滅除煩惱焰
諍訟經官處 怖畏軍陣中 念彼觀音力 衆怨悉退散
妙音觀世音 梵音海潮音 勝彼世間音 是故須常念
念念勿生疑 觀世音淨聖 於苦惱死厄 能為作依怙

BD03888 號　觀世音經　（6–5）

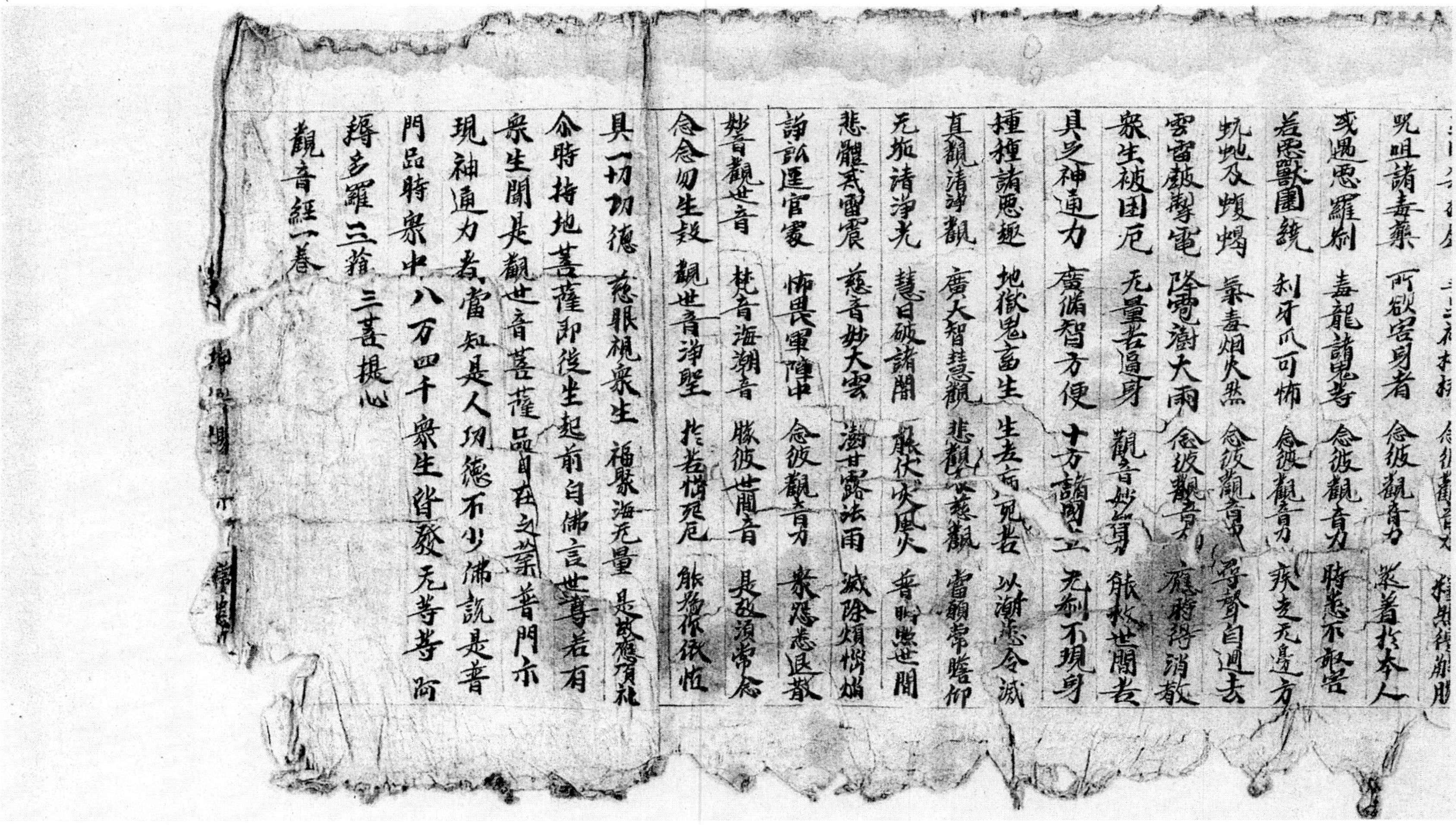
……念彼觀音力 釋然得解脫
呪咀諸毒藥 所欲害身者 念彼觀音力 還著於本人
或遇惡羅剎 毒龍諸鬼等 念彼觀音力 時悉不敢害
若惡獸圍繞 利牙爪可怖 念彼觀音力 疾走无邊方
蚖虵及蝮蝎 氣毒煙火然 念彼觀音力 尋聲自迴去
雲雷鼓掣電 降雹澍大雨 念彼觀音力 應時得消散
衆生被困厄 无量苦逼身 觀音妙智力 能救世間苦
具足神通力 廣脩智方便 十方諸國土 无剎不現身
種種諸惡趣 地獄鬼畜生 生老病死苦 以漸悉令滅
真觀清淨觀 廣大智慧觀 悲觀及慈觀 常願常瞻仰
无垢清淨光 慧日破諸闇 能伏災風火 普明照世間
悲體戒雷震 慈意妙大雲 澍甘露法雨 滅除煩惱焰
諍訟經官處 怖畏軍陣中 念彼觀音力 衆怨悉退散
妙音觀世音 梵音海潮音 勝彼世間音 是故須常念
念念勿生疑 觀世音淨聖 於苦惱死厄 能為作依怙
具一切功德 慈眼視衆生 福聚海无量 是故應頂禮
尒時持地菩薩即從座起前白佛言 世尊若有
衆生聞是觀世音菩薩品自在之業 普門示
現神通力者 當知是人功德不少 佛說是普
門品時衆中八万四千衆生 皆發无等等 阿
耨多羅三藐三菩提心
觀音經一卷

BD03888 號　觀世音經　（6–6）

多住空无生滅故不見淨戒安忍精進靜慮
般若波羅蜜多何以故以淨戒安忍精進靜
慮般若波羅蜜多住空无生滅故世尊諸菩
薩摩訶薩脩行般若波羅蜜多時不見四靜
慮何以故以四靜慮住空无生滅故不見四无
量四无色定何以故以四无量四无色定住
空无生滅故世尊諸菩薩摩訶薩脩行般
若波羅蜜多時不見八解脫何以故以八解
脫住空无生滅故不見八勝處九次第定十
遍處何以故以八勝處九次第定十遍處住
空无生滅故世尊諸菩薩摩訶薩脩行般若
波羅蜜多時不見四念住何以故以四念住
住空无生滅故不見四正斷四神足五根五
力七等覺支八聖道支何以故以四正斷乃
至八聖道支住空无生滅故世尊諸菩薩摩
訶薩脩行般若波羅蜜多時不見空解脫門
何以故以空解脫門住空无生滅故不見无
相无願解脫門何以故以无相无願解脫門住
空无生滅故世尊諸菩薩摩訶薩脩行般若
若波羅蜜多時不見五眼何以故以五眼住
空无生滅故不見六神通何以故以六神通住
空无生滅故世尊諸菩薩摩訶薩脩行般

何以故以空解脫門住空无生滅故不見无
相无願解脫門何以故以无相无願解脫門住
空无生滅故世尊諸菩薩摩訶薩脩行般若
若波羅蜜多時不見五眼何以故以五眼住
空无生滅故不見六神通何以故以六神通住
空无生滅故世尊諸菩薩摩訶薩脩行般
若波羅蜜多時不見佛十力何以故以佛十力
住空无生滅故不見四无所畏四无礙解
大慈大悲大喜大捨十八佛不共法何以故
以四无所畏乃至十八佛不共法住空无生
滅故世尊諸菩薩摩訶薩脩行般若波羅蜜
多時不見真如何以故以真如住空无生滅
故不見法界法性不虛妄性不變異性平等
性離生性法定法住實際虛空界不思議界
何以故以法界乃至不思議界住空无生滅
故世尊諸菩薩摩訶薩脩行般若波羅蜜多
時不見无上正等菩提何以故以无上正等菩
提住空无生滅故不見一切智道相智一切
相智何以故以一切智道相智一切相智住空
无生滅故世尊諸菩薩摩訶薩脩行般若
波羅蜜多時不見无忘失法何以故以无忘
失法住空无生滅故不見恒住捨性何以故
以恒住捨性住空无生滅故世尊諸菩薩摩
訶薩脩行般若波羅蜜多時不見一切陁羅
尼門何以故以一切陁羅尼門住空无生滅
故不見一切三摩地門何以故以一切三摩地
門住空无生滅故
世尊色不生則非色受想行識不生則非受

以恒住捨性住空无生滅故世尊諸菩薩摩
訶薩脩行般若波羅蜜多時不見一切陁羅
尼門何以故以一切陁羅尼門性空无生滅
故不見一切三摩地門何以故以一切三摩地
門性空无生滅故
世尊色不生則非色受想行識不生則非受
想行識所以者何色與不生无二无二分受
想行識與不生无二无二分何以故以不生
法非一非二非多非異是故色不生則非色
受想行識不生則非受想行識世尊眼處不
生則非眼處耳鼻舌身意處不生則非耳鼻
舌身意處所以者何眼處與不生无二无二
分耳鼻舌身意處與不生无二无二分何以
故以不生法非一非二非多非異是故眼處
不生則非眼處耳鼻舌身意處不生則非耳
鼻舌身意處世尊色處不生則非色處聲香
味觸法處不生則非聲香味觸法處所以者
何色處與不生无二无二分聲香味觸法處
與不生无二无二分何以故以不生法非一
非二非多非異是故色處不生則非色處聲
香味觸法處不生則非聲香味觸法處世尊
眼界不生則非眼界色界眼識界及眼觸眼
觸為緣所生諸受不生則非色界乃至眼觸
為緣所生諸受所以者何眼界與不生无
二无二分色界乃至眼觸為緣所生諸受與
不生无二无二分何以故以不生法非一非
二非多非異是故眼界不生則非眼界色界
乃至眼觸為緣所生諸受不生則非色界乃

BD03889號　大般若波羅蜜多經卷七〇　（7–3）

為緣所生諸受所以者何以界與不生无
二无二分色界乃至眼觸為緣所生諸受與
不生无二无二分何以故以不生法非一非
二非多非異是故眼界不生則非眼界色界
乃至眼觸為緣所生諸受不生則非色界乃
至眼觸為緣所生諸受世尊耳界不生則非
耳界聲界耳識界及耳觸耳觸為緣所生諸
受不生則非聲界乃至耳觸為緣所生諸受
所以者何耳界與不生无二无二分聲界乃
至耳觸為緣所生諸受與不生无二无二分
何以故以不生法非一非二非多非異是故耳
界不生則非耳界聲界乃至耳觸為緣所
生諸受不生則非聲界乃至耳觸為緣所生
諸受世尊鼻界不生則非鼻界香界鼻識界
及鼻觸鼻觸為緣所生諸受不生則非香界
乃至鼻觸為緣所生諸受所以者何鼻界與
不生无二无二分香界乃至鼻觸為緣所生
諸受與不生无二无二分何以故以不生法
非一非二非多非異是故鼻界不生則非鼻
界香界乃至鼻觸為緣所生諸受不生則非
香界乃至鼻觸為緣所生諸受世尊舌界不
生則非舌界味界舌識界及舌觸舌觸為緣
所生諸受不生則非味界乃至舌觸為緣所
生諸受所以者何舌界與不生无二无二分味
界乃至舌觸為緣所生諸受不生无二无
二分何以故以不生法非一非二非多非異
是故舌界不生則非舌界味界乃至舌觸為
緣所生諸受不生則非味界乃至舌觸為緣

BD03889號　大般若波羅蜜多經卷七〇　（7–4）

生諸受所以者何舌界與不生无二无二尒味
界乃至舌觸為緣所生諸受不生无二无
二尒何以故以不生法非一非二非多非異
是故舌界不生則非舌界味界乃至舌觸為
緣所生諸受不生則非味界乃至舌觸為緣
所生諸受世尊身界不生則非身界觸界身
識界及身觸身觸為緣所生諸受不生則非
觸界乃至身觸為緣所生諸受所以者何身
界與不生无二无二尒觸界乃至身觸為緣
所生諸受與不生无二无二尒何以故以不生
法非一非二非多非異是故身界不生則非
身界觸界乃至身觸為緣所生諸受不生則
非觸界乃至身觸為緣所生諸受世尊意界
不生則非意界法界意識界及意觸意觸為
緣所生諸受不生則非法界乃至意觸為　緣
所生諸受所以者何意界與不生无二无二
尒法界乃至意觸為緣所生諸受與不生无
二无二尒何以故以不生法非一非二非　多
非異是故意界不生則非意界法界乃至意
觸為緣所生諸受不生則非法界乃至意觸為
緣所生諸受世尊地界不生則非地界水火
風空識界不生則非水火風空識界所以者
何地界與不生无二无二尒水火風空識界
與不生无二无二尒何以故以不生法非一
非二非多非異是故地界不生則非地界水
火風空識界不生則非水火風空識界世尊
苦聖諦不生則非苦聖諦集滅道聖諦不生

BD03889號　大般若波羅蜜多經卷七〇　（7–5）

緣所生諸受世尊地界不生則非地界水火
風空識界不生則非水火風空識界所以者
何地界與不生无二无二尒水火風空識界
與不生无二无二尒何以故以不生法非一
非二非多非異是故地界不生則非地界水
火風空識界不生則非水火風空識界世尊
苦聖諦不生則非苦聖諦集滅道聖諦不生
則非集滅道聖諦所以者何苦聖諦與不生
无二无二尒集滅道聖諦與不生无二无二
尒何以故以不生法非一非二非多非異是
故苦聖諦不生則非苦聖諦集滅道諦不
生則非集滅道聖諦世尊无明不生則非无
明行識名色六處觸受愛取有生老死愁歎
苦憂惱不生則非行乃至老死愁歎苦憂惱
所以者何无明與不生无二无二尒行乃至老
死愁歎苦憂惱與不生无二无二尒何　以
故以不生法非一非二非多非異是故无　明
不生則非无明行乃至老死愁歎苦憂惱不
生則非行乃至老死愁歎苦憂惱世尊內空
不生則非內空外空內外空空空大空勝義
空有為空无為空畢竟空无際空散空无變
異空本性空自相空共相空一切法空不可
得空无性空自性空无性自性空不生則　非
外空乃至无性自性空所以者何內空與不生
无二无二尒外空乃至无性自性空與不生
非多非異是故內空不生則非內　空外空乃
至无性自性空不生則非外空乃至无性自
性空

BD03889號　大般若波羅蜜多經卷七〇　（7–6）

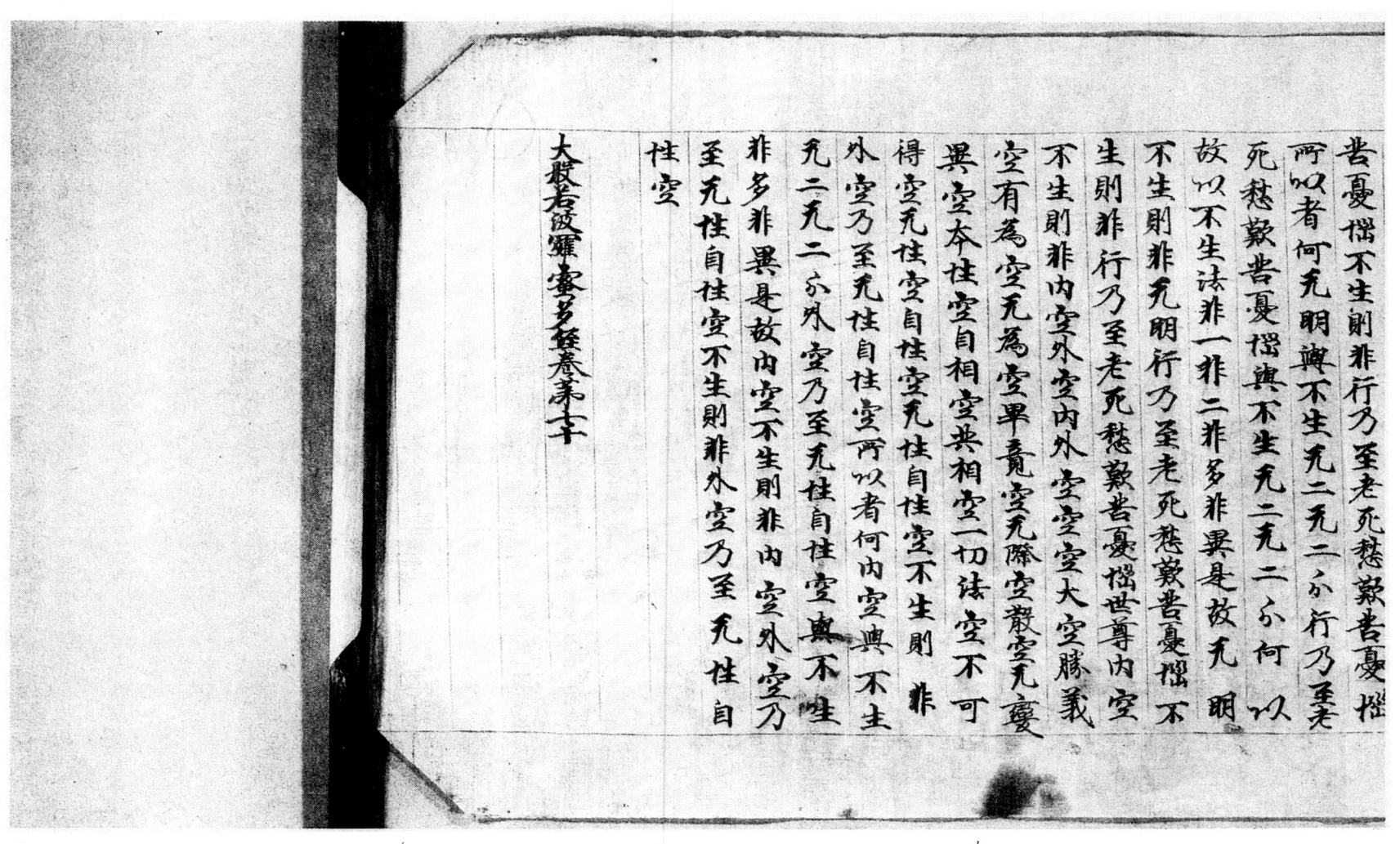

苦憂惱不生則非行乃至老死愁歎苦憂惱
所以者何无明與不生无二无二分行乃至老
死愁歎苦憂惱與不生无二无二分何以
故以不生法非一非二非多非異是故无明
不生則非无明行乃至老死愁歎苦憂惱不
生則非行乃至老死愁歎苦憂惱世尊內空
不生則非內空外空內外空空空大空勝義
空有為空无為空畢竟空无際空散空无變
異空本性空自相空共相空一切法空不可
得空无性空自性空无性自性空不生則非
外空乃至无性自性空所以者何內空與不生
无二无二分外空乃至无性自性空與不生
非多非異是故內空不生則非內空外空乃
至无性自性空不生則非外空乃至无性自
性空

大般若波羅蜜多經卷第七十

BD03889 號　大般若波羅蜜多經卷七〇　（7–7）

我不作是念
若作是念我得阿
提是樂阿蘭那行
行而名須菩提是樂阿
於意云何如來昔在然
不世尊如來在然燈佛所
須菩提於意云何菩薩
尊何以故莊嚴佛土者
是故須菩提諸菩薩摩
心不應住色生心不應住
應无所住而生其心須菩
須弥山王於意云何是身
甚大世尊何以故佛說非
須菩提如恒河中所有沙
於意云何是諸恒河沙寧
甚多世尊但諸恒河尚多
菩提我今實言告汝若有
七寶滿尒所恒河沙數三

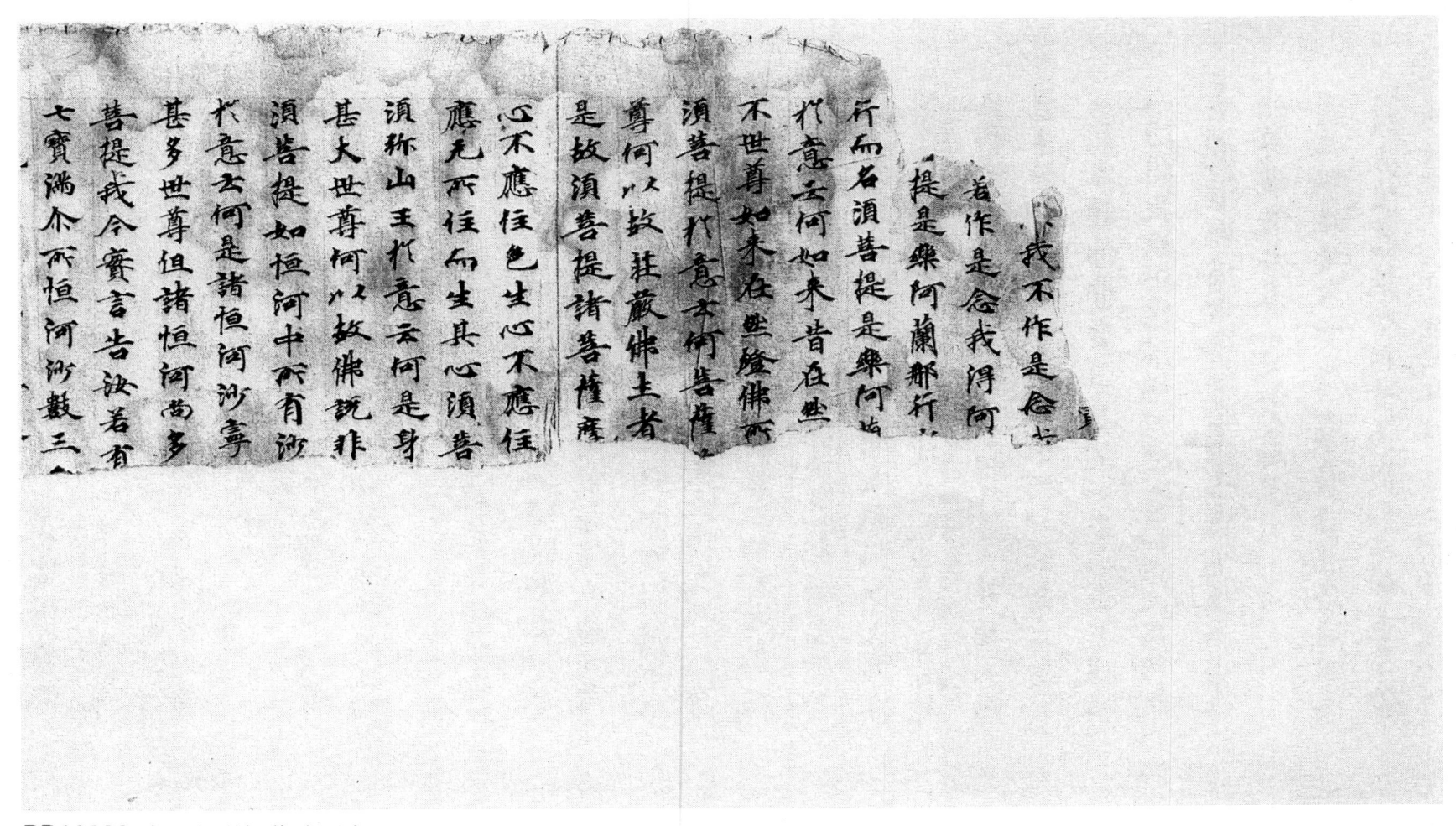

BD03890 號　金剛般若波羅蜜經　（12–1）

於意云何是諸恒河沙寧
甚多世尊但諸恒河尚多
菩提我今實言告汝若有
七寶滿尒所恒河沙數三千
布施得福多不須菩提言
菩提若善男子善女人於此
四句偈等為他人說而此福
復次須菩提隨說是經乃
此處一切世間天人阿脩羅
塔廟何況有人盡能受持讀
是人成就最上第一希有之法
之處則為有佛若尊重弟子
尒時須菩提白佛言世尊當何名此經我等
云何奉持佛告須菩提是經名為金剛般若
波羅蜜以是名字汝當奉持所以者何須菩
提佛說般若波羅蜜則非般若波羅蜜須菩
提於意云何如來有所說法不須菩提白佛
言世尊如來无所說須菩提於意云何三千
大千世界所有微塵是為多不須菩提言甚
多世尊須菩提諸微塵如來說非微塵是名
微塵如來說世界非世界是名世界須菩提
於意云何可以三十二相見如來不不也世尊
不可以三十二相得見如來何以故如來說
三十二相即是非相是名三十二相
須菩提若有善男子善女人以恒河沙等身

BD03890 號　金剛般若波羅蜜經

（12–2）

微塵如來說世界非世界是名世界須菩提
於意云何可以三十二相見如來不不也世尊
不可以三十二相得見如來何以故如來說
三十二相即是非相是名三十二相
須菩提若有善男子善女人以恒河沙等身
命布施若復有人於此經中乃至受持四句
偈等為他人說其福甚多
尒時須菩提聞說是經深解義趣涕淚悲泣
而白佛言希有世尊佛說如是甚深經典我
從昔來所得慧眼未曾得聞如是之經世尊
若復有人得聞是經信心清淨則生實相當
知是人成就第一希有功德世尊是實相者
則是非相是故如來說名實相世尊我今得
聞如是經典信解受持不足為難若當來世
後五百歲其有眾生得聞是經信解受持是
人則為第一希有何以故此人无我相人相眾
生相壽者相所以者何我相即是非相人相
眾生相壽者相即是非相何以故離一切諸
相則名諸佛佛告須菩提如是如是若復有
人得聞是經不驚不怖不畏當知是人甚為希
有何以故須菩提如來說第一波羅蜜非第一
波羅蜜是名第一波羅蜜
須菩提忍辱波羅蜜如來說非忍辱波羅蜜
何以故須菩提如我昔為歌利王割截身體

BD03890 號　金剛般若波羅蜜經

（12–3）

有何以故須菩提如來說第一波羅蜜非第一
波羅蜜是名第一波羅蜜
須菩提忍辱波羅蜜如來說非忍辱波羅蜜
何以故須菩提如我昔為歌利王割截身體
我於尒時无我相无人相无衆生相无壽者
相何以故我於往昔節節支解時若有我相
人相衆生相壽者相應生瞋恨須菩提又念
過去於五百世作忍辱仙人於尒所世无我相
无人相无衆生相无壽者相是故須菩提
菩薩應離一切相發阿耨多羅三藐三菩提
心不應住色生心不應住聲香味觸法生心
應生无所住心若心有住則為非住是故佛
說菩薩心不應住色布施須菩提菩薩為
利益一切衆生應如是布施如來說一切諸相
即是非相又說一切衆生則非衆生須菩提
如來是真語者實語者如語者不誑語者不
異語者須菩提如來所得法此法无實无虛
須菩提若菩薩心住於法而行布施如人入
闇則无所見若菩薩心不住法而行布施如人
有目日光明照見種種色
須菩提當來之世若有善男子善女人能於此經
受持讀誦則為如來以佛智慧悉知是人悉見
是人皆得成就无量无邊功德
須菩提若有善男子善女人初日分以恒河
沙等身布施中日分復以恒河沙等身布施

BD03890號　金剛般若波羅蜜經　（12–4）

須菩提當來之世若有善男子善女人能於此經
受持讀誦則為如來以佛智慧悉知是人悉見
是人皆得成就无量无邊功德
須菩提若有善男子善女人初日分以恒河
沙等身布施中日分復以恒河沙等身布施
後日分亦以恒河沙等身布施如是无量百
千万億劫以身布施若復有人聞此經典信心不
逆其福勝彼何況書寫受持讀誦為人解說
須菩提以要言之是經有不可思議不可稱
量无邊功德如來為發大乘者說為發最上
乘者說若有人能受持讀誦廣為人說如來
悉知是人悉見是人皆得成就不可量不可
稱无有邊不可思議功德如是人等則為荷擔
如來阿耨多羅三藐三菩提何以故須菩提
若樂小法者著我見人見衆生見壽者見則
於此經不能聽受讀誦為人解說須菩提在
在處處若有此經一切世間天人阿脩羅所
應供養當知此處則為是塔皆應恭敬作禮
圍遶以諸華香而散其處
復次須菩提善男子善女人受持讀誦此經
若為人輕賤是人先世罪業應墮惡道以今
世人輕賤故先世罪業則為消滅當得阿耨
多羅三藐三菩提須菩提我念過去无量阿
僧祇劫於然燈佛前得值八百四千万億那
由他諸佛悉皆供養承事无空過者若復有

BD03890號　金剛般若波羅蜜經　（12–5）

復次須菩提善男子善女人受持讀誦此經
若為人輕賤是人先世罪業應墮惡道以今
世人輕賤故先世罪業則為消滅當得阿耨
多羅三藐三菩提須菩提我念過去无量阿
僧祇劫於然燈佛前得值八百四千万億那
由他諸佛悉皆供養承事无空過者若復有
人於後末世能受持讀誦此經所得功德於
我所供養諸佛功德百分不及一千万億分
乃至筭數譬喻所不能及須菩提若善男子善
女人於後末世有受持讀誦此經所得功德我
若具說者或有人聞心則狂亂狐疑不信須菩
提當知是經義不可思議果報亦不可思議
尒時須菩提白佛言世尊善男子善女人發
阿耨多羅三藐三菩提心云何應住云何降
伏其心佛告須菩提善男子善女人發阿耨
多羅三藐三菩提者當生如是心我應滅度
一切衆生滅度一切衆生已而无有一衆生
實滅度者何以故若菩薩有我相人相衆生
相壽者相則非菩薩所以者何須菩提實无
有法發阿耨多羅三藐三菩提者
須菩提於意云何如來於然燈佛所有法得
阿耨多羅三藐三菩提不不也世尊如我解
佛所說義佛於然燈佛所无有法得阿耨多
羅三藐三菩提佛言如是如是須菩提實无
有法如來得阿耨多羅三藐三菩提須菩提

BD03890號　金剛般若波羅蜜經　（12–6）

有法發阿耨多羅三藐三菩提者
須菩提於意云何如來於然燈佛所有法得
阿耨多羅三藐三菩提不不也世尊如我解
佛所說義佛於然燈佛所无有法得阿耨多
羅三藐三菩提佛言如是如是須菩提實无
有法如來得阿耨多羅三藐三菩提須菩提
若有法如來得阿耨多羅三藐三菩提者然燈
佛則不與我受記汝於來世當得作佛号釋
迦牟尼以實无有法得阿耨多羅三藐三菩
提是故然燈佛與我受記作是言汝於來世
當得作佛号釋迦牟尼何以故如來者即諸
法如義若有人言如來得阿耨多羅三藐三
菩提須菩提實无有法佛得阿耨多羅三藐
三菩提須菩提如來所得阿耨多羅三藐三菩
菩提於是中无實无虛是故如來說一切法
皆是佛法須菩提所言一切法者即非一切法
是故名一切法
須菩提譬如人身長大須菩提言世尊如來
說人身長大則為非大身是名大身
須菩提菩薩亦如是若作是言我當滅度无
量衆生則不名菩薩何以故須菩提實无有
法名為菩薩是故佛說一切法无我无人无
衆生无壽者須菩提若菩薩作是言我當莊
嚴佛土是不名菩薩何以故如來說莊嚴佛

BD03890號　金剛般若波羅蜜經　（12–7）

法名為菩薩是故佛說一切法无我无人无
衆生无壽者須菩提若菩薩作是言我當莊
嚴佛土是不名菩薩何以故如來說莊嚴佛
土者即非莊嚴是名莊嚴須菩提若菩薩通
達无我法者如來說名真是菩薩
須菩提於意云何如來有肉眼不如是世尊
如來有肉眼須菩提於意云何如來有天眼
不如是世尊如來有天眼須菩提於意云何
如來有慧眼不如是世尊如來有慧眼須菩提
於意云何如來有法眼不如是世尊如來有
法眼須菩提於意云何如來有佛眼不如
是世尊如來有佛眼須菩提於意云何恒河
中所有沙佛說是沙不如是世尊如來說是
沙須菩提於意云何如一恒河中所有沙有
如是等恒河是諸恒河所有沙數佛世界如
是寧為多不甚多世尊佛告須菩提尒所國
土中所有衆生若干種心如來悉知何以故如
來說諸心皆為非心是名為心所以者何須
菩提過去心不可得現在心不可得未來心
不可得須菩提於意云何若有人滿三千
大千世界七寶以用布施是人以是因緣得
福多不如是世尊此人以是因緣得福甚多
須菩提若福德有實如來不說得福德多以
福德无故如來說得福德多

BD03890 號　金剛般若波羅蜜經 (12-8)

福多不如是世尊此人以是因緣得福甚多
須菩提若福德有實如來不說得福德多以
福德无故如來說得福德多
須菩提於意云何佛可以具足色身見不不
也世尊如來不應以具足色身見何以故如
來說具足色身即非具足色身是名具足色
身須菩提於意云何如來可以具足諸相見
不不也世尊如來不應以具足諸相見何以故
如來說諸相具足即非具足是名諸相具足
須菩提汝勿謂如來作是念我當有所說法
莫作是念何以故若人言如來有所說法即
為謗佛不能解我所說故須菩提說法者无
法可說是名說法
須菩提白佛言世尊佛得阿耨多羅三藐三
菩提為无所得耶如是如是須菩提我於阿
耨多羅三藐三菩提乃至无有少法可得是
名阿耨多羅三藐三菩提復次須菩提是法
平等无有高下是名阿耨多羅三藐三菩提
以无我无人无衆生无壽者脩一切善法則
得阿耨多羅三藐三菩提須菩提所言善法
者如來說非善法是名善法
須菩提若三千大千世界中所有諸須弥山
王如是等七寶聚有人持用布施若人以此
般若波羅蜜經乃至四句偈等受持為他人

BD03890 號　金剛般若波羅蜜經 (12-9)

者如来說非善法是名善法
須菩提若三千大千世界中所有諸須弥山
王如是等七寶聚有人持用布施若人以此
般若波羅蜜經乃至四句偈等受持為他人
說於前福德百分不及一百千万億分乃至
筭數譬喻所不能及
須菩提於意云何汝等勿謂如来作是念我
當度衆生須菩提莫作是念何以故實无
有衆生如来度者若有衆生如来度者如来
則有我人衆生壽者須菩提如来說有我者
則非有我而凡夫之人以為有我須菩提凡
夫者如来說則非凡夫
須菩提於意云何可以卅二相觀如来不須
菩提言如是如是以卅二相觀如来佛言須
菩提若以卅二相觀如来者轉輪聖王則是
如来須菩提白佛言世尊如我解佛所說義
不應以卅二相觀如来尒時世尊而說偈言
若以色見我　以音聲求我　是人行邪道　不能見如来
須菩提汝若作是念如来不以具足相故得
阿耨多羅三藐三菩提須菩提莫作是念如
来不以具足相故得阿耨多羅三藐三菩提
須菩提汝若作是念發阿耨多羅三藐三菩
提者說諸法斷滅莫作是念何以故發阿耨
多羅三藐三菩提者於法不說斷滅相須菩
提若菩薩以滿恒河沙等世界七寶布施若

BD03890號　金剛般若波羅蜜經

（12–10）

来不以具足相故得阿耨多羅三藐三菩提
須菩提汝若作是念發阿耨多羅三藐三菩
提者說諸法斷滅莫作是念何以故發阿耨
多羅三藐三菩提者於法不說斷滅相須菩
提若菩薩以滿恒河沙等世界七寶布施若
復有人知一切法无我得成於忍此菩薩勝
前菩薩所得功德須菩提以諸菩薩不受福德
故須菩提白佛言世尊云何菩薩不受福德
須菩提菩薩所作福德不應貪著是故說不受福
德須菩提若有人言如来若来若去若坐若
卧是人不解我所說義何以故如来者无所從
来亦无所去故名如来
須菩提若善男子善女人以三千大千世界
碎為微塵於意云何是微塵衆寧為多不甚多
世尊何以故若是微塵衆實有者佛則不說
是微塵衆所以者何佛說微塵衆則非微塵
衆是名微塵衆世尊如来所說三千大千世
界則非世界是名世界何以故若世界實有
者則是一合相如来說一合相則非一合相是
名一合相須菩提一合相者則是不可說但
凡夫之人貪著其事須菩提若人言佛說
我見人見衆生見壽者見須菩提於意云
何是人解我所說義不世尊是人不解如来
所說義何以故世尊說我見人見衆生見壽

BD03890號　金剛般若波羅蜜經

（12–11）

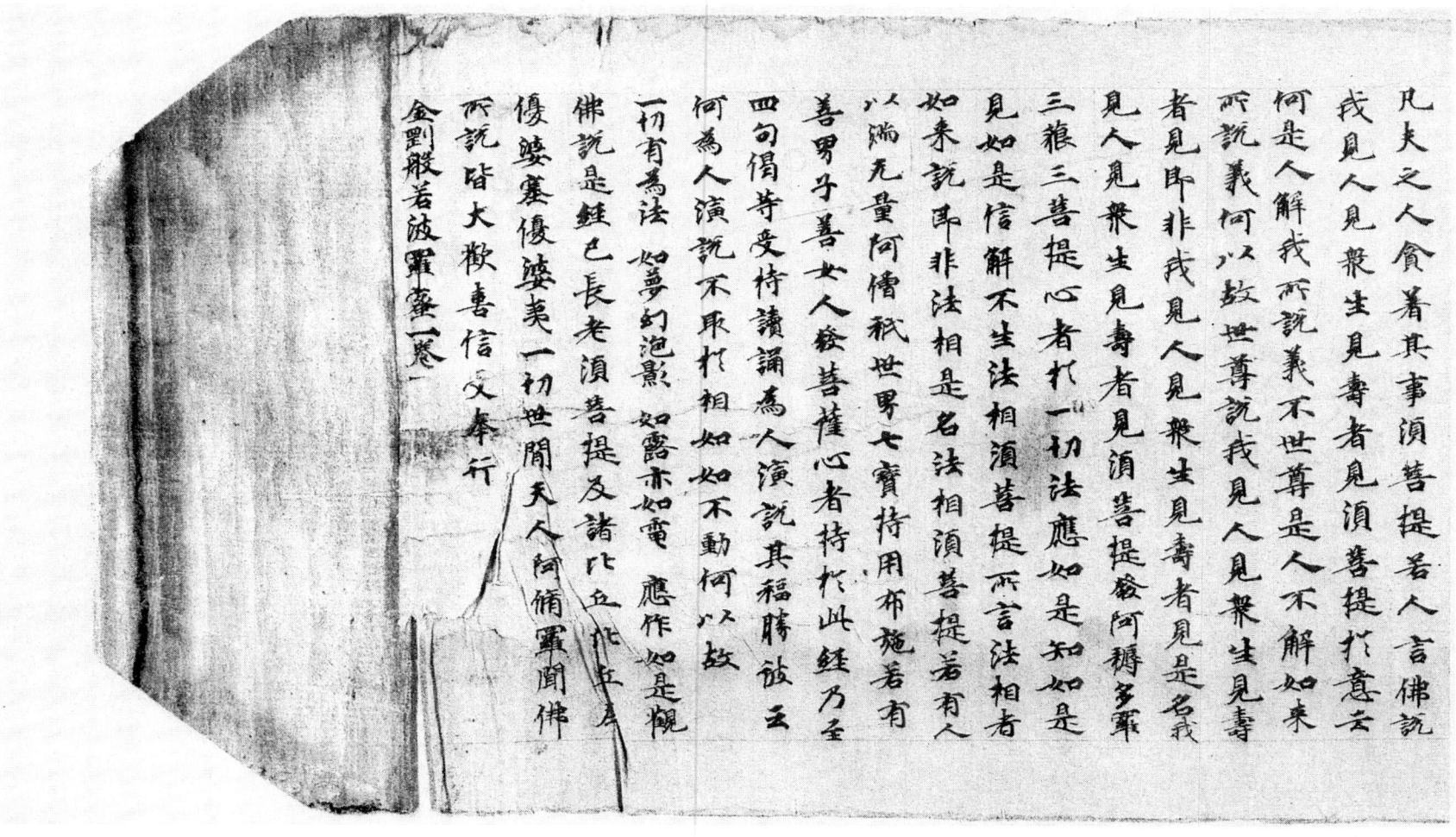

凡夫之人貪著其事須菩提若人言佛說
我見人見衆生見壽者見須菩提於意云
何是人解我所說義不世尊是人不解如來
所說義何以故世尊說我見人見衆生見壽
者見即非我見人見衆生見壽者見是名我
見人見衆生見壽者見須菩提發阿耨多羅
三藐三菩提心者於一切法應如是知如是
見如是信解不生法相須菩提所言法相者
如來說即非法相是名法相須菩提若有人
以滿无量阿僧秖世界七寶持用布施若有
善男子善女人發菩薩心者持於此經乃至
四句偈等受持讀誦為人演說其福勝彼云
何為人演說不取於相如如不動何以故
一切有為法　如夢幻泡影　如露亦如電　應作如是觀
佛說是經已長老須菩提及諸比丘比丘尼
優婆塞優婆夷一切世間天人阿脩羅聞佛
所說皆大歡喜信受奉行
金剛般若波羅蜜經一卷

BD03890 號　金剛般若波羅蜜經　（12–12）

須菩提若人言佛說　[illegible]人見衆生見壽者見
須菩提於意云何是人解我所說義不世尊是
人不解如來所說義何以故世尊說我見人見衆
生見壽者見即非我見人見衆生見壽者見是
名我見人見衆生見壽者見須菩提發阿耨多
羅三藐三菩提心者於一切法應如是知如是見
如是信解不生法相須菩提所言法相者如來
說即非法相是名法相須菩提若有人以滿无
量阿僧祇世界七寶持用布施若有善男子
善女人發菩薩心者持於此經乃至四句偈等
受持讀誦為人演說其福勝彼云何為人演說不
取於相如如不動何以故
一切有為法　如夢幻泡影　如露亦如電　應作如是觀
佛說是經已長老須菩提及諸比丘比丘尼優婆
塞優婆夷一切世間天人阿脩羅聞佛所說皆
大歡喜信受奉行
金剛般若波羅蜜經

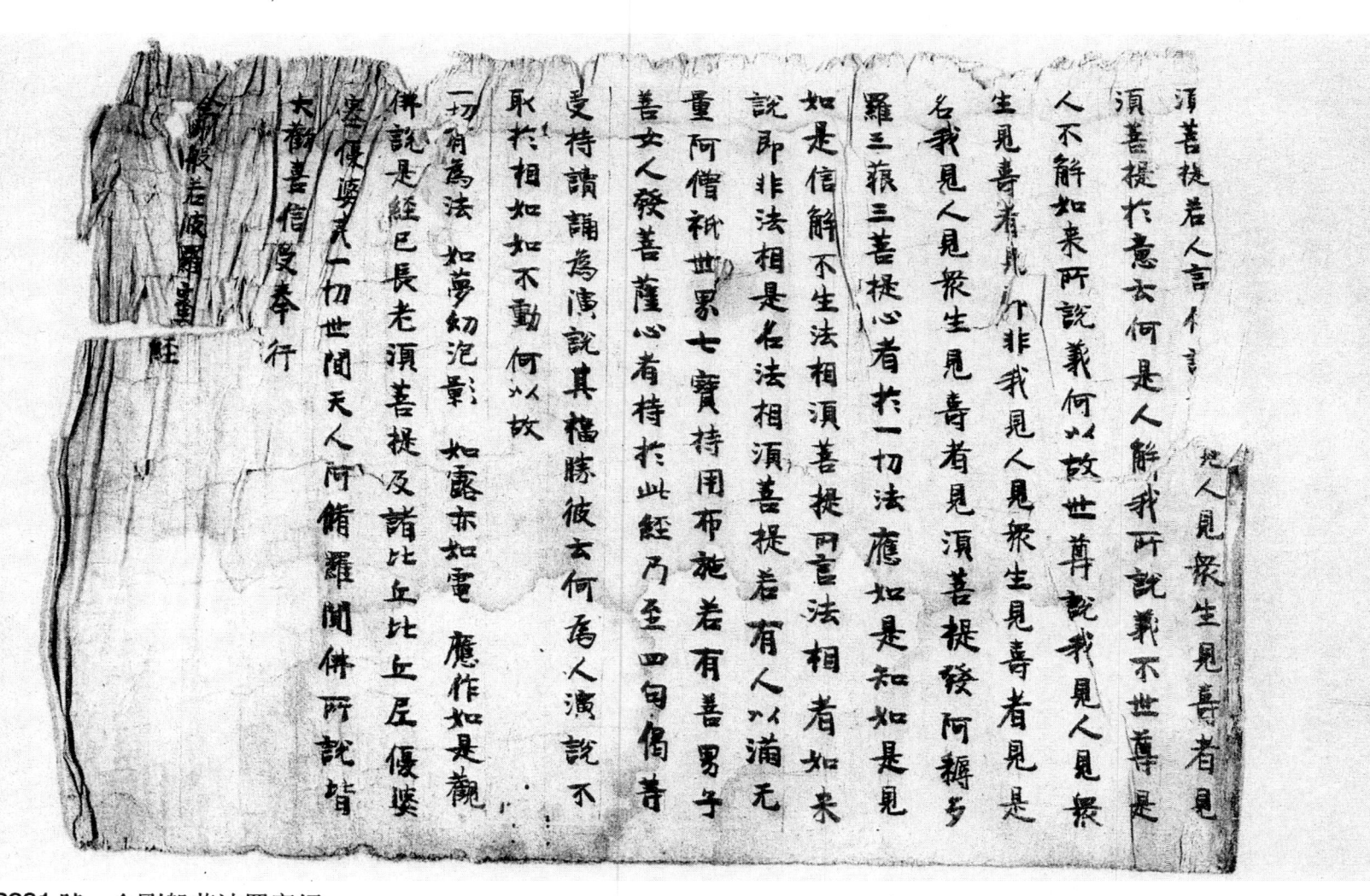

BD03891 號　金剛般若波羅蜜經　（1–1）

无有邊不可思議功德如是人等則為荷擔
如來阿耨多羅三藐三菩提何以故須菩提
若樂小法者著我見人見衆生見壽者見
則於此經不能聽受讀誦為人解說須菩提
在在處處若有此經一切世間天人阿脩羅
所應供養當知此處則為是塔皆應恭敬作
禮圍遶以諸華香而散其處
復次須菩提善男子善女人受持讀誦此經
若為人輕賤是人先世罪業應墮惡道以今
世人輕賤故先世罪業則為消滅當得阿耨多
羅三藐三菩提須菩提我念過去无量阿僧
祇劫於然燈佛前得值八百四千万億那由
他諸佛悉皆供養承事无空過者若復有
人於後末世能受持讀誦此經所得功德於
我所供養諸佛功德百分不及一千万億分
至筭數譬喻所不能及須菩提若善男子
善女人於後末世有受持讀誦此經所得功
德我若具說者或有人聞心則狂亂狐疑不
信須菩提當知是經義不可思議果報亦不
可思議

BD03892 號　金剛般若波羅蜜經　（4–1）

至筭數譬喻所不能及須菩提若善男子
善女人於後末世有受持讀誦此經所得功
德我若具說者或有人聞心則狂亂狐疑不
信須菩提當知是經義不可思議果報亦不
可思議
尒時須菩提白佛言世尊善男子善女人發
阿耨多羅三藐三菩提心云何應住云何降
伏其心佛告須菩提善男子善女人發阿耨
多羅三藐三菩提者當生如是心我應滅度
一切衆生滅度一切衆生已而无有一衆生
實滅度者何以故若菩薩有我相人相衆生
相壽者相則非菩薩所以者何須菩提實无
有法發阿耨多羅三藐三菩提者
須菩提於意云何如來於然燈佛所有法得
阿耨多羅三藐三菩提不不也世尊如我解
佛所說義佛於然燈佛所无有法得阿耨
多羅三藐三菩提佛言如是如是須菩提實
无有法如來得阿耨多羅三藐三菩提須菩
提若有法如來得阿耨多羅三藐三菩提者
然燈佛則不與我受記汝於來世當得作佛
号釋迦牟尼以實无有法得阿耨多羅三藐三
菩提是故然燈佛與我受記作是言汝於來世
當得作佛号釋迦牟尼何以故如來者即諸
法如義若有人言如來得阿耨多羅三藐三
菩提須菩提實无有法佛得阿耨多羅三藐
三菩提須菩提實无有法佛得阿耨多羅三
藐三菩提須菩提如來所得阿耨多羅三藐

BD03892 號　金剛般若波羅蜜經　（4–2）

當得作佛号釋迦牟尼何以故如來者即諸
法如義若有人言如來得阿耨多羅三藐三
菩提須菩提實无有法佛得阿耨多羅三藐
三菩提須菩提實无有法佛得阿耨多羅三
藐三菩提須菩提如來所得阿耨多羅三藐
三菩提於是中无實无虛是故如來說一切
法皆是佛法須菩提所言一切法者即非一切
法是故名一切法須菩提譬如人身長大須
菩提言世尊如來說人身長大則為非大身
是名大身須菩提菩薩亦如是若作是言我
當滅度无量眾生則不名菩薩何以故須菩提
實无有法名為菩薩是故佛說一切法无我
无人无眾生无壽者須菩提若菩薩作是言我
當莊嚴佛土是不名菩薩何以故如來說莊
嚴佛土者即非莊嚴是名莊嚴須菩提若菩
薩通達无我法者如來說名真是菩薩
須菩提於意云何如來有肉眼不如是世尊
如來有肉眼須菩提於意云何如來有天眼
不如是世尊如來有天眼須菩提於意云何
如來有慧眼不如是世尊如來有慧眼須菩
提於意云何如來有法眼不如是世尊如來
有法眼須菩提於意云何如來有佛眼不如
是世尊如來有佛眼須菩提於意云何恒河
中所有沙佛說是沙不如是世尊如來說是
沙須菩提於意云何如一恒河中所有沙有
如是等恒河是諸恒河所有沙數佛世界如

BD03892 號　金剛般若波羅蜜經　（4–3）

有法眼須菩提於意云何如來有佛眼不如
是世尊如來有佛眼須菩提於意云何恒河
中所有沙佛說是沙不如是世尊如來說是
沙須菩提於意云何如一恒河中所有沙有
如是等恒河是諸恒河所有沙數佛世界如
是寧為多不甚多世尊佛告須菩提尒所國
土中所有眾生若干種心如來悉知何以故
如來說諸心皆為非心是名為心所以者何
須菩提過去心不可得現在心不可得未來
心不可得須菩提於意云何若有人滿三千
大千世界七寶以用布施是人以是因緣得福
多不如是世尊此人以是因緣得福甚多須
菩提若福德有實如來不說得福德多以
福德无故如來說得福德多
須菩提於意云何佛可以具足色身見不不
也世尊如來不應以具足色身見何以故如來
說具足色身即非具足色身是名具足色身
須菩提於意云何如來可以具足諸相見不
不也世尊如來不應以具足諸相見何以故如
來說諸相具足即非具足是名諸相具足須
菩提汝勿謂如來作是念我當有所說法莫
作是念何以故若人言如來有所說法即為
謗佛不能解我所說故須菩提說法者无

BD03892 號　金剛般若波羅蜜經　（4–4）

發行則[illegible]
則如說行隨如說行則能迴向
方便隨其方便則成就衆生隨
佛土淨隨佛土淨則說法淨
慧淨隨智慧淨則其心淨隨
功德淨是故寶積若菩薩欲得
其心隨其心淨則佛土淨
尒時舍利弗承佛威神作是念若
則佛土淨者我世尊本爲菩薩時意豈不淨
而是佛土不淨若此佛知其念即告之言於
意云何日月豈不淨耶而盲者不見對曰不
也世尊是盲者過非日月咎舍利弗衆生罪
故不見如來佛國嚴淨非如來咎舍利弗我
此土淨而汝不見尒時螺髻梵王語舍利弗勿
作是意謂此佛土以爲不淨所以者何我見
釋迦牟尼佛土清淨譬如自在天宮舍利弗
言我見此土丘陵坑坎荊棘沙礫土石諸山
穢惡充滿螺髻梵言仁者心有高下不依
佛慧故見此土爲不淨耳舍利弗菩薩於一
切衆生悉皆平等深心清淨依佛智慧則能
見此佛土清淨於是佛以足指案地即時三
千大千世界若干百千珍寶嚴飾譬如寶莊
嚴佛無量功德寶莊嚴土一切大衆歎未曾
有而皆自見坐寶蓮華佛告舍利弗汝且觀
是佛土嚴淨舍利弗言唯然世尊本所不見

BD03893號　維摩詰所說經卷上　（4–1）

切衆生悉皆平等深心清淨依佛智慧則能
見此佛土清淨於是佛以足指案地即時三
千大千世界若干百千珍寶嚴飾譬如寶莊
嚴佛無量功德寶莊嚴土一切大衆歎未曾
有而皆自見坐寶蓮華佛告舍利弗汝且觀
是佛土嚴淨舍利弗言唯然世尊本所不見
本所不聞今佛國嚴淨悉現佛語舍利弗
我佛國土常淨若此爲欲度斯下劣人故示
是衆惡不淨土耳譬如諸天共寶器食隨
其福德飯色有異如是舍利弗若人心淨便
見此土功德莊嚴當佛現此國土嚴淨之時寶
積所將五百長者子皆得無生法忍八万四千
人發阿耨多羅三藐三菩提心佛攝神足於
是世界還復如故求聲聞乘三万二千天及
人知有爲法皆悉無常遠塵離垢得法眼淨
八千比丘不受諸法漏盡意解

維摩經方便品第二

尒時毗耶離大城中有長者名維摩詰已曾
供養無量諸佛深殖善本得無生忍辯才無
閡遊戲神通逮諸總持獲無所畏降魔勞怨
入深法門善於智度通達方便大願成就明了
衆生心之所趣又能分別諸根利鈍久於佛
道心已純淑決定大乘諸有所作能善思
量住佛威儀心大如海諸佛咨嗟弟子釋梵
世主所敬欲度人故以善方便居毗耶離資財
無量攝諸貧民奉戒清淨攝諸毀禁以忍
調行攝諸恚怒以大精進攝諸懈怠一心禪
寂攝諸亂意以決定慧攝諸無智雖爲白
衣奉持沙門清淨律行雖處居家不著三界
亦有妻子常修梵行現有眷屬常[illegible]
[illegible]

BD03893號　維摩詰所說經卷上　（4–2）

衆生心之所趣又能分別諸根利鈍久於佛
道心已純淑決定大乘諸有所作能善思
量住佛威儀心大如海諸佛咨嗟弟子釋梵
世主所敬欲度人故以善方便居毗耶離資財
無量攝諸貧民奉戒清淨攝諸毀禁以忍
調行攝諸恚怒以大精進攝諸懈怠一心禪
寂攝諸亂意以決定慧攝諸無智雖為白
衣奉持沙門清淨律行雖處居家不著三界
示有妻子常修梵行現有眷屬常遠離雖
服寶飾而以相好嚴身
味若至博弈戲處輒
正信雖明世典常樂佛
衆執持正法攝諸長幼　獲
俗利不以喜悅遊諸四衢　入治政
法救護一切入講論處道　學堂誘
開童蒙入諸婬舍示欲　酒肆能立
其志若在長者長者　勝法若在居
士居士中尊斷其貪　剎利中尊教
以忍辱若在婆羅門婆羅門　尊除其我
慢若在大臣大臣中尊　以正法若在王
子王子中尊示以忠孝若在內官內官中尊
化政宮女若在庶民庶民中尊令興福力若
在梵天梵天中尊誨以勝慧若在帝釋帝釋
中尊示現無常若在護世護世中尊護諸衆
生長者維摩詰以如是等無量方便饒益衆
生其以方便現身有疾以其疾故國王大臣
長者居士婆羅門等及諸王子并餘官屬無
數千人皆往問疾其往者維摩詰因以身疾
廣為說法諸仁者是身無常無強無力無堅速
朽之法不可信也為苦為惱衆病所集諸仁

BD03893 號　維摩詰所說經卷上　（4–3）

法救護一切入講論處道
開童蒙入諸婬舍示欲
其志若在長者長者　勝法若在居
士居士中尊斷其貪　剎利中尊教
以忍辱若在婆羅門婆羅門　尊除其我
慢若在大臣大臣中尊　以正法若在王
子王子中尊示以忠孝若在內官內官中尊
化政宮女若在庶民庶民中尊令興福力若
在梵天梵天中尊誨以勝慧若在帝釋帝釋
中尊示現無常若在護世護世中尊護諸衆
生長者維摩詰以如是等無量方便饒益衆
生其以方便現身有疾以其疾故國王大臣
長者居士婆羅門等及諸王子并餘官屬無
數千人皆往問疾其往者維摩詰因以身疾
廣為說法諸仁者是身無常無強無力無堅速
朽之法不可信也為苦為惱衆病所集諸仁
者如此身明智者所不怙是身如聚沫不可撮
摩是身如泡不得久立是身如炎從渴愛生是
身如芭蕉中無有堅是身如幻從顛倒起是
身如夢為虛妄見是身如影從業緣現是身
如響屬諸因緣是身如浮雲須臾變滅是身
如電念念不住是身無主為如地是身無我為
如火是身無壽為如風是身無人為如水是身
不實四大為家是身為空離我我所是身
無知如草木瓦礫是身無作風力所轉是

BD03893 號　維摩詰所說經卷上　（4–4）

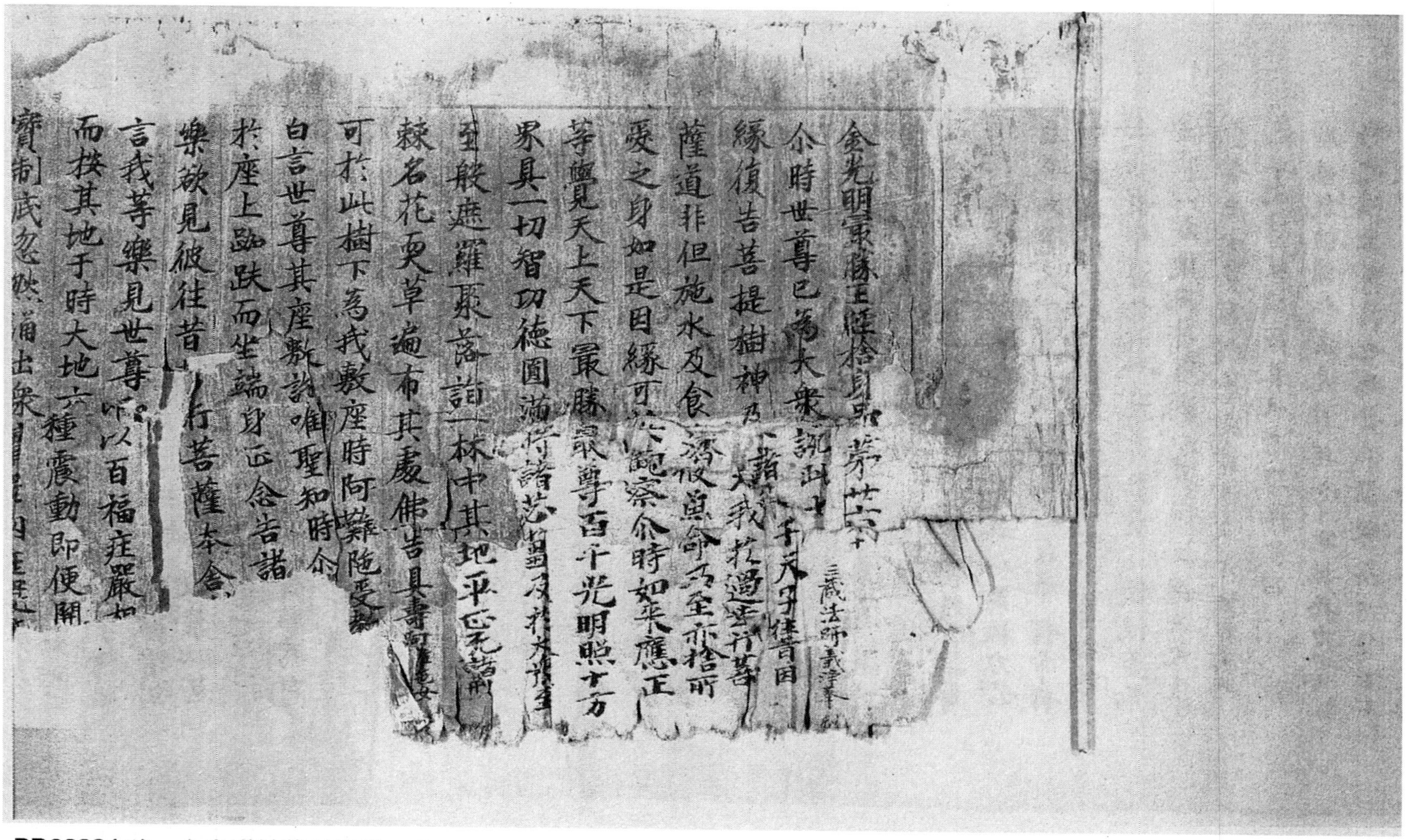

金光明最勝王經捨身品第廿六
三藏法師義淨奉[illegible]
尒時世尊已爲大衆說此十千天子往昔因
緣復告菩提樹神乃至[illegible]我於過去行菩
薩道非但施水及食濟彼魚命乃至亦捨所
愛之身如是因緣可[illegible]觀察尒時如來應正
等覺見天上天下最勝最尊百千光明照十方
界具一切智功德圓滿將諸苾芻及於大衆[illegible]
至般遮羅聚落詣一林中其地平正无諸荊
棘名花𠔥草遍布其處佛告具壽阿難[illegible]
可於此樹下爲我敷座時阿難陀受教
白言世尊其座敷訖唯聖知時尒
於座上跏趺而坐端身正念告諸
樂欲見彼往昔[illegible]行菩薩本舍
言我等樂見世尊[illegible]以百福莊嚴如
而按其地于時大地六種震動即便開
寶制底忽然涌出衆[illegible]

BD03894 號　金光明最勝王經卷一〇　（22–1）

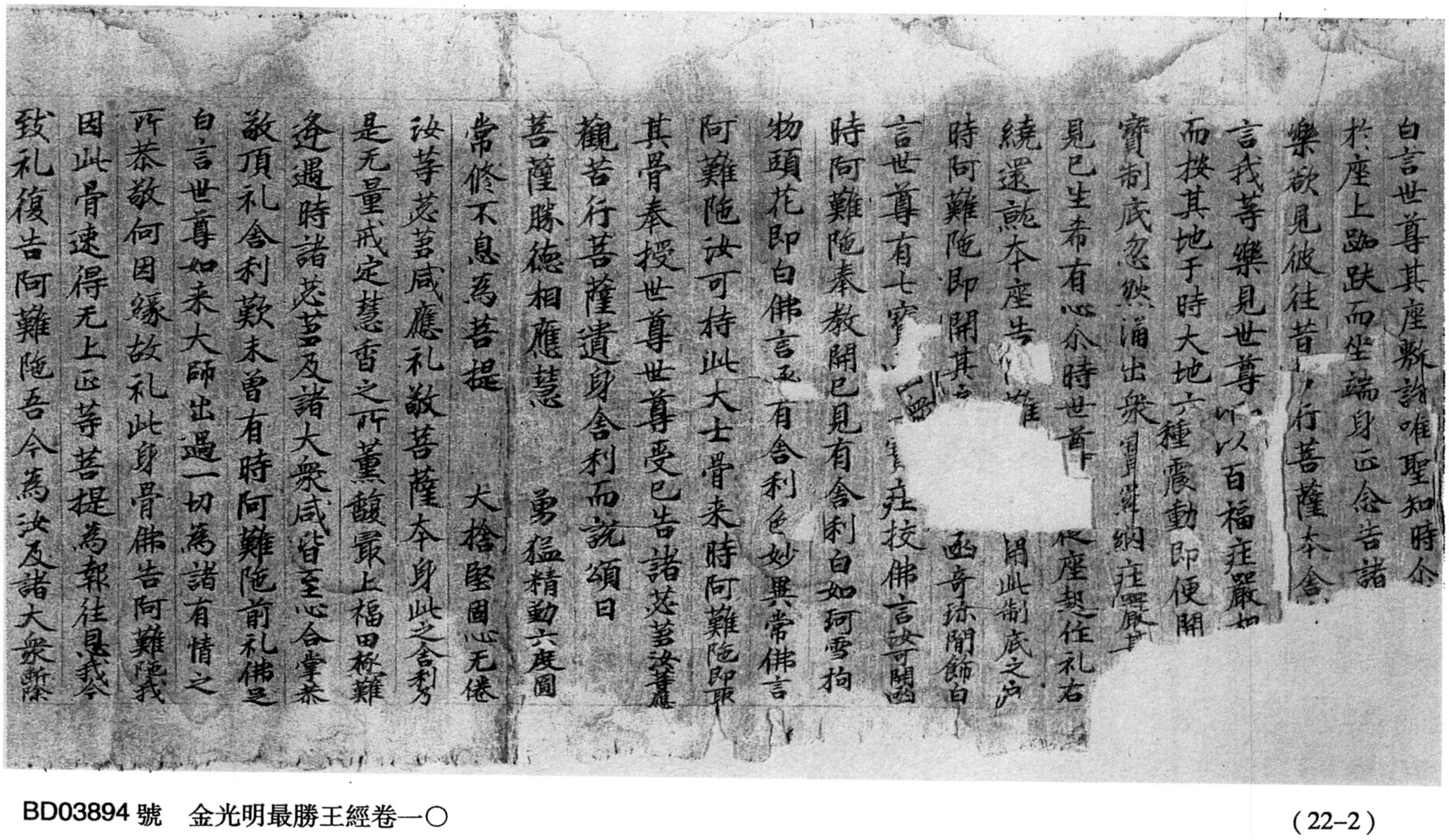

白言世尊其座敷訖唯聖知時尒
於座上跏趺而坐端身正念告諸
樂欲見彼往昔[illegible]行菩薩本舍
言我等樂見世尊以百福莊嚴如
而按其地于時大地六種震動即便開
寶制底忽然涌出衆寶羅網莊嚴其上
見已生希有心尒時世尊[illegible]從座起作礼右
繞還就本座告[illegible]因此制底之戶
時阿難陀即開其[illegible]函奇珍開飾白
言世尊有七寶[illegible]寶莊挍佛言汝可開函
時阿難陀奉教開已見有舍利白如珂雪拘
物頭花即白佛言函有舍利色妙異常佛言
阿難陀汝可持此大士骨來時阿難陀即取
其骨奉授世尊世尊受已告諸苾芻汝等應
觀苦行菩薩遺身舍利而說頌曰
菩薩勝德相應慧　勇猛精勤六度圓
常修不息爲菩提　大捨堅固心无倦
汝等苾芻咸應礼敬菩薩本身此之舍利
是无量戒定慧香之所薰馥最上福田極難
逢遇時諸苾芻及諸大衆咸皆至心合掌恭
敬頂礼舍利歎未曾有時阿難陀前礼佛足
白言世尊如來大師出過一切爲諸有情之
所恭敬何因緣故礼此身骨佛告阿難陀我
因此骨速得无上正等菩提爲報往恩我今
致礼復告阿難陀吾今爲汝及諸大衆斷除

BD03894 號　金光明最勝王經卷一〇　（22–2）

遶遍時諸大眾各至心合掌恭
敬頂礼舍利歎未曾有時阿難陁前礼佛足
白言世尊如來大師出過一切為諸有情之
所恭敬何因緣故礼此身骨佛告阿難陁我
因此骨速得无上正等菩提為報往恩我今
致礼復告阿難陁吾今為汝及諸大眾斷除
疑惑說是舍利往昔因緣汝等善思當一心
聽阿難陁曰我等樂聞願為開闡阿難陁過
去世時有一國王名曰大車臣富多財庫藏
盈滿軍兵武勇眾所欽伏常以正法施化黔
黎人民熾盛无有怨敵國大夫人誕生三子
顏容端正人所樂觀太子名曰摩訶波羅次
子名曰摩訶提婆幼子名曰摩訶薩埵是時
大王為欲遊觀縱賞山林其三王子亦皆隨
從為求花果捨父周旋至大竹林於中憩息
第一王子作如是言我於今日心甚驚惶於
此林中將無猛獸損害於我第二王子復作
是言我於自身初無悋惜恐於所愛有別離
苦第三王子白二兄曰
此是神仙所居處　我無恐怖別離憂
身心充遍生歡喜　當獲殊勝諸功德
時諸王子各說本心所念之事次復前行見
有一虎產生七子纔經七日諸子圍遶飢渴
所逼身形羸瘦將死不久第一王子作如是
言哀哉此虎產來七日七子圍遶無暇求食

身心充遍生歡喜　當獲殊勝諸功德
時諸王子各說本心所念之事次復前行見
有一虎產生七子纔經七日諸子圍遶飢渴
所逼身形羸瘦將死不久第一王子作如是
言哀哉此虎產來七日七子圍遶無暇求食
飢渴所逼必還噉子薩埵王子問言此虎每
常所食何物第一王子答曰
虎豹豺師子　唯噉熱血肉　更無餘飲食　可濟此虛羸
第二王子聞此語已作如是言此虎羸瘦飢
渴所逼餘命無幾我等何能為求如是難得
飲食誰復為斯自捨身命濟其飢苦第一王
子言一切難捨無過己身薩埵王子言我等
今者於自己身各生愛戀復無智慧不能於
他而興利益然有上士懷大悲心常為利他
忘身濟物復作是念我今此身於百千生虛
棄爛壞曾無所益云何今日而不能捨以濟
飢苦如捐涕唾時諸王子作是議已各起慈
心悽傷愍念共觀羸虎目不暫移徘徊久之
俱捨而去尒時薩埵王子便作是念我捨身
命今正是時何以故
我從久來持此身　臭穢膿流不可愛
供給敷具并衣食　象馬車乘及珍財
變壞之法體無常　恒求難滿難保守
雖常供養懷怨害　終歸棄我不知恩

命令正是時何以故
我從久來持此身　臭穢膿流不可愛
供給敷具并衣食　象馬車乘及珎財
變壞之法體無常　恒求難滿難保守
雖常供養懷怨害　終歸棄我不知恩
復次此身不堅於我无益可畏如賊不淨如
糞我於今日當使此身修廣大業於生死海
作大舟航棄捨輪迴令得出離復作是念若
捨此身則捨无量癰疽惡疾百千怖畏是身
唯有大小便利不堅如泡諸蟲所集血脉筋
骨共相連持甚可猒患是故我今應當棄捨
以求无上究竟涅槃永離憂患无常苦惱生
死休息斷諸塵累以定慧力圓滿薰修百福
莊嚴成一切智諸佛所讚微妙法身既證得
已施諸衆生无量法樂是時王子興大勇猛
發弘誓願以大悲念增益其心慮彼二兄情
懷怖懼共為留難不果所祈即便白言二兄
前去我且於後尒時王子摩訶薩埵還入林
中至其虎所脫去衣服置於竹上作是誓言
我為法界諸衆生　志求无上菩提處
起大悲心不傾動　當捨凡夫所愛身
菩提无患无熱惱　諸有智者之所樂
三界苦海諸衆生　我今拔濟令安樂
是時王子作是言已於餓虎前委身而卧由
此菩薩慈悲威勢虎无能為菩薩見已即上

BD03894號　金光明最勝王經卷一〇　（22–5）

菩提无患无熱惱　諸有智者之所樂
三界苦海諸衆生　我今拔濟令安樂
是時王子作是言已於餓虎前委身而卧由
此菩薩慈悲威勢虎无能為菩薩見已即上
高山投身于地復作是念虎今羸瘦不能食
我即起求刀竟不能得即以乾竹刺頸出血
漸近虎邊是時大地六種震動如風激水涌
沒不安日无精明如羅睺障諸方闇蔽无復
光輝天雨名花及妙香末繽紛亂墜遍滿林
中尒時虚空有諸天衆見是事已生隨喜心
歎未曾有咸共讚言善哉大士即說頌曰
大士救護運悲心　等視衆生如一子
勇猛歡喜情无悋　捨身濟苦福難思
定至真常勝妙處　永離生死諸纏縛
不久當獲菩提果　寂靜安樂證无生
是時餓虎既見菩薩頸下血流即便舐血噉
肉皆盡唯留餘骨尒時第一王子見地動已
告其弟曰
大地山河皆震動　諸方闇蔽日无光
天花亂墜遍空中　定是我弟捨身相
第二王子聞兄語已說伽他曰
我聞薩埵作悲言　見彼餓虎身羸瘦
飢苦所纒恐食子　我今疑弟捨其身
時二王子生大愁苦啼泣悲歎即共相隨還

BD03894號　金光明最勝王經卷一〇　（22–6）

第二王子聞兄語已說伽他曰
我聞薩埵作悲言　見彼餓虎身羸瘦
飢苦所纏恐食子　我今疑弟捨其身
時二王子生大愁苦啼泣悲歎即共相隨還
至虎所見弟衣服在竹枝上骸骨及髮在處
縱横流血成泥霑汙其地見已悶絶不能自
持投身骨上久乃得蘇即起舉手哀號大哭
俱時歎曰
我弟貌端嚴　父母偏愛念　云何俱共出　捨身而不歸
父母若問時　我等如何荅　寧可同捐命　豈復自存身
時二王子悲泣懊惱漸捨而去時小王子所
將侍從互相謂曰王子何在宜共推求
尒時國大夫人寢高樓上便於夢中見不祥
相被割兩乳牙齒墮落得三鴿雛一為鷹奪
二被驚怖地動之時夫人遂覺心大愁惱作
如是言
何故今時大地動　江河林樹皆搖震
日无精光如覆蔽　目瞤乳動異常時
如箭射心憂苦逼　遍身戰掉不安隱
我之所夢不祥徵　必有非常災變事
夫人兩乳忽然流出念此必有變恠之事時
有侍女聞外人言求覓王子今猶未得心大
驚怖即入宮中白夫人曰大家知不外聞諸
人散覓王子遍求不得時彼夫人聞是語已

我之所夢不祥徵　必有非常災變事
夫人兩乳忽然流出念此必有變恠之事時
有侍女聞外人言求覓王子今猶未得心大
驚怖即入宮中白夫人曰大家知不外聞諸
人散覓王子遍求不得時彼夫人聞是語已
生大憂惱悲淚盈目至大王所白言大王我
聞外人作如是語失我最小所愛之子王聞
語已驚惶失所悲哽而言苦哉今日失我愛
子即便抆淚慰喻夫人告言賢首汝勿憂慼
吾今共出求覓愛子王与大臣及諸人衆即
共出城各各分散隨處求覓未久之頃有一
大臣前白王曰聞王子在願勿憂愁其最小
者今猶未見王聞是語悲歎而言苦哉苦哉
失我愛子
初有子時歡喜少　後失子時憂苦多
若使我兒重壽命　縱我身亡不為苦
夫人聞已憂惱纏懷　如被箭中而嗟歎曰
我之三子并侍從　俱往林中共遊賞
最小愛子獨不還　定有乖離災厄事
次第二臣來至王所王問臣曰愛子何在第
二大臣懊惱啼泣喉舌乾燥口不能言竟无
所荅夫人問曰
速報小子今何在　我身熱惱遍燒然
悶亂荒迷失本心　勿使我胷今破裂

次第二臣来至王所[illegible]

二大臣懊惱啼泣唯舌乾燥口不能言竟无
所荅夫人問曰
速報小子今何在　　我身熱惱遍燒然
悶亂荒迷失本心　　勿使我胷今破裂
時第二臣即以王子捨身之事具白王知王
及夫人聞其事已不勝悲噎望捨身處驟駕
前行詣竹林所至彼菩薩捨身之地見其骸
骨隨處交横俱時投地悶絕將死猶如猛風
吹倒大樹心迷失緒都无所知時大臣等以水
遍灑王及夫人良久乃蘇擧手而哭咨嗟
歎曰
禍哉愛子端嚴相　　因何死苦先来逼
若我得在汝前亡　　豈見如斯大苦事
尒時夫人迷悶稍止頭髮蓬亂兩手椎胷宛
轉于地如魚處陸若牛失子悲泣而言
我子誰屠割　　餘骨散于地　　失我所愛子　　憂悲不自勝
苦哉誰煞子　　致斯憂惱事　　我心非金剛　　云何而不破
我夢中所見　　兩乳皆被割　　牙齒悉墮落　　今遭大苦痛
又夢三鴿鶵　　一被鷹擒去　　今失所愛子　　惡相表非虛
尒時大王及於夫人并二王子盡哀號哭瓔
珞不御与諸人衆共収菩薩遺身舍利為於
供養置窣覩波中阿難陁汝等應知此即是
彼菩薩舍利復告阿難陁我於昔時雖具煩
惱貪瞋癡等能於地獄餓鬼傍生五趣之中

又夢三鴿鶵　　一被鷹擒去　　今失所愛子　　惡相表非虛
尒時大王及於夫人并二王子盡哀號哭瓔
珞不御与諸人衆共収菩薩遺身舍利為於
供養置窣覩波中阿難陁汝等應知此即是
彼菩薩舍利復告阿難陁我於昔時雖具煩
惱貪瞋癡等能於地獄餓鬼傍生五趣之中
隨緣救濟令得出離何况今時煩惱都盡无
復餘習号天人師具一切智而不能為一一
衆生經於多劫在地獄中及於餘處代受衆
苦令出生死煩惱輪迴尒時世尊欲重宣此
義而說頌言
我念過去世　　无量无數劫　　或時作國王　　或復為王子
常行於大施　　及捨所愛身　　願出離生死　　至妙菩提處
昔時有大國　　國主名大車　　王子名勇猛　　常施心无悋
王子有二兄　　号大渠大天　　三人同出遊　　漸至山林所
見虎飢所逼　　便生如是心　　此虎飢火燒　　更无餘可食
大士覩如斯　　恐其將食子　　捨身无所顧　　救子不令傷
大地及諸山　　一時皆震動　　江海皆騰躍　　驚波水逆流
天地失光明　　昏冥无所見　　林野諸禽獸　　飛奔失所依
二兄怪不還　　憂慼生悲苦　　即与諸侍從　　林藪遍尋求
兄弟共籌議　　復往深山處　　四顧无所有　　見虎處空林
其母并七子　　口皆有血汙　　殘骨并餘髮　　縱横在地中
復見有流血　　散在竹林所　　二兄既見已　　心生大恐怖
悶絕俱投地　　荒迷不覺知　　塵土坌其身　　六情皆失念
王之諸侍從[illegible]

二兄怖不還　憂慮生悲苦　即共[illegible]
兄弟共籌議　復往深山處　四顧无所有　見虎處空林
其母并七子　口皆有血污　殘骨并餘髮　縱橫在地中
復見有流血　散在竹林所　二兄既見已　心生大恐怖
悶絕俱躄地　荒迷不覺知　塵土坌其身　六情皆失念
王子諸侍從　啼泣心憂惱　以水灑令蘇　舉手號咷哭
菩薩捨身時　慈母在宮內　五百諸婇女　共受於妙樂
夫人之兩乳　忽然自流出　遍體如針刺　苦痛不能安
欻生失子想　憂箭苦傷心　即白大王知　陳斯苦惱事
悲泣不堪忍　哀聲向王說　大王今當知　我生大苦惱
兩乳忽流出　禁止不隨心　如針遍刺身　煩冤胸欲破
我先夢惡徵　必當失愛子　願王濟我命　知兒存與亡
夢見三鴿鶵　小者是愛子　忽被鷹奪去　悲愁難具陳
我今沒憂海　趣死將不久　恐子命不全　願為速求覓
又聞外人語　小子求不得　我今意不安　願王哀愍我
夫人白王已　舉身而躄地　悲痛悶絕　荒迷不覺知
婇女見夫人　悶絕在於地　舉聲皆大哭　憂惶失所依
王聞如是語　懷憂不自勝　因命諸群臣　尋求所愛子
皆共出城外　隨處而追覓　涕泣問諸人　王子今何在
今者為存亡　誰知所去處　云何令得見　適我憂愁心
諸人悉共傳　咸言王子死　聞者皆傷悼　悲歎苦難裁
尒時大車王　悲號從座起　即就夫人處　以水灑其身
夫人蒙水灑　久乃得醒悟　悲啼以問王　我兒今在不
王告夫人曰　我已使諸人　四向求王子　尚未有消息
王又告夫人　汝莫生煩惱　且當自安慰　可共出追尋

[illegible]
諸人悉共傳　咸言王子死　聞者皆傷悼　悲歎苦難裁
尒時大車王　悲號從座起　即就夫人處　以水灑其身
夫人蒙水灑　久乃得醒悟　悲啼以問王　我兒今在不
王告夫人曰　我已使諸人　四向求王子　尚未有消息
王又告夫人　汝莫生煩惱　且當自安慰　可共出追尋
王即與夫人　嚴駕而前進　號動聲悽感　憂心若火然
士庶百千万　亦隨王出城　各欲求王子　悲號聲不絕
王求愛子故　目視於四方　見有一人來　被髮身塗血
遍體蒙塵土　悲泣逆前來　王見是惡相　倍復生憂惱
王便舉雙手　哀號不自裁　初有一大臣　急忙至王所
進白大王曰　幸願勿悲哀　王之所愛子　今雖求未獲
不久當來至　以釋大王憂　王復更前行　見次大臣至
其臣詣王所　流淚白王言　二子今現存　被憂火所逼
其第三王子　已被无常吞　見餓虎初生　將欲食其子
彼薩埵王子　見此起悲心　願求无上道　當度一切眾
繫想妙菩提　廣大深如海　即上高山頂　投身餓虎前
虎羸不能食　以竹自傷頸　遂噉王子身　唯有餘骸骨
時王及夫人　聞已俱悶絕　心沒於憂海　煩惱火燒然
臣以旃檀水　灑王及夫人　俱起大悲號　舉手椎胸臆
第三大臣來　白王如是語　我見二王子　悶絕在林中
臣以冷水灑　尒乃重蘇息　顧視於四方　如猛火周遍
暫起而還伏　悲號不自勝　舉手以哀言　稱歎弟希有
王聞如是說　倍增憂火煎　夫人大號咷　高聲作是語
我之小子偏重愛　已為无常羅剎吞
餘有二子今現存　復被憂火所燒逼

[illegible]
臣以冷水灑　尒乃暫蘇息　顧視於四方　如猛火周遍
暫起而還伏　悲號不自勝　舉手哀號言　稱歎弟希有
王聞如是說　倍增憂火煎　夫人大號咷　高聲作是語
我之小子偏重愛　已為无常羅剎吞
餘有二子今現存　復被憂火所燒逼
我今速可之山下　安慰令其保餘命
即便馳駕望前路　一心詣彼捨身崖
路逢二子行啼泣　椎胸懊惱失容儀
父母見已抱憂悲　俱往山林捨身處
既至菩薩捨身地　共聚悲號生大苦
脫去瓔珞盡哀心　收取菩薩身餘骨
与諸人衆同供養　共造七寶窣覩波
以彼舍利置函中　整駕懷憂趣城邑
復告阿難陀　往時薩埵者　即我牟尼是　勿生於異念
王是父淨飯　后是母摩耶　太子謂慈氏　次曼殊室利
虎是大世主　五兒五苾芻　一是大目連　一是舍利子
我為汝等說　往昔利他緣　如是菩薩行　成佛因當學
菩薩捨身時　發如是弘誓　願我身餘骨　來世益衆生
此是捨身處　七寶窣覩波　以經无量時　遂沉於厚地
由昔本願力　隨緣興濟度　為利於人天　從地而涌出
尒時世尊說是往昔因緣之時无量阿僧企
耶人天大衆皆大悲喜歎未曾有悉發阿
耨多羅三藐三菩提心復告樹神我為報恩
故致礼敬佛攝神力其窣覩波還沒于地

BD03894號　金光明最勝王經卷一〇　（22-13）

尒時世尊說是往昔因緣之時无量阿僧企
耶人天大衆皆大悲喜歎未曾有悉發阿
耨多羅三藐三菩提心復告樹神我為報恩
故致礼敬佛攝神力其窣覩波還沒于地
金光明最勝王經十方菩薩讚歎品第廿七
尒時釋迦牟尼如來說是經時於十方世界
有无量百千万億諸菩薩衆各從本土詣鷲
峯山至世尊所五輪著地礼世尊已一心合
掌異口同音而讚歎曰
佛身微妙真金色　其光普照等金山
清淨柔耎若蓮花　无量妙彩而嚴飾
三十二相遍莊嚴　八十種好皆圓備
光明晒著无與等　離垢猶如淨滿月
其聲清徹甚微妙　如師子吼震雷音
八種微妙應群機　超勝迦陵頻伽等
百福妙相以嚴容　光明具足淨无垢
智慧澄明如大海　功德廣大若虛空
圓光遍滿十方界　隨緣普濟諸有情
煩惱愛染習皆除　法炬恒然不休息
哀愍利益諸衆生　現在未來能与樂
常為宣說第一義　令證涅槃真寂靜
佛說甘露殊勝法　能与甘露微妙義
引入甘露涅槃城　令受甘露无為樂
常於生死大海中　解脫一切衆生苦
[illegible]

BD03894號　金光明最勝王經卷一〇　（22-14）

哀愍利益諸衆生　現在未來能与樂
常為宣説第一義　令證涅槃真寂静
佛説甘露殊勝法　能与甘露微妙義
引入甘露涅槃城　令受甘露无為樂
常於生死大海中　解脱一切衆生苦
令彼能住安隱路　恒与難思如意樂
如來德海甚深廣　非諸譬喻所能知
於衆常起大悲心　方便精勤恒不息
如來智海无邊際　一切人天共測量
假使千万億劫中　不能得知其少分
我今略讃佛功德　於德海中唯一渧
迴斯福聚施群生　皆願速證菩提果
尒時世尊告諸菩薩言善哉善哉汝等善
能如是讃佛功德利益有情廣興佛事能滅
諸罪生无量福
金光明最勝王經妙幢菩薩讃品第廿八
尒時妙幢菩薩即從座起偏袒右肩右膝著
地合掌向佛而説讃曰
牟尼百福相圓滿　无量功德以嚴身
廣大清淨人樂觀　猶如千日光明照
焰彩无邊光熾盛　如妙寶聚相端嚴
如日初出映虚空　紅白分明間金色
亦如金山光普照　悉能周遍百千土
能滅衆生无量苦　皆与无邊勝妙樂
諸相具足悉嚴淨　衆生樂觀无厭足

焰彩无邊光熾盛　如妙寶聚相端嚴
如日初出映虚空　紅白分明間金色
亦如金山光普照　悉能周遍百千土
能滅衆生无量苦　皆与无邊勝妙樂
諸相具足悉嚴淨　衆生樂觀无厭足
頭髮柔耎紺青色　猶如黒蜂集妙花
大喜大捨淨莊嚴　大慈大悲皆具足
衆妙相好為嚴飾　菩提分法之所成
如來能施衆福利　令彼常蒙大安樂
種種妙德共莊嚴　光明普照千万土
如來光相極圓滿　猶如赫日遍空中
佛如須弥功德具　示現能周於十方
如來金口妙端嚴　齒白齊密如珂雪
如來面貌无倫匹　眉間毫相常右旋
光潤鮮白等頗梨　猶如滿月居空界
佛告妙幢菩薩汝能如是讃佛功德不可思
議利益一切令未知者隨順修學
金光明最勝王經菩提樹神讃歎品第廿九
尒時菩提樹神亦以伽他讃世尊曰
敬礼如來清淨慧　敬礼常求正法慧
敬礼能離非法慧　敬礼恒无分別慧
希有世尊无邊行　希有難見比優曇
希有如海鎮山王　希有善逝光无量
希有調御弘慈願　希有釋種明逾日
能説如是經中寶　哀愍利益諸群生

敬礼能離非法慧　敬礼恒无分別慧
希有世尊无邊行　希有難見比優曇
希有如海鎮山王　希有善逝光无量
希有調御弘慈願　希有釋種明逾日
能說如是經中寶　哀愍利益諸群生
牟尼寂靜諸根定　能入寂靜涅槃城
能住寂靜等持門　能知寂靜深境界
兩足中尊住空寂　聲聞弟子身亦空
一切法體性皆无　一切衆生悉空寂
我常憶念於諸佛　我常樂見諸世尊
我常發起慇重心　常得值遇如來日
我常頂礼於世尊　願常渴仰心不捨
悲泣流淚情无間　常得奉事不知猒
唯願世尊起悲心　和顏常得令我見
佛及聲聞衆清淨　願常普濟於人天
佛身本淨若虛空　亦如幻焰及水月
願說涅槃甘露法　能生一切功德聚
世尊所有淨境界　慈悲正行不思議
聲聞獨覺非所量　大仙菩薩不能測
唯願如來哀愍我　常令覩見大悲身
三業无倦奉慈尊　速出生死歸真際
尒時世尊聞是讚已以梵音聲告樹神善
哉善哉善女天汝能於我真實无妄清淨法
身自利利他宣揚妙相以此功德令汝速證

BD03894號　金光明最勝王經卷一〇　（22–17）

唯願如來哀愍我　常令覩見大悲身
三業无倦奉慈尊　速出生死歸真際
尒時世尊聞是讚已以梵音聲告樹神善
哉善哉善女天汝能於我真實无妄清淨法
身自利利他宣揚妙相以此功德令汝速證
最上菩提一切有情同所修習若得聞者皆
入甘露无生法門
金光明最勝王大辯才天女讚歎品第卅
尒時大辯才天女即從座起合掌恭敬以直
言詞讚世尊曰
南謨釋迦牟尼如來應正等覺身真金色
如螺貝面如滿月目類青蓮脣口赤好如頗
梨色鼻高脩直如截金鋌齒白齊密如拘物
頭花身光普照如百千日光彩暎徹如贍部
金所有言詞皆无謬失示三解脫門開三菩
提路心常清淨意樂亦然佛所住處及所行
境亦常清淨離非威儀進止无謬六年苦行
三轉法輪度苦衆生令歸彼岸身相圓滿如
拘陁樹六度薰脩三業无失具一切智自他
利滿所有宣說常為衆生言不虛設於釋種
中為大師子堅固勇猛具八解脫我今隨力
稱讚如來少分功德猶如蚊子飲大海水願
以此福慶及有情永離生死成无上道
尒時世尊告大辯天曰善哉善哉汝久脩習

BD03894號　金光明最勝王經卷一〇　（22–18）

中為大師子堅固勇猛具八解脫我今隨力
稱讚如來少分功德猶如蚊子飲大海水願
以此福慶及有情永離生死成无上道
尒時世尊告大辯天曰善哉善哉汝久脩習
具大辯才今復於我廣陳讚歎令汝速證无
上法門相好圓明普利一切
金光明最勝王經付囑品第卅
尒時世尊普告无量菩薩及諸人天一切大
衆汝等當知我於无量无數大劫勤修苦行
獲甚深法菩提正因已為汝說汝等誰能發
勇猛心恭敬守護我涅槃後於此法門廣宣
流布能令正法久住世間尒時衆中有六十
俱胝諸大菩薩六十俱胝諸天大衆異口同
音作如是語世尊我等咸有欣樂之心於佛
世尊无量大劫勤脩苦行所獲甚深微妙之
法菩提正因恭敬護持不惜身命佛涅槃後
於此法門廣宣流布當令正法久住世間尒
時諸大菩薩即於佛前說伽他曰
世尊真實語　安住於實法　由彼真實故　護持於此經
大悲為甲冑　安住於大慈　由彼慈悲力　護持於此經
福資糧圓滿　生起智資糧　由資糧滿故　護持於此經
降伏一切魔　破滅諸邪論　斷除惡見故　護持於此經
護世并釋梵　乃至阿蘇羅　龍神藥叉等　護持於此經
地上及虛空　久住於斯者　奉持佛教故　護持於此經

BD03894號　金光明最勝王經卷一〇　（22–19）

福資糧圓滿　生起智資糧　由資糧滿故　護持於此經
降伏一切魔　破滅諸邪論　斷除惡見故　護持於此經
護世并釋梵　乃至阿蘇羅　龍神藥叉等　護持於此經
地上及虛空　久住於斯者　奉持佛教故　護持於此經
四梵住相應　四聖諦嚴飾　降伏四魔故　護持於此經
虛空成質礙　質礙成虛空　諸佛所護持　无能傾動者
尒時四大天王聞佛說此護持妙法各生隨
喜護正法心一時同聲說伽他曰
我今於此經　及男女眷屬　皆一心擁護　令得廣流通
若有持經者　能作菩提因　我常於四方　擁護而承事
尒時天帝釋合掌恭敬說伽他曰
諸佛證此法　為欲報恩故　饒益菩薩衆　出現於斯經
我於彼諸佛　報恩常供養　護持如是經　及以持經者
尒時覩史多天子合掌恭敬說伽他曰
佛說如是經　若有能持者　當住菩提位　來生覩史天
世尊我慶悅　捨天殊勝報　住於贍部洲　宣揚是經典
尒時索訶世界主梵天王合掌恭敬說伽他曰
諸靜慮无量　諸乘及解脫　皆從此經出　是故演斯經
若說是經處　我捨梵天樂　為聽如是經　亦常為擁護
尒時魔王子名曰商主合掌恭敬說伽他曰
若有受持此　正義相應經　不隨魔所行　淨除魔惡業
我等於此經　亦當勤守護　發大精進意　隨處廣流通
尒時魔王合掌恭敬說伽他曰
若有持此經　能伏諸煩惱　如是衆生類　擁護令安樂

BD03894號　金光明最勝王經卷一〇　（22–20）

若有受持此　正義相應經　不隨魔所行　淨除魔業
我等於此經　亦當勤守護　發大精進意　隨處廣流通
尒時魔王合掌恭敬說伽他曰
若有持此經　能伏諸煩惱　如是衆生類　擁護令安樂
若有說是經　諸魔不得便　由佛威神故　我當擁護彼
尒時妙吉祥天子亦於佛前說伽他曰
諸佛妙菩提　於此經中說　若持此經者　是供養如来
我當持此經　為俱胝天說　恭敬聽聞者　勸至菩提處
尒時慈氏菩薩合掌恭敬說伽他曰
若見住菩提　与為不請友　乃至捨身命　為護此經王
我聞如是法　當往覩史天　由世尊加護　廣為人天說
尒時上坐大迦攝波合掌恭敬說伽他曰
佛於聲聞乘　說我甚智慧　我今隨自力　護持如是經
若有持此經　我當攝受彼　授其詞辯力　常隨讚善哉
尒時具壽阿難陀合掌向佛說伽他曰
我親從佛聞　无量衆經典　未曾聞如是　深妙法中王
我今聞是經　親於佛前受　諸樂菩提者　當為廣宣通
尒時世尊見諸菩薩人天大衆各各發心於
此經典流通擁護勸進菩薩廣利衆生讚言
善哉善哉汝等能於如是微妙經王虔誠流
布乃至於我般涅槃後不令散滅即是无上
菩提正因所獲功德於恒沙劫說不能盡若
有苾芻苾芻尼鄔波索迦鄔波斯迦及餘善
男子善女人等供養恭敬書寫流通為人解

尒時世尊見諸菩薩人天大衆各各發心於
此經典流通擁護勸進菩薩廣利衆生讚言
善哉善哉汝等能於如是微妙經王虔誠流
布乃至於我般涅槃後不令散滅即是无上
菩提正因所獲功德於恒沙劫說不能盡若
有苾芻苾芻尼鄔波索迦鄔波斯迦及餘善
男子善女人等供養恭敬書寫流通為人解
說所獲功德亦復如是是故汝等應勤修習尒
時无量无邊恒沙大衆聞佛說已皆大歡喜
信受奉行

金光明最勝王經卷第十

憩去例　航胡郎　鶵仕于　掄巨今　鋌庭頂　瘠情昔　捫胡本　鯁庚杏

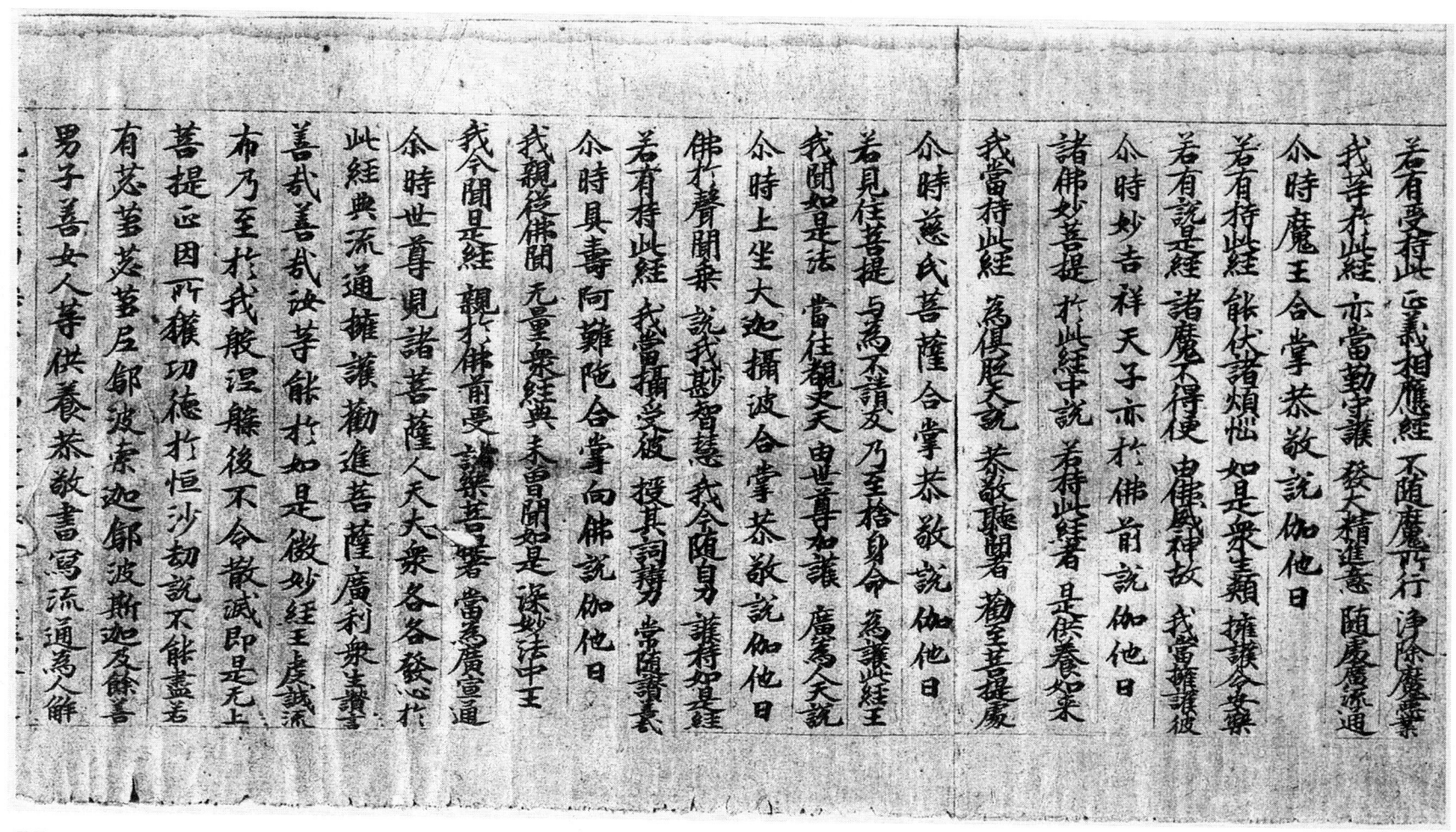

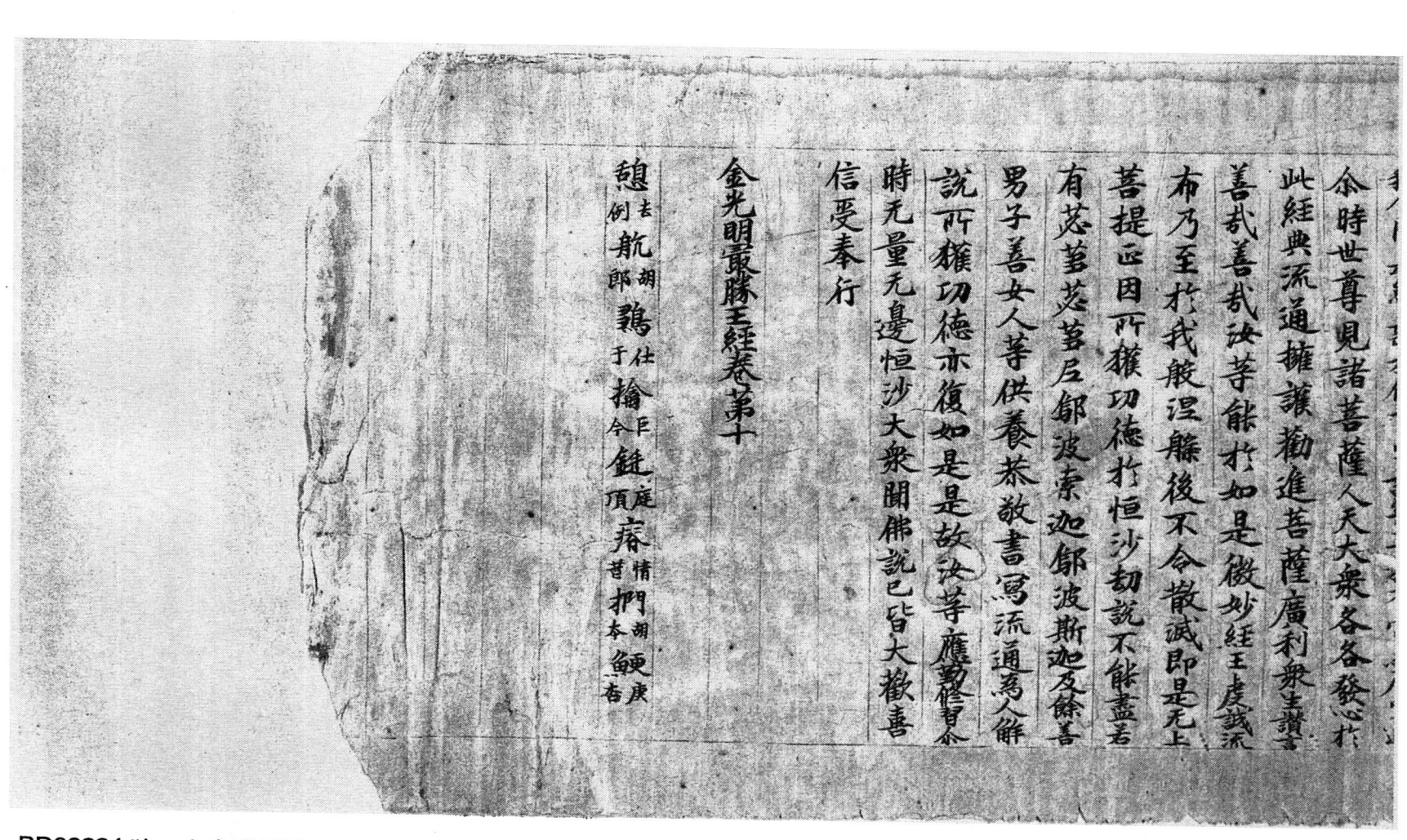

水囊手巾刀子火燧鑷子繩牀經律佛像菩
薩形像而菩薩行頭陀時及遊方時行來時
百里千里此十八種物常隨其身頭陀者從
正月十五日至三月十五日八月十五日至十
月十五日是二時中十八種物常隨其身
如鳥二翼若布薩日新學菩薩半月半月
布薩誦十重四十八輕戒時於諸佛菩薩形像
前一人布薩即一人誦若二若三乃至百千
人亦一人誦誦者高座聽者下坐各各被九條
七條五條袈裟結夏安居一一如法若頭陀
時莫入難處若國難惡王土地高下草木
深邃師子虎狼水火惡風難及以劫賊道路
毒蛇一切難處悉不得入若頭陀行道乃至
夏坐安居是諸難處皆不得入若故入者犯
輕垢罪
若佛子應如法次第坐先受戒者在前坐後
受戒者在後坐不問[illegible]

BD03895號　梵網經盧舍那佛說菩薩心地戒品第十卷下　（6–1）

深邃師子虎狼水火惡風難及以劫賊道路
毒蛇一切難處悉不得入若頭陀行道乃至
夏坐安居是諸難處皆不得入若故入者犯
輕垢罪
若佛子應如法次第坐先受戒者在前坐後
受戒者在後坐不問老少比丘比丘尼貴人國
王王子乃至黃門奴婢皆應先受戒者在
前坐後受戒者隨次第坐莫如外道癡人若
老若少無前無後坐無次第兵奴之法我佛
法中先者先坐後者後坐而菩薩不次第坐
者犯輕垢罪
若佛子常應教化一切眾生建立僧房山林
園田立作佛塔冬夏安居坐禪處所一切行
道處皆應立之而菩薩應為一切眾生講說
大乘經律若疾病國難賊難父母兄弟和上
阿闍梨亡滅之日及三七日四五七日乃至七
七日亦應講說大乘經律齋會求福行來
治生大火所燒大水所漂黑風所吹船舫江河
大海羅剎之難讀誦講說此經律乃至一切
罪報三惡七逆八難杻械枷鎖繫縛其身
多婬多瞋多愚癡多疾病皆應讀誦講說大
乘經律而新學菩薩若不爾者犯輕垢罪
如是九戒應當學敬心奉持如梵壇品中廣說
佛言佛子與人受戒時不得簡擇一切國王
王子大臣百官比丘比丘尼信男信女婬男
婬女十八梵六欲天無根二根黃門奴婢一切
鬼神盡得受戒應教身所著袈裟皆使壞色
與道相應皆染使青黃赤黑紫色一切染衣乃

BD03895號　梵網經盧舍那佛說菩薩心地戒品第十卷下　（6–2）

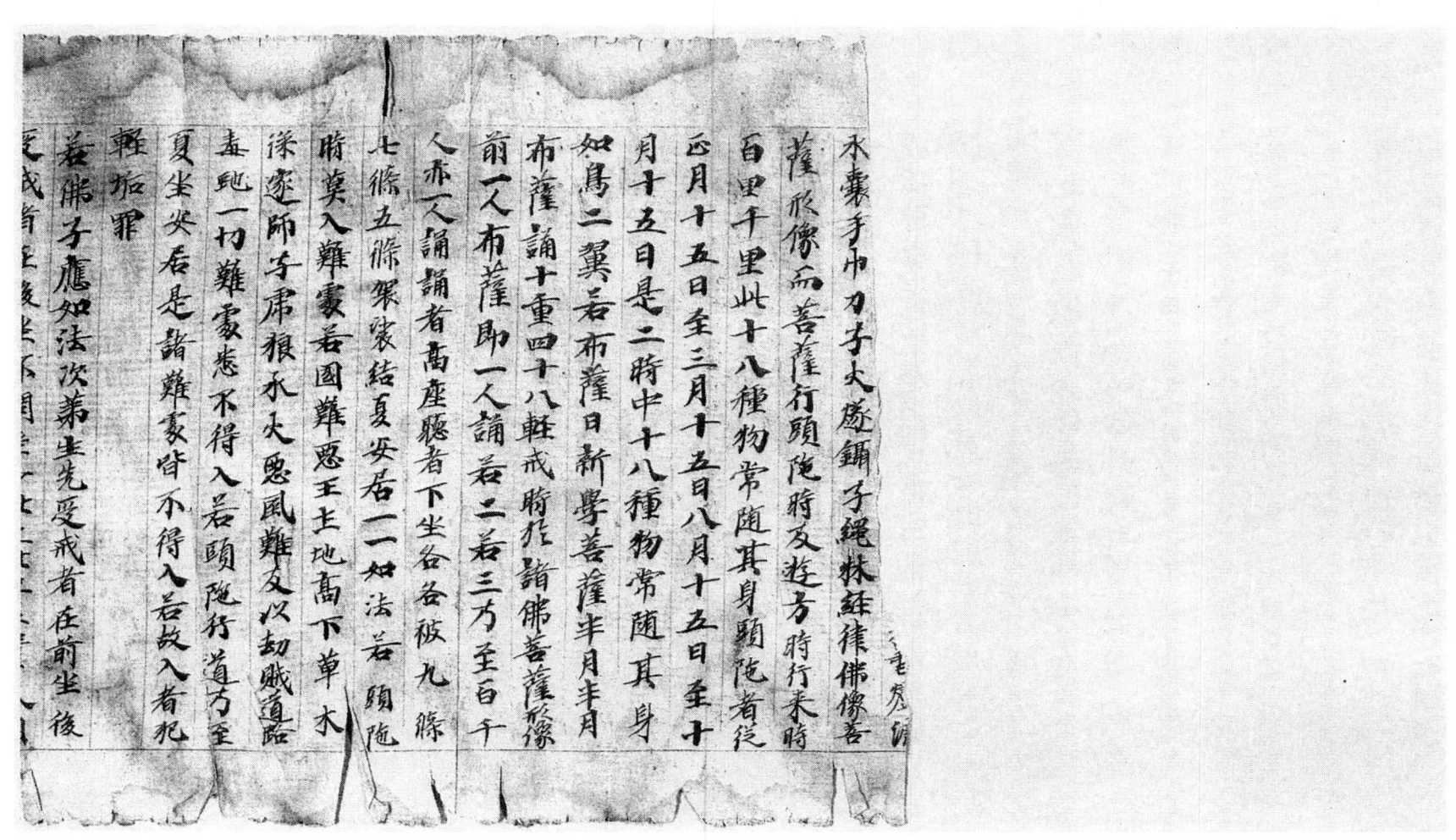

佛言佛子與人受戒時不得簡擇一切國王
王子大臣百官比丘比丘尼信男信女淫男
淫女十八梵六欲天无根二根黃門奴婢一切
鬼神盡得受戒應教身所著袈裟皆使壞色
與道相應皆染使青黃赤黑紫色一切染衣乃
至卧具盡以壞色身所著衣一切染色若一
切國土中人所著服比丘皆應與其俗服
有異若欲受戒時師應問言汝現身不作七
逆罪不而菩薩法師不得與七逆人現身受
戒七逆者出佛身血煞父母和上阿闍梨破
羯磨轉法輪僧煞聖人若具七遮即身不得
戒餘一切人得受戒出家人法不向國王礼
拜不向父母礼拜六親不敬鬼神不礼拜但
解法師語有百里千里來求戒者而菩薩法
師以惡心瞋心而不即與授一切衆生戒　者
犯輕垢罪
若佛子教化人起信心時菩薩與他人作教
戒法師者見欲受戒人應教請二師和上阿
闍梨二師應問言汝有七遮罪不若現身有
七遮師不應與受无七遮者得受若有犯十
戒者應教懺悔在佛菩薩形像前日日六時
誦十重四十八輕戒若到礼三世千佛須見
好相若一七日二三七日乃至一年要見好相
好相者佛來摩頂若見光花種種異相便
得罪滅若无好相雖懺无益是人現身亦不得
戒而得增益受戒若有犯四十八輕戒者對手懺悔
罪滅不同七遮而教戒師於是法中一一好
解若不解大乘經律若輕若重是非之相不

BD03895號　梵網經盧舍那佛說菩薩心地戒品第十卷下　（6–3）

好相若一七日二三七日乃至一年要見好相
好相者佛來摩頂若見光花種種異相便
得罪滅若无好相雖懺无益是人現身亦不得
戒而得增益受戒若有犯四十八輕戒者對手懺悔
罪滅不同七遮而教戒師於是法中一一好
解若不解大乘經律若輕若重是非之相不
解第一義諦習種性長養性不可壞性道種性
正法性其中多少觀行出入十禪支一切行
法一一不得此法中意而菩薩為利養故為
名聞故惡求貪利弟子而詐現解一切經律
為供養故是自欺詐亦欺詐他人故與人受戒
者犯輕垢罪
若佛子不得為利養故於未受菩薩戒者前外
道惡人前說此千佛大戒邪見人前亦不得
說除國王餘一切人不得說是惡人輩不受
佛戒名為畜生生生不見三寶如木石无心名
為外道邪見人輩木頭无異而菩薩於是惡
人前說七佛教戒者犯輕垢罪
若佛子信心出家受佛正戒故起心毀犯聖
戒者不得受一切檀越供養亦不得國王地
上行不得飲國王水五千大鬼常遮其前鬼
言大賊入房舍城邑宅中鬼復常掃其脚跡
一切世人罵言佛法中賊一切衆生眼不欲見
犯戒之人畜生无異木頭无異若毀正戒
者犯輕垢罪
若佛子常應一心受持讀誦大乘經律剝皮為紙
刺血為墨以髓為水析骨為筆書寫佛戒木皮
穀紙絹素亦應悉書持常以七寶无價香花一

BD03895號　梵網經盧舍那佛說菩薩心地戒品第十卷下　（6–4）

者犯輕垢罪
若佛子常應一心受持讀誦大乘經律剥皮為紙
刺血為墨以髓為水析骨為筆書寫佛戒木皮
角紙絹素亦應悉書持常以七寶无價香花一
切雜寶為箱盛經律卷若不如法供養者犯
輕垢罪
若佛子常起大悲心若入一切城邑舍宅見
一切衆生唱言汝等衆生盡應受三歸十戒
若見牛馬猪羊一切畜生應心念口言汝是
畜生發菩提心而菩薩入一切處山林川野皆
使一切衆生發菩提心是菩薩若不發教化衆
生者犯輕垢罪
若佛子常行教化起大悲心若入檀越貴人家
一切衆中不得立為白衣說法應白衣衆前
高座上坐法師比丘不得地立為四衆白衣
說法若說法時法師高坐香花供養四衆聽
者下坐如孝順父母敬順師教如事火婆羅
門其說法者若不如法說者犯輕垢罪
若佛子皆以信心受戒者若國王太子百官
四部弟子自恃高貴破滅佛法戒律明作制
法制我四部弟子不聽出家行道亦復不聽
造立形像佛塔經律破三寶之罪而故作破
法者犯輕垢罪
若佛子以好心出家而為名聞利養於國王
百官前說七佛戒横與比丘比丘尼菩薩戒
弟子作繫縛事如師子身中虫自食師子肉非
外道天魔能破佛戒若受佛戒者應護佛戒如念
一子如事父母

BD03895號　梵網經盧舍那佛說菩薩心地戒品第十卷下　（6–5）

法者犯輕垢罪
若佛子以好心出家而為名聞利養於國王
百官前說七佛戒横與比丘比丘尼菩薩戒
弟子作繫縛事如師子身中虫自食師子肉非
外道天魔能破佛戒若受佛戒者應護佛戒如念
一子如事父母而聞外道惡人以惡言謗佛戒
時如三百鉾刺心千刀万杖打拍其身等无
有異寧自入地獄百劫而不用聞一惡言破
佛戒之聲而況自破佛戒教人破法因緣无
孝順心若故作者犯輕垢罪
如是九戒應當學敬心奉持
諸佛子是四十八輕戒汝等受持過去諸佛
誦現在諸菩薩今誦未來諸佛菩薩
子聽十重四十八輕戒三世諸佛已
今誦我今亦如是誦汝等一切大衆
若國王王子百官比丘比丘尼信男信女受持
菩薩戒者應受持讀誦解說書寫佛性常
住戒卷流通三世一切衆生化化不絶得見
千佛佛佛授手世世不墮惡道八難常生人
道天中我今在此菩提樹下略開七佛法
汝等當一心學波羅提木叉歡喜奉行
如无相天王品勸學中一一廣明
上時坐聽者聞佛自誦心心頂戴喜躍
菩薩戒經一卷

BD03895號　梵網經盧舍那佛說菩薩心地戒品第十卷下　（6–6）

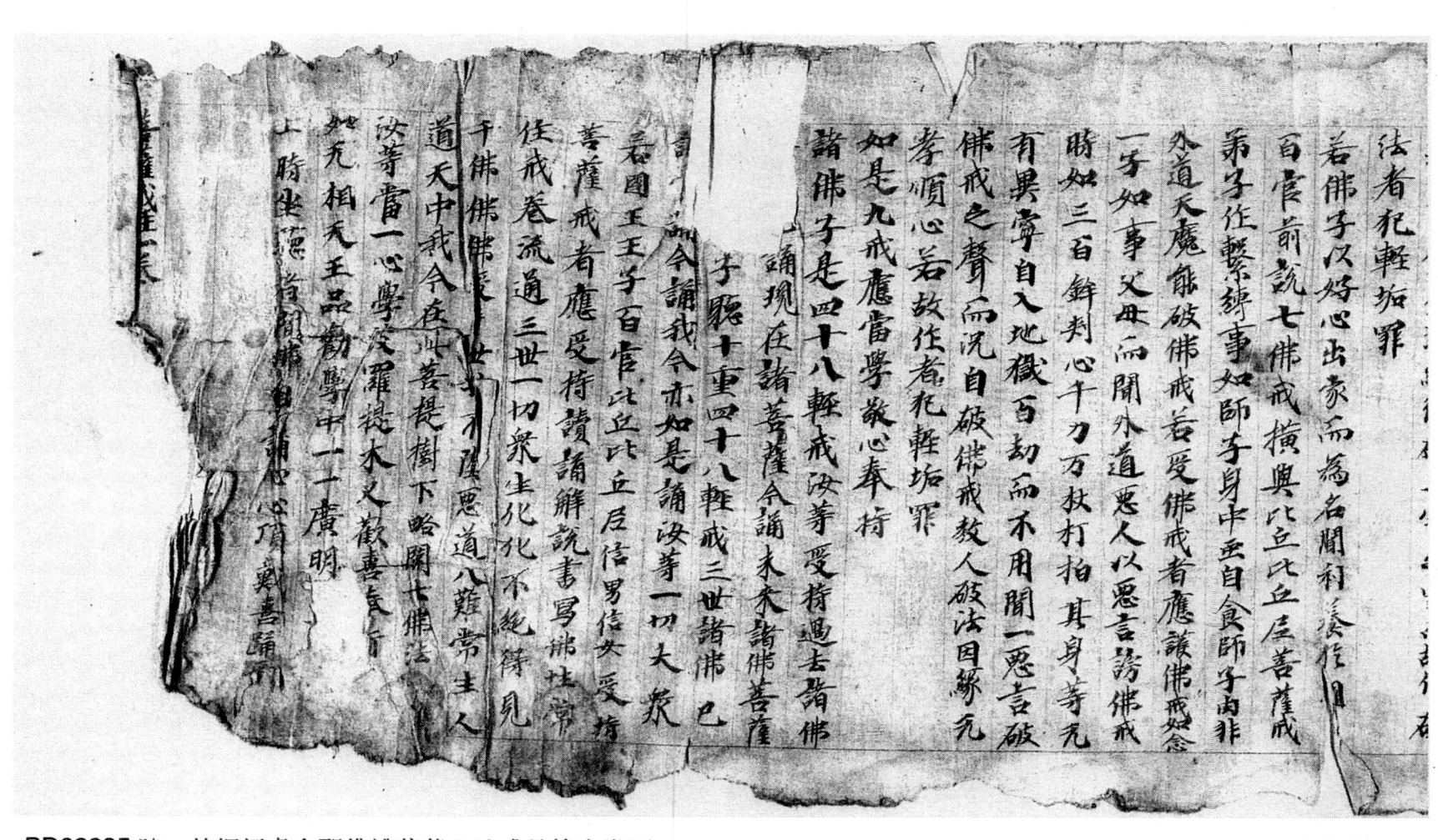

我於往昔无量劫　為求清淨真法身
所愛之物皆悉捨　乃至身命心无悋
又於過去難思劫　有正遍知名寶髻
於彼如來涅槃後　有王出世名善生
為轉輪王化四洲　盡大海際咸歸伏
有城名曰妙音聲　時彼輪王於此住
夜夢聞說佛福智　見有法師名寶積
處座端嚴如日輪　演說金光微妙典
尒時彼王從夢覺　生大歡喜充遍身
至天曉已出王宮　往詣苾芻僧伽處
恭敬供養聖衆已　即便問彼諸大衆
頗有法師名寶積　功德成就化衆生
尒時寶積大法師　在一室中而住止
正念誦斯微妙典　端然不動身心樂
時有苾芻引導王　至彼寶積所居處
見在室中端身坐　光明妙相遍其身
白王此即是寶積　能持甚深佛行處
所謂微妙金光明　諸經中王最第一
時王即便禮寶積　恭敬合掌而致請
唯願滿月面端嚴　為說金光微妙法
寶積法師受王請　許為說此金光明

BD03896 號　金光明最勝王經卷九　（1–1）

耳盡
佛言若遇大惡病
切諸病亦得消滅應
寂靜世界從此身
生之處蓮華化生一切生處
宿命
佛言若人先造一切極重罪業
乘斯惡業應墮地獄或墮畜生閻
墮餓鬼乃至墮大阿鼻地獄或生水中或生禽
獸異類之身取其亡者隨身分骨以土一把
誦此陀羅尼廿一遍散亡者骨上即得生天
佛言若人能日日誦此陀羅尼廿一遍應消
一切世間廣大供養捨身往生極樂世界若常
誦念得大涅槃復增壽命受勝快樂捨此身已
即得往生種種微妙諸佛刹土常與諸佛俱
會一處一切如來恒為演說微妙之義一切
世尊即授其記身光照曜一切佛刹
佛言若誦此陀羅尼法於其佛前先取淨土
作壇隨其大小方四角作以種種草華散於

BD03897 號　佛頂尊勝陀羅尼經（佛陀波利本）　（3–1）

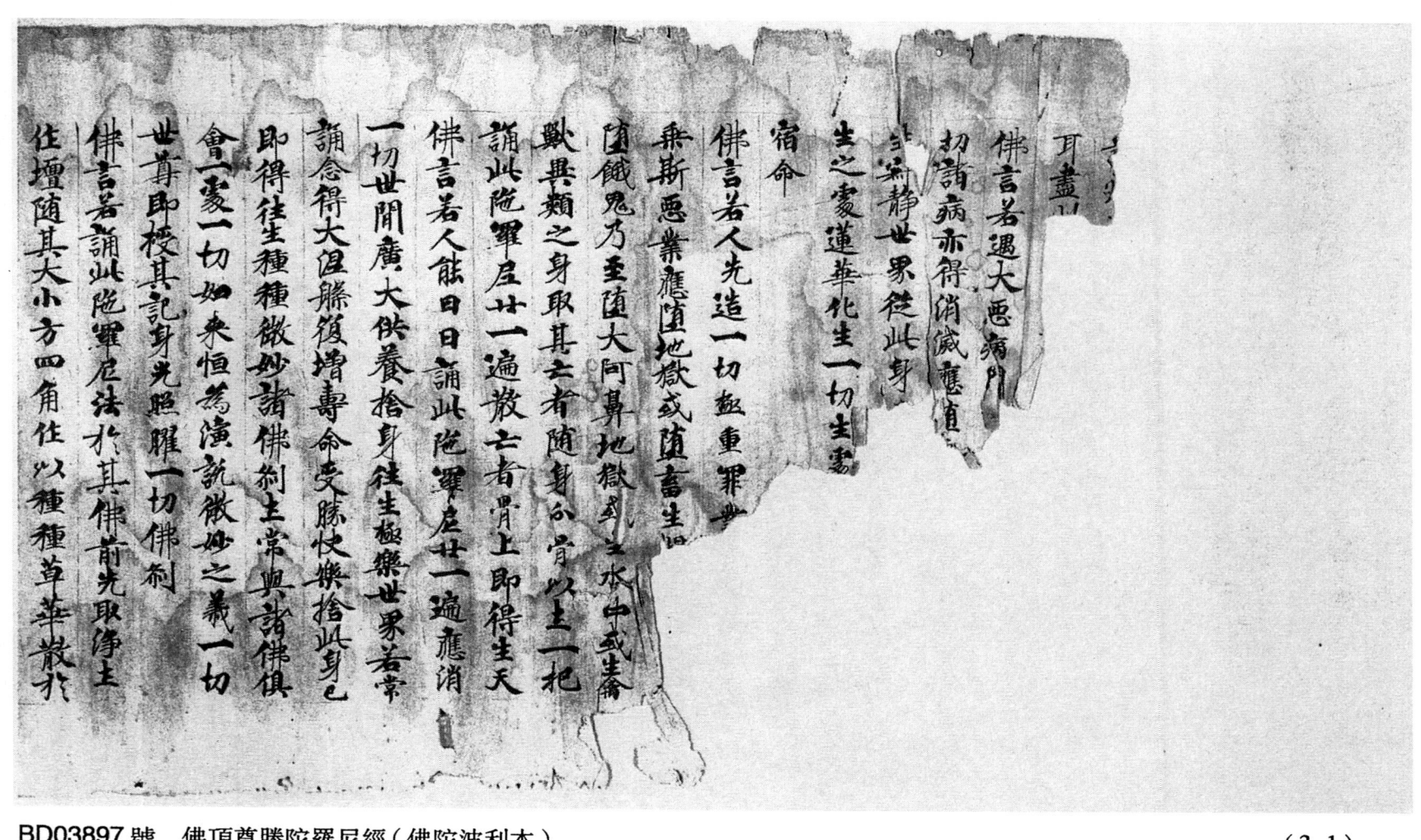

[illegible]
即得往生種種微妙諸佛刹土常與諸佛俱
會一處一切如來恒為演說微妙之義一切
世尊即授其記身光照曜一切佛刹
佛言善誦此陁羅尼法於其佛前先取淨土
作壇隨其大小方四角作以種種草華散於
壇上燒衆名香右膝著地胡跪心常念佛作
慕陁羅尼印屈其頭指以大母指押合掌當
其心上誦此陁羅尼一百八遍訖於其壇中
如雲王雨華能遍供養八十八俱胝殑伽沙
那庾多百千諸佛彼佛世尊咸共讚言善哉
希有真是佛子即得無障礙智三昧得大菩
提心莊嚴三昧持此陁羅尼法應如是
佛言天帝我以此方便一切衆生應墮地獄
道令得解脫一切惡道亦得清淨復令持者
增益壽命天帝汝去將我陁羅尼授與善住
天子滿其七日汝與善住俱來見我
尒時天帝於世尊所受此陁羅尼法奉持還
於本天授與善住天子尒時善住天子受此
陁羅尼已滿六日六夜依法受持一切願滿
應受一切惡道等苦即得解脫住菩提道增
壽無量甚大歡喜高聲歎言希有如來希有
妙法希有明驗甚為難得令我解脫
尒時帝釋至第七日與善住天子將諸天衆
嚴持華鬘塗香末香寶幢幡蓋天衣瓔珞微

BD03897 號　佛頂尊勝陀羅尼經（佛陀波利本）　（3–2）

天子滿其七日汝與善住俱來見我
尒時天帝於世尊所受此陁羅尼法奉持還
於本天授與善住天子尒時善住天子受此
陁羅尼已滿六日六夜依法受持一切願滿
應受一切惡道等苦即得解脫住菩提道增
壽無量甚大歡喜高聲歎言希有如來希有
妙法希有明驗甚為難得令我解脫
尒時帝釋至第七日與善住天子將諸天衆
嚴持華鬘塗香末香寶幢幡蓋天衣瓔珞微
妙莊嚴往詣佛所設大供養以妙天衣及諸
瓔珞供養世尊遶百千匝於佛前立踊躍歡
喜而坐聽法
尒時世尊舒金色臂摩善住天子頂而為說
法授菩提記佛言此經名淨一切惡道佛頂
尊勝陁羅尼汝當受持尒時大衆聞法歡喜
信受奉行

佛頂尊勝陁羅尼經

BD03897 號　佛頂尊勝陀羅尼經（佛陀波利本）　（3–3）

莎
城及閻
時維摩詰語文殊師利就師子座與諸菩薩
上人俱坐當自立身如彼坐像其神通菩
薩即自變身為四万二千由旬坐師子座諸
新發意菩薩及大弟子皆不能昇尒時維摩
詰語舍利弗就師子座舍利弗言居士此座
高廣吾不能昇維摩詰言唯舍利弗為須弥
燈王如来作礼乃可得坐於是新發意菩薩
及大弟子即為須弥燈王如来作礼便得座
師子座舍利弗言居士未曾有也如是小室
乃容受此高廣之座於毗耶離城无所妨礙
又於閻浮提聚落城邑及四天下諸天龍王
鬼神宮殿亦不迫迮維摩詰言唯舍利弗諸
佛菩薩有解脫名不可思議若菩薩住是解
脫者以須弥之高廣内芥子中无所增減須
弥山王本相如故而四天王忉利諸天不覺
不知己之所入唯應度者乃見須弥入芥子
中是名不可思議解脫法門又以四大海水
入一毛孔不嬈魚鼈黿鼉水性之屬而彼
海本相如故諸龍鬼神阿脩羅等不覺不知
己之所入於此衆生亦无所嬈又舍利弗住
不可思議解脫菩薩斷取三千大千世界如
陶家輪著右掌中擲過恒河沙世界之外其

BD03898 號　維摩詰所說經卷中

（20–1）

中是名不可思議解脫法門又以四大海水
入一毛孔不嬈魚鼈黿鼉水性之屬而彼
海本相如故諸龍鬼神阿脩羅等不覺不知
己之所入於此衆生亦无所嬈又舍利弗住
不可思議解脫菩薩斷取三千大千世界如
陶家輪著右掌中擲過恒河沙世界之外其
中衆生不覺不知己之所往又復還置本處
都不使人有往来想而此世界本相如故又
舍利弗或有衆生樂久住世而可度者菩薩
即演七日以為一劫令彼衆生謂之一劫或
有衆生不樂久住而可度者菩薩即促一劫
以為七日令彼衆生謂之七日又舍利弗住
不可思議解脫菩薩以一切佛土嚴餝之事
集在一國示於衆生又菩薩以一佛土衆生
置之右掌飛到十方遍示一切而不動本處
又舍利弗十方衆生供養諸佛之具菩薩於
一毛孔皆令得見又十方國土所有日月星
宿於一毛孔普使見之又舍利弗十方世界
所有諸風菩薩悉能吸著口中而身无損外
諸樹木亦不摧折又十方世界劫盡燒時以
一切火内於腹中火事如故而不為害又於
下方過恒河沙等諸佛世界取一佛土舉著
上方過恒河沙无數世界如持針鋒舉一棗
葉而无所嬈又舍利弗住不可思議解脫菩
薩能以神通現作佛身或現辟支佛身或現
聲聞身或現帝釋身或現梵王身或現世主
身或現轉輪王身又十方世界所有衆聲上
中下音皆能變之令作佛聲演出无常苦空

BD03898 號　維摩詰所說經卷中

（20–2）

葉而无所嬈又舍利弗住不可思議解脫菩
薩能以神通現作佛身或現辟支佛身或現
聲聞身或現帝釋身或現梵王身或現世主
身或現轉輪王身又十方世界所有衆聲上
中下音皆能變之令作佛聲演出无常苦空
无我之音及十方諸佛所說種種之法皆於
其中普令得聞舍利弗我今略說菩薩不可
思議解脫之力若廣說者窮劫不盡是時迦
葉聞說菩薩不可思議解脫法門歎未曾有
謂舍利弗譬如有人於盲者前現衆色像非
彼所見一切聲聞聞是不可思議解脫法門
不能解了為若此也智者聞是其誰不發阿
耨多羅三藐三菩提心我等何為永絕其根
於此大乘已如敗種一切聲聞聞是不可思
議解脫法門皆應號泣聲震三千大千世界
一切菩薩應大喜慶頂受此法若有菩薩信
解不可思議解脫法門者一切魔衆无如之何
大迦葉說是語時三万二千天子皆發阿耨
多羅三藐三菩提心
尒時維摩詰語大迦葉仁者十方无量阿僧
祇世界中作魔王者多是住不可思議解脫
菩薩以方便力教化衆生現作魔王又迦葉
十方无量菩薩或有人從乞手足耳鼻頭目
髓腦血肉皮骨聚落城邑妻子奴婢象馬車
乘金銀瑠璃車𤦲馬瑙珊瑚虎珀真珠珂貝
衣服飲食如此乞者多是住不可思議解脫
菩薩以方便力而往試之令其堅固所以者
何住不可思議解脫菩薩有威德力故行逼

十方无量菩薩或有人從乞手足耳鼻頭目
髓腦血肉皮骨聚落城邑妻子奴婢象馬車
乘金銀瑠璃車𤦲馬瑙珊瑚虎珀真珠珂貝
衣服飲食如此乞者多是住不可思議解脫
菩薩以方便力而往試之令其堅固所以者
何住不可思議解脫菩薩有威德力故行逼
迫示諸衆生如是難事凡夫下劣无有力勢
不能如是逼迫菩薩譬如龍象蹴蹋非驢所
堪是名住不可思議解脫菩薩智慧方便之
門

觀衆生品第七

尒時文殊師利問維摩詰言菩薩云何觀於
衆生維摩詰言譬如幻師見所幻人菩薩觀
衆生為若此如智者見水中月如鏡中見其
面像如熱時焰如呼聲響如空中雲如水聚
沫如水上泡如芭蕉堅如電久住如第五大
如第六陰如第七情如十三入如十九界菩
薩觀衆生為若此如无色界色如燋穀牙如
須陁洹身見如阿那含入胎如阿羅漢三毒
如得忍菩薩貪恚毀禁如佛煩惱習如盲者
見色如入滅盡定出入息如空中鳥跡如石
女兒如化人煩惱如夢所見已悟如滅度者
受身如无烟之火菩薩觀衆生為若此
文殊師利言若菩薩作是觀者云何行慈維
摩詰言菩薩作是觀已自念我當為衆生說
如斯法是即真實慈也行寂滅慈无所生故
行不熱慈无煩惱故行等之慈等三世故行
无諍慈无所起故行不二慈内外不合故行

文殊師利言若菩薩作是觀者云何行慈維
摩詰言菩薩作是觀已自念我當為衆生說
如斯法是即真實慈也行寂滅慈无所生故
行不熱慈无煩惱故行等之慈等三世故行
无諍慈无所起故行不二慈内外不合故行
不壞慈畢竟盡故行堅固慈心无毀故行清
淨慈諸法性淨故行无邊慈如虛空故行阿
羅漢慈破結賊故行菩薩慈安衆生故行如
来慈得如相故行佛之慈覺衆生故行自然
慈无因得故行菩提慈等一味故行无等慈
斷諸愛故行大悲慈導以大乘故行无猒慈
觀空无我故行法施慈无遺惜故行持戒慈
化毀禁故行忍辱慈護彼我故行精進慈荷
負衆生故行禪定慈不受味故行智慧慈无
不知時故行方便慈一切示現故行无隱慈
直心清淨故行深心慈无雜行故行无誑慈
不虛假故行安樂慈令得佛樂故菩薩之慈
為若此也
文殊師利又問何謂為悲荅曰菩薩所作功
德皆與一切衆生共之何謂為喜荅曰有所
饒益歡喜无悔何謂為捨荅曰所作福祐无
所希望文殊師利又問生死有畏菩薩當何
所依維摩詰言菩薩於生死畏中當依如来
功德之力文殊師利又問菩薩欲依如来功
德之力當於何住荅曰菩薩欲依如来功德
力者當住度脫一切衆生又問欲度衆生當
何所除荅曰欲度衆生除其煩惱又問欲除

BD03898號　維摩詰所說經卷中

（20–5）

德之力當於何住荅曰菩薩欲依如来功德
力者當住度脫一切衆生又問欲度衆生當
何所除荅曰欲度衆生除其煩惱又問欲除
煩惱當何所行荅曰當行正念又問云何行
於正念荅曰當行不生不滅又問何法不生
何法不滅荅曰不善不生善法不滅又問善
不善孰為本荅曰身為本又問身孰為本荅
曰欲貪為本又問欲貪孰為本荅曰虛妄分
別為本又問虛妄分別孰為本荅曰顛倒想
為本又問顛倒想孰為本荅曰无住為本文
問无住孰為本荅曰无住則无本文殊師利
從无住本立一切法
時維摩詰室有一天女見諸大人聞所說法
便現其身即以天華散諸菩薩大弟子上華
至諸菩薩即皆墮落至大弟子便著不墮一
切弟子神力去華不能令去尒時天問舍利
弗何故去華荅曰此華不如法是以去之天
曰勿謂此華為不如法所以者何是華无所
分別仁者自生分別想耳若於佛法出家有
所分別為不如法若无分別是則如法觀諸
菩薩華不著者以斷一切分別想故譬如人
畏時非人得其便如是弟子畏生死故色聲
香味觸得其便已離畏者一切五欲无能為
也結習未盡華著身耳結習盡者華不著也
舍利弗言天止此室其已久如荅曰我止此
室如耆年解脫舍利弗言止此久耶天曰耆
年解脫亦何如久舍利弗默然不荅天曰如

BD03898號　維摩詰所說經卷中

（20–6）

香味觸得其便已離畏者一切五欲无能為
也結習未盡華着身耳結習盡者華不著也
舍利弗言天止此室其已久如荅曰我止此
室如耆年解脫舍利弗言止此久耶天曰耆
年解脫亦何如久舍利弗默然不荅天曰如
何耆舊大智而默荅曰解脫者无所言說故
吾於是不知所云天曰言說文字皆解脫相
所以者何解脫者不內不外不在兩閒文字
亦不內不外不在兩閒是故舍利弗无離文
字說解脫也所以者何一切諸法皆是解脫
相舍利弗言不復以離婬怒癡為解脫乎天
曰佛為增上慢人說離婬怒癡為解脫耳若
无增上慢者佛說婬怒癡性即是解脫舍利
弗言善哉善哉天女汝何所得以何為證辯
乃如是天曰无得无證故辯如是所以者何
若有得有證者則於佛法為增上慢
舍利弗問天汝於三乘為何志求天曰以聲
聞法化眾生故我為聲聞以因緣法化眾生
故我為辟支佛以大悲化眾生故我為大乘
舍利弗如人入瞻蔔林唯嗅瞻蔔不嗅餘香
如是若入此室但聞佛法功德之香不樂聲
聞辟支佛功德香也舍利弗其有釋梵四天
王諸天龍鬼神等入此室者聞斯上人講說
正法皆樂佛功德之香發心而出舍利弗吾
止此室十有二年初不聞說聲聞辟支佛法
但聞菩薩大慈大悲不可思議諸佛之法舍
利弗此室常現八未曾有難得之法何等為
八此室常以金色光照晝夜无異不以日月

王諸天龍鬼神等入此室者聞斯上人講說
正法皆樂佛功德之香發心而出舍利弗吾
止此室十有二年初不聞說聲聞辟支佛法
但聞菩薩大慈大悲不可思議諸佛之法舍
利弗此室常現八未曾有難得之法何等為
八此室常以金色光照晝夜无異不以日月
所照為明是為一未曾有難得之法此室入
者不為諸垢之所惱也是為二未曾有難得
之法此室常有釋梵四天王他方菩薩來會
不絕是為三未曾有難得之法此室常說六
波羅蜜不退轉法是為四未曾有難得之法
此室常作天人第一之樂絃出无量法化之
聲是為五未曾有難得之法此室有四大藏
眾寶積滿周窮濟乏求得无盡是為六未曾
有難得之法此室釋迦牟尼佛阿弥陁佛阿
閦佛寶德寶焰寶月寶嚴難勝師子響一切
利成如是等十方无量諸佛是上人念時即
皆為來廣說諸佛祕要法藏說已還去是為
七未曾有難得之法此室一切諸天嚴飾宮
殿諸佛淨土皆於中現是為八未曾有難得
之法舍利弗此室常現八未曾有難得之法
誰有見斯不思議事而復樂於聲聞法乎
舍利弗言汝何以不轉女身天曰我從十二
年來求女人相了不可得當何所轉譬如幻
師化作幻女若有人問何以不轉女身是人
為正問不舍利弗言不也幻无定相當何所
轉天曰一切諸法亦復如是无有定相云何
乃問不轉女身即時天女以神通力變舍利

年來求女人相了不可得當何所轉辟如幻
師化作幻女若有人問何以不轉女身是人
為正問不舍利弗言不也幻无定相當何所
轉天曰一切諸法亦復如是无有定相云何
乃問不轉女身即時天女以神通力變舍利
弗令如天女天自化身如舍利弗而問言何
以不轉女身舍利弗以天女像而荅言我今
不知何轉而變為女身天曰舍利弗若能轉
此女身則一切女人亦當能轉如舍利弗非
女而現女身一切女人亦復如是雖現女身
而非女也是故佛說一切諸法非男非女即
時天女還攝神力舍利弗身還復如故天問
舍利弗女身色相今何所在舍利弗言女身
色相无在无不在天曰一切諸法亦復如是
无在无不在夫无在无不在者佛所說也舍
利弗問天汝於此沒當生何所天曰佛化所
生吾如彼生曰佛化所生非沒生也天曰衆
生猶然无沒生也舍利弗問天汝久如當得
阿耨多羅三藐三菩提天曰如舍利弗還為
凡夫我乃當成阿耨多羅三藐三菩提舍利
弗言我作凡夫无有是處天曰我得阿耨多
羅三藐三菩提亦无是處所以者何菩提无
住處是故无有得者舍利弗言今諸佛得阿
耨多羅三藐三菩提已得當得如恒河沙皆
何謂乎天曰皆以世俗文字數故說有三世
非謂菩提有去來今天曰舍利弗汝得阿羅
漢道耶曰无所得故而得天曰諸佛菩薩亦

羅三藐三菩提亦无是處所以者何菩提无
住處是故无有得者舍利弗言今諸佛得阿
耨多羅三藐三菩提已得當得如恒河沙皆
何謂乎天曰皆以世俗文字數故說有三世
非謂菩提有去來今天曰舍利弗汝得阿羅
漢道耶曰无所得故而得天曰諸佛菩薩亦
復如是无所得故而得尒時維摩詰語舍利
弗是天女曾已供養九十二億佛已能遊戲
菩薩神通所願具足得无生忍住不退轉以
本願故隨意能現教化衆生

佛道品第八

尒時文殊師利問維摩詰言菩薩云何通達
佛道維摩詰言若菩薩行於非道是為通達
佛道又問云何菩薩行於非道荅曰若菩薩
行五无間而无惱恚至于地獄无諸罪垢至
于畜生无有无明憍慢等過至于餓鬼而具
足功德行色无色界不以為勝示行貪欲離
諸染著示行瞋恚於諸衆生无有恚礙示行
愚癡而以智慧調伏其心示行慳貪而捨內
外所有不惜身命示行毀禁而安住淨戒乃
至小罪猶懷大懼示行瞋恚而常慈忍示行
懈怠而勤脩功德示行亂意而常念定示行
愚癡而通達世間出世間慧示行諂偽而善
方便隨諸經義示行憍慢而於衆生猶如橋
梁示行諸煩惱而心常清淨示入於魔而順
佛智慧不隨他教示入聲聞而為衆生說未
聞法示入辟支佛而成就大悲教化衆生示
入貧窮而有寶手功德无盡示入形殘而具

梁示行諸煩惱而心常清淨示入於魔而順
佛智慧不隨他教示入聲聞而為衆生說未
聞法示入辟支佛而成就大悲教化衆生示
入貧窮而有寶手功德无盡示入形殘而具
諸相好以自莊嚴示入下賤而生佛種性中
具諸功德示入羸劣醜陋而得那羅延身一
切衆生之所樂見示入老病而永斷病根超
越死畏示有資生而恒觀无常實无所貪示
有妻妾婇女而常遠離五欲淤泥現於訥鈍
而成就辯才摠持无失示入耶濟而以正濟
度諸衆生現遍入諸道而斷其因緣現於涅
槃而不斷生死文殊師利菩薩能如是行於
非道是為通達佛道
於是維摩詰問文殊師利何等為如來種文
殊師利言有身為種无明有愛為種貪恚癡
為種四顛倒為種五蓋為種六入為種七識
處為種八耶法為種九惱處為種十不善道
為種以要言之六十二見及一切煩惱皆是
佛種曰何謂也荅曰若見无為入正位者不
能復發阿耨多羅三藐三菩提心辟如高原
陸地不生蓮華卑濕淤泥乃生此華如是見
无為法入正位者終不復能生於佛法煩惱
泥中乃有衆生起佛法耳又如殖種於空終
不得生糞壤之地乃能滋茂如是入无為正
位者不生佛法起於我見如須彌山猶能發
于阿耨多羅三藐三菩提心生佛法矣是故
當知一切煩惱為如來種辟如不入巨海不

无為法入正位者終不復能生於佛法煩惱
泥中乃有衆生起佛法耳又如殖種於空終
不得生糞壤之地乃能滋茂如是入无為正
位者不生佛法起於我見如須彌山猶能發
于阿耨多羅三藐三菩提心生佛法矣是故
當知一切煩惱為如來種辟如不入巨海不
能得无價寶珠如是不入煩惱大海則不能
生一切智寶之心
尒時大迦葉歎言善哉善哉文殊師利快說
此語誠如所言塵勞之疇為如來種我等今
者不復堪任發阿耨多羅三藐三菩提心乃
至五无間罪猶能發意生於佛法而今我等
永不能發辟如根敗之士其於五欲不能復
利如是聲聞諸結斷者於佛法中无所復益
永不志願是故文殊師利凡夫於佛法有反
復而聲聞无也所以者何凡夫聞佛法能起
无上道心不斷三寶正使聲聞終身聞佛法
力无畏等永不能發无上道意尒時會中有
菩薩名普現色身問維摩詰言居士父母妻
子親戚眷屬吏民知識悉為是誰奴婢僮僕
象馬車乘皆何所在於是維摩詰以偈荅曰
智度菩薩母　方便以為父　一切衆導師　无不由是生
法喜以為妻　慈悲心為女　善心誠實男　畢竟空寂舍
弟子衆塵勞　隨意之所轉　道品善知識　由是成正覺
諸度法等侶　四攝為妓女　歌詠誦法言　以此為音樂
摠持之園苑　无漏法林樹　覺意淨妙華　解脫智慧果
八解之浴池　定水湛然滿　布以七淨華　浴此无垢人
象馬五通馳　大乘以為車　調御以一心　遊於八正路

法喜以為妻　慈悲心為女　善心誠實男　畢竟空寂舍
弟子衆塵勞　隨意之所轉　道品善知識　由是成正覺
諸度法等侶　四攝為妓女　歌詠誦法言　以此為音樂
總持之園苑　无漏法林樹　覺意淨妙華　解脫智慧果
八解之浴池　定水湛然滿　布以七淨華　浴此无垢人
象馬五通馳　大乘以為車　調御以一心　遊於八正路
相具以嚴容　衆好飾其姿　慚愧之上服　深心為華鬘
富有七財寶　教授以滋息　如所說脩行　迴向為大利
四禪為牀座　從於淨命生　多聞增智慧　以為自覺音
甘露法之食　解脫味為漿　淨心以澡浴　戒品為塗香
摧滅煩惱賊　勇健无能踰　降伏四種魔　勝幡建道場
雖知无起滅　示彼故有生　悉現諸國土　如日无不現
供養於十方　无量億如來　諸佛及己身　无有分別想
雖知諸佛國　及與衆生空　而常脩淨土　教化於群生
諸有衆生類　形聲及威儀　无畏力菩薩　一時能盡現
覺知衆魔事　而示隨其行　以善方便智　隨意皆能現
或示老病死　成就諸群生　了知如幻化　通達无有礙
或現劫盡燒　天地皆洞然　衆人有常想　照令知无常
无數億衆生　俱來請菩薩　一時到其舍　化令向佛道
經書禁呪術　工巧諸伎藝　盡現行此事　饒益諸群生
世間衆道法　悉於中出家　因以解人惑　而不墮邪見
或作日月天　梵王世界主　或時作地水　或復作風火
劫中有疾疫　現作諸藥草　若有服之者　除病消衆毒
劫中有飢饉　現身作飲食　先救彼飢渴　却以法語人
劫中有刀兵　為之起慈悲　化彼諸衆生　令住无諍地
若有大戰陣　立之以等力　菩薩現威勢　降伏使和安
一切國土中　諸有地獄處　輙往到于彼　勉濟諸苦惱

或作日月天　梵王世界主　或時作地水　或復作風火
劫中有疾疫　現作諸藥草　若有服之者　除病消衆毒
劫中有飢饉　現身作飲食　先救彼飢渴　却以法語人
劫中有刀兵　為之起慈悲　化彼諸衆生　令住无諍地
若有大戰陣　立之以等力　菩薩現威勢　降伏使和安
一切國土中　諸有地獄處　輙往到于彼　勉濟諸苦惱
一切國土中　畜生相噉食　皆現生於彼　為之作利益
示受於五欲　亦復現行禪　令魔心憒亂　不能得其便
火中生蓮華　是可謂希有　在欲而行禪　希有亦如是
或現作婬女　引諸好色者　先以欲鉤牽　後令入佛智
或為邑中主　或作商人導　國師及大臣　以祐利衆生
諸有貧窮者　現為无盡藏　因以勸導之　令發菩提心
我心憍慢者　為現大力士　消伏諸貢高　令住佛上道
其有恐懼者　居前而慰慰　先施以无畏　後令發道心
或現離婬欲　為五通仙人　開道諸群生　令住戒忍慈
見須供事者　現為作僮僕　既悅可其意　乃發以道心
隨彼之所須　得入於佛道　以善方便力　皆能給足之
如是道无量　所行无有崖　智慧无邊際　度脫无數衆
假令一切佛　於无數億劫　讚歎其功德　猶尚不能盡
誰聞如是法　不發菩提心　除彼不肖人　癡冥无智者

入不二法門品第九

介時維摩詰謂衆菩薩言諸仁者云何菩薩
入不二法門各隨所樂說之會中有菩薩名
法自在說言諸仁者生滅為二法本不生今
則无滅得此无生法忍是為入不二法門
德首菩薩曰我我所為二因有我故便有我
所若无有我則无我所是為入不二法門
不瞬菩薩曰受不受為二若法不受則不可

入不二法門各隨所樂說之會中有菩薩名
法自在說言諸仁者生滅為二法夲不生今
則无滅得此无生法忍是為入不二法門
德首菩薩曰我我所為二因有我故便有我
所若无有我則无我所是為入不二法門
不瞬菩薩曰受不受為二若法不受則不可
得以不可得故无取无捨无作无行是為入
不二法門
德頂菩薩曰垢淨為二見垢實性則无淨相
順於滅相是為入不二法門
善宿菩薩曰是動是念為二不動則无念无
念則无分別通達此者是為入不二法門
善眼菩薩曰一相无相為二若知一相即是
无相亦不取无相入於平等是為入不二法
門
妙臂菩薩曰菩薩心聲聞心為二觀心相空
如幻化者无菩薩心无聲聞心是為入不二
法門
弗沙菩薩曰善不善為二若不起善不善入
无相際而通達者是為入不二法門
師子菩薩曰罪福為二若達罪性則與福无
異以金剛慧決了此相无縛无解者是為入
不二法門
師子意菩薩曰有漏无漏為二若得諸法等
則不起漏不漏想不著於相亦不住无相是
為入不二法門
淨解菩薩曰有為无為為二若離一切數則

BD03898號　維摩詰所說經卷中　（20–15）

異以金剛慧決了此相无縛无解者是為入
不二法門
師子意菩薩曰有漏无漏為二若得諸法等
則不起漏不漏想不著於相亦不住无相是
為入不二法門
淨解菩薩曰有為无為為二若離一切數則
心如虛空以清淨慧无所礙者是為入不二
法門
那羅延菩薩曰世間出世間為二世間性空
即是出世間於其中不入不出不溢不散是
為入不二法門
善意菩薩曰生死涅槃為二若見生死性則
无生死无縛无解不然不滅如是解者是為
入不二法門
現見菩薩曰盡不盡為二法若究竟盡若不
盡皆是无盡相无盡相即是空空則无有盡
不盡相如是入者是為入不二法門
普首菩薩曰我无我為二我尚不可得非我
何可得見我實性者不復起二是為入不二
法門
電天菩薩曰明无明為二无明實性即是明
明亦不可取離一切數於其中平等无二者
是為入不二法門
喜見菩薩曰色色空為二色即是空非色滅
空色性自空如是受想行識識空為二識即
是空非識滅空識性自空於其中而通達者
是為入不二法門
明相菩薩曰四種異空種異為二四種性即

BD03898號　維摩詰所說經卷中　（20–16）

喜見菩薩曰色色空為二色即是空非色滅
空色性自空如是受想行識識空為二識即
是空非識滅空識性自空於其中而通達者
是為入不二法門
明相菩薩曰四種異空種異為二四種性即
是空種性如前際後際空故中際亦空若能
如是知諸種性者是為入不二法門
妙意菩薩曰眼色為二若知眼性於色不貪
不恚不癡是名寂滅如是耳聲鼻香舌味身
觸意法為二若知意性於法不貪不恚不癡
是名寂滅安住其中是為入不二法門
无盡意菩薩曰布施迴向一切智為二布施
性即是迴向一切智性如是持戒忍辱精進
禪定智慧迴向一切智為二智慧性即是迴
向一切智性於其中入一相者是為入不二
法門
深慧菩薩曰是空是无相是无作為二空即
是无相无相即是无作若空无相无作則无
心意識於一解脫門即是三解脫門者是為
入不二法門
寂根菩薩曰佛法眾為二佛即是法法即是
眾是三寶皆无為相與虛空等一切法亦尒
能隨此行者是為入不二法門
心无礙菩薩曰身身滅為二身即是身滅所
以者何見身實相者不起見身及見滅身身
與滅身无二无分別於其中不驚不懼者是
為入不二法門

BD03898號　維摩詰所說經卷中　（20–17）

能隨此行者是為入不二法門
心无礙菩薩曰身身滅為二身即是身滅所
以者何見身實相者不起見身及見滅身身
與滅身无二无分別於其中不驚不懼者是
為入不二法門
上善菩薩曰身口意善為二是三業皆无作
相身无作相即口无作相口无作相即意无
作相是三業无作相即一切法无作相能如
是隨无作慧者是為入不二法門
福田菩薩曰福行罪行不動行為二三行實
性即是空空則无福行无罪行无不動行於
此三行而不起者是為入不二法門
華嚴菩薩曰從我起二為二見我實相者不
起二法若不住二法則无有識无所識者是
為入不二法門
德藏菩薩曰有所得相為二若无所得則无
取捨无取捨者是為入不二法門
月上菩薩曰闇與明為二无闇无明則无有
二所以者何如滅受想定无闇无明一切法
亦復如是於其中平等入者是為入不二法
門
寶印手菩薩曰樂涅槃不樂世間為二若不
樂涅槃不猒世間則无有二所以者何若有
縛則有解若本无縛其誰求解无縛无解則
无樂猒是為入不二法門
珠頂王菩薩曰正道邪道為二住正道者則
不分別是邪是正離此二法是為入不二法
門

BD03898號　維摩詰所說經卷中　（20–18）

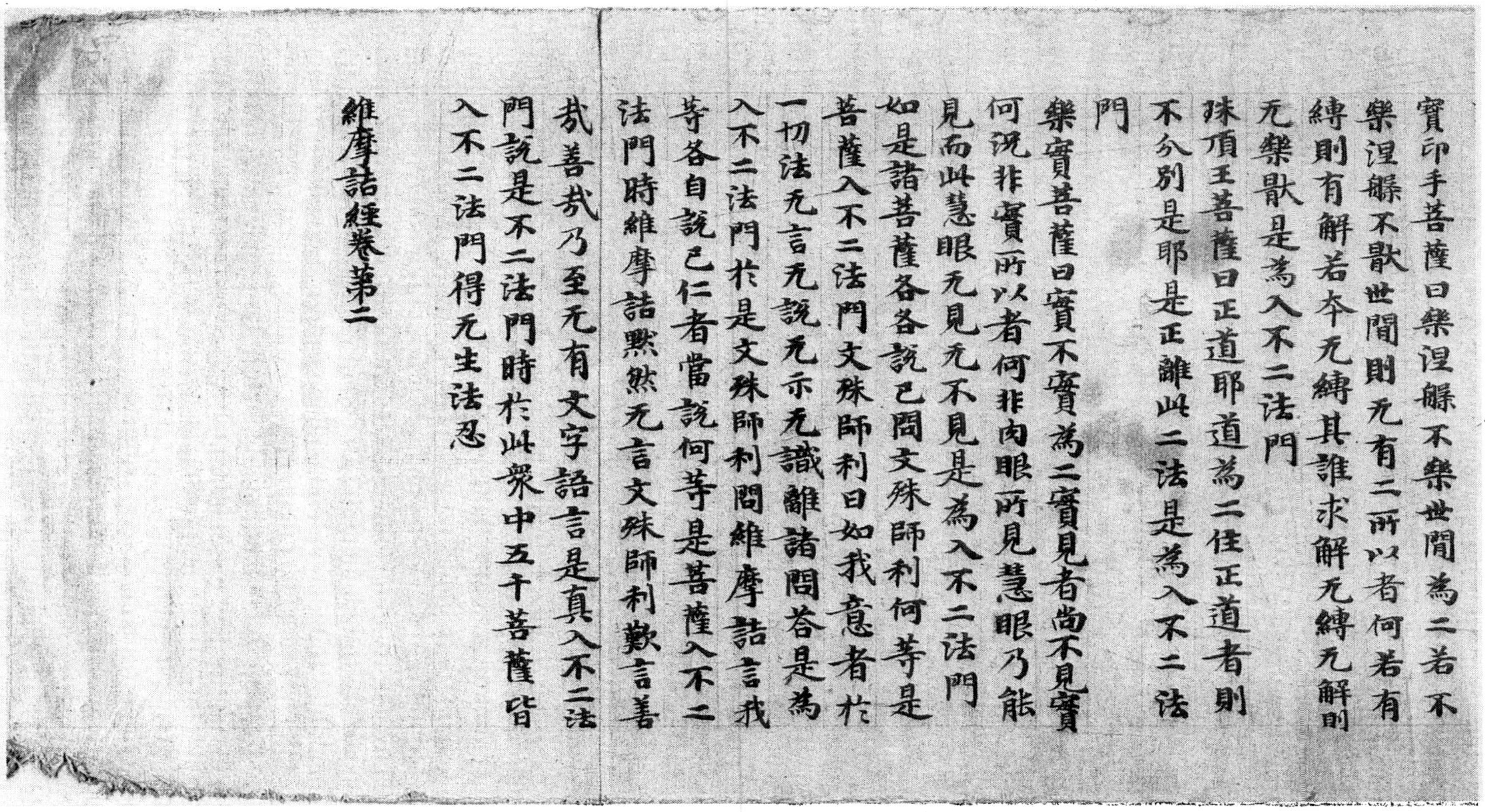
寶印手菩薩曰樂涅槃不樂世間為二若不
樂涅槃不猒世間則无有二所以者何若有
縛則有解若本无縛其誰求解无縛无解則
无樂猒是為入不二法門
珠頂王菩薩曰正道耶道為二住正道者則
不分別是耶是正離此二法是為入不二法
門
樂實菩薩曰實不實為二實見者尚不見實
何況非實所以者何非肉眼所見慧眼乃能
見而此慧眼无見无不見是為入不二法門
如是諸菩薩各各說已問文殊師利何等是
菩薩入不二法門文殊師利曰如我意者於
一切法无言无說无示无識離諸問荅是為
入不二法門於是文殊師利問維摩詰言我
等各自說已仁者當說何等是菩薩入不二
法門時維摩詰默然无言文殊師利歎言善
哉善哉乃至无有文字語言是真入不二法
門說是不二法門時於此衆中五千菩薩皆
入不二法門得无生法忍
維摩詰經卷第二

BD03898號　維摩詰所說經卷中　（20–19）

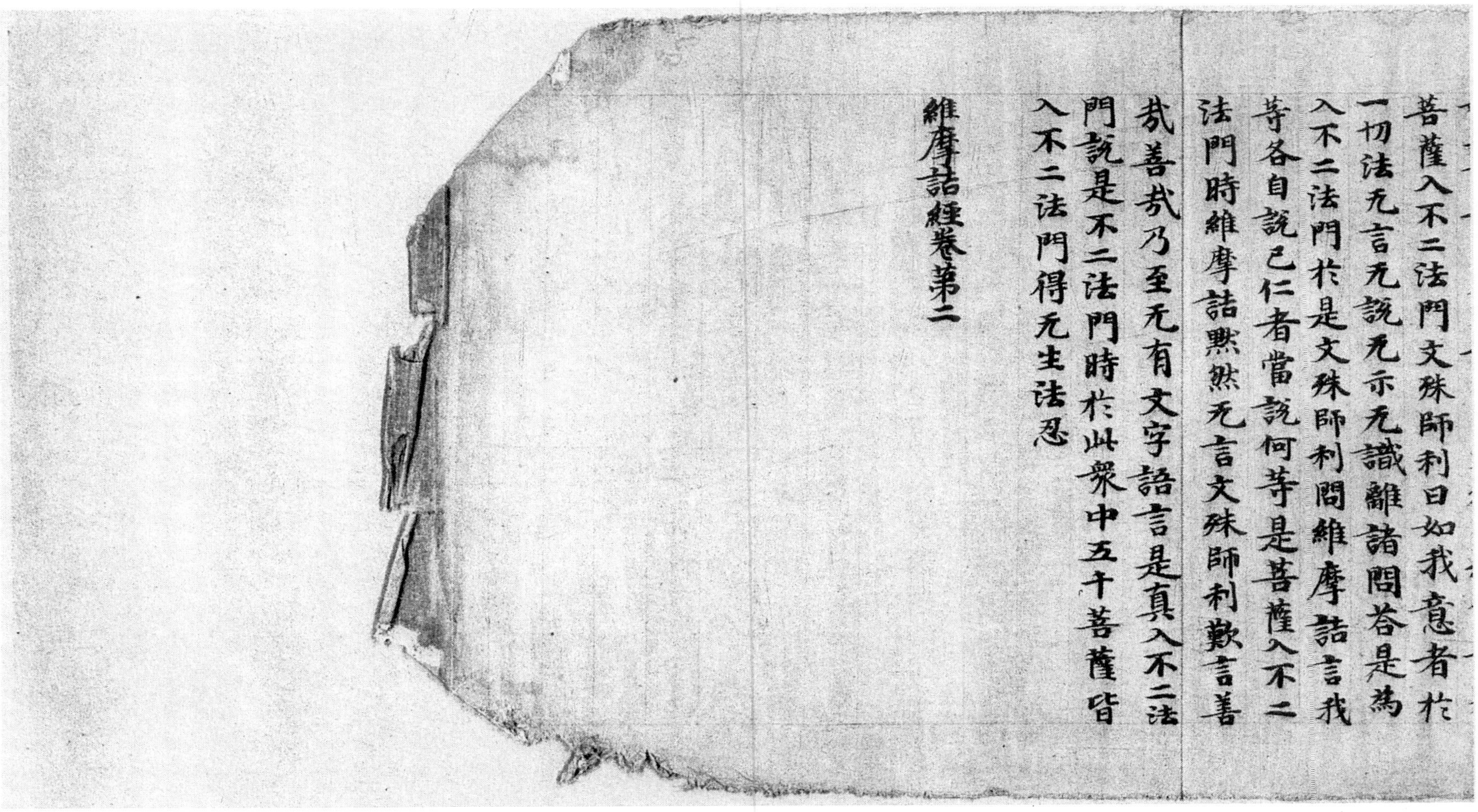
菩薩入不二法門文殊師利曰如我意者於
一切法无言无說无示无識離諸問荅是為
入不二法門於是文殊師利問維摩詰言我
等各自說已仁者當說何等是菩薩入不二
法門時維摩詰默然无言文殊師利歎言善
哉善哉乃至无有文字語言是真入不二法
門說是不二法門時於此衆中五千菩薩皆
入不二法門得无生法忍
維摩詰經卷第二

BD03898號　維摩詰所說經卷中　（20–20）

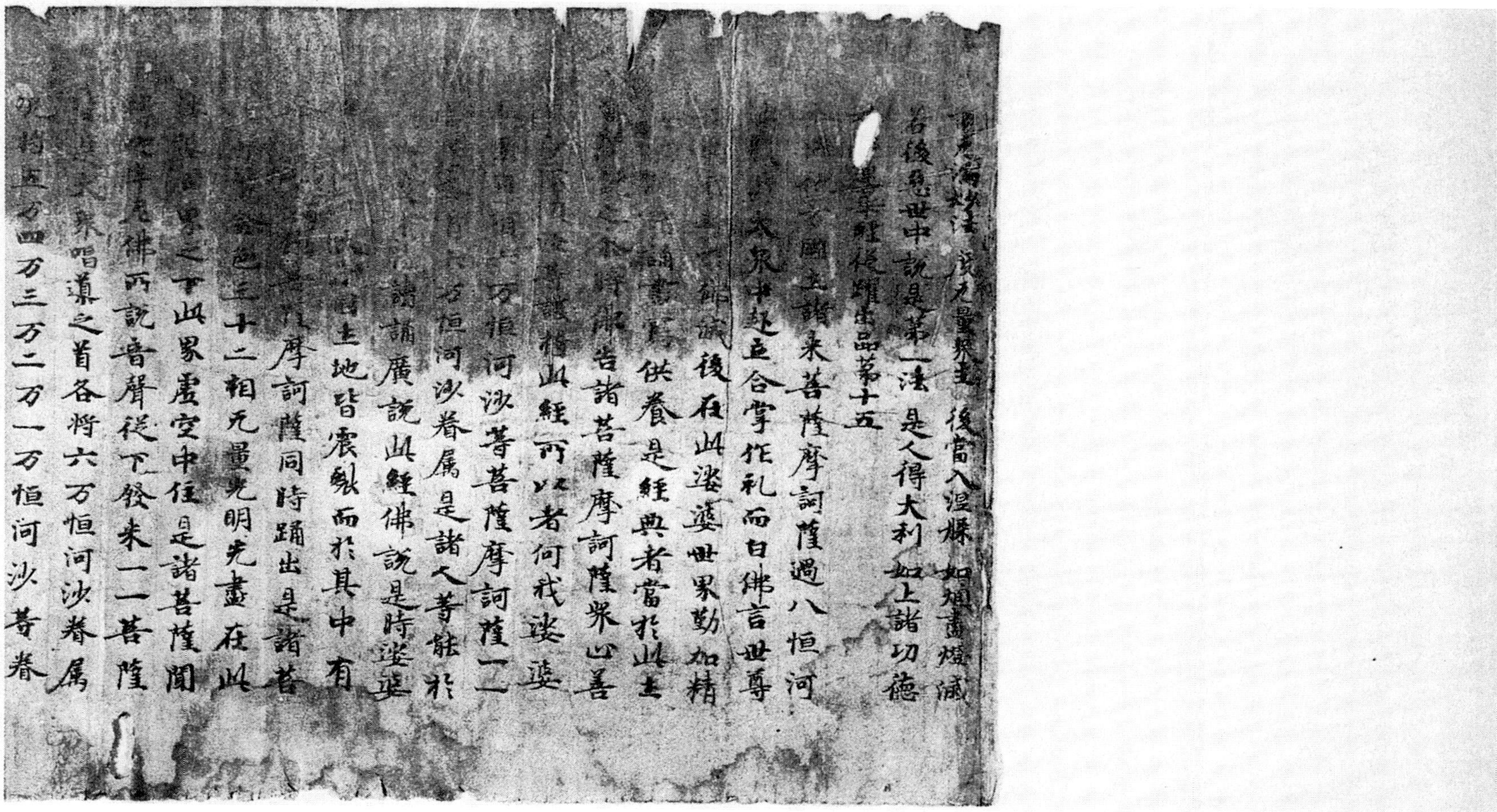

□□滿妙法　說无量衆生　後當入涅槃　如烟盡燈滅
若後惡世中　說是第一法　是人得大利　如上諸功德
妙法蓮華經從地踊出品第十五
爾時他方國土諸來菩薩摩訶薩過八恒河
沙數於大衆中起立合掌作礼而白佛言世尊
若聽我等於佛滅後在此娑婆世界勤加精
進護持讀誦書寫供養是經典者當於此土
而廣說之爾時佛告諸菩薩摩訶薩衆止善
男子不須汝等護持此經所以者何我娑婆
世界自有六万恒河沙等菩薩摩訶薩一一
菩薩各有六万恒河沙眷屬是諸人等能於
我滅後護持讀誦廣說此經佛說是時娑婆
世界三千大千國土地皆震裂而於其中有
无量千万億菩薩摩訶薩同時踊出是諸菩
薩身皆金色三十二相无量光明先盡在此
娑婆世界之下此界虛空中住是諸菩薩聞
釋迦牟尼佛所說音聲從下發來一一菩薩
皆是大衆唱導之首各將六万恒河沙眷屬
况將五万四万三万二万一万恒河沙等眷

BD03899 號　妙法蓮華經卷五

（3–1）

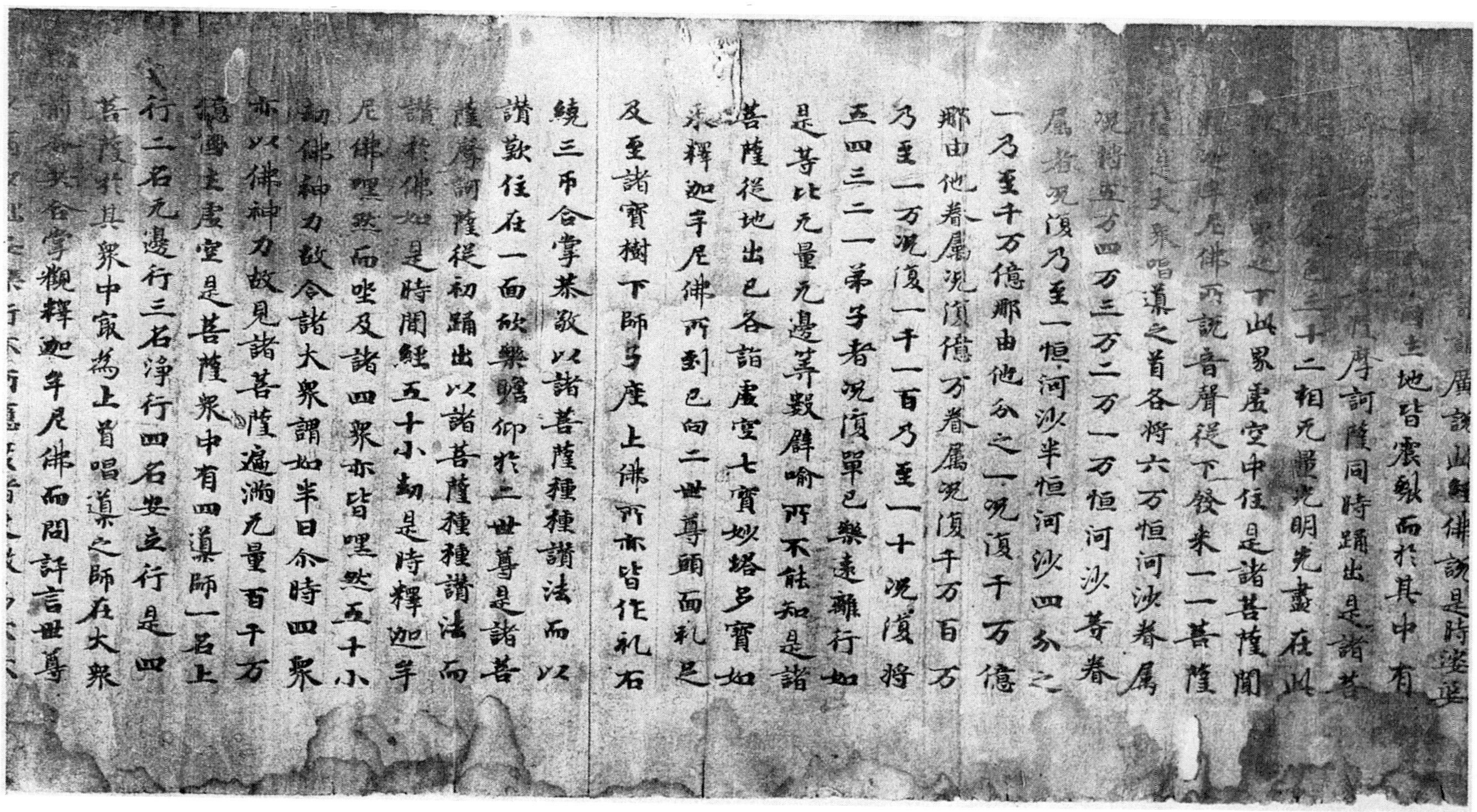

我滅後護持讀誦廣說此經佛說是時娑婆
世界三千大千國土地皆震裂而於其中有
无量千万億菩薩摩訶薩同時踊出是諸菩
薩身皆金色三十二相无量光明先盡在此
娑婆世界之下此界虛空中住是諸菩薩聞
釋迦牟尼佛所說音聲從下發來一一菩薩
皆是大衆唱導之首各將六万恒河沙眷屬
况將五万四万三万二万一万恒河沙等眷
屬者况復乃至一恒河沙半恒河沙四分之
一乃至千万億那由他分之一况復千万億
那由他眷屬况復億万眷屬况復千万百万
乃至一万况復一千一百乃至一十况復將
五四三二一弟子者况復單己樂遠離行如
是等比无量无邊筭數譬喻所不能知是諸
菩薩從地出已各詣虛空七寶妙塔多寶如
來釋迦牟尼佛所到已向二世尊頭面礼足
及至諸寶樹下師子座上佛所亦皆作礼右
繞三帀合掌恭敬以諸菩薩種種讚法而以
讚歎住在一面欣樂瞻仰於二世尊是諸菩
薩摩訶薩從初踊出以諸菩薩種種讚法而
讚於佛如是時間經五十小劫是時釋迦牟
尼佛嘿然而坐及諸四衆亦皆嘿然五十小
劫佛神力故令諸大衆謂如半日尒時四衆
亦以佛神力故見諸菩薩遍滿无量百千万
億國土虛空是菩薩衆中有四導師一名上
行二名无邊行三名淨行四名安立行是四
菩薩於其衆中最為上首唱導之師在大衆
前各共合掌觀釋迦牟尼佛而問訊言世尊
[illegible]

BD03899 號　妙法蓮華經卷五

（3–2）

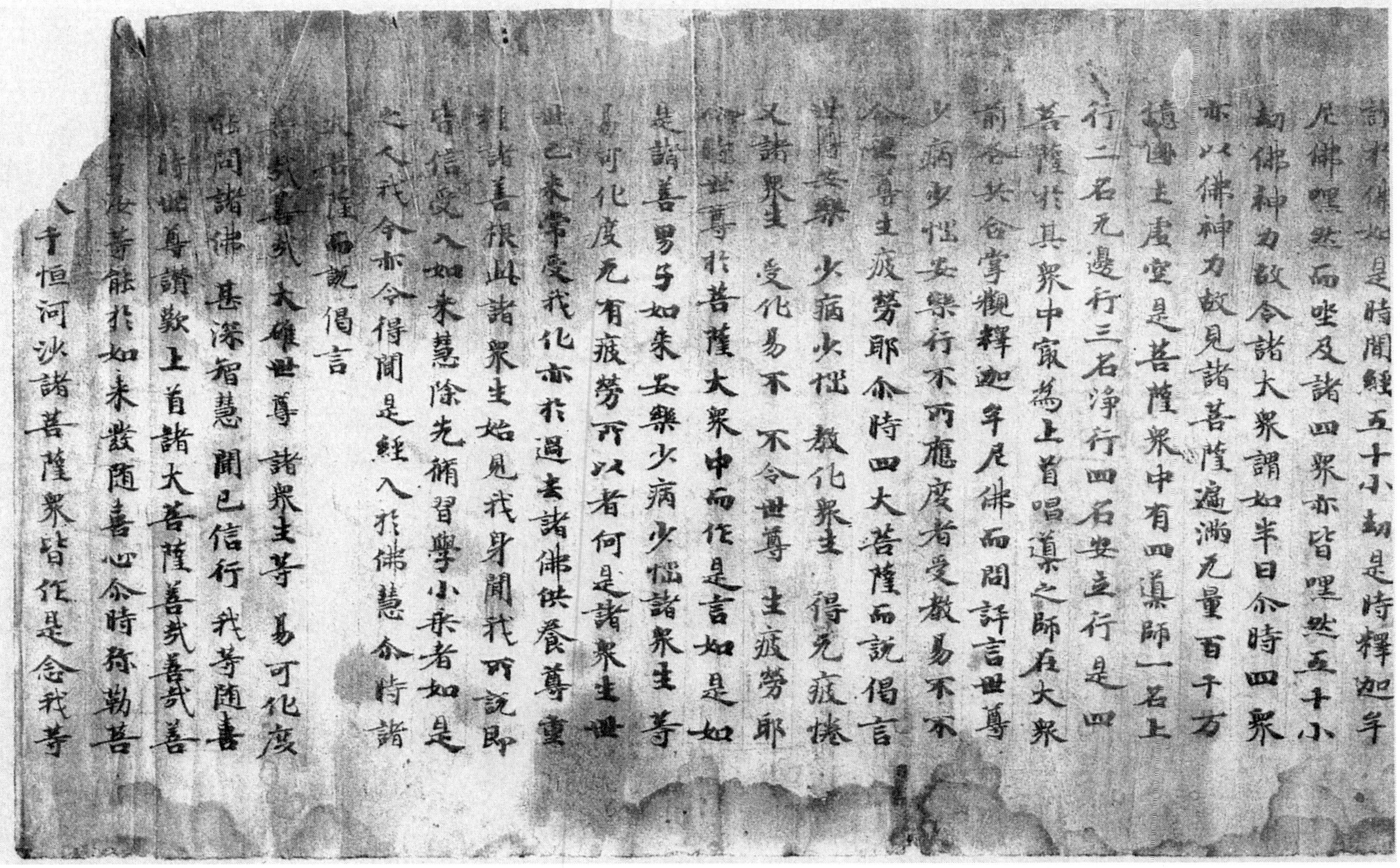
諸佛如是時間經五十小劫是時釋迦牟
尼佛嘿然而坐及諸四眾亦皆嘿然五十小
劫佛神力故令諸大眾謂如半日尒時四眾
亦以佛神力故見諸菩薩遍滿无量百千万
億國土虛空是菩薩眾中有四導師一名上
行二名无邊行三名淨行四名安立行是四
菩薩於其眾中最為上首唱導之師在大眾
前各共合掌觀釋迦牟尼佛而問訊言世尊
少病少惱安樂行不所應度者受教易不不
令世尊生疲勞耶尒時四大菩薩而說偈言
世尊安樂　少病少惱　教化眾生　得无疲惓
又諸眾生　受化易不　不令世尊　生疲勞耶
尒時世尊於菩薩大眾中而作是言如是如
是諸善男子如來安樂少病少惱諸眾生等
易可化度无有疲勞所以者何是諸眾生世
世已來常受我化亦於過去諸佛供養尊重
種諸善根此諸眾生始見我身聞我所說即
皆信受入如來慧除先脩習學小乘者如是
之人我今亦令得聞是經入於佛慧尒時諸
大菩薩而說偈言
善哉善哉　大雄世尊　諸眾生等　易可化度
能問諸佛　甚深智慧　聞已信行　我等隨喜
於時世尊讚歎上首諸大菩薩善哉善哉善
男子汝等能於如來發隨喜心尒時彌勒菩
薩及八千恒河沙諸菩薩眾皆作是念我等

BD03899 號　妙法蓮華經卷五　（3–3）

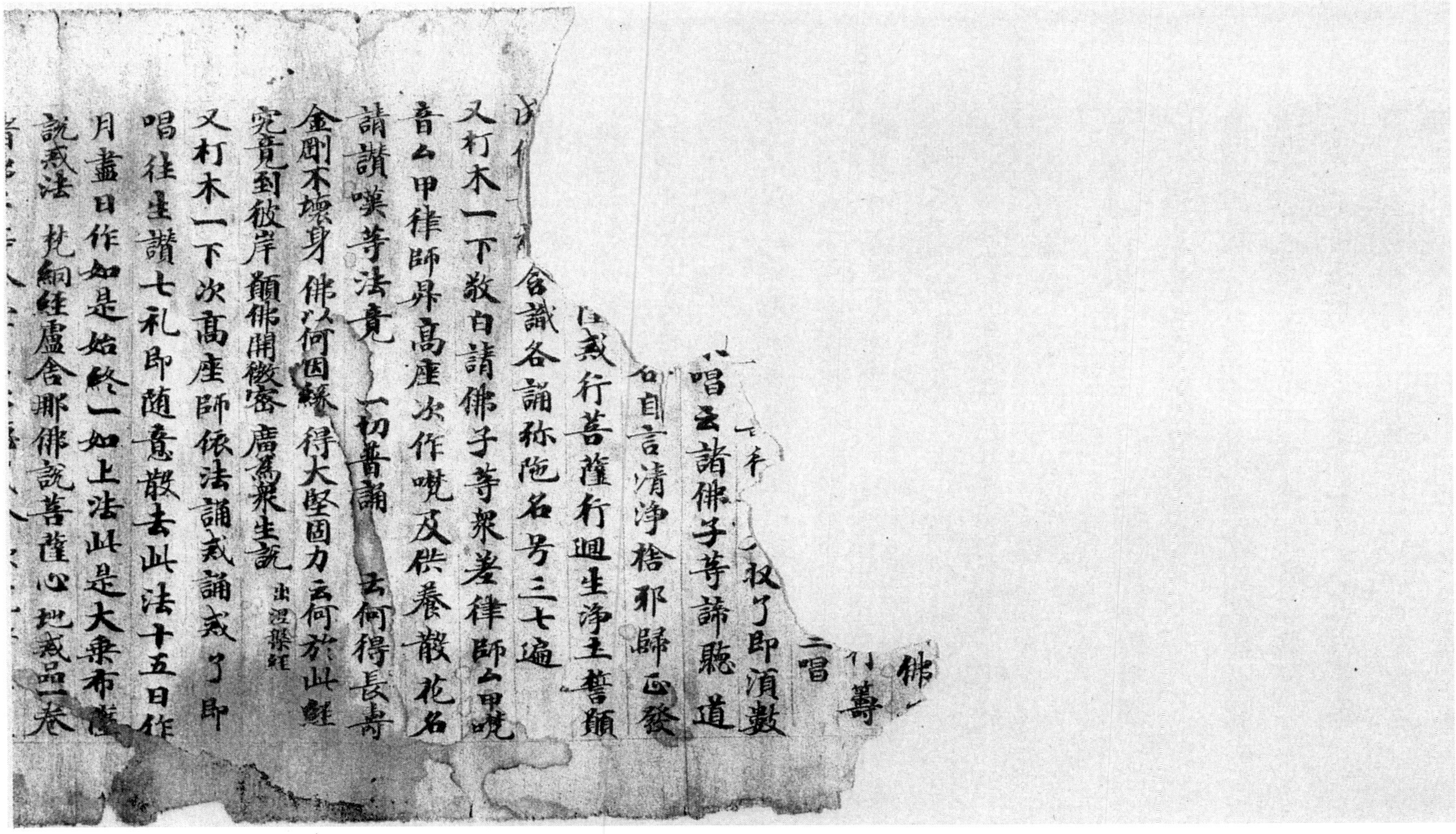
佛
壽
二唱
千　杈了即須數
唱云諸佛子等諦聽道
右自言清淨梏耶歸正發
住戒行菩薩行迴生淨土誓願
成佛　合識各誦祢陁名号三七遍
又打木一下敬白請佛子等眾差律師厶甲唄
音厶甲律師昇高座次作唄及供養散花名
請讚嘆等法竟　一切普誦　云何得長壽
金剛不壞身　佛以何因緣　得大堅固力　云何於此經
究竟到彼岸　願佛開微密　廣為眾生說　出涅槃經
又打木一下次高座師依法誦戒誦戒了即
唱往生讚七礼即隨意散去此法十五日作
月盡日作如是始終一如上法此是大乘布薩
說戒法　梵網經盧舍那佛說菩薩心地戒品一卷

BD03900 號 1　梵網經菩薩戒布薩羯磨文（擬）　（5–1）

又打木一下次高座師依法誦戒誦戒了即
唱往生讚七礼即隨意散去此法十五日作
月盡日作如是始終一如上法此是大乘布薩
說戒法　梵網經盧舍那佛說菩薩心地戒品一卷
諸佛子等合掌至心聽我今欲說諸佛大
戒序衆集嘿然聽自知有罪當懺悔懺悔
即安樂不懺悔罪益深无罪者嘿然故當
知衆清淨　又梵網戒經上下二卷載
代既多脫錯殊甚十戒已前戒名有二十五句
不同知有餘說文義難會今直云心地戒品
者即攝二十五句義若不依此心地戒名者
即學徒難悟故以撮要云言冀傳永益又
菩薩羯磨戒文　初受三歸　出大戒本品中說
我某甲從今身至於佛身於其中間歸依佛
歸依法歸依僧如是三說尔　我某甲從今身至佛身
歸依佛竟歸依法竟歸依僧竟如是三說竟次爲懺悔罪我某甲
從无始生死已來身業不善行煞盜婬口業不
善行妄語綺語兩舌惡罵意業不善行貪
瞋耶見是十惡之罪三世煩惱一切業鄣今
於佛前發露懺悔願罪滅福生常與佛會弟子
起三礼師汝今已身清淨口清淨意清淨已佛像前
發露懺悔竟三業清淨如淨瑠璃內外明徹
信心具足真發菩薩心發大勇猛心起大精
進心吾今爲汝授菩薩十无盡戒諦聽諦聽
善思念之如法脩行正心正意如是下三說十戒与弟子我某
甲從今身至佛身於其中間不得自煞教人

BD03900 號 1　梵網經菩薩戒布薩羯磨文（擬）　（5–2）

信心具足真發菩薩心發大勇猛心起大精
進心吾今爲汝授菩薩十无盡戒諦聽諦聽
善思念之如法脩行正心正意如是下三說十戒与弟子我某
甲從今身至佛身於其中間不得自煞教人
煞是菩薩戒不得犯能持不其受者荅言能
我某甲從今身至佛身於其中間不得自盜
教人盜是菩薩戒不得犯能持不
我某甲從今身至佛身於其中間不得自婬
教人婬是菩薩戒不得犯能持不
我某甲從今身至佛身於中間不得自妄語
教人妄語是菩薩戒不得犯能持不
我某甲從今身至佛身於其中間不得自酤
酒教人酤酒是菩薩戒不得犯能持不
我某甲從今身至佛身於其中間不得自說
教人說在家出家菩薩比丘比丘尼罪過是
菩薩戒不得犯能持不
我某甲從今身至佛身於其中間不得自讚毀
他教人自讚毀他是菩薩戒不得犯能持不
我某甲從今身至佛身於其中間不得自慳教
人慳是菩薩戒不得犯能持不
我某甲從今身至佛身於其中間不得自瞋
教人瞋是菩薩戒不得犯能持不
我某甲從今身至佛身於其中間不得自謗
三寶教人謗三寶是菩薩戒不得犯能持不
吾已三說戒竟汝今得十无盡戒竟是真菩
薩是真發菩提心是真佛子從佛口生從正
法生從正戒生戒行具足正句當果生生不

BD03900 號 1　梵網經菩薩戒布薩羯磨文（擬）　（5–3）

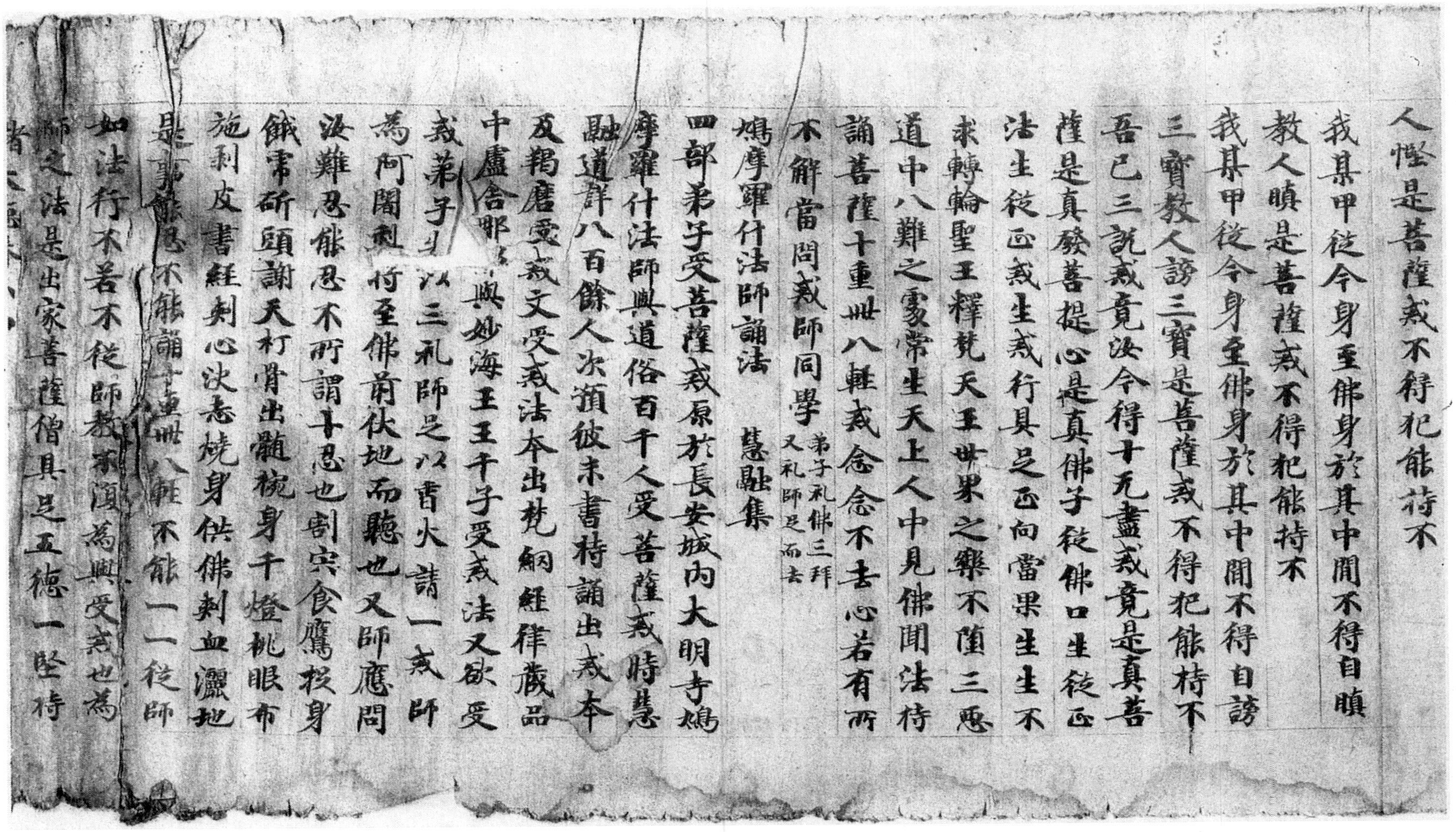

人慳是菩薩戒不得犯能持不
我其甲從今身至佛身於其中間不得自瞋
教人瞋是菩薩戒不得犯能持不
我其甲從今身至佛身於其中間不得自謗
三寶教人謗三寶是菩薩戒不得犯能持不
吾已三說戒竟汝今得十无盡戒竟是真菩
薩是真發菩提心是真佛子從佛口生從正
法生從正戒生戒行具足正向當果生生不
求轉輪聖王釋梵天王世果之樂不墮三惡
道中八難之處常生天上人中見佛聞法持
誦菩薩十重卌八輕戒念念不忘心若有所
不解當問戒師同學　弟子礼佛三拜 又礼師是而去
鳩摩羅什法師誦法　慧融集
四部弟子受菩薩戒原於長安城內大明寺鳩
摩羅什法師興道俗百千人受菩薩戒時慧
融道詳八百餘人次須彼未書持誦出戒本
及羯磨受戒文受戒法本出梵網經律藏品
中盧舍那[illegible]興妙海王王千子受戒法又欲受
戒弟子[illegible]以三礼師是以香火請一戒師
為阿闍梨[illegible]至佛前伏地而聽也又師應問
汝難忍能忍不所謂十忍也割完食鷹投身
餓虎斫頭謝天打骨出髓挑身千燈挑眼布
施剝皮書經剌心決志燒身供佛剌血灑地
是事能忍不能誦十重卌八輕不能一一從師
如法行不若不從師教不須為興受戒也為
師之法是出家菩薩僧具足五德一堅持

BD03900 號 1　梵網經菩薩戒布薩羯磨文（擬）　（5–4）
BD03900 號 2　鳩摩羅什法師誦法

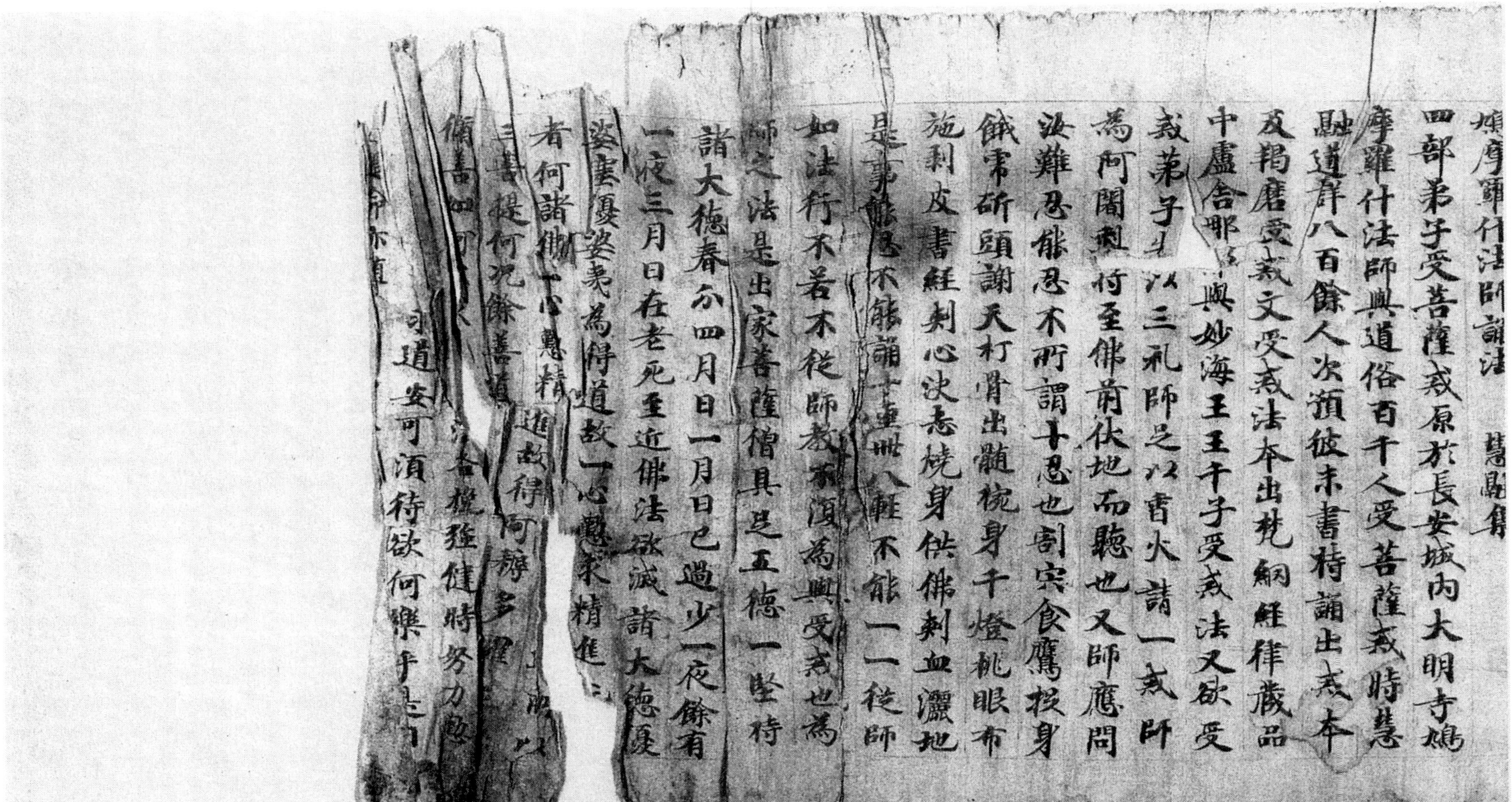

鳩摩羅什法師誦法　慧融集
四部弟子受菩薩戒原於長安城內大明寺鳩
摩羅什法師興道俗百千人受菩薩戒時慧
融道詳八百餘人次須彼未書持誦出戒本
及羯磨受戒文受戒法本出梵網經律藏品
中盧舍那[illegible]興妙海王王千子受戒法又欲受
戒弟子[illegible]以三礼師是以香火請一戒師
為阿闍梨[illegible]至佛前伏地而聽也又師應問
汝難忍能忍不所謂十忍也割完食鷹投身
餓虎斫頭謝天打骨出髓挑身千燈挑眼布
施剝皮書經剌心決志燒身供佛剌血灑地
是事能忍不能誦十重卌八輕不能一一從師
如法行不若不從師教不須為興受戒也為
師之法是出家菩薩僧具足五德一堅持
諸大德春分四月日一月日已過少一夜餘有
一夜三月日在老死至近佛法欲滅諸大德優
婆塞優婆夷為得道故一心懃求精進[illegible]
者何諸佛一心懃精進故得阿耨多羅[illegible]
三菩提何況餘善道[illegible]
備善四[illegible]健時努力[illegible]
[illegible]道安可須待欲何樂乎[illegible]

BD03900 號 2　鳩摩羅什法師誦法　（5–5）

見如來不不也
來何以故如來所
佛告須菩提凡所有相皆
見諸相非相則見如來
菩提白佛言世尊頗有衆生得聞如是言
說章句生實信不佛告須菩提莫作是說
來滅後後五百歲有持戒脩福者於此章句
能生信心以此爲實當知是人不於一佛二
佛三四五佛而種善根已於无量千万佛所
種諸善根聞是章句乃至一念生淨信者須
菩提如來悉知悉見是諸衆生得如是无量
福德何以故是諸衆生无復我相人相衆生
相壽者相无法相亦无非法相何以故是諸
衆生若心取相則爲著我人衆生壽者若取
法相即著我人衆生壽者何以故若取非法
相即著我人衆生壽者是故不應取法不應
取非法以是義故如來常說汝等比丘知我
說法如筏喻者法尚應捨何况非法
須菩提於意云何如來得阿耨多羅三藐三
菩提耶如來有所說法耶須菩提言如我解
佛所說義无有定法名阿耨多羅三藐三菩
提亦无有定法如來可說何以故如來所說

BD03901 號　金剛般若波羅蜜經

（14–1）

取非法以是義故如來常說汝等比丘知我
說法如筏喻者法尚應捨何况非法
須菩提於意云何如來得阿耨多羅三藐三
菩提耶如來有所說法耶須菩提言如我解
佛所說義无有定法名阿耨多羅三藐三菩
提亦无有定法如來可說何以故如來所說
法皆不可取不可說非法非非法所以者何
一切賢聖皆以无爲法而有差別
須菩提於意云何若人滿三千大千世界七
寶以用布施是人所得福德寧爲多不須菩
提言甚多世尊何以故是福德即非福德性
是故如來說福德多若復有人於此經中受
持乃至四句偈等爲他人說其福勝彼何以
故須菩提一切諸佛及諸佛阿耨多羅三藐
三菩提法皆從此經出須菩提所謂佛法者
即非佛法
須菩提於意云何須陀洹能作是念我得須
陀洹果不須菩提言不也世尊何以故須陀
洹名爲入流而无所入不入色聲香味觸法
是名須陀洹須菩提於意云何斯陀含能作
是念我得斯陀含果不須菩提言不也世尊
何以故斯陀含名一往來而實无往來是名
斯陀含須菩提於意云何阿那含能作是念
我得阿那含果不須菩提言不也世尊何以
故阿那含名爲不來而實无來是故名阿那

BD03901 號　金剛般若波羅蜜經

（14–2）

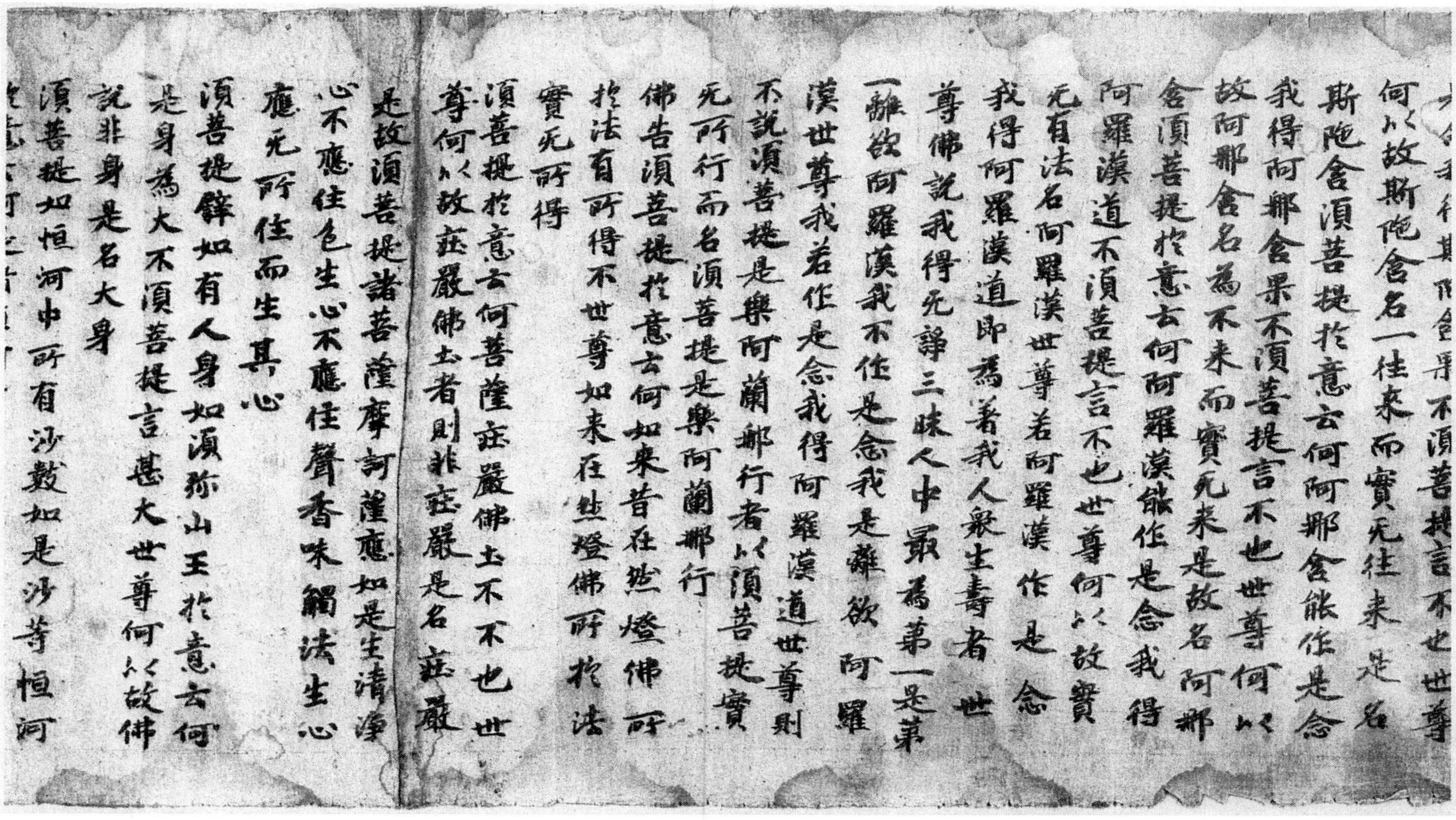

…果不須菩提言不也世尊
何以故斯陀含名一往來而實无往來是名
斯陀含須菩提於意云何阿那含能作是念
我得阿那含果不須菩提言不也世尊何以
故阿那含名為不來而實无來是故名阿那
含須菩提於意云何阿羅漢能作是念我得
阿羅漢道不須菩提言不也世尊何以故實
无有法名阿羅漢世尊若阿羅漢作是念
我得阿羅漢道即為著我人眾生壽者世
尊佛說我得无諍三昧人中最為第一是第
一離欲阿羅漢我不作是念我是離欲阿羅
漢世尊我若作是念我得阿羅漢道世尊則
不說須菩提是樂阿蘭那行者以須菩提實
无所行而名須菩提是樂阿蘭那行
佛告須菩提於意云何如來昔在然燈佛所
於法有所得不世尊如來在然燈佛所於法
實无所得
須菩提於意云何菩薩莊嚴佛土不不也世
尊何以故莊嚴佛土者則非莊嚴是名莊嚴
是故須菩提諸菩薩摩訶薩應如是生清淨
心不應住色生心不應住聲香味觸法生心
應无所住而生其心
須菩提譬如有人身如須弥山王於意云何
是身為大不須菩提言甚大世尊何以故佛
說非身是名大身
須菩提如恒河中所有沙數如是沙等恒河

BD03901 號　金剛般若波羅蜜經　（14–3）

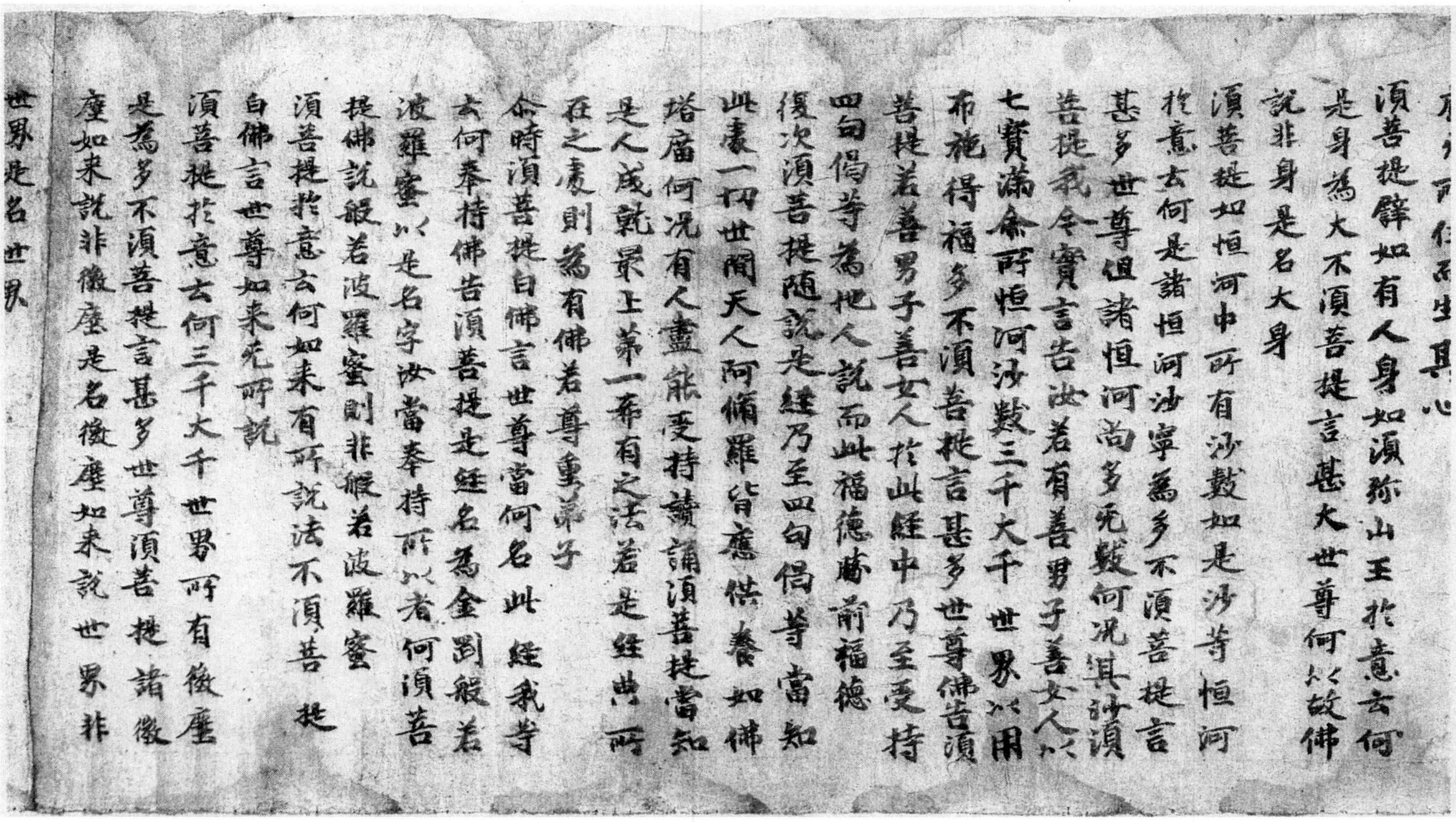

…而生其心
須菩提譬如有人身如須弥山王於意云何
是身為大不須菩提言甚大世尊何以故佛
說非身是名大身
須菩提如恒河中所有沙數如是沙等恒河
於意云何是諸恒河沙寧為多不須菩提言
甚多世尊但諸恒河尚多无數何況其沙須
菩提我今實言告汝若有善男子善女人以
七寶滿尒所恒河沙數三千大千世界以用
布施得福多不須菩提言甚多世尊佛告須
菩提若善男子善女人於此經中乃至受持
四句偈等為他人說而此福德勝前福德
復次須菩提隨說是經乃至四句偈等當知
此處一切世間天人阿脩羅皆應供養如佛
塔廟何況有人盡能受持讀誦須菩提當知
是人成就最上第一希有之法若是經典所
在之處則為有佛若尊重弟子
尒時須菩提白佛言世尊當何名此經我等
云何奉持佛告須菩提是經名為金剛般若
波羅蜜以是名字汝當奉持所以者何須菩
提佛說般若波羅蜜則非般若波羅蜜
須菩提於意云何如來有所說法不須菩提
白佛言世尊如來无所說
須菩提於意云何三千大千世界所有微塵
是為多不須菩提言甚多世尊須菩提諸微
塵如來說非微塵是名微塵如來說世界非
世界是名世界

BD03901 號　金剛般若波羅蜜經　（14–4）

須菩提於意云何三千大千世界所有微塵
是為多不須菩提言甚多世尊須菩提諸微
塵如來說非微塵是名微塵如來說世界非
世界是名世界
須菩提於意云何可以三十二相見如來不不
也世尊何以故如來說三十二相即是非相
是名三十二相
須菩提若有善男子善女人以恒河沙等身
命布施若復有人於此經中乃至受持四句
偈等為他人說其福甚多
尒時須菩提聞說是經深解義趣涕淚悲泣
而白佛言希有世尊佛說如是甚深經典我
從昔來所得慧眼未曾得聞如是之經
世尊若復有人得聞是經信心清淨則生實
相當知是人成就第一希有功德世尊是實
相者則是非相是故如來說名實相
世尊我今得聞如是經典信解受持不足為
難若當來世後五百歲其有眾生得聞是經
信解受持是人則為第一希有何以故此人
无我相人相眾生相壽者相所以者何我相
即是非相人相眾生相壽者相即是非相何以
故離一切諸相則名諸佛佛告須菩提如是
如是若復有人得聞是經不驚不怖不畏
當知是人甚為希有
何以故須菩提如來說第一波羅蜜非第一
波羅蜜是名第一波羅蜜
須菩提忍辱波羅蜜如來說非忍辱波羅
蜜何以故須菩提如我昔為歌利王割截身體

BD03901號　金剛般若波羅蜜經　（14–5）

如是若復有人得聞是經不驚不怖不畏
當知是人甚為希有
何以故須菩提如來說第一波羅蜜非第一
波羅蜜是名第一波羅蜜
須菩提忍辱波羅蜜如來說非忍辱波羅
蜜何以故須菩提如我昔為歌利王割截身體
我於尒時无我相无人相无眾生相无壽者
相何以故我於往昔節節支解時若有我相
人相眾生相壽者相應生瞋恨須菩提又念
過去於五百世作忍辱仙人於尒所世无我
相无人相无眾生相无壽者相
是故須菩提菩薩應離一切相發阿耨多羅三
藐三菩提心不應住色生心不應住聲香味
觸法生心應生无所住心若心有住則為非
住是故佛說菩薩心不應住色布施
須菩提菩薩為利益一切眾生應如是布施
如來說一切諸相即是非相又說一切眾生
則非眾生須菩提如來是真語者實語者如
語者不誑語者不異語者須菩提如來所得
法此法无實无虛
須菩提若菩薩心住於法而行布施如人入
闇則无所見若菩薩心不住法而行布施如
人有目日光明照見種種色
須菩提當來之世若有善男子善女人能於
此經受持讀誦則為如來以佛智慧悉知是
人悉見是人皆得成就无量无邊功德須菩
提若有善男子善女人初日分以恒河沙等
身布施中日分復以恒河沙等身布施後日

BD03901號　金剛般若波羅蜜經　（14–6）

人有目日光明照見種種色
須菩提當来之世若有善男子善女人能於
此經受持讀誦則為如来以佛智慧悉知是
人悉見是人皆得成就无量无邊功德須菩
提若有善男子善女人初日分以恒河沙等
身布施中日分復以恒河沙等身布施後日
分亦以恒河沙等身布施如是无量百千万
億劫以身布施若復有人聞此經典信心不
逆其福勝彼何况書寫受持讀誦為人解
說須菩提以要言之是經有不可思議不可稱
量无邊功德如来為發大乘者說為發最上
乘者說若有人能受持讀誦廣為人說如来
悉知是人悉見是人皆得成就不可量不可稱
无有邊不可思議功德如是人等則為荷擔
如来阿耨多羅三藐三菩提何以故須菩提
若樂小法者著我見人見衆生見壽者見則
於此經不能聽受讀誦為人解說須菩提在
在處處若有此經一切世間天人阿脩羅所
應供養當知此處則為是塔皆應恭敬作礼
圍遶以諸華香而散其處復次須菩提善男
子善女人受持讀誦此經若為人輕賤是人
先世罪業應墮惡道以今世人輕賤故先世
罪業則為消滅當得阿耨多羅三藐三菩提
須菩提我念過去无量阿僧祇劫於然燈佛
前得值八百四千万億那由他諸佛悉皆供
養承事无空過者若復有人於後末世能受
持讀誦此經所得功德於我所供養諸佛功

BD03901 號　金剛般若波羅蜜經

（14–7）

先世罪業應墮惡道以今世人輕賤故先世
罪業則為消滅當得阿耨多羅三藐三菩提
須菩提我念過去无量阿僧祇劫於然燈佛
前得值八百四千万億那由他諸佛悉皆供
養承事无空過者若復有人於後末世能受
持讀誦此經所得功德於我所供養諸佛功
德百分不及一千万億分乃至算數譬喻所
不能及須菩提若善男子善女人於後末世
有受持讀誦此經所得功德我若具說者或
有人聞心則狂亂狐疑不信須菩提當知是
經義不可思議果報亦不可思議
尒時須菩提白佛言世尊善男子善女人發
阿耨多羅三藐三菩提心云何應住云何降
伏其心
佛告須菩提善男子善女人發阿耨多羅三
藐三菩提者當生如是心我應滅度一切衆
生滅度一切衆生已而无有一衆生實滅度
者何以故若菩薩有我相人相衆生相壽者
相則非菩薩所以者何須菩提實无有法發阿
耨多羅三藐三菩提者
須菩提於意云何如来於然燈佛所有法得
阿耨多羅三藐三菩提不
不也世尊如我解佛所說義佛於然燈佛所
无有法得阿耨多羅三藐三菩提佛言如是
如是須菩提實无有法如来得阿耨多羅三
藐三菩提須菩提若有法如来得阿耨多羅
三藐三菩提然燈佛則不與我受記汝於来
世當得作佛号釋迦牟尼以實无有法得阿

BD03901 號　金剛般若波羅蜜經

（14–8）

阿耨多羅三藐三菩提不
不也世尊如我解佛所說義佛於然燈佛所
无有法得阿耨多羅三藐三菩提佛言如是
如是須菩提實无有法如來得阿耨多羅三
藐三菩提須菩提若有法如來得阿耨多羅
三藐三菩提然燈佛則不與我受記汝於來
世當得作佛号釋迦牟尼以實无有法得阿
耨多羅三藐三菩提是故然燈佛與我受記
作是言汝於來世當得作佛号釋迦牟尼
何以故如來者即諸法如義
若有人言如來得阿耨多羅三藐三菩提須
菩提實无有法佛得阿耨多羅三藐三菩提
須菩提如來所得阿耨多羅三藐三菩提於
是中无實无虛是故如來說一切法皆是佛
法須菩提所言一切法者即非一切法是故
名一切法須菩提譬如人身長大須菩提言
世尊如來說人身長大則為非大身是名大
身
須菩提菩薩亦如是若作是言我當滅度无
量衆生則不名菩薩何以故須菩提无有法
名為菩薩是故佛說一切法无我无人无衆
生无壽者
須菩提若菩薩作是言我當莊嚴佛土是不
名菩薩何以故如來說莊嚴佛土者即非莊
嚴是名莊嚴須菩提若菩薩通達无我法
者如來說名真是菩薩
須菩提於意云何如來有肉眼不如是世尊如

BD03901 號　金剛般若波羅蜜經　（14–9）

生无壽者
須菩提若菩薩作是言我當莊嚴佛土是不
名菩薩何以故如來說莊嚴佛土者即非莊
嚴是名莊嚴須菩提若菩薩通達无我法
者如來說名真是菩薩
須菩提於意云何如來有肉眼不如是世尊如
來有肉眼須菩提於意云何如來有天眼不
如是世尊如來有天眼須菩提於意云何
如來有慧眼不如是世尊如來有慧眼須菩
提於意云何如來有法眼不如是世尊如來
有法眼須菩提於意云何如來有佛眼不如
是世尊如來有佛眼須菩提於意云何恒河
中所有沙佛說是沙不如是世尊如來說是
沙須菩提於意云何如一恒河中所有沙有如
是等恒河是諸恒河所有沙數佛世界如是
寧為多不甚多世尊佛告須菩提介所國
土中所有衆生若干種心如來悉知何以故
如來說諸心皆為非心是名為心所以者何
須菩提過去心不可得現在心不可得未來
心不可得
須菩提於意云何若有人滿三千大千世界
七寶以用布施是人以是因緣得福多不如
是世尊此人以是因緣得福甚多須菩提若
福德有實如來不說得福德多以福德无故
如來說得福德多
須菩提於意云何佛可以具足色身見不不
也世尊如來不應以色身見何以故如來說

BD03901 號　金剛般若波羅蜜經　（14–10）

福德有實如來不說得福德多以福德无故
如來說得福德多
須菩提於意云何佛可以具足色身見不不
也世尊如來不應以色身見何以故如來說
具足色身即非具足色身是名具足色身須
菩提於意云何如來可以具足諸相見不不
也世尊如來不應以具足諸相見何以故如
來說諸相具足即非具足是名諸相具足
須菩提汝勿謂如來作是念我當有所說法
莫作是念何以故若人言如來有所說法即
為謗佛不能解我所說故須菩提說法者无
法可說是名說法
須菩提白佛言世尊佛得阿耨多羅三藐三
菩提為无所得耶如是如是須菩提我於阿
耨多羅三藐三菩提乃至无有少法可得是
名阿耨多羅三藐三菩提復次須菩提是法
平等无有高下是名阿耨多羅三藐三菩提
以无我无人无衆生无壽者脩一切善法則
得阿耨多羅三藐三菩提須菩提所言善法
者如來說非善法是名善法
須菩提若三千大千世界中所有諸須彌山
王如是等七寶聚有人持用布施若人以此
般若波羅蜜經乃至四句偈等受持為他人
說於前福德百分不及一百千万億分乃至
筭數譬喻所不能及
須菩提於意云何汝等勿謂如來作是念我

BD03901號　金剛般若波羅蜜經　（14–11）

般若波羅蜜經乃至四句偈等受持為他人
說於前福德百分不及一百千万億分乃至
筭數譬喻所不能及
須菩提於意云何汝等勿謂如來作是念我
當度衆生須菩提莫作是念何以故實无有
衆生如來度者若有衆生如來度者如來則
有我人衆生壽者須菩提如來說有我者則
非有我而凡夫之人以為有我須菩提凡夫
者如來說則非凡夫
須菩提於意云何可以三十二相觀如來不
須菩提言如是如是以三十二相觀如來佛
言須菩提若以三十二相觀如來者轉輪聖
王則是如來須菩提白佛言世尊如我解佛
所說義不應以三十二相觀如來尒時世尊
而說偈言
若以色見我　以音聲求我　是人行邪道　不能見如來
須菩提汝若作是念如來不以具足相故得
阿耨多羅三藐三菩提須菩提莫作是念如
來不以具足相故得阿耨多羅三藐三菩提
須菩提汝若作是念發阿耨多羅三藐三菩
提者說諸法斷滅莫作是念何以故發阿耨
多羅三藐三菩提者於法不說斷滅相須
菩提若菩薩以滿恒河沙等世界七寶布
施若復有人知一切法无我得成於忍此菩薩
勝前菩薩所得功德須菩提以諸菩薩不受
福德故須菩提白佛言世尊云何菩薩不受福

BD03901號　金剛般若波羅蜜經　（14–12）

多羅三藐三菩提者於法不說斷滅相須
菩提若菩薩以滿恒河沙等世界七寶布
施若復有人知一切法无我得成於忍此菩薩
勝前菩薩所得功德須菩提以諸菩薩不受
福德故須菩提白佛言世尊云何菩薩不受福
德須菩提菩薩所作福德不應貪著是故說
不受福德
須菩提若有人言如来若来若去若坐若卧
是人不解我所說義何以故如来者无所從
来亦无所去故名如来
須菩提若善男子善女人以三千大千世界
碎為微塵於意云何是微塵衆寧為多不
甚多世尊
何以故若是微塵衆實有者佛則不說是微
塵衆所以者何佛說微塵衆則非微塵衆是
名微塵衆世尊如来所說三千大千世界則
非世界是名世界何以故若世界實有則是
一合相如来說一合相則非一合相是名一合
相須菩提一合相者則是不可說但凡夫
之人貪著其事
須菩提若人言佛說我見人見衆生見壽者
見須菩提於意云何是人解我所說義不世
尊是人不解如来所說義何以故世尊說我
見人見衆生見壽者見即非我見人見衆生
見壽者見是名我見人見衆生見壽者見須
菩提發阿耨多羅三藐三菩提心者於一切

BD03901 號　金剛般若波羅蜜經　（14–13）

尊是人不解如来所說義何以故世尊說我
見人見衆生見壽者見即非我見人見衆生
見壽者見是名我見人見衆生見壽者見須
菩提發阿耨多羅三藐三菩提心者於一切
法應如是知如是見如是信解不生法相須
菩提所言法相者如来說即非法相是名法
相
須菩提若有人以滿无量阿僧祇世界七寶
持用布施若有善男子善女人發菩提心者
持於此經乃至四句偈等受持讀誦為人演
說其福勝彼云何為人演說不取於相如如
不動何以故
一切有為法　如夢幻泡影　如露亦如電　應作如是觀
佛說是經已長老須菩提及諸比丘比丘尼優
婆塞優婆夷一切世間天人阿脩羅聞佛
所說皆大歡喜信受奉行

金剛般若波羅蜜經

BD03901 號　金剛般若波羅蜜經　（14–14）

大般若波羅蜜多經卷第三百卌六
初分堅等讚品第五十七之五　三藏法師玄奘奉　詔譯
尒時佛告具壽善現何因緣故諸菩
薩摩訶薩於深般若波羅蜜多心不沉沒具
壽善現白佛言世尊以一切法皆非有故諸
菩薩摩訶薩於深般若波羅蜜多心不沉
沒世尊以一切法皆遠離故諸菩薩摩訶薩於
深般若波羅蜜多心不沉沒世尊以一切法
皆寂靜故諸菩薩摩訶薩於深般若波羅蜜
多心不沉沒世尊以一切法無所有故諸菩
薩摩訶薩於深般若波羅蜜多心不沉沒世
尊以一切法无生滅故諸菩薩摩訶薩於深
般若波羅蜜多心不沉沒世尊由如是等種
種因緣諸菩薩摩訶薩於深般若波羅蜜多
心不沉沒何以故世尊諸菩薩摩訶薩於一
切法若能沉沒若所沉沒若沉時若沉沒

BD03902 號　大般若波羅蜜多經卷三四六　（6–1）

尊以一切法无生滅故諸菩薩摩訶薩於深
般若波羅蜜多心不沉沒世尊由如是等種
種因緣諸菩薩摩訶薩於深般若波羅蜜多
心不沉沒何以故世尊諸菩薩摩訶薩於一
切法若能沉沒若所沉沒若沉時若沉沒
處若沉沒者由此沉沒皆不可得以一切法
不可得故世尊若菩薩摩訶薩聞說是事心
不沉沒不驚不怖亦不憂悔當知是菩薩摩
訶薩行深般若波羅蜜多所以者何是菩薩
摩訶薩觀一切法皆不可得不可施設是能
沉沒是所沉沒是沉沒是沉沒處是沉沒
者由此沉沒由是因緣諸菩薩摩訶薩聞如
是事心不沉沒不驚不怖亦不憂悔
世尊若菩薩摩訶薩能如是行甚深般若
波羅蜜多諸天帝釋大梵天王諸世界主當
礼敬佛告善現若菩薩摩訶薩能如是行甚
深般若波羅蜜多非但常為諸天帝釋大梵
天王諸世界主之所礼敬是菩薩摩訶薩亦
為過此極光淨天若遍淨天若廣果天若淨
居天及餘天衆常所礼敬善現是菩薩摩訶
薩能如是行甚深般若波羅蜜多亦為十方
無量無數無邊世界一切如來應正等覺常
所護念善現是菩薩摩訶薩能如是行甚深
般若波羅蜜多則令般若波羅蜜多速得圓
滿亦令靜慮精進安忍淨戒布施波羅蜜多
速得圓滿善現是菩薩摩訶薩能如是行甚

BD03902 號　大般若波羅蜜多經卷三四六　（6–2）

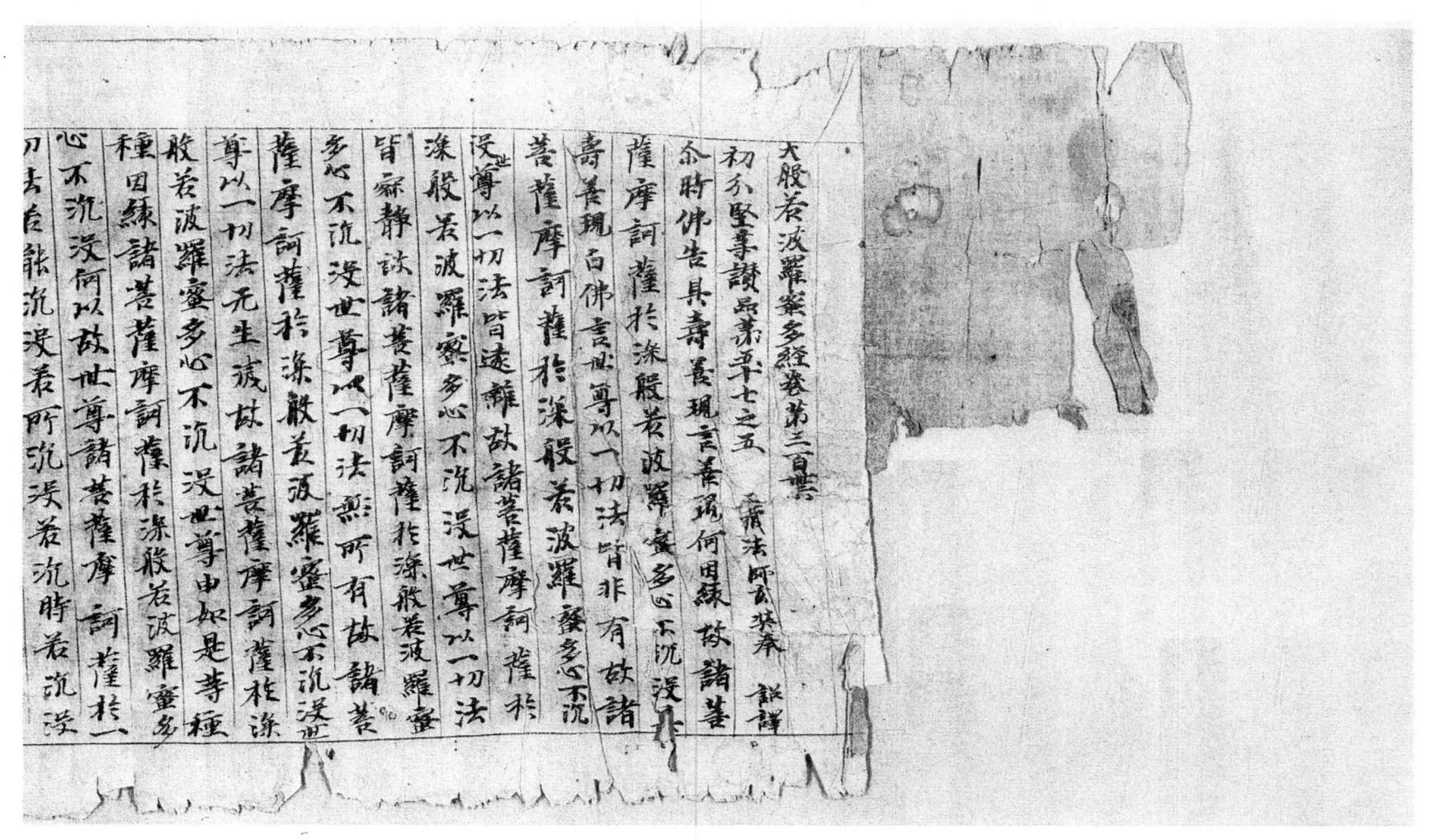

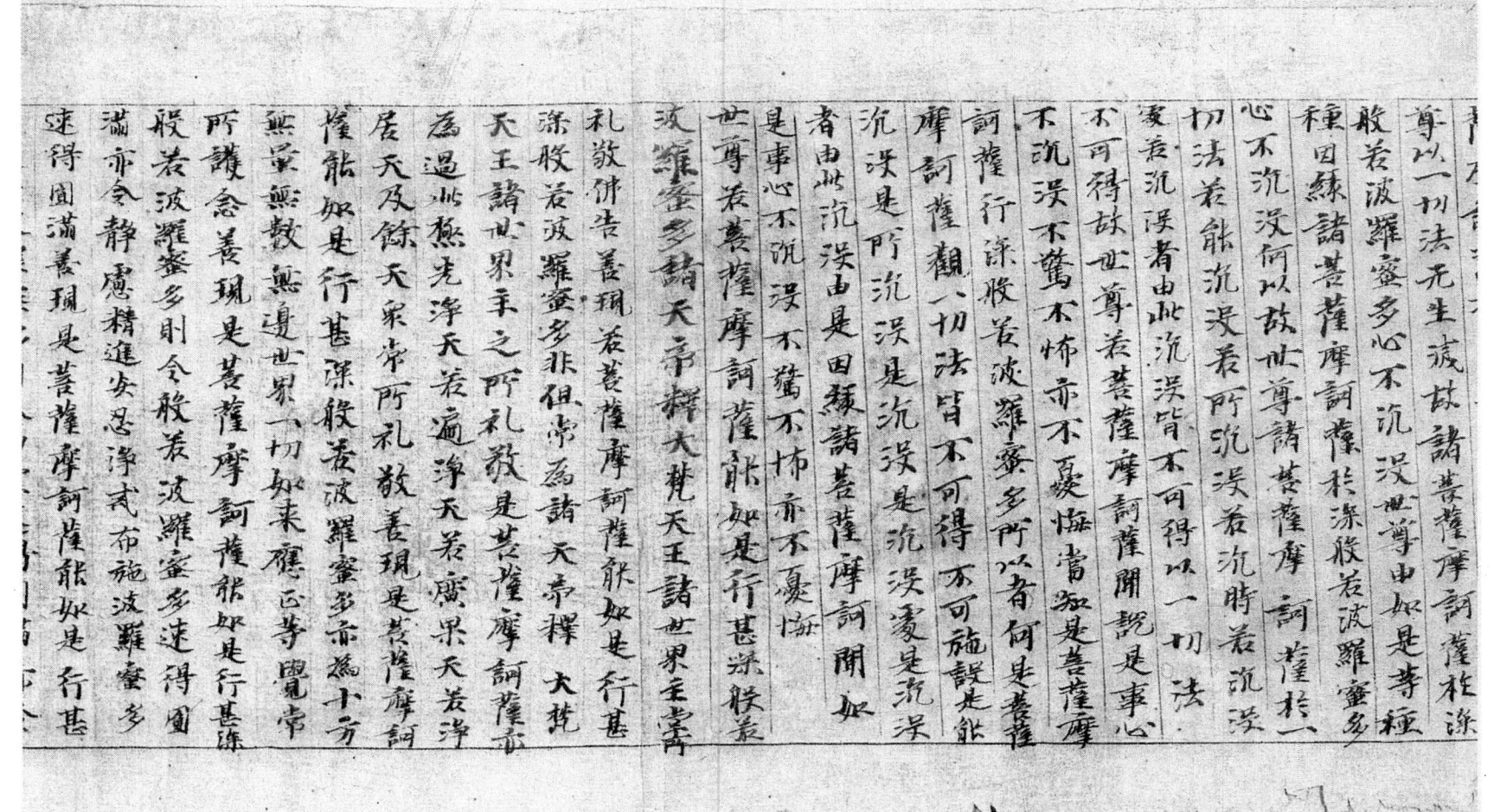

無量無數無邊世界一切如來應正等覺常
所護念善現是菩薩摩訶薩能如是行甚深
般若波羅蜜多時令般若波羅蜜多速得圓
滿亦令靜慮精進安忍淨戒布施波羅蜜多
速得圓滿善現是菩薩摩訶薩能如是行甚
深般若波羅蜜多時令內空速得圓滿亦令
外空內外空空空大空勝義空有為空無為
空畢竟空無際空散空無變異空本性空自
相空共相空一切法空不可得空無性空自
性空無性自性空速得圓滿善現是菩薩摩
訶薩能如是行甚深般若波羅蜜多時令真
如速得圓滿亦令法界法性不虛妄性不變
異性平等性離生性法定法住實際虛空界
不思議界速得圓滿善現是菩薩摩訶薩能
如是行甚深般若波羅蜜多時令苦聖諦速
得圓滿亦令集滅道聖諦速得圓滿善現是
菩薩摩訶薩能如是行甚深般若波羅蜜多
時令四靜慮速得圓滿亦令四無量四無色
定速得圓滿善現是菩薩摩訶薩能如是行
甚深般若波羅蜜多時令八解脫速得圓滿
亦令八勝處九次第定十遍處速得圓滿善
現是菩薩摩訶薩能如是行甚深般若波羅
蜜多時令四念住速得圓滿亦令四正斷四
神足五根五力七等覺支八聖道支速得圓
滿善現是菩薩摩訶薩能如是行甚深般若
波羅蜜多時令空解脫門速得圓滿亦令無

BD03902號　大般若波羅蜜多經卷三四六　（6–3）

現是菩薩摩訶薩能如是行甚深般若波羅
蜜多時令四念住速得圓滿亦令四正斷四
神足五根五力七等覺支八聖道支速得圓
滿善現是菩薩摩訶薩能如是行甚深般若
波羅蜜多時令空解脫門速得圓滿亦令無
相無願解脫門速得圓滿善現是菩薩摩訶
薩能如是行甚深般若波羅蜜多時令極喜
地速得圓滿亦令離垢地發光地焰慧地極
難勝地現前地遠行地不動地善慧地法雲
地速得圓滿善現是菩薩摩訶薩能如是行
甚深般若波羅蜜多時令五眼速得圓滿亦
令六神通速得圓滿善現是菩薩摩訶薩能
如是行甚深般若波羅蜜多時令佛十力速
得圓滿亦令四無所畏四無礙解大慈大悲
大喜大捨十八佛不共法速得圓滿善現是
菩薩摩訶薩能如是行甚深般若波羅蜜多
時令無忘失法速得圓滿亦令恒住捨性速
得圓滿善現是菩薩摩訶薩能如是行甚深
般若波羅蜜多時令一切智速得圓滿亦令
道相智一切相智速得圓滿善現是菩薩摩
訶薩能如是行甚深般若波羅蜜多時令一
切陀羅尼門速得圓滿亦令一切三摩地門
速得圓滿善現是菩薩摩訶薩能如是行甚
深般若波羅蜜多時令一切菩薩摩訶薩行
速得圓滿善現是菩薩摩訶薩能如是行甚
深般若波羅蜜多時令諸佛無上正等菩提

BD03902號　大般若波羅蜜多經卷三四六　（6–4）

訶薩能如是行甚深般若波羅蜜多則令一
切陁羅尼門速得圓滿亦令一切三摩地門
速得圓滿善現是菩薩摩訶薩能如是行甚
深般若波羅蜜多則令一切菩薩摩訶薩行
速得圓滿善現是菩薩摩訶薩能如是行甚
深般若波羅蜜多則令諸佛無上正等菩提
速得圓滿善現是菩薩摩訶薩能如是行甚
深般若波羅蜜多則令一切智智速得圓滿
復次善現若菩薩摩訶薩能如是行甚深般
若波羅蜜多常為諸佛之所護念速能圓滿
一切功德是菩薩摩訶薩當知行佛所應行
處速證無上正等菩提善現當知是菩薩摩
訶薩其心堅固假使十方殑伽沙等世界有
情皆變為魔是一一魔各復化作如是數魔
是諸惡魔皆有無量無邊神力如是諸魔不
能留難是菩薩摩訶薩令不能行甚深般若
波羅蜜多亦令不證所求無上正等菩提復
次善現若菩薩摩訶薩成就二法一切惡魔
不能阻壞令不能行甚深般若波羅蜜多亦
令不證所求無上正等菩提何等為二一觀
諸法皆畢竟空二不棄捨一切有情復次善
現若菩薩摩訶薩成就二法一切惡魔不能
阻壞令不能行甚深般若波羅蜜多亦令不
證所求無上正等菩提何等為二一如所言
皆悉能作二為諸佛常所護念復次善現若
菩薩摩訶薩能如是行甚深般若波羅蜜多

BD03902號　大般若波羅蜜多經卷三四六　（6–5）

不能阻壞令不能行甚深般若波羅蜜多亦
令不證所求無上正等菩提何等為二一觀
諸法皆畢竟空二不棄捨一切有情復次善
現若菩薩摩訶薩成就二法一切惡魔不能
阻壞令不能行甚深般若波羅蜜多亦令不
證所求無上正等菩提何等為二一如所言
皆悉能作二為諸佛常所護念復次善現若
菩薩摩訶薩能如是行甚深般若波羅蜜多
諸天子等常來礼敬親近供養請問勸發言
善男子汝欲疾證所求無上正等菩提當勤
住空無相無願何以故善男子若勤住空無
相無願無依怙者當作依怙無歸依者當作
歸依無救護者當作救護無投趣者當作投
趣無洲渚者當作洲渚無室宅者當作室宅
為闇冥者當作光明為盲聾者當作眼目何
以故善男子如是住空無相無願即為安住
甚深般若波羅蜜多若能安住甚深般若波
羅蜜多則能疾證所求無上正等菩提復次
善現若菩薩摩訶薩能如是住甚深般若波

BD03902號　大般若波羅蜜多經卷三四六　（6–6）

BD03902 號背　勘記

(1–1)

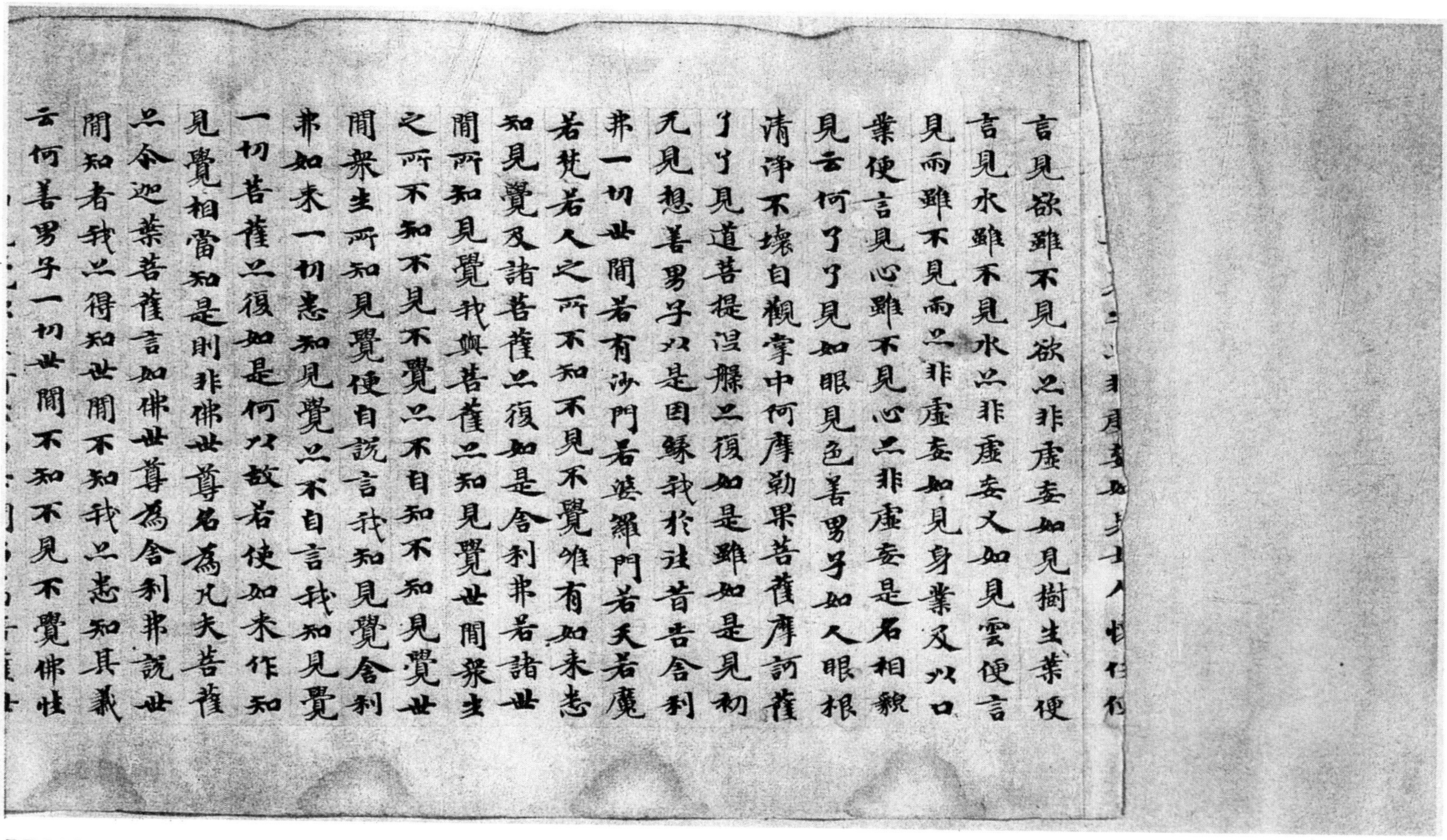

言見欲雖不見欲亦非虛妄如見樹生葉便
言見水雖不見水亦非虛妄又如見雲便言
見雨雖不見雨亦非虛妄如見身業及以口
業便言見心雖不見心亦非虛妄是名相貌
見云何了了見如眼見色善男子如人眼根
清淨不壞自觀掌中阿摩勒果菩薩摩訶薩
了了見道菩提涅槃亦復如是雖如是見初
无見想善男子以是因緣我於往昔告舍利
弗一切世間若有沙門若婆羅門若天若魔
若梵若人之所不知不見不覺唯有如來悉
知見覺及諸菩薩亦復如是舍利弗若諸世
間所知見覺我與菩薩亦知見覺世間衆生
之所不知不見不覺亦不自知不知見覺世
間衆生所知見覺便自說言我知見覺舍利
弗如來一切悉知見覺亦不自言我知見覺
一切菩薩亦復如是何以故若使如來作知
見覺相當知是則非佛世尊名為凡夫菩薩
亦今迦葉菩薩言如佛世尊為舍利弗說世
間知者我亦得知世間不知我亦悉知其義
云何善男子一切世間不知不見不覺佛性

BD03903 號　大般涅槃經（北本）卷一七

(7–1)

弗如來一切悉知見覺亦不自言我知見覺
一切菩薩亦復如是何以故若使如來作知
見覺相當知是則非佛世尊名為凡夫菩薩
亦尒迦葉菩薩言如佛世尊為舍利弗說世
間知者我亦得知世間不知我亦悉知其義
云何善男子一切世間不知不見不覺佛性
若有知見覺佛性者不名世間名為菩薩世
間之人亦復不知不見不覺十二部經十二
因緣四倒四諦三十七品阿耨多羅三藐三
菩提大般涅槃若知見覺者不名世間當名
菩薩善男子是名世間不知見覺云何世間
所知見覺所謂梵天自在天八臂天性時微
塵法及非法是造化主世間終始斷常二見
說言初禪至非非想名為涅槃善男子是名
世間所知見覺菩薩摩訶薩於如是事亦知
見覺菩薩如是知見覺已若言不知不見不
覺是為虛妄虛妄之法則為是罪以是罪故
墮於地獄善男子若男若女若沙門若婆羅
門說言无道菩提涅槃當知是輩名一闡提
魔之眷屬名為謗法如是謗法名謗諸佛如
是之人不名世間不名非世間尒時迦葉聞
是事已即以偈頌而讚嘆佛
大慈愍眾生　故令我歸依　善拔眾毒箭　故稱大醫王
世醫所療治　雖差還復生　如來所治者　畢竟不復發
世尊甘露藥　以施諸眾生　眾生既服已　不死亦不生
如來今為我　演說大涅槃　眾生聞祕藏　即得不生滅
迦葉菩薩說是偈已即白佛言世尊如佛所

BD03903 號　大般涅槃經（北本）卷一七　（7–2）

大慈愍眾生　故令我歸依　善拔眾毒箭　故稱大醫王
世醫所療治　雖差還復生　如來所治者　畢竟不復發
世尊甘露藥　以施諸眾生　眾生既服已　不死亦不生
如來今為我　演說大涅槃　眾生聞祕藏　即得不生滅
迦葉菩薩說是偈已即白佛言世尊如佛所
說一切世間不知見覺菩薩悉能知見覺者
若使菩薩是世間者不得說言世間不知不
見不覺是菩薩能知見覺若非世間有何異
相佛言善男子言菩薩者亦是世間亦非世
間不知見覺者名為世間知見覺者不名世
間汝言有何異者我今當說善男子若男若
女若有初聞是涅槃經即生敬信發阿耨多
羅三藐三菩提心者是則名為世間菩薩一
切世間不知見覺如是菩薩亦同世間不知
見覺菩薩聞是涅槃經已知有世間不知見
覺應是菩薩所知見覺知是事已即自思惟
我當云何方便脩習得知見覺覆復念言唯
當深心脩持淨戒善男子菩薩尒時以是因
緣於未來世在在生處戒常清淨善男子菩
薩摩訶薩以淨戒故在在生處常无憍慢邪
見疑罔終不說言如來畢竟入於涅槃是名
菩薩脩持淨戒戒既清淨次脩禪定以脩定
故在在生處正念不忘所謂一切眾生悉有
佛性十二部經諸佛世尊常樂我淨一切菩
薩安住方等大涅槃經悉見佛性如是等事
憶而不忘因脩定故得十一空是名菩薩脩
清淨定戒定已備次脩淨慧以脩慧故初不

BD03903 號　大般涅槃經（北本）卷一七　（7–3）

佛性十二部經諸佛世尊常樂我淨一切菩
故在在生處正念不忘所謂一切衆生悉有
薩安住方等大涅槃經悉見佛性如是等事
憶而不忘因脩定故得十一空是名菩薩脩
清淨定戒定已脩次脩淨慧以脩慧故初不
計著身中有我我中有身是身是我非身非
我是名菩薩脩習淨慧以脩慧故所受持戒
牢固不動善男子譬如須弥不爲四風之所
傾動菩薩摩訶薩亦復如是不爲四倒之所
傾動善男子菩薩尒時自知見覺所受持戒
无有傾動是名菩薩所知見覺非世間也善
男子菩薩見所持戒牢固不動心无悔恨无
悔恨故心得歡喜得歡喜故心得悅樂得悅
樂故心則安隱心安隱故得无動定得无動
定故得實知見實知見故猒離生死猒離生
死故便得解脫得解脫故明見佛性是名菩
薩所知見覺非世間也善男子是名世間不
知見覺而是菩薩所知見覺迦葉復言云何
菩薩脩持淨戒心无悔恨乃至明了見於佛
性佛言善男子世間戒者不名清淨何以故
世間戒者爲於有故性不定故非畢竟故不
能廣爲一切衆生以是義故名爲不淨以不
淨故有悔恨心以悔恨故心无歡喜无歡喜
故則无悅樂无悅樂故則无安隱无安隱故
无不動定无不動定故无實知見无實知見
故則无猒離无猒離故則无解脫无解脫故
不見佛性不見佛性故終不能得大般涅槃

BD03903 號　大般涅槃經（北本）卷一七　（7–4）

淨故有悔恨心以悔恨故心无歡喜无歡喜
故則无悅樂无悅樂故則无安隱无安隱故
无不動定无不動定故无實知見无實知見
故則无猒離无猒離故則无解脫无解脫故
不見佛性不見佛性故終不能得大般涅槃
是名世間戒不清淨善男子菩薩摩訶薩清
淨戒者戒非戒故非爲有故定畢竟故爲衆
生故是名菩薩戒清淨也善男子菩薩摩訶
薩於淨戒中雖不欲生无悔恨心无悔恨心
自然而生善男子譬如有人執持明鏡不期
見面面像自現亦如農夫種之良田不期生
牙而牙自生亦如然燈不期滅闇而闇自滅
善男子菩薩摩訶薩堅持淨戒无悔恨心自
然而生亦復如是以淨戒故心得歡喜善男
子如端正人自見面貌心生歡喜持淨戒者
亦復如是善男子破戒之人見戒不淨心不
歡喜如形殘者自見面貌不生喜悅破戒之
人亦復如是善男子譬如牧牛有二女人一
持酪瓶一持漿瓶俱共至城而欲責之於路
腳跌二瓶俱破一則歡喜一則愁惱持戒破
戒亦復如是持淨戒者心則歡喜心歡喜故
則便思惟諸佛如來於涅槃中說有能持清
淨戒者則得涅槃我今脩習如是淨戒亦應
得之以是因緣心則悅樂迦葉復言喜之与
樂有何差別善男子菩薩摩訶薩不作惡時
名爲歡喜心淨持戒名之爲樂善男子菩薩
摩訶薩觀於生死則名爲喜見大涅槃名之

BD03903 號　大般涅槃經（北本）卷一七　（7–5）

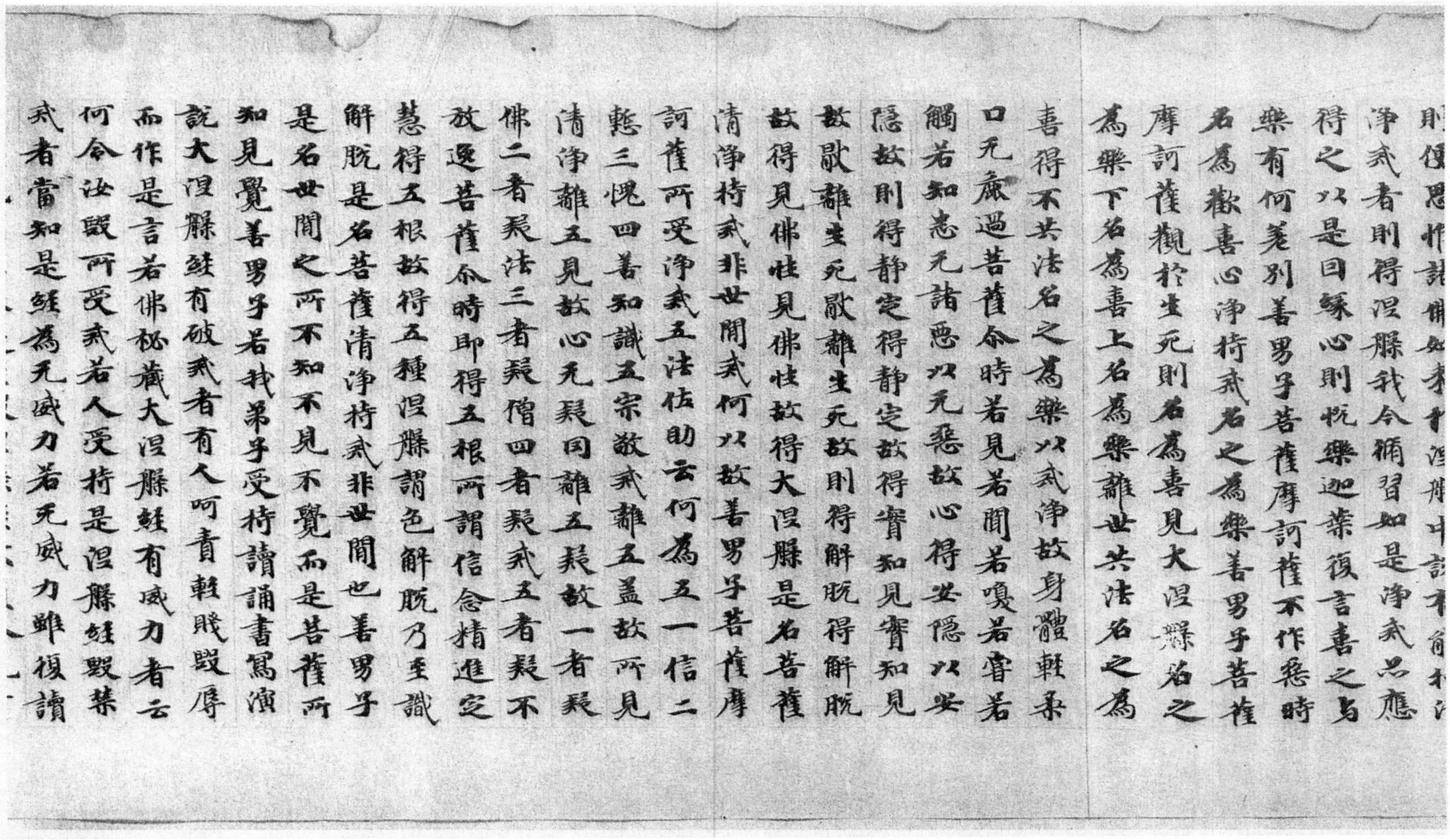
淨戒者則得涅槃我今脩習如是淨戒亦應
得之以是因緣心則悅樂迦葉復言善之與
樂有何差別善男子菩薩摩訶薩不作惡時
名為歡喜心淨持戒名之為樂善男子菩薩
摩訶薩觀於生死則名為喜見大涅槃名之
為樂下名為喜上名為樂離世共法名之為
喜得不共法名之為樂以戒淨故身體輕柔
口无麁過菩薩爾時若見若聞若嗅若甞若
觸若知悉无諸惡以无惡故心得安隱以安
隱故則得靜定得靜定故得實知見實知見
故猒離生死猒離生死故則得解脫得解脫
故得見佛性見佛性故得大涅槃是名菩薩
清淨持戒非世間戒何以故善男子菩薩摩
訶薩所受淨戒五法佐助云何為五一信二
慙三愧四善知識五宗敬戒離五蓋故所見
清淨離五見故心无疑網離五疑故一者疑
佛二者疑法三者疑僧四者疑戒五者疑不
放逸菩薩爾時即得五根所謂信念精進定
慧得五根故得五種涅槃謂色解脫乃至識
解脫是名菩薩清淨持戒非世間也善男子
是名世間之所不知不見不覺而是菩薩所
知見覺善男子若我弟子受持讀誦書寫演
說大涅槃經有破戒者有人呵責輕賤毀辱
而作是言若佛祕藏大涅槃經有威力者云
何令汝毀所受戒若人受持是涅槃經毀禁
戒者當知是經為无威力若无威力雖復讀

BD03903 號　大般涅槃經（北本）卷一七　（7–6）

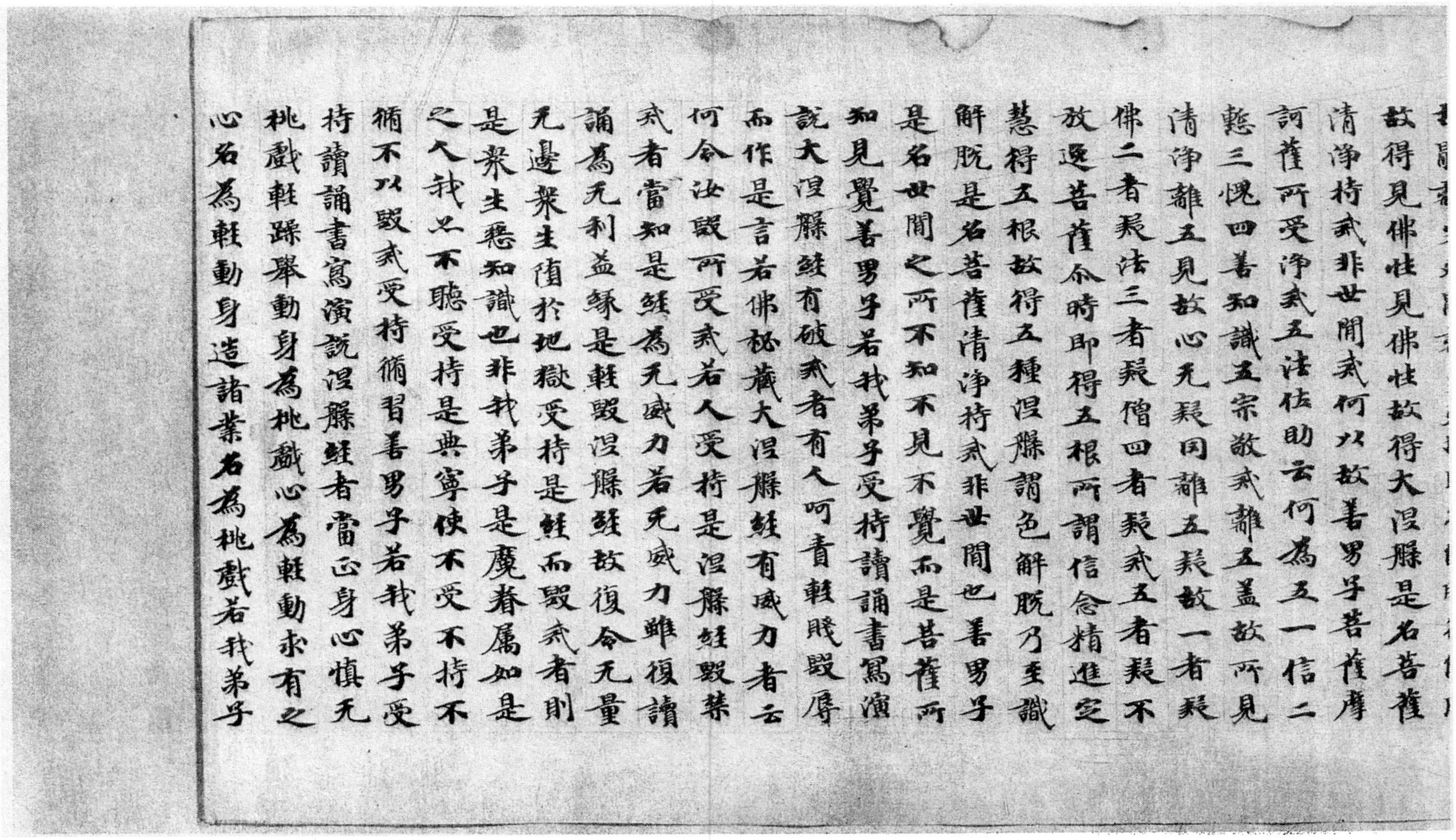
故得見佛性見佛性故得大涅槃是名菩薩
清淨持戒非世間戒何以故善男子菩薩摩
訶薩所受淨戒五法佐助云何為五一信二
慙三愧四善知識五宗敬戒離五蓋故所見
清淨離五見故心无疑網離五疑故一者疑
佛二者疑法三者疑僧四者疑戒五者疑不
放逸菩薩爾時即得五根所謂信念精進定
慧得五根故得五種涅槃謂色解脫乃至識
解脫是名菩薩清淨持戒非世間也善男子
是名世間之所不知不見不覺而是菩薩所
知見覺善男子若我弟子受持讀誦書寫演
說大涅槃經有破戒者有人呵責輕賤毀辱
而作是言若佛祕藏大涅槃經有威力者云
何令汝毀所受戒若人受持是涅槃經毀禁
戒者當知是經為无威力若无威力雖復讀
誦為无利益緣是輕毀涅槃經故復令无量
无邊衆生墮於地獄受持是經而毀戒者則
是衆生惡知識也非我弟子是魔眷屬如是
之人我亦不聽受持是典寧使不受不持不
循不以毀戒受持循習善男子若我弟子受
持讀誦書寫演說涅槃經者當正身心慎无
桃戲輕躁舉動身為桃戲心為輕動求有之
心名為輕動身造諸業名為桃戲若我弟子

BD03903 號　大般涅槃經（北本）卷一七　（7–7）

得作佛号釋迦牟尼以實无有法得阿耨多
羅三藐三菩提是故然燈佛與我受記作是
言汝於來世當得作佛号釋迦牟尼何以故
如來者即諸法如義若有人言如來得阿耨
多羅三藐三菩提須菩提實无有法佛得阿
耨多羅三藐三菩提須菩提如來所得阿耨
多羅三藐三菩提於是中无實无虛是故如
來說一切法皆是佛法須菩提所言一切法
者即非一切法是故名一切法須菩提譬如
人身長大須菩提言世尊如來說人身長大
則非大身是名大身須菩提菩薩亦如是若
作是言我當滅度无量衆生則不名菩薩何
以故須菩提實无有法名爲菩薩是故佛
說一切法无我无人无衆生无壽者須菩提
若菩薩作是言我當莊嚴佛土是不名菩薩
何以故如來說莊嚴佛土者即非莊嚴是名
莊嚴須菩提若菩薩通達无我法者如來
說名真是菩薩
須菩提於意云何如來有肉眼不如是世尊

BD03904號　金剛般若波羅蜜經

（6–1）

說一切法无我无人无衆生无壽者須菩提
若菩薩作是言我當莊嚴佛土是不名菩薩
何以故如來說莊嚴佛土者即非莊嚴是名
莊嚴須菩提若菩薩通達无我法者如來
說名真是菩薩
須菩提於意云何如來有肉眼不如是世尊
如來有肉眼須菩提於意云何如來有天眼
不如是世尊如來有天眼須菩提於意云何
如來有慧眼不如是世尊如來有慧眼須菩
提於意云何如來有法眼不如是世尊如來
有法眼須菩提於意云何如來有佛眼不如
是世尊如來有佛眼須菩提於意云何恒河
中所有沙佛說是沙不如是世尊如來說是
沙須菩提於意云何如一恒河中所有沙有
如是等恒河是諸恒河所有沙數佛世界如
是寧爲多不甚多世尊佛告須菩提尒所國
土中所有衆生若干種心如來悉知何以故
如來說諸心皆爲非心是名爲心所以者何
須菩提過去心不可得現在心不可得未來
心不可得須菩提於意云何若有人滿三千
大千世界七寶以用布施是人以是因緣得
福多不如是世尊此人以是因緣得福甚多
須菩提若福德有實如來不說得福德多以
福德无故如來說得福德多
須菩提於意云何佛可以具足色身見不不
也世尊如來不應以具足色身見何以故如來說

BD03904號　金剛般若波羅蜜經

（6–2）

福多不如是世尊此人以是因緣得福甚多
須菩提若福德有實如來不說得福德多以
福德无故如來說得福德多
須菩提於意云何佛可以具足色身見不不
也世尊如來不應以具足色身見何以故如來說
具足色身即非具足色身是名具足色身須
菩提於意云何如來可以具足諸相見不不
也世尊如來不應以具足諸相見何以故如
來說諸相具足即非具足是名諸相具足須
菩提汝等勿謂如來作是念我當有所說法
莫作是念何以故若人言如來有所說法即
為謗佛不能解我所說故須菩提說法者无
法可說是名說法須菩提白佛言世尊佛得
阿耨多羅三藐三菩提為无所得邪如是如
是須菩提我於阿耨多羅三藐三菩提乃至
无有少法可得是名阿耨多羅三藐三菩提
復次須菩提是法平等无有高下是名阿耨
多羅三藐三菩提以无我无人无衆生无壽
者脩一切善法則得阿耨多羅三藐三菩提
須菩提所言善法者如來說非善法是名
善法須菩提若三千大千世界中所有諸須
弥山王如是等七寶聚有人持用布施若人以
此般若波羅蜜經乃至四句偈等受持讀誦
為他人說於前福德百分不及一百千万億
分乃至筭數譬喻所不能及
須菩提於意云何汝等勿謂如來作是念我

此般若波羅蜜經乃至四句偈等受持讀誦
為他人說於前福德百分不及一百千万億
分乃至筭數譬喻所不能及
須菩提於意云何汝等勿謂如來作是念我
當度衆生須菩提莫作是念何以故實无有
衆生如來度者若有衆生如來度者如來則
有我人衆生壽者須菩提如來說有我者則
非有我而凡夫之人以為有我須菩提凡夫
者如來說則非凡夫須菩提於意云何可以
三十二相觀如來不須菩提言如是如是以
三十二相觀如來佛言須菩提若以三十二
相觀如來者轉輪聖王則是如來須菩提白
佛言世尊如我解佛所說義不應以三十二
相觀如來尒時世尊而說偈言
若以色見我以音聲求我是人行邪道不能見如
來須菩提汝若作是念如來不以具足相故得阿
耨多羅三藐三菩提須菩提莫作是念如來
不以具足相故得阿耨多羅三藐三菩提須
菩提汝若作是念發阿耨多羅三藐三菩提
者說諸法斷滅相莫作是念何以故發阿耨
多羅三藐三菩提者於法不說斷滅相須
菩提若菩薩以滿恒河沙等世界七寶布施
若復有人知一切法无我得成於忍此菩
薩勝前菩薩所得功德須菩提以諸菩薩
不受福德須菩提菩薩所作福德不應貪著
是故說不受福德須菩提若有人言如來若

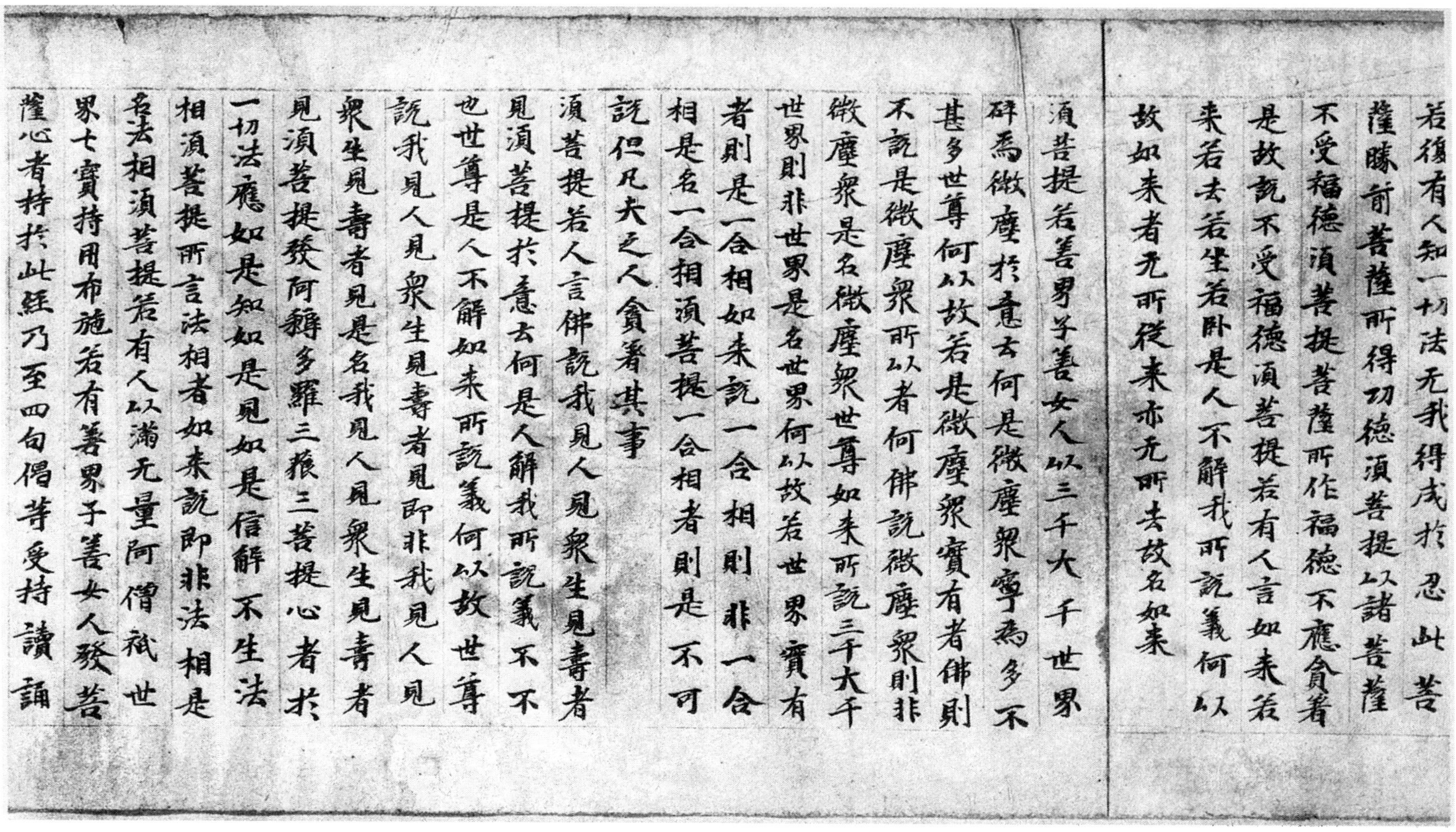

若復有人知一切法无我得成於忍此菩
薩勝前菩薩所得功德須菩提以諸菩薩
不受福德須菩提菩薩所作福德不應貪著
是故說不受福德須菩提若有人言如来若
来若去若坐若卧是人不解我所說義何以
故如来者无所從来亦无所去故名如来
須菩提若善男子善女人以三千大千世界
碎為微塵於意云何是微塵衆寧為多不
甚多世尊何以故若是微塵衆實有者佛則
不說是微塵衆所以者何佛說微塵衆則非
微塵衆是名微塵衆世尊如来所說三千大千
世界則非世界是名世界何以故若世界實有
者則是一合相如来說一合相則非一合
相是名一合相須菩提一合相者則是不可
說但凡夫之人貪著其事
須菩提若人言佛說我見人見衆生見壽者
見須菩提於意云何是人解我所說義不不
也世尊是人不解如来所說義何以故世尊
說我見人見衆生見壽者見即非我見人見
衆生見壽者見是名我見人見衆生見壽者
見須菩提發阿耨多羅三藐三菩提心者於
一切法應如是知如是見如是信解不生法
相須菩提所言法相者如来說即非法相是
名法相須菩提若有人以滿无量阿僧祇世
界七寶持用布施若有善男子善女人發菩
薩心者持於此經乃至四句偈等受持讀誦

BD03904號　金剛般若波羅蜜經　（6–5）

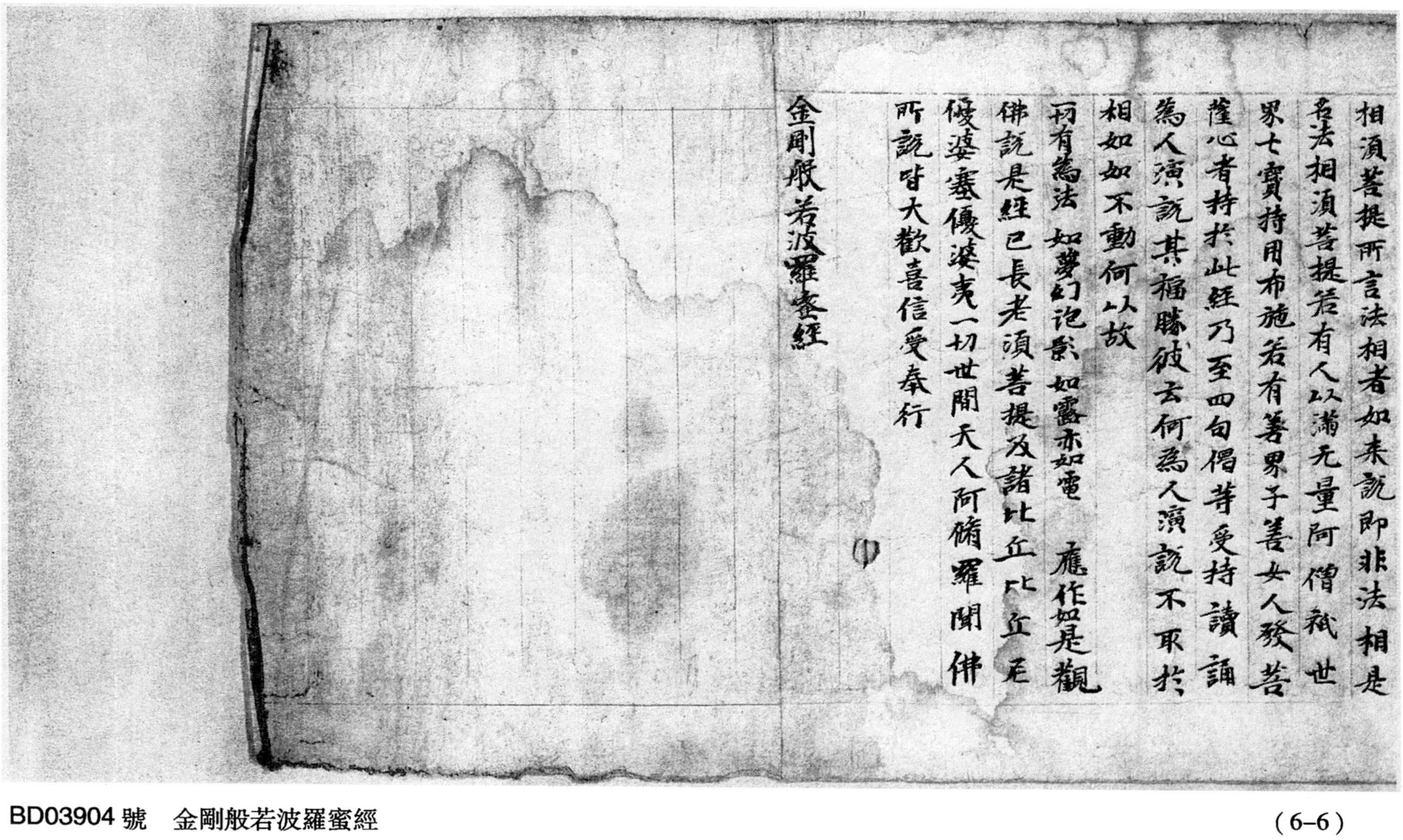

相須菩提所言法相者如来說即非法相是
名法相須菩提若有人以滿无量阿僧祇世
界七寶持用布施若有善男子善女人發菩
薩心者持於此經乃至四句偈等受持讀誦
為人演說其福勝彼云何為人演說不取於
相如如不動何以故
一切有為法　如夢幻泡影　如露亦如電　應作如是觀
佛說是經已長老須菩提及諸比丘比丘尼
優婆塞優婆夷一切世間天人阿脩羅聞佛
所說皆大歡喜信受奉行
金剛般若波羅蜜經

BD03904號　金剛般若波羅蜜經　（6–6）

躍一心思惟還至本處於夜夢中見大金鼓
光明晃耀猶如日輪於此光中得見十方无
量諸佛於寶樹下坐瑠璃座无量百千大衆
圍繞而為說法見一婆羅門桴擊金鼓出大
音聲聲中演說微妙伽他明懺悔法妙幢聞
已皆悉憶持繫念而住至天曉已與无量百
千衆圍繞　舍城詣鷲峯山
至世尊所礼佛足已布設香花右繞三匝退
坐一面合掌恭敬瞻仰尊顏白佛言世尊我
於夢中見婆羅門以手執桴擊妙金鼓出大
音聲聲中演說微妙伽他明懺悔法我皆憶
持唯願世尊降大慈悲聽我所說即於佛前
而說頌曰

我於昨夜中　夢見大金鼓　其形極姝妙　周遍有金光
猶如盛日輪　光明皆普耀　充滿十方界　咸見於諸佛
在於寶樹下　各處瑠璃座　无量百千衆　恭敬而圍繞
有一婆羅門　以杖擊金鼓　於其鼓聲內　說此妙伽他
金光明鼓出妙聲　遍至三千大千界

BD03905 號　金光明最勝王經卷二　（6–1）

我於昨夜中　夢見大金鼓　其形極姝妙　周遍有金光
猶如盛日輪　光明皆普耀　充滿十方界　咸見於諸佛
在於寶樹下　各處瑠璃座　无量百千衆　恭敬而圍繞
有一婆羅門　以杖擊金鼓　於其鼓聲內　說此妙伽他
金光明鼓出妙聲　遍至三千大千界
能滅三塗極重罪　及以人中諸苦厄
由此金鼓聲威力　永滅一切煩惱障
斷除怖畏令安隱　譬如自在牟尼尊
佛於生死大海中　積行修成一切智
能令衆生覺品具　究竟咸歸功德海
由此金鼓出妙聲　普令聞者獲梵響
證得无上菩提果　常轉清淨妙法輪
住壽不可思議劫　隨機說法利群生
能斷煩惱衆苦流　貪瞋癡等皆除滅
若有衆生處惡趣　大火猛焰周遍身
若得聞是妙鼓音　即能離苦歸依佛
皆得成就宿命智　能憶過去百千生
悉皆正念牟尼尊　得聞如來甚深教
由聞金鼓勝妙音　常得親近於諸佛
悉能捨離諸惡業　純脩清淨諸善品
一切天人有情類　慇重至誠祈願者
得聞金鼓妙音聲　能令所求皆滿足
衆生墮在无間獄　猛火炎熾苦焚身
无有救護處輪迴　聞者能令苦除滅
人天餓鬼傍生中　所有現受諸苦難

BD03905 號　金光明最勝王經卷二　（6–2）

得聞金鼓妙音聲　能令所求皆滿足
衆生墮在无間獄　猛火炎熾苦焚身
无有救護處輪迴　聞者能令苦除滅
人天餓鬼傍生中　所有現受諸苦難
得聞金鼓發妙響　皆蒙離苦得解脫
現在十方界　常住兩足尊　願以大悲心　哀愍憶念我
衆生无歸依　亦无有救護　爲如是等類　能作大歸依
我先所作罪　極重諸惡業　今對十力前　至心皆懺悔
我不信諸佛　亦不敬尊親　不務脩衆善　常造諸惡業
或自恃尊高　種姓及財位　盛年行放逸　常造諸惡業
心恒起邪念　口陳於惡言　不見於過罪　常造諸惡業
恒作愚夫行　无明闇覆心　隨順不善友　常造諸惡業
或因諸戲樂　或復懷憂惱　爲貪瞋所纏　故我造諸惡
親近不善人　及由慳嫉意　貧窮行謟誑　故我造諸惡
雖不樂衆過　由有怖畏故　及不得自在　故我造諸惡
或爲躁動心　或因瞋恚恨　及以飢渴惱　故我造諸惡
由飲食衣服　及貪愛女人　煩惱火所燒　故我造諸惡
於佛法僧衆　不生恭敬心　作如是衆罪　我今悉懺悔
於獨覺菩薩　亦无恭敬心　作如是衆罪　我今悉懺悔
无知謗正法　不孝於父母　作如是衆罪　我今悉懺悔
由愚癡憍慢　及以貪瞋力　作如是衆罪　我今悉懺悔
我於十方界　供養无數佛　當願拔衆生　令離諸苦難
願一切有情　皆令住十地　福智圓滿已　成佛導群迷
我爲諸衆生　苦行百千劫　以大智慧力　皆令出苦海
我爲諸含識　演說甚深經　最勝金光明　能除諸惡業

BD03905 號　金光明最勝王經卷二　（6–3）

由愚癡憍慢　及以貪瞋力　作如是衆罪　我今悉懺悔
我於十方界　供養无數佛　當願拔衆生　令離諸苦難
願一切有情　皆令住十地　福智圓滿已　成佛導群迷
我爲諸衆生　苦行百千劫　以大智慧力　皆令出苦海
我爲諸含識　演說甚深經　最勝金光明　能除諸惡業
若人百千劫　造諸極重罪　暫時能發露　衆惡盡消除
依此金光明　作如是懺悔　由斯能速盡　一切諸苦業
勝定百千種　不思議總持　根力覺道支　脩習常无倦
我當至十地　具足珍寶處　圓滿佛功德　濟度生死流
我於諸佛海　甚深功德藏　妙智難思議　皆令得具足
唯願十方佛　觀察護念我　皆以大悲心　哀受我懺悔
我於多劫中　所造諸惡業　由斯生苦惱　哀愍願消除
我造諸惡業　常生憂怖心　於四威儀中　曾无歡樂想
諸佛具大悲　能除衆生怖　願受我懺悔　令得離憂苦
我有煩惱障　及以諸報業　願以大悲水　洗濯令清淨
我先作諸罪　及現造惡業　至心皆發露　咸願得蠲除
未來諸惡業　防護令不起　設令有違者　終不敢覆藏
身三語四種　意業復有三　繫縛諸有情　无始恒相續
由斯三種行　造作十惡業　如是衆多罪　我今皆懺悔
我造諸惡業　苦報當自受　今於諸佛前　至誠皆懺悔
於此贍部洲　及他方世界　所有諸善業　今我皆隨喜
願離十惡業　修行十善道　安住十地中　常見十方佛
我以身語意　所修福智業　願以此善根　速成无上慧
我今親對十力前　發露衆多苦難事
凡愚迷惑三有難　恒造極重惡業難

BD03905 號　金光明最勝王經卷二　（6–4）

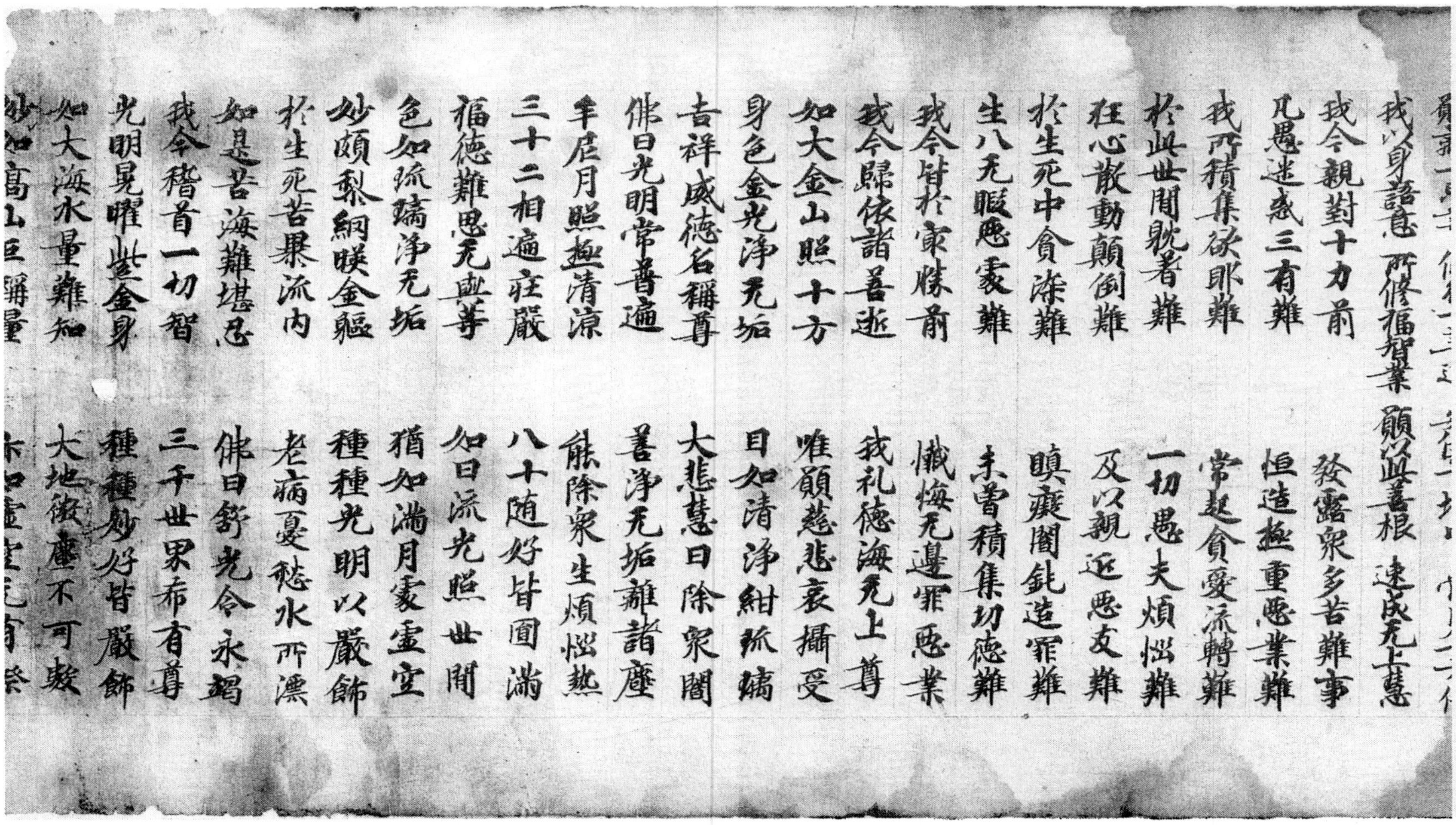

我以身語意　所修福智業　願以此善根　速成无上慧
我今親對十力前　發露衆多苦難事
凡愚迷惑三有難　恒造極重惡業難
我所積集欲邪難　常起貪愛流轉難
於此世間耽著難　一切愚夫煩惱難
狂心散動顛倒難　及以親近惡友難
於生死中貪染難　瞋癡闇鈍造罪難
生八无暇惡處難　未曾積集功德難
我今皆於最勝前　懺悔无邊罪惡業
我今歸依諸善逝　我礼德海无上尊
如大金山照十方　唯願慈悲哀攝受
身色金光淨无垢　目如清淨紺琉璃
吉祥威德名稱尊　大悲慧日除衆闇
佛日光明常普遍　善淨无垢離諸塵
牟尼月照極清涼　能除衆生煩惱熱
三十二相遍莊嚴　八十隨好皆圓滿
福德難思无與等　如日流光照世間
色如琉璃淨无垢　猶如滿月處虛空
妙頗梨綱映金軀　種種光明以嚴飾
於生死苦瀑流內　老病憂愁水所漂
如是苦海難堪忍　佛日舒光令永竭
我今稽首一切智　三千世界希有尊
光明晃曜紫金身　種種妙好皆嚴飾
如大海水量難知　大地微塵不可數
妙如高山叵稱量　亦如虛空无有際

BD03905 號　金光明最勝王經卷二　（6–5）

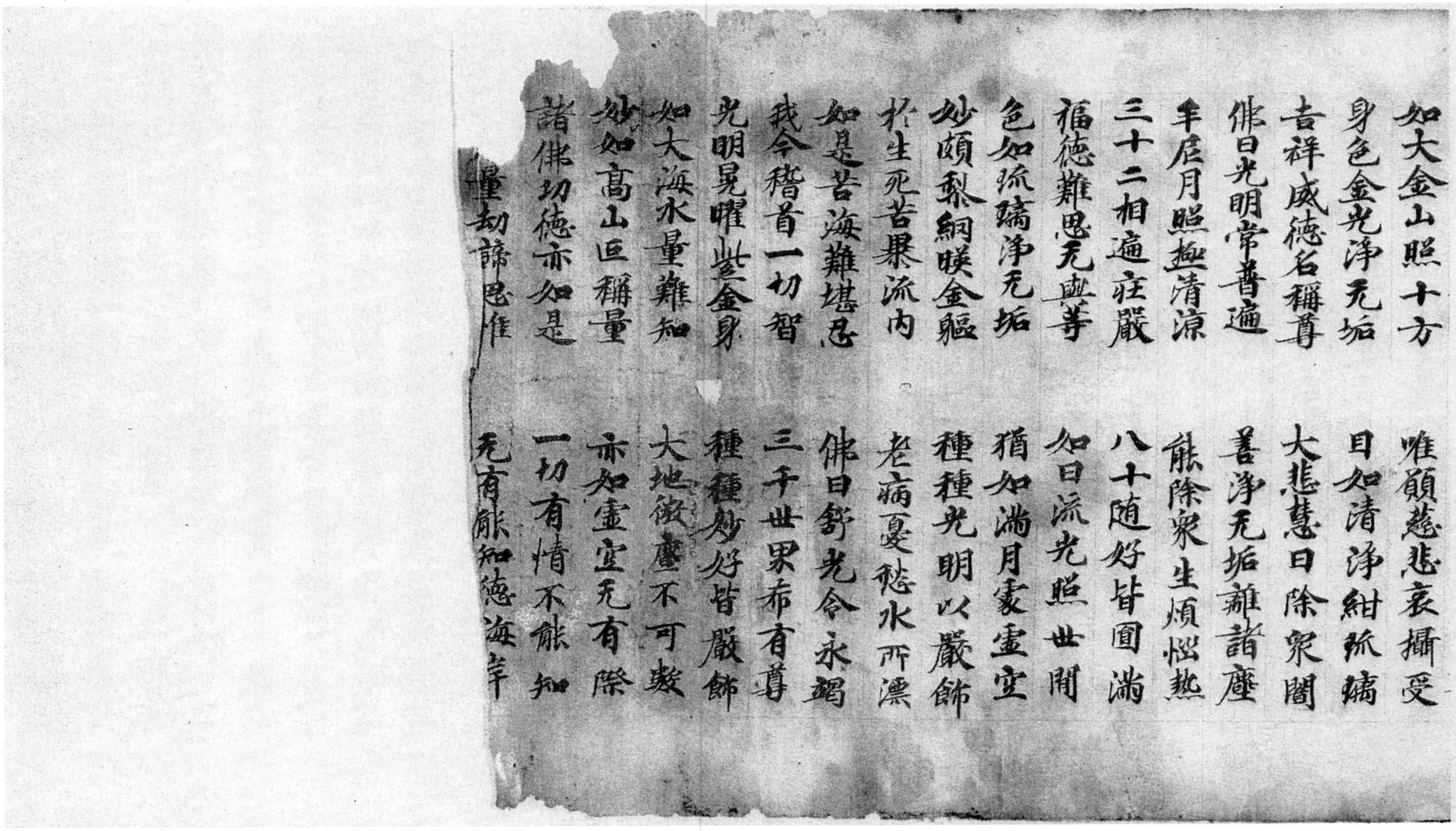

如大金山照十方　唯願慈悲哀攝受
身色金光淨无垢　目如清淨紺琉璃
吉祥威德名稱尊　大悲慧日除衆闇
佛日光明常普遍　善淨无垢離諸塵
牟尼月照極清涼　能除衆生煩惱熱
三十二相遍莊嚴　八十隨好皆圓滿
福德難思无與等　如日流光照世間
色如琉璃淨无垢　猶如滿月處虛空
妙頗梨綱映金軀　種種光明以嚴飾
於生死苦瀑流內　老病憂愁水所漂
如是苦海難堪忍　佛日舒光令永竭
我今稽首一切智　三千世界希有尊
光明晃曜紫金身　種種妙好皆嚴飾
如大海水量難知　大地微塵不可數
妙如高山叵稱量　亦如虛空无有際
諸佛功德亦如是　一切有情不能知
量劫諦思惟　无有能知德海岸

BD03905 號　金光明最勝王經卷二　（6–6）

BD03905號背　白畫瑞獸及題記（擬）

（1–1）

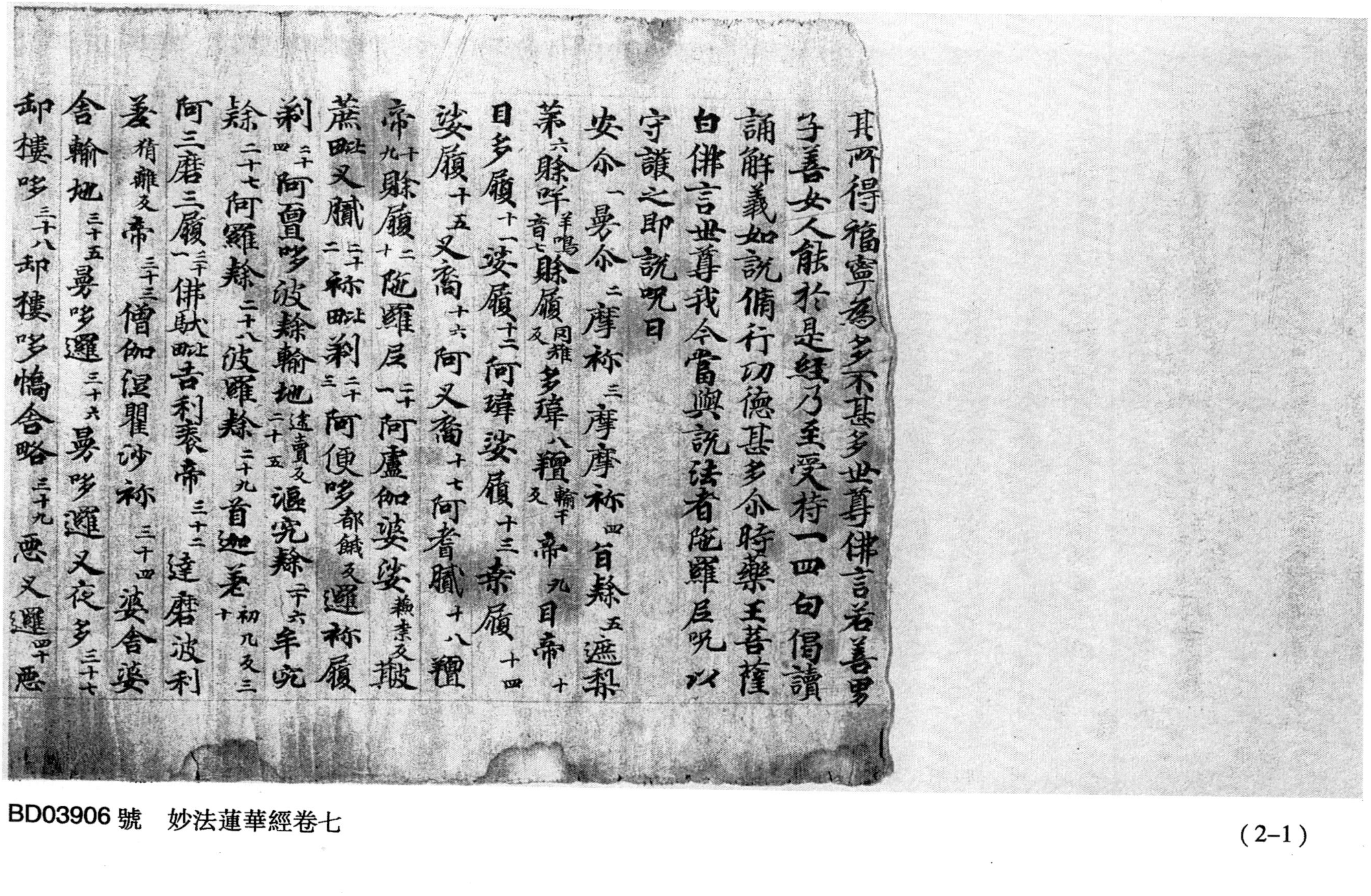

其所得福寧為多不甚多世尊佛言若善男
子善女人能於是經乃至受持一四句偈讀
誦解義如說脩行功德甚多尒時藥王菩薩
白佛言世尊我今當與說法者陁羅尼呪以
守護之即說呪曰
安尒一曼尒二摩祢三摩摩祢四旨隸五遮梨
苐六賒咩羊鳴音七賒履同雅反多瑋八羶輸千反帝九目帝十
目多履十一娑履十二阿瑋娑履十三桑履十四
娑履十五叉裔十六阿叉裔十七阿耆膩十八羶
帝十九賒履二十陁羅尼二十一阿盧伽婆娑蘇奈反簸
蔗毗叉膩二十二祢毗剃二十三阿便哆都餓反邏祢履
剃二十四阿亶哆波隸輸地途賣反二十五漚究隸二十六牟究
隸二十七阿羅隸二十八波羅隸二十九首迦差初几反三十
阿三磨三履三十一佛馱毗吉利袠帝三十二達磨波利
差猜離反帝三十三僧伽涅瞿沙祢三十四婆舍婆
舍輸地三十五曼哆邏三十六曼哆邏叉夜多三十七
郵樓哆三十八郵樓哆憍舍略三十九惡叉邏四十惡

BD03906號　妙法蓮華經卷七

（2–1）

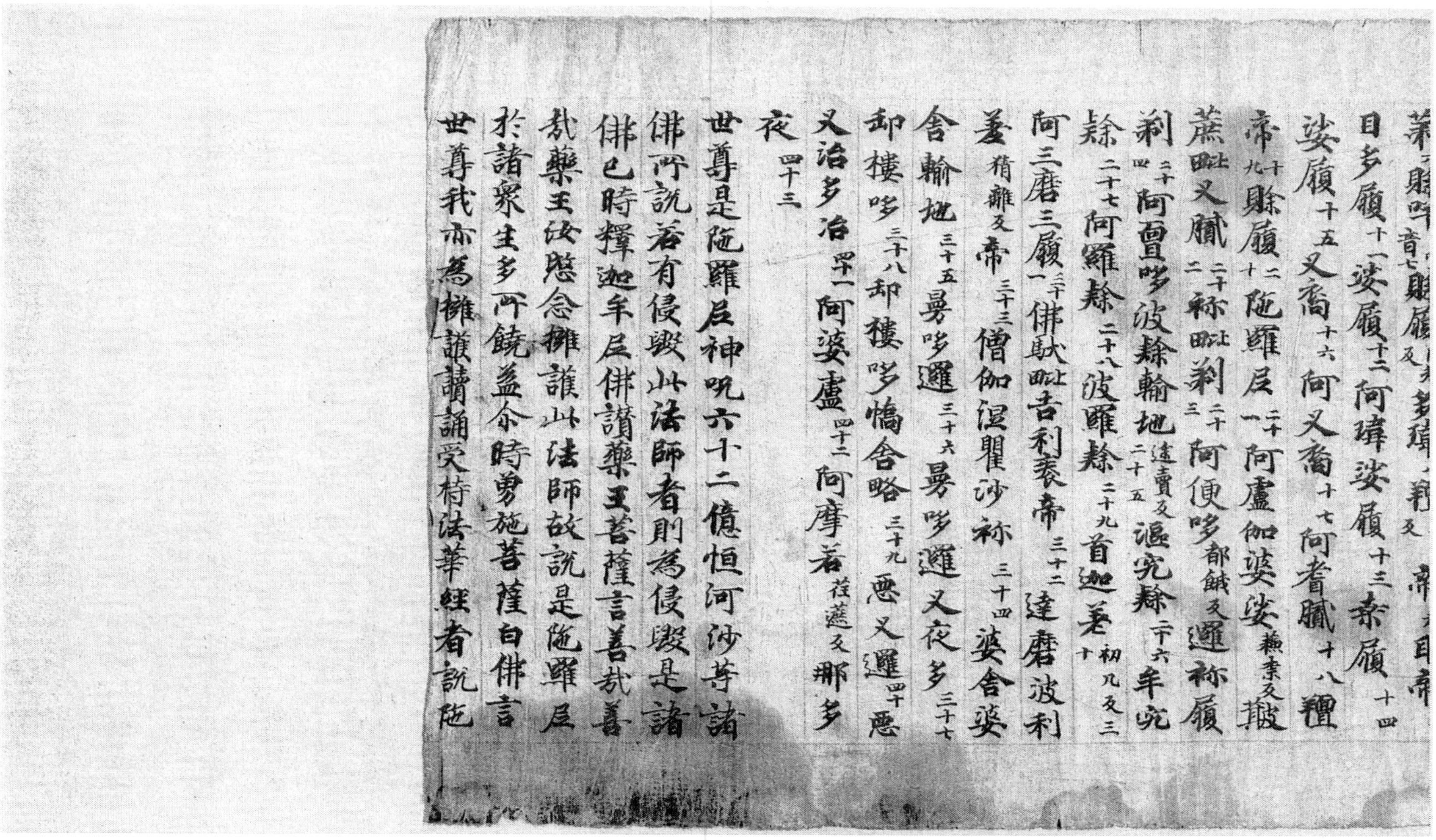

目多履十一娑履十二阿瑋娑履十三桑履十四
娑履十五叉裔十六阿叉裔十七阿耆膩十八羶
帝十九賒履二十陀羅尼二十一阿盧伽婆娑(蘇柰反)簸
蔗毗(比)叉膩二十二禰毗(比)剃二十三阿便哆(都餓反)邏禰履
剃二十四阿亶哆波隸輸地(途賣反)二十五漚究隸二十六牟究
隸二十七阿羅隸二十八波羅隸二十九首迦差(初几反)三十
阿三磨三履三十一佛馱毗(比)吉利袠帝三十二達磨波利
差(猜離反)帝三十三僧伽涅瞿沙禰三十四婆舍婆
舍輸地三十五曼哆邏三十六曼哆邏叉夜多三十七
郵樓哆三十八郵樓哆憍舍略三十九惡叉邏四十惡
叉冶多冶四十一阿婆盧四十二阿摩若(荏蔗反)那多
夜四十三
世尊是陀羅尼神呪六十二億恒河沙等諸
佛所說若有侵毀此法師者則為侵毀是諸
佛已時釋迦牟尼佛讚藥王菩薩言善哉善
哉藥王汝愍念擁護此法師故說是陀羅尼
於諸衆生多所饒益尒時勇施菩薩白佛言
世尊我亦為擁護讀誦受持法華經者說陀

BD03906號　妙法蓮華經卷七　（2–2）

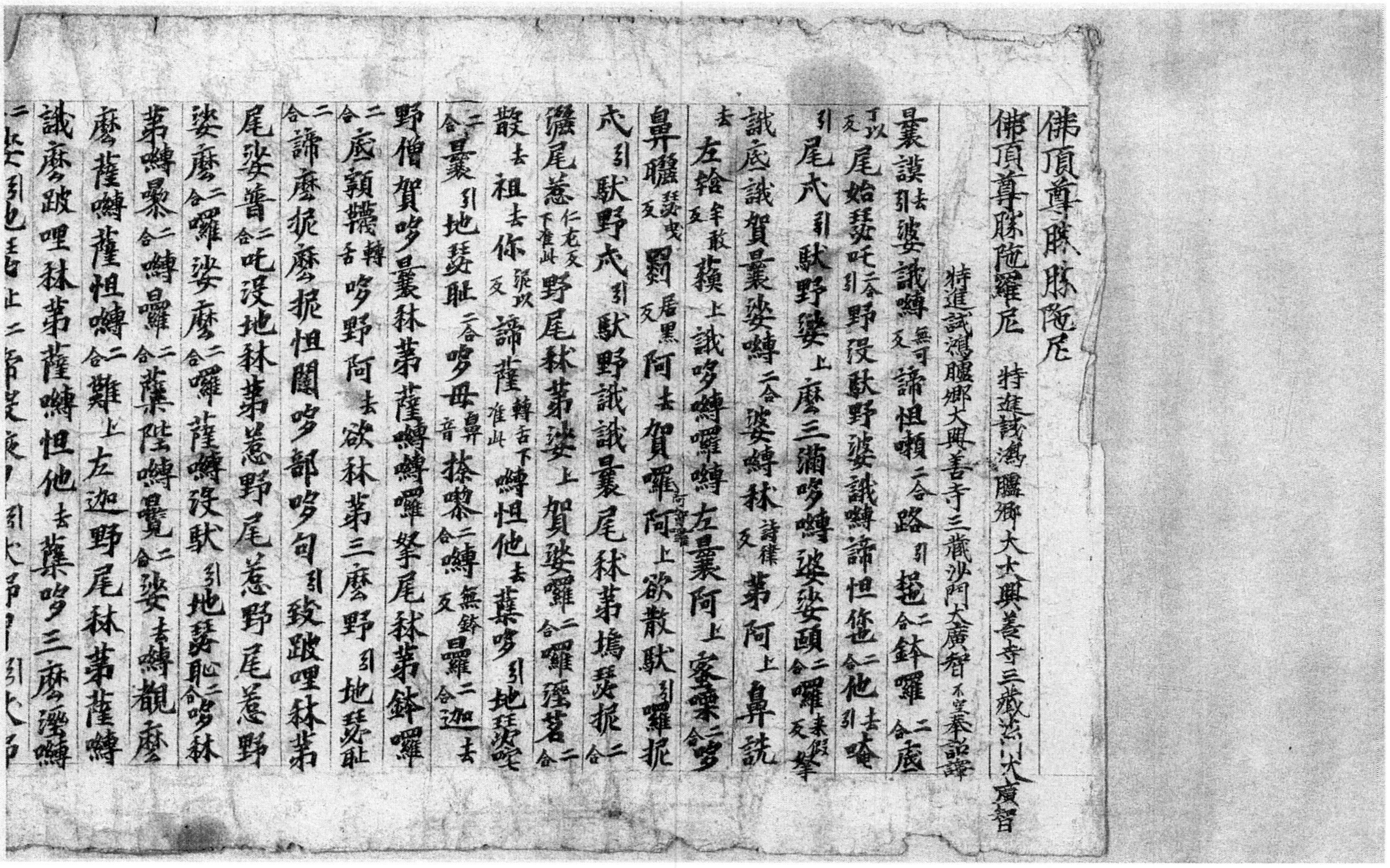

佛頂尊勝陀羅尼
特進試鴻臚卿大興善寺三藏沙門大廣智不空奉詔譯

BD03907號　佛頂尊勝陀羅尼咒　（2–1）

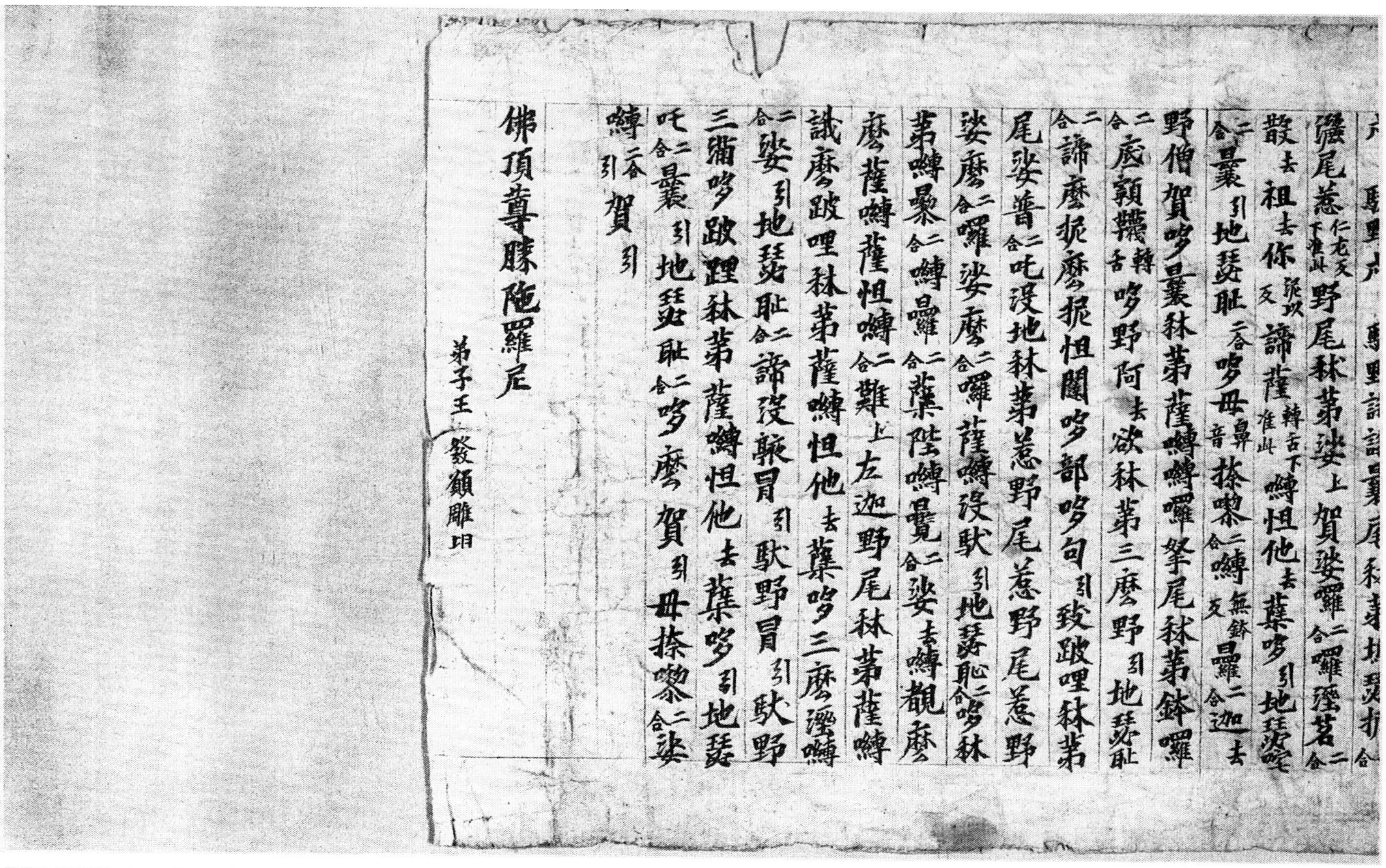

[illegible]
瓕尾惹(仁尤反下准此)野尾秫茀娑(上)賀娑囉(二合)囉瓕茖(二合)
散(去)祖(去)你(泥以反)諦薩(轉舌下准此)嚩怛他(去)蘖哆(引)地瑟姹
曩(二合)(引)地瑟耻(二合)哆母(鼻音)捺㘑(二合)嚩(無鉢反)曩囉(二合)迦(去)
野僧賀哆曩曩秫茀薩嚩嚩囉拏尾秫茀鉢囉
底(二合)穎𩚵(轉舌)哆野阿(去)欲秫茀三麽野(引)地瑟耻
諦(二合)麽抳麽抳怛闥哆部哆句(引)致跛哩秫茀
尾娑普(二合)吒沒地秫茀惹野惹野尾惹野尾惹野
娑麽(二合)囉娑麽(二合)囉薩嚩沒馱(引)地瑟耻(二合)哆秫
茀嚩曩(二合)嚩曩囉(二合)蘖陛嚩曩覽(二合)婆(去)嚩覩麽
麽薩嚩薩怛嚩(二合)難(上)左迦野尾秫茀薩嚩
誐麽跛哩秫茀薩嚩怛他(去)蘖哆三麽濕嚩
娑(二合)(引)地瑟耻(二合)諦沒馱冐(引)馱野冐(引)馱野
三滿哆跛哩秫茀薩嚩怛他(去)蘖哆(引)地瑟
吒(二合)曩(引)地瑟耻(二合)哆麽賀(引)母捺㘑(二合)娑
嚩(二合)(引)賀(引)

佛頂尊勝陁羅尼

弟子王發願雕印

BD03907 號　佛頂尊勝陀羅尼咒

（2–2）

怛賴路杈也

佛頂尊勝陁羅

佛頂尊勝陁羅尼尼佛頂尊勝

BD03907 號背　雜寫

（1–1）

妙法蓮華經妙音菩薩品第二十四　七
尒時釋迦牟尼佛放大人相肉髻光明及放
眉間白毫相光遍照東方百八万億那由他
恒河沙等諸佛世界過是數已有世界名淨
光莊嚴其國有佛号淨華宿王智如來應供
正遍知明行足善逝世間解无上士調御丈
夫天人師佛世尊為无量无邊菩薩大衆恭
敬圍繞而為說法釋迦牟尼佛白毫光明遍
照其國尒時一切淨光莊嚴國中有一菩薩
名曰妙音久已殖衆德本供養親近无量百
千万億諸佛而悉成就甚深智慧得妙幢
相三昧法華三昧淨德三昧宿王戲三昧无緣
三昧智印三昧解一切衆生語言三昧集一切
功德三昧清淨三昧神通遊戲三昧慧炬三
昧莊嚴王三昧淨光明三昧淨藏三昧不共
三昧日旋三昧得如是百千万億恒河沙等
諸大三昧釋迦牟尼佛光照其身即白淨華

BD03908號　妙法蓮華經卷七　（11–1）

相三昧法華三昧淨德三昧宿王戲三昧无緣
三昧智印三昧解一切衆生語言三昧集一切
功德三昧清淨三昧神通遊戲三昧慧炬三
昧莊嚴王三昧淨光明三昧淨藏三昧不共
三昧日旋三昧得如是百千万億恒河沙等
諸大三昧釋迦牟尼佛光照其身即白淨華
宿王智佛言世尊我當往詣娑婆世界礼拜
親近供養釋迦牟尼佛及見文殊師利法王
子菩薩藥王菩薩勇施菩薩宿王華菩薩
上行意菩薩莊嚴王菩薩藥上菩薩尒時
淨華宿王智佛告妙音菩薩汝莫輕彼國生下
劣想善男子彼娑婆世界高下不平土石諸
山穢惡充滿佛身卑小諸菩薩衆其形亦小
而汝身四万二千由旬我身六百八十万由旬
汝身第一端正百千万福光明殊妙是故汝
汝往莫輕彼國若佛菩薩及國土生下劣想
妙音菩薩白其佛言世尊我今詣娑婆世界
皆是如來之力如來神通遊戲如來功德智
慧莊嚴於是妙音菩薩不起于座身不動搖
而入三昧以三昧力於耆闍崛山去法座不遠
化作八万四千衆寶蓮華閻浮檀金為莖白
銀為葉金剛為鬚甄叔迦寶以為其臺尒時
文殊師利法王子見是蓮華而白佛言世尊
是何因緣先現此瑞有若干千万蓮華閻
浮檀金為莖白銀為葉金剛為鬚甄叔迦寶
以為其臺尒時釋迦牟尼佛告文殊師利是
妙音菩薩摩訶薩欲從淨華宿王智佛國

BD03908號　妙法蓮華經卷七　（11–2）

鉀為葉金剛為鬚甄叔迦寶以為其臺尒時
文殊師利法王子見是蓮華而白佛言世尊
是何因緣先現此瑞有若干千万蓮華閻
浮檀金為莖白銀為葉金剛為鬚甄叔迦寶
以為其臺尒時釋迦牟尼佛告文殊師利是
妙音菩薩摩訶薩欲從淨華宿王智佛國與
八万四千菩薩圍繞而來至此娑婆世界供
養親近礼拜於我亦欲供養聽法華經文殊
師利白佛言世尊是菩薩種何善本脩何功
德而能有是大神通力行何三昧願為我等
說是三昧名字我等亦欲勤脩行之行此三昧
乃能見是菩薩色相大小威儀進止唯願世
尊以神通力彼菩薩來令我得見尒時釋迦
牟尼佛告文殊師利此久滅度多寶如來當
為汝等而現其相時多寶佛告彼菩薩善男
子來文殊師利法王子欲見汝身于時妙音
菩薩於彼國沒與八万四千菩薩俱共發來
所經諸國六種震動皆悉雨於七寶蓮華百
千天樂不鼓自鳴是菩薩目如廣大青蓮華
葉正使和合百千万月其面貌端正復過於
此身真金色无量百千功德莊嚴威德熾
盛光明照曜諸相具足如那羅延堅固之身
入七寶臺上升虛空去地七多羅樹諸菩薩
眾恭敬圍繞而來詣此娑婆世界耆闍崛山
到已下七寶臺以價直百千瓔珞持至釋迦

盛光明照曜諸相具足如那羅延堅固之身
入七寶臺上升虛空去地七多羅樹諸菩薩
眾恭敬圍繞而來詣此娑婆世界耆闍崛山
到已下七寶臺以價直百千瓔珞持至釋迦
牟尼佛所頭面礼足奉上瓔珞而白佛言世
尊淨華宿王智佛問訊世尊少病少惱起居
輕利安樂行不四大調和不世事可忍不眾生
易度不无多貪欲瞋恚愚癡嫉妬慳慢不无
不孝父母不敬沙門邪見不善心不攝五情不
世尊眾生能降伏諸魔怨不久滅度多寶如
來在七寶塔中來聽法不又問訊多寶如來
安隱少惱堪忍久住不世尊我今欲見多寶
佛身唯願世尊示我令見尒時釋迦牟尼佛
語多寶佛是妙音菩薩欲得相見時多寶佛
告妙音言善哉善哉汝能為供養釋迦牟尼
佛及聽法華經并見文殊師利等故來至此
尒時華德菩薩白佛言世尊是妙音菩薩
種何善根脩何功德有是神力佛告華德菩
薩過去有佛名雲雷音王多陀阿伽度阿羅
呵三藐三佛陀國名現一切世間劫名憙見
妙音菩薩於万二千歲以十万種伎樂供養
雲雷音王佛并奉上八万四千七寶鉢以是
因緣果報今生淨華宿王智佛國有是神
力華德於汝意云何尒時雲雷音王佛所妙
音菩薩伎樂供養奉上寶器者豈異人乎今

因緣果報今生淨華宿王智佛國有是神
力華德於汝意云何尒時雲雷音王佛所妙
音菩薩伎樂供養奉上寶器者豈異人乎今
此妙音菩薩摩訶薩是華德是妙音菩薩已
曾供養親近无量諸佛久殖德本又值恒河
沙等百千万億那由他佛華德汝但見妙音
菩薩其身在此而是菩薩現種種身處處
為諸衆生說是經典或現梵王身或現帝釋身
或現自在天身或現大自在天身或現天大將軍身
或現毗沙門天王身或現轉輪聖王身或現
諸小王身或現長者身或現居士身或現
宰官身或現婆羅門身或現比丘比丘尼
優婆塞優婆夷身或現長者居士婦女身
或現宰官婦女身或現婆羅門婦女身或現
童男童女身或現天龍夜叉乾闥婆阿脩羅
迦樓羅緊那羅摩睺羅伽人非人等身而說是
經諸有地獄餓鬼畜生及衆難處皆能救
濟乃至於王後宮變為女身而說是經華德
是妙音菩薩能救護娑婆世界諸衆生者是
妙音菩薩如是種種變化現身在此娑婆國土
為諸衆生說是經典於神通變化智慧无所
損減是菩薩以若干智慧明照娑婆世界令
一切衆生各得所知於十方恒河世界中亦復
如是若應以聲聞形得度者現聲聞形而為
說法應以辟支佛形得度者現辟支佛形而為
說法應以菩薩形得度者現菩薩形而為說

BD03908號　妙法蓮華經卷七　（11–5）

損減是菩薩以若干智慧明照娑婆世界令
一切衆生各得所知於十方恒河世界中亦復
如是若應以聲聞形得度者現聲聞形而為
說法應以辟支佛形得度者現辟支佛形而為
說法應以菩薩形得度者現菩薩形而為說
法應以佛形得度者即現佛形而為說法如
是種種隨所應度者而為現形乃至應已滅
度而得度者亦現滅度華德是妙音菩薩摩
訶薩成就大神通智慧之力其事如是尒時華
德菩薩白佛言世尊是妙音菩薩深種善根
世尊是菩薩住何三昧而能如是在所變現
度脫衆生佛告華德菩薩善男子其三昧
名現一切色身妙音菩薩住是三昧中能如是
饒益无量衆生說是妙音菩薩品時與妙音
菩薩俱來者八万四千人皆得現一切色身
三昧此娑婆世界无量菩薩亦得是三昧及
陁羅尼尒時妙音菩薩摩訶薩供養釋迦
牟尼佛及見多寶佛塔已還歸本土所經諸
國六種震動雨寶蓮華作百千万億種種伎
樂既到本國與八万四千菩薩圍繞至淨華
宿王智佛所白佛言世尊我到娑婆世界饒
益衆生見釋迦牟尼佛及見多寶佛塔禮拜
供養又見文殊師利法王子菩薩及見藥王
菩薩得勤精進力菩薩勇施菩薩等亦令
是八万四千菩薩得現一切色身三昧說是妙

BD03908號　妙法蓮華經卷七　（11–6）

益衆生見釋迦牟尼佛及見多寶佛塔礼拜
供養又見文殊師利法王子菩薩及見藥王
菩薩得勤精進力菩薩勇施菩薩等亦令
是八万四千菩薩得現一切色身三昧說是妙
音菩薩来往品時四万二千天子得无生法忍
華德菩薩得法華三昧

妙法蓮華經觀世音菩薩普門品第二十五

尒時无盡意菩薩即從座起偏袒右肩合掌
向佛而作是言世尊觀世音菩薩以何因緣
名觀世音佛告无盡意菩薩善男子若有无
量百千万億衆生受諸苦惱聞是觀世音菩
薩一心稱名觀世音菩薩即時觀其音聲皆
得解脫若有持是觀世音菩薩名者設入大
火火不能燒由是菩薩威神力故若為大水
所漂稱其名号即得淺處若有百千万億衆
生為求金銀瑠璃車𤦲馬瑙珊瑚虎珀真珠
等寶入於大海假使黑風吹其船舫飄墮羅
刹鬼國其中若有乃至一人稱觀世音菩薩
名者是諸人等皆得解脫羅刹之難以是因緣
名觀世音若復有人臨當被害稱觀世音菩
薩名者彼所執刀杖尋段段壞而得解脫
若三千大千國土滿中夜叉羅刹欲来惱人
聞其稱觀世音菩薩名者是諸惡鬼尚不能
以惡眼視之況復加害設復有人若有罪若无
罪杻械枷鎖撿繫其身稱觀世音菩薩名者
皆悉斷壞即得解脫若三千大千國土滿中
怨賊有一商主将諸商人齎持重寶經過嶮

聞其稱觀世音菩薩名者是諸惡鬼尚不能
以惡眼視之況復加害設復有人若有罪若无
罪杻械枷鎖撿繫其身稱觀世音菩薩名者
皆悉斷壞即得解脫若三千大千國土滿中
怨賊有一商主将諸商人齎持重寶經過嶮
路其中一人作是唱言諸善男子勿得恐怖
汝等應當一心稱觀世音菩薩名号是菩薩
能以无畏施於衆生汝等若稱名者於此怨
賊當得解脫衆商人聞俱發聲言南无觀世
音菩薩稱其名故即得解脫无盡意觀世
音菩薩摩訶薩威神之力巍巍如是若有衆生
多於婬欲常念恭敬觀世音菩薩便得離
欲若多瞋恚常念恭敬觀世音菩薩便得離
瞋若多愚癡常念恭敬觀世音菩薩便得離
癡无盡意觀世音菩薩有如是等大威神力
多所饒益是故衆生常應心念若有女人設
欲求男礼拜供養觀世音菩薩便生福德智
慧之男設欲求女便生端正有相之女宿殖德
本衆人愛敬无盡意觀世音菩薩有如是力
若有衆生恭敬礼拜觀世音菩薩福不唐捐
是故衆生皆應受持觀世音菩薩名号无
盡意若有人受持六十二億恒河沙菩薩名
字復盡形供養飲食衣服臥具醫藥於汝意
云何是善男子善女人功德多不无盡意言
甚多世尊佛言若復有人受持觀世音菩
薩名号乃至一時礼拜供養是二人福正等

盡意若有人受持六十二億恒河沙菩薩名
字復盡形供養飲食衣服臥具醫藥於汝意
云何是善男子善女人功德多不无盡意言
甚多世尊佛言若復有人受持觀世音菩
薩名号乃至一時礼拜供養是二人福正等
无異於百千万億劫不可窮盡无盡意受持
觀世音菩薩名号得如是无量无邊福徳之
利无盡意菩薩白佛言世尊觀世音菩薩云
何遊此娑婆世界云何而為衆生說法方便
之力其事云何佛告无盡意菩薩善男子若
有國土衆生應以佛身得度者觀世音菩薩
即現佛身而為說法應以辟支佛身得度者
即現辟支佛身而為說法應以聲聞身得
度者即現聲聞身而為說法應以梵王身得
度者即現梵王身而為說法應以帝釋身得度
者即現帝釋身而為說法應以自在天身得
度者即現自在天身而為說法應以大自在天
身得度者即現大自在天身而為說法應以
天大將軍身得度者即現天大將軍身而為
說法應以毗沙門身得度者即現毗沙門身
而為說法應以小王身得度者即現小王身
而為說法應以長者身得度者即現長者身
而為說法應以居士身得度者即現居士身
而為說法應以宰官身得度者即現宰官身
而為說法應以婆羅門身得度者即現婆羅
門身而為說法應以比丘比丘尼優婆塞優

BD03908號　妙法蓮華經卷七　（11-9）

而為說法應以居士身得度者即現居士身
而為說法應以宰官身得度者即現宰官身
而為說法應以婆羅門身得度者即現婆羅
門身而為說法應以比丘比丘尼優婆塞優
婆夷身得度者即現比丘比丘尼優婆塞優
婆夷身而為說法應以長者居士宰官婆羅
門婦女身得度者即現婦女身而為說法應
以童男童女身得度者即現童男童女身而
為說法應以天龍夜叉乾闥婆阿脩羅迦樓
羅緊那羅摩睺羅伽人非人等身得度者即
皆現之而為說法應以執金剛神得度者即現
執金剛神而為說法无盡意是觀世音菩薩
成就如是功徳以種種形遊諸國土度脫衆
生是故汝等應當一心供養觀世音菩薩是
觀世音菩薩摩訶薩於怖畏急難之中能施
无畏是故此娑婆世界皆号之為施无畏者
无盡意菩薩白佛言世尊我今當供養觀世
音菩薩即解頸衆寶珠瓔珞價直百千兩金
而以與之作是言仁者受此法施珍寶瓔珞
時觀世音菩薩不肯受之无盡意復白觀世
音菩薩言仁者愍我等故受此瓔珞尒時佛
告觀世音菩薩當愍此无盡意菩薩及四衆
天龍夜叉乾闥婆阿脩羅迦樓羅緊那羅摩
睺羅伽人非人等故受是瓔珞即時觀世音
菩薩愍諸四衆及於天龍人非人等受其瓔
珞分作二分一分奉釋迦牟尼佛一分奉多

BD03908號　妙法蓮華經卷七　（11-10）

而以與之，作是言：仁者受此法施珍寶瓔珞。
時觀世音菩薩不肯受之。无盡意復白觀世
音菩薩言：仁者愍我等故，受此瓔珞。尔時佛
告觀世音菩薩：當愍此无盡意菩薩及四衆、
天、龍、夜叉、乾闥婆、阿脩羅、迦樓羅、緊那羅、摩
睺羅伽、人非人等故，受是瓔珞。即時觀世音
菩薩愍諸四衆及於天龍人非人等，受其瓔
珞，分作二分，一分奉釋迦牟尼佛，一分奉多
寶佛塔。无盡意，觀世音菩薩有如是自在神力，
遊於娑婆世界。尔時无盡意菩薩以偈問曰：
世尊妙相具　我今重問彼　佛子何因緣　名為觀世音
具足妙相尊　偈荅无盡意　汝聽觀音行　善應諸方所
弘誓深如海　歷劫不思議　侍多千億佛　發大清淨
我為汝略說　聞名及見身　心念不空過　能滅諸
假使興害意　推落大火坑　念彼觀音力　火坑變成
或漂流巨海　龍魚諸鬼難　念彼觀音力　波浪
或在須彌峯　為人所推墮　念彼觀音力　如日虛空
或被惡人逐　墮落金剛山　念彼觀音力　不能
或值怨賊遶　各執刀加害　念彼觀音力　咸即
或遭王難苦　臨刑欲壽終　念彼觀音力
或囚禁枷鎖　手足被杻械　念彼觀音力

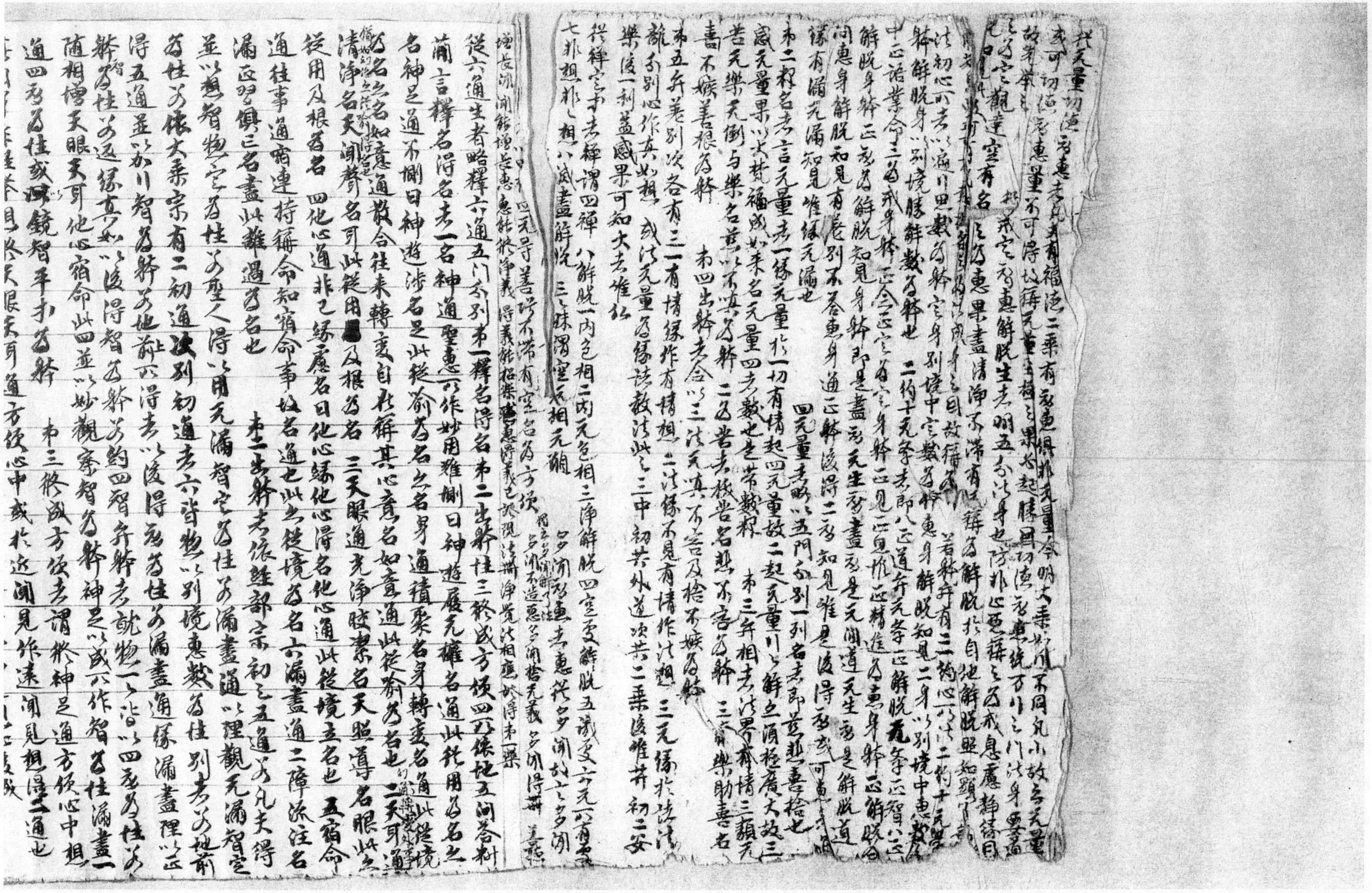

BD03909號　維摩詰所說經義記（擬）

（2–1）

漏正習俱亡名盡以離過為名也　第二出體者依毗曇宗初之五通以凡夫得
並以想智物空為性以聖人得以用无漏智空為性以漏盡通以理觀无漏智空
為性以依大乘宗有二初通後別初通者六背捨以別境惠數為性別者以地前
得五通並以加行智為體以地前以得者以後得智為性以漏盡通緣漏盡理以正
體智為性以返緣真如以後得智為體以約四智并體者就物一一皆以四智為性以
隨相傳天眼天耳他心宿命此四並以妙觀察智為體神足以成所作智為性漏盡一
通四智為性或以鏡智平等為體　第三辨成方便者謂辨神足通方便心中想
其自身作輕舉想辨天眼天耳通方便心中或於近聞見作遠聞見想得二通也
辨他心通方便心中觀前人色知他心想如婆沙論云如是想色如是想心後成
等後得宿命通也　辨宿命通加行心時想其前身或大或小乃至入胎事
斷非想惑想後得漏盡通也　辨漏盡通方便心中作四諦十六行及
第四明所依地者婆沙雜心論等云五通並依根本四禪以依勝地發神通故未至中
間惠多定少四无色地定多惠少无力相助不發五通故雜心云五通在四禪根本非
餘地也漏盡一通依根本四禪未至中間及三无色除其欲界以散地故云除非想以闇
昧故又經部師宗五通亦依根本四禪除中間禪及四无色其漏盡通四禪四空欲
界俱發以欲界有電光定故若依大乘瑜伽等論初之五通依四禪發其漏
盡通有其二說斷惑漏盡九地所起四禪中間未至并三无色若將觀漏盡十地
皆發更加非想地　第五問答分別者問六通之中眉能現何非六現答三通
能現謂神足等二也且神足轉變自他身等今諸眾生上希有心入於佛法他心能知
前人心念令他信受故漏盡自既盡已復知他人漏盡多少因為說法令諸眾生心得
盡想以是事故此三能示天耳聞遠天眼見未宿命知過但可自知難令他信故不
現也　問通明力三種功德何人得耶答凡夫有通无明无力聲聞有通有明无力
諸佛有通有明有力所以然者欲明凡夫唯除通擁无知故得有通但知宿命六疑知
未來生死不知業因相續故无明亦復不知久遠无邊宿命生死故无力是但有
通而无明[illegible]力也　佛除擁故有通知集諦業因緣故有明知无邊生死故有力　問聲
聞亦有通明者謂是何耶答言聲聞者通等无等等之人證得三明有三義勝
一法勝以无等等惠勝有惠等等故二人勝尊畢位別故三證勝惑盡未盡故是以
无等有通有明等之人唯通无明　問六根之中鼻舌身三何不立通答依婆沙
雜心論判此之三根合中知故不立通也若依大乘初地已上及佛六根皆得互
用俱名通耳故十住斷結經云如來身量无有限量鼻通倍勝不可計合通廣
長无邊際也　問天眼見色知未來天耳亦能同知不答小乘未來未更眼用宗勝
就勝為見舉理而言耳亦知也故大乘宗天眼及耳俱知三世故又此處尼乾子經
云天耳通知過去現在皆盡本際也　問因禪得眼耳即名天眼耳餘通因禪發何
得不名天答眼耳人中有故須以天別餘四人中无不須要天別餘義准知

BD03909號　維摩詰所說經義記（擬）

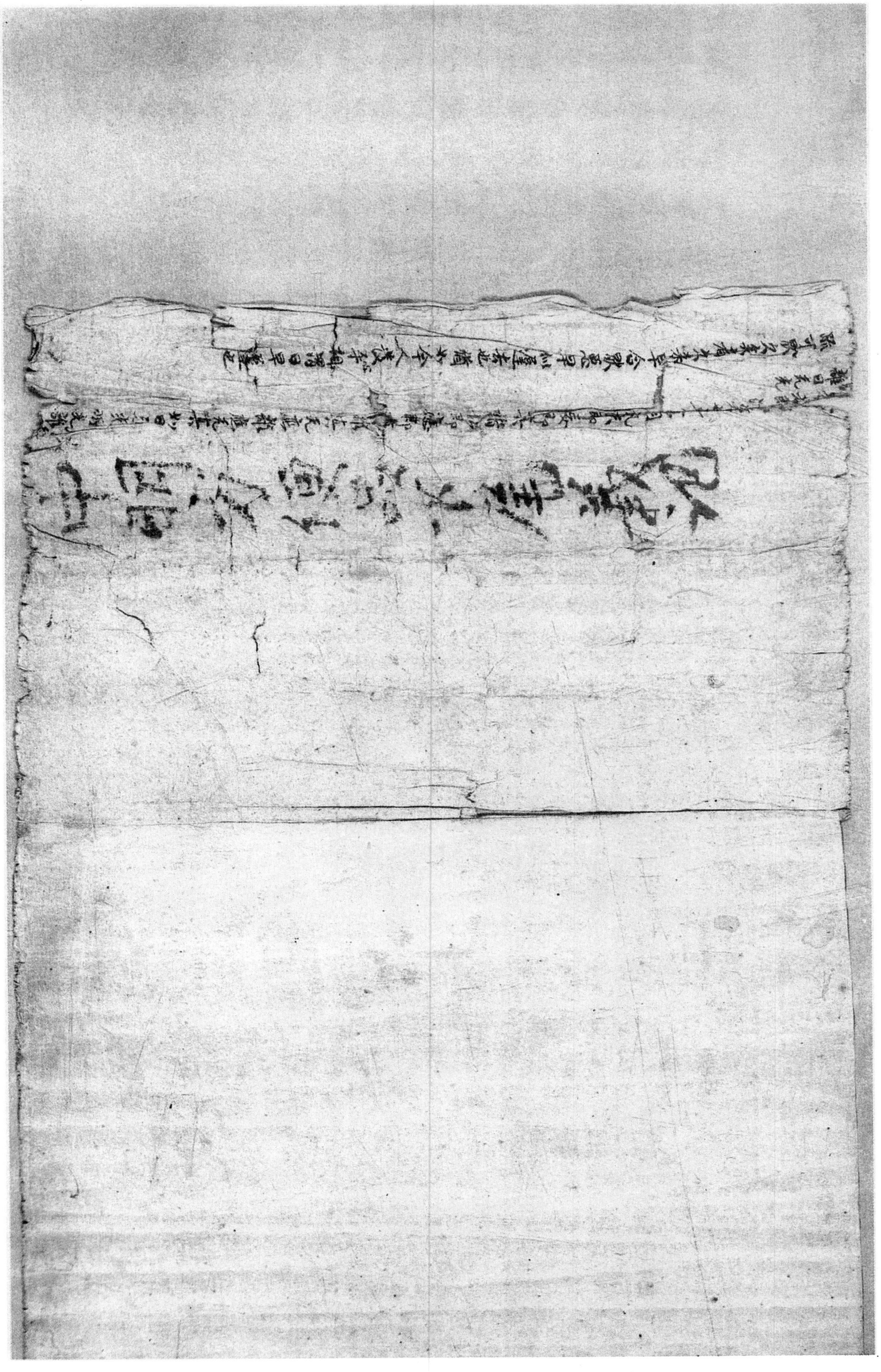

（1-1）

四諦法門經一卷

四諦者乃是衆生之所迷賢聖之所悟迷之者
長處生死悟之者[illegible]於彼岸苦集滅道
言有四者數合二而[illegible]四也四理不虛謂之爲
實此四諦者乃是因果法門苦集二諦世間因果
滅道兩諦出世間因果亦名染淨因果亦名漏
无漏因果苦諦者謂三苦八苦三苦者謂苦苦
行苦壞苦苦苦者衆生五陰體是苦身更爲外
苦刀杖等逼切苦上更苦故名苦苦行苦者五陰
念念遷流不住故名行苦壞苦者緣自己身及
諸眷屬恩愛破壞離散故壞苦八苦者一生苦二老
苦三病苦四死苦五愛別離苦六怨憎會苦七求不
得苦八五盛陰苦此三苦八苦皆能逼惱衆生身心
身心不安故名爲苦集諦者業煩惱能爲苦因
集起當果故名集諦業者謂身三業口四過意三
業善不善思是也煩惱者貪瞋癡等一切煩惱
是故名集諦滅諦者涅槃妙果即前苦集滅无
之處及无爲寂怕之處是名寂滅諦道諦者般
若波羅蜜一切觀行无漏无生唯識真如等觀

集起當果故名集諦業者謂身三業口四過意三
業善不善思是也 煩惱者貪瞋癡等一切煩惱
是故名集諦滅諦者理證妙果即前若集滅无
之處及无為寂怕之處是名寂滅諦道諦者般
若波羅蜜一切觀行无相无生唯識真如等觀
六波羅蜜卅七道品等悉入道諦攝也先觀苦
諦三界衆生受身生處悉是苦聚觀此五蔭苦
惱逼迫衆生无常念念不住浮虛不實似有非真
從業緣現又推苦集二躰是生死義可斷之法若
斷苦集得四種功德
滅无之處更有何法可證答有滅諦可證太有
常樂我淨離麁重生死若斷苦集得四種功德
一者虛通无礙导二者遠離邪妄三者是聖人行
跡之處四者運載行人到於彼岸一切聖人深
識四諦故能斷集證滅循道此四諦觀者大
通小乘作更推此四諦不過二種一者世諦二者
第一義諦世諦者就法相因果染淨麁細相待
假說有四諦若就第一義諦雅求四諦但有
假名各无自性乃至生死涅槃此二皆空
理深甚緣於假立故名第一義諦又推此二諦空
有相待各不自立空不自空待有故立衆
生迷情執有為對治有病佛為說空有病
既除空藥俱遣有亦復如是諸法非空迷情
執空為除空病故說有藥空病既除有亦
不立空有既除智无所依是時為境智雙
泯藥病俱遣心外无法法外无心心境智不二

有相待各不自立空不自空待有故立衆
生迷情執有為對治有病佛為說空有病
既除空藥俱遣有亦復如是諸法非空迷情
執空為除空病故說有藥空病既除有亦
不立空有既除智无所依是時為境智雙
泯藥病俱遣心外无法法外无心心境智不二
名為如如理實无法可得強為立名号一實諦
也四顛倒觀法門四顛倒者謂於生死法中
實是无常无樂无我无淨一切衆生妄見見
是常樂我淨問衆生五陰躰是生死无常
无樂无我无淨何故衆生妄起常樂我淨
四種顛倒答衆生五陰躰是无常无我若不
淨但為衆生於五陰相用不了橫作常樂我
淨山五陰是无常念念生滅

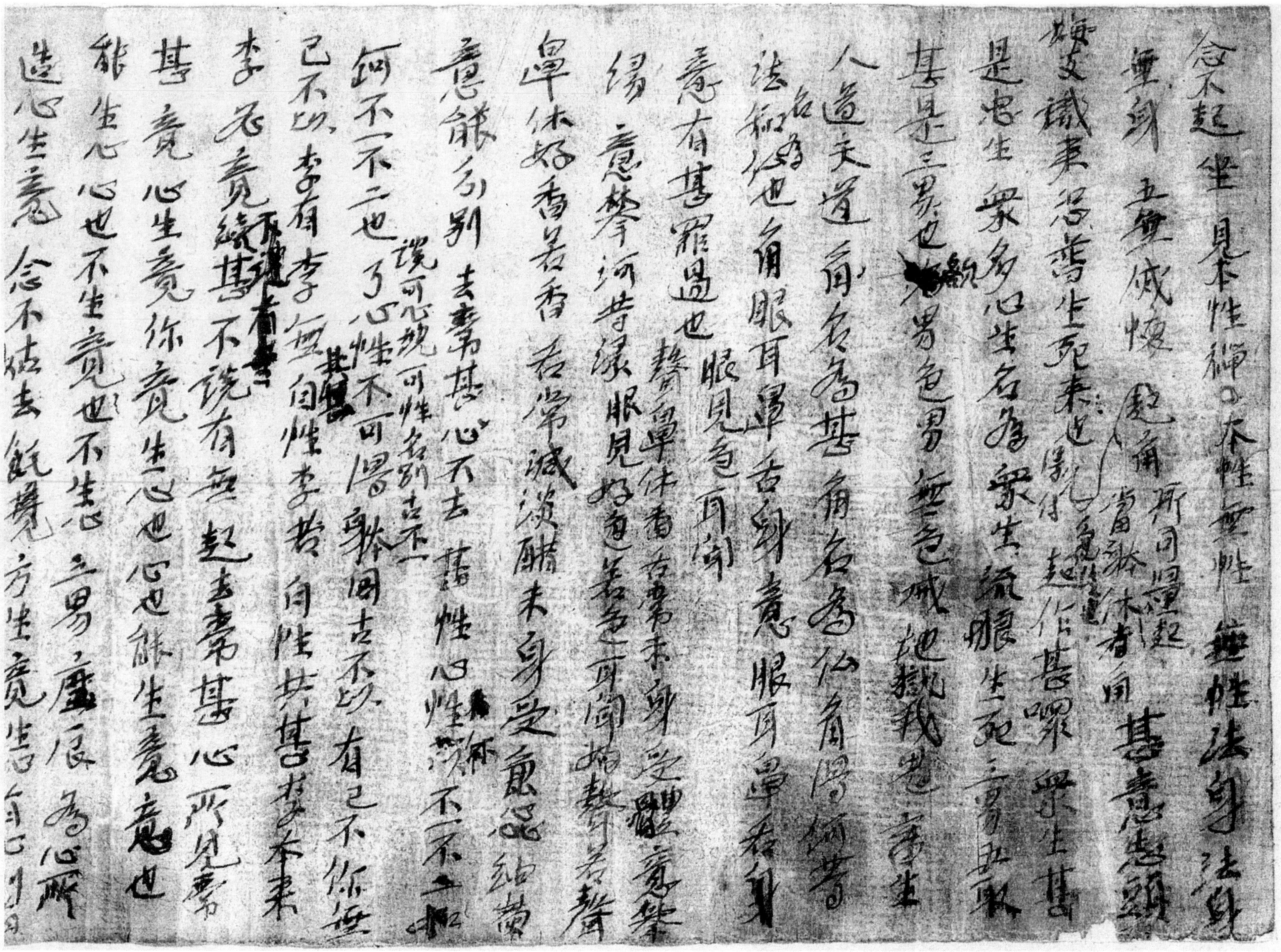
念不起坐見本性禪。本性無性無性法身法身
無身五無滅壞起用所司量起甚意思顯
婬支識來惡善生死來也當淡休者用眾生甚
是思生眾多心生名為眾生流眼生死二男五取
甚是三男也男色男無色滅地獄戲惡淨生
人道天道前名為甚角名為仏角得何菩
法細名為他也角眼耳鼻舌身意眼耳鼻舌身
意有甚羅遍也眼見色耳聞
得意攀緣眼見好色若色耳聞好聲若聲
鼻休好香若香若常滅淡醋未身受意思
意能分別去來甚心不去甚性心性不一不二
何不一不二也了心性不可得說可思說可性名別去不有己不你無
己不以李有李無自性李者自性共甚李本來
李名竟緣甚不說有無起去來甚心所見來
甚竟心生竟你竟生心也心也能生意意也
能生心心也不生竟也不生心二男處良為心所
造心生意念不沾去飯覺方生竟生自己

BD03910號背　本性無性論（擬）　　（3–1）

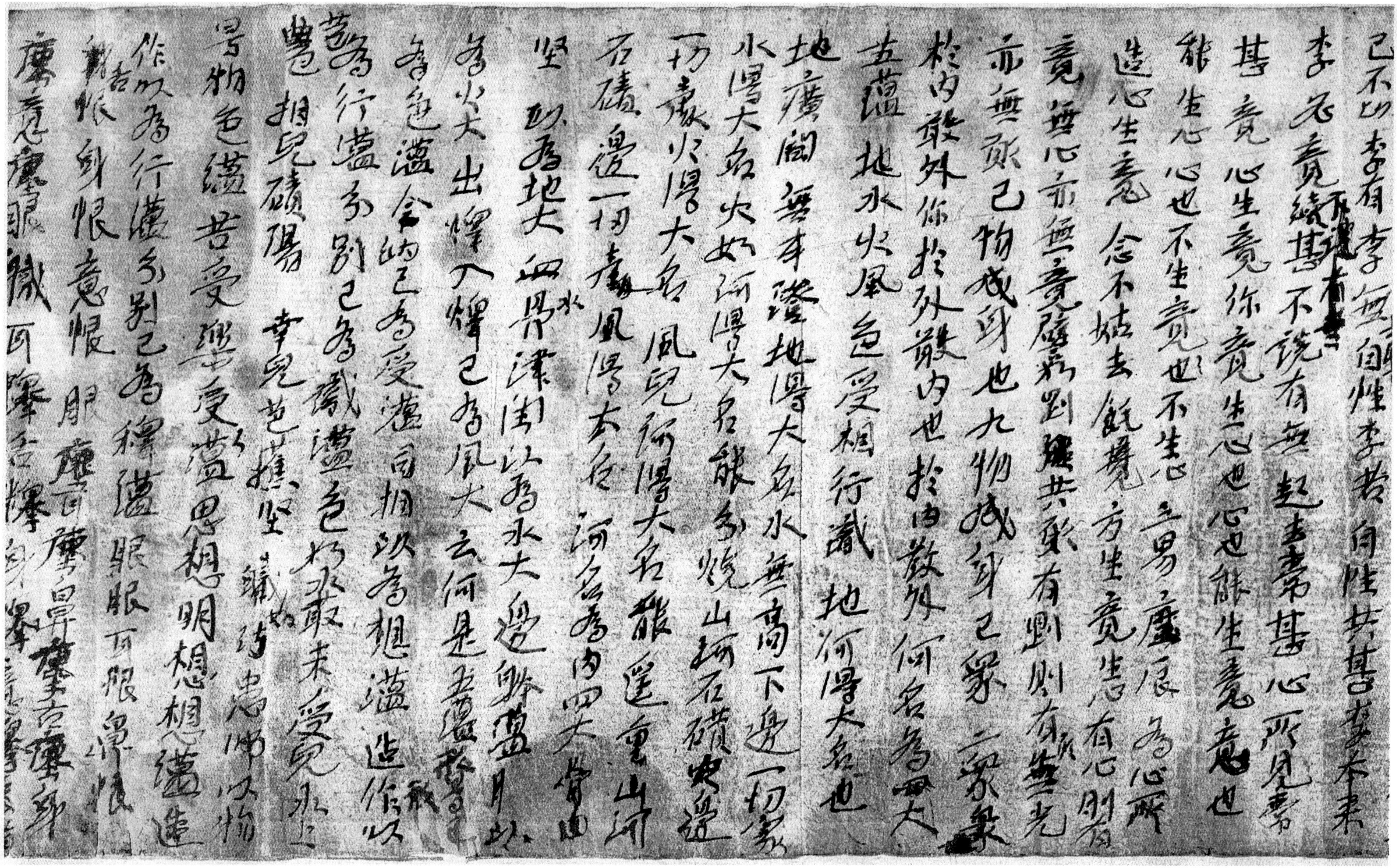

BD03910 號背　本性無性論（擬）　　（3–2）

堅
以為地大　血界津潤以為水大　[illegible]
為火大　出惵入惵已為風大　云何是五蘊[illegible]
為色蘊　含納已為受蘊　司相以為想蘊　造作以
為行蘊　分別已為識蘊　色如聚沫　受如水上
泡　相如陽燄　行如芭蕉堅　識如幻　處佛以物
喻色蘊　苦受樂受受蘊　思想明想想蘊　造
作以為行蘊　分別已為識蘊　眼根耳根鼻根
舌根身根意根　眼塵耳塵鼻塵舌塵身
塵意塵　眼識耳識鼻識舌識身識意識　根者
何謂識藏之語　塵者何謂本生之語　識者何
謂了別之語　何者十二入　外有六塵　有六根　能領
受色知　十二入　眼入色入　耳入聲入
鼻入香入　舌入味入　身入[illegible]
[illegible]意入法入　[illegible]十八界　眼界色界眼識界
[illegible]耳界聲界[illegible]
[illegible]
[illegible]

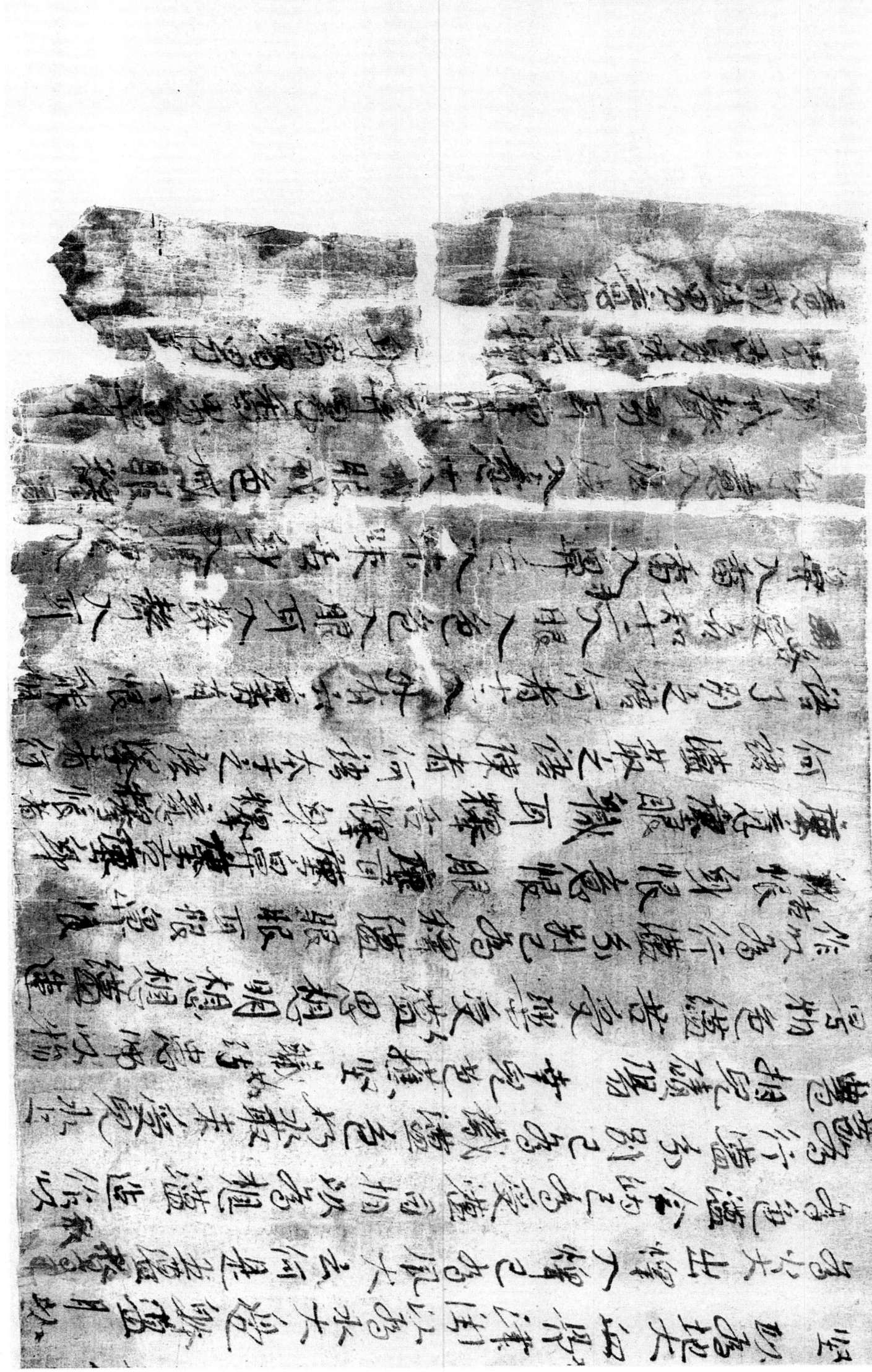

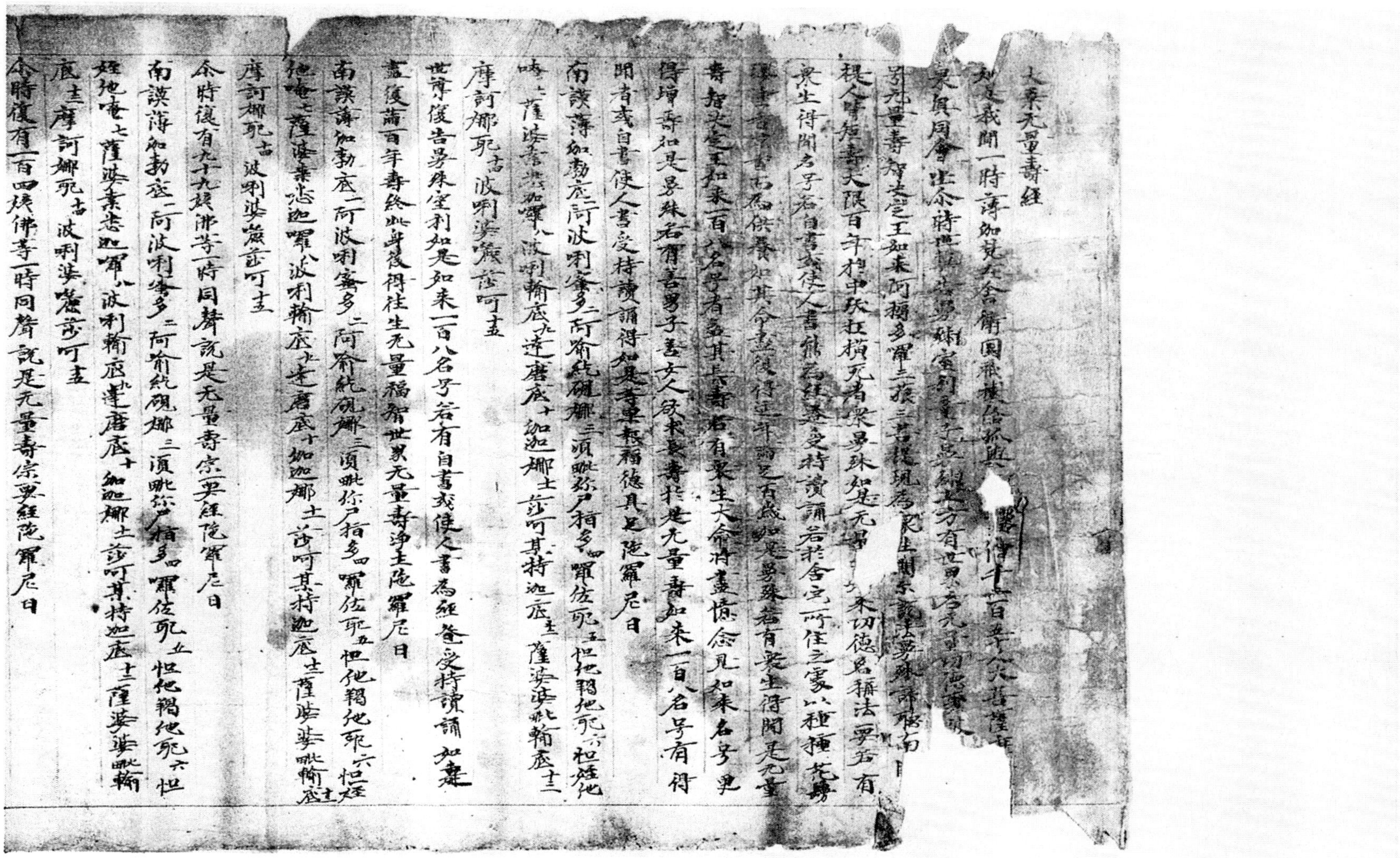
大乘无量壽經
如是我聞一時薄伽梵在舍衛國祇樹給孤[illegible]與[illegible]千二百五十人大菩薩摩訶
衆俱同會尒時世尊告曼殊室利童子曰上方有世界名无量功德聚
号无量壽智決定王如來阿耨多羅三藐三菩提現為衆生開示說法曼殊[illegible]聽南[illegible]
提人壽短壽大限百年於中夭枉橫死者衆曼殊知是无量[illegible]來功德名稱法要若有
衆生得聞名号若自書或使人書能為經卷受持讀誦若於舍宅所住之處以種種花鬘
瓔珞塗香末香而為供養如其命盡復得延年滿足百歲如是曼殊若有衆生得聞是无量
壽智決定王如來一百八名号者益其長壽若有衆生大命將盡憶念見如來名号更
得增壽如是曼殊若有善男子善女人欲求長壽於是无量壽如來一百八名号有得
聞者或自書使人書受持讀誦得如是等果報福德具足陁羅尼曰
南謨薄伽勃底一阿波唎蜜多二阿喻紇硯娜三須毗你尸指多四囉佐耶五怛他羯他耶六怛姪他
唵七薩婆桑塞迦囉八波唎輸底九達磨底十伽迦娜十一莎訶某持迦底十二薩婆婆毗輸底十三
摩訶娜耶十四波唎婆縈莎訶十五
世尊復告曼殊室利如是如來一百八名号若有自書或使人書為經卷受持讀誦如是
盡復滿百年壽終此身後得往生无量福智世界无量壽淨土陁羅尼曰
南謨薄伽勃底一阿波唎蜜多二阿喻紇硯娜三須毗你尸指多四囉佐耶五怛他羯他耶六怛姪
他唵七薩婆桑塞迦囉八波唎輸底九達磨底十伽迦娜十一莎訶某持迦底十二薩婆婆毗輸底十三
摩訶娜耶十四波唎婆縈莎訶十五
尒時復有九十九俱胝佛等一時同聲說是无量壽宗要經陁羅尼曰
南謨薄伽勃底一阿波唎蜜多二阿喻紇硯娜三須毗你尸指多四囉佐耶五怛他羯他耶六怛
姪他唵七薩婆桑塞迦囉八波唎輸底九達磨底十伽迦娜十一莎訶某持迦底十二薩婆婆毗輸
底十三摩訶娜耶十四波唎婆縈莎訶十五
尒時復有一百四俱胝佛等一時同聲說是无量壽宗要經陁羅尼曰

BD03911 號　無量壽宗要經　（6–1）

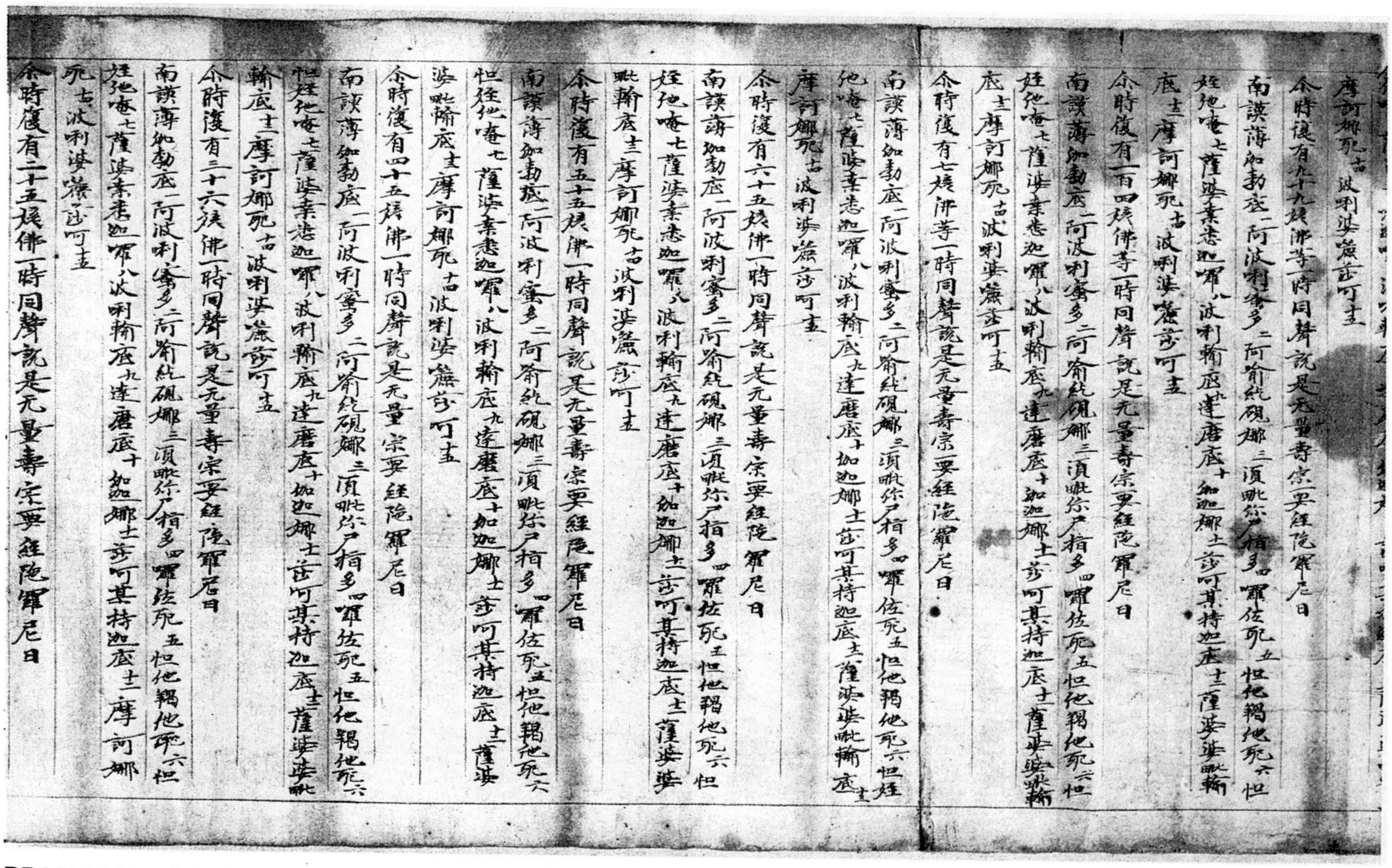
摩訶娜耶十四波唎婆縈莎訶十五
尒時復有九十九俱胝佛等一時同聲說是无量壽宗要經陁羅尼曰
南謨薄伽勃底一阿波唎蜜多二阿喻紇硯娜三須毗你尸指多四囉佐耶五怛他羯他耶六怛
姪他唵七薩婆桑塞迦囉八波唎輸底九達磨底十伽迦娜十一莎訶某持迦底十二薩婆婆毗輸
底十三摩訶娜耶十四波唎婆縈莎訶十五
尒時復有一百四俱胝佛等一時同聲說是无量壽宗要經陁羅尼曰
南謨薄伽勃底一阿波唎蜜多二阿喻紇硯娜三須毗你尸指多四囉佐耶五怛他羯他耶六怛
姪他唵七薩婆桑塞迦囉八波唎輸底九達磨底十伽迦娜十一莎訶某持迦底十二薩婆婆毗輸
底十三摩訶娜耶十四波唎婆縈莎訶十五
尒時復有七俱胝佛等一時同聲說是无量壽宗要經陁羅尼曰
南謨薄伽勃底一阿波唎蜜多二阿喻紇硯娜三須毗你尸指多四囉佐耶五怛他羯他耶六怛姪
他唵七薩婆桑塞迦囉八波唎輸底九達磨底十伽迦娜十一莎訶某持迦底十二薩婆婆毗輸底
十三摩訶娜耶十四波唎婆縈莎訶十五
尒時復有六十五俱胝佛一時同聲說是无量壽宗要經陁羅尼曰
南謨薄伽勃底一阿波唎蜜多二阿喻紇硯娜三須毗你尸指多四囉佐耶五怛他羯他耶六怛
姪他唵七薩婆桑塞迦囉八波唎輸底九達磨底十伽迦娜十一莎訶某持迦底十二薩婆婆
毗輸底十三摩訶娜耶十四波唎婆縈莎訶十五
尒時復有五十五俱胝佛一時同聲說是无量壽宗要經陁羅尼曰
南謨薄伽勃底一阿波唎蜜多二阿喻紇硯娜三須毗你尸指多四囉佐耶五怛他羯他耶六
怛姪他唵七薩婆桑塞迦囉八波唎輸底九達磨底十伽迦娜十一莎訶某持迦底十二薩婆
婆毗輸底十三摩訶娜耶十四波唎婆縈莎訶十五
尒時復有四十五俱胝佛一時同聲說是无量宗要經陁羅尼曰
南謨薄伽勃底一阿波唎蜜多二阿喻紇硯娜三須毗你尸指多四囉佐耶五怛他羯他耶六
怛姪他唵七薩婆桑塞迦囉八波唎輸底九達磨底十伽迦娜十一莎訶某持迦底十二薩婆婆毗
輸底十三摩訶娜耶十四波唎婆縈莎訶十五
尒時復有三十六俱胝佛一時同聲說是无量壽宗要經陁羅尼曰
南謨薄伽勃底一阿波唎蜜多二阿喻紇硯娜三須毗你尸指多四囉佐耶五怛他羯他耶六怛
姪他唵七薩婆桑塞迦囉八波唎輸底九達磨底十伽迦娜十一莎訶某持迦底十二摩訶娜
耶十四波唎婆縈莎訶十五
尒時復有二十五俱胝佛一時同聲說是无量壽宗要經陁羅尼曰

BD03911 號　無量壽宗要經　（6–2）

輸底十三摩訶娜耶十四波唎婆嚩莎訶十五
尒時復有三十六姟佛一時同聲説是无量壽宗要經陁羅尼曰
南謨薄伽勃底一阿波唎蜜多二阿喻紇硯娘三須毗你尸指多四囉佐耶五怛他羯他耶六怛
姪他唵七薩婆桑悉迦囉八波唎輸底九達磨底十伽迦娜十一莎訶某持迦底十三摩訶娜
耶十四波唎婆嚩莎訶十五
尒時復有二十五姟佛一時同聲説是无量壽宗要經陁羅尼曰
南謨薄伽勃底一阿波唎蜜多二阿喻紇硯娘三須毗你尸指多四囉佐耶五怛他羯
他耶六怛姪他唵七薩婆桑悉迦囉八波唎輸底九達磨底十伽迦娜十一莎訶某持迦
底十二薩婆婆毗輸底十三摩訶娜耶十四波唎婆嚩莎訶十五
尒時復有恒河沙姟佛一時同聲説是无量壽宗要經陁羅尼曰
南謨薄伽勃底一阿波唎蜜多二阿喻紇硯娘三須毗你尸指多四囉佐耶五怛他羯
他耶六怛姪他唵七薩婆桑悉迦囉八波唎輸底九達磨底十伽迦娜十一莎訶某持
迦底十二薩婆婆毗輸底十三摩訶娜耶十四波唎婆嚩莎訶十五
善男子若有自書寫教人書寫是无量壽宗要經如其命盡復得長壽命滿年陁羅尼曰
南謨薄伽勃底一阿波唎蜜多二阿喻紇硯娘三須毗你尸指多四囉佐耶五怛他羯他耶六
怛姪他唵七薩婆桑悉迦囉八波唎輸底九達磨底十伽迦娜十一莎訶某持迦底十二薩
婆婆毗輸底十三摩訶娜耶十四波唎婆嚩莎訶十五
若有自書寫教人書寫是无量壽宗要經讀誦受持畢竟不墮地獄在在所生得宿命陁羅
尼曰 南謨薄伽勃底一阿波唎蜜多二阿喻紇硯娘三須毗你尸指多四囉佐耶五怛他羯他
耶六怛姪他唵七薩婆桑悉迦囉八波唎輸底九達磨底十伽迦娜十一莎訶某持迦底十二薩
婆婆毗輸底十三摩訶娜耶十四波唎婆嚩莎訶十五
若有自書寫教人書寫是无量壽宗要經受持讀誦如同書寫八万四千一切經典陁羅尼曰
南謨薄伽勃底一阿波唎蜜多二阿喻紇硯娘三須毗你尸指多四囉佐耶五怛他羯他耶六
怛姪他唵七薩婆桑悉迦囉八波唎輸底九達磨底十伽迦娜十一莎訶某持迦底十二薩婆
婆毗輸底十三摩訶娜耶十四波唎婆嚩莎訶十五
若有自書寫教人書寫是无量壽宗要經受持讀誦即是書寫八万四千部建立塔廟陁羅尼曰
南謨薄伽勃底一阿波唎蜜多二阿喻紇硯娘三須毗你尸指多四囉佐耶五怛他羯他耶六
怛姪他唵七薩婆桑悉迦囉八波唎輸底九達磨底十伽迦娜十一莎訶某持迦底十二薩婆
婆毗輸底十三摩訶娜耶十四波唎婆嚩莎訶十五
若有自書寫教人書寫是无量壽宗要經能消五无間等一切重罪陁羅尼曰

南謨薄伽勃底一阿波唎蜜多二阿喻紇硯娘三須毗你尸指多四囉佐耶五怛他羯他耶六
怛姪他唵七薩婆桑悉迦囉八波唎輸底九達磨底十伽迦娜十一莎訶某持迦底十二薩婆
婆毗輸底十三摩訶娜耶十四波唎婆嚩莎訶十五
若有自書寫教人書寫是无量壽宗要經能消五无間等一切重罪陁羅尼曰
南謨薄伽勃底一阿波唎蜜多二阿喻紇硯娘三須毗你尸指多四囉佐耶五怛他羯他耶六怛
姪他唵七薩婆桑悉迦囉八波唎輸底九達磨底十伽迦娜十一莎訶某持迦底十二薩婆
婆毗輸底十三摩訶娜耶十四波唎婆嚩莎訶十五
若有自書寫教人書寫是无量壽宗要經受持讀誦設有重罪猶如須彌盡能除滅陁羅尼曰
南謨薄伽勃底一阿波唎蜜多二阿喻紇硯娘三須毗你尸指多四囉佐耶五怛他羯他耶六怛
姪他唵七薩婆桑悉迦囉八波唎輸底九達磨底十伽迦娜十一莎訶某持迦底十二薩婆
婆毗輸底十三摩訶娜耶十四波唎婆嚩莎訶十五
若有自書寫教人書寫是无量壽宗要經受持讀誦若魔魔之眷屬夜叉羅剎不得其便
終無枉死陁羅尼曰 南謨薄伽勃底阿喻紇硯娘三須毗你尸指多四囉佐耶五怛他
羯他耶六怛姪他唵七薩婆桑悉迦囉八波唎輸底九達磨底十伽迦娜十一莎訶某持迦底十二
薩婆婆毗輸底十三摩訶娜耶十四波唎婆嚩莎訶十五
若有自書寫教人寫書是无量壽宗要經受持讀誦當命終時有九十九姟佛現其人前來
千佛授手能遊一切佛剎莫於此經生疑惑陁羅尼曰
南謨薄伽勃底一阿波唎蜜多二阿喻紇硯娘三須毗你尸指多四囉佐耶五怛他羯他耶六
怛姪他唵七薩婆桑悉迦囉八波唎輸底九達磨底十伽迦娜十一莎訶某持迦底十二薩
婆婆毗輸底十三摩訶娜耶十四波唎婆嚩莎訶十五
若有自書寫教人書寫是无量壽宗要經受持讀誦常得四天大王隨其衛護陁羅尼曰
南謨薄伽勃底一阿波唎蜜多二阿喻紇硯娘三須毗你尸指多四囉佐耶五怛他羯他耶六
怛姪他唵七薩婆桑悉迦囉八波唎輸底九達磨底十伽迦娜十一莎訶某持迦底十二薩婆
婆毗輸底十三摩訶娜耶十四波唎婆嚩莎訶十五
若有自書寫教人書寫是无量壽宗要經受持讀誦當得往生西方極樂世界阿彌陁淨
土陁羅尼曰 南謨薄伽勃底一阿波唎蜜多二阿喻紇硯娘三須毗你尸指多四囉佐耶五
怛娜他唵七薩婆桑悉迦囉八波唎輸底九達磨底十伽迦娜十一莎訶某持迦底十二薩婆
婆毗輸底十三摩訶娜耶十四波唎婆嚩莎訶十五
若有方所自書寫使人書寫是无量壽經典之處則爲是塔皆應恭敬作礼若是
畜生或爲鳥獸得聞是經如是等類皆當不久得成一切種智陁羅尼曰

若有自書寫教人書寫是无量壽宗要經受持讀誦當得往生西方極樂世界阿彌陁淨
土陁羅尼曰　南謨薄伽勃底一阿波唎蜜多二阿喻紇硯娜三須毗你尸栺多四囉佐耶五
怛娜他唵七薩婆桒悉迦囉八波唎輸底九達磨底十伽迦娜十一莎訶其持迦底十二薩婆
婆毗輸底十三摩訶娜耶十四波唎婆㩙莎呵十五
若有方所自書寫使人書寫是无量壽經典之處則為是塔皆應恭敬作礼若是
畜生或為鳥獸得聞是經如是等類皆當不久得成一切種智陁羅尼曰
南謨薄伽勃底一阿波唎蜜多二阿喻紇硯娜三須毗你尸栺多四囉佐耶五怛他羯
他耶六怛姪他唵七薩婆達悉迦囉八波唎輸底九達磨底十伽迦娜十一莎訶持迦底十二
薩婆婆毗輸底十三摩訶娜耶十四波唎婆㩙莎呵十五
若有於是无量壽經自書寫使人書畢竟不受女人之身陁羅尼曰
南謨薄伽勃底一阿波唎蜜多二阿喻紇硯娜三須毗你尸栺多四囉佐耶五怛他羯他耶六
怛姪他唵七薩婆桒悉迦囉八波唎輸底九達磨底十伽迦娜十一莎訶其持迦底十二
薩婆婆毗輸底十三摩訶娜耶十四波唎婆㩙莎呵十五
若有能於是經少分能惠施者等於三千大千世界滿中七寶布施陁羅尼曰
南謨薄伽勃底一阿波唎蜜多二阿喻紇硯娜三須毗你尸栺多四囉佐耶五怛他羯
他耶六怛姪他唵七薩婆桒悉迦囉八波唎輸底九達磨底十伽迦娜十一莎訶其持迦底十二
薩婆婆毗輸底十三摩訶娜耶十四波唎婆㩙莎呵十五
若有能供養是經者則是供養一切諸經等无有異陁羅尼曰
南謨薄伽勃底一阿波唎蜜多二阿喻紇硯娜三須毗你尸栺多四囉佐耶五怛他羯他
耶六怛姪他唵七薩婆桒悉迦囉八波唎輸底九達磨底十伽迦娜十一莎訶其持迦底十二
薩婆婆毗輸底十三摩訶娜耶十四波唎婆㩙莎呵十五
如是毗婆尸佛　尸弃佛　毗舍浮佛　俱留孫佛　俱那含牟尼佛　迦葉佛　釋迦牟尼佛
若有人以七寶供養如是七佛其福有限書寫受持是无量壽經典所有功德不可數量陁羅
尼曰　南謨薄伽勃底一阿波唎蜜多二阿喻紇硯娜三須毗你尸栺多四囉佐耶五怛他羯他
耶六怛姪他唵七薩婆婆桒悉迦囉八波唎輸底九達磨底十伽迦娜十一莎訶其持迦底十二
薩婆婆毗輸底十三摩訶娜耶十四波唎婆㩙莎呵十五
若有七寶等於須弥以用布施其福上能知其限量是无量壽經典其福不可知數陁羅尼曰
南謨薄伽勃底一阿波唎蜜多二阿喻紇硯娜三須毗你尸栺多四囉佐耶五怛他羯他耶六
怛姪他唵七薩婆桒悉迦囉八波唎輸底九達磨底十伽迦娜十一莎訶其持迦底十二薩
婆毗輸底十三摩訶娜耶十四波唎婆㩙莎呵十五
如是四大海水可知滴數是无量壽經典所生果報不可數量陁羅尼曰

耶六怛姪他唵七薩婆婆桒悉迦囉八波唎輸底十達磨底十伽迦娜十一莎訶其持迦底十二
薩婆婆毗輸底十三摩訶娜耶十四波唎婆㩙莎呵十五
若有七寶等於須弥以用布施其福上能知其限量是无量壽經典其福不可知數陁羅尼曰
南謨薄伽勃底一阿波唎蜜多二阿喻紇硯娜三須毗你尸栺多四囉佐耶五怛他羯他耶六
怛姪他唵七薩婆桒悉迦囉八波唎輸底九達磨底十伽迦娜十一莎訶其持迦底十二薩
婆毗輸底十三摩訶娜耶十四波唎婆㩙莎呵十五
如是四大海水可知滴數是无量壽經典所生果報不可數量陁羅尼曰
南謨薄伽勃底一阿波唎蜜多二阿喻紇硯娜三須毗你尸栺多四囉佐耶五怛他羯他耶六
怛姪他唵七薩婆桒悉迦囉八波唎輸底九達磨底十伽迦娜十一莎訶其持迦底十二薩婆
婆毗輸底十三摩訶娜耶十四波唎婆㩙莎呵十五
若有自書使人書寫是无量壽經典又能讀持供養即如恭敬供養一切十方佛土如來无有別異
陁羅尼曰　南謨薄伽勃底一阿波唎蜜多二阿喻紇硯娜三須毗你尸栺多四囉佐耶五怛
他羯他耶六怛姪他唵七薩婆桒悉迦囉八波唎輸底九達磨底十伽迦娜十一莎訶其持迦
底十二薩婆婆毗輸底十三摩訶娜耶十四波唎婆㩙莎呵十五
布施力能成正覺　悟布施力人師子　布施力能靜普聞　慈悲階漸最能入
持戒力能成正覺　悟持戒力人師子　持戒力能靜普聞　慈悲階漸最能入
忍辱力能成正覺　悟忍辱力人師子　忍辱力能靜普聞　慈悲階漸最能入
精進力能成正覺　悟精進力人師子　精進力能靜普聞　慈悲階漸最能入
禪定力能成正覺　悟禪定力人師子　禪定力能靜普聞　慈悲階漸最能入
智慧力能成正覺　悟智慧力人師子　智慧力能靜普聞　慈悲階漸最能入
尒時如來說是經已一切世間天人阿脩羅揵闥婆等聞佛所說皆大歡喜信受奉行
佛說无量壽宗要經

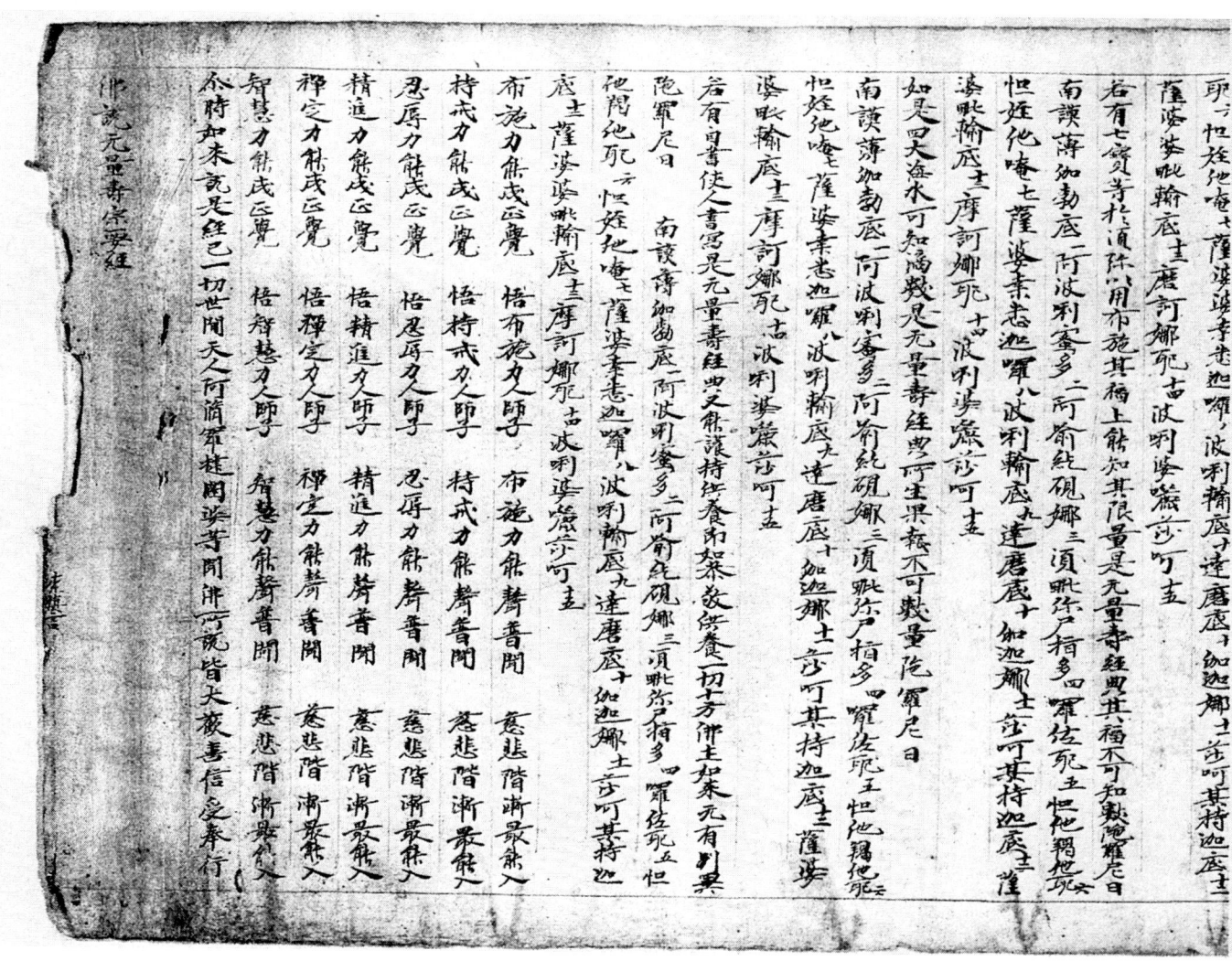

足五根五力七等覺支八聖道支如虛空所以者
何舍利子如虛空前際不可得後際不可得中
際不可得以彼中邊不可得故為虛空四念
住乃至八聖道支亦如是前際不可得後際不
可得中際不可得何以故四念住性空故
四正斷乃至八聖道支性空故空中前際不
可得後際不可得中際不可得亦以中邊俱
不可得故說為空舍利子由此緣故我作是
說四念住無邊故當知菩薩摩訶薩亦無邊
四正斷乃至八聖道支無邊故當知菩 薩摩
訶薩亦無邊
舍利子空解脫門如虛空無相無願解脫門
如虛空所以者何舍利子如虛空前際不可
得後際不可得中際不可得以彼中邊不可得
故說為虛空空无相无願解脫門亦如是前
際不可得後際不可得中際不可得何以故
空解脫門性空故无相无願解脫門性空
故空中前際不可得後際不可得中際不可
得亦以中邊俱不可得故說為空舍利子由

BD03912號　大般若波羅蜜多經（兌廢稿）卷六三　（2–1）

說四念住無邊故當知菩薩摩訶薩亦無邊
四正斷乃至八聖道支無邊故當知菩 薩摩
訶薩亦無邊
舍利子空解脫門如虛空無相無願解脫門
如虛空所以者何舍利子如虛空前際不可
得後際不可得中際不可得以彼中邊不可得
故說為虛空空无相无願解脫門亦如是前
際不可得後際不可得中際不可得何以故
空解脫門性空故无相无願解脫門性空
故空中前際不可得後際不可得中際不可
得亦以中邊俱不可得故說為空舍利子由
此緣故我作是說空解脫門无邊故當知菩
薩摩訶薩亦无邊
舍利子五眼如虛空六神通如虛空所以者
何舍利子如虛空前際不可得後際不可得
中際不可得以彼中邊不可得故說為虛空
五眼六神通亦如是前際不可得後際不可得

BD03912號　大般若波羅蜜多經（兌廢稿）卷六三　（2–2）

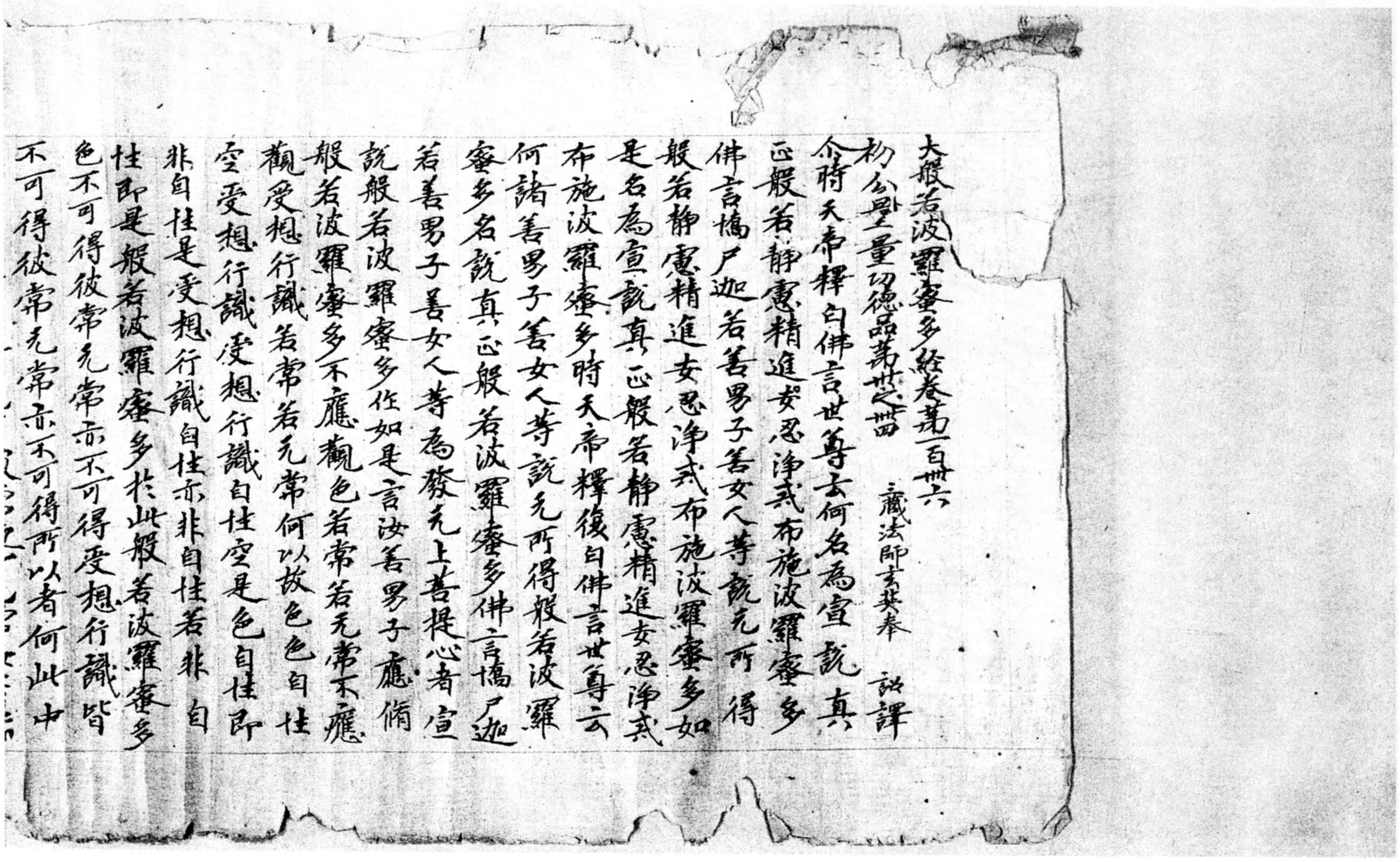

大般若波羅蜜多經卷第一百卌六
三藏法師玄奘奉　詔譯
初分校量功德品第卅之卌四
介時天帝釋白佛言世尊云何名為宣說真
正般若靜慮精進安忍淨戒布施波羅蜜多
佛言憍尸迦若善男子善女人等說无所得
般若靜慮精進安忍淨戒布施波羅蜜多如
是名為宣說真正般若靜慮精進安忍淨戒
布施波羅蜜多時天帝釋復白佛言世尊云
何諸善男子善女人等說无所得般若波羅
蜜多名說真正般若波羅蜜多佛言憍尸迦
若善男子善女人等為發无上菩提心者宣
說般若波羅蜜多作如是言汝善男子應脩
般若波羅蜜多不應觀色若常若无常不應
觀受想行識若常若无常何以故色色自性
空受想行識受想行識自性空是色自性即
非自性是受想行識自性亦非自性若非自
性即是般若波羅蜜多於此般若波羅蜜多
色不可得彼常无常亦不可得受想行識皆
不可得彼常无常亦不可得所以者何此中

BD03913號　大般若波羅蜜多經（兌廢稿）卷一四六　（2–1）

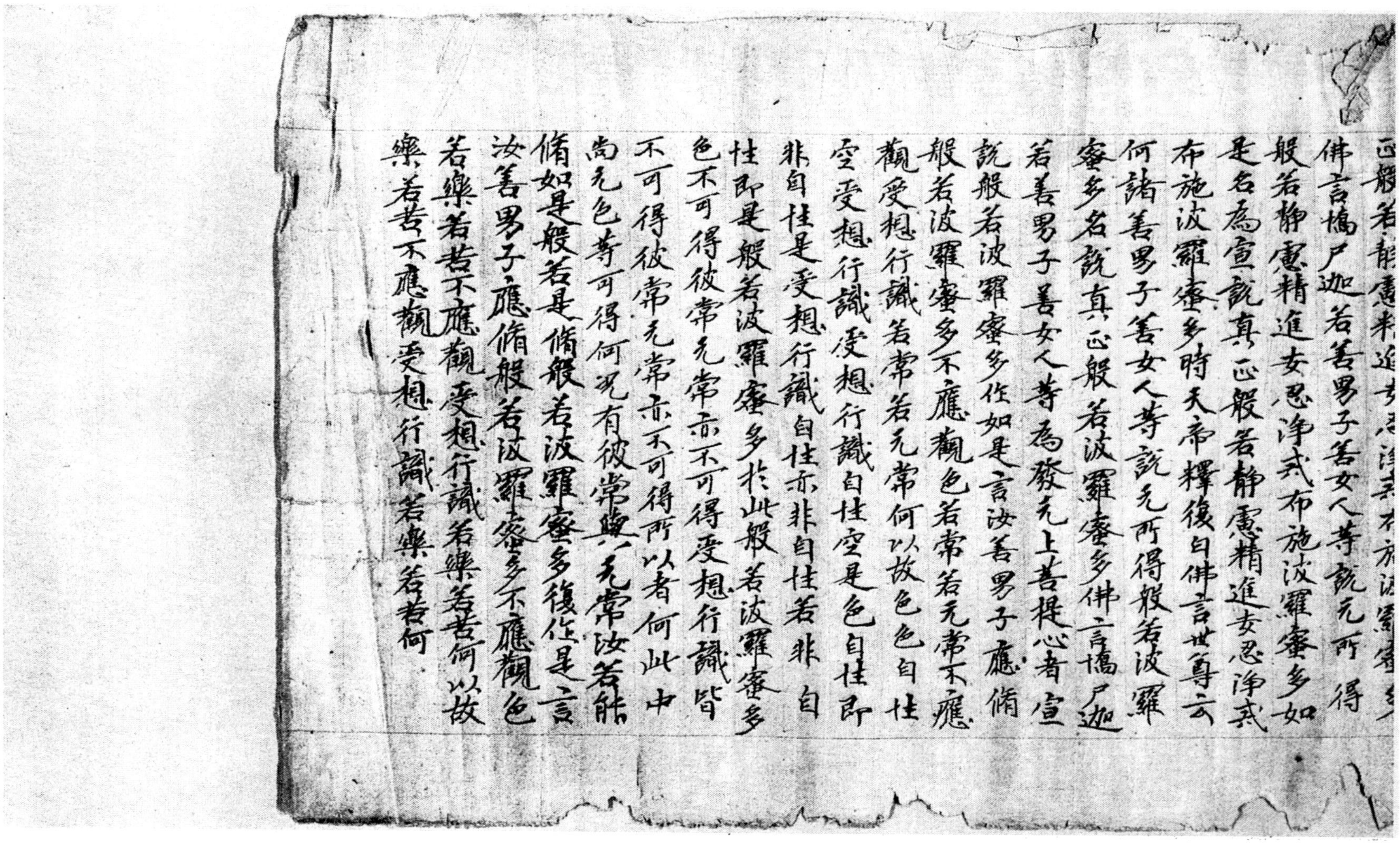

正般若靜慮精進安忍淨戒布施波羅蜜多
佛言憍尸迦若善男子善女人等說无所得
般若靜慮精進安忍淨戒布施波羅蜜多如
是名為宣說真正般若靜慮精進安忍淨戒
布施波羅蜜多時天帝釋復白佛言世尊云
何諸善男子善女人等說无所得般若波羅
蜜多名說真正般若波羅蜜多佛言憍尸迦
若善男子善女人等為發无上菩提心者宣
說般若波羅蜜多作如是言汝善男子應脩
般若波羅蜜多不應觀色若常若无常不應
觀受想行識若常若无常何以故色色自性
空受想行識受想行識自性空是色自性即
非自性是受想行識自性亦非自性若非自
性即是般若波羅蜜多於此般若波羅蜜多
色不可得彼常无常亦不可得受想行識皆
不可得彼常无常亦不可得所以者何此中
尚无色等可得何況有彼常與无常汝若能
脩如是般若是脩般若波羅蜜多復作是言
汝善男子應脩般若波羅蜜多不應觀色
若樂若苦不應觀受想行識若樂若苦何以故
樂若苦不應觀受想行識若樂若苦何

BD03913號　大般若波羅蜜多經（兌廢稿）卷一四六　（2–2）

屠兒魁膾　□□捕　為利殺害
販肉自活　衒賣女色　如是之人　皆勿親近
凶險相撲　種種嬉戲　諸婬女等　盡勿親近
莫獨屏處　為女說法　若說法時　无得戲笑
入里乞食　將一比丘　若无比丘　一心念佛
是則名為　行處近處　以此二處　能安樂說
又復不行　上中下法　有為无為　實不實法
亦不分別　是男是女　不得諸法　不知不見
是則名為　菩薩行處　一切諸法　空无所有
无有常住　亦无起滅　是名智者　所親近處
顛倒分別　諸法有无　是實非實　是生非生
在於閑處　脩攝其心　安住不動　如須弥山
觀一切法　皆无所有　猶如虛空　无有堅固
不生不出　不動不退　常住一相　是名近處
若有比丘　於我滅後　入是行處　及親近處
說斯經時　无有怯弱　菩薩有時　入於靜室
以正憶念　隨義觀法　從禪定起　為諸國王
王子臣民　婆羅門等　開化演暢　說斯經典
其心安隱　无有怯弱　文殊師利　是名菩薩
安住初法　能於後世　說法華經

BD03914 號　妙法蓮華經卷五　（28–1）

以正憶念　隨義觀法　從禪定起　為諸國王
王子臣民　婆羅門等　開化演暢　說斯經典
其心安隱　无有怯弱　文殊師利　是名菩薩
安住初法　能於後世　說法華經
又文殊師利如來滅後於末法中欲說是經
應住安樂行若口宣說若讀經時不樂說
人及經典過亦不輕慢諸餘法師不說他人
好惡長短於聲聞人亦不稱名說其過惡
亦不稱名讚歎其美又亦不生怨嫌之心善脩
如是安樂心故諸有聽者不逆其意有所難
問不以小乘法荅但以大乘而為解說令得一
切種智尒時世尊欲重宣此義而說偈言
菩薩常樂　安隱說法　於清淨地　而施床座
以油塗身　澡浴塵穢　著新淨衣　內外俱淨
安處法座　隨問為說　若有比丘　及比丘尼
諸優婆塞　及優婆夷　國王王子　群臣士民
以微妙義　和顏為說　若有難問　隨義而荅
因緣譬喻　敷演分別　以是方便　皆使發心
漸漸增益　入於佛道　除嬾墯意　及懈怠想
離諸憂惱　慈心說法　晝夜常說　无上道教
以諸因緣　无量譬喻　開示衆生　咸令歡喜
衣服卧具　飲食醫藥　而於其中　无所悕望
但一心念　說法因緣　願成佛道　令衆亦尒
是則大利　安樂供養　我滅度後　若有比丘
能演說斯　妙法華經　心无嫉恚　諸惱障礙
亦无憂愁　及罵詈者　又无怖畏　加刀杖等

BD03914 號　妙法蓮華經卷五　（28–2）

但一心念　說法因緣　願成佛道　令衆亦尒
是則大利　安樂供養　我滅度後　若有比丘
能演說斯　妙法華經　心无嫉恚　諸惱障礙
亦无憂愁　及罵詈者　又无怖畏　加刀杖等
亦无擯出　安住忍故　智者如是　善脩其心
能住安樂　如我上說　其人功德　千万億劫
筭數譬喻　說不能盡
又文殊師利菩薩摩訶薩於後末世法欲滅
時受持讀誦斯經典者无懷嫉妬諂誑之心
亦勿輕罵學佛道者求其長短若比丘比丘
尼優婆塞優婆夷求聲聞者求辟支佛者
求菩薩道者无得惱之令其疑悔語其人言
汝等去道甚遠終不能得一切種智所以者
何汝是放逸之人於道懈怠故又亦不應戲論
諸法有所諍競當於一切衆生起大悲想於
諸如來起慈父想於諸菩薩起大師想於十
方諸大菩薩常應深心恭敬禮拜於一切衆
生平等說法以順法故不多不少乃至深愛
法者亦不爲多說文殊師利是菩薩摩訶
薩於後末世法欲滅時有成就是第三安樂行
者說是法時无能惱亂得好同學共讀誦是
經亦得大衆而來聽受聽已能持持已能誦
誦已能說說已能書若使人書供養經卷
恭敬尊重讚歎尒時世尊欲重宣此義而說偈言
若欲說是經　當捨嫉恚慢　諂誑邪僞心　常脩質直行
不輕蔑於人　亦不戲論法　不令他疑悔　云汝不得佛

誦已能說說已能書若使人書供養經卷
恭敬尊重讚歎尒時世尊欲重宣此義而說偈言
若欲說是經　當捨嫉恚慢　諂誑邪僞心　常脩質直行
不輕蔑於人　亦不戲論法　不令他疑悔　云汝不得佛
是佛子說法　常柔和能忍　慈悲於一切　不生懈怠心
十方大菩薩　愍衆故行道　應生恭敬心　是則我大師
於諸佛世尊　生无上父想　破於憍慢心　說法无障礙
第三法如是　智者應守護　一心安樂行　无量衆所敬
又文殊師利菩薩摩訶薩於後末世法欲滅
時有持法華經者於在家出家人中生大慈
心於非菩薩人中生大悲心應作是念如是
之人則爲大失如來方便隨宜說法不聞不
知不覺不問不信不解其人雖不問不信不
解是經我得阿耨多羅三藐三菩提時隨在
何地以神通力智慧力引之令得住是法中
文殊師利是菩薩摩訶薩於如來滅後有
成就此第四法者說是法時无有過失常爲
比丘比丘尼優婆塞優婆夷國王王子大臣人
民婆羅門居士等供養恭敬尊重讚歎虛
空諸天爲聽法故亦常隨侍若在聚落城邑
空閑林中有人來欲難問者諸天晝夜常爲法
故而衛護之能令聽者皆得歡喜所以者何
此經是一切過去未來現在諸佛神力所護
故文殊師利是法華經於无量國中乃至名
字不可得聞何況得見受持讀誦文殊師利
譬如强力轉輪聖王欲以威勢降伏諸國而

此經是一切過去未來現在諸佛神力所護
故文殊師利是法華經於无量國中乃至名
字不可得聞何況得見受持讀誦文殊師利
譬如强力轉輪聖王欲以威勢降伏諸國而
諸小王不順其命時轉輪王起種種兵而往討
伐王見兵衆戰有功者即大歡喜隨功賞
賜或與田宅聚落城邑或與衣服嚴身之具
或與種種珍寶金銀琉璃車璖馬瑙珊瑚虎
珀象馬車乘奴婢人民唯髻中明珠不以與
之所以者何獨王頂上有此一珠若以與之
王諸眷屬必大驚怪文殊師利如來亦復
如是以禪定智慧力得法國土王於三界而
諸魔王不肯順伏如來賢聖諸將與之共戰
其有功者心亦歡喜於四衆中爲說諸經令其
心悅賜以禪定解脫无漏根力諸法之財又
復賜與涅槃之城言得滅度引導其心令皆
歡喜而不爲說是法華經文殊師利如轉
輪王見諸兵衆有大功者心甚歡喜以此難信
之珠久在髻中不妄與人而今與之如來亦
復如是於三界中爲大法王以法教化一切
衆生見賢聖軍與五陰魔煩惱魔死魔共
戰有大功勳滅三毒出三界破魔網尒時如
來亦大歡喜此法華經能令衆生至一切智
一切世間多怨難信先所未說而今說之文殊
師利此法華經是諸如來第一之說於諸說
中最爲甚深末後賜與如彼强力之王久護
明珠今乃與之文殊師利此法

戰有大功勳滅三毒出三界破魔網尒時如
來亦大歡喜此法華經能令衆生至一切智
一切世間多怨難信先所未說而今說之文殊
師利此法華經是諸如來第一之說於諸說
中最爲甚深末後賜與如彼强力之王久護
明珠今乃與之文殊師利此法華經諸佛如
來秘密之藏於諸經中最在其上長夜守
護不妄宣說始於今日乃與汝等而敷演之
尒時世尊欲重宣此義而說偈言

常行忍辱　哀愍一切　乃能演說　佛所讚經
後末世時　持此經者　於家出家　及非菩薩
應生慈悲　斯等不聞　不信是經　則爲大失
我得佛道　以諸方便　爲說此經　令住其中
譬如强力　轉輪之王　兵戰有功　賞賜諸物
象馬車乘　嚴身之具　及諸田宅　聚落城邑
或與衣服　種種珍寶　奴婢財物　歡喜賜與
如有勇健　能爲難事　王解髻中　明珠賜之
如來亦尒　爲諸法王　忍辱大力　智慧寶藏
以大慈悲　如法化世　見一切人　受諸苦惱
欲求解脫　與諸魔戰　爲是衆生　說種種法
以大方便　說此諸經　既知衆生　得其力已
末後乃爲　說是法華　如王解髻　明珠與之
此經爲尊　衆經中上　我常守護　不妄開示
今正是時　爲汝等說　我滅度後　求佛道者
欲得安隱　演說斯經　應當親近　如是四法
讀是經者　常无憂惱　又无病痛　顏色鮮白
不生貧窮　卑賤醜陋　衆生樂見　如慕賢聖

此經為尊 衆經中上 我常守護 不妄開示
今正是時 為汝等說 我滅度後 求佛道者
欲得安隱 演說斯經 應當親近 如是四法
讀是經者 常无憂惱 又无病痛 顏色鮮白
不生貧窮 卑賤醜陋 衆生樂見 如慕賢聖
天諸童子 以為給使 刀杖不加 毒不能害
若人惡罵 口則閉塞 遊行无畏 如師子王
智慧光明 如日之照 若於夢中 但見妙事
見諸如來 坐師子座 諸比丘衆 圍繞說法
又見龍神 阿脩羅等 數如恒沙 恭敬合掌
自見其身 而為說法 又見諸佛 身相金色
放无量光 照於一切 以梵音聲 演說諸法
佛為四衆 說无上法 見身處中 合掌讚佛
聞法歡喜 而為供養 得陀羅尼 證不退智
佛知其心 深入佛道 即為授記 成最正覺
汝善男子 當於來世 得无量智 佛之大道
國土嚴淨 廣大无比 亦有四衆 合掌聽法
又見自身 在山林中 脩習善法 證諸實相
深入禪定 見十方佛
諸佛身金色 百福相莊嚴 聞法為人說 常有是好夢
又夢作國王 捨宮殿眷屬 及上妙五欲 行詣於道場
在菩提樹下 而處師子座 求道過七日 得諸佛之智
成无上道已 起而轉法輪 為四衆說法 經千万億劫
說无漏妙法 度无量衆生 後當入涅槃 如烟盡燈滅
若後惡世中 說是法華經 是人得大利 如上諸功德

妙法蓮華經從地踊出品第十五

在菩提樹下 而處師子座 求道過七日 得諸佛之智
成无上道已 起而轉法輪 為四衆說法 經千万億劫
說无漏妙法 度无量衆生 後當入涅槃 如烟盡燈滅
若後惡世中 說是法華經 是人得大利 如上諸功德

妙法蓮華經從地踊出品第十五

尒時他方國土諸來菩薩摩訶薩過八恒河沙數於大衆中起立合掌作礼而白佛言世尊若聽我等於佛滅後在此娑婆世界勤加精進護持讀誦書寫供養是經典者當於此土而廣說之尒時佛告諸菩薩摩訶薩衆止善男子不須汝等護持此經所以者何我娑婆世界自有六万恒河沙等菩薩摩訶薩一一菩薩各有六万恒河沙眷屬是諸人等能於我滅後護持讀誦廣說此經佛說是時娑婆世界三千大千國土地皆震裂而於其中有无量千万億菩薩摩訶薩同時踊出是諸菩薩身皆金色三十二相无量光明先盡在此娑婆世界之下此界虛空中住是諸菩薩聞釋迦牟尼佛所說音聲從下發來一一菩薩皆是大衆唱導之首各將六万恒河沙眷屬况將五万四万三万二万一万恒河沙等眷屬者况復乃至一恒河沙半恒河沙四分之一乃至千万億那由他分之一况復千万億那由他眷屬况復億万眷屬况復千万百万乃至一万况復一千一百乃至一十况復將五四三二一弟子者况復單己樂遠離行如是比无量无邊

者況復乃至一恒河沙半恒河沙四分之一乃
至千万億那由他分之一況復千万億那由
他眷屬況復億万眷況復千万百万乃至一万況
復一千一百乃至一十況復將五四三二一弟子
者況復單己樂遠離行如是比无量无邊
筭數譬喻所不能知是諸菩薩從地出已
各詣虛空七寶妙塔多寶如來釋迦牟尼
佛所到已向二世尊頭面礼足乃至諸寶樹
下師子座上佛所亦皆作礼右繞三匝合掌
恭敬以諸菩薩種種讚法而以讚歎住在
一面欣樂瞻仰於二世尊是諸菩薩摩訶薩
從地踊出以諸菩薩種種讚法而讚於佛如是
時間經五十小劫是時釋迦牟尼佛嘿然而
坐及諸四衆亦皆嘿然五十小劫佛神力故
令諸大衆謂如半日尒時四衆亦以佛神力
故見諸菩薩遍滿无量百千万億國土虛
空是菩薩衆中有四導師一名上行二名无
邊行三名淨行四名安立行是四菩薩於
其衆中㝡為上首唱導之師在大衆前各
合掌觀釋迦牟尼佛而問訊言世尊少病
少惱安樂行不所應度者受教易不不
令世尊生疲勞耶尒時四大菩薩而說偈言
世尊安樂　少病少惱　教化衆生　得无疲惓
又諸衆生　受化易不　不令世尊　生疲勞耶
尒時世尊於菩薩大衆中而作是言如是如

BD03914 號　妙法蓮華經卷五　（28–9）

令世尊生疲勞耶尒時四大菩薩而說偈言
世尊安樂　少病少惱　教化衆生　得无疲惓
又諸衆生　受化易不　不令世尊　生疲勞耶
尒時世尊於菩薩大衆中而作是言如是如
是諸善男子如來安樂少病少惱諸衆生等
易可化度无有疲勞所以者何是諸衆生世
世已來常受我化亦於過去諸佛供養尊重
種諸善根此諸衆生始見我身聞我所說即
皆信受入如來慧除先脩習學小乘者如是
之人我今亦令得聞是經入於佛慧尒時諸
大菩薩而說偈言
善哉善哉　大雄世尊　諸衆生等　易可化度
能問諸佛　甚深智慧　聞已信行　我等隨喜
於時世尊讚歎上首諸大菩薩善哉善哉善
男子汝等能於如來發隨喜心尒時弥勒菩
薩及八千恒河沙諸菩薩衆皆作是念我等
從昔已來不見不聞如是大菩薩摩訶薩衆
從地踊出住世尊前合掌供養問訊如來時
弥勒菩薩摩訶薩知八千恒河沙諸菩薩等
心之所念并欲自決所疑合掌向佛以偈問曰
无量千万億　大衆諸菩薩　昔所未曾有　願兩足尊說
是從何所來　以何因緣集　巨身大神通　智慧叵思議
其志念堅固　有大忍辱力　衆生所樂見　為從何所來
一一諸菩薩　所將諸眷屬　其數无有量　如恒河沙等
或有大菩薩　將六万恒沙　如是諸大衆　一心求佛道
是諸大師等　六万恒河沙　俱來供養佛　及護持此經

BD03914 號　妙法蓮華經卷五　（28–10）

其志念堅固　有大忍辱力　衆生所樂見　為從何所来
一一諸菩薩　所將諸眷屬　其數无有量　如恒河沙等
或有大菩薩　將六万恒沙　如是諸大衆　一心求佛道
是諸大師等　六万恒河沙　俱来供養佛　及護持此經
將五万恒沙　其數過於是　四万及三万　二万至一万
一千一百等　乃至一恒沙　半及三四分　億万分之一
千万那由他　万億諸弟子　乃至於半億　其數復過上
百万至一万　一千及一百　五十與一十　乃至三二一
單己无眷屬　樂獨於處者　俱来至佛所　其數轉過上
如是諸大衆　若人行籌數　過於恒沙劫　猶不能盡知
是諸大威德　精進菩薩衆　誰為其說法　教化而成就
從誰初發心　稱揚何佛法　受持行誰經　修習何佛道
如是諸菩薩　神通大智力　四方地震裂　皆從中踊出
世尊我昔来　未曾見是事　願說其所從　國土之名号
我常遊諸國　未曾見是衆　我於此衆中　乃不識一人
忽然從地出　願說其因緣　今此之大會　无量百千億
是諸菩薩等　皆欲知此事　是諸菩薩衆　本末之因緣
无量德世尊　唯願決衆疑
尒時釋迦牟尼佛分身諸佛從无量千万億
他方國土来者在於八方諸寶樹下師子座
上結加趺坐其佛侍者各各見是菩薩大衆
於三千大千世界四方從地踊出住於虛空各白
其佛言世尊此諸无量无邊阿僧祇菩薩
大衆從何所来尒時諸佛各告侍者諸善
男子且待須臾有菩薩摩訶薩名曰弥勒釋迦
牟尼佛之所授記次後作佛已問斯事佛今

BD03914號　妙法蓮華經卷五　（28-11）

於三千大千世界四方從地踊出住於虛空各白
其佛言世尊此諸无量无邊阿僧祇菩薩
大衆從何所来尒時諸佛各告侍者諸善
男子且待須臾有菩薩摩訶薩名曰弥勒釋迦
牟尼佛之所授記次後作佛已問斯事佛今
答之汝等自當因是得聞尒時釋迦牟尼佛
告弥勒菩薩善哉善哉阿逸多乃能問佛
如是大事汝當共一心被精進鎧發堅固意如
来今欲顯發宣示諸佛智慧諸佛自在神
通之力諸佛師子奮迅之力諸佛威猛大勢
之力尒時世尊欲重宣此義而說偈言
當精進一心　我欲說此事　勿得有疑悔　佛智叵思議
汝今出信力　住於忍善中　昔所未聞法　今皆當得聞
我今安慰汝　勿得懷疑懼　佛无不實語　智慧不可量
所得第一法　甚深叵分別　如是今當說　汝等一心聽
尒時世尊說此偈已告弥勒菩薩我今於此
大衆宣告汝等阿逸多是諸大菩薩摩訶薩
无量无數阿僧祇從地踊出汝等昔所未見
者我於是娑婆世界得阿耨多羅三藐三菩
提已教化示導是諸菩薩調伏其心令發道
意此諸菩薩皆於是娑婆世界之下此界虛
空中住於諸經典讀誦通利思惟分別正憶
念阿逸多是諸善男子等不樂在衆多有
所說常樂靜處勤行精進未曾休息亦不依
上人天而住常樂深智无有障礙亦常樂於
諸佛之法一心精進求无上慧尒時世尊欲重

BD03914號　妙法蓮華經卷五　（28-12）

空中住於諸經典讀誦通利思惟分別正憶
念阿逸多是諸善男子等不樂在衆多有
所説常樂靜處勤行精進未曾休息亦不依
止人天而住常樂深智无有障礙亦常樂於
諸佛之法一心精進求无上慧尒時世尊欲重
宣此義而説偈言
阿逸汝當知　是諸大菩薩　從无數劫來　脩習佛智慧
悉是我所化　令發大道心　此等是我子　依止是世界
常行頭陁事　志樂於靜處　捨大衆憒閙　不樂多所説
如是諸子等　學習我道法　晝夜常精進　為求佛道故
在娑婆世界　下方空中住　志念力堅固　常勤求智慧
説種種妙法　其心无所畏　我於伽耶城　菩提樹下坐
得成最正覺　轉无上法輪　尒乃教化之　令初發道心
今皆住不退　悉當得成佛　我今説實語　汝等一心信
我從久遠來　教化是等衆
尒時弥勒菩薩摩訶薩及无數諸菩薩等心
生疑惑怪未曾有而作是念云何世尊於少時
間教化如是无量无邊阿僧祇諸大菩薩令
住阿耨多羅三藐三菩提即白佛言世尊如
來為太子時出於釋宮去伽耶城不遠坐於
道場得成阿耨多羅三藐三菩提從是已來
始過四十餘年世尊云何於此少時大作佛
事以佛勢力以佛功德教化如是无量大菩
薩衆當成阿耨多羅三藐三菩提世尊此
大菩薩衆假使有人於千万億劫數不能盡
不得其邊斯等久遠已來於无量无邊諸佛

BD03914號　妙法蓮華經卷五　（28–13）

事以佛勢力以佛功德教化如是无量大菩
薩衆當成阿耨多羅三藐三菩提世尊此
大菩薩衆假使有人於千万億劫數不能盡
不得其邊斯等久遠已來於无量无邊諸佛
所植諸善根成就菩薩道常脩梵行世尊
如此之事世所難信譬如有人色美髮黑年二
十五指百歲人言是我子其百歲人亦指年少言
是我父生育我等是事難信佛亦如是得
道已來其實未久而此大衆諸菩薩等已
於无量千万億劫為佛道故勤行精進善
入出住无量百千万億三昧得大神通久脩
梵行善能次第習諸善法巧於問荅人中之寶
一切世間甚為希有今日世尊方云得佛道
時初發心教化示導令向阿耨多羅三藐三
菩提世尊得佛未久乃能作此大功德事我
等雖復信佛隨宜所説佛所出言未曾虛妄
佛所知者皆悉通達然諸新發意菩薩於
佛滅後若聞是語或不信受而起破法罪業
因緣唯然世尊願為解説除我等疑及未來
世諸善男子聞此事已亦不生疑尒時弥勒
菩薩欲重宣此義而説偈言
佛昔從釋種　出家近伽耶　坐於菩提樹　尒來尚未久
此諸佛子等　其數不可量　久已行佛道　住於神通力
善學菩薩道　不染世間法　如蓮華在水　從地而踊出
皆起恭敬心　住於世尊前　是事難思議　云何而可信
佛得道甚近　所成就甚多　願為除衆疑　如實分別説

BD03914號　妙法蓮華經卷五　（28–14）

佛昔從釋種 出家近伽耶 坐於菩提樹 尒來尚未久
此諸佛子等 其數不可量 久已行佛道 住神通智力
善學菩薩道 不染世間法 如蓮華在水 從地而踊出
皆起恭敬心 住於世尊前 是事難思議 云何而可信
佛得道甚近 所成就甚多 願為除衆疑 如實分別說
譬如少壯人 年始二十五 示人百歲子 髮白而面皺
是等我所生 子亦說是父 父少而子老 舉世所不信
世尊亦如是 得道來甚近 是諸菩薩等 志固无怯弱
從无量劫來 而行菩薩道 巧於難問答 其心无所畏
忍辱心決定 端正有威德 十方佛所讚 善能分別說
不樂在人衆 常好在禪定 為求佛道故 於下空中住
我等從佛聞 於此事无疑 願佛為未來 演說令開解
若有於此經 生疑不信者 即當墮惡道 願今為解說
是无量菩薩 云何於少時 教化令發心 而住不退地

妙法蓮華經如來壽量品第十六

尒時佛告諸菩薩及一切大衆諸善男子汝
等當信解如來誠諦之語復告大衆汝等當
信解如來誠諦之語又復告諸大衆汝等當
信解如來誠諦之語是時菩薩大衆弥勒為
首合掌白佛言世尊惟願說之我等當信受
佛語如是三白已復言惟願說之我等當信
受佛語尒時世尊知諸菩薩三請不止而語
之言汝等諦聽如來祕密神通之力一切世
間天人及阿脩羅皆謂今釋迦牟尼佛出釋
氏宮去伽耶城不遠坐於道場得阿耨多羅
三藐三菩提然善男子我實成佛已來无量

之言汝等諦聽如來祕密神通之力一切世
間天人及阿脩羅皆謂今釋迦牟尼佛出釋
氏宮去伽耶城不遠坐於道場得阿耨多羅
三藐三菩提然善男子我實成佛已來无量
无邊百千万億那由他劫譬如五百千万億那
由他阿僧祇三千大千世界假使有人末為
微塵過於東方五百千万億那由他阿僧祇
國乃下一塵如是東行盡是微塵諸善男
子於意云何是諸世界可得思惟校計知其
數不弥勒菩薩俱白佛言世尊是諸世界
无量无數非算數所知亦非心力所及一切
聲聞辟支佛以无漏智不能思惟知其限數
我等住阿惟越致地於是事中亦所不達世
尊如是諸世界无量无邊尒時佛告大菩薩
衆諸善男子今當分明宣語汝等是諸世界
若著微塵及不著者盡以為塵一塵一劫我
成佛已來復過於此百千万億那由他阿僧
祇劫自從是來我常在此娑婆世界說法教
化亦於餘處百千万億那由他阿僧祇國導
利衆生諸善男子於是中間我說然燈佛
等又復言其入於涅槃如是皆以方便分別諸
善男子若有衆生來至我所我以佛眼觀其
信等諸根利鈍隨所應度處處自說名字
不同年紀大小亦復現言當入涅槃又以種種
方便說微妙法能令衆生發歡喜心諸善男
子如來見諸衆生樂於小法德薄垢重者為

信等諸根利鈍隨所應度處處自說名字
不同年紀大小亦復現言當入涅槃又以種種
方便說微妙法能令衆生發歡喜心諸善男
子如来見諸衆生樂於小法德薄垢重者為
是人說我少出家得阿耨多羅三藐三菩提
然我實佛已来久遠若斯但以方便教化
衆生令入佛道作如是說諸善男子如来所
演經典皆為度脫衆生或說己身或說他身
或示己身或示他身或示己事或示他事諸
所言說皆實不虛所以者何如来如實知見三
界之相无有生死若退若出亦无在世及滅
度者非實非虛非如非異不如三界見於
三界如斯之事如来明見无有錯謬以諸衆
生有種種性種種欲種種行種種憶想分明故
欲令生諸善根以若干因緣譬喻言辭種種
說法所作佛事未曾暫廢如是我成佛已来
甚大久遠壽命无量阿僧祇劫常住不滅
諸善男子我本行菩薩道所成壽命今猶未
盡復倍上數然今非實滅度而便唱言當取
滅度如来以是方便教化衆生所以者何若
佛久住於世薄德之人不種善根貧窮下賤
貪著五欲入於憶想妄見網中若見如来常
在不滅便起憍恣而懷厭怠不能生難遭
之想恭敬之心是故如来以方便說比丘當
知諸佛出世難可值遇所以者何諸薄德人
過无量百千万億劫或有見佛或不見者以
此事故我作是言諸比丘如来難可得見斯

BD03914號　妙法蓮華經卷五　（28–17）

在不滅便起憍恣而懷厭怠不能生難遭
之想恭敬之心是故如来以方便說比丘當
知諸佛出世難可值遇所以者何諸薄德人
過无量百千万億劫或有見佛或不見者以
此事故我作是言諸比丘如来難可得見斯
衆生等聞如是語必當生於難遭之想心懷戀
慕渴仰於佛便種善根是故如来雖不實滅
而言滅度又善男子諸佛如来法皆如是為
度衆生皆實不虛譬如良醫智慧聰達明
練方藥善治衆病其人多諸子息若十二十
乃至百數以有事緣遠至餘國諸子於後飲
他毒藥藥發悶亂宛轉于地是時其父還来
歸家諸子飲毒或失本心或不失者遙見其父
皆大歡喜拜跪問訊善安隱歸我等愚癡誤
服毒藥願見救療更賜壽命父見子等苦惱
如是依諸經方求好藥草色香美味皆悉具
足擣篩和合與子令服而作是言此大良藥
色香美味皆悉具足汝等可服速除苦惱无
復衆患其諸子中不失心者見此良藥色香
俱好即便服之病盡除愈餘失心者見其父
来雖亦歡喜問訊求索治病然與其藥而不
肯服所以者何毒氣深入失本心故於此好色
香藥而謂不美父作是念此子可愍為毒所
中心皆顛倒雖見我喜求索救療如是好
藥而不肯服我今當設方便令服此藥即作
是言汝等當知我今衰老死時已至是好良

BD03914號　妙法蓮華經卷五　（28–18）

肯服所以者何毒氣深入失本心故於此好色
香藥而謂不美父作是念此子可愍為毒所
中心皆顛倒雖見我喜求索救療如是好
藥而不肯服我今當設方便令服此藥即作
是言汝等當知我今衰老死時已至是好良
藥今留在此汝可取服勿憂不差作是教已
復至他國遣使還告汝父已死是時諸子聞
父背喪心大憂惱而作是念若父在者慈愍
我等能見救護今者捨我遠喪他國自惟孤
露无復恃怙常懷悲感心遂醒悟乃知此藥
色味香美即取服之毒病皆愈其父聞子
悉已得差尋便來歸咸使見之諸善男子於
意云何頗有人能說此良醫虛妄罪不不也
世尊佛言我亦如是成佛已來无量无邊百千
万億那由他阿僧祇劫為眾生故以方便力言
當滅度亦无有能如法說我虛妄過者尒時
世尊欲重宣此義而說偈言
自我得佛來　所經諸劫數　无量百千万　億載阿僧祇
常說法教化　无數億眾生　令入於佛道　尒來无量劫
為度眾生故　方便現涅槃　而實不滅度　常住此說法
我常住於此　以諸神通力　令顛倒眾生　雖近而不見
常見我滅度　廣供養舍利　咸皆懷戀慕　而生渴仰心
眾生既信伏　質直意柔軟　一心欲見佛　不自惜身命
時我及眾僧　俱出靈鷲山　我時語眾生　常在此不滅
以方便力故　現有滅不滅　餘國有眾生　恭敬信樂者

常見我滅度　廣供養舍利　咸皆懷戀慕　而生渴仰心
眾生既信伏　質直意柔軟　一心欲見佛　不自惜身命
時我及眾僧　俱出靈鷲山　我時語眾生　常在此不滅
以方便力故　現有滅不滅　餘國有眾生　恭敬信樂者
我復於彼中　為說无上法　汝等不聞此　但謂我滅度
我見諸眾生　沒在於苦惱　故不為現身　令其生渴仰
因其心戀慕　乃出為說法　神通力如是　於阿僧祇劫
常在靈鷲山　及餘諸住處　眾生見劫盡　大火所燒時
我此土安隱　天人常充滿　園林諸堂閣　種種寶莊嚴
寶樹多華菓　眾生所遊樂　諸天擊天鼓　常作眾伎樂
雨曼陀羅華　散佛及大眾　我淨土不毀　而眾見燒盡
憂怖諸苦惱　如是悉充滿　是諸罪眾生　以惡業因緣
過阿僧祇劫　不聞三寶名　諸有脩功德　柔和質直心
則皆見我身　在此而說法　或時為此眾　說佛壽无量
久乃見佛者　為說佛難值　我智力如是　慧光照无量
壽命无數劫　久脩業所得　汝等有智者　勿於此生疑
當斷令永盡　佛語實不虛　如醫善方便　為治狂子故
實在而言死　无能說虛妄　我亦為世父　救諸苦患者
為凡夫顛倒　實在而言滅　以常見我故　而生憍恣心
放逸著五欲　墮於惡道中　我常知眾生　行道不行道
隨應所可度　為說種種法　每自作是念　以何令眾生
得入无上道　速成就佛身

妙法蓮華經分別功德品第十七

尒時大會聞佛說壽命劫數長遠如是无量
无邊阿僧祇眾生得大饒益於時世尊告彌
勒菩薩摩訶薩阿逸多我說是如來壽命

妙法蓮華經分別功德品第十七
尒時大會聞佛說壽命劫數長遠如是无量
无邊阿僧祇衆生得大饒益於時世尊告弥
勒菩薩摩訶薩阿逸多我說是如來壽命
長遠時六百八十万億那由他恒河沙衆生得
无生法忍復千倍菩薩摩訶薩得聞持陀羅
尼門復有一世界微塵數菩薩摩訶薩得
樂說无礙辯才復有一世界微塵數菩薩摩
訶薩得百万億无量旋陀羅尼復有三千大千
世界微塵數菩薩摩訶薩能轉不退法輪復
有二千中國土微塵數菩薩摩訶薩能轉清
淨法輪復有小千國土微塵菩薩摩訶薩
八生當得阿耨多羅三藐三菩提復有四四天
下微塵數菩薩摩訶薩四生當得阿耨多
羅三藐三菩提復有三四天下微塵數菩薩
摩訶薩三生當得阿耨多羅三藐三菩提復
有二四天下微塵數菩薩摩訶薩二生當得
阿耨多羅三藐三菩提復有一四天下微塵
數菩薩摩訶薩一生當得阿耨多羅三藐三
菩提復有八世界微塵數衆生皆發阿耨多
羅三藐三菩提心佛說是諸菩薩摩訶薩
得大法利時於虛空中雨曼陀羅華摩訶曼
陀羅華以散无量百千万億寶樹下師子座
上諸佛并散七寶塔中師子座上釋迦牟尼
佛及久滅度多寶如來亦散一切諸大菩薩

BD03914號　妙法蓮華經卷五　（28–21）

菩提復有八世界微塵數衆生皆發阿耨多
羅三藐三菩提心佛說是諸菩薩摩訶薩
得大法利時於虛空中雨曼陀羅華摩訶曼
陀羅華以散无量百千万億寶樹下師子座
上諸佛并散七寶塔中師子座上釋迦牟尼
佛及久滅度多寶如來亦散一切諸大菩薩
及四部衆又雨細末栴檀沉水香等於虛空
中天鼓自鳴妙聲深遠又雨千種天衣垂諸瓔
珞真珠瓔珞摩尼珠瓔珞如意珠瓔珞遍於
九方衆寶香爐燒无價香自然周至供養大
會一一佛上有諸菩薩執持幡蓋次第而上
至于梵天是諸菩薩以妙音聲歌无量頌讚
歎諸佛尒時弥勒菩薩從座而起偏袒右肩
合掌向佛而說偈言

佛說希有法　昔所未曾聞　世尊有大力　壽命不可量
无數諸佛子　聞世尊分別　說得法利者　歡喜充遍身
或住不退地　或得陀羅尼　或无礙樂說　万億旋揔持
或有大千界　微塵數菩薩　各各皆能轉　不退之法輪
復有中千界　微塵數菩薩　各各皆能轉　清淨之法輪
復有小千界　微塵數菩薩　餘各八生在　當得成佛道
復有四三二　如是四天下　微塵諸菩薩　隨數生成佛
或一四天下　微塵數菩薩　餘有一生在　當成一切智
如是等衆生　聞佛壽長遠　得无量无漏　清淨之果報
復有八世界　微塵數衆生　聞佛說壽命　皆發无上心
世尊說无量　不可思議法　多有所饒益　如虛空无邊
雨天曼陀羅　摩訶曼陀羅　釋梵如恒沙　无數佛土來

BD03914號　妙法蓮華經卷五　（28–22）

復有八世界　微塵數衆生　聞佛説壽命　皆發无上心
世尊説无量　不可思議法　多有所饒益　如虚空无邊
雨天曼陁羅　摩訶曼陁羅　釋梵如恒沙　无數佛土來
雨栴檀沉水　繽紛而亂墜　如鳥飛空下　供散於諸佛
天鼓虚空中　自然出妙聲　天衣千万種　旋轉而來下
衆寶妙香爐　燒无價之香　自然悉周遍　供養諸世尊
其大菩薩衆　執七寶幡蓋　高妙万億種　次第至梵天
一一諸佛前　寶幢懸勝幡　亦以千万偈　歌詠諸如來
如是種種事　昔所未曾有　聞佛壽无量　一切皆歡喜
佛名聞十方　廣饒益衆生　一切具善根　以助无上心
尒時佛告彌勒菩薩摩訶薩阿逸多其有衆
生聞佛壽命長遠如是乃至能生一念信解所
得功德无有限量若有善男子善女人爲阿
耨多羅三藐三菩提故於八十万億那由他
劫行五波羅蜜檀波羅蜜尸波羅蜜羼提
波羅蜜毗梨耶波羅蜜禪波羅蜜除般若
波羅蜜以是功德比前功德百分千分百千万
億分不及其一乃至筭數譬喻所不能知若
善男子善女人有如是功德於阿耨多羅三
藐三菩提退者无有是處尒時世尊欲重宣
此義而説偈言
若人求佛慧　於八十万億　那由他劫數　行五波羅蜜
於是諸劫中　布施供養佛　及緣覺弟子　并諸菩薩衆
珎異之飲食　上服與卧具　栴檀立精舍　以園林莊嚴
如是等布施　種種皆微妙　盡此諸劫數　以迴向佛道

BD03914 號　妙法蓮華經卷五　（28–23）

若人求佛慧　於八十万億　那由他劫數　行五波羅蜜
於是諸劫中　布施供養佛　及緣覺弟子　并諸菩薩衆
珎異之飲食　上服與卧具　栴檀立精舍　以園林莊嚴
如是等布施　種種皆微妙　盡此諸劫數　以迴向佛道
若復持禁戒　清淨无缺漏　求於无上道　諸佛之所歎
若復行忍辱　住於調柔地　設衆惡來加　其心不傾動
諸有得法者　懷於增上慢　爲此所輕惱　如是亦能忍
若復勤精進　志念常堅固　於无量億劫　一心不懈息
又於无數劫　住於空閑處　若坐若經行　除睡常攝心
以是因緣故　能生諸禪定　八十億万劫　安住心不亂
持此一心福　願求无上道　我得一切智　盡諸禪定際
是人於百千　万億劫數中　行此諸功德　如上之所説
有善男女等　聞我説壽命　乃至一念信　其福過於彼
若人悉无有　一切諸疑悔　深心須臾信　其福爲如此
其有諸菩薩　无量劫行道　聞我説壽命　是則能信受
如是諸人等　頂受此經典　願我於未來　長壽度衆生
如今日世尊　諸釋中之王　道場師子吼　説法无所畏
我等未來世　一切所尊敬　坐於道場時　説壽亦如是
若有深心者　清淨而質直　多聞能總持　隨義解佛語
如是諸人等　於此无有疑
又阿逸多若有聞佛壽命長遠解其言趣是
人所得功德无有限量能起如來无上之慧
何况廣聞是經若教人聞若自持若教人持
若自書若教人書若以華香瓔珞幢幡繒蓋
香油蘇燈供養經卷是人功德无量无邊能

BD03914 號　妙法蓮華經卷五　（28–24）

又阿逸多若有聞佛壽命長遠解其言趣是
人所得功德无有限量能起如來无上之慧
何況廣聞是經若教人聞若自持若教人持
若自書若教人書若以華香瓔珞幢幡繒蓋
香油蘇燈供養經卷是人功德无量无邊能
生一切種智阿逸多若善男子善女人聞我
說壽命長遠深心信解則為見佛常在耆
闍崛山共大菩薩聲聞衆圍遶說法又見此
娑婆世界其地瑠璃坦然平正閻浮檀金以
界八道寶樹行列諸臺樓觀皆悉寶成其
菩薩咸處其中若有能如是觀者當知是為
深信解相又復如來滅後若聞是經而不毀
呰起隨喜心當知已為深信解相何況讀誦
受持之者斯人則為頂戴如來阿逸多是善
男子善女人不須為我復起塔寺及作僧房
以四事供養衆僧所以者何是善男子善女
人受持讀誦是經典者為已起塔造立僧房
供養衆僧則為以佛舍利起七寶塔高廣
漸小至于梵天懸諸幡蓋及衆寶鈴華
香瓔珞末香塗香燒香衆鼓伎樂簫笛箜
篌種種儛戲以妙音聲歌唄讚頌則為於
无量千万劫作是供養已阿逸多若我滅
後聞是經典有能受持若自書若教人書
則為起立僧房以赤栴檀作諸殿堂三十有
二高八多羅樹高廣嚴飾百千比丘於其中
止園林浴池經行禪窟衣服飲食床褥湯

无量千万劫作是供養已阿逸多若我滅
後聞是經典有能受持若自書若教人書
則為起立僧房以赤栴檀作諸殿堂三十有
二高八多羅樹高廣嚴飾百千比丘於其中
止園林浴池經行禪窟衣服飲食床褥湯
藥一切樂具充滿其中如是僧房堂閣若
干百千万億其數无量以此現前供養於
我及比丘僧是故我說如來滅後若有受
持讀誦為他人說若自書若教人書供養經
卷不須復起塔寺及造僧房供養衆僧況
復有人能持是經兼行布施持戒忍辱精進
一心智慧其德最勝无量无邊譬如虛空東
西南北四維上下无量无邊是人功德亦復如是
无量无邊疾至一切種智若人讀誦受持是
經為他人說若自書若教人書復能起塔及
造僧房供養讚歎聲聞衆僧亦以百千万
億讚歎之法讚歎菩薩功德又為他人種種
因緣隨義解說此法華經復能清淨持戒
與柔和者而共同止忍辱无瞋志念堅固常
貴坐禪得諸深定精進勇猛攝諸善法利
根智慧善答問難阿逸多若我滅後諸
善男子善女人受持讀誦是經典者復有
如是諸善功德當知是人已趣道場近阿耨
多羅三藐三菩提坐道樹下阿逸多是善
男子若坐若立若經行處此中便應起塔

[illegible]
善男子善女人受持讀誦是經典者復有
如是諸善功德當知是人已趣道場近阿耨
多羅三藐三菩提坐道樹下阿逸多是善
男子若坐若立若經行處此中便應起塔
一切天人皆應供養如佛之塔尒時世尊欲重
宣此義而說偈言
若我滅度後　能奉持此經　斯人福无量　如上之所說
是則為具足　一切諸供養　以舍利起塔　七寶而莊嚴
表刹甚高廣　漸小至梵天　寶鈴千万億　風動出妙聲
又於无量劫　而供養此塔　華香諸瓔珞　天衣衆伎樂
然香油蘇燈　周匝常照明　惡世法末時　能持是經者
則為已如上　具足諸供養　若能持此經　則如佛現在
以牛頭栴檀　起僧房供養　堂有三十二　高八多羅樹
上饌妙衣服　床臥皆具足　百千衆住處　園林諸流池
經行及禪窟　種種皆嚴好　若有信解心　受持讀誦書
若復教人書　及供養經卷　散華香末香　以須曼薝蔔
阿提目多伽　熏油常然之　如是供養者　得无量功德
如虛空无邊　其福亦如是　況復持此經　兼布施持戒
忍辱樂禪定　不瞋不惡口　恭敬於塔廟　謙下諸比丘
遠離自高心　常思惟智慧　有問難不瞋　隨順為解說
若能行是行　功德不可量　若見此法師　成就如是德
應以天華散　天衣覆其身　頭面接足礼　生心如佛想
又應作是念　不久詣道樹　得无漏无為　廣利諸人天
其所住止處　經行若坐臥　乃至說一偈　是中應起塔
莊嚴令妙好　種種以供養　佛子住此地　則是佛受用

BD03914號　妙法蓮華經卷五　（28-27）

以牛頭栴檀　起僧房供養　堂有三十二　高八多羅樹
上饌妙衣服　床臥皆具足　百千衆住處　園林諸流池
經行及禪窟　種種皆嚴好　若有信解心　受持讀誦書
若復教人書　及供養經卷　散華香末香　以須曼薝蔔
阿提目多伽　熏油常然之　如是供養者　得无量功德
如虛空无邊　其福亦如是　況復持此經　兼布施持戒
忍辱樂禪定　不瞋不惡口　恭敬於塔廟　謙下諸比丘
遠離自高心　常思惟智慧　有問難不瞋　隨順為解說
若能行是行　功德不可量　若見此法師　成就如是德
應以天華散　天衣覆其身　頭面接足礼　生心如佛想
又應作是念　不久詣道樹　得无漏无為　廣利諸人天
其所住止處　經行若坐臥　乃至說一偈　是中應起塔
莊嚴令妙好　種種以供養　佛子住此地　則是佛受用
常在於其中　經行及坐臥

妙法蓮華經卷第五

BD03914號　妙法蓮華經卷五　（28-28）

著　錄　凡　例

本目錄採用條目式著錄法。諸條目意義如下：

1.1　著錄編號。用漢語拼音首字“BD”表示，意為“北京圖書館藏敦煌遺書”，簡稱“北敦號”。文獻寫在背面者，標註為“背”。一件遺書上抄有多個文獻者，用數字1、2、3等標示小號。一號中包括幾件遺書，且遺書形態各自獨立者，用字母A、B、C等區別。

1.2　著錄分類號。本條記目錄暫不分類，該項空缺。

1.3　著錄文獻的名稱、卷本、卷次。

1.4　著錄千字文編號。

1.5　著錄縮微膠卷號。

2.1　著錄遺書的總體數據。包括長度、寬度、紙數、正面抄寫總行數與每行字數、背面抄寫總行數與每行字數。如該遺書首尾有殘破，則對殘破部分單獨度量，用加號加在總長度上。凡屬這種情況，長度用括弧標註。

2.2　著錄每紙數據。包括每紙長度及抄寫行數或界欄數。

2.3　著錄遺書的外觀。包括：（1）裝幀形式。（2）首尾存況。（3）護首、軸、軸頭、天竿、縹帶，經名是書寫還是貼簽，有無經名號，扉頁、扉畫。（4）卷面殘破情況及其位置。（5）尾部情況。（6）有無附加物（蟲繭、油污、線繩及其他）。（7）有無褾補及其年代。（8）界欄。（9）修整。（10）其他需要交待的問題。

2.4　著錄一件遺書抄寫多個文獻的情況。

3.1　著錄文獻首部文字與對照本核對的結果。

3.2　著錄文獻尾部文字與對照本核對的結果。

3.3　著錄錄文。

3.4　著錄對文獻的說明。

4.1　著錄文獻首題。

4.2　著錄文獻尾題。

5　著錄本文獻與對照本的不同之處。

6.1　著錄本遺書首部可與另一遺書綴接的編號。

6.2　著錄本遺書尾部可與另一遺書綴接的編號。

7.1　著錄題記、題名、勘記等。

7.2　著錄印章。

7.3　著錄雜寫。

7.4　著錄護首及扉頁的內容。

8　著錄年代。

9.1　著錄字體。如有武周新字、合體字、避諱字等，予以說明。

9.2　著錄卷面二次加工的情況。包括句讀、點標、科分、間隔號、行間加行、行間加字、硃筆、墨塗、倒乙、刪除、兌廢等。

10　著錄敦煌遺書發現後，近現代人所加內容，裝裱、題記、印章等。

11　備註。著錄揭裱互見、圖版本出處及其他需要說明的問題。

上述諸條，有則著錄，無則空缺。

為避文繁，上述著錄中出現的各種參考、對照文獻，暫且不列版本說明。全目結束時，將統一編制本條記目錄出現的各種參考書目。

本條記目錄為農曆年份標註其公曆紀年時，未進行歲頭年末之換算，請讀者使用時注意自行換算。

條　記　目　錄

BD03801—BD03914

1.1　BD03801 號
1.3　金剛般若波羅蜜經
1.4　金 001
1.5　094:4110
2.1　(1.8+143.5)×26 厘米；4 紙；81 行，行 17 字。
2.2　01：01.8，01；　02：50.0，28；　03：50.5，28；
04：43.0，24。
2.3　卷軸裝。首尾均殘。經黄打紙。有烏絲欄。
3.1　首 1 行下殘→大正 235，8/750B21～22。
3.2　尾殘→8/751B20。
8　7～8 世紀。唐寫本。
9.1　楷書。
11　圖版：《敦煌寶藏》，82/144B～146A。

1.1　BD03802 號 1
1.3　金剛般若波羅蜜經
1.4　金 002
1.5　094:4355
2.1　(1.4+139.3)×25.6 厘米；4 紙；74 行，行 17 字。
2.2　01：1.4+11.8，08；　02：47.0，28；　03：46.0，28；
04：34.5，10。
2.3　卷軸裝。首殘尾全。背有古代裱補。有烏絲欄。
2.4　本遺書包括 2 個文獻：(一)《金剛般若波羅蜜經》，65 行，今編為 BD03802 號 1。(二)《金剛經陀羅尼神咒》，9 行，今編為 BD03802 號 2。
3.1　首行上殘→大正 235，8/751C21。
3.2　尾全→8/752C3。
4.2　金剛般若波羅蜜經（尾）。
7.3　第 3 紙末端上方有雜寫，難以辨識。
8　7～8 世紀。唐寫本。
9.2　有刮改。
9.1　楷書。
11　圖版：《敦煌寶藏》，83/48B～50A。

1.1　BD03802 號 2
1.3　金剛經陀羅尼神咒
1.4　金 002
1.5　094:4355
2.4　本遺書由 2 個文獻組成，本號為第 2 個，9 行。餘參見 BD03802 號 1 之第 2 項、第 11 項。
3.3　錄文：
金剛經陀羅尼神咒/
南謨薄伽罰帝，鉢囉讓，/
鉢囉底，伊利底，/
伊利底，伊室利，/
伊室利，輸魯馱，/
輸魯馱，毗逝洩，/
毗逝洩，娑婆訶，/
若有人誦此咒一遍，勝誦《金剛經》一萬九千/遍。/
（錄文完）
3.4　説明：

本文獻為《金剛經陀羅尼神咒》並附念誦功德。本身雖屬《金剛般若波羅蜜經》的附屬文獻，與《金剛般若波羅蜜經》原為一個整體，但字體與《金剛般若波羅蜜經》正文不同，從形態看，顯然是後人補抄。爲了顯示文本的結構，在此暫且分編為 2 號。

4.1　金剛經陀羅尼神咒（首）。
8　7～8 世紀。唐寫本。
9.1　楷書。

1.1　BD03803 號
1.3　金剛般若波羅蜜經
1.4　金 003
1.5　094:3549
2.1　(5.5+124.5)×26.5 厘米；3 紙；77 行，行 17 字。
2.2　01：5.5+38.5，26；　02：47.0，28；　03：39.0，23。

2.3　卷軸裝。首殘尾斷。經黄紙。通卷殘破。有烏絲欄。已修整。卷尾配《趙城金藏》木軸。
3.1　首2行中上殘→大正235，8/748C20～21。
3.2　尾行上殘→8/749C16～17。
8　7～8世紀。唐寫本。
9.1　楷書。
11　圖版：《敦煌寶藏》，78/480B～482A。

1.1　BD03804號
1.3　金剛般若波羅蜜經
1.4　金004
1.5　094:4333
2.1　124.5×25.3厘米；4紙；正面77行，行17字。背面20行，行約22字。
2.2　01：17.5，21；　02：49.0，28；　03：49.5，28；
04：08.5，拖尾。
2.3　卷軸裝。首殘尾全。經黄紙。卷尾上下有蟲繭。有燕尾。正、背面均有烏絲欄。
2.4　本遺書包括2個文獻：（一）《金剛般若波羅蜜經》，77行，今編為BD03804號。（二）《觀世音經》，抄寫在背面，20行，今編為BD03804號背。
3.1　首殘→大正235，8/751C5。
3.2　尾全→8/752C3。
4.2　金剛波若經一卷（尾）。
5　與《大正藏》本對照，本卷經文有漏抄處，缺文見大正8/751C16～19。
8　7～8世紀。唐寫本。
9.1　楷書。
11　圖版：《敦煌寶藏》，83/4B～6B。

1.1　BD03804號背
1.3　觀世音經
1.4　金004
1.5　094:4333
2.4　本遺書由2個文獻組成，本號為第2個，抄寫在背面，20行。餘參見BD03804號之第2項、第11項。
3.1　首全→大正262，9/56C2。
3.2　尾缺→9/56C27。
4.1　妙法蓮華經普門品第二十五（首）。
8　9～10世紀。歸義軍時期寫本。
9.1　楷書。
9.2　有刪節號。

1.1　BD03805號
1.3　大般涅槃經（北本）卷二七
1.4　金005
1.5　115:6465
2.1　（3+134.5）×25.5厘米；4紙；75行，行17字。
2.2　01：3+31，18；　02：37.5，21；　03：37.5，20；
04：28.5，16。
2.3　卷軸裝。首尾均殘。有烏絲欄。有劃界欄針孔。
3.1　首1行下殘→大正374，12/523B3～4。
3.2　尾1行下殘→12/524A21。
6.2　尾→BD03844號。
8　5～6世紀。南北朝寫本。
9.1　隸書。
11　圖版：《敦煌寶藏》，99/347A～348B。

1.1　BD03806號
1.3　摩訶般若波羅蜜經（四十卷本）卷二九
1.4　金006
1.5　088:3449
2.1　（3.8+751.2）×26.3厘米；17紙；正面442行，行17字。背面1行，行13字。
2.2　01：3.8+41.8，26；　02：45.1，28；　03：45.8，28；
04：46.1，28；　05：46.1，28；　06：46.0，28；
07：46.1，28；　08：46.1，28；　09：46.0，28；
10：46.1，28；　11：46.0，28；　12：46.1，28；
13：45.9，28；　14：46.1，28；　15：46.1，28；
16：45.9，24；　17：19.9，拖尾。
2.3　卷軸裝。首殘尾全。經黄打紙。前數紙有等距殘損或殘洞。卷背有鳥糞。前2紙係吐蕃時期後補。拖尾用《光讚經》護首，上有經名。有烏絲欄。已修整。
2.4　本遺書包括2個文獻：（一）《摩訶般若波羅蜜經》（四十卷本）卷二九，442行，今編為BD03806號。（二）《摩訶般若波羅蜜光讚經》卷九護首，1行，今編為BD03806號背。
3.1　首全→大正223，8/362A7。
3.2　尾全→8/367B21。
3.4　説明：
拖尾利用殘破《摩訶般若波羅蜜光讚經》卷第九護首做成。
4.1　摩訶般若波羅蜜大品經見阿閦佛品第六十五（首）。
4.2　摩訶般若波羅蜜經卷第廿九（尾）。
5　與《大正藏》本對照，分卷、品次、品名不同。此卷經文相當於卷第二十之前半部分。與其餘諸藏分卷亦均不同。應屬四十卷本。
8　7～8世紀。唐寫本。
9.1　楷書。
9.2　有刮改。
11　圖版：《敦煌寶藏》，78/38A～48A。

1.1　BD03806號背
1.33　摩訶般若波羅蜜光讚經卷九護首
1.4　金006
1.5　088:3449

2.4　本遺書由 2 個文獻組成，本號為第 2 個，1 行，抄寫在背面。餘參見 BD03806 號之第 2 項、第 11 項。
3.4　説明：
背有護首經名“摩訶般若波羅蜜光讚經卷第九”。該護首被改作摩訶般若波羅蜜經（四十卷本）卷二九的拖尾使用。
8　7～8 世紀。唐寫本。
9.1　楷書。

1.1　BD03807 號
1.3　小品般若波羅蜜經卷一〇
1.4　金 007
1.5　089:3479
2.1　(7＋69.1＋5)×26.2 厘米；3 紙；47 行，行 17 字。
2.2　01：7＋3.8，06；　02：48.1，28；　03：17.2＋5，13。
2.3　卷軸裝。首尾均殘。經黄打紙，研光上蠟。第 2 紙下部殘損。有烏絲欄。
3.1　首 4 行上殘→大正 227，8/581B29～C4。
3.2　尾 3 行上下殘→8/582A15～18。
8　7～8 世紀。唐寫本。
9.1　楷書。
11　圖版：《敦煌寶藏》，78/196A～197A。

1.1　BD03808 號
1.3　大般若波羅蜜多經卷二一三
1.4　金 008
1.5　084:2542
2.1　(27＋62.5＋1.6)×25.1 厘米；2 紙；56 行，行 17 字。
2.2　01：27＋18.5，28；　02：44＋1.6，28。
2.3　卷軸裝。首尾均殘。卷首殘破嚴重，通卷上邊下邊殘破。有烏絲欄。已修整。
3.1　首 17 行上下殘→大正 220，6/66A18～B6。
3.2　尾行上下殘→6/66C15～16。
7.1　首紙背面有卷次勘記“二百一十三”。
8　8～9 世紀。吐蕃統治時期寫本。
9.1　楷書。
11　圖版：《敦煌寶藏》，74/25B～26B。

1.1　BD03809 號
1.3　四分比丘尼戒本
1.4　金 009
1.5　157:6967
2.1　177×30.3 厘米；4 紙；118 行，行 25 字。
2.2　01：44.5，30；　02：44.5，30；　03：44.5，30；
04：43.5，28。
2.3　卷軸裝。首尾均殘。尾紙下方有殘破。有烏絲欄。
3.1　首殘→大正 1431，22/1038C16。
3.2　尾全→22/1041A18。
4.2　四分（尾）。
8　8～9 世紀。吐蕃統治時期寫本。
9.1　楷書。
11　圖版：《敦煌寶藏》，103/166B～168B。

1.1　BD03810 號
1.3　大般涅槃經（北本）卷四〇
1.4　金 010
1.5　115:6530
2.1　(19＋730.6)×26.5 厘米；15 紙；388 行，行 17 字。
2.2　01：19.0，04；　02：52.0，28；　03：52.5，28；
04：52.7，28；　05：52.7，28；　06：53.0，28；
07：52.8，28；　08：53.0，28；　09：52.5，28；
10：53.0，28；　11：52.6，28；　12：53.0，28；
13：52.8，28；　14：52.5，28；　15：45.5，20。
2.3　卷軸裝。首殘尾全。紙張變色。首紙上下有殘破，尾紙下部破裂。尾有原軸，兩端塗黑漆。背有古代裱補。有烏絲欄。
3.1　首 4 行下殘→大正 374，12/599A9～13。
3.2　尾全→12/603C25。
4.2　大般涅槃經卷第卌（尾）。
7.1　尾有題記“一校已”。
8　5～6 世紀。南北朝寫本。
9.1　隸書。
11　圖版：《敦煌寶藏》，100/159A～168B。

1.1　BD03811 號
1.3　金剛般若波羅蜜經
1.4　金 011
1.5　094:3528
2.1　86.1×24.5 厘米；3 紙；51 行，行 17 字。
2.2　01：27.3，14；　02：18.8，12；　03：40.0，25。
2.3　卷軸裝。首全尾脱。卷面多處破裂。背有古代裱補。首紙係歸義軍時期後補。有烏絲欄。已修整。
3.1　首全→大正 235，8/748C17。
3.2　尾殘→8/749B16。
4.1　金剛般若波羅蜜經（首）。
8　8～9 世紀。吐蕃統治時期寫本。
9.1　楷書。
11　從本號背面揭下古代裱補紙 2 塊，今編為 BD16096 號。
圖版：《敦煌寶藏》，78/437A～438A。

1.1　BD03812 號
1.3　大般涅槃經（北本　思溪藏）卷一二
1.4　金 012
1.5　115:6356
2.1　187×25.7 厘米；4 紙；100 行，行 17 字。
2.2　01：50.0，29；　02：50.0，29；　03：50.0，29；

04：37.0，13。
2.3　卷軸裝。首殘尾全。尾紙上方及下邊有破裂。尾有原軸，兩端塗黑漆，頂端點硃漆。背有古代裱補。有烏絲欄。
3.1　首殘→大正374，12/438B6。
3.2　尾全→12/439B24。
4.2　大般涅槃經卷第十二（尾）。
5　與《大正藏》本對照分卷不同。經文相當於《大正藏》卷十二聖行品第七之二的一部分。與《思溪藏》、《普寧藏》、《嘉興藏》分卷相同。
8　5～6世紀。南北朝寫本。
9.1　隸楷。
9.2　有硃筆校斷句。
11　圖版：《敦煌寶藏》，98/378B～380B。

1.1　BD03813號
1.3　大乘稻芉經
1.4　金013
1.5　058:0472
2.1　（10+88.1）×26.8厘米；2紙；62行，行17字。
2.2　01：10+38.5，29；　02：49.6，33。
2.3　卷軸裝。首全尾殘。全卷殘破嚴重，有等距離殘缺及殘洞。有烏絲欄。已修整。
3.1　首5行上殘→大正712，16/823B20～25。
3.2　尾殘→16/824A22。
4.1　佛說大乘稻□□（首）。
6.2　尾→BD04037號。
8　8～9世紀。吐蕃統治時期寫本。
9.1　楷書。
11　圖版：《敦煌寶藏》，59/296A～297A。

1.1　BD03814號
1.3　大般涅槃經（北本）卷二七
1.4　金014
1.5　115:6469
2.1　（1+167）×25.5厘米；5紙；83行，行17字。
2.2　01：1+19，11；　02：37.5，21；　03：37.5，20；
04：37.0，20；　05：36.0，11。
2.3　卷軸裝。首殘尾全。尾有餘空。有烏絲欄。
3.1　首1行上殘→大正374，12/527A7。
3.2　尾殘→12/528A4。
5　與《大正藏》本對照，文字略有參差。
8　5～6世紀。南北朝寫本。
9.1　楷書。
11　圖版：《敦煌寶藏》，99/359B～361B。

1.1　BD03815號
1.3　四分比丘尼戒本
1.4　金015
1.5　157:6966
2.1　（179+1）×27厘米；5紙；124行，行22字。
2.2　01：36.5，25；　02：36.5，25；　03：36.5，25；
04：35.0，24；　05：34.5+1，25。
2.3　卷軸裝。首脫尾殘。接縫處有開裂。有烏絲欄。
3.1　首殘→大正1431，22/1038A1。
3.2　尾1行中下殘→22/1039C1。
8　9～10世紀。歸義軍時期寫本。
9.1　楷書。
11　圖版：《敦煌寶藏》，103/164A～166A。

1.1　BD03816號
1.3　金剛般若波羅蜜經
1.4　金016
1.5　094:4309
2.1　145.3×25.2厘米；4紙；83行，行17字。
2.2　01：46.0，28；　02：46.0，28；　03：45.7，27；
04：07.6，拖尾。
2.3　卷軸裝。首脫尾全。經黄紙。卷面有殘裂，多黴斑。拖尾下殘。有燕尾。有烏絲欄。
3.1　首殘→大正235，8/751B22。
3.2　尾全→8/752C2。
5　與《大正藏》本對照，本號無冥司偈，文見8/751C16～19。
8　7～8世紀。唐寫本。
9.1　楷書。
11　圖版：《敦煌寶藏》，82/629A～630B。

1.1　BD03817號
1.3　佛名經（十六卷本）卷九
1.4　金017
1.5　063:0695
2.1　（7+1101.7）×31厘米；23紙；519行，行19字。
2.2　01：7+34，20；　02：48.5，23；　03：48.5，23；
04：48.5，23；　05：48.5，23；　06：48.5，23；
07：48.8，23；　08：48.8，23；　09：48.8，23；
10：48.8，23；　11：48.8，23；　12：48.8，23；
13：48.8，23；　14：48.8，23；　15：48.5，23；
16：48.5，23；　17：48.6，23；　18：48.6，23；
19：48.6，23；　20：48.6，23；　21：48.5，23；
22：48.4，23；　23：46.5，16。
2.3　卷軸裝。首殘尾全。首紙上下破裂，中部有殘洞，接縫處有開裂，卷中下邊破損，卷尾中部橫向破裂，下部殘損。有烏絲欄。已修整。
3.1　首4行上下殘→《七寺古逸經典研究叢書》，3/第432頁第32行～第36行。
3.2　尾全→《七寺古逸經典研究叢書》，3/第480頁第654行。

4.2　佛說佛名經卷第九（尾）。
5　與七寺本對照，佛名略有不同，尾多“至心歸命常住三寶”。
8　9～10 世紀。歸義軍時期寫本。
9.1　楷書。
11　圖版：《敦煌寶藏》，61/343B～356A。

1.1　BD03818 號
1.3　太上洞玄靈寶天尊名
1.4　金 018
1.5　209:7244
2.1　（179＋1.5）×25.5 厘米；4 紙；正面 106 行，行 17 字。背面 123 行，行約 24 字。
2.2　01：48.0，28；　02：48.0，28；　03：48.0，28；
04：35＋1.5，22。
2.3　卷軸裝。首脫尾殘。經黄紙。卷面上下邊有殘缺，尾紙有殘洞。上邊有蟲繭。有烏絲欄。
2.4　本遺書包括 2 個文獻：（一）《太上洞玄靈寶天尊名》，106 行，抄寫在正面，今編為 BD03818 號。（二）《大乘百法明門論開宗義記釋》，抄寫在背面，123 行，今編為 BD03818 號背。
3.4　說明：
本文獻首脫，尾行上下殘。內容為禮念十方天尊名號及懺悔文。與 BD01218 號、BD04047 號、BD11751 號、伯 3755 號等均為同一文獻。參見《敦煌道教文獻研究》第 127 頁。
8　7～8 世紀。唐寫本。
9.1　楷書。
11　圖版：《敦煌寶藏》，105/71B～76B。

1.1　BD03818 號背
1.3　大乘百法明門論開宗義記釋（擬）
1.4　金 018
1.5　209:7244
2.4　本遺書由 2 個文獻組成，本號為第 2 個，抄寫在背面，123 行。餘參見 BD03818 號之第 2 項、第 11 項。
3.4　說明：
本號逐一疏釋《大乘百法明門論開宗義記》中較爲重要的字詞，未為歷代大藏經所收。
8　8～9 世紀。吐蕃統治時期寫本。
9.1　行楷。

1.1　BD03819 號
1.3　金剛般若波羅蜜經
1.4　金 019
1.5　094:4161
2.1　（1.5＋123.6＋2）×28 厘米；4 紙；74 行，行 17 字。
2.2　01：1.5＋13，09；　02：42.0，24；　03：42.6，25；
04：26＋2，16。
2.3　卷軸裝。首尾均殘。有烏絲欄。
3.1　首行上殘→大正 235，8/750C14。
3.2　尾行上殘→8/751C6～7。
8　8 世紀。唐寫本。
9.1　楷書。
11　圖版：《敦煌寶藏》，82/273A～274B。

1.1　BD03820 號
1.3　妙法蓮華經卷三
1.4　金 020
1.5　107:6195
2.1　（3＋138.9）×26 厘米；4 紙；85 行，行 16～19 字。
2.2　01：3＋43，28；　02：46.7，28；　03：46.7，28；
04：02.5，01。
2.3　卷軸裝。首尾均殘。有烏絲欄。
3.1　首 1 行上殘→大正 262，9/21A12。
3.2　尾 1 行上殘→9/22A24～25。
6.2　尾→BD03821 號。
8　8～9 世紀。吐蕃統治時期寫本。
9.1　楷書。
11　圖版：《敦煌寶藏》，97/240B～242A。

1.1　BD03821 號
1.3　妙法蓮華經卷三
1.4　金 021
1.5　105:5128
2.1　（2＋188.4）×25.9 厘米；4 紙；112 行，行 17～19 字。
2.2　01：2＋46，28；　02：47.6，28；　03：47.5，28；
04：47.3，28。
2.3　卷軸裝。首尾均脫。有烏絲欄。
3.1　首行下殘→大正 262，9/22A24～25。
3.2　尾殘→9/23C26。
6.1　首→BD03820 號。
8　8～9 世紀。吐蕃統治時期寫本。
9.1　楷書。
9.2　有倒乙。
11　圖版：《敦煌寶藏》，89/105A～107B。

1.1　BD03822 號
1.3　金剛般若波羅蜜經
1.4　金 022
1.5　094:3877
2.1　428.4×26.5 厘米；10 紙；222 行，行 17 字。
2.2　01：42.7，22；　02：43.0，22；　03：42.5，22；
04：42.5，21；　05：43.0，23；　06：43.0，22；
07：43.0，23；　08：43.0，22；　09：42.7，23；
10：43.0，22。

2.3　卷軸裝。首尾均脱。首紙有横裂及殘破，卷面多水漬，第1、2紙接縫處脱開，各紙間接縫處均開裂。有烏絲欄。
3.1　首殘→大正235，8/749C2。
3.2　尾殘→8/752B14。
8　9～10世紀。歸義軍時期寫本。
9.1　楷書。
11　圖版：《敦煌寶藏》，81/32B～38A。

1.1　BD03823號
1.3　妙法蓮華經卷六
1.4　金023
1.5　105:5661
2.1　1062.7×26厘米；23紙；594行，行17字。
2.2　01：38.0，21；　02：47.1，26；　03：47.2，26；
04：47.4，26；　05：47.2，26；　06：47.1，26；
07：47.2，26；　08：47.1，26；　09：46.9，26；
10：45.9，26；　11：47.7，27；　12：47.7，27；
13：47.7，27；　14：47.7，27；　15：47.7，27；
16：47.7，27；　17：47.7，27；　18：47.7，27；
19：47.7，27；　20：47.7，27；　21：47.7，27；
22：47.7，27；　23：29.2，15。
2.3　卷軸裝。首殘尾全。首紙首2行中下部碎損，第3紙與第4紙中部有破損，卷面多水漬。背有古代裱補。有烏絲欄。
3.1　首殘→大正262，9/46B25。
3.2　尾全→9/55A9。
4.2　妙法蓮華經卷第六（尾）
8　8世紀。唐寫本。
9.1　楷書。
11　圖版：《敦煌寶藏》，93/609A～623A。

1.1　BD03824號
1.3　金剛般若波羅蜜經
1.4　金024
1.5　094:4046
2.1　63.5×26厘米；2紙；37行，行17字。
2.2　01：08.0，04；　02：55.5，33。
2.3　卷軸裝。首尾均殘。通卷殘破嚴重。有烏絲欄。已修整。
3.1　首5行上下殘→大正235，8/750A11～15。
3.2　尾殘→8/750B24。
8　7～8世紀。唐寫本。
9.1　楷書。
11　圖版：《敦煌寶藏》，81/606A～B。

1.1　BD03825號
1.3　大般若波羅蜜多經卷二六一
1.4　金025
1.5　084:2694
2.1　（19.5＋92.7）×24.9厘米；3紙；54行，行17字。
2.2　01：19.5＋2，護首；　02：44.2，26；　03：46.5，28。
2.3　卷軸裝。首全尾脱。有護首，横向破裂，下邊殘缺，有半段竹製天竿，有經名及經名號。卷面有殘破，接縫處有開裂。有烏絲欄。已修整。
3.1　首全→大正220，6/319C7。
3.2　尾殘→6/320B4。
4.1　大般若波羅蜜多經卷第二百六十一，/初分難信解品第卅四之八十，三藏法師玄奘奉詔譯（首）。
7.4　護首有經名“大般若波羅蜜多經卷第二百六十□”，上有經名號。
8　8～9世紀。吐蕃統治時期寫本。
9.1　楷書。
11　圖版：《敦煌寶藏》，74/437B～438B。

1.1　BD03826號
1.3　金光明最勝王經卷四
1.4　金026
1.5　083:1698
2.1　（1.5＋103.6＋1.8）×26厘米；4紙；64行，行16～17字。
2.2　01：01.5，01；　02：46.8，28；　03：46.8，28；
04：10＋1.8，07。
2.3　卷軸裝。首尾均殘。有烏絲欄。已修整。
3.1　首殘→大正665，16/420C21。
3.2　尾行中上殘→16/421C6～7。
8　8～9世紀。吐蕃統治時期寫本。
9.1　楷書。
11　圖版：《敦煌寶藏》，69/319A～320A。

1.1　BD03827號
1.3　佛名經（十六卷本）卷一三
1.4　金027
1.5　063:0769
2.1　279.8×25.6厘米；6紙；168行，行字不等。
2.2　01：46.8，28；　02：46.5，28；　03：46.7，28；
04：46.6，28；　05：46.7，28；　06：46.5，28。
2.3　卷軸裝。首尾均脱。經黄紙。接縫處有開裂，卷面有破裂，上部多水漬。有烏絲欄。
3.1　首殘→《七寺古逸經典研究叢書》，3/第660頁第297行。
3.2　尾殘→《七寺古逸經典研究叢書》，3/第674頁第468行。
8　7～8世紀。唐寫本。
9.1　楷書。
11　圖版：《敦煌寶藏》，62/211A～214B。

1.1　BD03828號
1.3　佛名經（二十卷本）卷四

1.4　金 028
1.5　062:0570
2.1　(5 +795.8) ×25.7 厘米；17 紙；423 行，行 17 字。
2.2　01：5 +20.5，14；　02：48.5，26；　03：48.5，26；
04：48.5，26；　05：48.5，26；　06：48.5，26；
07：48.5，26；　08：48.5，26；　09：48.5，26；
10：49.5，27；　11：48.5，26；　12：48.5，26；
13：48.5，26；　14：48.5，26；　15：48.5，26；
16：47.8，26；　17：47.5，18。
2.3　卷軸裝。首殘尾全。上邊有等距離火灼殘損，卷尾上下邊有破裂殘損。有烏絲欄。
3.4　說明：
本文獻首 3 行中下殘，尾全。為中國人抄輯衆經佛名編撰的經典，未為歷代大藏經所收。
4.2　佛名經卷第四（尾）。
8　9 ~10 世紀。歸義軍時期寫本。
9.1　楷書。
9.2　有行間校加字。
11　圖版：《敦煌寶藏》，60/84A ~95A。

1.1　BD03829 號
1.3　大般若波羅蜜多經卷二七〇
1.4　金 029
1.5　084:2726
2.1　145 ×25.3 厘米；4 紙；77 行，行 17 字。
2.2　01：26.5，16；　02：48.0，28；　03：48.0，28；
04：22.5，05。
2.3　卷軸裝。首殘尾全。首紙有殘洞，下邊殘破。背有古代裱補。有烏絲欄。
3.1　首殘→大正 220，6/370B27。
3.2　尾全→6/371B14。
4.2　大般若波羅蜜多經卷第二百七十（尾）。
7.1　尾紙末 2 行有題記：“第二超藏校。/唐文英。/”
8　8 ~9 世紀。吐蕃統治時期寫本。
9.1　楷書。
11　圖版：《敦煌寶藏》，74/544B ~546A。

1.1　BD03830 號
1.3　金剛般若波羅蜜經
1.4　金 030
1.5　094:4117
2.1　(144.5 +2) ×25 厘米；3 紙；84 行，行 17 字。
2.2　01：48.0，28；　02：49.5，28；　03：47 +2，28。
2.3　卷軸裝。首殘尾脫。有烏絲欄。
3.1　首 1 行下殘→大正 235，8/750B22 ~23。
3.2　尾 1 行下殘→8/751B23 ~24。
8　9 ~10 世紀。歸義軍時期寫本。
9.1　楷書。
11　圖版：《敦煌寶藏》，82/160B ~162A。

1.1　BD03831 號
1.3　大般若波羅蜜多經卷三四九
1.4　金 031
1.5　084:2944
2.1　42.3 ×24.5 厘米；1 紙；24 行，行 17 字。
2.3　卷軸裝。首全尾脫。有烏絲欄。
3.1　首全→大正 220，6/791C2。
3.2　尾殘→6/791C28。
4.1　大般若波羅蜜多經卷第三百卌九，/初分相引攝品第六十之一，三藏法師玄奘奉詔譯/（首）。
7.1　卷首騎縫處有勘記“四□勘定”。
8　9 ~10 世紀。歸義軍時期寫本。
9.1　楷書。
11　圖版：《敦煌寶藏》，75/573A。

1.1　BD03832 號
1.3　大般若波羅蜜多經卷二四〇
1.4　金 032
1.5　084:2206
2.1　173.3 ×25.8 厘米；4 紙；109 行，行 17 字。
2.2　01：44.5，28；　02：44.3，28；　03：44.5，28；
04：40.0，25。
2.3　卷軸裝。首脫尾殘。有烏絲欄。
3.1　首殘→大正 220，6/212A29。
3.2　尾殘→6/213B22。
8　8 ~9 世紀。吐蕃統治時期寫本。
9.1　楷書。
11　圖版：《敦煌寶藏》，72/254A ~256A。《敦煌劫餘錄》及《敦煌寶藏》均將本號誤作《大般若波羅蜜多經》卷七〇。

1.1　BD03833 號
1.3　大乘頓悟成佛論（擬）
1.4　金 033
1.5　343:8400
2.1　(62.5 +284 +63) ×28 厘米；12 紙；218 行，行 20 餘字。
2.2　01：28.5，16；　02：34 +2，22；　03：36.0，20；
04：36.0，19；　05：36.0，19；　06：36.0，19；
07：36.0，19；　08：36.0，19；　09：36.0，19；
10：30 +6，18；　11：37.0，19；　12：20.0，09。
2.3　卷軸裝。首尾均殘。薄紙。通卷上邊殘缺，下邊殘損，中間有殘洞和破裂。已修整。
3.4　說明：
本文獻首 37 行上殘，尾 31 行上殘，無題名。自李翊灼定名為《釋唯心識義》以來，沿用至今，且未有人注目研究。查本文

獻主體論述頓悟成佛，立意思路，與《大乘開心顯性頓悟真宗論》有相通之處，應為早期禪宗典籍，值得注意。
8　7~8世紀。唐寫本。
9.1　行楷。有合體字"菩薩"、"涅槃"、"菩提"。
9.2　有行間校加字。有重文號。
11　圖版：《敦煌寶藏》，110/192A~197A。

1.1　BD03834號
1.3　妙法蓮華經（十卷本）卷三
1.4　金034
1.5　105:4951
2.1　(15+741.8)×25.7厘米；18紙；412行，行17字。
2.2　01：15+26.8，25；　02：42.2，24；　03：42.1，24；
04：42.1，24；　05：42.0，24；　06：42.0，24；
07：42.3，24；　08：42.2，24；　09：42.1，24；
10：42.2，24；　11：42.3，24；　12：42.2，24；
13：42.3，24；　14：42.2，24；　15：42.3，24；
16：42.2，24；　17：42.0，24；　18：40.3，03。
2.3　卷軸裝。首殘尾全。卷前後部下方有殘缺，卷中有殘洞，卷尾殘破。背有古代裱補。
3.1　首9行下殘→大正262，9/16C2~12。
3.2　尾全→9/22A17。
4.2　妙法蓮華經卷第三（尾）。
5　與《大正藏》本對照，分卷不同。此卷經之相當於《妙法蓮華經》卷第二信解品第四至卷第三之授記品第六。屬於十卷本。
8　5~6世紀。南北朝寫本。
9.1　隸楷。
9.2　有倒乙。
11　圖版：《敦煌寶藏》，87/298A~308B。

1.1　BD03835號
1.3　妙法蓮華經卷四
1.4　金035
1.5　105:5321
2.1　130×26.3厘米；3紙；78行，行17字。
2.2　01：37.0，22；　02：46.5，28；　03：46.5，28。
2.3　卷軸裝。首殘尾脱。有烏絲欄。
3.1　首殘→大正262，9/29C7。
3.2　尾殘→9/30C17。
8　8世紀。唐寫本。
9.1　楷書。
9.2　有粘貼校改。
11　圖版：《敦煌寶藏》，90/651A~652B。

1.1　BD03836號
1.3　金光明最勝王經（兑廢稿）卷二
1.4　金036
1.5　083:1543
2.1　46×26.2厘米；1紙；28行，行17字。
2.3　卷軸裝。首尾均脱。有烏絲欄。
3.1　首殘→大正665，16/409A3。
3.2　尾殘→16/409B3。
8　8~9世紀。吐蕃統治時期寫本。
9.1　楷書。
9.2　上邊有"兑"字。
11　圖版：《敦煌寶藏》，68/362B。

1.1　BD03837號
1.3　大般若波羅蜜多經卷一九二
1.4　金037
1.5　084:2475
2.1　(16+161.7+1.4)×26厘米；4紙；106行，行17字。
2.2　01：16+22，22；　02：47.5，28；　03：47.2，28；
04：45+1.4，28。
2.3　卷軸裝。首尾均殘。前2紙有縱向破裂，上下邊有殘損。首紙脱落1塊殘片，可以綴接。有烏絲欄。已修整。
3.1　首9行下殘→5/1029A20~28。
3.2　尾行下殘→5/1030B9。
6.2　尾→BD04229號。
8　8~9世紀。吐蕃統治時期寫本。
9.1　楷書。
11　圖版：《敦煌寶藏》，73/424B~426B。
12　首紙有1塊殘片，可與第10、11行綴接，《敦煌寶藏》未攝入。

1.1　BD03838號
1.3　大般若波羅蜜多經卷四
1.4　金038
1.5　084:2014
2.1　38.1×27.1厘米；1紙；22行，行17字。
2.3　卷軸裝。首脱尾斷。有烏絲欄。
3.1　首殘→大正220，5/20B24。
3.2　尾殘→5/20C16。
8　8世紀。唐寫本。
9.1　楷書。
11　圖版：《敦煌寶藏》，71/362B。

1.1　BD03839號
1.3　大般若波羅蜜多經卷二一三
1.4　金039
1.5　084:2543
2.1　49.5×27.4厘米；1紙；28行，行17字。
2.3　卷軸裝。首尾均脱。有烏絲欄。

3.1　首殘→大正 220，6/66B16。
3.2　尾殘→6/66C16。
8　8～9 世紀。吐蕃統治時期寫本。
9.1　楷書。
11　圖版：《敦煌寶藏》，74/27。

1.1　BD03840 號
1.3　四分比丘尼戒本
1.4　金 040
1.5　157:6896
2.1　(5+245+1)×30 厘米；6 紙；169 行，行 27 字。
2.2　01：5+24，19；　02：44.5，30；　03：44.5，30；
04：44.5，30；　05：44.5，30；　06：43+1，30。
2.3　卷軸裝。首尾均殘。有烏絲欄。
3.1　首 3 行下殘→大正 1431，22/1035B10～13。
3.2　尾 1 行下殘→22/1038C16。
8　8～9 世紀。吐蕃統治時期寫本。
9.1　楷書。
9.2　有倒乙。
11　圖版：《敦煌寶藏》，102/401A～404A。

1.1　BD03841 號
1.3　大般若波羅蜜多經卷五一九
1.4　金 041
1.5　084:3280
2.1　43.2×28 厘米；1 紙；24 行，行 17 字。
2.3　卷軸裝。首全尾脱。卷前上方有破裂，卷面多水點斑痕。有烏絲欄。
3.1　首全→大正 220，7/653B16。
3.2　尾殘→7/653C14。
4.1　大般若波羅蜜多經卷第五百一十九，/第三分巧便品第卄三之三，三藏法師玄奘奉詔譯/（首）。
7.1　卷端背面下有題名“吳達子”。
8　8～9 世紀。吐蕃統治時期寫本。
9.1　楷書。
11　圖版：《敦煌寶藏》，77/105A。

1.1　BD03842 號
1.3　妙法蓮華經卷四
1.4　金 042
1.5　105:5358
2.1　(4+449.6)×27.4 厘米；11 紙；284 行，行 17 字。
2.2　01：4+3.5，04；　02：46.2，28；　03：26.2，28；
04：46.2，28；　05：46.4，28；　06：46.8，28；
07：46.7，28；　08：46.8，28；　09：47.0，28；
10：47.0，28；　11：46.8，28。
2.3　卷軸裝。首殘尾脱。前 2 紙有殘洞，卷尾有蟲繭。有烏絲欄。
3.1　首 2 行中下殘→大正 262，9/32B21～22。
3.2　尾殘→9/36A25。
8　8～9 世紀。吐蕃統治時期寫本。
9.1　楷書。
11　圖版：《敦煌寶藏》，91/146A～153A。

1.1　BD03843 號
1.3　大般涅槃經（北本　宮本）卷二一
1.4　金 043
1.5　115:6417
2.1　(1.5+174)×26.5 厘米；4 紙；113 行，行 17 字。
2.2　01：1.5+28.5，19；　02：48.5，31；　03：48.5，32；
04：48.5，31。
2.3　卷軸裝。首尾均殘。首紙殘缺，卷首上下邊殘破。有烏絲欄。
3.1　首 1 行下殘→大正 374，12/487B17。
3.2　尾殘→12/488 C 12。
6.2　尾→BD03855 號。
8　6 世紀。南北朝寫本。
9.1　隸書。
11　圖版：《敦煌寶藏》，99/94B～96B。

1.1　BD03844 號
1.3　大般涅槃經（北本）卷二七
1.4　金 044
1.5　115:6466
2.1　(1.5+156.5)×25.6 厘米；5 紙；86 行，行 17 字。
2.2　01：1.5+8.5，06；　02：37.0，20；　03：37.0，20；
04：37.0，20；　05：37.0，20。
2.3　卷軸裝。首殘尾脱。紙未入潢。首紙殘缺。有烏絲欄。
3.1　首 1 行上殘→大正 374，12/524A21。
3.2　尾殘→12/525 A 22。
6.1　首→BD03805 號。
8　5～6 世紀。南北朝寫本。
9.1　楷書。
9.2　有倒乙。
11　圖版：《敦煌寶藏》，99/349A～351A。

1.1　BD03845 號
1.3　妙法蓮華經卷四
1.4　金 045
1.5　105:5431
2.1　(12+132.2)×24.5 厘米；3 紙；76 行，行 17 字。
2.2　01：12+36，28；　02：48.2，28；　03：48.0，20。
2.3　卷軸裝。首殘尾全。經黄紙。第 1、2 紙接縫處下開裂，上邊嚴重破損。有燕尾。背有古代裱補。有烏絲欄。

3.1　首7行上下殘→大正262，9/35C21～27。
3.2　尾全→9/37A2。
4.2　妙法蓮華經卷第四（尾）。
8　7～8世紀。唐寫本。
9.1　楷書。
11　圖版：《敦煌寶藏》，91/467B～469B。

1.1　BD03846號
1.3　大般若波羅蜜多經卷三六〇
1.4　金046
1.5　084:2993
2.1　(7.5+188.2+5)×25.9厘米；6紙；124行，行17字。
2.2　01：7.5+8.5，10；　02：45.0，28；　03：45.0，28；
04：45.0，28；　05：44.7，28；　06：05.0，02。
2.3　卷軸裝。首尾均殘。卷首有殘洞，卷上邊殘破嚴重，脫落1塊殘片。有烏絲欄。
3.1　首5行上下殘→大正220，6/855A14～18。
3.2　尾2行下殘→6/856B19。
6.2　尾→BD03796號。
8　8～9世紀。吐蕃統治時期寫本。
9.1　楷書。
11　圖版：《敦煌寶藏》，76/48B～51A。

1.1　BD03847號
1.3　金剛般若波羅蜜經
1.4　金047
1.5　094:4141
2.1　(18.5+275.5)×26.5厘米；5紙；171行，行17字。
2.2　01：18.5，11；　02：73.5，42；　03：75.0，44；
04：73.0，44；　05：54.0，30。
2.3　卷軸裝。首殘尾全。首紙上邊及卷尾有破損，第1、2紙接縫處大部開裂，通卷黴爛，卷尾上下有蟲繭。有烏絲欄。
3.1　首11行下殘→大正235，8/750B24～C5。
3.2　尾全→8/752C3。
4.2　金剛般若波羅蜜經（尾）。
8　7～8世紀。唐寫本。
9.1　楷書。
11　圖版：《敦煌寶藏》，82/213B～217A。

1.1　BD03848號
1.3　妙法蓮華經卷二
1.4　金048
1.5　105:4889
2.1　138.5×26厘米；3紙；75行，行17字。
2.2　01：35.7，19；　02：51.5，28；　03：51.3，28。
2.3　卷軸裝。首殘尾脫。有烏絲欄。
3.1　首殘→大正262，9/12C16。
3.2　尾殘→9/13C9。
8　9～10世紀。歸義軍時期寫本。
9.1　楷書。
11　圖版：《敦煌寶藏》，87/171A～172B。

1.1　BD03849號
1.3　大乘入楞伽經卷一
1.4　金049
1.5　038:0341
2.1　(1+513.7)×24.5厘米；11紙；346行，行17字。
2.2　01：1+32.2，24；　02：49.0，34；　03：49.0，34；
04：48.5，34；　05：49.3，34；　06：50.0，34；
07：50.0，34；　08：50.0，34；　09：49.0，34；
10：49.2，34；　11：37.5，16。
2.3　卷軸裝。首殘尾全。有烏絲欄。已修整。
3.1　首行殘→大正672，17/589A11～12。
3.2　尾全→16/594A29。
4.2　佛說大乘入楞伽經卷第一（尾）。
8　9～10世紀。歸義軍時期寫本。
9.1　楷書。
11　圖版：《敦煌寶藏》，58/183B～190B。

1.1　BD03850號
1.3　大般若波羅蜜多經卷四九
1.4　金050
1.5　084:2127
2.1　49.8×27.4厘米；1紙；28行，行17字。
2.3　卷軸裝。首尾均脫。有火灼殘洞。有烏絲欄。
3.1　首殘→大正220，5/277A4。
3.2　尾殘→5/277B2。
8　8～9世紀。吐蕃統治時期寫本。
9.1　楷書。
11　圖版：《敦煌寶藏》，72/59。

1.1　BD03851號
1.3　大般涅槃經（北本）卷一二
1.4　金051
1.5　115:6350
2.1　(24+122.5+0.8)×25.7厘米；3紙；85行，行17字。
2.2　01：24+23，27；　02：50.5，29；　03：49+0.8，29。
2.3　卷軸裝。首全尾殘。首紙多處破損，右下殘缺。卷端脫落一殘片，文可綴接。背有古代裱補。有烏絲欄。
3.1　首14行下殘→大正374，12/433C22～434A10。
3.2　尾行下殘→12/434C24。
4.1　大般涅槃經卷第十二（首）。
6.2　尾→BD04101號。
8　6世紀。南北朝寫本。

9.1　隸楷。
9.2　有硃筆斷句。
11　圖版：《敦煌寶藏》，98/357A～359A。

1.1　BD03852 號
1.3　金光明最勝王經卷一
1.4　金 052
1.5　083:1461
2.1　（1＋135.5）×26.5 厘米；4 紙；85 行，行 17 字。
2.2　01：01.0，01；　02：45.0，28；　03：45.0，28；
04：45.5，28。
2.3　卷軸裝。首殘尾脫，通卷上邊有等距離殘破，卷面油污。有烏絲欄。
3.1　首行上下殘→大正 665，16/404B19～20。
3.2　尾殘→16/405C4。
7.1　第 2 紙背有題記："淨土沙彌王善保經。身自手札記之耳。"
7.3　第 2 紙背有雜寫"如來"。
8　8～9 世紀。吐蕃統治時期寫本。
9.1　楷書。
11　圖版：《敦煌寶藏》，68/1A～3A。
視卷背題記字體與抄經之字體同，可以知本件爲淨土寺沙彌王善保抄寫。

1.1　BD03853 號
1.3　妙法蓮華經卷六
1.4　金 053
1.5　105:5687
2.1　（2.5＋139.5）×26 厘米；3 紙；83 行，行 17 字。
2.2　01：2.5＋44.8，27；　02：47.2，28；　03：47.5，28。
2.3　卷軸裝。首全尾脫。首紙前上殘。有烏絲欄。
3.1　首全→大正 262，9/46B17。
3.2　尾殘→9/47C9。
4.1　妙法蓮華經隨喜功德品第十八（首）。
8　7～8 世紀。唐寫本。
9.1　楷書。
11　圖版：《敦煌寶藏》，94/291B～293B。

1.1　BD03854 號
1.3　妙法蓮華經卷六
1.4　金 054
1.5　105:5833
2.1　（10＋113.3）×26.5 厘米；3 紙；71 行，行 17 字。
2.2　01：10＋17，15；　02：48.3，28；　03：48.0，28。
2.3　卷軸裝。首殘尾脫。卷首多殘洞，卷面多水漬，第 2、3 紙接縫處下部有開裂。有烏絲欄。
3.1　首 6 行殘→大正 262，9/52A5～10。
3.2　尾殘→9/53A3。
8　7～8 世紀。唐寫本。
9.1　楷書。
11　圖版：《敦煌寶藏》，15/315B～317A。

1.1　BD03855 號
1.3　大般涅槃經（北本　宮本）卷二一
1.4　金 055
1.5　115:6418
2.1　147×26.5 厘米；3 紙；94 行，行 17 字。
2.2　01：49.0，31；　02：49.0，31；　03：49.0，32。
2.3　卷軸裝。首尾均脫。有烏絲欄。
3.1　首殘→大正 374，12/488C13。
3.2　尾殘→12/489 C21。
6.1　首→BD03843 號。
6.2　尾→BD04098 號。
8　6 世紀。南北朝寫本。
9.1　隸書。
11　圖版：《敦煌寶藏》，99/97A～98B。

1.1　BD03856 號
1.3　金剛般若波羅蜜經
1.4　金 056
1.5　094:3912
2.1　（1.8＋134.3）×26.8 厘米；4 紙；82 行，行 17 字。
2.2　01：1.8＋7，05；　02：46.8，28；　03：46.5，28；
04：34.0，21。
2.3　卷軸裝。首殘尾斷。經黄紙。第 3、4 紙間接縫處開裂。有烏絲欄。
3.1　首行下殘→大正 235，8/749C16～17。
3.2　尾殘→8/750C16。
8　7～8 世紀。唐寫本。
9.1　楷書。
11　圖版：《敦煌寶藏》，81/169A～170B。

1.1　BD03857 號
1.3　妙法蓮華經卷三
1.4　金 057
1.5　105:5203
2.1　（2.2＋110.9）×26 厘米；3 紙；53 行，行 20 字（偈）；
2.2　01：2.2＋46，28；　02：47.2，25；　03：17.7，拖尾。
2.3　卷軸裝。首殘尾全。有烏絲欄。
3.1　首行中殘→大正 262，9/26A24。
3.2　尾全→9/27B9。
4.2　妙法蓮華經卷第三（尾）。
8　8～9 世紀。吐蕃統治時期寫本。
9.1　楷書。
11　圖版：《敦煌寶藏》，89/410B～412A。

1.1 BD03858 號
1.3 金剛般若波羅蜜經
1.4 金 058
1.5 094:3648
2.1 (5.5+116)×25.7 厘米；4 紙；71 行，行 17 字。
2.2 01：5.5+5，05； 02：47.0，28； 03：47.0，28；
04：17.0，10。
2.3 卷軸裝。首尾均殘。第 2 紙上下邊有破裂，中部有殘洞。有烏絲欄。
3.1 首 2 行下殘→大正 235，8/749A13～15。
3.2 尾殘→8/749C29。
8 8 世紀。唐寫本。
9.1 楷書。
11 圖版：《敦煌寶藏》，79/341A～342B。

1.1 BD03859 號
1.3 金剛般若波羅蜜經
1.4 金 059
1.5 094:4159
2.1 (3+119+3)×25 厘米；4 紙；74 行，行 17 字。
2.2 01：3+15.5，11； 02：47.0，28； 03：47.5，28；
04：9+3，07。
2.3 卷軸裝。首尾均殘。經黄打紙。卷面有黴斕。後 3 紙背有多處古代裱補。有烏絲欄。
3.1 首 2 行下殘→大正 235，8/750C11～13。
3.2 尾 2 行上殘→8/751B29～C2。
8 7～8 世紀。唐寫本。
9.1 楷書。
11 圖版：《敦煌寶藏》，82/267B～269A。

1.1 BD03860 號
1.3 妙法蓮華經卷二
1.4 金 060
1.5 105:4806
2.1 (4.8+135.6)×25.9 厘米；3 紙；80 行，行 17 字。
2.2 01：4.8+36.8，24； 02：49.1，28； 03：49.7，28。
2.3 卷軸裝。首殘尾脱。經黄打紙。卷首殘破嚴重。有烏絲欄。
3.1 首 3 行上下殘→大正 262，7/10C1～4。
3.2 尾殘→9/11C28。
8 7～8 世紀。唐寫本。
9.1 楷書。
11 圖版：《敦煌寶藏》，86/640A～641B。

1.1 BD03861 號
1.3 妙法蓮華經卷六
1.4 金 061
1.5 105:5788
2.1 (18.5+304.2+2)×25.5 厘米；7 紙；186 行，行 17 字。
2.2 01：18.5+12.5，18； 02：49.0，28； 03：49.0，28；
04：49.0，28； 05：49.0，28； 06：49.0，28；
07：46.7+2，28。
2.3 卷軸裝。首尾均殘。首紙有古代裱補。有烏絲欄。
3.1 首 11 行下殘→大正 262，9/50C3～14。
3.2 尾行殘→9/53A13。
8 8 世紀。唐寫本。
9.1 楷書。
11 圖版：《敦煌寶藏》，95/106B～110B。

1.1 BD03862 號
1.3 地藏菩薩經（僞經）
1.4 金 062
1.5 293:8276
2.1 38×21.7 厘米；2 紙；17 行，行 18～19 字。
2.2 01：09.0，護首； 02：29.0，17。
2.3 卷軸裝。首尾均全。有護首，護首紙色與後紙不同。有烏絲欄。
3.1 首全→大正 2909，85/1455B23。
3.2 尾全→85/1455C12。
4.1 佛説地藏菩［薩］經（首）。
4.2 地藏菩薩經（尾）。
8 9～10 世紀。歸義軍時期寫本。
9.1 楷書。
9.2 有倒乙。
11 圖版：《敦煌寶藏》，109/493A。

1.1 BD03863 號
1.3 金光明最勝王經卷一
1.4 金 063
1.5 083:1469
2.1 (24.5+120.3)×27 厘米；4 紙；89 行，行 17 字。
2.2 01：09.0，05； 02：15.5+30，28； 03：45.5，28；
04：44.8，28。
2.3 卷軸裝。首尾均殘。通卷上邊等距離殘破嚴重。有烏絲欄。已修整。
3.1 首 14 行下殘→大正 665，16/403A22～B8。
3.2 尾殘→16/404B20。
7.3 背面有 3 行經文雜寫。
8 8～9 世紀。吐蕃統治時期寫本。
9.1 楷書。
11 圖版：《敦煌寶藏》，68/24B～26B。

1.1 BD03864 號
1.3 天地八陽神咒經
1.4 金 064

1.5　256:7657
2.1　(13+40.3)×28 厘米；2 紙；32 行，16～18 字。
2.2　01：13+20.5，20；　02：19.8，12。
2.3　卷軸裝。首殘尾斷。通卷殘破嚴重。有烏絲欄。
3.1　首 8 行上下殘→大正 2897，85/1424B12～21。
3.2　尾殘→85/1425A3。
5　與《大正藏》本對照，文字略有不同，與 85/1424C16 中佛號、劫名均不同。
8　8～9 世紀。吐蕃統治時期寫本。
9.1　楷書。
9.2　有倒乙。
11　圖版：《敦煌寶藏》，107/229B～230A。

1.1　BD03865 號
1.3　金剛般若波羅蜜經
1.4　金 065
1.5　094:3690
2.1　99×25 厘米；2 紙；56 行，行 17 字。
2.2　01：49.5，28；　02：49.5，28。
2.3　卷軸裝。首尾均脫。經黄紙。有烏絲欄。
3.1　首殘→大正 235，8/750A20。
3.2　尾殘→8/750C19。
8　7～8 世紀。唐寫本。
9.1　楷書。
9.2　有行間校加字。
11　圖版：《敦煌寶藏》，79/536B～537B。

1.1　BD03866 號
1.3　金剛般若波羅蜜經
1.4　金 066
1.5　094:3741
2.1　(178+1.5)×25 厘米；5 紙；103 行，行 17 字。
2.2　01：31.5，18；　02：49.0，28；　03：49.0，28；
04：48.5，28；　05：01.5，01。
2.3　卷軸裝。首尾均殘。卷首有蟲繭，第 1、2 紙間接縫開裂。有烏絲欄。
3.1　首殘→大正 235，8/749B1。
3.2　尾 1 行上殘→8/750B22～23。
8　9～10 世紀。歸義軍時期寫本。
9.1　楷書。
11　圖版：《敦煌寶藏》，80/120B～123A。

1.1　BD03867 號
1.3　大乘稻竿經
1.4　金 067
1.5　058:0471
2.1　(7+207.1)×29 厘米；6 紙；137 行，行 24 字。
2.2　01：7+27，27；　02：43.3，27；　03：44.4，28；
04：44.4，28；　05：44.0，27；　06：04.0，拖尾。
2.3　卷軸裝。首全尾殘。上下有殘破。尾有餘空。有烏絲欄。
3.1　首 10 行上殘→大正 712，16/823B20～C3。
3.2　尾殘→16/825B23。
4.1　［大］乘稻芉經（首）。
8　8～9 世紀。吐蕃統治時期寫本。
9.1　楷書。
11　圖版：《敦煌寶藏》，59/293A～295B。

1.1　BD03868 號
1.3　金光明最勝王經卷六
1.4　金 068
1.5　083:1772
2.1　(19.5+146.7)×25.5 厘米；4 紙；100 行，行 17 字。
2.2　01：19.5+7，16；　02：46.5，28；　03：46.6，28；
04：46.6，28。
2.3　卷軸裝。首殘尾脫。有烏絲欄。
3.1　首 12 行下殘→大正 665，16/427C29～428A12。
3.2　尾殘→16/429A21。
6.2　尾→BD04163 號。
8　8～9 世紀。吐蕃統治時期寫本。
9.1　楷書。
9.2　有行間校加字。
11　圖版：《敦煌寶藏》，70/36B～38B。

1.1　BD03869 號
1.3　大般若波羅蜜多經卷二七一
1.4　金 069
1.5　084:2732
2.1　(189.1+3)×25.4 厘米；5 紙；113 行，行 17 字。
2.2　01：47.7，28；　02：47.2，28；　03：47.1，28；
04：47.1，28；　05：03.0，01。
2.3　卷軸裝。首脫尾殘。有烏絲欄。
3.1　首殘→大正 220，6/372C13。
3.2　尾行下殘→6/374A9。
6.1　首→BD03602 號。
7.1　第 3 紙背有勘記："二十八（本文獻所屬袟次）"、硃書勘記"一（袟内卷次）"、寺院題名"聖（敦煌聖光寺簡稱）"。
8　8～9 世紀。吐蕃統治時期寫本。
9.1　楷書。
11　圖版：《敦煌寶藏》，74/559B～562A。

1.1　BD03870 號
1.3　金剛般若波羅蜜經
1.4　金 070
1.5　094:3529

2.1　152×26 厘米；3 紙；83 行，行 17 字。
2.2　01：50.5，27；　02：50.5，28；　03：51.0，28。
2.3　卷軸裝。首全尾脫。經黄紙。卷端下方有破損。有烏絲欄。已修整。
3.1　首全→大正 235，8/748C17。
3.2　尾殘→8/749C20。
4.1　金剛般若波羅蜜經（首）。
8　7~8 世紀。唐寫本。
9.1　楷書。
9.2　有行間校加字。
11　圖版：《敦煌寶藏》，78/438B~440A。

1.1　BD03871 號
1.3　四分比丘尼戒本
1.4　金 071
1.5　157:6978
2.1　（1.5+147.5）×27 厘米；5 紙；100 行，行 23 字。
2.2　01：01.5，01；　02：36.5，25；　03：36.5，25；
　04：36.5，25；　05：36.5，24。
2.3　卷軸裝。首殘尾全。第 4、5 紙接縫上部開裂，第 4 紙中部有殘洞。有烏絲欄。
3.1　首 1 行上中殘→大正 1431，22/1039C1。
3.2　尾全→22/1041A18。
4.2　四分尼戒本（尾）。
8　9~10 世紀。歸義軍時期寫本。
9.1　楷書。
9.2　有行間校加字。
11　圖版：《敦煌寶藏》，103/234A~235B。

1.1　BD03872 號
1.3　金剛般若波羅蜜經
1.4　金 072
1.5　094:3719
2.1　（11+111+3.7）×26 厘米；3 紙；73 行，行 17 字。
2.2　01：11+37，28；　02：48.0，28；　03：26+3.7，17。
2.3　卷軸裝。首尾均殘。卷首殘破。有烏絲欄。
3.1　首 6 行中、下殘→大正 235，8/749A18~25。
3.2　尾 2 行上殘→8/750A9~10。
8　9~10 世紀。歸義軍時期寫本。
9.1　楷書。
11　圖版：《敦煌寶藏》，80/25A~26B。

1.1　BD03873 號
1.3　金剛般若波羅蜜經
1.4　金 073
1.5　094:3938
2.1　（7.5+150.5）×25 厘米；4 紙；88 行，行 17 字。
2.2　01：07.5，04；　02：50.5，28；　03：50.0，28；
　04：50.0，28。
2.3　卷軸裝。首殘尾脫。經黄打紙。接縫處有開裂，卷面有殘洞，下邊殘破。有烏絲欄。
3.1　首 4 行下殘→大正 235，8/749C16~20。
3.2　尾殘→8/750C22。
8　7~8 世紀。唐寫本。
9.1　楷書。
11　圖版：《敦煌寶藏》，81/261B~263B。

1.1　BD03874 號 A
1.3　般若波羅蜜多心經
1.4　金 074
1.5　102:4478
2.1　32.7×26.6 厘米；1 紙；16 行，行 17 字。
2.3　卷軸裝。首尾均全。
3.1　首全→大正 251，8/848C4。
3.2　尾全→8/848C24。
4.1　般若波羅蜜多心經（首）。
4.2　般若波羅蜜多心經一卷（尾）。
8　7~8 世紀。唐寫本。
9.1　楷書。
11　圖版：《敦煌寶藏》，83/311A。

1.1　BD03874 號 B1
1.3　要行捨身經
1.4　金 074
1.5　139:6666
2.1　（7.5+251.3）×26.8 厘米；6 紙；144 行，行 17 字。
2.2　01：7.5+34，23；　02：44.5，25；　03：44.7，25；
　04：44.6，24；　05：44.5，25；　06：39.0，22。
2.3　卷軸裝。首殘尾全。第 2、3 紙間接縫處開裂。有烏絲欄。
2.4　本遺書包括 2 個文獻：（一）《要行捨身經》，77 行，今編為 BD03874 號 B1。（二）《無常三啓經》，67 行，今編為 BD03874 號 B2。
3.1　首 4 行上下殘→大正 2895，85/1414C24~27。
3.2　尾全→85/1415C19。
4.2　佛說要行捨身經（尾）。
8　9~10 世紀。歸義軍時期寫本。
9.1　楷書。
9.2　有硃筆校改、行間加行。
11　圖版：《敦煌寶藏》，101/109B~112B。

1.1　BD03874 號 B2
1.3　無常三啓經
1.4　金 074
1.5　139:6666

2.4　本遺書由2個文獻組成，本號為第2個，67行。餘參見BD03874號B1之第2項、第11項。
3.1　首全→大正801，17/745B7。
3.2　尾全→17/746B8。
4.1　佛說無常經，亦名三啓經，三藏法師義淨奉制譯（首）。
4.2　佛說無常經一卷（尾）。
5　與《大正藏》對照，本件卷尾有小字注釋2行，錄文如下：
"初、後讚勸，乃是尊者馬鳴取經意而集/造。中是正經，金口所說。事有三開，故名三啓。/"
8　9～10世紀。歸義軍時期寫本。
9.1　楷書。

1.1　BD03875號
1.3　金剛般若波羅蜜經
1.4　金075
1.5　094:4226
2.1　(100.5+2)×25.5厘米；3紙；62行，行17字。
2.2　01：21.0，13；　02：46.5，28；　03：33+2，21。
2.3　卷軸裝。首尾均殘。有烏絲欄。
3.1　首殘→大正235，8/751A8。
3.2　尾行下殘→8/751C21。
5　與《大正藏》對照，本件倒數第2行中間缺少冥司偈，文見大正235，8/751C16－19。
8　8～9世紀。吐蕃統治時期寫本。
9.1　楷書。
11　圖版：《敦煌寶藏》，82/445B～446B。

1.1　BD03876號
1.3　阿彌陀經
1.4　金076
1.5　014:0148
2.1　(19+184)×27厘米；5紙；108行，行17字。
2.2　01：19+15，19；　02：46.0，26；　03：46.0，26；
04：46.0，26；　05：31.0，11。
2.3　卷軸裝。首殘尾全。有燕尾。有烏絲欄。已修整。
3.1　首10行上下殘→大正366，12/346C5～14。
3.2　尾全→12/348A29。
4.2　佛說阿彌［陀］經（尾）。
8　9～10世紀。歸義軍時期寫本。
9.1　楷書。
9.2　有行間校加字。
11　圖版：《敦煌寶藏》，56/650A～652B。

1.1　BD03877號
1.3　金剛般若波羅蜜經
1.4　金077
1.5　094:3976
2.1　(35.5+115.5+2)×26.3厘米；4紙；91行，行17字。
2.2　01：35.5+2，22；　02：42.0，25；　03：42.0，25；
04：29.5+2，19。
2.3　卷軸裝。首尾均殘。卷首殘破嚴重。有烏絲欄。
3.1　首21行下殘→大正235，8/749C12～750A6。
3.2　尾行上殘→8/750C23～24。
8　7～8世紀。唐寫本。
9.1　楷書。
11　圖版：《敦煌寶藏》，81/380B～382A。

1.1　BD03878號
1.3　諸星母陀羅尼經
1.4　金078
1.5　253:7543
2.1　(11.5+145.2)×25.8厘米；4紙；97行，行17字。
2.2　01：11.5+31，27；　02：42.0，28；　03：42.0，28；
04：30.2，14。
2.3　卷軸裝。首殘尾全。卷首下邊碎損較嚴重。有烏絲欄。
3.1　首6行上下殘→大正1302，21/420A5～10。
3.2　尾全→21/421A14。
4.1　□…□，沙門法成於甘州□…□（首）。
4.2　諸星母陀羅尼經一卷（尾）。
5　尾附音義。
7.1　卷尾有題名"◇◇"，難以辨識。
8　8～9世紀。吐蕃統治時期寫本。
9.1　楷書。
11　圖版：《敦煌寶藏》，106/630B～632B。

1.1　BD03879號
1.3　妙法蓮華經卷四
1.4　金079
1.5　105:5343
2.1　(132.8+4)×26.8厘米；3紙；82行，行17字。
2.2　01：46.5，28；　02：46.3，28；　03：40+4，26。
2.3　卷軸裝。首斷尾殘。尾紙有殘洞。卷中有粘貼補字。背有古代裱補。有烏絲欄。
3.1　首殘→大正262，9/32A2。
3.2　尾2行上殘→9/33A16～17。
8　7～8世紀。唐寫本。
9.1　楷書。
9.2　有刮改，有行間校加字。
11　圖版：《敦煌寶藏》，91/98B～100B。

1.1　BD03880號
1.3　妙法蓮華經卷七
1.4　金080
1.5　105:6085

2.1 （3.5＋364.5＋10）×26 厘米；9 紙；249 行，行 17 字。
2.2 01：3.5＋29，21； 02：47.0，31； 03：47.0，31；
04：47.0，31； 05：47.0，31； 06：47.0，31；
07：47.5，31； 08：47.0，31； 09：6＋10，11。
2.3 卷軸裝。首尾均殘。經黄打紙，研光上蠟。經黄紙。卷自第 2 紙斷爲 2 截，第 2、3 紙接縫處上部開裂，後 5 紙有破裂。背有古代裱補。有烏絲欄。
3.1 首 2 行上下殘→大正 262，9/59A9～10。
3.2 尾 7 行上殘→9/62A22～29。
8 7～8 世紀。唐寫本。
9.1 楷書。書法佳。
11 圖版：《敦煌寶藏》，96/601B～606B。

1.1 BD03881 號
1.3 妙法蓮華經卷七
1.4 金 081
1.5 105:6127
2.1 （6＋196.5）×26.5 厘米；4 紙；112 行，行 17 字。
2.2 01：6＋45，28； 02：50.5，28； 03：50.5，28；
04：50.5，28。
2.3 卷軸裝。首殘尾脱。經黄紙。卷首黴爛殘破、有殘洞，第 1、2 紙接縫處下部開裂。有烏絲欄。
3.1 首 3 行中上殘→大正 262，9/60C24～26。
3.2 尾全→9/62A29。
8 7～8 世紀。唐寫本。
9.1 楷書。
11 圖版：《敦煌寶藏》，97/88A～90B。

1.1 BD03882 號
1.3 大般若波羅蜜多經卷二七八
1.4 金 082
1.5 084:2754
2.1 432.2×26.3 厘米；9 紙；252 行，行 17 字。
2.2 01：48.0，28； 02：48.0，28； 03：48.2，28；
04：48.0，28； 05：48.0，28； 06：48.0，28；
07：48.0，28； 08：48.0，28； 09：48.0，28。
2.3 卷軸裝。首尾均脱。卷首有縱向破裂、上邊下邊殘缺，第 2、3 紙接縫處下開裂、上邊殘缺，第 7 紙下邊殘破。有烏絲欄。
3.1 首殘→大正 220，6/409C1。
3.2 尾殘→6/412B24。
8 8～9 世紀。吐蕃統治時期寫本。
9.1 楷書。
9.2 有行間校加字。
11 圖版：《敦煌寶藏》，74/654A～659B。

1.1 BD03883 號
1.3 金光明經卷一
1.4 金 083
1.5 081:1372
2.1 235.3×25.5 厘米；5 紙；140 行，行 16 字（偈頌）。
2.2 01：46.5，28； 02：47.5，28； 03：47.6，28；
04：47.5，28； 05：46.2，28。
2.3 卷軸裝。首尾均脱。卷首上部黴爛殘破。有烏絲欄。
3.1 首殘→大正 663，16/336C18。
3.2 尾殘→16/338C29。
6.1 首→BD04139 號。
8 8～9 世紀。吐蕃統治時期寫本。
9.1 楷書。
11 圖版：《敦煌寶藏》，67/234B～237B。

1.1 BD03884 號
1.3 佛名經（十六卷本）卷一三
1.4 金 084
1.5 063:0771
2.1 232.9×25.3 厘米；5 紙；133 行，行 16 字。
2.2 01：46.8，28； 02：46.8，28； 03：46.8，28；
04：46.5，28； 05：46.0，21。
2.3 卷軸裝。首脱尾全。經黄紙。通卷上部有等距離水漬，卷尾有蟲繭。有燕尾。有烏絲欄。
3.1 首殘→《七寺古逸經典研究叢書》，3/第 674 頁第 469 行。
3.2 尾全→《七寺古逸經典研究叢書》，3/第 684 頁第 608 行。
4.2 佛名經卷第十三（尾）。
8 7～8 世紀。唐寫本。
9.1 楷書。
11 圖版：《敦煌寶藏》，62/218B～221B。

1.1 BD03885 號
1.3 大乘百法明門論開宗義記
1.4 金 085
1.5 461:8684
2.1 351×26.9 厘米；10 紙；正面 243 行，行約 23 字。背面 13 行，行約 30 字。
2.2 01：20.3，13； 02：21.7，14； 03：42.9，29；
04：42.9，29； 05：42.9，29； 06：43.0，29；
07：43.1，29； 08：43.1，30； 09：43.2，29；
10：07.9，12。
2.3 卷軸裝。首尾均殘。首紙有破裂殘損。首紙紙質、染潢、字迹均與其他各紙不同。第 2 紙以下有烏絲欄。
2.4 本遺書包括 2 個文獻：（一）《大乘百法明門論開宗義記》，243 行，今編為 BD03885 號。（二）《成實論疏》（擬），抄寫在背面，13 行，今編為 BD03885 號背。
3.1 首殘→大正 2810，85/1051B29。
3.2 尾殘→85/1055A25。
8 9～10 世紀。歸義軍時期寫本。

9.1　楷書。
9.2　有硃筆斷句、行間加行、行間校加字。有墨筆行間加行、校改及倒乙。
11　圖版:《敦煌寶藏》,111/166B~172A。

1.1　BD03885號背
1.3　成實論疏（擬）
1.4　金085
1.5　461:8684
2.4　本遺書由2個文獻組成，本號為第2個，抄寫在背面，13行。餘參見BD03885號之第2項、第11項。
3.4　説明：
本文獻首尾均殘。留有品題“滅盡品百五十四”，故知是《成實論疏》。
8　7~8世紀。唐寫本。
9.1　行書。

1.1　BD03886號
1.3　無量壽宗要經
1.4　金086
1.5　275:7925
2.1　(116+3)×31厘米；3紙；72行，行30餘字。
2.2　01：33.0，19；　02：44.0，27；　03：39+3，26。
2.3　卷軸裝。首全尾殘。通卷上下邊殘裂，尾紙有殘洞。有烏絲欄。
3.1　首全→大正936，19/82A3。
3.2　尾2行中上殘→19/84A11~16。
4.1　大乘無量壽經（首）。
8　8~9世紀。吐蕃統治時期寫本。
9.1　行楷。
9.2　有校改。
11　圖版:《敦煌寶藏》,108/316A~317A。

1.1　BD03887號
1.3　大般涅槃經（北本　宮本）卷二一
1.4　金087
1.5　115:6420
2.1　197×26.5厘米；4紙；117行，行17字。
2.2　01：50.5，30；　02：49.0，29；　03：49.5，30；
04：48.0，28。
2.3　卷軸裝。首殘尾全。有烏絲欄。
3.1　首殘→大正374，12/491B7。
3.2　尾全→12/492C10。
4.2　大般涅槃經卷第廿一（尾）。
5　與《大正藏》本對照，分卷不同。與日本宮內寮本及《思溪藏》、《普寧藏》、《嘉興藏》分卷相同。
6.1　首→BD04098號。
8　6世紀。南北朝寫本。
9.1　楷書。
11　圖版:《敦煌寶藏》,99/102A~104B。

1.1　BD03888號
1.3　觀世音經
1.4　金088
1.5　111:6225
2.1　(20.5+175.9)×25.8厘米；6紙；112行，行17字。
2.2　01：20.5+7.3，16；　02：38.0，21；　03：41.0，24；
04：39.8，23；　05：35.0，20；　06：14.8，08。
2.3　卷軸裝。首殘尾全。通卷下部殘破嚴重，脱落1塊殘片。背有古代裱補，紙上有字，向內粘貼，難以辨認。有烏絲欄。
3.1　首12行下殘→大正262，9/56C10~23。
3.2　尾全→9/58B7。
4.2　觀音經一卷（尾）。
7.1　卷尾有題記“弟子押衙楊□□□常患□”。
8　9~10世紀。歸義軍時期寫本。
9.1　楷書。
11　圖版:《敦煌寶藏》,97/404A~406B。

1.1　BD03889號
1.3　大般若波羅蜜多經卷七〇
1.4　金089
1.5　084:2626
2.1　212.9×25.8厘米；5紙；133行，行17字。
2.2　01：45.5，28；　02：45.0，28；　03：45.2，28；
04：45.2，28；　05：32.0，21。
2.3　卷軸裝。首脱尾全。尾有原軸，兩端塗黑漆。有烏絲欄。
3.1　首殘→大正220，5/398A13。
3.2　尾全→5/399C4。
4.2　大般若波羅蜜多經卷第七十（尾）。
8　8~9世紀。吐蕃統治時期寫本。
9.1　楷書。
11　圖版:《敦煌寶藏》,74/278B~281A。《敦煌劫餘錄》及《敦煌寶藏》均將本號誤作《大般若波羅蜜多經》卷二四〇。

1.1　BD03890號
1.3　金剛般若波羅蜜經
1.4　金090
1.5　094:3983
2.1　(45.3+382.2)×25厘米；10紙；232行，行17字。
2.2　01：16.5，09；　02：28.8+22，28；　03：50.5，28；
04：50.5，28；　05：50.5，28；　06：50.7，28；
07：50.5，28；　08：50.5，28；　09：47.5，27；
10：09.5，拖尾。
2.3　卷軸裝。首殘尾全。經黄紙。接縫處多有開裂，第9紙有

斜裂。背有古代裱補，脱落3塊。有燕尾。有烏絲欄。
3.1　首25行上、下殘→大正235，8/749C12～750A10。
3.2　尾全→8/752C3。
4.2　金剛般若波羅蜜一卷（尾）。
8　7～8世紀。唐寫本。
9.1　楷書。
11　圖版：《敦煌寶藏》，81/397B～403A。

1.1　BD03891號
1.3　金剛般若波羅蜜經
1.4　金091
1.5　094:4406
2.1　（2+36.2）×26厘米；1紙；17行，行17～19字。
2.3　卷軸裝。首殘尾全。首尾有横向破裂。有烏絲欄。
3.1　首行中殘→大正235，8/752B15。
3.2　尾全→8/752C3。
4.2　金剛般若波羅蜜經（尾）。
8　9～10世紀。歸義軍時期寫本。
9.1　楷書。
11　圖版：《敦煌寶藏》，83/108A。

1.1　BD03892號
1.3　金剛般若波羅蜜經
1.4　金092
1.5　094:4167
2.1　135.8×26.5厘米；4紙；81行，行17字。
2.2　01：12.5，07；　02：46.5，28；　03：46.5，28；
04：30.3，18。
2.3　卷軸裝。首斷尾殘。經黄紙。有烏絲欄。
3.1　首殘→大正235，8/750C16。
3.2　尾殘→8/751C14。
8　7～8世紀。唐寫本。
9.1　楷書。
11　圖版：《敦煌寶藏》，82/294A～295B。

1.1　BD03893號
1.3　維摩詰所說經卷上
1.4　金093
1.5　070:0911
2.1　（11.5+106.5）×25.5厘米；3紙；79行，行17字。
2.2　01：11.5+25.5，25；　02：40.5，27；　03：40.5，27。
2.3　卷軸裝。首殘尾脱。經黄打紙。卷面殘破嚴重，卷尾下部殘缺。背有古代裱補。有烏絲欄。
3.1　首8行中下殘→大正475，14/538B27～C7。
3.2　尾殘→14/539B24。
6.2　尾→BD04154號。
8　7～8世紀。唐寫本。
9.1　楷書。
11　圖版：《敦煌寶藏》，64/8A～9B。

1.1　BD03894號
1.3　金光明最勝王經卷一〇
1.4　金094
1.5　083:1960
2.1　779.3×25.5厘米；16紙；412行，行17字。
2.2　01：05.0，護首；　02：49.5，26；　03：52.0，28；
04：52.0，28；　05：52.0，28；　06：52.3，28；
07：52.0，28；　08：51.7，28；　09：52.2，29；
10：51.7，28；　11：51.7，28；　12：51.8，28；
13：51.7，28；　14：51.7，28；　15：51.5，28；
16：50.5，21。
2.3　卷軸裝。首尾全。有護首，有芨芨草天竿。卷端碎損嚴重，脱落1塊殘片。背有古代裱補，紙上有補字。有燕尾。有烏絲欄。
3.1　首全→大正665，16/450C18。
3.2　尾全→16/456C19。
4.1　金光明最勝王經捨身品第廿六，十，三藏法師義淨奉制［譯］（首）。
4.2　金光明最勝王經卷第十（尾）。
5　尾附音義。
8　9～10世紀。歸義軍時期寫本。
9.1　楷書。
11　圖版：《敦煌寶藏》，71/92A～102A。

1.1　BD03895號
1.3　梵網經盧舍那佛說菩薩心地戒品第十卷下
1.4　金095
1.5　143:6760
2.1　209×25厘米；5紙；126行，行17字。
2.2　01：58.5，36；　02：45.5，28；　03：45.5，28；
04：45.5，28；　05：14.0，06。
2.3　卷軸裝。首殘尾全。通卷下部殘破，卷中、後部横向破裂。背有古代裱補。有烏絲欄。
3.1　首殘→大正1484，24/1008A15。
3.2　尾全→24/1009C8。
4.2　菩薩戒經一卷（尾）。
5　與《大正藏》對照，分卷不同。卷尾少一段經文與偈誦。
8　8～9世紀。吐蕃統治時期寫本。
9.1　楷書。
11　圖版：《敦煌寶藏》，101/510A～512B。

1.1　BD03896號
1.3　金光明最勝王經卷九
1.4　金096

1.5　083:1922
2.1　38.4×25.5 厘米；1 紙；21 行，行 14 字（偈頌）。
2.3　卷軸裝。首尾均脱。有烏絲欄。
3.1　首殘→大正 665，16/444A21。
3.2　尾殘→16/444B12。
7.3　下邊有雜寫“化”字。
8　7～8 世紀。唐寫本。
9.1　楷書。
11　圖版：《敦煌寶藏》，71/2B。

1.1　BD03897 號
1.3　佛頂尊勝陀羅尼經（佛陀波利本）
1.4　金 097
1.5　229:7366
2.1　（14.2+74.5）×25.3 厘米；3 紙；46 行，行 17 字。
2.2　01：02.2，1；　02：12+31，24；　03：43.5，21。
2.3　卷軸裝。首殘尾全。卷首殘破嚴重，第 1、2 紙接縫處中間開裂。有燕尾。有烏絲欄。
3.1　首 8 行下殘→大正 967，19/351C10～17。
3.2　尾全→19/352A26。
4.2　佛頂尊勝陀羅尼經（尾）。
8　8 世紀。唐寫本。
9.1　楷書。
11　圖版：《敦煌寶藏》，105/609A～610A。

1.1　BD03898 號
1.3　維摩詰所說經卷中
1.4　金 098
1.5　070:1140
2.1　（5+694）×24.5 厘米；16 紙；414 行，行 17 字。
2.2　01：5+26，18；　02：45.5，28；　03：46.0，28；
04：46.0，28；　05：46.0，28；　06：46.0，28；
07：46.0，28；　08：46.0，28；　09：46.0，28；
10：46.0，28；　11：46.0，28；　12：46.0，28；
13：46.0，28；　14：46.0，28；　15：46.0，28；
16：24.5，04。
2.3　卷軸裝。首殘尾全。經黄紙。卷首殘破、有殘洞，第 1、2 紙接縫處下部開裂。卷背有鳥糞，有蟲繭。有燕尾。背有古代裱補。有烏絲欄。
3.1　首 2 行中下殘→大正 475，14/546B9～12。
3.2　尾全→14/551C27。
4.2　維摩詰經卷第二（尾）。
8　7～8 世紀。唐寫本。
9.1　楷書。
11　圖版：《敦煌寶藏》，65/440A～449B。

1.1　BD03899 號
1.3　妙法蓮華經卷五
1.4　金 099
1.5　105:5506
2.1　（85.8+4）×25 厘米；2 紙；56 行，行 17 字。
2.2　01：45.0，28；　02：40.8+4，28。
2.3　卷軸裝。首脱尾殘。首紙有 2 殘洞，卷上邊油污變硬。卷面、卷背有蟲繭。有烏絲欄。
3.1　首殘→大正 262，9/39C14。
3.2　尾 2 行上殘→9/40B16～18。
8　7～8 世紀。唐寫本。
9.1　楷書。
11　圖版：《敦煌寶藏》，92/593B～594B。

1.1　BD03900 號 1
1.3　梵網經菩薩戒布薩羯磨文（擬）
1.4　金 100
1.5　149:6785
2.1　（13+132.5+1）×26 厘米；4 紙；87 行，行 17 字。
2.2　01：13+37.5，30；　02：43.0，25；　03：42.5，25；
04：9.5+1，07。
2.3　卷軸裝。首尾均殘。卷尾殘破嚴重。有烏絲欄。
2.4　本遺書包括 2 個文獻：（一）《梵網經菩薩戒布薩羯磨文》（擬），66 行，今編為 BD03900 號 1。（二）《鳩摩羅什法師誦法》，21 行，今編為 BD03900 號 2。
3.4　説明：
本文獻首尾均殘。為依據鳩摩羅什所譯《梵網經》舉行羯磨時所用羯磨文。未為歷代大藏經所收。
8　7～8 世紀。唐寫本。
9.1　楷書。
11　圖版：《敦煌寶藏》，101/590B～592A。

1.1　BD03900 號 2
1.3　鳩摩羅什法師誦法
1.4　金 100
1.5　149:6785
2.4　本遺書由 2 個文獻組成，本號為第 2 個，21 行。餘參見 BD03900 號 1 之第 2 項、第 11 項。
3.4　説明：
本文獻首尾均全。是慧融撰寫的關於鳩摩羅什授《梵網經》菩薩戒之第一手資料。未為歷代大藏經所收。
4.1　鳩摩羅什法師誦法，慧融集（首）
8　7～8 世紀。唐寫本。
9.1　楷書。

1.1　BD03901 號
1.3　金剛般若波羅蜜經
1.4　生 001

1.5　094:3713
2.1　(7+491.6)×25.2厘米；11紙；292行，行17字。
2.2　01：7+39.7，28；　02：47.2，27；　03：47.5，28；
04：47.5，30；　05：47.7，29；　06：47.5，29；
07：47.5，29；　08：47.5，28；　09：47.5，28；
10：47.5，28；　11：24.5，08。
2.3　卷軸裝。首殘尾全。首紙有殘裂，卷尾有蟲繭。有烏絲欄。
3.1　首5行上殘→大正235，8/749A21～26。
3.2　尾全→8/752C3。
4.2　金剛般若波羅蜜經（尾）。
8　9～10世紀。歸義軍時期寫本。
9.1　楷書。
9.2　有行間校加字。
11　圖版：《敦煌寶藏》，79/656B～662B。

1.1　BD03902號
1.3　大般若波羅蜜多經卷三四六
1.4　生002
1.5　084:2938
2.1　(10.5+186.8)×25.6厘米；5紙；110行，行17字。
2.2　01：10.5，護首；　02：44.3，26；　03：47.5，28；
04：47.5，28；　05：47.5，28。
2.3　卷軸裝。首殘尾脫。有護首，殘破嚴重。第2紙有殘洞，上邊下邊殘破。第2紙背面有古代裱補。有烏絲欄。
3.1　首全→大正220，6/775C9。
3.2　尾殘→6/777A5。
4.1　大般若波蜜多經卷第三百卌六，/初分堅等讚品第五十七之五，三藏法師玄奘奉詔譯（首）。
6.2　尾→BD03989號。
7.1　護首背有勘記“三百卌六（本文獻卷次）、卅五袟（本文獻所屬袟次）”、“卅五（同前）”。
8　9～10世紀。歸義軍時期寫本。
9.1　楷書。
11　圖版：《敦煌寶藏》，75/548A～550B。

1.1　BD03903號
1.3　大般涅槃經（北本）卷一七
1.4　生003
1.5　115:6396
2.1　226.4×25.5厘米；5紙；136行，行17字。
2.2　01：47.5，28；　02：46.5，28；　03：39.5，24；
04：46.5，28；　05：46.4，28。
2.3　卷軸裝。首尾均脫。經黃紙。有烏絲欄。
3.1　首殘→大正374，12/466A9。
3.2　尾殘→12/467C5。
8　7～8世紀。唐寫本。
9.1　楷書。

11　圖版：《敦煌寶藏》，98/557A～560A。

1.1　BD03904號
1.3　金剛般若波羅蜜經
1.4　生004
1.5　094:4255
2.1　208.2×25.3厘米；5紙；111行，行17字。
2.2　01：47.8，28；　02：48.0，28；　03：47.7，28；
04：47.2，27；　05：17.5，拖尾。
2.3　卷軸裝。首脫尾全。首紙有一小殘洞，上邊有一處殘缺。有烏絲欄。
3.1　首殘→大正235，8/751A23。
3.2　尾全→8/752C3。
4.2　金剛般若波羅蜜經（尾）。
8　7～8世紀。唐寫本。
9.1　楷書。
9.2　有行間校加字。
11　圖版：《敦煌寶藏》，82/523A～525B。

1.1　BD03905號
1.3　金光明最勝王經卷二
1.4　生005
1.5　083:1553
2.1　(2+182.5+1.5)×26厘米；4紙；正面103行，行17字。背面白畫1幅。
2.2　01：2+32.5，19；　02：50.5，28；　03：50.5，28；
04：49+1.5，28。
2.3　卷軸裝。首尾均殘。經黃紙。首紙破損嚴重，卷面有等距離殘破。有烏絲欄。已修整。
2.4　本遺書包括2個文獻：(一)《金光明最勝王經》卷二，103行，今編為BD03905號。(二)《白畫瑞獸》（擬）1幅，畫在背面，今編為BD03905號背。
3.1　首行中殘→大正665，16/411A19。
3.2　尾殘→16/412C19。
8　7～8世紀。唐寫本。
9.1　楷書。
11　圖版：《敦煌寶藏》，68/374B～377A。

1.1　BD03905號背
1.3　白畫瑞獸及題記（擬）
1.4　生005
1.5　083:1553
2.4　本遺書由2個文獻組成，本號為第2個，畫在背面。餘參見BD03905號之第2項、第11項。
3.4　說明：
首紙背有硃筆白畫頭頂靈芝臥姿小鹿一幅。
7.1　卷端有硃筆題記一行：“舊年貳月好隨迴新歲家成□□不人

人總有青雲望。"
8　9～10世紀。歸義軍時期寫本。

1.1　BD03906號
1.3　妙法蓮華經卷七
1.4　生006
1.5　105:6106
2.1　43×26厘米；1紙；25行，行17字。
2.3　卷軸裝。首殘尾脫。有烏絲欄。
3.1　首殘→大正262，9/58B14。
3.2　尾殘→9/58C10。
8　7～8世紀。唐寫本。
9.1　楷書。
11　圖版：《敦煌寶藏》，97/23B～24A。

1.1　BD03907號
1.3　佛頂尊勝陀羅尼咒
1.4　生007
1.5　230:7371
2.1　47.6×30.2厘米；1紙；27行，行17字。
2.3　卷軸裝。首尾均全。有烏絲欄。
3.4　說明：
本文獻首尾均全。不空所譯，與歷代大藏經已收之多種《佛頂尊勝陀羅尼》為同本異譯，未為歷代大藏經所收。內容可參見大正974D，19/388B8～C15。
4.1　佛頂尊勝陀羅尼，/特進試鴻臚卿大興善寺三藏沙門大廣智不空奉詔譯/（首）。
4.2　佛頂尊勝陀羅尼（尾）。
5　與《大正藏》本對照，音義不同。
7.1　卷尾有1行題記："弟子王發願雕印"。是有關中國早期印刷術的重要資料。
7.3　首題下有經題、譯者雜寫"佛頂尊勝陀羅尼，特進試鴻臚卿大大興善寺三藏沙門大廣智"。卷端背面有咒語雜寫"怛賴路枳也"及經名雜寫"佛頂尊勝陀羅尼"等3行。
8　8世紀。唐寫本。
9.1　楷書。
11　圖版：《敦煌寶藏》，105/614A～615A。

1.1　BD03908號
1.3　妙法蓮華經卷七
1.4　生008
1.5　105:5887
2.1　(366.5+17)×26厘米；8紙；221行，行17字。
2.2　01：48.0，27；　02：48.0，27；　03：48.0，28；
04：48.0，27；　05：48.0，28；　06：48.0，28；
07：48.0，28；　08：30.5+17，28。
2.3　卷軸裝。首全尾殘。卷尾下邊有殘缺。有烏絲欄。
3.1　首全→大正262，9/55A12。
3.2　尾10行下殘→9/57C12～58A1。
4.1　妙法蓮華經妙音菩薩品第二十四，七（首）。
8　9～10世紀。歸義軍時期寫本。
9.1　楷書。
11　圖版：《敦煌寶藏》，95/624B～629B。

1.1　BD03909號
1.3　維摩詰所說經義記（擬）
1.4　生009
1.5　071:1306
2.1　66×27厘米；2紙；64行，行30餘字。
2.2　01：18.5，21；　02：47.5，43。
2.3　卷軸裝。首尾均斷。首紙有破裂和殘洞，第2紙有原準備抄寫藏文的橫界欄。背面有補充疏釋。
3.4　說明：
本文獻首尾均殘。如勘記所說，存文疏釋《維摩詰所說經》"方便品"之末尾。從"從無量功德智慧生"到"從六通生"一段（參見大正475，14/539C1～5）。重點論述"從六通生"，文甚委悉。未為歷代大藏經所收。與《維摩經義記》（釋瓊本）並非同一种文獻。
7.1　卷首背有勘記："中明方便品下尾，義記。"
8　8～9世紀。吐蕃統治時期寫本。
9.1　行楷。
11　圖版：《敦煌寶藏》，66/468B～469B。

1.1　BD03910號
1.3　四諦法門經
1.4　生010
1.5　286:8248
2.1　91.8×26.5厘米；2紙；正面52行，行17～20字。背面42行，行16字左右。
2.2　01：44.6，27；　02：47.2，25。
2.3　卷軸裝。首全尾脫。卷首有殘洞，下有殘損。有烏絲欄。已修整。
2.4　本遺書包括2個文獻：（一）《四諦法門經》，48行，抄寫在正面，今編為BD03910號。（二）《本性無性論（擬）》，抄寫在背面，42行，今編為BD03910號背。
3.4　說明：
本文獻首全尾缺。未為歷代大藏經所收。
4.1　四諦法門經一卷（首）。
7.3　尾有雜寫4行（倒寫）。
8　7～8世紀。唐寫本。
9.1　楷書。
11　圖版：《敦煌寶藏》，109/408B～411A。

1.1　BD03910號背

1.3　本性無性論（擬）
1.4　生 010
1.5　286：8248
2.4　本遺書由 2 個文獻組成，本號為第 2 個，抄寫在背面，42 行。餘參見 BD03910 號之第 2 項、第 11 項。
3.4　説明：
本文獻首殘尾缺。《敦煌劫餘錄》未作著錄。《敦煌寶藏》定名為《四大五蘊文》。未為歷代大藏經所收。
8　8～9 世紀。吐蕃統治時期寫本。
9.1　行書。用木筆書寫。
9.2　有行間校加字。有重文號。

1.1　BD03911 號
1.3　無量壽宗要經
1.4　生 011
1.5　275：7803
2.1　（9＋198.5）×31 厘米；5 紙；137 行，行 30 餘字。
2.2　01：9＋32.5，27；　02：41.5，28；　03：41.5，28；
04：41.5，28；　05：41.5，26。
2.3　卷軸裝。首尾均全。首紙上邊有破裂。有烏絲欄。
3.1　首 5 行中下殘→大正 936，19/82A3～11。
3.2　尾全→19/84C29。
4.1　大乘無量壽經（首）。
4.2　佛說無量壽宗要經（尾）。
7.1　卷尾有題名"索慎言"。
8　8～9 世紀。吐蕃統治時期寫本。
9.1　楷書。
11　圖版：《敦煌寶藏》，107/651B～654A。

1.1　BD03912 號
1.3　大般若波羅蜜多經（兌廢稿）卷六三
1.4　生 012
1.5　084：2177
2.1　47×26.2 厘米；1 紙；25 行，行 17～19 字。
2.3　卷軸裝。首尾均脫。尾有餘空。有烏絲欄。
3.1　首殘→大正 220，5/357B18。
3.2　尾缺→5/357C16。
7.3　卷首尾上邊各有一字及一墨道。
8　7～8 世紀。唐寫本。
9.1　楷書。
11　圖版：《敦煌寶藏》，72/185B。

1.1　BD03913 號
1.3　大般若波羅蜜多經（兌廢稿）卷一四六
1.4　生 013
1.5　084：2385
2.1　44.5×26.9 厘米；1 紙；24 行，行 17 字。
2.3　卷軸裝。首尾均全。有橫向破裂，上邊下邊殘缺。尾有餘空。有烏絲欄。
3.1　首全→大正 220，5/788C15。
3.2　尾缺→5/789A12。
4.1　大般若波羅蜜多經卷第一百卌六，/初分［較］量功德品第卅之卌四，三藏法師玄奘奉詔譯/（首）。
5　與《大正藏》對照，末行 15 字錯抄。
8　9～10 世紀。歸義軍時期寫本。
9.1　楷書。
9.2　有刪除號。
11　圖版：《敦煌寶藏》，73/130B。

1.1　BD03914 號
1.3　妙法蓮華經卷五
1.4　生 014
1.5　105：5467
2.1　（0.9＋1014.2）×26 厘米；21 紙；577 行，行 17 字。
2.2　01：0.9＋22.8，14；　02：49.1，29；　03：49.7，29；
04：49.5，29；　05：49.7，29；　06：49.8，28；
07：49.8，29；　08：50.2，29；　09：50.0，28；
10：50.0，29；　11：50.3，29；　12：50.2，29；
13：50.2，29；　14：50.3，28；　15：50.2，28；
16：46.2，26；　17：49.5，28；　18：49.5，28；
19：49.2，28；　20：49.5，28；　21：48.5，23。
2.3　卷軸裝。首殘尾全。首紙有殘洞，上邊下邊有破損。第 3 紙下有破裂。尾有原軸，兩端塗棕色漆。有烏絲欄。
3.1　首行殘→大正 262，9/37C2。
3.2　尾全→9/46B14。
4.2　妙法蓮華經卷第五（尾）。
8　9～10 世紀。歸義軍時期寫本。
9.1　楷書。
9.2　有行間校加字。
11　圖版：《敦煌寶藏》，92/249B～265A。

新舊編號對照表

一、千字文號與北敦號、縮微膠卷號對照表

千字文號	北敦號	縮微膠卷號
金 001	BD03801 號	094：4110
金 002	BD03802 號 1	094：4355
金 002	BD03802 號 2	094：4355
金 003	BD03803 號	094：3549
金 004	BD03804 號	094：4333
金 004	BD03804 號背	094：4333
金 005	BD03805 號	115：6465
金 006	BD03806 號	088：3449
金 006	BD03806 號背	088：3449
金 007	BD03807 號	089：3479
金 008	BD03808 號	084：2542
金 009	BD03809 號	157：6967
金 010	BD03810 號	115：6530
金 011	BD03811 號	094：3528
金 012	BD03812 號	115：6356
金 013	BD03813 號	058：0472
金 014	BD03814 號	115：6469
金 015	BD03815 號	157：6966
金 016	BD03816 號	094：4309
金 017	BD03817 號	063：0695
金 018	BD03818 號	209：7244
金 018	BD03818 號背	209：7244
金 019	BD03819 號	094：4161
金 020	BD03820 號	107：6195
金 021	BD03821 號	105：5128
金 022	BD03822 號	094：3877
金 023	BD03823 號	105：5661
金 024	BD03824 號	094：4046
金 025	BD03825 號	084：2694
金 026	BD03826 號	083：1698
金 027	BD03827 號	063：0769
金 028	BD03828 號	062：0570
金 029	BD03829 號	084：2726
金 030	BD03830 號	094：4117
金 031	BD03831 號	084：2944
金 032	BD03832 號	084：2206
金 033	BD03833 號	343：8400
金 034	BD03834 號	105：4951
金 035	BD03835 號	105：5321
金 036	BD03836 號	083：1543
金 037	BD03837 號	084：2475
金 038	BD03838 號	084：2014
金 039	BD03839 號	084：2543
金 040	BD03840 號	157：6896
金 041	BD03841 號	084：3280
金 042	BD03842 號	105：5358
金 043	BD03843 號	115：6417
金 044	BD03844 號	115：6466
金 045	BD03845 號	105：5431
金 046	BD03846 號	084：2993
金 047	BD03847 號	094：4141
金 048	BD03848 號	105：4889
金 049	BD03849 號	038：0341
金 050	BD03850 號	084：2127
金 051	BD03851 號	115：6350
金 052	BD03852 號	083：1461
金 053	BD03853 號	105：5687
金 054	BD03854 號	105：5833
金 055	BD03855 號	115：6418
金 056	BD03856 號	094：3912
金 057	BD03857 號	105：5203
金 058	BD03858 號	094：3648
金 059	BD03859 號	094：4159
金 060	BD03860 號	105：4806
金 061	BD03861 號	105：5788
金 062	BD03862 號	293：8276
金 063	BD03863 號	083：1469
金 064	BD03864 號	256：7657

金 065	BD03865 號	094：3690
金 066	BD03866 號	094：3741
金 067	BD03867 號	058：0471
金 068	BD03868 號	083：1772
金 069	BD03869 號	084：2732
金 070	BD03870 號	094：3529
金 071	BD03871 號	157：6978
金 072	BD03872 號	094：3719
金 073	BD03873 號	094：3938
金 074	BD03874 號 A	102：4478
金 074	BD03874 號 B1	139：6666
金 074	BD03874 號 B2	139：6666
金 075	BD03875 號	094：4226
金 076	BD03876 號	014：0148
金 077	BD03877 號	094：3976
金 078	BD03878 號	253：7543
金 079	BD03879 號	105：5343
金 080	BD03880 號	105：6085
金 081	BD03881 號	105：6127
金 082	BD03882 號	084：2754
金 083	BD03883 號	081：1372
金 084	BD03884 號	063：0771
金 085	BD03885 號	461：8684
金 085	BD03885 號背	461：8684
金 086	BD03886 號	275：7925
金 087	BD03887 號	115：6420
金 088	BD03888 號	111：6225
金 089	BD03889 號	084：2626
金 090	BD03890 號	094：3983
金 091	BD03891 號	094：4406
金 092	BD03892 號	094：4167
金 093	BD03893 號	070：0911
金 094	BD03894 號	083：1960
金 095	BD03895 號	143：6760
金 096	BD03896 號	083：1922
金 097	BD03897 號	229：7366
金 098	BD03898 號	070：1140
金 099	BD03899 號	105：5506
金 100	BD03900 號 1	149：6785
金 100	BD03900 號 2	149：6785
生 001	BD03901 號	094：3713
生 002	BD03902 號	084：2938
生 003	BD03903 號	115：6396
生 004	BD03904 號	094：4255
生 005	BD03905 號	083：1553
生 005	BD03905 號背	083：1553
生 006	BD03906 號	105：6106
生 007	BD03907 號	230：7371
生 008	BD03908 號	105：5887
生 009	BD03909 號	071：1306
生 010	BD03910 號	286：8248
生 010	BD03910 號背	286;8248
生 011	BD03911 號	275：7803
生 012	BD03912 號	084：2177
生 013	BD03913 號	084：2385
生 014	BD03914 號	105：5467

二、縮微膠卷號與北敦號、千字文號對照表

縮微膠卷號	北敦號	千字文號
014：0148	BD03876 號	金 076
038：0341	BD03849 號	金 049
058：0471	BD03867 號	金 067
058：0472	BD03813 號	金 013
062：0570	BD03828 號	金 028
063：0695	BD03817 號	金 017
063：0769	BD03827 號	金 027
063：0771	BD03884 號	金 084
070：0911	BD03893 號	金 093
070：1140	BD03898 號	金 098
071：1306	BD03909 號	生 009
081：1372	BD03883 號	金 083
083：1461	BD03852 號	金 052
083：1469	BD03863 號	金 063
083：1543	BD03836 號	金 036
083：1553	BD03905 號	生 005
083：1553	BD03905 號背	生 005
083：1698	BD03826 號	金 026
083：1772	BD03868 號	金 068
083：1922	BD03896 號	金 096
083：1960	BD03894 號	金 094
084：2014	BD03838 號	金 038
084：2127	BD03850 號	金 050
084：2177	BD03912 號	生 012
084：2206	BD03832 號	金 032
084：2385	BD03913 號	生 013

084：2475	BD03837 號	金 037
084：2542	BD03808 號	金 008
084：2543	BD03839 號	金 039
084：2626	BD03889 號	金 089
084：2694	BD03825 號	金 025
084：2726	BD03829 號	金 029
084：2732	BD03869 號	金 069
084：2754	BD03882 號	金 082
084：2938	BD03902 號	生 002
084：2944	BD03831 號	金 031
084：2993	BD03846 號	金 046
084：3280	BD03841 號	金 041
088：3449	BD03806 號	金 006
088：3449	BD03806 號背	金 006
089：3479	BD03807 號	金 007
094：3528	BD03811 號	金 011
094：3529	BD03870 號	金 070
094：3549	BD03803 號	金 003
094：3648	BD03858 號	金 058
094：3690	BD03865 號	金 065
094：3713	BD03901 號	生 001
094：3719	BD03872 號	金 072
094：3741	BD03866 號	金 066
094：3877	BD03822 號	金 022
094：3912	BD03856 號	金 056
094：3938	BD03873 號	金 073
094：3976	BD03877 號	金 077
094：3983	BD03890 號	金 090
094：4046	BD03824 號	金 024
094：4110	BD03801 號	金 001
094：4117	BD03830 號	金 030
094：4141	BD03847 號	金 047
094：4159	BD03859 號	金 059
094：4161	BD03819 號	金 019
094：4167	BD03892 號	金 092
094：4226	BD03875 號	金 075
094：4255	BD03904 號	生 004
094：4309	BD03816 號	金 016
094：4333	BD03804 號	金 004
094：4333	BD03804 號背	金 004
094：4355	BD03802 號 1	金 002
094：4355	BD03802 號 2	金 002
094：4406	BD03891 號	金 091
102：4478	BD03874 號 A	金 074
105：4806	BD03860 號	金 060
105：4889	BD03848 號	金 048
105：4951	BD03834 號	金 034
105：5128	BD03821 號	金 021
105：5203	BD03857 號	金 057
105：5321	BD03835 號	金 035
105：5343	BD03879 號	金 079
105：5358	BD03842 號	金 042
105：5431	BD03845 號	金 045
105：5467	BD03914 號	生 014
105：5506	BD03899 號	金 099
105：5661	BD03823 號	金 023
105：5687	BD03853 號	金 053
105：5788	BD03861 號	金 061
105：5833	BD03854 號	金 054
105：5887	BD03908 號	生 008
105：6085	BD03880 號	金 080
105：6106	BD03906 號	生 006
105：6127	BD03881 號	金 081
107：6195	BD03820 號	金 020
111：6225	BD03888 號	金 088
115：6350	BD03851 號	金 051
115：6356	BD03812 號	金 012
115：6396	BD03903 號	生 003
115：6417	BD03843 號	金 043
115：6418	BD03855 號	金 055
115：6420	BD03887 號	金 087
115：6465	BD03805 號	金 005
115：6466	BD03844 號	金 044
115：6469	BD03814 號	金 014
115：6530	BD03810 號	金 010
139：6666	BD03874 號 B1	金 074
139：6666	BD03874 號 B2	金 074
143：6760	BD03895 號	金 095
149：6785	BD03900 號 1	金 100
149：6785	BD03900 號 2	金 100
157：6896	BD03840 號	金 040
157：6966	BD03815 號	金 015
157：6967	BD03809 號	金 009
157：6978	BD03871 號	金 071
209：7244	BD03818 號	金 018
209：7244	BD03818 號背	金 018
229：7366	BD03897 號	金 097
230：7371	BD03907 號	生 007
253：7543	BD03878 號	金 078
256：7657	BD03864 號	金 064
275：7803	BD03911 號	生 011
275：7925	BD03886 號	金 086
286：8248	BD03910 號背	生 010
286：8248	BD03910 號	生 010

293：8276	BD03862 號	金 062
343：8400	BD03833 號	金 033
461：8684	BD03885 號	金 085
461：8684	BD03885 號背	金 085